MILAGROS DEL VAS MINGO

# LAS CAPITULACIONES
# DE INDIAS
# EN EL SIGLO XVI

V CENTENARIO
DEL DESCUBRIMIENTO
DE AMERICA

EDICIONES CULTURA HISPANICA
INSTITUTO DE COOPERACION
IBEROAMERICANA

© INSTITUTO DE COOPERACION IBEROAMERICANA
Avda. de los Reyes Católicos, 4. 28003 Madrid
ISBN: 84-7232-397-8
NIPO: 028-86-015-X
Depósito Legal: M-29029-1986
Diseño cubierta: Teresa Armiñán
Imprime: Gráficas 82, S.A.
Navarra, 15. 28039 Madrid
*Printed in Spain*

*A mis padres*

# LAS CAPITULACIONES DE INDIAS
## EN EL SIGLO XVI

## PROLOGO

Siempre resulta grato prologar la obra de una persona que ha colaborado, con eficacia y sin regateos, en el levantamiento de una obra institucional común, como es el Departamento de Historia de América de la Universidad Complutense. Este es el caso relativo al libro de Milagros del Vas Mingo. Su enorme tenacidad, perseverancia, empeño, capacidad de trabajo, corren paralelos con su vocación, su lealtad, sentido de la dignidad del mérito y compañerismo absolutamente limpio de resentimientos o envidias profesionales. La autora, a la que conozco desde su época de estudiante, ha cumplido todas las etapas de su propia formación, hasta su brillante doctorado y su acceso a la titularidad, sin ninguna exigencia, en callada aunque permanente vigilia, de trabajo personal, constante, sin dejar nunca de cumplir sus obligaciones y excediéndose, siempre que se le pedía un esfuerzo de cooperación, en su horario, sin protestas ni murmuraciones, sino con alegría voluntariosa y buen talante universitario.

Pues bien, cumpliéndose todo esto —lo que ya sería suficiente para calibrar humanamente a la persona—, la obra que la doctora Milagros del Vas me pide que prologue cumple otra exigencia muy alta y fundamental, que radica en su extraordinaria importancia histórica dentro del americanismo español, tanto por su tema —las capitulaciones del siglo XVI— cuanto por el tratamiento no meramente recopilador, sino investigador que al mismo le ha sido otorgado en la globalidad de la obra. En efecto, las capitulaciones —que tan ligera y superficialmente han sido tratadas o, simplemente, referenciadas, casi como un pequeño dato erudito— tienen una importancia considerable en *el americanismo, cuando menos por tres razones fundamentales: primero, por encontrarse en la base de la construcción del Estado español en América, que es, como se sabe, el primero y único Estado de derecho organizado fuera de las fronteras del propio Estado nacional; segundo, porque ellas deben considerarse el elemento ordenador de la expansión y de los derechos territoriales en la pugna fundamental de los derechos públicos y los privados; tercero, por su peculiar condición jurídica reguladora de los mutuos vínculos entre Corona y súbditos participantes en el proceso histórico creador de una identidad cultural occidental, en plena frontera de la cultura oriental.*

*Por otra parte, la época a la que se refiere la obra que prologo, es de relevante interés, porque es aquella en la que se pusieron los fundamentos creadores en América del humanismo español, sobre los ejes esenciales del cultivo de lo jurídico, lo ético y el pensamiento filosófico, producto de lo cual fue la posibilidad de la constitución efectiva y espléndida de una cultura propiamente americana, la primera de cuantas surgieron en el continente, que fue la cultura criolla, magnífica realidad del siglo XVII. Porque en la etapa estudiada —entre 1501 y 1598, año de la muerte de Felipe II— se producen condicionantes decisivos en el proceso integrador de los territorios indianos en la órbita protectora de la Corona española. Así, en 1501 se inició el importante cambio relativo a la percepción descubridora colombina hacia la que podemos considerar óptica de la Corona española, enfocada al descubrimiento de la continentalidad americana, independiente de la asiática. Ello fue así por la política persistente de la Corona, sobre todo Don Fernando, continuada por su nieto Carlos I y que culminó con el viaje, propiciado por éste, de Hernando de Magallanes, que concluyó el capitán Juan Sebastián de Elcano, que supuso, en efecto, con la navegación por el Pacífico, el descubrimiento de la continentalidad de América. No por casualidad, comenzó también en el año 1501 el intento de establecimiento en tierra firme, culminada en 1519 con la gran empresa de Hernán Cortés, que puso fin a los ensayos colonizadores en el Caribe —el insularismo— para delinear, con persistencia y eficacia, la expansión continental. Ello significa un cambio de rumbo fundamental, un incremento impensable de horizontes y distancias, una po-*

*sibilidad, en fin, de iniciar el gran proceso institucionalizador de la monarquía indiana.*

*Otra característica, pues, de esta etapa inicial del siglo XVI fue la del comienzo de la institucionalización, es decir, de los esfuerzos de la Corona para unificar y dar sentido de Estado a cuantas acciones individuales pudiesen ser emprendidas por sus inquietos súbditos castellanos. Esta tendencia fue, poco poco, cambiando la mentalidad conquistadora, por la de poblamiento colonizador, hasta alcanzar su máximo en 1573 con las* Nuevas Ordenanzas de Población y Descubrimiento, *en que se hizo obligatoria la conexión entre expansión, producción, asentamiento. El eminente historiador chileno Mario Góngora acuñó un afortunadísimo término para designar la nueva mentalidad: la* fundación, *en la cual se funden los términos humanos de «descubridor», «conquistador», «poblador», «encomendero», para dar sentido a un personaje, creador de nuevas formas de vida, utilizando simultáneamente la tradición castellana y los usos y modos indígenas que, en definitiva, abrió las posibilidades creadoras de una identidad cultural que se encuentra en la base de la nueva sociedad hispánica en América.*

*Este cambio decisivo tuvo su ratificación y respuesta al mismo tiempo, por parte de la Corona, cuando se produjo la aceptación y responsabilización de la incorporación de las Indias —es decir, de los reinos y provincias americanos— a la Corona de Castilla. Lo que fue solemnemente proclamado por Carlos I —cuyos abuelos, Doña Isabel y Don Fernando, habían cedido sus derechos a la Corona de Castilla— y, posteriormente, ratificado por Felipe II (1563) y Carlos II (6181). Es sumamente explícito el texto:*

> *Y porque es nuestra valuntad y lo hemos prometido y jurado que siempre permanezcan unidas para su mayor perpetuidad y firmeza, prohibimos la enajenación de ellas. Y mandamos que en ningún tiempo puedan ser separadas de nuestra Real Corona de Castilla, desunidas ni divididas en todo o en parte, ni sus ciudades, villas ni poblaciones, por ningún caso, ni en favor de ninguna persona.*

*La razón de por qué se lleva a cabo en tales condiciones la ratificación de lo incorporado con tan profundo sentido de*

11

*unidad y contenido de Estado, radica precisamente en la Nación, en el Reino, es decir, la representación según el estilo cortesiano, como puede apreciarse en la afirmación hecha en el mismo documento citado:*

> *...Y considerando la fidelidad de nuestros vasallos y los trabajos que los descubridores y pobladores pasaron en su descubrimiento y población...*

*De ahí el inmediato proceso de organización del Consejo de Indias, órgano supremo para los asuntos indianos, que inició su singladura en 1519 para, definitivamente, quedar constituido en 1524. Todavía no ha concluido el proceso de institucionalización, pero, sin duda, supuso una poderosa afirmación en la planificación de sus contenidos.*

*En ese importante plano de la configuración del Estado indiano el significado de las capitulaciones sobrepasa, con mucho, el corto horizonte sobre el cual se ha venido especulando en relación con su naturaleza jurídica. Unos historiadores como Altolaguirre siguieron la línea contractual como caracterización fundamental de la indicada naturaleza jurídica. Pero, frente a ella, surgió la tesis de García Gallo, que entendió la capitulación como dotada de un carácter de «merced» real. A su vez, frente a tal interpretación, Jesús Lalinde Abadía ha insistido con importantes argumentos en el carácter contractual. Es evidente que la tesis de García Gallo no se sostiene, ni desde el punto de vista jurídico de la Monarquía hispánica, ni desde el punto de vista histórico del proceso constitutivo de la arquitectura institucional indiana, ni mucho menos, desde el pensamiento político nacional prevaleciente en Indias. Además, debe tenerse muy en cuenta las diferencias existentes entre la capitulación firmada con Cristóbal Colón en 1492 y las capitulaciones firmadas con particulares cuando ya estaba decidida la incorporación de las Indias a la Corona de Castilla, que son prácticamente todas las que se integran en esta obra, sobre lo cual ya hizo, en su día, precisiones verdaderamente fundamentales el ilustre historiador don Juan Manzano, tanto en su fundamental obra sobre la incorporación de las Indias a la Corona de Castilla, cuanto en sus posteriores y luminosas monografías de investiga-*

ción colombina con las que tan positivamente ha enriquecido el acervo histórico relativo a la época y sus personajes.

Resulta evidente que, en la empresa americana, la inicitiva privada e individualista tuvo un papel fundamental. Ello supone un peligro, pues quien invertía sus caudales o se endeudaba para conseguir el capital imprescindible para la financiación, deseaba recuperarlos en el menor tiempo posible y con los máximos beneficios. La Corona, pues, como cumplimiento estricto de su condición, tenía que poner los límites necesarios para impedir el desbordamiento de los cauces y fronteras establecidos. De ahí deriva la orden dada en 1501 de que nadie pueda hacer nuevos descubrimientos sin la obtención de la previa licencia (Granada, 3 de septiembre de 1501); la función de éstas consistía fundamentalmente que cada descubridor o poblador se atuviese estrictamente a la exacta demarcación para la cual se se despachaba. Pero no podemos olvidar la enorme imprecisión del conocimiento geográfico y cartográfico que de la realidad americana se tenía por entonces. El control de las licencias, sin duda, no era suficiente y, por ello, y con anterioridad, en cierto modo inspiradas en la santafesina firmada por Colón, se configuró el sistema de las capitulaciones. Por esta razón, tales documentos sólo podían ser contratos —aunque no, desde luego, privados, según el concepto jurídico actual— caracterizados como un instrumento legal de vinculación y subordinación a la Corona, de una serie de acciones libremente creadas por los súbditos —el Reino en cuanto partes integrantes de su «representación»— en sus empresas americanas. Las capitulaciones servían, al mismo tiempo, para limitar jurisdiccionalmente los territorios y para asignar al descubridor o poblador las tierras correspondientes, lo que significaba la contrapartida «premial» por parte de la Corona, lo que sí puede interpretarse como merced. Claramente, la capitulación era un pacto entre la Corona y un súbdito particular, sometiéndose ambas partes a la ley vigente y estableciendo un acuerdo de voluntades. Otra cosa es la interpretación respectiva que pueda darse, por parte de las dos partes contratantes. Pues, en efecto, la Corona queda afectada por la corriente romanista, según la cual el derecho natural representa un límite a la voluntad ordenadora del legislador, pero éste queda libre en el campo del derecho positivo; más adelante, el maestro Francisco de Vitoria declara que el rey está *sujeto a respetar sus propias decisiones, en cuanto obligan por la utilidad pública. Se vea por donde se mire, las capitulaciones eran obligaciones que deberían cumplir los propios otorgantes. Por su parte, los súbditos particulares que tenían capitulación podían interpretar que su cumplimiento era una obligación de los reyes otorgantes que tenían derecho a exigir. Ello es lo que hace comprender la incesante serie de peticiones de pobladores de América —y aún más de sus descendientes— solicitando «mercedes», con unos tonos modales que suponían más exigencia que devoción y acatamiento; puede apreciarse en la larga serie de pleitos entablados ante el Consejo de Indias, cuyos fiscales mantuvieron posturas jurídicas muy distintas de las esperadas. No podemos olvidar que en el siglo XIX, en el momento de la independencia, uno de los argumentos esgrimidos como justificación por los criollos americanos fue el incumplimiento de las capitulaciones, como dice fray Servando Teresa de Mier o el propio Simón Bolívar.*

*A la vista de cuanto se apunta, puede apreciarse la enorme importancia que supone disponer en esta obra de la profesora Milagros del Vas Mingo de los textos de las capitulaciones de Indias en el siglo XVI, con una magnífica precisión en la transcripción paleográfica y precedidos de un importante estudio, en el que sin desdeñar los elementos jurídicos, se estudia específicamente cuál fue el proceso histórico, que es, en definitiva, lo que puede proporcionar sentido —razón histórica— a la realidad. Con precisión y profundidad se estudia preliminarmente cuáles eran las negociaciones, trámites, finalidad de las capitulaciones; su naturaleza jurídica, fórmulas de fianzas y controles; las relaciones entre el Rey y los capitulantes; los objetos de capitulación, repartimientos y ceses de lo capitulado. También es de destacar la aportación de índices, con varias entradas (términos, fechas, capitulantes), el inventario de las capitulaciones extendidas entre 1501 y 1596 y, por supuesto, los textos fijados en todas ellas.*

*En resumen, la obra que prologo representa una aportación de primera importancia histórica, que viene, por una parte, a poner punto final a una polémica que nunca tenía que haberse producido y, por otra, a proporcionar un estudio básico para la construcción del Estado-continental indiano, ofreciendo uno de los pilares fundamentales para la comprensión de la rela-*

*ción entre sociedad y Corona en América. Hemos de agradecer muy vivamente a la nueva escuela de Derecho indiano que, bajo el magisterio del catedrático José Manuel Pérez-Prendes y Muñoz de Arraco, está surgiendo en el Departamento de Historia de América de la Universidad Complutense la no pequeña posibilidad de contar con obras como las que nos ocupa, hecha tan a conciencia, precisión y brillantez por una verdadera especialista en la materia.*

*Madrid, 5 de junio de 1986.*

MARIO HERNÁNDEZ SÁNCHEZ-BARBA
Catedrático de la Universidad Complutense
Director del Departamento de Historia de América

# 0. PRESENTACION

## 0.1. Propósito

El objeto de este volumen es ofrecer, de una parte, una edición correcta, completa y ordenada de las capitulaciones de descubrimiento, conquista y población que se otorgaron en el siglo XVI para acceder a Indias; de otra, presentar un estudio analítico de lo que expresan y significan estos asientos en sí mismos.

En un primer momento, la idea del trabajo surgió al comprobar, con motivo de diversas consultas, que la *Colección de Documentos Inéditos* facilitaba una transcripción desafortunada de las capitulaciones. Ello, agravado por el hecho de que para algunas de ellas dicha versión era la única existente, me animó a realizar la edición que ahora se presenta.

Una vez concluida la edición, acometí su análisis con la voluntad de conseguir un estudio del régimen de capitulaciones consideradas en conjunto, y como tal tratando de hallar las similitudes y diferencias que en ellas se contenían. El horizonte de esta tarea se reduciría, como el título indica, al siglo XVI: desde los asientos concedidos en el año 1501, en que se generaliza el régimen, hasta 1596, con el otorgado a Pedro Ponce de León.

En los estudios que se han efectuado sobre el tema de las «capitulaciones», los investigadores han atendido preferentemente a la labor exploratoria o conquistadora realizada bajo su amparo: en otros casos se ha centrado en la consideración de aspectos muy concretos referidos a las mismas. Así, el profesor Silvio Zavala, en su libro *Las instituciones jurídicas en la conquista de América,* apunta el carácter contractual de estos documentos. El profesor García-Gallo se ocupa de ellos con propósitos concretos: en «El servicio militar en Indias», destaca la organización militar de las expediciones de conquista; en «Los principios rectores de la organización territorial de las Indias en el siglo XVI», señala los orígenes capitulados de las primeras gobernaciones; en «La evolución de la organización territorial de las Indias, 1492-1824» abunda en el mismo sentido respecto del origen y formación de las primeras «provincias». Eu profesor Ramos Pérez, en la *Hueste Indiana,* insiste en el aspecto militar; y, recientemente, en su libro *Audacia, negocios y política en los viajes españoles de descubrimiento y rescate,* atiende principalmente a la organización de las expediciones, sus motivaciones, etc.

En cualquier caso, la naturaleza jurídica de las capitulaciones ha sido un asunto largamente debatido. Un buen estado de la cuestión se contiene en la obra de Juan Manzano Manzano: *Colón y su secreto* (cap. I, nota 65), pero el carácter contractual de las capitulaciones debe ser explícitamente matizado señalando su específico papel en la contratación del Estado y no hablando sólo de contratación en general.

Pues bien, frente al empleo en estas obras de determinados elementos de las capitulaciones como argumento en los que apoyar y profundizar los estudios citados, lo que ahora se ofrece a la consideración del lector es todo su contenido, tratado con un criterio analítico y expuesto con disciplina de conjunción y sistematización.

La lectura del libro ha de resultar evidentemente atractiva ya que los documentos que se recogen constituyen el eje para una visión real de la instalación de España en América. Se intenta establecer una base de estudio para ulteriores investigaciones. Confío en que así sea, debido a la importancia de estos documentos, que constituyeron el fundamento legal sobre el que se asentó la conquista americana, y la organización social, económica y política de las Indias.

## 0.2. Fuentes

Para la realización del estudio he utilizado exclusivamente los fondos existentes en el Archivo General de Indias —inexcusable punto de anclaje para acometer cualquier trabajo americanista—. Las secciones consultadas han sido: en la sección V de Gobierno, Indiferente General, perteneciente al apartado 15, los legajos 415, 416, 417 y 418; en la sección III de Contratación, legajo 5.090; en la sección I de Patronato Real, los legajos 20, 21, 22, pertenecientes a Nueva España y en los que se incluyen Guatemala, Costa Rica, Nueva Cartago y Nuevo México.

Sobre este material procedí a una selección en la que comprobé lo siguiente: primero, que la mayor parte de las capitulaciones que me interesaban se encontraban en el legajo 415 del Indiferente General, y, segundo, que había documentos copiados en legajos de diferentes secciones.

Realizada esta confrontación y separación de originales, comencé a elaborar su transcripción correcta, paso absolutamente necesario dada la poca fiabilidad que la edición de la C.D.I. merecía en este tema.

Otra fase del trabajo la ocupó la clasificación de los diferentes asientos conforme a su tipología, atendiendo no sólo a su finalidad (descubrimiento, conquista, población, comercio, etc...) sino también a las condiciones que se establecen en los mismos.

Por último, una vez extraídos y ordenados los datos que me aportaron los diferentes documentos, comencé a reconstruir el régimen de capitulaciones en función de los derechos y deberes que se otorgan y gozan los capitulantes.

## 0.3. Contenido

El contenido del estudio toma como punto de partida la conquista canaria, pues parece claro que aquellos territorios fueron el «tubo de ensayo» que sirvió de experiencia a la conquista americana. El primer análisis se hace sobre los móviles que impulsaron el asentamiento peninsular en las Islas Canarias, tratando de establecer el paralelismo existente entre algunos asientos canarios y los otorgados años después para llevar a cabo la empresa indiana.

Asimismo, en otro apartado, se tratan de señalar las causas que provocaron la generalización del régimen de capitulaciones y el momento en que esto se materializó —año 1501—. Precisamente dicho año es el tomado como inicio del estudio y como fecha de arranque en los diferentes asientos que se concertaron entre la Corona y los particulares a lo largo de todo el siglo XVI.

A través de las mismas capitulaciones, se trata de precisar cuáles fueron las ofertas que los diferentes capitulantes hicieron a la Corona. Este aspecto generalmente se puede apreciar, aunque no con claridad, en el primer capítulo de los asientos desde el preámbulo de ellos. A este primer párrafo lo he denominado *ofrecimiento previo*, y a través de él a veces podemos establecer los compromisos que los conquistadores estaban dispuestos a ejecutar. Partiendo de este mismo capítulo u ofrecimiento se ha hecho una división de las capitulaciones por la finalidad que persiguen; esta división aunque convencional, a la vista de los diferentes documentos, parece la más conveniente.

Hago un breve análisis sobre el debatido tema de la naturaleza jurídica de los documentos que nos ocupan, llegando a una conclusión que puede parecer «conciliadora» por cuanto no rechaza el carácter *contractual* y tampoco el de *merced real*.

También brevemente, trato de exponer los controles reales y las fianzas exigidas por parte de la Corona para el inicio de las empresas, así como qué personas fueron las que concertaron un asiento: particulares o asociados.

¿Qué aporta el Rey a estas expediciones? Precisamente esta aportación es objeto de estudio en otro punto y que se divide en dos apartados: el primero, en que se consideran como aportación los nombramientos que a los capitulantes se les hace sobre los beneficios económicos que la Corona cede a los expedicionarios bien como participación en los beneficios, bien como exenciones de impuestos que habrían de pagar.

Por último, para no fatigar más al lector, señalaré que se apuntan algunos aspectos referentes a las relaciones entre los capitulantes y los expedicionarios, y, por fin, en qué momento se da por finalizada la capitulación y con ello, los compromisos entre Rey-capitulante.

## 0.4. Código de notas y abreviaturas

En las «notas que se insertan al final del conjunto de apartados se remite con frecuencia al Apéndice Documental. Esto se hace a través de dos números encerrados en paréntesis y separados por un guión, ejemplo (8-3). El significado de ello es el siguiente: el primero corresponde al número de orden que ocupa el documento dentro del apéndice, y el segundo pertenece a la numeración del capítulo que se ha de consultar dentro de dicho documento.

**Abreviaturas empleadas**

A.G.I. : Archivo General de Indias.
B.A.E. : Biblioteca de Autores Españoles.
C.D.I. : Colección de documentos inéditos relativos al descubrimiento, conquista y organización de las antiguas posesiones españolas de América y Oceanía. Generalmente citada como Co.Do.In. o Codoin.
C.D.I.U. : Colección de documentos inéditos de ultramar (2.ª serie).
I.N.E.J. : Instituto Nacional de Estudios Jurídicos.
A.H.N. : Archivo Histórico Nacional.
R.A.H. : Real Academia de la Historia.

# 1. CONQUISTA CASTELLANA DE LAS CANARIAS

## 1.1. Técnica jurídica de la conquista

Podemos considerar que las Canarias, su conquista y organización, sirvieron a la Corona como ensayo de su política para tierras de conquista, y la experiencia que obtuvieron de estos territorios pudieron aplicarla con más garantía de éxito a los Reinos de las Indias.

La práctica adquirida se podría sintetizar en dos vías: la primera se refiere a los móviles impulsores de la conquista misma y su legitimación, y la segunda sería la técnica empleada para conseguirla.

En principio, parece que el inicio de las expediciones canarias viene dado por un «espíritu comercial» un deseo de lucro que estará latente tanto en la Corona como en los conquistadores. Esto se materializa en una serie de armadas que se organiza a las costas canarias y africanas con el único objetivo de obtener ganancias, y será precisamente a través de los indígenas como las conseguirán. Estas empresas son de «salteo» y se organizarán durante todo el siglo XIV y XV, se apoderarán de los indígenas y de sus bienes y se les venderá como esclavos en los mercados europeos.

Estos contactos estarán perfectamente legitimados por el ambiente doctrinal de la época que considera a los habitantes de las islas como carentes de personalidad jurídica y, por tanto, sin ningún derecho en la esfera política.

Por otra parte, esta carencia de derechos de los nativos de las islas y su desconocimiento de la fe cristiana va a llevar al

Papa Clemente VI a conceder el principado de las Canarias a Luis de la Cerda, con el deseo de convertir a los isleños.

Con esta concesión ya tenemos, precisamente, los dos elementos que se repetirán a lo largo de la conquista americana: espíritu comercial y deseo evangelizador.

El espíritu comercial está presente en todos los viajes de descubrimiento, conquista o población que se hacen a las Indias. Asimismo, la apropiación de tierras, bienes y, en un principio, de las personas de los indios americanos, estará justificada, al igual que en Canarias, por la carencia de personalidad jurídica de los paganos. Basado en ello, y por el deseo de cristianizar, surgirán en el año 1493 las bulas de donación de Alejandro VI, que junto con el derecho de conquista darán entidad jurídica a la empresa de América [1].

El sistema de colonización de las Canarias fue en un principio el de cesión por parte de los Reyes, a un determinado vasallo, de la conquista del territorio, llevando aparejado el señorío jurisdiccional. Este sistema ofrecía el inconveniente del gran poderío que estos señores lograban en detrimento del poder real. Todo ello va a llevar a que los Reyes Católicos prefieran un sistema que posibilite la actuación real, abandonando las concesiones señoriales.

Esta política de intervención real da lugar a que, a partir del momento en que las Canarias se incorporan a la Corona de Castilla, se inaugure el régimen de capitulaciones canario. En estos documentos —asientos— quedarán reflejados también los móviles de la empresa canaria —comercio y evangelización—. Precimente en ellos podemos encontrar el antecedente inmediato de sus homónimos americanos, en los que los móviles y la política real serán prácticamente los mismos. Tan sólo va a variar la realidad del Nuevo Mundo, al superar en mucho a lo conocido de Canarias. Esta realidad distinta será la que haga que los asientos se vayan acomodando, en cuanto a las condiciones que contienen, al tiempo y al lugar para los que son dados.

Dentro de las capitulaciones canarias se puede señalar una evolución en su carácter. Haciendo una comparación entre la capitulación concedida en 1478 a Juan Frías [2] con la expedida en 1480 a nombre de Pedro de Vera, Alfonso de Quintanilla y Fernández Cabrón [3], se puede apreciar en ellas lo siguiente: en la primera se advierte una preocupación por parte de la Corona en lograr el objetivo religioso, la conversión de los infieles; esto puede estar motivado, de una parte, por el ambiente doctrinal imperante en la época y avalado por el Ostiense y, de otra, por ser una expedición pactada con religiosos, Juan Frías, Obispo de Róbigo, y también Juan Bermúdez, Capellán de los Reyes. Pero el móvil religioso no es el único y, si bien de forma secundaria, también aparece la motivación económica, aunque se señala como forma de aligerar los gastos y trabajos que se van a seguir de la conquista: «... dejarán en mano del dicho señor Obispo el coger e sacar de la orchilla que hay en las dichas islas, de tal manera que otro non la coja nin saque, sino quien él quisiere, fasta las sojuzgar e pacificar las dichas Canarias moradas de infieles, porque aqueste emolumento que la tierra allí produce sea como alivio de sus cargos e trabajos»[4].

En la segunda capitulación señalada anteriormente, fechada en 1480, ya podemos advertir un ligero cambio: el aspecto económico va a tener una mayor importancia. La Corona va a participar económicamente en la empresa, si bien la parte más importante de los gastos va a correr por cuenta de los capitulantes, y esta vez los hombres elegidos para llevar a cabo la expedición no son religiosos sino hombres de «empresa». Alonso de Quintanilla es Contador Mayor de Cuentas y Fernández Cabrón es el experto en la «acción», es capitán de mar. El espíritu religioso es, de alguna manera, relegado por el deseo de obtener resultados económicos beneficiosos. Por tanto, creemos que esta capitulación, en su forma y en su contenido, es comparable a las capitulaciones que se otorgan para realizar la empresa americana. En ellos son comparables no sólo los objetivos señalados anteriormente sino también las condiciones económicas que se contienen: exenciones de impuestos pertenecientes a la Corona, cesión de los derechos de «quinto» en favor de los capitulantes, reducción de estos derechos, etc....

En capitulación con Alonso de Quintanilla, se exime de impuestos por diez años y a la vez se le cede el quinto real que se habría de percibir en concepto de presas.

Ciertamente, esta cláusula se repetirá con gran frecuencia en las capitulaciones americanas: «... non tenga que ver en derechos algunos de esta empresa por espacio de diez años... así de quintos como de pesquerías de la dicha isla de la Gran Canaria, e de las presas que de ella se fagan... e asimismo les pertenezca el quinto de las presas que desde allí se hicieren en las otras islas de infieles...»[5].

Los oficios de gobierno que se conceden en las capitulaciones canarias no son comparables con los que posteriormente se otorgan para Indias hasta el año 1493 en que se produce la expedición de Alonso de Lugo a la isla de La Palma.

Estos cargos gubernativos responden precisamente al cambio de política que la Corona aplica en la conquista de Canarias, y así en un primer momento que se podría situar en el año 1420, se concede por Real Cédula de 29 de agosto, el derecho de conquista de Gran Canaria, Tenerife, Gomera y La Palma a Alfonso de las Casas y el señorío de las islas a perpetuidad[6].

Este planteamiento de la conquista responde a un esquema medieval: el señor De las Casas reconocerá, servirá y obedecerá al Rey de Castilla, en las islas circulará la moneda de Castilla y a la vez tendrá en ellas jurisdicción civil y criminal, sólo para declarar la guerra necesitará el consentimiento del Rey. Bien es cierto que esta designación fue más nominal que real, ya que no se llegó a conquistar Gran Canaria, ni Tenerife ni La Palma, y sólo se ocupó Gomera en 1447.

Ya en el reinado de los Reyes Católicos, y respondiendo a la política de control del gobierno por la Corona, se le otorga en 1480 capitulación a Alonso de Quintanilla[7] y tan sólo se le conceden beneficios económicos, mientras que el control del gobierno se lo reserva directamente el Rey. Por las noticias que aporta Viera y Clavijo[8], se sabe que en los mismos años que se concede la capitulación a Quintanilla surgen desavenencias entre los capitulantes Bermúdez, Rejón y Frías, y en 1479 llega a Gran Canaria Pedro Fernández de Algaba con el título de «gobernador». Este caso, y en 1480 en que se expide nombramiento de gobernador» a favor de Pedro Vera[9], aun teniendo concedida capitulación a Quintanilla, hace pensar que ya están perfectamente delimitadas para la Corona las esferas de actuación entre oficios de gobierno y las atribuciones que se requieren para llevar a efecto la conquista.

Será en el año 1493, y con relación a una expedición de conquista efectuada por Alonso de Lugo a la isla de La Palma, cuando la postura de la Corona ha variado y ha creído oportuno unir a la figura del conquistador un nombramiento de gobierno que de alguna manera respalde sus actuaciones y le permita decidir y organizar el territorio. «Es nuestra merced que seyendo conquistada la dicha isla de la Palma e reducida a nuestro servicio e obediencia... que dende en adelante se llame e tetule la isla de San Miguel de la Palma, e que vos, el dicho Alonso de Lugo, dende en adelante seades governador de la dicha isla» [10].

En 1496, y después de conquistada Tenerife, los Reyes confirman el título de «gobernador» a Alonso de Lugo «Por quanto en cierto asiento e capitulación que por nuestro mandato se tomó con vos Alonso de Lugo al tiempo quel por nuestro mandato fuestes a conquistar la isla de Tenerife se contiene que acabada de ganar la dicha isla vos faríamos merçed de la governación della en cuanto nuestra merçed e voluntad fuese, e agora que a nuestro Señor ha plazido que se ganase la dicha isla de Tenerife por vuestra mano e trabajo..., es nuestra merçed e voluntad que agora e de aquí adelante para en toda vuestra vida seades nuestro governador de la isla de Tenerife» [11].

La naturaleza de este capítulo —así como las características del nombramiento: no será efectivo en tanto no se concluya con éxito la expedición, la duración del oficio será vitalicio— se pueden entroncar claramente con el régimen de capitulaciones que se establece para la conquista de Indias.

Igual que la política de la Corona se ha adaptado a las circunstancias en el tiempo y en el espacio hasta llegar al régimen de capitulaciones como fórmula ideal para llevar a cabo la conquista, también el régimen de capitulaciones americano, una vez generalizado, se adaptará y responderá a las diferentes orientaciones y situaciones que se marquen desde el Consejo de Indias bajo control de la Corona.

## 2. REGIMEN DE CAPITULACIONES EN EL SIGLO XVI

### 2.1. Su generalización

El régimen de capitulaciones, como algo generalizado y previo al paso de colonizadores y conquistadores al Nuevo Mundo, no se produce hasta el año 1501. Desde este momento aparece el citado régimen al que se pueden apuntar, además del antecedente ya señalado (las capitulaciones para la conquista de Canarias), similitudes en «capitulaciones» concedidas por los portugueses para sus posesiones ultramarinas [12].

Hay varias circunstancias que provocan la aparición del régimen de capitulaciones. Se pueden citar, de una parte, los hechos derivados del mal gobierno de Colón en la Española y, de otra, la necesidad que la Corona tiene de aprovechar la iniciativa y los fondos privados para hacer frente a una empresa que para ella era excesivamente gravosa.

Con el descubrimiento de América se materializan las concesiones hechas a Colón en las Capitulaciones de Santa Fe. La autoridad de Colón se va a extender a todas las «... islas y tierras firmes que por su mano o industria se descubrirán o ganarán en las dichas mares Oceanas...». Cristóbal Colón, en virtud de sus cargos de almirante, virrey y gobernador, va a ejercer las funciones del gobierno de las Indias por sí solo. Tan es así, que su gobierno se acaba convirtiendo en despótico y provoca las rebeliones del alcalde mayor Roldán, el contador Bernal Díaz de Pisa o del capitán Pedro Margarit, quienes parece que tan sólo lo hacen contra el autoritarismo de Colón, proclamándose adictos y obedientes al Rey.

Por toda esta serie de hechos, los Reyes intentan mermar y poner cortapisas al gobierno del Almirante. En abril de 1495, y aprovechando un momento en que se teme por la vida de Colón, se va a dar, el día 9, una carta credencial mandando a Juan Aguado, sin ninguna jurisdicción, como «observador» de todo aquello que estaba pasando [13]. Un día después, 10 de abril de 1495, se va a emitir una Real Provisión [14] en que se concede libertad de paso a las Indias a todas las personas que quisieran ir, lo que suponía una nueva intromisión en lo que Colón consideraría más tarde lesivo para sus intereses. Los términos de esta Provisión son los siguientes: «E por la presente damos e concedemos la dicha licencia a los dichos nuestros súbditos e naturales para que vayan a las dichas islas e tierra firme a descubrirlas e contratar en ellas con las condiciones que según e de la manera que con esta nuestra carta serán contenidos e declarados en esta guisa...». De esta forma cualquier súbdito podía pasar a Indias, con la condición de que los barcos salieran del puerto de Cádiz y que previamente los oficiales reales tomaran cuenta de ello. La citada Real Provisión constituye el primer paso hacia la generalización del régimen de capitulaciones.

En octubre de 1495 llegan a España noticias de Colón a través de Juan de Aguado, que informa a los Reyes sobre el Almirante y su actuación como gobernante. Unos meses más tarde, en marzo de 1496, vuelve Colón a Castilla, alcanzando a la Corte en Burgos, y, ante el hecho de los viajes efectuados a Indias, eleva su protesta a los Reyes porque entiende que han sido violadas las Capitulaciones de San Fe. Efectivamente, el 2 de junio de 1497 consigue una Provisión Real en la que se le confirman todas las mercedes otorgadas anteriormente: «Confirmamos e aprobamos los dichos asientos e privillejos e mercedes por Nos al dicho Almirante fechas e es nuestra merçed e mandamos que to e por tanto le sea guardados e cumplidos según que en ella se contiene e defendemos firmemente que alguna ni algunas personas no sean osados de ir contra ellos ni contra parte de ellos en tiempo alguno ni por alguna manera so las penas en ellos contenidas...». En esta disposición se inserta y reproduce literalmente la dictada en Madrid el 10 de abril de 1495 [15].

Cuando parece que se debería haber normalizado el régimen establecido con Colón, surgen nuevos problemas y, en el año 1499, por medio de tres Reales Provisiones —una a Francisco de Bobadilla, otra a los oficiales y autoridades dándoles cuenta de las atribuciones de que va investido Bobadilla y la última al propio Colón ordenándole que entregue las fortalezas— se puede hablar de una destitución efectiva del Almirante [16].

A partir de este año, precisamente, al entender la Corona la manifiesta incapacidad de Colón para gobernar y que en todo caso la autoridad de éste sería sobre las tierras que él descubriese «por su industria», se comienza a favorecer el paso a Indias por una Real Provisión en la que se conceden una serie de libertades a todas aquellas personas «vasallos, súbditos et naturales que quisieren irse a bivir et morar allí, lo fagan con mejor voluntad et gana»[17]. Después de esta Real Provisión se comienza a conceder una serie de capitulaciones: con Vicente Yáñez, Alonso Vélez de Mendoza, Alonso de Ojeda, Luis de Arriaga y Diego de Lepe, esta última en septiembre de 1501[18].

Tras estos primeros ensayos se puede apreciar que la iniciativa privada da unos excelentes resultados: se está movilizando un potencial humano y se están poniendo a disposición de la Corona una serie de recursos para continuar la exploración de las Indias. El resultado de todo ello es la necesidad de regular estos viajes. Así en 1501, los Reyes Católicos dan una Real Provisión para que ninguna persona pueda ir a las tierras descubiertas y por descubrir de las Indias sin una licencia expresa[19]: «Por la presente ordenamos e mandamos e prohibimos e defendemos que ninguna ni algunas personas, nuestros súbditos e naturales de nuestros reinos e señoríos, ni extraños de fuera de ellos, sean osados de ir ni vayan sin nuestra licencia e mandado a descubrir al dicho mar Oceano, ni a las islas e tierra firmes que en él hasta agora son descubiertas o se descobrieren de aquí adelante...». Con esta Real Provisión queda instituido y generalizado el régimen de capitulaciones.

## 2.2. Características

Esta licencia expresa que la Corona exige firmar con los capitulantes, y que precede su paso a Indias, va a tener diferentes características a lo largo del siglo XVI. Lo primero que cabría señalar sería el cambio de finalidad. Es decir, en un primer momento, una vez generalizado el régimen, se impone conocer el territorio y tratar de obtener un beneficio económico. De esta manera, las primeras capitulaciones se dan para descubrir y comerciar; en 1501, Cristóbal Guerra, para ir a la Costa de las Perlas; 1504, Alonso de Ojeda, para ir a descubrir a Coquibacoa; el mismo año, Juan de la Cosa, para ir a descubrir al Golfo de Urabá; 1505, Vicente Yáñez, a la Isla de San Juan; 1508, Vicente Yáñez y Juan Díaz de Solís, para ir a descubrir a la parte occidental de Indias; y el mismo año, 1508, Diego de Nicuesa y Alonso de Ojeda, para comerciar en Urabá y Veragua.

A nuestro parecer, esta situación se va a prolongar hasta el año 1512, aproximadamente, en que también se va viendo la necesidad de favorecer la población, por supuesto, continuando con la labor exploratoria y la actividad comercial; este objetivo aparece plasmado en capitulaciones de 1512 y 1514 con Juan Ponce de León.

En 1518, se podría decir que se abre la etapa de las grandes conquistas, y esto queda reflejado en el régimen de capitulaciones cuando las licencias se van a dar para «descubrir y conquistar». Así, en 1518 se otorga capitulación a Diego Velázquez para descubrir y conquistar Yucatán y Cozumel. Asimismo, se dan para «conquistar y poblar» y para «descubrir conquistar y poblar».

Realmente, el período comprendido entre 1518 y la década de los setenta no va a constituir tan sólo la época de las grandes conquistas, sino también la de la expansión por todo el continente —del asentamiento— y del establecimiento y fundación de pueblos de españoles; todo ello se refleja en la finalidad de las capitulaciones que van a abarcar todos los aspectos que la creación de unos nuevos Reinos requiere. En este mismo período de tiempo se van a «criticar» y a tratar de justificar los derechos de la Corona de Castilla para ocupar las Indias, y esta misma lucha, para mantener la situación más justa para los indios y clarificar el derecho castellano surgido de la donación papal y fundamentado en la evangelización de los mismos, va a provocar que en el año 1526 (véase Doc. n.º 22), en Granada, se despachen unas Ordenanzas de descubrimientos en que se dan instrucciones a los conquistadores sobre la actitud a seguir con los indígenas en futuras expediciones. Estas Ordenanzas se van a incorporar a la capitulación de Montejo de este mismo año y, a partir de ese mometo, se seguirá añadiendo su texto en el contenido de las capitulaciones, o en instrucciones complementarias, siempre con la misma obligatoriedad de cumplimiento.

Las referidas Ordenanzas van a continuar regulando la forma de las conquistas hasta el año 1573 [20] en que se van a dar las Ordenanzas de Descubrimientos y Nuevas Poblaciones, desglosadas del libro de la «Gobernación Temporal» perteneciente a la obra iniciada por Ovando en su visita al Consejo de Indias. El cuerpo de estas Ordenanzas está formado por ciento cuarenta y ocho capítulos que se distribuyen en tres secciones: la primera, sobre los descubrimientos por mar y por tierra, en la segunda se dice cómo han de hacerse las fundaciones, y, en la tercera, se dan instrucciones de cómo se han de pacificar los territorios. Por otra parte, estas Ordenanzas suponen un avance con respecto a las de 1526 y, a la vez, responden a la «solución» del problema de los justos títulos, a lo que contribuyó notablemente Francisco de Vitoria y a la «centralización» que propugna Ovando desde el Consejo de Indias.

Las capitulaciones concedidas desde 1573 hasta final del siglo, límite tomado para nuestro trabajo, van a tener una constante en su finalidad, serán para «descubrir, pacificar y poblar», posiblemente debido al influjo de las Ordenanzas de 1573 que, como ya se ha apuntado, marcaron de forma más clara y precisa cómo había de hacerse la penetración.

## 3. NEGOCIACION DE LAS CAPITULACIONES

### 3.1. Tramitación

No se puede saber exactamente toda la tramitación que rodearía y antecedería a la concesión de una capitulación para ir a Indias, a través del estudio de dichas capitulaciones. El primer paso para iniciar una conquista y montar una expedición era una puesta en contacto del presunto expedicionario con la Corona por medio de las autoridades competentes, éstas elevarían la petición al Rey y éste, a través del Consejo, daría la respuesta en forma de capitulación, que en la mayor parte de los casos, y en nombre del Rey, otorgaría el presidente del Consejo. Hasta 1542 es facultad únicamente de la Corona conceder tales capitulaciones, a partir de dicho año y tras la promulgación de las Leyes Nuevas se faculta también a las Audiencias establecidas en Indias para su concesión. Nuevamente en 1573 por las Ordenanzas de Nuevos Descubrimientos se acentúa el carácter centralista de estas concesiones, siendo necesario que las autoridades indianas consulten al Consejo de Indias antes de tomar ninguna decisión al respecto. Si bien tienen libertad de concesión de asientos para tierras descubiertas anteriormente, para nuevos descubrimientos ha de mediar la consulta. En cualquier caso se han de respetar todas las Instrucciones y Ordenanzas dadas para Nuevos descubrimientos.

Esta tramitación significaba que entre el capitulante y la Corona se establecía un diálogo en forma de ofertas y exigencias de concesiones por parte del capitulante, y de contraofertas —exenciones o mercedes— por parte de la Corona. Precisamente, esta diferencia entre lo que ofrecía el capitulante y lo que la

Corona estaba dispuesto a conceder es lo que se desconoce, y sólo esporádicamente, y a través de los diferentes capítulos que componen la capitulación sabemos, porque el Rey lo dice, lo que se ha concedido en lugar de lo que el destinatario de la capitulación pedía. También en algún caso igualmente aislado en que se entabla juicio contra la Corona para reclamar algún supuesto derecho no atendido, podemos ver la diferencia entre los pedido y lo concedido. En 1583, en capitulación con Cristóbal Martín [21] queda recogido no sólo el ofrecimiento sino también la concesión.

En los primeros capítulos de los asientos la Corona pone de manifiesto el ofrecimiento que el capitulante ha hecho, en cuanto al objetivo de la expedición, y a partir de dicho ofrecimiento se otorga la licencia para cumplirlo, o bien se modifica: «Por quanto por parte de vos, Rodrigo de Bastidas vezino de la ciudad de Santo Domingo de la Isla Española, me fue fecha relación que por servicio de la Cathólica Reyna mi Señora e mío, os ofrecéis de poblar y poblaríades la provincia y puerto de Santa Marta, qu'es en Castilla del Oro, llamada la Tierra Firme, e que la poblaríades dentro de dos años primeros siguientes, haziendo en ella un pueblo... e me fue suplicado y pedido por merçed vos mandase dar liçençia y facultad para ello, e otorgar e hazer merçed de las cosas siguientes...» [22]. En este caso concreto no ha habido modificación entre el ofrecimiento del Capitulante y la licencia de la Corona.

Ateniéndonos a este primer capítulo podemos apreciar una diferencia entre capitulaciones:

1.º Capitulaciones en que no sabemos cuál fue el ofrecimiento previo porque la Corona no lo dice.

2.º Capitulaciones que se conceden por Mandato Real, a cuenta de la Corona la expedición y en que los capitulantes van a sueldo.

3.º Capitulaciones en que a través de este primer capítulo podemos decir cuál ha sido el ofrecimiento que los capitulantes han hecho.

Responden al primer grupo citado las capitulaciones siguientes: Ponce de León (Doc. n.º 8), Velázquez (Doc. n.º 10), Magallanes (Doc. n.º 11), Pacheco (Doc. n.º 42), Licenciado Serrano (Doc. n.º 12), Andrada (Doc. n.º 18), E. Gómez (Doc. n.º 14), Ayllon (Doc. n.º 15), Hernando de Soto (Doc. n.º 63), Hernández de Oviedo (Doc. n.º n.º 16), Bastidas (Doc. n.º 17), Enrique Ehinger y Guillermo Sayller (Doc. n.º n.º 28), Hernández de Oviedo (Doc. n.º 19), Heredia (Doc. n.º 54), Villalobos (Doc. n.º 20), Aldonza de Villalobos (Doc. n.º 27), Montejo (Doc. n.º 22), Pánfifilo Narváez (Doc. n.º 23), Juan de Ampies (Doc. n.º 24), Fernán Camelo (Doc. n.º 26), Cortés (Doc. n.º 29), Pizarro (Doc. n.º 30), Simón de Alcazaba (Doc. n.º 31), 1534 Alcazaba (Doc. n.º 36), Alvarado (Doc. n.º 34), Mendoza (Doc. n.º 37), Cabeza de Vaca (Doc. n.º 53), Sanabria, (Doc. n.º 57), Gutiérrez (Doc. n.º 38), Pizarro-Almagro (Doc. n.º 42), Garro (Doc. n.º 43), Espinosa (Doc. n.º 44), Orellana (Doc. n.º 55), Contreras (Doc. n.º 47), Socarras (Doc. n.º 48), Sancho Hoz (Doc. n.º 50), Benalcázar (Doc. n.º 51), Gutiérrez (Doc. n.º 52), De Mesa (Doc. n.º 56), Juan Alvarez (Doc. n.º 59), Joan Sánchez (Doc. n.º 61), Diego Vargas (Doc. n.º 58), Quintanilla (Doc. n.º 64), Artieda (Doc. n.º 70), Mendaña (Doc. n.º 71), Ortiz de Zárate (Doc. n.º 68), Villoria (Doc. n.º 72), Maraver de Silva (Doc. n.º 73).

El segundo grupo, y, por tanto, capitulaciones que se conceden a iniciativa de la Corona y por Mandato Real, tenemos la de Vicente Yáñez Pinzón y Juan Díez de Solís de 1508 (Doc. n.º 6), cuyo texto es éste: «Las cosas que Yo mando asentar con vos Vicente Yáñez Pinzón, vezino de Moguer e Juan Díaz de Solís, vezino de Lope, mis pilotos, y lo que abéis de hazer en el viaje que con ayuda de Nuestro Señor es a la parte del norte hazia Occidente, por mi mandado es lo siguiente...» Las características de la Capitulación, en cuanto a condiciones, y especialmente las instrucciones y mandatos de la Corona hacen pensar que efectivamente esta expedición se organizó sin que por parte de los capitulantes mediara anteriormente ningún ofrecimiento.

En capitulaciones con Nicuesa y Ojeda (Doc. n.º 7), y Ponce de León, capitulación de septiembre de 1512 (Doc. n.º 8), tampoco se puede apreciar que hubiera ofrecimiento previo por parte de los capitulantes, y aunque la Corona emplea el término «por mi mandado» parece que con ello no quiere decir que la expedición sea del mismo carácter de la anterior con Vicente Yáñez sino en este caso parece la fórmula empleada para el concierto de la capitulación ya que en capítulos posteriores (7-2) se alude expresamente el carácter privado de dicha expedición «que podáis ir con los navíos que quisiéredes llevar, a vuestra costa e minsión».

En términos semejantes se expresa en capitulación con Ponce de León (8-2) «... desde el día que vos fuese entregada la dicha capitulación pudiésedes llevar a vuestra costa y minsión los navíos que quisiésedes...».

Al tercer grupo, y, por tanto, aquellas en que exactamente no se puede precisar el motivo por el que asentaron la Corona y el capitulante ya que no se deja traslucir a través de ninguno de los capítulos que componen dicho asiento (aunque es de suponer que algún contacto previo debió de existir entre ambas partes), nos encontramos con la capitulación dada en el año 1572 (Doc. n.º 69) a Sepúlveda para ir a descubrir las riquezas de la Laguna de Guatavitá.

En otro orden de cosas y ateniéndonos a la financiación de las expediciones, si ésta es por cuenta del capitulante o no y siempre partiendo de este primer capítulo, tenemos expediciones en las que la Corona deja claro que serán financiadas por los particulares, porque así se han ofrecido ellos. A este grupo pertenecen la mayor parte de los asientos concertados entre los años 1518, y a lo largo del siglo XVI, hasta 1596.

En el grupo de asientos en que la Corona ayuda económicamente a la expedición de alguna forma, lo es siempre por la vía de la excepción, e incluyendo esta ayuda en el apartado de los beneficios económicos concedidos a los capitulantes. De cualquier modo esta ayuda excepcional, más o menos cuantiosa, no cambia el carácter de las expediciones, que seguirán siendo de iniciativa privada y aportación económica también privada. Los asientos que reúnen estas características son: Velázquez (Doc. n.º 10), Andrada (Doc. n.º 18), Ayllon (Doc. n.º 15), Soto (Doc. n.º 46), Pacheco (Doc. n.º 41), Menéndez (Doc. n.º 63), Lugo (Doc. n.º 40), Cavallero (Doc. n.º 21), Alemanes (Doc. n.º 28), Heredia (Doc. n.º 33), Montejo (Doc. n.º 22), Pánfilo Narváez (Doc. n.º 23), Ampies (Doc. n.º 24), Camelo (Doc. n.º 26), Cortés (Doc. n.º 29), Pizarro (Doc. n.º 30), Alcazaba (Doc. n.º 31 y 36), Mendoza (Doc. n.º 37), Cabeza de Vaca (Doc. n.º 53), Sanabria (Doc. n.º 57), Gutiérrez (Doc. n.º 38), Garro (Doc. n.º 43),

Espinosa (Doc. n.º 44), Despes (Doc. n.º 45), Orellana (Doc. n.º 55), Artieda (Doc. n.º 70), Socarras (Doc. n.º 48), Sancho de Hoz (Doc. n.º 50), Gutiérrez (Doc. n.º 52), De Mesa (Doc. n.º 56), Quintanilla (Doc. n.º 64), Ortiz de Zárate (Doc. n.º 68), Maraver de Silva (Doc. n.º 73), Luis de Carvajal (Doc. n.º 74), Ponde de León (Doc. n.º 75).

Los términos en que la Corona se expresa en estos casos son similares en las diferentes capitulaciones; como ejemplo podemos traer el capítulo prólogo del asiento concertado en 1540 con Diego Gutiérrez para terminar la conquista en la provincia de Veragua: «Por cuanto por parte de vos, Diego Gutiérrez, me ha sido hecha relación que por la mucha voluntad que tenéis de nos servir y del acrecentamiento de nuestra Corona Real de Castilla os ofrecéis de ir a conquistar y poblar... y de llevar destos nuestro reinos a vuestra costa e minsión los navíos y gente y mantenimientos y otras cosas necesarias sin que en ningún tiempo seamos obligados a vos pagar ni satisfacer los gastos que en ello hizierdes más de lo que en esta capitulación vos será otorgado...»

De esta forma queda claro que la Corona no tiene ninguna obligación de pagar o satisfacer los gastos que el capitulante haga. En todo caso, si cree conveniente aportar algo a la expedición no se compromete a hacerlo de ninguna otra manera distinta a la forma y manera en que se ha capitulado.

### 3.2. Finalidad de las capitulaciones

Los diferentes grupos que se pueden establecer de capitulaciones, atendiendo a su finalidad y partiendo del ofrecimiento que el capitulante hace a la Corona, pueden ser los siguientes: comercio o rescate; comercio y pacificación; descubrimiento; descubrimiento y conquista; descubrimiento, conquista y población, y población.

Esta división indiscutiblemente es convencional ya que en las capitulaciones se mezclan los objetivos y finalidades. Una capitulación para poblar, por ejemplo, difícilmente será una expedición en que se logre este objetivo tan sólo, ya que si el terreno está sin explorar lo primero que surge es la necesidad de un descubrimiento, y hasta es posible que si el territorio es hostil haya que conquistar y pacificar. De cualquier modo, y hecha esta salvedad, parece que la división de capitulaciones es, a pesar de esta objeción, la más conveniente ya que para llegar a ella no sólo nos atenemos a los términos empleados por la Corona en el primer capítulo de cada asiento sino también al contenido de la capitulación, ya que las condiciones exigidas por la Corona, los beneficios dados por ella misma y las ofertas hechas por los capitulantes varían con la diferencia de objetivos y la finalidad a conseguir.

Pertenecen al grupo de comercio y pacificación las concedidas en 1528 y 1526 a H. de Oviedo y Ampies respectivamente. Para descubrir, pacificar y poblar tenemos en 1574 capitulaciones con Joan de Villoria y Maraver de Silva, y en 1596 con Pedro Ponce. Concedidas para pacificar y poblar, en 1536 capitulación con Espinosa y en 1574 con Alvaro de Amendaña. De comercio exclusivamente, en 1523 con H. de Oviedo y en 1522 con los Armadores. Para poblar se dan capitulaciones desde el año 1520 hasta el año 1565 y son: 1520 Serrano, 1523 Ayllon, 1523 Bastidas, 1525 Villalobos, 1527 Confirmación a Aldonza de Villalobos por fallecimiento de su padre, en el mismo año se da la capitulación con Joan Camelo, súbdito portugués, 1545 De Mesa, 1547 Sanabria, 1549 Vargas y 1565 a Menéndez.

Capitulaciones para descubrimiento se conceden en 1515 a Magallanes, 1525 Andrada, 1536 Pacheco, 1523 Esteban Gómez, 1532 Alvarado, 1539 Sancho Hoz, 1565 Quintanilla, y 1551 Juan Alvarez para explorar el volcán de Masaya.

Para conquistar y poblar se conceden entre los años 1525 y 1540. La primera es con los Alemanes para la provincia de Santa Marta, 1529 Pizarro, 1530 Hernando de Soto, 1532 Heredia, 1534 Mendoza para el Río de la Plata, y Gutiérrez para Veragua nuevamente. Coinciden estas capitulaciones con la época de las grandes conquistas a excepción de México.

Para descubrir y conquistar se dan capitulaciones en 1518 a Velázquez y 1528 a Diego Caballero.

De descubrimiento y población tenemos en 1512 con Ponce de León para la isla Bimini, y en 1544 Orellana para el Río de las Amazonas, y en 1573 Artieda para Costa Rica.

Por último, asientos en los que se unen los objetivos de descubrir, conquistar y poblar, tenemos desde 1526 hasta 1569. En

1526 se dan a Montejo y Narváez, en 1529 a Cortés para el Mar del Sur, y a Simón de Alcazaba para ir hacia el Estrecho, 1534 nueva capitulación con Alcazaba para el Mar del Sur, 1536 capitulaciones con Pizarro-Almagro, 1537 Socarras para la isla de San Bernardo y Contreras para Nicaragua, 1540 Benalcázar para Popayán y 1569 Ortiz de Zárate para el Río de la Plata.

## 4. NATURALEZA JURIDICA DE LAS CAPITULACIONES

### 4.1. Su carácter de contrato o merced real

En apartados anteriores ya quedó expuesto que no hay ningún estudio que dedique su atención a las capitulaciones de una forma total, ni con un enfoque jurídico. Sin embargo, la importancia del tema ha hecho que en repetidas ocasiones los más prestigiosos investigadores hayan aludido a diferentes aspectos. En este apartado vamos a tratar de aclarar, en la medida de lo posible, la naturaleza jurídica de las capitulaciones. Para ello, vamos a recoger primeramente las definiciones que de ellas se han dado.

La definición que nos da el diccionario de Autoridades es la siguiente: «f.f. Concierto, pacto, convenio hecho entre dos o más personas para dar fin a alguna pendencia, sobre que se altercaba o litigaba, o para ajustar algún tratado común a las partes» [23].

El profesor García-Gallo en un estudio sobre el servicio militar en Indias, y siempre aludiendo a este aspecto señala «la capitulación no es un contrato propiamente militar» [24].

El profesor Morales Padrón opina así: «Se ha dicho y se repite que las capitulaciones constituían unos contratos, no siendo esto totalmente cierto. En un contrato hay mutuas, a veces iguales obligaciones; en las capitulaciones o asientos el Estado o la Corona no se obliga a nada. Ella autorizaba, a veces intervenía económicamente y, sobre todo, concedía premios y mercedes a base de lo mismo que el particular lograba o se comprometía lograr» [25].

En la Gran Enciclopedia Rialp, en la voz Capitulaciones de Indias, el profesor Muro Orejón dice: «Es sinónimo de asiento, concierto, acuerdo, convenio, pacto o contrato, llamándose así la escritura pública dividida en párrafos o capítulos en las capitulaciones estos asientos o pactos son mercedes regias, pues, uno de los contratantes es el monarca y el otro una o varias personas» [26].

Ots Capdequi opina: «Desde un punto de vista estrictamente jurídico, una capitulación no era otra cosa que un contrato. Pero por la naturaleza especial de las partes contratantes que intervenían en el otorgamiento —una de ellas la Corona o sus altas autoridades facultadas al efecto— por la complejidad de su contenido, y por la fundación política económica y social que llenaron, fueron las capitulaciones de nuevo descubrimiento y población, ejemplos vivos de contratos que rebasaron la esfera estricta del Derecho privado sin que puedan ser encuadradas dentro de las figuras jurídicas contractuales reconocidas por las fuentes legales de la época» [27].

La opinión del profesor Demetrio Ramos es la siguiente: «Casi siempre las capitulaciones tienen carácter contractual; pero en ocasiones, éste es muy discutible, como en el caso de las de Santa Fe dados a Colón. Aparte de la adopción de una forma de concesión unilateral, hecho que se repite en todas y que no tiene fuerza para negar la contractualidad, se manifiesta un espíritu de merced» [28].

Evidentemente, todos los aspectos apuntados a lo largo de estas definiciones son válidos.

En primer lugar si se toma la palabra «Contrato» en su sentido más estricto como una voluntad de partes en la realización de algo, habría que decir que la capitulación es un contrato ya que también existe un objeto y una causa que los justifiquen. De cualquier forma, el carácter contractual de las capitulaciones debe ser explícitamente matizado señalando su específico papel en la contratación del Estado y no hablando solamente de contratación en general. Sin embargo, prescindiendo de esto y ateniéndonos a lo que las capitulaciones dicen y las fórmulas que la Corona emplea, podemos decir que las capitulaciones son un «documento dispositivo», ya que además de tener por objeto perpetuar el hecho de los descubrimientos y conquistas, concurren a la realización de las mismas, de tal forma que si no existe como documento no producirá efectos jurídicos. Para el paso a la conquista y descubrimiento ha de mediar la capitulación —asiento, acuerdo—. A su vez, es un documento público, ya que su procedencia es de una autoridad pública. —El Rey o persona legalmente autorizada por éste— aunque el destinatario sea un particular capitulante: El asunto tratado, en muchas ocasiones, no sólo concierne al capitulante sino también a los expedicionarios, pobladores etc., en calidad de integrantes de la expedición y como destinatarios de ciertos beneficios y exenciones.

El autor del documento es el Rey. Puede haber sido en algún caso concedida por un alto oficial Real o por la Audiencia expresamente autorizado por la Corona, lo cual no varía el autor que en última instancia siempre es el Rey. Lo es precisamente porque pone o realiza la acción jurídica que en él se contiene, aunque él no lo redacte ni lo escriba materialmente.

El destinatario es el capitulante, personas que ha solicitado la concesión de dicha capitulación. Pueden ser, bien una persona concreta o bien un grupo de capitulantes asociados en empresa mercantil.

A su vez, son los capitulantes los destinatarios de la acción jurídica del documento, ya que el documento supone para ellos un título de derechos, y a la vez se observa una reciprocidad en los pactos, ya que en algunos capítulos el autor —Rey— hace a su vez de destinatario.

El autor de la operación de redactar el documento, escribirlo, registrarlo y expedirlo, etc., en cada caso es la persona encargada por el Rey para ello, el canciller, notario o escriba que estuviese a su servicio.

Como se puede observar en su génesis las capitulaciones son documentos, nuevos en cuanto lo que regulan que es una situación nueva, a pesar del antecedente canario. En cuanto a su origen, hay que ponerlo en una súplica o petición de los capitulantes que hemos llamado «ofrecimiento previo». En él se solicita de la Corona la concesión de determinado asiento para ir a un lugar concreto, y a la vez se incluyen unas ofertas o compromisos que el capitulante adquiere en el momento de la concesión. Precisamente, de los términos empleados por la Corona a la concesión del documento y después de tener en cuenta las condiciones que el destinatario ofrece es lo que hace pensar que la capitulación en sí, no es un contrato sino una «concesión por merced Real». En primer lugar la Corona delega en un particular las facultades que a ella le corresponden —la conquista, el descubrimiento, la explotación de los nuevos territorios adquiridos— lo que convierten la Capitulación en «una concesión administrativa». Por otro lado, una vez que la Corona ha estudiado la oferta del capitulante emplea los términos siguientes: «... me suplicastes y pedistes por merced vos hiziese merçed de la conquista dellas, e vos hiziese y otorgase las merçedes y con las condiçiones siguientes» [29].

Con estas frases, y en términos análogos se expresa en el resto de ellas, se puede apreciar que la concesión de las capitulaciones, aun siendo una concesión administrativa, se expresa como «merced real», en la cual el capitulante está sujeto a las condiciones que la Corona establece, y a los beneficios o mercedes que por el mismo carácter de éstos pueden ser revocados por la Corona en el momento que lo crea conveniente, aunque se compromete a cumplir todo lo prometido si el capitulante cumple lo ofrecido, mientras que si no cumple lo establecido puede incurrir en pena: «... y no lo aziendo ni cumpliendo ansí vos, aquello a que os obligáis, no seamos obligados a vos guardar y cunplir lo suso dicho, ni cosa alguna dello, antes os mandaremos castigar y proceder contra vos como contra persona que no guarde y cumpla y traspasa los mandamientos de su Rey y Señor natural...» [30].

El control real sobre los capitulantes y la ejecución de los acuerdos concertados con ellos, así como sobre toda expedición, se produce desde el mismo momento de la concesión de dicha capitulación.

## 4.2. Actuación real post-capitulada: controles, fianzas

Lo primero que el Rey solicita del capitulante es la entrega de fianzas como garantía del cumplimiento de todo lo establecido en la capitulación, o bien de alguna parte de ella. A estas fianzas se les denomina en un primer período hasta 1524, «llanas y abonadas» y a partir de esta fecha se incluye de ellos el término de «legas».

El calificativo de «lega, llano, abonado» en realidad está referido a las condiciones que se ha de requerir al fiador, y no a las fianzas en sí. Con esta frase en lo forense se explican las calidades que deben tener el fiador y el depositario: esto es, que no goce de fuero eclesiástico, ni de nobleza, y que tenga hacienda.

De esta forma en un primer momento se exigen a los capitulantes fianzas llanas y abonadas, en las que el Rey no establece la cantidad que tendrá que depositar, y lo deja a juicio de los oficiales de la Casa de la Contratación.

A partir de 1524 se incluye el término «lega», o sea que no tengan fuero eclesiástico los capitulantes, y a partir de esta misma fecha la Corona ya solicita las fianzas por una cantidad determinada. Esta cantidad es variable según la personalidad del capitulante y la envergadura de la expedición, y oscila entre 2.000 ducados solicitados en 1536 a Pacheco para organizar una expedición a Tierra firme, y 12.000 ducados que solicita en 1557 a Jaime Rasquín para ir al Río de la Plata, y en 1574 a Villoria para ir al Río del Darien [31].

El siguiente control es anterior a la partida en el puerto, y en él los oficiales toman nota de todos los utensilios que la expedición lleva para su propia utilización así como también en todas las cosas que se sacan para su venta y cambio con los indios. En algunos casos no pagarán derechos reales de salida de la península, pero esto entra dentro del apartado de las exenciones que veremos más adelante.

A partir de 1565 y en algunas capitulaciones expresamente se incluye la obligación de tener la expedición a punto para ser revisada antes de partir. Los términos en que se expresa la Corona son los siguientes: «Otro sí, con condición que la dicha armada que ansí abéis de sacar, como está dicho, a de ser primero visitada por uno de los nuestros oficiales por la orden que se acostumbra a hazer, para que se vea si va con la horden y en cumplimiento deste asiento» [32].

Asimismo, durante el viaje y realización de la expedición la Corona ejerce un control sobre los capitulantes por medio de los oficiales de Hacienda, que han de llevar en los navíos y ante los que se han de hacer todo tipo de transacciones.

Como ejemplo de esto tenemos en 1523 la capitulación con Vázquez de Ayllón en la que la Corona establece: «Y entiéndese, que si Nos quisiéramos e biéramos que conbiene a nuestro servicio e al buen recaudo de nuestra hazienda, e para ser informados de lo que en el dicho viaje e descubrimiento ficiéredes, que Nos podamos nombrar y nombremos por nuestro tesorero e contador e fator así en el armada que enbiardes al dicho descubrimiento de la dicha tierra como después de descubierta para residir en ella, las personas e officiales que quisieremos e por bien tuviéramos.»

La potestad de nombrar estos oficiales reales que han de controlar la parte económica de la empresa es únicamente del Rey. En muy contadas ocasiones, y como merced, delega sus poderes en los capitulantes, autorizándoles a nombrarlos. Aunque esta excepción aparece muy tardíamente y sólo de forma esporádica y a condición de que sólo ejercerán los cargos hasta que el Rey «probea» otros y éstos lleguen a las tierras, caso de que no los hubiere estando la expedición en marcha. Aparece esto en la capitulación de 1573 de Artieda. 1574 Amendaña y Villoria, y en 1596 Pedro Ponce [33]. El capítulo de asiento que establece este punto es semejante en todos ellos: «Iten, vos damos licencia y facultad para que no habiendo officiales de nuestra hazienda probeídos por Nos, para las dichas islas, los podáis nombrar y dar facultad para husar sus oficios, en el entretanto que Nos los provehemos y los probeídos llegan a servirlos.»

Una vez cumplido el objetivo de la expedición, las expediciones de rescate y descubrimiento que volvían a la península a dar cuenta de sus hallazgos habían de someterse a una revisión, que estaba perfectamente establecida por la Corona, e incluida en la capitulación. «Benida la dicha armada y naos que agora van, y las que adelante fueren a la contratación bengan a se descargar y descarguen en la dicha Casa de la Contratación de la especiería. Y estén a la descarga della nuestros officiales de la dicha Casa, juntamente con vosotros y con la persona que para ello pusierdes al tiempo del descargar [34]. «Otrosí, que acabado de descargar lo que ansí truxeren las dichas armadas y pagados los dichos derechos a los dichos nuestros officiales así desta armada como de los que se hizieren durante el dicho tiempo como dicho es, vos lo entreguen luego para lo poder vender o cargar o hazer dello lo que quisierdes y por bien tuvierdes, sin os poner a ello enbargo ni impedimento alguno ni que paguéis más derechos ni otras cosas de cómo se contiene y está concedido en los capítulos antes deste»[35].

Como se puede apreciar la Corona tenía establecido perfectamente un control total de cada una de las expediciones.

Pero contando con algún caso en que los capitulante pretendiesen hacer alguna ocultación de lo adquirido en comercio o pretendiesen no pagar a la Corona los derechos correspondientes, ésta amenaza con las penas de Cámara y Fisco, en los que en caso de fraude comprobado pasarían todos los bienes del capitulante a pertenecer a la Hacienda Real. Serán cobrados por los Oficiales Reales, y en cualquiera caso el Rey tendrá notificación de ello y dará las instrucciones pertinentes para su utilización. La sanción del fraude con las penas de Cámara está incluida en numerosas capitulaciones. En ellas generalmente no se establece en qué sitio se habrán de depositar las penas, ni en qué se va a emplear el dinero que la Corona obtenga de este concepto. Lo que sí se establece es que la pena será de la mitad de los bienes que posea el sancionado. Estas penas de Cámara aparecen en capitulaciones comprendidas entre los años 1530 y 1540[36].

## 5. EL REY Y LOS CAPITULANTES

### 5.1. Los capitulantes

Por capitulante se entiende la persona que deseosa de iniciar una expedición solicita, con la tramitación pertinente, una licencia de la Corona para viajar a Indias y realizar, bien sea la conquista de un territorio ya descubierto, bien el descubrimiento de tierras nuevas, comercio simplemente, o bien descubrimiento de un territorio, población y fundación de ciudades. Como se pueden apreciar los objetivos de las expediciones son múltiples. La personalidad de los capitulantes también es muy variada, y normalmente va dada según el tipo de expedición que vayan a llevar a cabo.

La procedencia social de los expedicionarios es amplia, lo mismo proceden del estamento llano que son nobles segundones, clérigos, oficiales reales, etc. En una época, difícil de encuadrar cronológicamente, pero que se podría delimitar desde 1500 a 1518-20, los españoles que se deciden a pasar Indias son personas que han prestado sus servicios a los Reyes en España y que después se han decidido por la aventura americana. Entre ellos tenemos a Cristóbal Guerra, Vicente Yáñez, Ojeda, Juan de la Cosa, Esteban Gómez, etc.[37]. El oficio que han desempeñado generalmente es el de «pilotos» y no son gente de guerra sino navegantes, lo que caracteriza asimismo esta primera etapa americana que principalmente es de descubrimiento. También se desarrollan en estos años las expediciones de gente que ya ha estado en América y que han tomado parte en alguna expedición y después se deciden a ser ellos los empresarios, así tenemos a Ponce de León, que realiza dos expediciones en 1512 y 1514. Por tanto, son personas conocidas de la Corona y con suficiente crédito para otorgarles nuevas capitulaciones [38].

Un rasgo que va a caracterizar a casi todos los capitulantes a partir de los años 1518-20 será su experiencia americana. De alguna forma están vinculados al nuevo continente, bien porque hayan participado en una expedición anterior como marineros o conquistadores, bien sean pobladores, o hayan ido a América como oficiales de la Corona.

A esto se une que ya el tipo de descubridor cambia, transformándose de piloto-descubridor en descubridor-conquistador y hombre de guerra, y en muy aislados casos será únicamente descubridor o comerciante. Otra característica a reseñar será que la mayor parte ya han establecido su vecindad en las ciudades americanas, y cuando la Corona se refiere a ellos, lo hace como vecinos americanos; Diego de Ordás, vecino de la Nueva España, Rodrigo de Bastidas, vecino de la ciudad de Santo Domingo, etc. Este grupo es el más numeroso y a la vez el más característico de toda la conquista americana. A él pertenecen nombres tan importantes como Pedro de Alvarado, Francisco Pizarro, Hernán Cortés, Marcelo de Villalobos. Los nombres van surgiendo a lo largo de todo el siglo XVI [39].

Igualmente, pasan al Nuevo Continente españoles de familias nobles o caballeros, a los que les tienta la aventura; un ejemplo lo tenemos en Simón de Alcazaba que ostenta el título de «criado y gentil hombre de la Casa del Rey» [40].

Más esporádico es el paso de caballeros extranjeros, de ellos su nacionalidad es portuguesa y alemana. Los caballeros portugueses son Joan Camelo (1527) y Joan Pacheco, «fidalgo portugués» y «Caballero de la Orden de Alcántara», respectivamente.

Los caballeros alemanes son Enrique Ehinger y G. Sayller, a los que el Rey considera como sus vasallos (1528) [41].

El caso de clérigos que pasen a América como capitulantes es más aislado. Los más significativos son los de Bartolomé de las Casas en el año 1520 y el clérigo Juan Alvarez en 1551. Los objetivos de las expediciones son de descubrimiento y población en la primera y descubrimiento y comercio en la segunda [42].

### 5.2. Capitulantes asociados

Como capitulantes asociados igualmente aparecen numerosos ejemplos a lo largo del siglo XVI. En estos casos y a través de las capitulaciones no podemos saber el acuerdo que mediaría entre ellos antes de iniciar la expedición, ni en la medida que cada cual pudo participar económicamente en ella. Por tanto, tampoco se puede hacer un estudio para tratar de ver si la situación planteada por estos capitulantes asociados se ajustaría a alguna figura jurídica ya existente.

En todo caso si existió entre los capitulantes algún acuerdo escrito pertenece a la esfera privada y no podemos estudiarlo a través de la documentación que hemos manejado, ya que sólo conocemos un caso en que nos ha llegado un acuerdo entre capitulantes asociados, en 1525 entre el Conde de Andrada y Cristóbal de Haro, que después de conseguir capitulación con la Corona buscan una persona experta para llevar a cabo la expedición y la encuentran en Diego García, vecino de la villa de Moguer, y con él conciertan otro acuerdo independiente del que ellos tenían con la Corona [43]. Lo único que conocemos es la división que la Corona hizo en las funciones a desempeñar una vez conseguido el objetivo propuesto al comienzo de la expedición.

Como primer ejemplo tenemos en 1509 capitulaciones con Nicuesa y Ojeda, y capitulación con Vicente Yáñez y Juan Díaz de Solís. En 1518, capitulación con Magallanes y Ruy Falero para descubrir la Especiería. Posteriormente, en 1522 se concede capitulación, que en cierta medida es continuación de la concedida a Magallanes, ya que éste no pudo finalizar la expedición por fallecimiento, esta nueva licencia no va dirigida a una persona en concreto, ya que la Corona lo único que pretende es encontrar «armadores» que contribuyan económicamente en ella. Del resto de la expedición se encarga el Rey. No se puede saber cuántas personas se asociaron y qué participación tuvo cada uno [44]. En 1525 tenemos el ejemplo reseñado anteriormente del Conde de Andrada y el acuerdo que toma con Diego García. La Capitulación otorgada reviste características especiales, ya que la Corona también pretende actuar como socio de los armadores, y todos los acuerdos existentes en ella van encaminados a dejar clara la participación económica en la empresa

53

por parte de cada uno, así como lo que les corresponde en los beneficios. También comprende un visto bueno al acuerdo establecido entre los capitulantes y Diego García, al que la Corona otorga nombramiento de Capitán.

En 1527 las noticias de otra capitulación que Pedrarias Dávila en nombre de la Corona otorgó a Hernando de Luque, Francisco Pizarro y Diego de Almagro, han llegado a nosotros, pero igualmente desconocemos a través de esta documentación el acuerdo concertado entre ellos tres [45].

En 1528 se expide la capitulación con los alemanes Enrique Ehinger y Jerónimo Sayller [46], para conquistar y pacificar las tierras del Cabo de la Vela y Golfo de Venezuela.

En 1536 tenemos capitulaciones entre Pizarro-Almagro, pero también desconociendo las características de los acuerdos hechos entre ellos [47].

## 6. EL OBJETO DE LAS CAPITULACIONES

### 6.1. Descubrimiento

El objeto de las capitulaciones ya hemos observado es variado, sin embargo, queda una apreciación por hacer; diferenciar el objeto teórico plasmado en la capitulación y aceptado por el Rey y los capitulantes y la diferencia del mismo al poner en práctica la empresa.

Quizás las capitulaciones que menos dudas ofrecen a la hora de hacer una clasificación por su objeto son las de carácter comercial, ya que están concedidas para ir a un determinado sitio ya explorado, y con el único fin de obtener una ganancia. Igualmente sucede con las capitaulaciones en las que el objeto es el mero descubrimiento, pues los expedicionarios se limitan a conocer el territorio, explorarlo y en algunos casos hacer alguna transacción comercial con los indios. Más tarde podrán volver al mismo lugar pero con objetivos distintos.

Las capitulaciones cuyo objeto es el descubrimiento se conceden a lo largo de la primera mitad del siglo XVI más exactamente hasta 1565, capitulación a Quintanilla.

En las tres primeras décadas del siglo XVI es cuando más numerosas son las capitulaciones para descubrimientos. Entre los años 1540-1550 parece surgir la necesidad de conquista más que le descubrimiento —hay que afianzar los territorios descubiertos—. A partir de 1550 se dan asientos para descubrimiento de una manera esporádica.

Hasta 1530, época en que se trata de desentrañar los misterios de la nueva tierra descubierta se dan la mayor cantidad de asientos para explorar. En 1501 con Vicente Yáñez, 1503 con

Cristóbal Guerra, 1504 con Juan de la Cosa y Ojeda, 1508 Vicente Yáñez, la misma fecha otra con Nicuesa y Ojeda, 1512 con Ponce de León, 1518 Magallanes y Rui Falero, en el mismo año con Diego Velázquez, 1523 Esteban Gómez, 1525 Andrada y Cristóbal de Haro y 1527 con Luque [48].

Entre 1530 y 1540 se dan tres expediciones con sendas capitulaciones y cuyo objetivo era el mismo, descubrir en la Mar del Sur. En 1533 con Pedro de Alvarado para descubrir ciertas islas del Mar del Sur, en 1534 con Almagro para descubrir doscientas leguas del Mar del Sur hacia el Estrecho. En 1539 capitulación con Sancho Hoz para navegar por el Mar del Sur hasta el Estrecho y la tierra que está en la otra parte [49].

Por último, en 1551 se concede capitulación a Juan Alvarez para desentrañar el secreto del volcán de Masaya. Esta expedición no llegó a iniciarse, y en 1557 se concede a Juan Sánchez una capitulación para ir al dicho volcán [50]. Bien es cierto que esta capitulación no es tanto un descubrimiento geográfico como técnico-económico de sus posibles riquezas.

Cierra la serie de descubrimiento la concedida a Quintanilla en 1565 para descubrir el paso de la Mar del Norte a la Mar del Sur [51].

### 6.2. Población

Quizás el objetivo más frecuente en la mayor parte de las capitulaciones sea el de «población», si bien en muy pocos casos se da como único, en la mayor parte va unido al descubrimiento y a la pacificación [52].

Las capitulaciones en que la intención es la de asentamiento de pobladores para cultivar la tierra y vivir en ella, se extienden a lo largo de todo el siglo XVI, aunque su aparición se puede precisar alrededor del año 1520-1526. En años anteriores, 1505, Vicente Yáñez, y 1512 Juan Ponce de León, ya recibieron capitulaciones para poblar, pero unidos al descubrimiento.

La primera de estas capitulaciones para población no reúne las características que más adelante veremos en los asientos de esta clase, en esta la Corona está más preocupada por regular los derechos que le pertenecen del oro, minas, algodón, brasil, etcétera, que de regular al asentamiento de los pobladores [53].

Las características de las capitulaciones de población son: que están dadas para ir a un sitio muy concreto y ya conocido, en el que la mayor parte de las veces ya se ha pacificado y cuyo objetivo es el asentamiento de pobladores, se les exige a los capitulantes llevar hombres casados con sus mujeres [54], lo cual favorece la estabilidad de los pobladores, igualmente se prefiere que esos hombres sean labradores para fomentar el arraigo a la tierra. Asimismo a los capitulantes se les exige llevar una gran variedad de objetos: paños, bonetes, zapatos, etc. [55]. También se pide que vayan mineros con lo cual se asegura la explotación de los metales. En gran parte de las capitulaciones se obliga llevar en la expedición religiosos que se ocupen de la evangelización de los indios [56]. Igualmente la Corona se ocupa de dar una serie de instrucciones en las que se trata de regular la convivencia pacífica con los indios. En cuanto a los pobladores que integren la expedición, la Corona trata de favorecerles haciendo más exenciones de almoxarifazgo de todas aquellas cosas que lleven para su mantenimiento [57]. El capitulante está autorizado para hacer repartimientos de tierras a todos los pobladores [58]. Generalmente estas tierras pasan a ser propiedad privada de los pobladores después de haber habitado en ellas durante cinco años.

Como forma de asegurar los asentamientos también la Corona exige que se construyan fortalezas para seguridad de los españoles.

Con características similares se otorgan las capitulaciones cuyo objetivo, además de poblar, incluye el descubrimiento y la conquista de las tierras si los indios ofreciesen resistencia al establecimiento pacífico. Se otorgan el año 1526 a Francisco de Montejo, 1530 a Diego de Ordaz, 1536 a Francisco Pizarro y Juan Despes, 1537 a Rodrigo de Contreras, 1540 a Sebastián de Benalcázar, 1544 a Francisco de Orellana, 1569 a Juan Ortiz de Zárate, 1574 a Juan de Villoria, 1574 a Pedro Maraver de Silva, y 1596 a Pedro Ponce de León.

Los capitulantes tienen obligación de llevar religiosos [59] para cuidar espiritualmente de los indios y de los españoles, asimismo en algunos casos ellos serán quienes autoricen a declarar la guerra a los indios. Estas expediciones llevan además de los pobladores, que serán como hemos visto anteriormente hombres casados con sus mujeres, un número determinado de soldados y caballos [60] que varía en cada capitulación y que estará en relación con la dificultad que se prevee va a ofrecer la tierra a conquistar y poblar, irán perterchados con todas las armas defensivas necesarias. A los capitulantes se les exige que lleven una serie de artículos que les serán necesarios para vivir en América: simientes, harina, herramientas, etc. Se les autoriza a efectuar un repartimiento de tierras e incluso de indios para favorecer la población [61], estas tierras pasarán a ser propiedad privada de los pobladores una vez que efectúen la «vecindad»: habitarlas cinco años. Igualmente se trata de favorecer a los pobladores con la exención de almoxarifazgo de las cosas que lleven para su mantenimiento [62] en algunos casos al capitulante se le exime de este impuesto por todos los días de su vida a condición de que no pueda comerciar con las cosas exentas [63]. Igualmente se les exime del pago de la alcabala por una serie determinada de años que oscilan entre uno y veinte años [64]. Tienen obligación los capitulantes de fundar ciudades [65] y para reforzar y asegurar a los pobladores se les obliga a construir fortalezas [66]. La Corona, por otra parte, favorece a los capitulantes con diferentes nombramientos de gobernador y alguacil mayor, adelantado, etc., y en algún caso se le dota de jurisdicción civil y criminal en grado de apelación de teniente de gobernador [67].

### 6.3. Comercio

La concesión de capitulaciones de comercio y rescate se extiende a lo largo de todo el siglo XVI sin que su aparición esté motivada por sucesos especiales, sino simplemente por la necesidad de sacar un beneficio en alguna tierra en que sus noticias de riqueza lo exigieran.

Dentro del contenido de las capitulaciones y en los capítulos referentes a comercio con indígenas están regulados perfectamente los derechos pertenecientes a la Corona, etc. Pero es a partir de 1522 en asiento otorgado a los Armadores cuando surgen las capitulaciones propiamente dedicadas al comercio y rescate. En 1522 y 1523 se conceden capitulaciones de comercio con Gonzalo Fernández de Oviedo, 1526 con Juan Ampies, 1553 con Jerónimo Ortal, y en 1572 con Antonio de Sepúlveda.

Aun siendo todas ellas capitulaciones de comercio, merece especial atención la concedida en 1522 a los Armadores [68], y a ella nos vamos a referir con más extensión, ya que sus características lo requieren.

La primera consideración sobre esta capitulación viene dada por la personalidad del capitulante, que en este caso no es una persona o personas concretas, sino que es una «invitación» a todo aquel que quiera participar en la expedición. Esta participación no será con sus personas sino con sus bienes. Cada participante podrá «armar» en la expedición la cantidad que quiere. Por otro lado, no sólo van a participar particulares, sino que uno de los armadores será el propio Rey que si bien no participa con una determinada cantidad de dinero, pero sí con exenciones y privilegios a los armadores que en definitiva van a redundar en los beneficios que se van a extraer de la armada.

Esta participación económica, y en los riesgos de las empresas, de un número indeterminado de personas nos hacen pensar que estamos frente a una capitulación que en definitiva lo que está regulando es una sociedad mercantil.

Vamos a tratar de ver qué tipo de sociedad mercantil se creó y las influencias que tenía de las sociedades medievales ya existentes.

### 6.4. Compañías de comercio

Desde el siglo XIII se constituyeron en España asociaciones de comerciantes o sociedades mercantiles de carácter capitalista, como la llamada *Compañía*, de origen italiano, definida y reglamentada por las «Partidas» de Alfonso el Sabio, las cuales adoptaron modalidades diversas [69].

Los tipos de asociaciones mercantiles que se desarrollaron en la España cristiana de la Edad Media fueron especialmente tres: la *Compañía*, que sabemos era una forma de sociedad mercantil usada ya en Sevilla en el siglo XIII (Partida III, 18-78). La *Commende* y la *Sociedad de Mar* (Societas Maris), estas dos últimos modalidades de asociación comercial propias de las ciudades marítimas y frecuentes ya en Barcelona desde el siglo XIV. La Compañía (Societas) era la asociación formada por dos o más mercaderes o negociantes —a veces por cuatro, cinco y hasta treinta— que se unían por un determinado período de tiempo, que podía ser el de la vida de los asociados, con la finalidad de obtener ganancias en una empresa mercantil o de otra índole, aportando a ella sus respectivos capitales, que en unos casos ponían por igual repartiéndose entonces las ganancias por partes iguales, o en partes desiguales conviniendo que la distribución de pérdidas y ganancias se hiciera en proporción al capital aportado por cada uno de los asociados o que los lucros obtenidos se repartiesen con arreglo a lo que se hubiese estipulado al constituirse la sociedad. Estas compañías antecedentes de las Sociedades Colectivas, no se constituían para realizar una sola operación mercantil, sino para dedicarse por cierto tiempo a un negocio determinado y no siempre todos los socios o compañeros aportaban sus capitales y su actividad a la empresa, pues a veces algunos se limitaban a la aportación de capital y no intervenían en el negocio con su trabajo, corriendo éste a cargo de otros socios que, carentes de riquezas, no aportaban a la compañía capital alguno, sino solamente su competencia mercantil.

La Commende, usada desde el siglo XII, tuvo sus orígenes en un contrato por el cual un mercader confiaba sus mercancías a otra persona (por ejemplo, el patrón de una nave) y le facultaba para que las vendiesen en un mercado lejano y participase de un modo o de otro en los beneficios que obtuviesen; pero en el siglo XIV la Commende era ya una asociación del capital y el trabajo en el que el capitalista confiaba su capital a un mercader o comandatario para que lo invirtiese en una empresa mercantil en el extranjero, repartiéndose los beneficios generalmente en la proporción de dos tercios para el capital y un tercio para el trabajo.

La Sociedad de Mar, frecuentemente el comercio barcelonés desde el siglo XIV, era una asociación que adoptó muchas modalidades y en la que dos o tres personas se asociaban para una determinada operación, como, por ejemplo, el fletamento de un barco, siendo partícipes (parconers) en el negocio según el capital invertido, repartiéndose los beneficios en proporción a la parte que hubiera interesado en el mismo y extinguiéndose la sociedad al liquidarse las ganancias de la empresa para la cual se constituyó.

Según lo anteriormente expuesto, esta capitulación para comerciar es el establecimiento de una sociedad mercantil en la que va a participar un número indeterminado de personas, con la peculiaridad de que uno de estos socios será el Rey. En ella habrá una participación proporcional entre los beneficios y la aportación económica a la empresa. Esto es muy similar a las «Sociedades de Mar» que venían funcionando desde el siglo XIV, pero con una particularidad, que mientras éstas concluyen al liquidarse las ganancias, en la capitulación de 1522 queda abierta la posibilidad a continuar la sociedad y, por tanto, a participar en nuevas empresas con las mismas características que la anterior, si bien los objetivos iniciales de la empresa se pueden dar por concluidos al finalizar esta primera expedición.

## 7. APORTACION DEL REY

### 7.1. Aportación en metálico

La aportación de la Corona a las expediciones de conquista del Nuevo Mundo son variadas, pero en cualquier caso nunca comprometen a la Corona más de lo que ésta ha prometido y comprometido con el capitulante.

Todo lo prometido por la Corona está condicionado al buen término de la expedición, salvo lo que concede para preparar ésta. La aportación del Rey no es por lo común en metálico, sino en una serie de privilegios que al llevar la expedición a cabo se materializan en unos beneficios para el capitulante y que pueden comenzar con la exención de derechos reales de las cosas que necesitan para iniciar el viaje. Si la expedición nunca llega a realizarse, o los objetivos iniciales no llegan a cumplirse, la Corona no sufriría ninguna pérdida.

En otro orden de cosas, se produce una aportación de la Corona en cuanto a nombramientos, unos condicionados a la puesta en marcha de la expedición; ejemplo, Capitán de la Armada. Y otros a la realización de la capitulación, aunque ésta no haya concluido, ejemplo: Gobernador de los territorios descubiertos o poblados, según se va consiguiendo.

### 7.2. Concesión de títulos

Vamos a tratar de ver, en primer lugar, la concesión de títulos o nombramientos de cargos.

Los cargos más frecuentemente concedidos son los de Gobernador y Alguacil Mayor.

a) *Gobernador*

Los más antiguos concedidos son los cargos de Gobernadores que se vienen concediendo desde las primeras capitulaciones. Las personas que pasaran a desempeñar el cargo de gobernadores en América, y con tal título a través del régimen de capitulaciones serán de todas las clases sociales, y en la mayoría de los casos sin ninguna experiencia en el desempeño de función pública, en su gran mayoría no habían desempeñado ningún oficio público en la Península.

A partir de 1501 se ha producido la libertad de paso a América y queda abierto el régimen de capitalaciones. Se van a descubrir nuevos territorios, éstos están lejos de la península y de la tutela directa del Rey, van a ser territorios en los que probablemente los capitulantes van a encontrar una resistencia por parte de los indios. Todas estas causas hacen necesaria la presencia de un oficial real, que al igual que en Canarias con Alzaga, Vera y, en 1498, con Alonso de Luego, impondrán el orden, pacificarán y a la vez conservarán los nuevos territorios adquiridos; estos oficiales llevarán el cargo de «gobernadores».

En los años 1499-1500 aparecen las primeras capitulaciones indianas, y con ellas los primeros cargos de origen capitulado. Los oficios públicos que los conquistadores van a desempeñar serán en este primer momento de «Capitán general» otorgado en 1499 a Vicente Yáñez, y el de «capitán» a Rodrigo de Bastidas en 1500 [70]. De este modo, una vez puesto fin al gobierno de Colón, los primeros «gobernadores» que actúan en el Nuevo Mundo no tendrán su origen en asientos concertados con la Corona, ya que serán Bobadilla [71], y, en 1501, para sustituirle, Frey Nicolás de Ovando [72] nombra el día 3 de septiembre.

Los primeros «gobernadores» cuyo origen sí se puede establecer en una capitulación serán Alonso de Ojeda, gobernador de Coquibacoa, y Vicente Yáñez (8 de junio y 5 de septiembre de 1501, respectivamente) al que se le otorga nombramiento de «... capitán e gobernador... con todas las cosas anexas e concernientes al dicho cargo, segund que lo usan e lo pueden e deven usar los otros nuestros capitanes e gobernadores de las semejantes yslas e tierras nuevamente descubiertas»[73].

Con estos nombramientos de oficios públicos, originados por la generalización del régimen de capitulaciones que vino a poner fin al monopolio de Colón, se abre un nuevo período en la política de los descubrimientos y en la técnica de la conquista. Se está iniciando lo que podríamos llamar una etapa de «control real» dirigida directamente por la Corona y canalizada a través de la Casa de la Contratación y, posteriormente, por el Consejo de Indias.

Como característica general de los nombramientos que la Corona hace en las capitulaciones indianas, se puede indicar su ambigüedad por cuanto en ellas no se especifica de qué atribuciones va revestido el capitulante en virtud del cargo que vaya a desempeñar. También en los oficios encomendados a Alonso de Ojeda y Vicente Yáñez, anteriormente señalados, la Corona es imprecisa. A Vicente Yáñez se le dice del oficio que podrá usar según lo hacen y usan los «capitanes e gobernadores de las semejantes islas y tierras nuevamente descubiertas»; pues bien, hasta el momento en que se le inviste de esta autoridad en las islas y tierras nuevas ha habido, como antecedente en que basar su actuación, los nombramientos de Bobadilla y Nicolás de Ovando, ambos cargos sin ser de origen capitulado. Ante la diferencia de misiones y de instrucciones de estas autoridades, surge la dificultad de poder precisar el alcance de las atribuciones y funciones a desempeñar por parte de Vicente Yáñez como gobernador.

A partir de este momento, y hasta 1505, los nombramientos que se dan en capitulaciones van a ser sólo de «capitán», e irán investidos de una cierta autoridad para imponer orden e incluso para administrar justicia, aunque no podrán condenar a muerte ni sentenciar a ningún tipo de mutilación[74]. «Para lo cual facemos capitán de los dichos navíos y gente que en ellos fueren a vos, el dicho Juan de la Cosa, e vos damos nuestro poder cumplido e juredición çevil e criminal con todas sus inçidençias e dependençias, emergençias, anexidades e mandamientos. E todas las personas que en los dichos navíos fueren, e cada uno dellos, que como a tal nuestro capitán vos obedezcan e vos dejen e consienta usar el dicho ofiçio e juredición, con tanto que no podais matar ni condenar persona alguna a muerte ni cortar miembros» [75].

Los nombramientos que se dan a Cristóbal Guerra, Alonso de Ojeda, Juan de la Cosa y Vicente Yáñez [76], parece que responden a la necesidad de que haya una autoridad frente a la «hueste» que se enrola en la expedición. De esta forma, los expedicionarios están sometidos al capitán, y éste, a su vez, para tomar cualquier decisión de gobierno, está bajo la jurisdicción del gobernador de la Española, con lo cual todas las acciones gubernativas se centralizan en una sola autoridad. En estos casos concretos, será Frey Nicolás de Ovando. «... fagais e cumplais todo aquello quel qués o fuere mi governador de las dichas islas e tierra firme del dicho mar Oceano de mi parte vos manda re...» [77].

En 1508 y 1512 se firman dos capitulaciones, la primera de ellas con Nicuesa y Alonso de Ojeda y la segunda con Ponce de León. Tampoco a ellos se les nombra «gobernadores», sin embargo, se aprecia una concesión más amplia en cuanto a funciones a desempeñar. A todos ellos se les nombra «capitán» como en las anteriores, pero también se les autoriza a «ejercer la gobernación». No se puede precisar exactamente qué diferencias existen entre «ser gobernador» y «ejercer la gobernación», ya que el ejercicio de estas funciones supone serlo de hecho.

Entre los nombramientos de los dos últimos asientos mencionados existen diferencias notables. El que se da a Nicuesa y Ojeda será dependiente del gobernador de la Española. Sin embargo, a Ponce de León se le dota de total autonomía y se le concede la gobernación y justicia de la isla de Bimini. A Nicuesa se le dice: «... que hagais por Nos la gobernación de la isla de Jamaica, con las diciones susodichas, por el dicho tiempo de los dichos cuatro años, y estando devaxo del nuestro gobernador qués o fuere de la dicha isla Española...» [78]. En 1512 a Juan Ponce de León se le otorga: «... vos hago merçed de la gobernación y justicia della (la isla de Bimini) por todos los días de vuestra vida, y para ello vos doy poder cumplido y jurisdición civil y criminal con todas las incidencias y dependencias, anexidades y conexidades» [79].

El nombramiento de Juan Ponce de León supone unas mayores concesiones que los anteriores. De una parte, el tiempo que puede ejercer la gobernación es por toda su vida y, por otra, la jurisdicción civil y criminal ya no es en virtud del nombramiento de «capitán», y, por tanto, inherente al oficio según el «fuero militar», sino en función del ejercicio del gobierno ordinario. Por último, a Ponce de León no se le supedita a la autoridad del gobernador de la Española.

En el año 1536, en el asiento concertado con Juan Pacheco [80] se le concede el «oficio de gobernación» con las mismas características que el concedido a Ponce de León. A Padro de Garro, en capitulación también del mismo año, se le otorga el «oficio de gobernación», pero esta vez complementado con los oficios de «justicia y alguacilazgo» [81].

Con título de «gobernador» se distingue a Magallanes en capitulación de 1518. En esta ocasión tampoco queda claro cuáles serán las funciones que puede desempeñar el capitulante como gobernador, ya que conjuntamente se le nombra «adelantado» y aunque las atribuciones son amplias, a excepción de la «suprema» que se reserva al Rey, no quedan diferenciados y deslindados ambos cargos. El tiempo que permanecerá la concesión es la misma para ambos, en «juro de heredad», y la retribución que percibirá por su ejercicio, además de ser igualmente conjunta, más parece una gratificación y participación de los beneficios que un salario propiamente dicho (1/20 de los beneficios descontadas las costas) [82].

Desde el año 1523 hasta el año 1540, aproximadamente, y coincidiendo con la etapa de las grandes conquistas, es cuando más nombramientos se dan en capítulo independiente al otorgamiento de otros cargos. Su duración se establece normalmente como vitalicia.

El salario que van a percibir estos capitulantes no es claro que sea en función del cargo de «gobernador», pues tan sólo en capitulación con Ayllón y con Simón de Alcazaba se fija en 365.000 maravedís para el primero y 1.500 ducados para el segundo [83]. Por su parte, las atribuciones de que van revestidos son difíciles de apreciar por las mismas capitulaciones, ya que en muy contados casos la Corona establece las líneas de actuación en virtud del cargo dado, y cuando lo hace más nos atrevemos a pensar que es como «vía de excepción» que como potestad ordinaria. Generalmente, a los gobernadores capitulados se les autoriza a hacer repartimientos de tierras como ya se había hecho por Alonso de Lugo en Canarias [84].

En el año 1526, en capitulación que se concede a Francisco Montejo, se va a introducir una variante en los nombramientos de «gobernador»: se les une el título de «capitán general» y se otorga un nombramiento conjunto, parece que precisamente con ánimo de que ambos cargos se complementen; esta particularidad se va a repetir hasta el año 1596, en capitulación con Pedro Ponce de León [85].

La duración de los cargos a que se ha hecho referencia queda establecida de forma vitalicia, o por dos vidas [86]. La relación más numerosa de capitulaciones aparece en la concesión vitalicia y no se pueden apreciar las motivaciones que movían a la Corona para actuar concediendo una cosa u otra.

Toda esta situación, aparentemente arbitraria, en las concesiones va a quedar asentada y unificada a partir de 1573, en las Ordenanzas de Descubrimientos y Nuevas Poblaciones. En los capítulos 56 y 57 de las mismas se manifiesta: «El adelantado que cumpliere la capitulación de nuevo descubrimiento, población y pacificación que con él se tomaren, se les conceden las cosas suficientes: título de Adelantado y de Gobernador y Capitán General por su vida, de un hijo o heredero o persona que él nombrare. A él o a su hijo heredero que todo el tiempo que fuere Gobernador, Capitán General y Justicia Mayor se le dará salario competente en cada un año de la Hacienda Real que en aquella provincia nos perteneciere» [87].

En virtud de estos capítulos, ya los asientos fechados en 1574 con Mendaña, Villoria y Maraver de Silva se ajustan perfectamente a las Ordenanzas. Los cargos que se les otorgan son de «gobernación» y «capitán general»; la duración de los oficios será por dos vidas; el salario se dará conjuntamente por ambos cargos. Realmente el ofrecimiento de un salario conjunto se había venido haciendo desde que aparecieron los dos unidos, con la excepción de 1526, Montejo y Pánfilo de Narváez, y de 1528, a los Alemanes.

En cuanto al capítulo de las atribuciones, como en casos anteriores y como ha quedado apuntado, es difícil saber exactamente cuáles son a través de los documentos que nos ocupan. Están autorizados a nombrar persona que les suceda en el cargo cuando éste se da por dos vidas, hecho este que se prevé en las Ordenanzas de 1573. En algún caso aislado, como el que concurre en Quintanilla en capitulación de 1565, se le faculta para nombrar alguaciles mayores y menores. También en 1596 se le autoriza a Pedro Ponce a nombrar Alguacil Mayor.

La facultad de hacer «repartimientos», como igualmente se ha mencionado, está concedida a mayor número de capitulantes. Estos «repartimientos» no sólo van a comprender las tierras sino que también incluirá a los indios. Desde 1501 se les dice a los capitulantes que hagan el reparto de tierras según se hacía en la Española, respetando los repartimientos que los expedicionarios tuviesen antes de comenzar la nueva empresa. A partir de 1520, y hasta 1525, se les inviste de la facultad de repartir tierras por un período de tiempo determinado, generalmente cinco años. Entre los años 1529 y 1540 lo frecuente es que la autorización a hacer repartimientos se conceda por el mismo período de tiempo en que se ejerce la gobernación [88]. En algunos casos, se concede esta facultad, pero no se especifica cuánto tiempo se podrá ejercer [89].

En varias capitulaciones a partir de 1573-1574: Artieda, Mendaña, Villoria y Maraver, y Luis de Carvajal se les faculta para conceder repartimientos de tierras a los pobladores, pudiendo éstos a los cinco años disfrutar de ellas como suyas y siendo extensiva la posesión por el primer beneficiario y hasta dos herederos suyos. También están autorizados a conceder encomiendas hasta por dos vidas en las tierras ya pobladas en su jurisdicción, y por tres vidas los que sean de nueva concesión. En estas encomiendas de indios se seguirá la práctica habitual, dejar los «puertos de mar y las cabeceras» encomendadas a la Corona.

b) *Alguacil Mayor*

Otro nombramiento que la Corona hace a los capitulantes es el de «alguacil mayor». Este oficio se da en algunas ocasiones unido al cargo de gobernador, y en otras se efectúa con total independencia [90].

El primer capitulante al que se otorga es Vázquez de Ayllón, en 1523; a partir de este año, y hasta 1530, las características de este nombramiento son: que no se especifica salario por su desempeño, y que se concede a perpetuidad, sin quedar perfectamente claro si el término «a perpetuidad» supone para su vida y la de sus herederos y sucesores o solamente para él [91].

Hasta el año 1540, aproximadamente, y una vez más coincidiendo con la época de las grandes conquistas, se da el nombramiento con la característica de vitalicio y también sin percibir salario alguno [92]. Entre 1540-1560, se comienza a otorgar el nombramiento por dos vidas, la del capitulante y un heredero o sucesor, y sin especificar si llevará salario como en los casos anteriores [93].

A partir del año 1565, se concede el cargo perpetuamente para el capitulante, sus herederos y sus sucesores, para volver, a partir de 1573, a concederse por dos vidas, sin duda, debido a la unidad de criterios establecida por las Ordenanzas de 1573. Ninguno de estos capitulantes va a percibir salario alguno por el desempeño de sus funciones como alguacil mayor, pero sí van a poder poner y quitar alguaciles de los lugares que se pueblen dentro de su jurisdicción [94].

c) *Adelantado*

En cuanto al título de «Adelantado», es también frecuente su concesión desde el año 1512. Las características de este cargo en capitulaciones son: su duración habitual es por la vida del capitulante y un heredero, no van a percibir salario por ello y generalmente va acompañado del nombramiento de alguacil mayor. Todo ello nos lleva a pensar que lo que se está otorgando en estos asientos no es un cargo de adelantado similar al de los «Adelantados Mayores de Castilla». No parece que en Indias adquieran el carácter de «destacados», ni de autoridades encargadas de la suprema autoridad militar de la circunscripción que se les otorga. Más bien parecen dotados de un carácter honorífico, y en todo caso de autoridades con atribuciones judiciales y apoyados en el nombramiento que se les concede de «Alguacil Mayor» [95].

d) *Otros títulos honoríficos*

Se otorgan otra serie de títulos meramente honoríficos y que suponen para los beneficiarios un acceso al estamento nobiliario con lo que esto conlleva de exenciones tributarias. Estos casos son realmente escasos: en 1529 se nombra a Almagro «fijodalgo» [96]. En la misma capitulación perteneciente a Francisco

Pizarro, se otorga el título de «Fijodalgo Notorio de solar conocido» a una relación de expedicionarios (los de la isla del Gallo). En el caso de que alguno de ellos ya fuese hidalgo en sus tierras, tendrá que informar del hecho y en tal caso se le nombrará «Caballero de Espuela Dorada»[97]. En 1536, a Pacheco se le nombrará «Gentilhombre de nuestra Casa» y percibirá un salario de 100.000 maravedís anuales por el cargo[98].

### 7.3. Concesiones económicas

En cuanto a los beneficios económicos que la Corona otorga a los capitulantes, podríamos hacer una distinción entre lo que suponen, por una parte, la exención y reducción de impuestos y derechos reales que habrían de pagar, y, por otra, la participación que el Rey les ofrece en las ganancias que se obtuviesen de las expediciones.

#### 7.3.1. *Exenciones de impuestos*

Las exenciones fundamentales son las del almoxarifazgo y de la alcabala, que habrían de pagar de las mercaderías que lleven a Indias para su uso o comercio, o bien de las que traigan desde Indias para su venta en España. Estas exenciones se hacen generalmente al capitulante con lo que favorece la expedición, pero en algunas ocasiones se hacen extensivas a los conquistadores o pobladores con lo cual se facilita el asentamiento de «colonos».

Vamos a detallar primeramente las exenciones que afectan a los capitulantes. En el menor número de casos, a partir de 1529, se les exime solamente del pago del almoxarifazfo de las cosas que lleven en la expedición y que sean para su uso[99]. En estos mismos términos, pero eximiéndole del pago del almoxarifazgo por toda la vida, se concede desde el año 1518 al 1534, estableciendo la obligación de que las cosas que se lleven serán para el mantenimiento de la casa del capitulante y no para venderlo[100]. La misma exención, pero sólo por doce años, se hace en 1540 a Cabeza de Vaca[101]. Igualmente se le exime en 1557 a Jaime Rasquín[102] por diez años de los productos que necesite para el mantenimiento de su casa y cuyo valor no sobrepase los 2.000 pesos anuales.

En expediciones en que se trate de favorecer la población y el comercio, se hace la exención no sólo a los capitulantes sino también a los pobladores y mercaderes. En este caso, lo normal es eximir de almoxarifazgo de lo que lleven para sus casas por seis años, y, de aquellos productos que ellos mismos vayan a vender o bien comerciar con ellos, los mercaderes estarán exentos por dos años [103]. En otras ocasiones, tan sólo se les exime del amoxarifazgo por cinco años [104], por seis años [105], o por ocho años [106].

Abundando en la idea de favorecer el comercio y la población de un lugar concreto como, por ejemplo, la villa de la Asunción y de Ontiveros, en 1557 en capitulación con Jaime Rasquín, se concede a los pobladores de ellos exención perpetua de todo lo que lleven para sus casas, y los mercaderes que lleguen allí con sus productos estarán exentos del impuesto de almoxarifazgo por diez años [107]. En otras ocasiones lo que se exime es un producto que sea suficientemente importante, como la sal, y se especifica que será aquella de la que usen y coman; el período de tiempo por el que se hace es entre cinco y ocho años [108].

A veces la exención es de alcabala y será extensiva en algunos casos por treinta años; solamente se da este hecho en capitulación con Socarras. Por diez años se exime a Pizarro, Soto y Almagro y a sus pobladores, y por cuatro años en capitulación con Nicuesa para favorecer igualmente la población de las tierras que descubran [109].

### 7.3.2. *Participación económica de los capitulantes en los beneficios o derechos pertenecientes estrictamente a la Corona*

En casos muy excepcionales, la Corona va a participar en las empresas con «dinero en efectivo». Los beneficios económicos que los capitulantes perciben de las expediciones que realizan van a consistir en una participación sobre las ganancias que corresponderían a la Corona, una vez concluida la empresa y descontados todos los gastos que en ella se realicen, como sería el pago de salarios, etc... De esta forma, si la empresa es deficitaria, la Corona no perderá dinero en ella y la participación del capitulante en los beneficios será nula, pero si la expedición es económicamente muy rentable tendrá una pequeña parte. Así

del titular de la capitulación como de los expedicionarios, ya que a veces los beneficios también repercutirán en ellos. Ahora bién, puede darse el caso que en una expedición se vayan a extraer unas grandes riquezas, que en cierta medida se prevén, en este caso la Corona establecerá un límite en la participación del capitulante, quedando la mayor parte de los beneficios para ella. Asimismo, si los beneficios que se obtengan de la tierra son menores de lo que se pensaba en un principio, se tendrá que informar a la Corona por si ésta estima que se ha de reducir la participación económica del capitulante.

También queda muy claro en los asientos que si no se obtuviese ningún beneficio, la Corona no está obligada a pagar absolutamente nada.

En los años 1526-1528 se acostumbra a dar un 4 por 100 de participación, descontados todos los gastos, y este beneficio se vincula en «juro de heredad» a los capitulantes [110].

A partir de 1529, y hasta 1547, aproximadamente, la participación será de 1/12, con las mismas condiciones de la concesión anteriormente señalado, en juro y descontados los gastos. Ahora bien, en algún caso ya se establece el límite de beneficios que quedará marcado en un «quento» o dos «quentos» de maravedís [111]. Normalmente esta concesión de la «doceava» parte se hace de forma provisional en tanto que se recibe información exacta de la calidad de la tierra y de las riquezas que de ella se pueden extraer [112].

No siempre la participación es de la misma cantidad, unas veces es inferior, 1/10, y otras, 1/13, 1/15 ó /20, y la cantidad tope oscila entre 500 ó 1.500 ducados. Generalmente, la duración del beneficio sí suele ser en juro, aunque en alguna ocasión se puede establecer de forma vitalicia [113].

Otra fuente de riqueza de las expediciones, además de la explotación de la tierra, especierías, etc..., se encuentra en los tesoros que se tomen de los indios, en concepto de «derecho de cabalgada». La «cabalgada» era uno de los servicios militares a que estaban obligados los súbditos de los Estados de la Reconquista. Consistía en una incursión rápida a territorios enemigos con el fin de ocasionarles pérdidas militares y a la vez hacer un botín. Este concepto de «cabalgada» como forma de hacer guerra se mantiene en la conquista de América y se aplica a las incursiones que los españoles hacen en las tierras de los indígenas, lo que se consigue es estimular el trabajo y el interés, tanto aunque es bien cierto que ha de existir como justificación una «guerra justa». La finalidad es doble: de una parte, someter a los indios que no aceptan pacíficamente el dominio español y, por otra, obtener sustanciosos rescates de los caciques y buscar «tesoros»; no olvidemos que los años en que esta cláusula se incorpora a las capitulaciones suceden las grandes conquistas, y a la vez son los momentos en que las noticias de los fabulosos tesoros indígenas están plenamente vigentes.

De esta fuente de ingresos, la Corona también va a ofrecer una participación a los capitulantes y expedicionarios cuyos asientos están fechados entre los años 1530-1540 [114] y en los que siempre se van a establecer las mismas condiciones, ateniéndose para ello a los derchos y leyes de los reinos peninsulares: el rescate que se obtenga del «cacique» apresado será de la Corona, con todos los «bienes muebles y raíces» que le pertenezcan, pero considerando los trabajos que los españoles realizan para la conquista, se va a reservar la Corona solamente un sexto de todo ello, y lo demás se va a repartir entre los conquistadores sacando primeramente el «quinto real». Ahora bien, si el cacique muere en batalla o por «vía de justicia», será para las arcas reales la mitad de todos los tesoros y la otra mitad se repartirá entre los conquistadores, descontando igualmente el quinto real.

Con esta participación se les obliga a respetar las instituciones y ordenanzas para el buen tratamiento de los indios teniendo en cuenta que, con las condiciones que se han establecido, los conquistadores salen más beneficiados si el cacique es apresado vivo y da un rescate que si muere en batalla. En todas las capitulaciones se incluyen las Ordenanzas que en 1526 se redactaron en Granada y que por primera vez se insertaron en la capitulación otorgada ese mismo año a Francisco de Montejo.

También se regula en esta capitulación la forma de repartir los tesoros que se encuentran escondidos en cualquier parte, ya sean tierras de particulares o templos de indios, etc. Respecto de este tema, se pagará la mitad a la Corona sin ningún tipo de descuento y la otra mitad pertenecerá a la persona que lo haya encontrado. Ahora bien, si se intenta ocultarlo y no dar a los oficiales reales la parte que corresponde, estarán bajo pena de perder su parte del tesoro más la mitad de todos sus otros bienes.

Otro tipo de reducción de impuestos se da sobre el oro de minas. Parece que se intentó favorecer precisamente la extracción de este metal y así vemos que las exenciones de derechos reales van aumentando desde el año 1508 en que aparece por primera vez hasta 1540. Generalmente se determinaba que el primer año de explotación se pagaría a la Corona 1/10 de lo que se obtuviese, e iría aumentando progresivamente en años sucesivos hasta llegar a 1/5, que era el derecho habitual reservado a la Corona. El mayor beneficio se establece precisamente en que ese 1/10 del primer año no se mantiene siempre por ese plazo de tiempo, y en diversas capitulaciones se establece que se continuará pagando por dos años, tres, cinco, seis y diez. Después de ese plazo irá aumentando hasta llegar a 1/5 [115].

Otra reducción sobre el impuesto del oro, plata y perlas, pero sin especificar que se extraiga de minas sino que puede ser por comercio con los indios, se encuentra en capitulación de 1547 con Sanabria en que por diez años sólo se le cobrará 1/8 de ello, en lugar del quinto correspondiente [116]. En las mismas condiciones a veces la exención es mayor ya que pagarán por diez años solamente el décimo en lugar del quinto acostumbrado, desde el momento en que los pobladores hayan hecho la primera fundición [117].

El comercio con los indios en mercancías que no sean oro también se favorece con algunas exenciones que consisten en pagar por ocho y seis años el décimo y después pagar el quinto [118].

## 8. LA HUESTE INDIANA

### 8.1. Como servicio militar en Indias

El estudio de esta hueste indiana capitulada, como una forma de servicio militar en Indias está muy acertadamente estudiada por el Profesor García-Gallo en el «Servicio Militar en Indias».

No fue una institución jurídicamente reglada, careció de una ordenanza normativa. Funcionó de acuerdo con unas bases consuetudinarias [119].

La primera expedición que pasa a América es de mero descubrimiento, por tanto, carece de elementos militares ya que no se puede prever cómo serán recibidos los españoles en el Nuevo Mundo. Pero ya en el segundo viaje aparecen fuerzas militares y los Reyes Católicos ordenan se le prevea a Colón del depósito de armas en Granada, de 50 pares de corazas, 50 de espindargas y 50 de ballestas [120].

La gente que acompaña a Colón en esta expedición va, bien obligatoriamente, por haber sido destinado mediante orden Real o voluntariamente atraídos por las riquezas que esperaban encontrar. Colón va al frente de esta expedición como Capitán General. Cada uno de los expedicionarios debe costearse sus armas [121] y tenerlas a punto. Colón en este caso actúa como agente de la Corona, los expedicionarios que capitulan con Colón, por tanto, quedan no a su servicio sino al de la Corona.

En expediciones posteriores realizadas a lo largo del siglo XVI y cuyo origen es capitulado, la intervención de la Corona en la recluta de la hueste y su puesta a punto es nula. La recluta se hará siempre por cuenta del capitulante quien pagará los pertrechos necesarios para el equipamiento de la expedición y él será quien estipule con los expedicionarios las condiciones en que éstos van a ir.

El capitulante se compromete a reunir el número de personas fijado en la capitulación. En los primeros momentos de la conquista americana se buscan en la península, cosa que resulta fácil, ya que la gente es fácilmente atraída por las noticias de grandes riquezas que llegan hasta ellos. En el primer cuarto del siglo XVI se prefiere reclutarlas en las Antillas, pero para evitar que se produjera una despoblación en los asientos que se iban realizando, en las Ordenanzas de descubrimiento y población de 17 de noviembre de 1526 se exige que se lleven los expedicionarios de la Península, salvo gente autorizada a ello o algún intérprete que podrá llevarse de allá [122].

Los gastos de la expedición corren por cuenta del capitulante, que en la mayoría de los casos no dispone de dinero para llevar a cabo la empresa, y o bien se asocia con los armadores o bien recurre al sistema de «fijado» en que los armadores le prestan todo, esperando obtener altos beneficios. Esta misma esperanza es la que mueve a los conquistadores a enrolarse.

### 8.2. Relación capitulante-expedicionario

El capitulante que dirige la empresa recluta sus gentes por sí mismo bien en España, bien en Indias. El procedimiento de enrole comienza con la «publicación de la jornada». Ya Bernal Díaz del Castillo hace una descripción de la forma en que Cortés reclutó a sus hombres [123]. A partir de 1573 con las Ordenanzas de población queda regulada la forma de hacer el reclutamiento [124]. El alistamiento de los soldados se hace por medio de una capitulación entre éstos y el capitulante. Este acuerdo entre soldados y capitulante no establece una relación simplemente militar. El expedicionario contribuye a la expedición con su vida, y los beneficios que obtendrá están en función del éxito de la empresa. A su vez el capitulante se compromete a cuidar como algo más que un capitán a sus hombres. Tiene una serie de deberes no jurídicos, sino morales con ellos. Vargas Machuca, cuando habla de sus deberes, dice que, además de tener el caudillo que ser el primero en el lance y dificultad, en el hambre y en el cansancio, «también a ratos es médico y cirujano, y al enfermo o herido es el primero que ayuda a cargarle, haciendo el oficio de padre»[125].

El asiento entre el capitulante y los expedicionarios que le acompañen es de duración indefinida. Para separarse del capitán necesitan su autorización. Las Ordenanzas de 1573 castigan con la pena de muerte la deserción de los expedicionarios.

Ordinariamente el cese de esta relación termina con la culminación de la empresa comenzada.

En cualquier caso esta relación capitulante-conquistadores, como capitulante-armadores pertenece a la esfera privada y no queda reflejada en el sistema de capitulaciones.

## 9. REPARTIMIENTOS

### 9.1. Autorización a los capitulantes para efectuarlos

La autorización por parte de la Corona a los capitulantes para hacer repartimientos de tierras, es muy frecuente y se extiende a lo largo de todo el régimen de capitulaciones. Parece más frecuente la autorización a repartir tierras que a hacer encomiendas de indios.

En varias ocasiones la Corona expresa su deseo de que se respeten los repartimientos adquiridos por los expedicionarios antes de comenzar la empresa que les ocupa. De esta forma se expresa en capitulación de 1508 con Nicuesa y de 1534 con Almagro [126].

Entre los años 1520-1525 en capitulaciones con Serrano, Bastidas, Ayllón y Villalobos se autoriza a repartir tierras, aguas y solares. No se especifica nada concerniente al repartimiento o encomienda de indios. El tiempo de esta facultad es de cinco años a Bastidas y Villalobos, y de diez años a Serrano. Ayllón se le concede a título vitalicio [127].

Desde los años 1529 al 1540 nos encontramos quizás con el grupo más numeroso de capitulaciones a los que se les autoriza, hacer «repartimientos de tierras» y «encomiendas de indios» igual que se hacía en la isla Española y por el tiempo que duren sus respectivas gobernaciones. Es de destacar que estas expediciones son todas ellas de conquista [128].

Sin especificar por cuánto tiempo concede la Corona la facultad de hacer repartimientos a los capitulantes, y asimismo, sin especificar si en esta facultad entra el repartimiento de indios, aparece en capitulaciones desde el año 1529 hasta 1565 [129].

En el año 1596 y en capitulación con Pedro Ponce se le autoriza exclusivamente a hacer encomiendas, pero para ello deja la Corona claro que le dará Cédula aparte [130].

En capitulaciones con Joan Camelo, 1527 y 1579, Luis de Carvajal se especifica que a los cinco años de hacer vecindad se podrá disponer de los repartimientos como algo perteneciente al vecino. A estos capitulantes se les autoriza a hacer repartimientos por su vida y la de un heredero [131].

Desde 1569 hasta 1574 aparecen varias capitulaciones en que la Corona autoriza a los capitulantes a «encomendar los repartimientos vacos», que quedan vacíos bien por ausencia de sus usufructuarios o bien por muerte, por dos vidas, y los de nueva concesión por tres vidas. No se especifica por cuánto tiempo concede esta facultad [132]. Asimismo y a estos capitulantes les extiende la Corona las atribuciones, autorizándoles a hacer los repartimientos para los hijos y sucesores de los beneficiarios de dichos repartimientos [133].

En 1549 y en capitulación con Vargas la Corona autoriza a este capitulante a quedarse con una cantidad moderada de los repartimientos que vaya a hacer [134].

Otro caso excepcional aparece en 1596 y en capitulación con Pedro Ponce, en que se le autoriza a hacer repartimiento a oficiales reales aunque éste estaba prohibido [135].

## 10. CESE DE LO CAPITULADO

### 10.1. Por pleno cumplimiento de lo acordado

El cese de lo capitulado puede producirse por diferentes causas. En primer lugar, y pensamos que la más común, es por un pleno cumplimiento de lo capitulado; en segundo lugar, por incumplimiento de lo capitulado, bien después de iniciar la expedición o por no llegar tan siquiera a iniciarse.

El pleno cumplimiento de lo capitulado se lleva a efecto cuando se produce la realización de todos los capítulos comprendidos en la capitulación tal y como la Corona lo ha estipulado y el capitulante lo ha aceptado. Partiendo del punto señalado con la gente bien aparejada, al igual que los navíos y en el plazo señalado para ella, y por último, cumpliendo los objetivos de la capitulación. Si estos objetivos no hubieran podido llevarse a efecto por las causas que fuesen, la Corona queda en libertad de volver a otorgar capitulación a otra persona que ella quiera. Si no se ha llevado a efecto por mala voluntad del capitulante, según se establece en el último capítulo, este incurre en pena: «La Corona se tendrá por deservida.» En ningún caso se especifica cuál será la pena que se impondrá.

### 10.2. Por no iniciar la expedición en el plazo estipulado

En algún caso la expedición no llega a iniciarse, por lo que la Corona otorga nueva licencia a otro peticionario, como sucede en el caso del volcán de Masaya, que se dan dos capitulaciones a Juan Alvarez y Juan Sánchez en 1557 [136] ya que el primero que había solicitado ir a descubrir el secreto del volcán, del que se presumía que había gran riqueza, y no llega a iniciar la expedición, no sabemos por qué causas, y la Corona otorga otra nueva capitulación con el mismo objetivo.

### 10.3. Por fallecimiento del capitulante

En 1525 se otorga capitulación a Marcelo Villalobos [137], pero antes de concluir la expedición fallece, y según lo contenido en el asiento, en 1529 se da renovación de la capitulación a su hija y heredera Aldonza Villalobos, que se encarga de cumplir lo capitulado con su padre, esta capitulación se da en los mismos términos que la de Marcelo Villalobos [138]. Cesa la primera por fallecimiento del titular, pero en virtud de la misma puede continuar con nueva capitulación un sucesor suyo. Se puede en este caso hablar de cese de lo capitulado, ya que si el sucesor no se quisiese hacer cargo de la expedición, la Corona tendría libertad completa para otorgar capitulación a persona distinta y no vinculada al anterior capitulante.

En cualquier caso, y sólo de manera anecdótica, sabemos cuál ha sido el desarrollo o desenlace de las capitulaciones a través de las mismas. Para saber en cada caso qué sucedió habría que recurrir a la historia particular de los capitulantes y de los territorios a los que las capitulaciones iban dirigidas.

## 11. NOTAS

¹ GARCÍA-CALLO, A.: «Los sistemas de colonización de Canarias y América en los siglos XV y XVI». *I Coloquio Canarias-América*. Tenerife, 1976.

² FERNÁNDEZ NAVARRETE, M.: *Colección de viajes y descubrimientos*. B.A.E. Madrid, 1954. Capitulación con Juan Frías, Juan Bermúdez y Juan Rejón para la conquista de Canarias, 13 de mayo de 1478. T. I, pág. 537.

³ FERNÁNDEZ NAVARRETE, M.: ob. cit. Asiento para la conquista de las Canarias con Pedro de Vera, Alfonso de Quintanilla y Fernández Cabrón. T. I, pág. 541.

⁴ FERNÁNDEZ DE NAVARRETE, M.: ob. cit. T. I, pág. 542.

⁵ *Ibidem*, pág. 542.

⁶ Se encuentra inserta en otra Real Cédula de confirmación de 23 de junio de 1497. En FERNÁNDEZ DE NAVARRETE, ob. cit. T. III, págs. 463-466.

⁷ GARCÍA-GALLO, A.: «El gobierno de Colón». *Estudios de Historia del Derecho Indiano*. Instituto Nacional de Estudios Jurídicos. Madrid, 1972.

⁸ VIERA Y CLAVIJO: *Noticias de la Historia General de la Islas Canarias*. Ed. Santa Cruz de Tenerife, 1951. T. II, pág. 52.

⁹ BERNÁLDEZ ANDRÉS: *Historia de los Reyes Católicos don Fernando y doña Isabel, escrita por el Bachiller..., cura que fue de la villa de los Palacios y Capellán de don Diego Deza, Arzobispo de Sevilla*. BAE, t. II, página 593.

¹⁰ L. de la, y SERRA RAFOLS, E.: *Fontes Rerum Canariarum III*. El adelantado D. Alonso de Lugo y su residencia por Lope Sosa. La Laguna, 1949, página 147.

¹¹ *Ibidem*, pág. 151. También RUMEU DE ARMAS, A.: *Alonso de Lugo en la corte de los Reyes Católicos*. Madrid, s. f., pág. 189. WÖLFFEL, J. D.: «Alonso de Lugo y Compañía, sociedad comercial para la conquista de la isla de la Palma», en *Investigación y Progreso*, 8 (1934), 244-248.

¹² *Algunos Documentos de Torre do Tombo*. Centro de Estudios Históricos Ultramarinos. Lisboa, 1965. T. I, pág. 483.

¹³ Carta credencial de 9 de abril de 1945. FERNÁNDEZ DE NAVARRETE: ob. cit. T. II, pág. 159.

¹⁴ FERNÁNDEZ DE NAVARRETE, M.: ob. cit. T. I, págs. 399-401.

¹⁵ *Ibidem*. T. I, págs. 421-422.

[16] GARCÍA-GALLO, A.: «El gobierno de Colón». *Estudios de Historia del Derecho Indiano*. Instituto Nacional de Estudios Jurídicos. Madrid, 1972, página 581.

[17] *Real Provisión de los R. Católicos concediendo libertades a las que pasen a las Indias*. 21 de mayo de 1949. C.D.I.U. T. IX, págs. 109-115.

[18] MURO OREJÓN, A.: «Capitulación con V. Yáñez. Año 1499». *Anuario de Estudios Americanos*. Sevilla, 1947. T. IV, págs. 743-756. «Capitulación con Rodrigo de Bastidas. Año 1500». C.D.I. T. II, pág. 362. «Capitulación con Alonso de Ojeda. Año 1500». FERNÁNDEZ DE NAVARRETE, M.: ob. cit. T. III, página 85. «Capitulación con Vélez de Mendoza. Año 1500». FERNÁNDEZ DE NAVARRETE, M.: ob. cit. T. I, pág. 450. «Capitulación con Diego de Lepe. Año 1500». C.D.I. T. XXXI, pág. 5. «Capitulación con Luis de Arriaga. Año 1501». C.D.I. T. XXX, pág. 526.

[19] FERNÁNDEZ DE NAVARRETE, M.: ob. cit. Real Provisión de 3 de septiembre de 1501. T. I, pág. 456.

[20] A.G.I., Legajo 427, Libro XXIX, Libro General de Oficio, fols. 63-93. ENCINAS, D.: *Cedulario Indiano*. Reproducción facsímil de la edición única de 1596. Ediciones de Cultura Hispánica. Madrid, 1945. T. IV, fols. 232-246. Recopilación de Leyes de Indias, L. IV, títs. I a VII.

[21] Capitulación que hizo la Audiencia de México con Cristóbal Martín, sobre ir en persona al descubrimiento, pacificación y población del Nuevo México, bajo las condiciones que expone. A.G.I., Patronato 22, n.° 1, ramo 6, folio 75.

[22] «Capitulación con Rodrigo de Bastidas. Año 1524». A.G.I., Indiferente General 415, Libro I, fols. 48-51. Apéndice Documental (17).

[23] *Diccionario de Autoridades*. Edición facsímil. Real Academia Española. Editorial Gredos. Madrid, 1969. T. I, pág. 149.

[24] GARCÍA-GALLO, A.: «Servicio Militar en Indias». *Estudios de Historia del Derecho Indiano*. Instituto Nacional de Estudios Jurídicos. Madrid, 1972, pág. 767.

[25] MORALES PADRÓN, F.: «Las capitulaciones». *Historiografía y Bibliografía Americanista*. Vol. XVII, n.° 3. Sevilla, 1973, págs. 197 y ss.

[26] MURO OREJÓN, A.: «Capitulaciones de Indias». *Gran Enciclopedia Rialp*. Madrid, 1977.

[27] Cit. por MORALES PADRÓN, F.: «Las capitulaciones». *Historiografía y Bibliografía Americanista*. Sevilla, 1973. Vol. XVII, n.° 3, págs. 197 y ss.

[28] *Ibidem*, págs. 197 y ss.

[29] «Capitulación con Diego Velázquez. Año 1518». Apéndice Documental (10).

[30] «Capitulación con Pedro Menéndez de Avilés. Año 1565». Apéndice (63-35).

[31] *Vid*. Apéndice Documental: se solicitan fianzas llanas y abonadas sin establecer cantidad determinada.

| | | |
|---|---|---|
| 1501 | V. Yáñez | (1-11) |
| 1504 | Ojeda | (3-18) |
| 11504 | J. de la Cosa | (4-14) |
| 1508 | Nicuesa | (7-23) |
| 1512 | Ponce | (8-15) |
| 1524 | Bastidas | (17-17) |

Se solicitan fianzas legas, llanas y abonadas estableciendo una cantidad determinada:

| | | |
|---|---|---|
| 1536 | Pacheco | (41-11) |
| 1549 | Vargas | (58-5) |
| 1557 | Rasquín | (60-10) |
| 1573 | Artieda | (70-11) |
| 1574 | Mendaña | (71-9) |
| 1574 | Villoria | (72-12) |
| 1574 | Maraver | (73-14) |
| 1579 | Luis de Carvajal | (74-12) |

[32] *Ibidem*.

| | | |
|---|---|---|
| 1565 | Menéndez de Avilés | (63-11) |

[33] *Ibidem*.

| | | |
|---|---|---|
| 1573 | Artieda | (70-29) |
| 1574 | Mendaña | (71-28) |
| 1574 | Villoria | (72-29) |
| 1596 | Pedro Ponce | (75-31) |

[34] *Ibidem*.

| | | |
|---|---|---|
| 1525 | Andrada | (18-7, en la confirmación) |

[35] *Ibidem*.

| | | |
|---|---|---|
| 1525 | Andrada | (18-8, en la confirmación) |

[36] *Ibidem*.

| | | |
|---|---|---|
| 1537 | Soto | (46-21) |
| 1537 | Contreras | (47-8) |
| 1540 | Heredia | (54-9) |
| 1540 | Cabeza de Vaca | (53-17) |
| 1540 | Benalcázar | (51-14) |
| 1540 | Gutiérrez | (52-14) |

[37] *Ibidem*.

| | | |
|---|---|---|
| 1501 | Vicente Yáñez | (1-1) |

[38] *Ibidem*.

| | | |
|---|---|---|
| 1512, 1514 | Juan Ponce de León | (Doc. n.º 8, 9) |

[39] *Ibidem*.

| | | |
|---|---|---|
| 1524 | Rodrigo de Bastidas | (Doc. n.º 17) |
| 1525 | Marcelo Villalobos | (Doc. n.º 20) |
| 1529 | Hernán Cortés | (Doc. n.º 29) |
| 1529 | Francisco Pizarro | (Doc. n.º 30) |
| 1530 | Diego de Ordas | (Doc. n.º 32) |
| 1532 | Pedro de Alvarado | (Doc. n.º 34) |

[40] *Ibidem*.

| | | |
|---|---|---|
| 1529 | Simón de Alcazaba | (31-1) |

[41] *Ibidem*.

| | | |
|---|---|---|
| 1527 | Juan Camelo | (Doc. n.º 26) |

1528 E. Ehinger y G. Sayller (Doc. n.º 28)
1536 Juan Pacheco (Doc. n.º 41)

[42] *Ibidem.*
1551 Juan Alvarez (Doc. n.º 59)

[43] *Ibidem.*
1525 Andrada (Doc. n.º 18)

[44] *Ibidem.*
1522 Los Armadores (Doc. n.º 13)

[45] *Ibidem.*
1527 Pizarro-Almagro (25-1)

[46] *Ibidem.*
1528 E. Ehinger y G. Sayller (Doc. n.º 28)

[47] *Ibidem.*
1536 Pizarro-Almagro (Doc. n.º 42)

[48] *Ibidem.*
1501 Vicente Yáñez (Doc. n.º 1)
1503 Cristóbal Guerra (Doc. n.º 2)
1504 Ojeda (Doc. n.º 3)
1504 Juan de la Cosa (Doc. n.º 4)
1508 Vicente Yáñez (Doc. n.º 6)
1508 Nicuesa y Ojeda (Doc. n.º 7)
1512 Ponce de León (Doc. n.º 8)
1518 Magallanes (Doc. n.º 11)
1518 Diego Velázquez (Doc. n.º 10)
1523 Esteban Gómez (Doc. n.º 14)
1525 Andrada y C. de Haro (Doc. n.º 18)
1527 Pizarro-Almagro-Luque (Doc. n.º 25)

[49] *Ibidem.*
1532 Alvarado (Doc. n.º 34)
1534 Almagro (Doc. n.º 39)
1539 Sancho Hoz (Doc. n.º 50)

[50] *Ibidem.*
1551 Juan Alvarez (Doc. n.º 59)
1557 Juan Sánchez (Doc. n.º 61)

[51] *Ibidem.*
1565 Quintanilla (Doc. n.º 64)

[52] *Ibidem.* Capitulaciones cuyo objetivo es el asentamiento de pobladores:
1505 Vicente Yáñez (Doc. n.º 5)
1520 Licenciado Serrano (Doc. n.º 12)
1527 Fernán Camelo (Doc. n.º 26)
1545 Francisco de Mesa (Doc. n.º 56)

| | | |
|---|---|---|
| 1547 | Juan de Sanabria | (Doc. n.º 57) |
| 1549 | Diego de Vargas | (Doc. n.º 58) |
| 1557 | Jaime Rasquín | (Doc. n.º 60) |

[53] *Ibidem.*

| | | |
|---|---|---|
| 1505 | Vicente Yáñez | (5-4, 5, 6, 7, 8, 9, 10, 11) |

[54] *Ibidem.*

| | | |
|---|---|---|
| 1545 | Francisco de Mesa | (56-1) |
| 1547 | Juan de Sanabria | (57-1) |
| 1549 | Diego de Vargas | (58-1) |

[55] *Ibidem.*

| | | |
|---|---|---|
| 1547 | Juan de Sanabria | (57-11) |

[56] *Ibidem.*

| | | |
|---|---|---|
| 1547 | Juan de Sanabria | (57-6) |
| 1549 | Diego de Vargas | (58-8) |

[57] *Ibidem.*

| | | |
|---|---|---|
| 1545 | Francisco de Mesa | (56-7) |
| 1549 | Diego de Vargas | (58-21) |
| 1557 | Jaime Rasquín | (60-28) |

[58] *Ibidem.*

| | | |
|---|---|---|
| 1505 | Vicente Yáñez | (5-2) |
| 1520 | Licenciado Serrano | (12-7) |
| 1545 | Francisco de Mesa | (56-2) |
| 1547 | Juan de Sanabria | (57-29) |
| 1549 | Diego de Vargas | (58-11) |

[59] *Ibidem.*

| | | |
|---|---|---|
| 1530 | Diego de Ordas | (32-19) |
| 1536 | Juan Despes | (45-18) |
| 1544 | Francisco de Orellana | (55-4) |
| 1574 | Maraver de Silva | (73-4) |

[60] *Ibidem.*

| | | |
|---|---|---|
| 1544 | Francisco de Orellana | (55-1) |
| 1569 | Ortiz de Zárate | (68-1, 5) |
| 1574 | Juan de Villoria | (72-1, 8) |
| 1574 | Maraver de Silva | (73-11) |
| 1596 | Pedro Ponce de León | (75-3, 20) |

[61] *Ibidem.*

| | | |
|---|---|---|
| 1526 | Francisco de Montejo | (22-12) |
| 1530 | Diego de Ordas | (32-11) |
| 1536 | Juan Despes | (45-13) |
| 1540 | Sebastián de Benalcázar | (51-9) |
| 1569 | Ortiz de Zárate | (68-11) |
| 1574 | Juan de Villoria | (72-22) |
| 1574 | Maraver de Silva | (73-26, 28) |

[62] *Ibidem.*

| | | |
|---|---|---|
| 1530 | Diego de Ordas | (32-9) |
| 1536 | Juan Despes | (41-11) |
| 1544 | Francisco de Orellana | (55-18) |
| 1569 | Ortiz de Zárate | (68-21) |
| 1574 | Juan de Villoria | (72-19) |
| 1574 | Maraver de Silva | (73-23) |

[63] *Ibidem.*

| | | |
|---|---|---|
| 1526 | Francisco de Montejo | (22-8) |

[64] *Ibidem.*

| | | |
|---|---|---|
| 1569 | Ortiz de Zárate | (68-20) |
| 1596 | Pedro Ponce de León | (75-42) |

[65] *Ibidem.*

| | | |
|---|---|---|
| 1574 | Juan de Villoria | (72-6) |
| 1574 | Maraver de Silva | (73-9) |
| 1596 | Pedro Ponce de León | (75-25) |

[66] *Ibidem.*

| | | |
|---|---|---|
| 1526 | Francisco de Montejo | (22-1) |
| 1530 | Diego de Ordas | (32-4) |
| 1534 | Felipe Gutiérrez | (38-2) |
| 1536 | Pedro de Garro | (43-3) |
| 1536 | Juan Despes | (45-4) |
| 1540 | Sebastián de Benalcázar | (51-5) |
| 1544 | Francisco de Orellana | (55-15) |
| 1569 | Ortiz de Zárate | (68-13) |
| 1596 | Pedro Ponce de León | (75-45) |

[67] *Ibidem.*

| | | |
|---|---|---|
| 1574 | Maraver de Silva | (73-35) |

[68] *Ibidem.*

| | | |
|---|---|---|
| 1522 | Capitulación con los Armadores | (Doc. n.º 13) |

[69] VALDEAVELLANO, L. G. de: *Historia de las Instituciones españolas.* Ediciones de la Revista de Occidente. Madrid, 1970, págs. 55 y 290.

[70] MURO OREJÓN, A.: ob. cit. «1499. Capitulación con V. Yáñez». FERNÁNDEZ DE NAVARRETE, M.: ob. cit. T. I, pág. 448. «1500. Capitulación con Rodrigo de Bastidas».

[71] FERNÁNDEZ DE NAVARRETE, M.: ob. cit. T. I, pág. 444. «1499. Nombramiento de Gobernador al Comendador Bobadilla.

[72] *Ibidem*, pág. 455. «1501. Nombramiento de Gobernador a Frey Nicolás de Ovando».

[73] Apéndice Documental.

| | | |
|---|---|---|
| 1501 | Vicente Yáñez | (1-2) |

[74] *Ibidem.*

| | | |
|---|---|---|
| 1504 | Alonso de Ojeda | (3-21) |

[75] *Ibidem.*

| 1504 | Juan de la Cosa | (4-16) |

[76] *Ibidem.*

| 1503 | Cristóbal Guerra | (Doc. n.º 2) |
| 1504 | Alonso de Ojeda | (Doc. n.º 3) |
| 1504 | Juan de la Cosa | (Doc. n.º 4) |
| 1505 | Vicente Yáñez | (Doc. n.º 5) |

[77] *Ibidem.*

| 1505 | Vicente Yáñez | (5-13) |

[78] *Ibidem.*

| 1508 | Nicuesa y Ojeda | (7-26) |

[79] *Ibidem.*

| 1512 | Ponce de León | (8-4) |

[80] *Ibidem.*

| 1536 | Pacheco | (41-10) |

[81] *Ibidem.*

| 1536 | Pedro de Garro | (43-2) |

[82] *Ibidem.*

| 1518 | Magallanes | (11-3) |

[83] Desde el año 1523 al 1540 se nombra gobernadores a los siguientes capitulantes: 1529, Cortés; 1529, Alcazaba; 1532, Alvarado; 1534, nuevamente Alcazaba; 1563, Pizarro-Almagro; 1537, Contreras; 1539, Pero Sancho de Hoz; 1540, Cabeza de Vaca.

Estos cargos son vitalicios a excepción de Pero Sancho y Cabeza de Vaca, para los que queda sin especificar la duración, sobreentendiéndose que será por el tiempo que la Corona estima oportuno.

[84] Se especifica en capitulación de 1523, con Ayllón; 1529 y 1534, con Simón de Alcazaba, y 1540, con Cabeza de Vaca.

[85] Los nombramientos de Gobernador-Capitán General corresponden a las siguientes capitulaciones: 1526, Montejo; 1526, Pánfilo de Narváez; 1527, Joan Camelo; 1528, capitulación con los Alemanes; 1529, Pizarro; 1530, Diego de Ordas; 1530, Diego de Soto; 1534, Almagro; 1534, Mendoza; 1535, con De Lugo; 1536, Despes; 1536, Espinosa; 1537, Socarrás; 1538, Alvarado; 1540, Heredia; 1540, Benalcázar; 1540, Gutiérrez; 1544, Orellana; 1549, Vargas; 1557, Jaime Rosquín; 1565, Menéndez; 1565, Quintanilla; 1568, Fernández de Serpa; 1568, Maraver de Silva; 1579, Luis de Carvajal, y 1596, Pedro Ponce de León.

[86] Nombramientos vitalicios son: 1526, Montejo y Pánfilo de Narváez; 1528, Alemanee; 1529, Pizarro; 1530, Ordas; 1530, Soto; 1534, Almagro; 1534, Mendoza; 1536, Despes; 1536, Espinosa; 1537, Socarrás; 1538, Alvarado; 1540, Heredia; 1544, Orellana; 1557, Jaime Rosquín; 1565, Quintanilla; 1596, Pedro Ponce de León.

Nombramientos por dos vidas son: 1535, De Lugo; 1540, Gutiérrez; 1540, Benalcázar; 1549 y 1550, Vargas; 1565, Menéndez; 1568, Maraver de Silva; 1568, Fernández de Serpa, y 1579, Luis de Carvajal.

[87] *Cedulario Indiano.* Recopilado por Diego de Encinas. Edic. Cultura Hispánica. Madrid, 1946. Ordenanzas de Descubrimientos y Nuevas Poblaciones. T. IV, pág. 233.

[88] Se les autoriza a hacer repartimientos por cinco años a Rodrigo de Bastidas, en 1524, y al licenciado Villalobos, en 1525.

Podrán hacer repartimientos mientras dure la gobernación: 1529, Pizarro; 1530, Soto; 1534, Mendoza; 1536, Despes; 1537, Socarrás; 1540, Heredia; 1540, Gutiérrez, y el mismo año, Cabeza de Vaca.

[89] No se especifica por cuánto tiempo podrán ejercer la facultad de hacer repartimientos, aunque se puede sobreentender que sea por el mismo tiempo que se concede la gobernación: 1525, Oviedo; 1529 y 1534, Simón de Alcazaba; 1534, Gutiérrez; 1535, De Lugo; 1547, Sanabria; 1557, Jaime Rasquín; 1565, Menéndez; 1596, Pedro Ponce.

[90] Se da unido al oficio de gobernador en 1532 a Heredia. Será vitalicio y no percibirá ningún salario por desempeñar ambos cargos.

En igual forma aparece en capitulación de 1534 con Gutiérrez, aunque en esta ocasión el salario será de 2.000 ducados más 500 de ayuda de costas.

En 1569, a Ortiz de Zárate se le dan ambos nombramientos por dos vidas y no consta que percibiese por ello ningún salario.

[91] Apéndice Documental.

| | | |
|---|---|---|
| 1523 | Ayllón. | (15-8) |
| 1526 | Montejo | (22-3) |
| 1528 | E. Ehinger y G. Sayller | (28-4) |

[92] *Ibidem.*

| | | |
|---|---|---|
| 1529 | Hernán Cortés | (29-3) |
| 1529 | Alcazaba | (31-6) |
| 1536 | Pizarro-Almagro | (42-3) |
| 1537 | Socarrás | (48-10) |
| 1537 | Contreras | (47-3) |

[93] *Ibidem.*

| | | |
|---|---|---|
| 1540 | Gutiérrez | (52-3) |
| 1540 | Cabeza de Vaca | (53-3) |
| 1540 | Benalcázar | (51-3) |
| 1544 | Orellana | (55-16) |
| 1547 | Sanabria | (57-19) |

[94] Se concede perpetuamente y sin salario en 1565 a Menéndez (63-19).

Se concede por dos vidas y sin salario:

| | | |
|---|---|---|
| 1569 | Ortiz de Zárate | (68-12) |
| 1573 | Diego de Artieda | (70-12) |
| 1574 | Mendaña | (71-13) |
| 1574 | Villoria | (72-16) |
| 1574 | Maraver de Silva | (73-17) |

[95] El título de adelantado se concede sin especificar duración:

| | | |
|---|---|---|
| 1512 | Ponce de León | (8-14) |
| 1524 | Bastidas | (17-3) |
| 1527 | Joan Camelo | (26-2) |
| 1530 | Hernando de Soto | (46-3) |

| | | |
|---|---|---|
| 1540 | Cabeza de Vaca | (53-8) |
| 1540 | Benalcázar | (51-4) |

De forma vitalicia lo obtienen:

| | | |
|---|---|---|
| 1518 | Velázquez | (10-3) |
| 1540 | Heredia | (54-3) |

Se les otorga el oficio de adelantado vinculado a sus sucesores (sin limitación de «vidas»).

| | | |
|---|---|---|
| 1526 | Montejo | (22-5) |
| 1526 | Pánfilo de Narváez | (23-5) |
| 1528 | Los Alemanes | (28-6) |

Específicamente unido al título de Alguacil Mayor:

| | | |
|---|---|---|
| 1529 | Pizarro | (30-3) |
| 1534 | Almagro | (39-15) |
| 1534 | Mendoza | (37-3) |
| 1536 | Espinosa | (44-3) |
| 1536 | Despes | (45-3) |

[96] Apéndice Documental.

| | | |
|---|---|---|
| 1529 | Pizarro | (30-8) |

[97] Ibidem.

| | | |
|---|---|---|
| 1529 | Pizarro | (30-16) |

[98] Ibidem.

| | | |
|---|---|---|
| 1536 | Pacheco | (41-1) |

[99] Ibidem.

| | | |
|---|---|---|
| 1529 | Alcazaba | (31-9) |
| 1534 | Alcazaba | (36-9) |
| 1536 | Pacheco | (41-4) |
| 1573 | Artieda | (70-18) |
| 1574 | Mendaña | (71-19) |
| 1574 | Villoria | (72-19) |
| 1574 | Maraver | (73-20) |

[100] Ibidem.

| | | |
|---|---|---|
| 1518 | Velázquez | (10-5) |
| 1523 | Ayllón | (15-17) |
| 1526 | Montejo | (22-8) |
| 1526 | Pánfilo de Narváez | (23-7) |
| 1534 | Mendoza | (38-7) |

[101] Ibidem.

| | | |
|---|---|---|
| 1540 | Cabeza de Vaca | (53-5) |

[102] Ibidem.

| | | |
|---|---|---|
| 1557 | Rasquín | (60-27) |

[103] Ibidem.

| | | |
|---|---|---|
| 1534 | Almagro | (39-10) |
| 1536 | Despes | (45-11) |
| 1537 | Socarrás | (48-18) |
| 1537 | Soto | (46-10) |

[104] *Ibidem.*
| | | |
|---|---|---|
| 1526 | Narváez | (23-13) |
| 1526 | Montejo | (22-13) |

[105] *Ibidem.*
| | | |
|---|---|---|
| 1557 | Rosquín | (60-28) |

[106] *Ibidem.*
| | | |
|---|---|---|
| 1528 | Los Alemanes | (28-14) |

[107] *Ibidem.*
| | | |
|---|---|---|
| 1557 | Rosquín | (60-28 y 29) |

[108] *Vid.* Apéndice Documental.
Se exime de tributos por la sal en un período de cinco años:
| | | |
|---|---|---|
| 1526 | Montejo | (22-18) |
| 1526 | Pánfilo de Narváez | (23-14) |

Por seis años:
| | | |
|---|---|---|
| 1518 | Velázquez | (10-12) |

Por ocho años:
| | | |
|---|---|---|
| 1528 | Los Alemanes | (28-15) |

[109] *Ibidem.* Están exentos de alcabala por treinta años:
| | | |
|---|---|---|
| 1537 | Socarrás | (48-17) |

Por diez años:
| | | |
|---|---|---|
| 1529 | Pizarro | (30-12) |
| 1537 | Soto | (46-11) |
| 1534 | Almagro | (39-11) |

Por cuatro años:
| | | |
|---|---|---|
| 1508 | Nicuesa | (7-16) |

[110] Apéndice Documental.
| | | |
|---|---|---|
| 1526 | Montejo | (22-7) |
| 1526 | Pánfilo de Narváez | (23-6) |
| 1528 | Los Alemanes | (28-7) |

[111] *Ibidem.* Se establece el límite en un «quento».
| | | |
|---|---|---|
| 1544 | Orellana | (55-16) |

En dos «quentos»:
| | | |
|---|---|---|
| 1547 | Sanabria | (57-21) |

[112] *Vid.* Apéndice Documental. La participación se establece en 1/12 en las capitulaciones siguientes:
| | | |
|---|---|---|
| 1529 | Cortés | (29-4) |
| 1532 | Alvarado | (34-4) |
| 1534 | Mendoza | (37-5) |
| 1535 | De Lugo | (40-6) |
| 1536 | Pizarro | (42-4) |
| 1536 | Espinosa | (44-4) |
| 1540 | Benalcázar | (51-6) |
| 1540 | Gutiérrez | (52-5) |

[113] *Ibidem*. Se establece la participación en 1/10 en capitulaciones:

| 1525 | Andrada | (18-6) |
| 1536 | Garro | (43-2) |

En 1/13:

| 1518 | Velázquez | (10-4) |

En 1/15:

| 1523 | Ayllón | (15-7) |
| 1537 | Contreras | (47-4) |
| 1565 | Menéndez | (63-21) |

En 1/20:

| 1529 | Pizarro | (30-7) |
| 1529 | Alcazaba | (31-8) |
| 1534 | Almagro | (39-6) |
| 1536 | Despes | (45-6) |
| 1540 | Heredia | (54-4) |

El límite de beneficios fijado en 1.000 ducados:

| 1529 | Alcazaba | (31-8) |
| 1534 | Almagro | (39-6) |
| 1529 | Pizarro | (30-7) |

En 500 ducados a Almagro en capitulación de:

| 1529 | Pizarro | (30-7) |

En 1.500 ducados:

| 1536 | Despes | (45-6) |

[114] *Vid*. Apéndice Documental. El derecho de «cabalgada» está regulado en las capitulaciones siguientes:

| 1534 | Alcazaba | (36-5) |
| 1534 | Mendoza | (37-8) |
| 1534 | Gutiérrez | (38-14) |
| 1534 | Almagro | (39-24) |
| 1535 | De Lugo | (40-13) |
| 1536 | Pizarro-Almagro | (42-5) |
| 1536 | Garro | (43-4) |
| 1536 | Espinosa | (44-8) |
| 1536 | Despes | (45-20) |
| 1537 | Soto | (46-18) |
| 1537 | Contreras | (47-5) |
| 1537 | Socarrás | (48-25) |
| 1538 | Alvarado | (49-26) |
| 1540 | Benalcázar | (51-11) |
| 1540 | Diego Gutiérrez | (52-11) |
| 1540 | Cabeza de Vaca | (53-15) |
| 1540 | Heredia | (54-6) |

[115] *Ibidem*. Del oro de minas se establece pagar el primer año 1/10 y posteriormente aumentarlo anualmente hasta llegar a 1/5:

| 1508 | Nicuesa | (7-7) |
| 1512 | Ponce de León | (8-10) |

Dos años 1/10 y aumentando anualmente hasta llegar a 1/5:

| 1518 | Velázquez | (10-11) |

Tres años 1/10 y aumentando anualmente hasta llegar a 1/5:

| 1526 | Montejo | (22-11) |
| 1526 | Narváez | (23-11) |
| 1528 | Los Alemanes | (28-12) |
| 1540 | Gutiérrez | (52-9) |

Cinco años 1/10 y aumentando anualmente hasta llegar a 1/5:

| 1529 | Alcazaba | (31-12) |
| 1534 | Alcazaba | (36-12) |

Seis años 1/10 y aumentando anualmente hasta llegar a 1/5:

| 1529 | Pizarro | (30-10) |
| 1534 | Almagro | (39-9) |
| 1534 | Mendoza | (37-10) |
| 1536 | Despes | (45-10) |
| 1537 | Soto | (46-9) |
| 1537 | Socarrás | (48-19) |

Diez años 1/10 y aumentando anualmente hasta llegar a 1/5:

| 1538 | Alvarado | (49-15) |

Diez años 1/10 y el siguiente 1/5:

| 1532 | Heredia | (33-6) |
| 1557 | Rasquín | (60-29) |

[116] Apéndice Documental.

| 1547 | Sanabria | (57-24) |

[117] *Ibidem*. Pagarán 1/10 por diez años en lugar del quinto desde el momento en que esté hecha la primera fundición:

| 1549 | Vargas | (58-22) |
| 1565 | Mendoza | (63-24) |
| 1573 | Artieda | (70-19) |
| 1574 | Mendaña | (71-19 |
| 1574 | Villoria | (72-20) |
| 1574 | Maravel | (73-22) |

[118] *Ibidem*. Pagarán 1/10 durante seis años:

| 1523 | Ayllón | (51-2) |

Durante ocho años, 1/10:

| 1524 | Bastidas | (17-13) |
| 1525 | Villalobos | (20-13) |

La exención hecha a Marcelo Villalobos pasará en 1527 a su hija Aldonza Villalobos, ya que se le respetará la capitulación de su padre en todos sus extremos.

[119] GARCÍA GALLO, A.: «Servicio militar en Indias». *Estudios de Historia del Derecho Indiano*. I.N.E.J. Madrid, 1972.

[120] Real Cédula de 23 de mayo de 1493. C.D.I. T. XXX, págs. 70-71. T. XXXVIII, págs. 147-148.

[121] GARCÍA-GALLO, A.: «Servicio militar en Indias», pág. 764.

[122] Real Provisión de 17 de noviembre de 1526. *Cedulario Indiano*. Recopilado por Diego de Encinas. Reproducción facsímil. Ediciones de Cultura Hispánica. Madrid, 1945. T. IV, págs. 222-226. Apéndice Documental, documento número 22.

[123] Díaz del Castillo, B.: *Conquista de Nueva España*. B.A.E. Madrid, 1947. T. XXVI, cap. XX, pág. 17.

[124] Ordenanzas de Población de 13 de julio de 1573. Encinas: *Cedulario Indiano*. T. IV, págs. 232-246.

[125] Vargas Machuca: *Milicia y descripción de Indias*. L. I, pág. 47 (edición de 1892).

[126] Apéndice Documental.

| | | |
|---|---|---|
| 1508 | Nicuesa y Ojeda | (7-12) |
| 1534 | Almagro | (39-8) |

[127] *Ibidem*.

| | | |
|---|---|---|
| 1520 | Serrano | (12-7) |
| 1523 | Ayllón | (15-15) |
| 1524 | Bastidas | (17-4) |
| 1525 | Villalobos | (20-9) |

[128] *Ibidem*.

| | | |
|---|---|---|
| 1529 | Pizarro | (30-13) |
| 1534 | Mendoza | (37-12) |
| 1536 | Despes | (45-13) |
| 1537 | Soto | (46-12) |
| 1537 | Socarrás | (48-14) |
| 1540 | Cabeza de Vaca | (53-13) |
| 1540 | Heredia | (54-5) |
| 1540 | Gutiérrez | (52-10) |

[129] *Ibidem*.

| | | |
|---|---|---|
| 1525 | Oviedo | (19-6) |
| 1529 | Alcazaba | (31-14) |
| 1534 | Alcazaba | (36-14) |
| 1534 | Gutiérrez | (38-10) |
| 1535 | De Lugo | (40-8) |
| 1547 | Sanabria | (57-29) |
| 1557 | Rasquín | (60-31) |
| 1565 | Menéndez | (63-18) |

[130] *Ibidem*.

| | | |
|---|---|---|
| 1596 | Pedro Ponce | (75-56) |

[131] *Ibidem*.

| | | |
|---|---|---|
| 1527 | Joan Camelo | (26-3) |
| 1579 | Luis de Carvajal | (74-16) |

[132] *Ibidem*.

| | | |
|---|---|---|
| 1569 | Ortiz de Zárate | (68-11) |
| 1573 | Artieda | (70-23) |
| 1574 | Mendaña | (71-24) |
| 1574 | Villoria | (72-22) |

[133] *Ibidem.*
| 1573 | Artieda | (70-24) |
| 1574 | Mendaña | (71-25) |
| 1574 | Villoria | (72-23) |
| 1574 | Maraver | (73-27) |

[134] *Ibidem.*
| 1549 | Vargas | (58-25) |

[135] *Ibidem.*
| 1596 | Pedro Ponce | (75-31) |

[136] *Ibidem.*
| 1557 | Joan Sánchez | (61) |

[137] *Ibidem.*
| 1525 | Marcelo Villalobos | (20-23) |

[138] *Ibidem.*
| 1527 | Aldonza Villalobos | (27-24) |

## 12. INDICE DE TERMINOS MAS USUALES EN LA REDACCION DE LAS DIFERENTES CAPITULACIONES

### A

**Abonadas:** Fianzas probadas como suficientes.
**Alcaide:** Persona encargada por el Rey para regentar una fortaleza.
**Alcabala:** Tributo o derecho Real que se cobra de todo lo que se vende, pagando el vendedor un tanto por ciento de toda la cantidad que importó toda la cosa vendida.
**Aljofar:** Especie de perlas que son menudas.
**Almadena:** Instrumento de hierro que sirve a los mineros para romper las piedras; su forma es la de un mazo grande.
**Almoxarifazgo:** Derechos que se pagan al Rey de las mercaderías que salen para otros Reinos, o bien de las que entran por mar a España llegadas de Indias, o de cualquier otro sitio.
**Anclaje:** Tributo que se pagaba para fondear en puerto.
**Apelación:** Reclamación de la sentencia dada por un juez inferior ante el superior.
**Armadores:** Personas que como socios han contribuido económicamente a poner a punto una armada con sus navíos pertrechados y aprestados de lo necesario para la navegación.
**Armazón:** Navíos «armados», aprestados para hacerse a la mar.

### B

**Ballesta:** Arma para disparar flechas.
**Barlovento:** Lado o pasaje por donde la nave tiene el viento favorable.
**Behedor:** Inspector señalado por oficio para ver que se cumplan las ordenanzas dadas.
**Babera:** Término semejante a casquete o casco.

## C

**Cabalgada:** Presa que se tomó en tierra enemiga.

**Caballería:** Repartimiento de tierra dado en Indias a los pobladores. Sus proporciones son 100 pies de ancho por 200 de largo.

**Calabozez:** Instrumento de hierro a modo de podadera para rozar y podar árboles. La palabra correcta es «calagozos».

**Cámara:** Lugar donde se guarda el grano. Parte de los beneficios del grano guardado en ellas.

**Capitulación:** Concierto, pacto, acuerdo, convenio hecho entre dos o más personas y dividido en capítulos, para llevar a cabo algún acto. En el caso concreto que nos ocupa, concierto entre la Corona y un particular o varios para llevar a efecto una expedición a Indias.

**Casa de la contratación:** Tribunal Real que el Rey tiene en Sevilla, con su Presidente y consejeros para conocer en los negocios relativos a Indias.

**Casa de morada:** Casas hechas para defenderse de los indios. Fortaleza.

**Caxa:** Donde se guardan los géneros que se adquieren. Parte en los beneficios.

**Cijas:** Puede ser cárcel o granero. Es voz aragonesa.

**Cochinilla:** Grana. Grano que se cría en las Indias, y se utiliza para dar el color rojo a las sedas y paños.

**Compañía:** Sociedad y participación común o igual de bienes entre dos o más personas que se juntan para alguna operación comercial.

**Contratación:** Comercio y trato de los géneros vendibles entre varias personas.

**Contador:** El que lleva cuenta y razón de la entrada y salida de caudales.

**Contratar:** Comerciar, traficar.

**Cues:** Templos indios.

## CH

**Chalopa:** Bote que llevan los navíos y usan para embarcar y desembarcar la gente.

## D

**Diezmo:** Derecho real que consiste en un 10 por 100 de todas las mercaderías con las que se trafican. O bien la décima parte de todas las cosas de valor que los descubridores o conquistadores hallasen en Indias.

**Droguería:** Conjunto de géneros denominados drogas, como son: incienso, goma, benjuí, y otras varias especies aromáticas. También se denomina así al bermellón, cardenillo y añil.

## E

**Encomienda:** Poner indios bajo tutela de españoles para que se les enseñe la doctrina cristiana y éstos a su vez hagan los trabajos de la tierra.

**Escobilla:** Tierra o polvo que se barre en los lugares donde se trabaja el oro y la plata. En ella se hallan fragmentos de estos metales que se pueden separar lavándolo.

**Especiería:** Similar a «droguería», hierbas aromáticas, etc.

**Estavagante:** Herramientas para la agricultura.

## F

**Factor:** Persona destinada a hacer las compras de mercancías y a ultimar los negocios.

**Fianzas:** La obligación que contraen los capitulantes y dan como seguridad que cumplirán lo asentado con la Corona.

**Flete:** El precio que se paga al dueño o patrón del navío por llevar alguna persona de un puerto a otro.

**Franqueza:** Libertad, exención, prerrogativa.

## G

**Galeón:** Navío grande que se emplea para el comercio con Indias.

**Guacayris:** Ave algo mayor que el papagayo y de su misma figura. Tiene las plumas de vistosos colores. Ave muy codiciada.

**Granjería:** Caudal de riqueza.

**Grumete:** El joven que sirve en la nave para subir a la gavia y otros usos.

## H

**Heredad:** Derecho de legar a los sucesores en «juro de heredad», para siempre jamás.

## I

**Ingenio:** Máquina compuesta de tres ruedas grandes de madera con dientes en que se incluyen vigas grandes atravesadas que se llaman puentes, con ellas se muele o aprieta la caña de azúcar.

## J

**Jerga:** Clase de tela.

**Juro:** Derecho perpetuo de propiedad.

## L

**Libra:** Dieciséis onzas.
**Lombarderos:** Soldados encargados de disparar la «lombarda», que es una escopeta traída de Lombardía, de donde procede el nombre.

## LL

**Llanas:** Fianzas dadas por personas que no posean fuero de nobleza.

## M

**Maestre:** Quien gobierna en la nave después del capitán. Cuida de dar cuenta de lo que se carga. Persona de gran pericia en la navegación.
**Matalotaje:** La provisión de comida que se lleva en el navío para la travesía.
**Mercadería:** Los géneros que se venden y compran.
**Mercante:** De compra y venta sin tener punto fijo de atraque.
**Monto:** La suma de varias partidas de mercaderías significadas por número.

## P

**Paje:** Aprendiz.
**Pataxe:** Bajel de guerra que sigue a otro mayor. Sirve para reconocer la costa.
**Pesquerías:** Sitio o lugar donde se hace habitualmente la pesca.
**Porrata:** Parte, igual.
**Presas:** Botín que se toma al enemigo.

## Q

**Quento:** Un millón de maravedís.
**Quintaladas:** Parte de los quintales. El quintal se entiende como un 5 por 100.
**Quinto:** Derecho que se paga al Rey de las cosas aprehendidas en batalla con los indios o por contratación. Consiste en pagar la quinta parte de todo ello.

## R

**Relaves:** Lavados para separar en la «escobilla» el polvo de los fragmentos de metales preciosos.

**Repartimiento:** Distribución de un número determinado de indios, o bien una porción de tierra, bajo el control de un español.

**Requerir:** Acto de leer el requerimiento.

**Requerimiento:** En Indias el acto por el que se insta a los indios al reconocimiento de los Reyes de Castilla como sus Reyes y Señores naturales.

**Rescatar:** Forma de comercio consistente en cambiar o permutar una cosa por otra.

**Riel:** Barra.

**Rodela:** Escudo redondo y delgado que se pone en el brazo izquierdo y sirve para cubrir el pecho del que pelea con espada.

## S

**Solares:** Suelo donde se edifica la casa.

**Soldadas:** Paga que se da al criado que sirve.

**Sotaviento:** Lado o pasaje por donde la nave tiene el viento desfavorable.

**Sueldo:** Moneda de oro que se usaba entre los romanos. En España se empleaba esta moneda para el comercio y tenía diferente valor en cada reino. «Sueldo a libra» es la frase con que se explica la proporción con que se hará el reparto de las ganancias obtenidas en las expediciones.

**Suprema:** Administración de justicia. Ultimo recurso reservado al Rey.

## V

**Visitador:** El juez o ministro que tiene a su cargo el hacer la visita o reconocimiento en cualquier línea.

## Z

**Zabra:** Especie de fragata pequeña y ligera. Navío de guerra.

## 13. BIBLIOGRAFIA

Alcedo, A.: *Diccionario geográfico-histórico de las Indias Occidentales o Améria.* B.A.E. Madrid, 1967.
Armas Chitty, J. A.: *Influencia de algunas capitulaciones en la geografía de Venezuela.* Caracas, 1967.
*As gavetas da Torre do Tombo.* Centro de Estudios Históricos Ultramarinos. Lisboa, 1965.
Ayala, J. de: *Diccionario de Gobierno y legislación de Indias.* Compañía Ibero-Americana de Publicaciones. Madrid, 1929.
Bautista Muñoz, J.: (Catálogo de la colección...) *Documentos interesantes para la historia de América.* Madrid, 1954.
Barreiro-Meiro, R.: «Puerto Rico, La Aguada, Ponce de León, etc.». *Instituto Histórico de la Marina.* Madrid, 1977.
Carreño, A. M.: *Cedulario de los siglos XVI y XVII.* México, 1947.
— *Un desconocido cedulario del siglo XVI.* México, 1944.
Casas, Fray Bartolomé de las: *Obras escogidas.* B.A.E. Madrid, 1957.
Castañeda, P., Cuesta, M., y Hernández, P.: *Alonso de Chaves y el libro IV de su «Espejo de Navegantes».* Madrid, 1977.
*Cedularios de la Monarquía Española de Margarita, Nueva Andalucía y Caracas.* Caracas, 1967.
*Cedulario de las Provincias de Santa Marta y Cartagena de Indias.* Librería General de Victoriano Suárez. Madrid, 1913.
*Colección de documentos inéditos relativos al Descubrimiento, Conquista y Colonización...* Tomos XXII, XXIII, XXX, XXXI y XXXVIII. Contienen una parte de las capitulaciones con notables errores de transcripción.
Encinas, D. de: *Cedulario Indiano.* Ediciones de Cultura Hispánica. Madrid, 1946.
Fernández de Navarrete, M.: *Colección de los viajes y descubrimientos que hicieron por mar los españoles desde fines del siglo XV.* B.A.E. Madrid, 1954.
Fernández de Oviedo, G.: *Historia general y natural de las Indias.* B.A.E. Madrid, 1959.
Friede, J.: *Documentos inéditos para la historia de Colombia.* Bogotá, 1960.
García-Gallo, A.: «Servicio militar en Indias». *Estudios de Historia del Derecho Indiano.* Instituto Nacional de Estudios Jurídicos. Madrid, 1972.

- «Los principios rectores de la organización territorial de las Indias en el siglo XVI». *Estudios de Historia del Derecho Indiano.*
- «Alcaldes mayores y corregidores en Indias». *Estudios de Historia del Derecho Indiano.*
- «El Gobierno de Colón». *Estudios de Historia del Derecho Indiano.*
- «La evolución de la organización territorial de las Indias de 1492 a 1824». *Anuario Histórico-Jurídico Ecuatoriano,* vol. V. Quito, 1980.
- «Los sistemas de colonización de Canarias y América en los siglos XV y XVI». *I Coloquio Canarias-América.* Tenerife, 1976.

GARCÍA ICAZBALCETA, J.: *Colección de doumentos para la Historia de México.* México, 1971.

GARCÍA MARTÍNEZ, B.: «Ojeada a las Capitulaciones para la conquista de América». *Revista de Historia de América.* México, 1970, n.º 69.

HERNÁNDEZ-PINZÓN y GANZINOTTO, J.: *Vicente Yáñez Pinzón; sus viajes y descubrimientos.* Imprenta del Ministerio de Marina. Madrid, 1920.

JARA, A.: *Fuentes para la historia del trabajo en el Reino de Chile.* Universidad de Chile. Centro de Investigaciones de Historia de América. Santiago de Chile, 1965.

KONETZKE, R.: *La época colonial.* Historia Universal Siglo XXI. Madrid, 1971.

LÓPEZ DE VELASCO, J.: *Geografía y descripción universal de las Indias.* B.A.E. Madrid, 1971.

*Mapas españoles de América. Siglos XV y XVI.* Museo Naval. Madrid, 1951.

MARINO INCHÁUSTEGUI, J.: *Reales Cédulas y correspondencia de Gobernadores de Santo Domingo.* Colección Histório-Documental Trujilloniana. Madrid, 1958.

MORALES PADRÓN, F.: «Las Capitulaciones». *Historiografía y Bibliografía Americanista,* vol. XVII, n.º 3. Sevilla, 1973.

- *Teoría y leyes de la Conquista.* Ediciones de Cultura Hispánica. Madrid, 1979.

MORÓN, G.: *Historia de Venezuela.* Caracas, 1971.

MURO OREJÓN, A.: «Capitulaciones de Indias». *Gran Enciclopedia Rialp.* Madrid, 1976.

- «La primera capitulación con Vicente Yáñez Pinzón para descubrir en las Indias». *Anuario de Estudios Americanos,* vol. IV. Sevilla, 1947.

OTS CAPDEQUI, J. M.: *Manual de Historia del Derecho español en las Indias.* Buenos Aires, 1945.

OTTE, E.: *Cédulas Reales relativas a Venezuela.* Edición de la Fundación John Boulton y la Fundación Eugenio Mendoza. Caracas, 1963.

*Oxford Atlas.* University Press. London, 1961.

PORRAS BARRENECHEA, R.: *Cedulario del Perú. Colección de documentos inéditos para la historia del Perú.* Edición del Departamento de Relaciones Exteriores del Perú. Lima, 1944.

PESCADOR DEL HOYO, C.: *Documentos de Indias. Siglos XV-XVI.* Dirección General de Archivos y Bibliotecas. Servicio de Publicaciones. Madrid, 1954.

RAMOS PÉREZ, D.: *Historia de la colonización española en América.* Madrid, 1947.

- *Determinantes formativos de «la hueste indiana» y su origen modélico.* Editorial Jurídica de Chile. Santiago, 1965.

— *Audacia negocios y política en los viajes españoles de descubrimiento y rescate.* Valladolid, 1981.
SANTA CRUZ, A.: *Islario General.* Madrid, 1920.
SERRANO SANZ, M.: *Cedulario de las provincias de Santa Marta y Cartagena de Indias.* Madrid, 1913.
— *Orígenes de la dominación española en América.* Madrid, 1918.
TORRE VILLAR, E. de la: *Leyes del descubrimiento en los siglos XVI-XVII.* México, 1948.
VÁZQUEZ ESPINOSA, A.: *Compendio y descripción de las Indias Occidentales.* B.A.E. Madrid, 1969.
VICENS VIVES, J.: *Historia de España y América.* Ed. V. Vives. Barcelona, 1961.
VIERA Y CLAVIJO: *Noticias de Historia General de las islas Canarias.* Ed. Santa Cruz de Tenerife, 1951.
ZAVALA, S.: *Las instituciones jurídicas en la conquista de América.* México, 1971.
ZORRAQUÍN BECU, R.: «El oficio de Gobernador en el Derecho indiano». *Revista de Historia del Derecho.* Instituto de Investigaciones de Historia del Derecho. I, Buenos Aires, 1973.
WÖLFEL, J. D.: «Alonso de Lugo y Compañía, sociedad comercial para la conquista de la isla de La Palma». *Investigación y Progreso,* 8 (1934).

## 14. INVENTARIO GENERAL E INDICE DE CAPITULACIONES

1. 1501 Capitulación otorgada a Vicente Yáñez Pinzón para ir a descubrir desde la punta de Santa María hasta Rostro Hermoso y el Río de Santa María de la Mar Dulce. Septiembre 5. Alcalá de Henares.
   A.G.I., Indif. General 418. L.I.,
      fols. 36-38.
   C.D.I., T. XXII, págs. 300-307.
   RAMOS PÉREZ, D.: *Audacia, negocios y política en los viajes españoles de descubrimiento y rescate*. Valladolid, 1981, págs. 448-453.

2. 1503 Capitulación otorgada a Cristóbal Guerra para ir a descubrir a la Costa de las Perlas y otras islas.
   Julio 12. Alcalá de Henares.
   A.G.I. Indif. General 418. L. I,
      fol. 110 vto.-112.
   C.D.I., T. XXXI, págs. 187-193.
   RAMOS PÉREZ, D.: *Ob. cit.*, págs. 469-473.

3. 1504 Capitulación otorgada a Alonso de Ojeda para ir a descubrir a Coquibacoa.
   Septiembre 30. Medina del Campo.
   A.G.I., Indif. General 418. L.I.,
      fols. 134-137.
   C.D.I., T. XXXI, págs. 258-271.
   RAMOS PÉREZ, D.: *Ob. cit.*, págs. 480-487.

OTTE, Enrique: *Cédulas Reales relativas a Venezuela.* Edición de la Fundación Jhon Boulton y la Fundación Eugenio Mendoza.
Caracas, 1963, págs. 39-48.

4. 1504 Capitulación otorgada a Juan de la Cosa para ir a descubrir al Golfo de Urabá.
Febrero 14. Medina del Campo.
A.G.I., Indif. General 415. L.I.,
   fols. 124-126 vto.
C.D.I., T. XXXI, págs. 220-229.
RAMOS PÉREZ, D.: *Ob. cit.*, págs. 474-479.

5. 1505 Capitulación otorgada a Vicente Yáñez Pinzón para ir a poblar a la isla de San Juan.
Abril 24. Toro.
A.G.I., Indif. General 418 L.I.,
   fols. 164-166 vto.
C.D.I., T. XXXI, págs. 309-317.
RAMOS PÉREZ, D.: *Ob. cit.*, págs. 488-493.

6. 1508 Capitulación otorgada a Vicente Yáñez Pinzón y Juan Díaz de Solís para descubrir en la parte occidental de las Indias.
Marzo 23. Burgos.
A.G.I., Indif. General 415. L.I.,
   fols. 1-3 vto.
C.D.I., T. XXII, págs. 5-13.
RAMOS PÉREZ, D.: *Ob. cit.*, págs. 494-499.

7. 1508 Capitulación otorgada a Diego de Nicuesa y Alonso de Ojeda para comerciar en Urabá y Veragua.
Junio 9. Burgos.
A.G.I., Indif. General 415. L.I.,
   fols. 3-8 vto.
C.D.I., T. XXII, págs. 13-26.
RAMOS PÉREZ, D.: *Ob. cit.*, págs. 500-511.

**8.** 1512 Capitulación otorgada a Juan Ponce de León para ir a descubrir y poblar a la isla de Bimini.
Febrero 23. Burgos.
A.G.I., Indif. General 415. L.I.,
fols. 9-11 vto.
C.D.I., T. XXII, págs. 26-32.
Ramos Pérez, D.: *Ob. cit.*, págs. 519-523.

**9.** 1514 Capitulación otorgada a Juan Ponce de León para ir a descubrir y poblar a la isla Bimini y Florida. Esta Capitulación es una ampliación de la concedida el 23 de febrero de 1512, al mismo capitulante.
Septiembre 27. Dada en Valladolid.
A.G.I., Indif. General 415. L.I.,
fols. 11 vto.-12 vto.
R.A.H., Registro del Consejo de Indias.
D. 95., fol. 278.
C.D.I., T. XXII, págs. 33-37.
Murga Sanz, V.: *Cedulario puertorriqueño*. Río Piedras, 1961.
T.I., págs. 295-298.
Ramos Pérez, D.: *Ob. cit.*, págs. 524-527.

**10.** 1518 Capitulación otorgada a Diego Velázquez para ir a descubrir y conquistar Yucatán y Cozumel.
Noviembre 13. Zaragoza.
A.G.I., Indif. General 415. L.I.,
fols. 12 vto.-14 vto.
C.D.I., T. XXII, págs. 38-46.
Ramos Pérez, D.: *Ob. cit.*, págs. 541-545.

**11.** 1518 Capitulación otorgada a Hernando de Magallanes y a Ruy Falero para el descubrimiento de la especiería en las islas de Maluco.
Marzo 22. Valladolid.
A.G.I., Indif. General 415. L.I.,
fol. 14 vto.-16.
C.D.I., T. XXII, págs. 46-52.

B.A.E., FERNÁNDEZ DE NAVARRETE, M.: *Colección de viajes y Descubrimientos.*
Madrid, 1954. T. II, págs. 474-477.

12. 1520 Capitulación otorgada al licenciado Serrano para ir a poblar a la isla de Guadalupe.
Julio 9. Valladolid.

A.G.I., Indif. General 415. L.I.,
fols. 29 vto.-30 voto.

13. 1522 Capitulación otorgada a los armadores (cualquier persona que quisiera participar económicamente en la empresa), para ir al descubrimiento de la especiería en las islas del Maluco.
Noviembre 13. Valladolid.

A.G.I., Indif. General 415. L.I.,
fols. 16-23.
C.D.I., T. XXII, págs. 52-74.

14. 1523 Capitulación dada a Esteban Gómez para ir a descubrir al Cartayo Oriental.
Marzo 27. Valladolid.

A.G.I., Indif. General 415. L.I.,
fols. 30 vto.-32.
C.D.I., T. XXII, págs. 74-78.
RAMOS PÉREZ, D.: *Ob. cit.*, págs. 555-557.

15. 1523 Capitulación otorgada al licenciado Vázquez de Ayllón para ir a descubrir a La Florida.
Junio 12. Valladolid.

A.G.I., Indif. General 415. L.I.,
fols. 32-37.
C.D.I., T. XIV, págs. 503-515. T. XXII, págs. 79-93.
RAMOS PÉREZ, D.: *Ob. cit.*, págs. 558-568.

16. 1523 Capitulación otorgada a Gonzalo Fernández de Oviedo para pacificar y contratar con los indios de la provincia de Cartagena.

Junio. 26. Valladolid.
A.G.I., Indif. General 415. L.I.,
   fols., 47 vto.-48 vto.
   Panamá 233. L.I., fols. 337-338.
C.D.I., T. XXII, págs. 94-97.
FRIEDE, Juan: *Documentos inéditos para la Historia de Colombia.* Bogotá, 1960.
   T.I., págs. 73-75.
RAMOS PÉREZ, D.: *Ob. cit.*, págs. 569-571.

17. 1524 Capitulación con Rodrigo de Bastidas para ir a conquistar y poblar a la provincia de Santa Marta.
Noviembre 6. Valladolid.
A.G.I., Indif. General 415. L.I.,
   Panamá, 233, L.2, fols. 11 vto.
   fols. 48 vto.-51.
C.D.I., T. XXII, págs. 98-106.
FRIEDE, Juan: *Documentos inéditos para la Historia de Colombia.* Bogotá, 1960.
   T.I., pág. 76.

18. 1525 Capitulación concertada entre el Conde de Andrada y Cristóbal de Haro con Diego García para realizar un viaje de descubrimiento a la parte del Océano Meridional.
Agosto 14. La Coruña.
Confirmación real al asiento concertado entre el Conde Andrada y Cristóbal de Haro con Diego García.
Noviembre 24. Toledo.
A.G.I., Indif. General 415. L.I.,
   fols. 23-24.
Confirmación real y capitulación entre la Corona y el Conde de Andrada y Cristóbal de Haro para descubrir en la parte del Océano Meridional.
Febrero 10. Toledo.
A.G.I., Indif. General 415. L.I.,
   fols. 24-27.
C.D.I., T. XXII, págs. 130-144.
RAMOS PÉREZ, D.: *Ob. cit.*, págs. 581-584.

**19.** 1525 Capitulación con Gonzalo Fernández de Oviedo para pacificar, poblar y contratar con los indios en el puerto de Cartagena. Esta capitulación es ampliación de de la concedida el 26 de junio de 1523.
Marzo 18. Madrid.
A.G.I., Indif. General 415. L.I.,
 fols. 62-65.
 Panamá 233. L. II, fols. 17-19 vto.
C.D.I., T. XXII, págs. 107-115.
FRIEDE, Juan: *Documentos inéditos para la Historia de Colombia.* Bogotá, 1960.
 T.I., pág. 95.

**20.** 1525 Capitulación con Marcelo Villalobos para ir a conquistar a la isla de La Margarita.
Marzo 18. Madrid.
A.G.I., Indif. General 415. L.I.,
 fols. 74 vto.-77 vto.
C.D.I., T. XXII, págs. 116-124.
OTTE, Enrique: *Cédulas Reales relativas a Venezuela.* Edición de la Fundación John Boulton y la Fundación Eugenio Mendoza.
Caracas, 1963. T.I., pág. 138.

**21.** 1525 Capitulación con Diego Cavallero para ir a conquistar al cabo de la Vela.
Agosto 4. Toledo.
A.G.I., Indif. General 415. L.I.,
 fols., 57-58 vto.
C.D.I., T. XXII, págs. 125-130.
FRIEDE, Juan: *Documentos inéditos para la Historia de Colombia.* Bogotá, 1960.
 T.I., pág. 140.
OTTE, Enrique: *Cédulas Reales relativas a Venezuela.* Edición de la Fundación John Boulton y la Fundación Eugenio Mendoza.
Caracas, 1963. T.I., pág. 153.

**22.** 1526 Capitulación otorgada a Francisco de Montejo para ir a descubrir, conquistar y poblar Yucatán y Cozumel.
Diciembre 8. Granada.
A.G.I., Indif. General 415. L.I.,
fols. 86 vto.-94 vto.
C.D.I., T.XXII, págs. 201-223.

**23.** 1526 Capitulación otorgada a Pánfilo de Narváez para ir a conquistar desde el río de Las Palmas hasta La Florida.
Diciembre 11. Granada.
A.G.I., Indif. General 415. L.I.,
fols. 94 vto.-101 vto.
C.D.I., T. XXII, págs. 224-244.

**24.** 1526 Capitulación otorgada a Juan de Ampies para ir a poblar y pacificar las islas de Caraçao, Curaba y Buinore.
Noviembre 15. Granada.
A.G.I., Indif. General 415. L.I.,
fols. 101 vto.-107 vto.
C.D.I., T. XXII, págs. 184-201.

**25.** 1527 Confirmación otorgada a Hernando de Luque sobre capitulación que había obtenido de Pedro Arias de Avila.
Mayo 17. Valladolid.
A.G.I., Indif. General 415. L.I.,
fols. 107 vto.-108.

**26.** 1527 Capitulación otorgada a Fernán Camelo para ir a poblar la isla Bermuda.
Diciembre 20. Burgos.
A.G.I., Indif. General 415. L.I.,
fols. 108-109.
C.D.I., T. XXII, págs. 247-250.

**27.** 1527 Capitulación otorgada a Aldonza de Villalobos en confirmación de la concedida a su padre en 1525 y que no puedo realizar por fallecimiento. Su finalidad es la conquista de la isla Margarita.
Junio 13. Valladolid.

A.G.I., Indif. General 415. L.I.,
   fols. 77 vto.-86 vto.
C.D.I., T. XXII, pág. 153-179.
OTTE, Enrique: *Cédulas Reales relativas a Venezuela*. Edición de la Fundación John Boulton y la Fundación Eugenio Mendoza. Caracas, 1963, pág. 228.

28. 1528 Capitulación otorgada a los alemanes Ehinger y Gerónimo Sailer, para conquistar y pacificar las tierras del cabo de la Vela y golfo de Venezuela.
   Marzo 27. Madrid.
   A.G.I., Indif. General 415. L.I.,
      fols. 59-62.
      Panamá 234. L. II, fol. 3.
   C.D.I., T. XXII, págs. 251-261.
   OTTE, Enrique: *Cédulas Reales relativas a Venezuela*. Edición de la Fundación John Boulton y la Fundación Eugenio Mendoza. Caracas, 1963, pág. 244.

29. 1529 Capitulación otorgada a Hernán Cortés para ir a descubrir las islas y tierras que estén en el mar del Sur de la Nueva España.
   Octubre 27. Madrid.
   A.G.I., Indif. General 415. L.I.,
      fols. 109 vto.-115.
   C.D.I., T. XXII, págs. 285-295.
   PUGA, Vasco de: *Provisiones, Cédulas, instrucciones para el gobierno de la Nueva España*. Colección de incunables americanos. Madrid, 1945. Ediciones de Cultura Hispánica, fol. 36.

30. 1529 Capitulación otorgada a Francisco de Pizarro para ir a la conquista de Túmbez.
   Julio 26. Toledo.
   A.G.I., Indif. General 415. L.I.,
      fols. 115-120.
   C.D.I., T. XXII, págs. 271-285.

Porras Barrenechea, Raúl: *Cedulario del Perú. Colección de Documentos inéditos para la Historia del Perú*. Edición del Departamento de Relaciones culturales del Ministerio de Relaciones Exteriores del Perú. Lima, 1944. T. I, págs. 18-24.

31. 1529 Capitulación otorgada a Simón de Alcazaba para ir a conquistar doscientas leguas hacia el estrecho de Magallanes.
    Julio 26. Toledo.
    A.G.I., Indif. General 415. L.I.,
       fols. 120-123.
    C.D.I., T. XXII, págs. 262-270.

32. 1530 Capitulación otorgada a Diego de Ordas para ir a descubrir, conquistar y poblar doscientas leguas desde el Cabo de la Vela.
    Mayo 20. Madrid.
    A.G.I., Indif. General 416. L. III,
       fols. 1-4 vto.

33. 1532 Capitulación con Pedro de Heredia para poblar y conquistar desde el Río Grande en la provincia de Cartagena hasta el golfo de Urabá.
    Agosto 5. Medina del Campo.
    A.G.I., Indif. General 415. L.I.,
       fols. 65-67 vto.
    C.D.I., T. XXII, págs. 325-333.

34. 1532 Capitulación otorgada a Pedro de Alvarado para ir a descubrir y conquistar las islas de la mar del Sur.
    Agosto 5. Medina del Campo.
    A.G.I., Indif. General 415. L.I.,
       fols., 133-139 vto.
    C.D.I., T. XXII, págs. 307-324, y T. XIV, págs. 537-540.

35. 1533 Capitulación otorgada a Jerónimo de Artal para ir a poblar y rescatar al Golfo de Paria.
    Octubre 25. Monzón.

A.G.I., Indif. General 416. L. III,
fols. 59-61 vto.

**36.** 1534 Capitulación otorgada a Simón de Alcazaba para ir a conquistar doscientas leguas hacia el estrecho de Magallanes. Esta concesión es para ir al mismo territorio de la otorgada a este mismo capitulante con fecha de 1529.
Mayo 21. Toledo.
A.G.I., Indif. General 415. L.I.,
fols. 123-131 vto.
C.D.I., T. XXII, págs. 360-383.

**37.** 1534 Capitulación otorgada a Pedro de Mendoza para ir a conquistar al Río de la Plata.
Mayo 21. Toledo.
A.G.I., Indif. General 415. L.I.,
fols. 144 vto.-148 vto.
C.D.I., T. XXII, págs. 350-360.

**38.** 1534 Capitulación otorgada a Felipe Gutiérrez para ir a conquistar y poblar en la provincia de Veragua.
Diciembre 24. Madrid.
A.G.I., Indif. General 415. L.I.,
fols. 169-187.
C.D.I., T. XXII, pág. 383-406.

**39.** 1534 Capitulación otorgada a Diego de Almagro para ir a descubrir doscientas leguas del mar del sur hacia el estrecho.
Mayo 21. Toledo.
A.G.I., Indif. General 415. L.I.,
fols. 140-144 vto.
C.D.I., T. XXII, págs. 338-350.

**40.** 1535 Capitulación otorgada a Pedro Fernández de Lugo por mediación de su hijo Alonso Luis Fernández de Lugo, para ir a descubrir y conquistar a la provincia de Cartagena.
Enero 22. Madrid.
A.G.I., Indif. General 415. L.I.,

fols. 51-57.
C.D.I., T. XXII, págs. 406-433.

SERRANO SANZ, M.: *Cedulario de las provincias de Santa Marta y Cartagena de Indias.* Librebrería General de Victoriano Suárez. Madrid, 1913, pág. 286.

**41.** 1536 Capitulación con Joan Pacheco para descubrir en las islas y tierra firme de Castilla de Oro.
Febrero 24. Madrid.
A.G.I., Indif. General 415. L.I.,
fols. 27-29 vto.
C.D.I., T. XXII, págs. 145-153.
RAMOS PÉREZ, D.: *Ob. cit.*, págs. 590-595.

**42.** 1536 Capitulación otorgada a Francisco Pizarro y Diego de Almagro para ir a descubrir, conquistar y poblar las islas que están dentro de sus respectivas gobernaciones.
Marzo 13. Madrid.
A.G.I., Indif. General 415. L.I.,
fols. 187-193 vto.
C.D.I., T. XXII, págs. 497-515.

**43.** 1536 Capitulación otorgada a Pedro de Garro para ir a descubrir, conquistar y poblar a unas islas que hay en la mar del Sur.
Marzo 11. Madrid.
A.G.I., Indif. General 415. L.I.,
fols. 194-200 vto.
C.D.I., T. XXII, págs. 434-452.

**44.** 1536 Capitulación otorgada a Gaspar de Espinosa para ir a pacificar y poblar las tierras que hay desde el Río de San Juan hasta los límites de la gobernación concedida a Francisco de Pizarro.
Septiembre 11. Valladolid.
A.G.I., Indif. General 415. L.I.,
fols. 200 vto.-207 vto.
C.D.I., T. XXII, págs. 452-471.

**45.** 1536 Capitulación otorgada a Juan Despes para ir a descubrir, conquistar y poblar doscientas leguas de costa en la provincia de Tierra firme.
Marzo 11. Madrid.
A.G.I., Indif. General 415. L.I.,
fols. 208-216 vto.
C.D.I., T. XXII, págs. 472-496.

**46.** 1537 Capitulación otorgada a Hernando de Soto para ir a conquistar y poblar la provincia del Río de Las Palmas hasta La Florida.
Abril 20. Valladolid.
A.G.I., Indif. General 415. L.I.,
fols. 37-41.
C.D.I., T. XXII, págs. 534-546.

**47.** 1537 Capitulación otorgada a Rodrigo de Contreras para ir a descubrir, conquistar y poblar las islas que están en la gobernación de Nicaragua.
Abril 20. Valladolid.
A.G.I., Indif. General 415. L.I.,
fols. 221-228.
C.D.I., T. XXII, págs. 515-534.

**48.** 1537 Capitulación otorgada a Gabriel de Socarrás para ir a conquistar a la isla de San Bernardo.
Septiembre 30. Valladolid.
A.G.I., Indif. General 415. L.I.,
fols. 228-238.
C.D.I., T. XXII, págs. 546-572.

**49.** 1539 Capitulación otorgada al Adelantado Pedro de Alvarado para ir a descubrir en la mar del Sur y costear y descubrir la vuelta que hace la Nueva España.
Abril 16. Valladolid.
A.G.I., Indif. General 417. L.I.,
fols. 3-10.
C.D.I., T. II (2.ª serie), págs. 7-25.

**50.** 1539 Capitulación otorgada a Pero Sancho de Hoz para ir a descubrir y navegar por el mar del Sur.
Enero 24. Toledo.

A.G.I., Indif. General 415. L.I.,
   fols. 241-241 vto.
C.D.I., T. XXIII, págs. 5-8.

51. 1540 Capitulación otorgada a Sebastián de Benalcázar para ir a descubrir y poblar cualquiera tierras que no perteneciesen a ningún otro gobernador ni descubridor de la provincia de Popayán, término de su gobernación.
Mayo 30. Lobayna.
A.G.I., Indif. General 415. L.I.,
   fols. 242-250.
C.D.I., T. XXIII, págs. 33-55.

52. 1540 Capitulación otorgada a Diego Gutiérrez para ir a conquistar a las tierras que quedan por hacerlo en Veragua.
Noviembre 29. Madrid.
A.G.I., Indif. General 415. L.I.,
   fols. 250-258 vto.
C.D.I., T. XXIII, págs. 74-97.

53. 1540 Capitulación otorgada a Alvar Núñez Cabeza de Vaca para ir a conquistar y a socorrer a los españoles residentes en la provincia del Río de la Plata, dada en gobernación a Pedro de Mendoza ya difunto.
Marzo 18. Madrid.
A.G.I., Indif. General 415. L.I.,
   fols. 148 vto.-157 vto.
C.D.I., T. XXIII, págs. 8-32.

54. 1540 Capitulación con Pedro de Heredia para descubrir las tierras que no estén descubiertas dentro de su gobernación.
Julio 31. Madrid.
A.G.I., Indif. General 415. L.I.,
   fols. 68-74 vto. Audiencia de Santa Fe.
   Legajo 987. L. II, fol. 117 vto.
C.D.I., T. XXIII, págs. 55-74.

FRIEDE, Juan: *Documentos inéditos para la Historia de Colombia.* Bogotá, 1960. T. VI, página 7.

55. 1544 Capitulación otorgada a Francisco de Orellana para ir a descubrir, conquistar y poblar las tierras de la Nueva Andalucía.
Febrero 13. Valladolid.
A.G.I., Indif. General 415. L.I.,
fols. 216 vto.-221.
C.D.I., T. XXIII, págs. 98-110.
T. VII, págs. 552-555.

56. 1545 Capitulación otorgada a Francisco de Mesa para ir a poblar a Monte Christo.
Septiembre 12. Valladolid.
A.G.I., Indif. General 415. L.I.,
fols. 259-261.
C.D.I., T. XXIII, pág. 110-117.
MARINO INCHAUSTEGUI, J.: *Reales Cédulas y Correspondencia de Gobernadores de Santo Domingo.* Colección Histórico-Documental Trujilloniana. Madrid, 1958. Tomo II, págs. 351-352.

57. 1547 Capitulación otorgada a Juan de Sanabria para ir a poblar a la provincia del Río de la Plata que había sido concedida primero a Pedro Mendoza, al fallecimiento de éste a Alvar Núñez Cabeza de Vaca que vino preso a España.
Julio 22. Monzón.
A.G.I., Indif. General 415. L.I.,
fols. 163 vto.-168 vto.
C.D.I., T. XXIII, págs. 118-131.

58. 1549 Capitulación otorgada a Diego Vargas para ir a poblar al río Amazonas y a las tierras que hay en él.
Diciembre 24. Toledo.
A.G.I., Indif. General 415. L.I.,
fols. 265-269.
C.D.I., T. XXIII, pág. 132-144.

**59.** 1551 Capitulación otorgada a Juan Alvarez para ir a descubrir al volcán de Masaya en la provincia de Nicaragua.
Septiembre 9. Valladolid.
A.G.I., Indif. General 415. L.I.,
   fols. 261-262 vto.
C.D.I., T. XXIII, pág. 265-273.

**60.** 1557 Capitulación otorgada a Jaime Rasquín para ir a fundar y poblar cuatro pueblos en la provincia del Río de la Plata.
Diciembre 30. Valladolid.
A.G.I., Indif. General 415. L.I.,
   fols. 158-163 vto.
C.D.I., T. XXIII, págs. 273-289.

**61.** 1557 Capitulación otorgada a Juan Sánchez para ir a descubrir al volcán de Masaya en la provincia de Nicaragua, ya que no se había llevado a eefcto la capitulación otorgada en 1551 a Juan Alvarez para realizar la misma expedición.
Septiembre 28. Valladolid.
A.G.I., Indif. General 415. L.I.,
   fols. 262 vto.-263 vto.
C.D.I., T. XXIII, págs. 269-273.

**62.** 1560 Capitulación otorgada al Licenciado Ortiz, Alcalde Mayor de Nicaragua, por la que se le autoriza a organizar una expedición para descubrir el volcán de Masaya que en anteriores capitulaciones de 1551 y 1557 con Juan Alvarez y Juan Sánchez, respectivamente, no habían llevado a efecto.
Agosto 14. Toledo.
A.G.I., Indif. General 415. L.I.,
   fols. 264-265.
C.D.I., T. XXIII, págs. 144-147.

**63.** 1565 Capitulación otorgada a Pedro Menéndez de Avilés para el descubrimiento y población de las provincias de La Florida.
Marzo 20. Madrid.

A.G.I., Indif. General 415. L.I.,
   fols. 41-47 vto.
C.D.I., T. XXIII, págs. 242-258.

64. 1565 Capitulación otorgada a Jorge de Quintanilla para ir a descubrir el paso entre la Mar del Norte y la Mar del Sur.
Julio 29. Turégano.
A.G.I., Indif. General 415. L.I.,
   fols. 269-271.
C.D.I., T. XXIII, págs. 259-265.

65. 1568 Capitulación otorgada a Pedro Maraver de Silva para ir a descubrir, pacificar y poblar las provincias de Omagua, Ameguas y el Guinaco.
Mayo 15. Aranjuez.
A.G.I., Indif. General 416. L. IV.,
   fols. 1-6 vto.

66. 1568 Capitulación otorgada a Diego Fernández de Serpa para ir a descubrir y poblar las provincias de Guayana y Caura dentro de las provincias de Nueva Andalucía.
Mayo 15. Aranjuez.
A.G.I., Contratación 5.090. Libro VI, n.º 4,
   fols. 104-108.
*Cedularios de la Monarquía Española de Margarita, Nueva Andalucía y Caracas.*
Caracas, 1967, 2 tomos. T. II, pág. 1.

67. 1569 Capitulación otorgada a Juan Ponce de León para ir a descubrir y poblar las islas de Trinidad y Tobado.
Enero 15. Madrid.
A.G.I., Contratación 5.90. Libro VI, n.º 4,
   fols. 180-184.

68. 1569 Capitulación otorgada a Juan Ortiz de Zárate para ir a descubrir, conquistar y poblar las provincias del Río de la Plata.
Julio 10. Madrid.

A.G.I., Indif. General 415. L.I.,
   fols. 285-292.
C.D.I., T. XXIII, pág. 148-165.

**69.** 1572 Capitulación otorgada a Antonio de Sepúlveda para ir a la laguna de Guatavitá a sacar oro y otros metales metales preciosos.
Septiembre 22. Madrid.
A.G.I., Indif. General 415. L.I.,
   fols. 292-293 vto.

**70.** 1573 Capitulación otorgada a Diego de Artieda para ir a descubrir y poblar la provincia de Costa Rica.
Diciembre 1. El Prado.
A.G.I., Indif. General 415. L.I.,
   fols. 271-278.
C.D.I., T. XXIII, págs. 171-189.

**71.** 1574 Capitulación otorgada a Alvaro de Mendaña para ir a descubrir las islas occidentales que están en la Mar del Sur.
Abril 27. Madrid.
A.G.I., Indif. General 415. L.I.,
   fols. 278-285.
C.D.I., T. XXIII, págs. 189-206.

**72.** 1574 Capitulación otorgada a Juan de Villoria para ir a descubrir, conquistar y poblar las provincias del Río Darien.
Diciembre 12. Madrid.
A.G.I., Indif. General 415. L.I.,
   fols. 293-298.

**73.** 1574 Capitulación otorgada a Pedro Maraver de Silva para ir a descubrir, pacificar y poblar a las provincias de Omagua, y Omeguas que están en la Nueva Extremamadura. Esta Capitulación tiene el mismo objetivo que la otorgada a este mismo capitulante en 1568 y que a pesar de comenzar la expedición no pudo llegar a concluir.

Noviembre 7. Madrid.
A.G.I., Indif. General 415. L.I.,
   fols. 298-304 vto.

74. 1579 Capitulación otorgada a Luis de Carvajal para ir a descubrir y poblar a las tierras que hay desde la provincia de Panuco hasta la Nueva Galicia.
Mayo 30. Aranjuez.
A.G.I., Indif. General 416, L. VII,
   fols. 1-7.

75. 1596 Capitulación otorgada a Pedro Ponce de León para ir a descubrir, pacificar y poblar las tierras de Nuevo México.
Septiembre 25. San Lorenzo.
A.G.I., Indif. General 416. L. V.,
   fols. 1-10 vto.

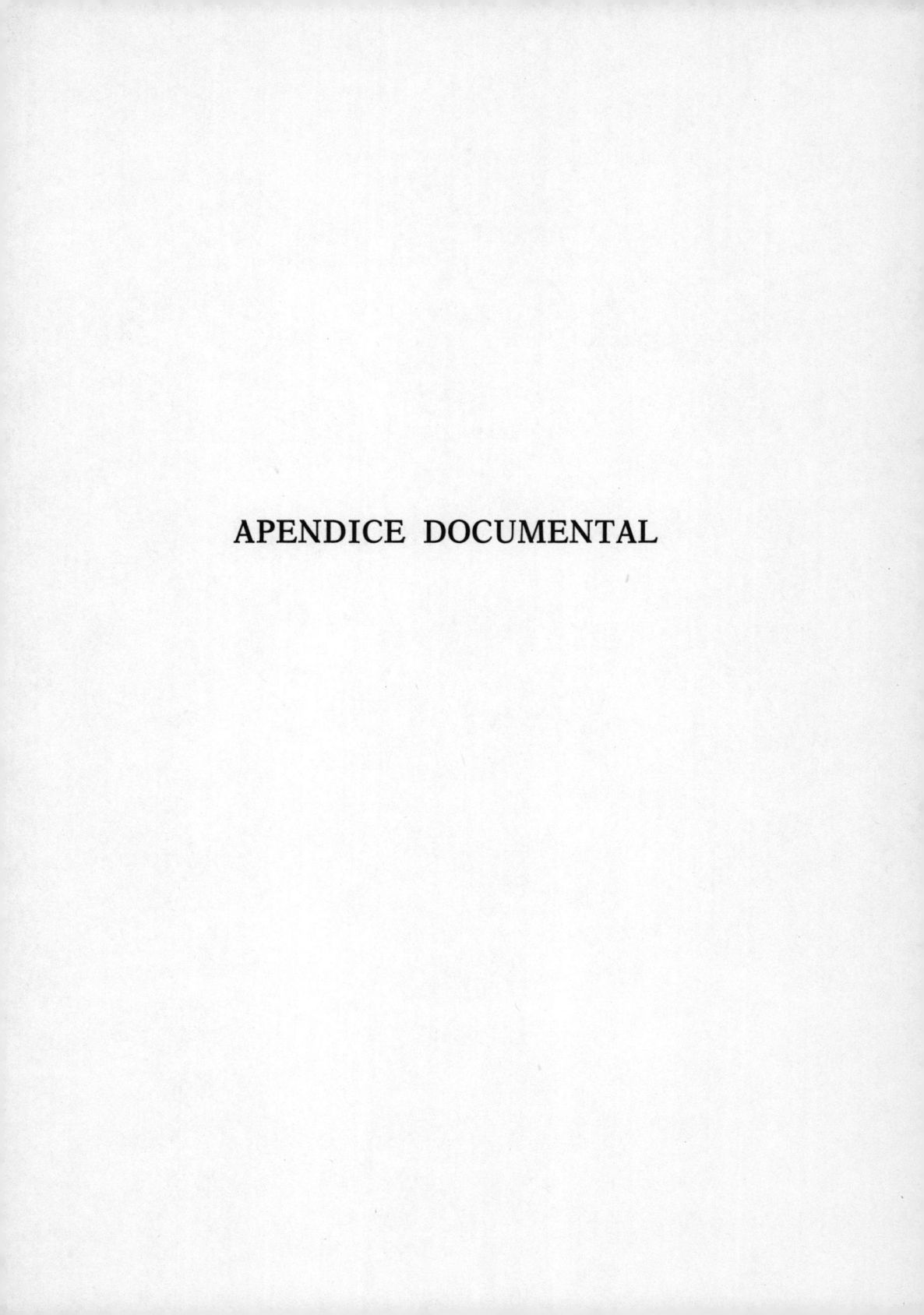

# APENDICE DOCUMENTAL

## NORMAS DE TRANSCRIPCION DE LOS TEXTOS

1. Los textos que se insertan en este apéndice documental han sido transcritos de las copias que se indican en la cabecera de los mismos. En su caso se hace referencia a la edición o ediciones existentes.
2. Los textos se reproducen fielmente, tan sólo se han puntuado para facilitar su lectura. La transcripción de las letras se ajusta al original.
3. La «y» se ha conservado aun en el caso de no tener valor de consonante.
4. Se han respetado siempre las dobles consonantes al comienzo de palabra.
5. Las abreviaturas se han desarrollado en todos los casos.
6. Las letras ilegibles o pasajes borrados se representan por puntos entre paréntesis, significando un punto por cada letra.
7. Los espacios dejados en blanco por el copista, y que luego no se rellenaron, se destacan con la palabra blanco entre paréntesis.
8. La ortografía se ha respetado siempre.
9. Las sílabas de una misma palabra que en el original aparecen separadas se han unido. (Ejemplo: asi mismo. En este caso la palabra se ha acentuado cuando en el original aparece separada.)
10. Las contracciones se han respetado en los casos en que son habituales y no dan lugar a confusión.
11. Los párrafos interlineados en el original se han indicado con los signos \ / al comienzo y al final del párrafo.

# DOCUMENTO N.º 1

Capitulación otorgada a Vicente Yáñez Pinzón para ir a descubrir desde la punta de Santa María hasta Rostro Hermoso y el río de Santa María de la Mar Dulce.
1501, septiembre 5. Dada en Alcalá de Henares.
A.G.I. Indif. General 418. L. I, fols. 36-38.
C.D.I. T. XXII, págs. 300-307.
RAMOS PÉREZ, D.: *Audacia, negocios y política en los viajes españoles de descubrimiento y rescate.* Valladolid, 1981, págs. 448-453.

Capitulación de Vicente Yáñez.
1501, 5 de Septiembre.

El Rey e la Reina

El asiento que por nuestro mandado se tomó con vos, Biçente Yáñez Pinçón, sobre las yslas de tierra firme que vos aveys descubierto, es lo syguiente:

1. Primeramente, que por quanto vos, el dicho Biçente Yáñez Pinçón, vecino de la villa de Palo, por nuestro mandado e con nuestra liçençia e facultad fuistes a vuestra costa e misión con algunas personas e parientes e amigos vuestros a descubrir en la mar oçeano a las partes de las Yndias con quatro navíos, a donde con el ayuda de Dios Nuestro Señor e con vuestra yndustria e trabajo e diligencia, descobristes çiertas yslas e tierra firme que posistes los nonbres siguientes: Santa María de la Consolaçión e Rostro Fermoso. E dende allí seguistes la costa que se corre al norueste, rasta el río grande, que llamastes Santa María de la mar Dulçe, e por el mismo norueste [1] toda la tierra de Puego fasta el cabo de San Biçente, que es la misma tierra donde por las descobrir e allar posistes vuestras personas a mucho resgo e peligro, por vuestro serviçio, e sofris-

---
[1] Tachado: *del.*

tes muchos trabajos e se vos recreçió muchas pérdidas e costas e acatado el dicho serviçio que nos fezistes e esperamos que nos hareys de aquí adelante, tenemos por bien e queremos que en quanto nuestra merced e voluntad fuere, ayades e gozedes de las cosas que adelante en esta capitulación serán declaradas e contenidas.

2. Conviene a saber: en remuneración de los serviçios e gastos e los daños que se vos rrecreçieron en el dicho viaje, vos el dicho Biçente Yáñez, quanto nuestra merçed e voluntad fueren, seades nuestro Capitán e Gobernador de las dichas tierras de suso nombrados, de fasta desde la dicha punta de Santa María de la Consolación seguiendo la costa, fasta Rostro Fermoso, e de allí toda la costa que se corre al noruestre hasta el dicho rrío do [2] vos posiste nombre Santa María de la Mar Dulçe, con las yslas que están a la boca del dicho rrío que se nonbra Marina Atúnbalo, el qual dicho [3] ofiçio e cargo de Capitán e Gobernador podades usar, exerçer, e usedes exerçades, por vos o por quien vuestro poder oviere, con todas las cosas anexas e conçernientes al dicho cargo, según que lo usan e lo pueden e deven usar los otros nuestros Capitanes e Gobernadores de las semejantes yslas e tierras nuevamente descubiertas.

3. Yten, que es nuestra merçed e voluntad de que las cosas e yntereses e provecho que en las dichas tierras de suso nonbrados, e ríos, e yslas e se oviere e allare e adquiriere de aquí adelante, asy oro como plata, cobre o otro qualquier metal, e perlas e piedras preçiosas e droguería e espeçiería, e otras qualesquier cosas de animales e pescados, e aves e árvoles e yervas, e otras cosas de qualquier natura e calidad que sean, en quanto nuestra merçed e voluntad fuere ayades e gozedes la sesma parte de lo que Nos oviéremos en esta manera: que si Nos / enbiaremos nuestros ofiçiales / a las dichas yslas e tierras e ríos por vos descubiertos algunos navíos e gente, que sacando primeramente toda la costa de armazón e fletes que del ynterese que remaneçiere, ayamos e llevamos nos las çinco sesmas partes e vos el dicho Biçente Yáñez la otra sesma parte, e sy alguna o algunas personas con nuestra liçençia e mandado fueren a las dichas yslas e tierras e rríos, de lo que las tales personas nos ovieren a dar por rrasón de las dichas tales liçençias e viajes, ayamos e llevamos para Nos las çinco sesmas partes e vos el dicho Biçente Yáñez la otra sesma parte.

4. Yten, que si vos el dicho Biçente Yáñez Pinçón quesierdes yr dentro de un año que se cuenten del día de la fecha desta capitulación e asiento, con algund navío o navíos a las dichas yslas e tierras e rríos a rrescatar [4] a traer qualquier cosa de ynterese e provecho que por el mismo viaje, que fuerdes, sacando primeramente para vos los costos que ovierdes fecha en los fletes e armasón del dicho primero viaje, que del ynterese que rremaneçiere ayamos e llevamos Nos la quinta parte, e vos el dicho Biçente Yáñez las quatro quintas partes con tanto que no podays traer esclavos nin esclavas algunas, nin vayais a las yslas / ni [5] / tierra firme que hasta oy son descubiertas o se han de descobrir por nuestro mandado e con nuestra liçençia, nin a las yslas e tierra firme del Serenísimo Rey de Portogal,

---

[2] Tachado: *l de*.
[3] Tachado: *ofiçio*.
[4] Tachado: *Contratar*.
[5] Tachado: *e*.

Príncipe, nuestro muy caro e muy amado hijo, nin podades dellas traer interese ni provecho alguno, salvo mantenimiento para la gente que llevardes por nuestros dineneros *(sic)*, e pasando el dicho año no podades gozar ni gozedes de lo contenido en este dicho capítulo.

5. Yten, para que se sepa lo que asy ovierdes en el dicho viaje e en ello no se pueda haser fraude nin engaño, nos pongamos en cada uno de los dichos navíos una o dos personas que en nuestro nonbre, e por nuestro mandado, esté presente a todo lo que se oviere e rrescatare en los dichos navíos, de las cosas suso dichas, e lo pongan por escripto e fagan dello libro, e tengan dello cuenta e rrasón. E lo que se rrescatare e oviere en cada un navío se ponga e guarde en arcas çerradas, e en cada una aya dos llaves, e que la tal persona o personas que por nuestro mandado fueren en el tal navío tenga una llave, e vos el dicho Biçente Yáñez, o quien vos nonbrardes otra, por manera que no se pueda faser fraude nin engaño alguno.

6. Yten, que vos el dicho Biçente Yáñez nin otra persona nin personas algunas de los dichos navíos e conpañía dellos, non puedan rrescatar nin contratar nin aver cosa algunas *(sic)* de las susodichas syn estar presente a ello la dicha persona o personas que por nuestro mandado fueren en cada uno de los dichos navíos.

7. Yten, que las tales persona o personas en cada uno de los dichos navíos fueren por nuestro mandado ganen parte como las otras personas que en el dicho navío fueren.

8. Yten, que todo lo suso dicho que así se oviere e rrescatare en qualquier manera sin diminuçión nin furto se [6] traya a la çiudad e puerto de Sevilla o Cadis, e se presente ante el nuestro ofiçial que allí rresidiere, para de allí se tome la parte que de allí oviéremos de aver, e que por la dicha parte que así dello ovierdes de aver non pagueys ni seays obligado a pagar de la primera venta alcavala ni aduana ni almoxarifazgo ni otros derechos algunos.

9. Yten, que ante que cometays el dicho viaje vos vades a personar a la cibdad de Sevilla o Cádisante Gonçalo Gomes de Cervantes, nuestro oficial de Xeres, e Ximeno de Birbiesca nuestro ofiçial, con los navíos e gentes con que ovierdes de faser el dicho viaje para que ellos lo vean, e asy cuenten la rrelaçión dello en los nuestros libros e hagan las otras diligençias neçesarias.

10. Para lo qual fesimos nuestro capitán de los dichos navíos e gente que con [7] / vos / fueren a vos el dicho Biçente Yánez Pinçón e vos damos nuestro poder conplido, e juredición çevil e creminal, con todas sus inçidençias e dependençias, e anexidades e conexidades. E mandamos a las personas que en los dichos navíos fueren que por tal nuestro capitán vos obedescan, en todo e por todo, e vos consientan usar de la dicha juredición con tanto que no podais matar persona alguna ni cortar mienbros.

11. Yten, que para seguridad que vos el dicho Biçente Yáñez Pinçón e las otras personas, que en los dichos navíos yrán, farey e conplireis e será conplido e guardado todo lo en esta capitulaçión contenido e cada cosa e parte dello, antes que cometays el dicho viaje deys fianças llanas e abona-

---

[6] Tachado: *a*.
[7] Tachado: *ellos*.

das a nuestro contentamiento del dicho Gonçalo Gómes de Cervantes o de su lugarteniente.

12. Yten, que vos el dicho Biçente Yáñez e las otras personas que en los navíos fueren fagades e cunplades todo lo contenido en esta capitulaçión, e cada cosa e parte dello, so pena que qualquiera persona que lo contrario fiziere por el mismo fecho aya perdido e pierda todo lo que rrescatare e oviere, e todo el ynterese e provecho que el dicho viaje podría[8] venir, sea aplicado e desde agora lo aplicamos a nuestra cámara e fisco e el cuerpo sea abraço[9]

Lo qual todo que dicho es e cada cosa e parte dello, fechas por vos las dichas diligençias, prometemos de vos mandar guardar e conplir a vos el dicho Biçente Yáñez Pinçón que en ello ni en cosa alguna, ni parte dello, no vos será puesto ynpedimento alguno. De lo qual vos mandamos dar la presente firmada de nuestros nonbres. Fecha en Granada a çinco de setiembre de mil e quinientos e un años. Yo el Rey. Yo la Reyna. Por mandado del Rey e de la Reyna. Gaspar de Griçio.

---

[8] Tachado: *aver*.
[9] En la CDI, T. XXX, págs. 535-542, se transcribe «el cuerpo sea a la nuestra merçed». Existe dificultad en la lectura, pero no parece que, de ninguna manera, se pueda leer lo ofrecido en la edición anteriormente citada. En la terminología de la época, y aparece en otras capitulaciones, se emplea efectivamente «el cuerpo a nuestra merçed».

## DOCUMENTO N.º 2

Capitulación otorgada a Cristóbal Guerra para ir a descubrir a la Costa de las Perlas y otras islas.
1503, julio 12. Dada en Alcalá de Henares.
A.G.I. Indif. General 418. L. I, fols. 110 vto.-112.
C.D.I. T. XXXI, págs. 187-193.
RAMOS PÉREZ, D.: ob. cit., págs. 469-473.

El asiento con Cristóval Guerra, vecino de la çibdad de Sevilla.

La Reina. Mis contadores mayores: Bien sabeys como por mi mandado tomastes asyento con Christóval Guerra, vecino de la çibdad de Sevilla para yr a la Costa de las Perlas y a descobrir otras yslas e tierras del mar Oçeano en la forma siguiente:

1. Primeramente, que yo le doy liçençia para que pueda yr por el mar Oçéano a la Costa de las Perlas que descubrió, e por toda ella a la provinçia de Vrabá e que puede yr a otras qualesquier partes a descubrir, con tanto que no sea de las yslas descubiertas por el Almirante Colón hasta el postrero viaje que vino a estos Reynos que fue en el mes de mayo del año de XCVI y con condición que no puedan ir a ningunas yslas nin tierra firme que pertenescan al Señor Rey de Portogal, para que dellas aya interese alguno, salvo para tomar agua o para conprar cosas de mantenimiento para él e para la gente que en él fuere. Lo qual aya de tomar e comprar a la voluntad de las personas que estuvieren a la obediençia del dicho Señor Rey de Portogal, e non en otra manera.

2. Yten, quel dicho Christóval Guerra, y los otros que con él fueren el dicho viaje, armaran a su costa e misyon VII caravelas dende arriba sy más pudieren, e para ello yo le dé favor e ayuda. E que llegando a la dicha costa de las Perlas e a la dicha provinçia de Huravá, enbiaran las dos caravelas dellas a descubrir adelante e que / de / todo lo que descubrieren o se oviere con las dichas dos caravella acudan con el quinto dello a mi o a quien yo mandare, sin descontar costa ni armasón alguna.

3. Yten, que todas las cosas quel oviere y rrescatare en las dichas yslas e tierra firme donde ay las perlas, e a la dicha provinçia Duravá o en las otras yslas descubiertas, donde ha de yr con los dichos navíos, así como oro y plata e cobre e estaño e otros metales e piedras preçiosas de qualquier calidad que sean, e espeçería y drobrería *(sic)* e brasil e otras cosas acudirá a mi, o a quien yo mandare con el quarto dello /sin/ sacar [10] costas algunas e que lo rrestante sea para el dicho Christoval Guerra para quél haga dello como de cosa suya propia, e que puede tomar en qualesquier partes que descubrieren yndios e yndias para lenguas de aquellas tierras, con tanto que no sean para escablos *(sic)* ni para les fazer mal ni dapno, e que los tomen lo más a su voluntad que ser pueda. E que así mismo pueda tomar monstruos e animales de qualquier natura e calidad que sean, e todas e qualesquier serpientes e pescados que quisieren, lo qual todo sea suyo propio segúnd dicho es, dando el quarto de todo ello a mi o a quien mi poder oviere syn les descontar costas ni armasón. E que de la parte que a él le cupiere de la primera venta que dello hiziere, no pague alcabala ni almoxarifazgo ni portadgos ni aduana ni almirantadgo ni portadgos ni otros derechos algunos, mostrando el dicho Christóval Guerra carta firmada de mi contador e ofiçiales que por mi o por vosotros fueren nonbrados para yr en la dicha armada, como las tales cosas se cargaron en la dicha costa de las Perlas e provincia de Vrabá, e en otras qualesquier partes de las dichas Indias, quel dicho Christóval Guerra descubriere nuevamente, trayendo a descargar e vender todas las cosas suso dichas al Arçobispado de Sevilla o obispado de Cádiz.

4. E que asymismo pueda [11] cargar libremente qualesquier cosas que oviere menester para la dicha armada, e para proveymiento e mantenimiento de las gentes que en ella ovieren de yr, syn que sea obligado a pagar de lo que asy cargare para el dicho viaje derechos algunos de almoxarifazgo mayor ni menor, ni aduana ni almirantadgo, ni portadgo ni otros derechos algunos mostrando el dicho Christóbal Guerra carta de los ofiçiales de la casa de las Indias que rresyden en la çibdad de Sevilla, como aquellas cosas se cargan e llevan para la provisión del armada e de las gentes que en ella han de yr. E que en la dicha armada vayan en cada navío una persona puesta por los dichos ofiçiales de la casa de las Indias que rresiden en la dicha cibdad de Sevilla para que asyenten todo lo que a/ sy se allare e ovieren, rrescataren, para que todo /a/ sy se allare e ovieren, rrescataren para que todo ello sea acudido a mi con la parte que según esta capitulación me pertenesca e para que no se hagan rrescate alguno syno delante dél para que lo asiente todo en su libro, fuziendo todo lo suso dicho y conforme a la carta de franqueza que Yo çerca desto tengo dada.

5. Yten, que yo le dé provisiones para que le sean entregados qualesquier yndios que qualesquier personas tengan de aquellas partes que fueren menester de los que truxo en el postrer viaje que hiso, que sean depositados por mi mandado para que se aprovechen dellos en el dicho viaje para lo que cunpliere a mi serviçio syn les apremiar. Sy son libres

---
[10] Tachado: *do*.
[11] Tachado: *n*.

pagandoles su justo salario por el tiempo que dellos se aprovecharen, e los tengan e trabten como a libres, e se les diga asy a ellos.

6. Yten, quel dicho Christóval Guerra sea obligado de llevar consigo algunos religiosos o freyles para que sy algunas personas quedaren a poblar en las dichas yslas e tierras de suso declaradas les digan, administren, los divinos oficios asymismo para las cosas que convinieren a las conçiencias de los que fueren en la dicha armada.

7. Yten, quel dicho Christóval Guerra sea obligado a guardar las hordenanças que por mi han sydo fechas hasta agora sobre esta contrabtaçión e deven ir con todo lo que traxieren derechamente ante los ofiçiales de la Casa de la Contrabtaçión de las Yndias que rresyden en la dicha çibdad de Sevilla, para que acá se haga quenta con él de la parte que a mi me pertenesçe de todo lo que truxiere del dicho viaje.

8. Yten, que sea obligado a llevar ynstruçión de los ofiçiales de la dicha Casa de la Contrabtaçión de las Yndias que rresiden en la dicha çibdad de Sevilla, de la forma que han de tener en este viaje en todas las cosas que ovieren de faser o traer.

9. Yten, quel dicho Christóval Guerra vaya en los dichos siete navíos como mi Capitán e con poder conplido para corregidor *(sic)*, e castigar a la gente que en los dichos navíos llevaren, al qual Yo le aya de dar e dé el más firme e bastante que para lo suso dicho fuere neçesario.

10. Yten, quel dicho Christóval Guerra demás e allende de las dichas personas que ha de llevar en los dichos navíos en mi nombre, sea obligado de llevar e lleve un contador puesto e nonbrado por mi o por vosotros, por ante quien se aya de haser e hagan todos los rescates que se ovieren de haser, para quél trayga cuenta y rasón de todo lo que en el dicho viaje se oviere e rescatare. Que las dichas personas que asy fueren en los dichos navíos en mi nonbre ayan de yr e vayan a costa del dicho Chistóval Guerra.

11. Yten, quel dicho contador aya de llevar e lleve por los derechos e salario dos soldadas como se acostunbra rrepartyr syn que Yo pague dello cosa alguna.

12. Yten quél trabajará que Joan Viscayno vaya desta manera en el dicho viaje e haga que cunpla lo que tiene [12] capitulado çerca dello.

13. Porque vos mando que pongades e asentades el traslado desta mi çédula e capitulaçión en ella contenida en los mis libros que vosotros teneys con la obligaçión del dicho Christóval Guerra e le dedes e libredes las cartas e provisiones que para ello oviere menester, e dadle e tomadle esta mi çédula originalmente sobreescripto e librado de vosotros, para quel dicho Christóval Guerra lo tenga para su seguridad e non hagades ende al. Fecha en la villa de Alcalá de Henares a XII días de Jullio año de mill e quinientos e tres años. Va escripto sobre rraydo o diz a mi. Yo la Reyna. Por mandado de la Reyna, Gaspar de Grizio. Señalada de don Alvaro y de Juan López y de los liçençiados Múxica y Vargas.

---

[12] Tachado: *en.*

# DOCUMENTO N.º 3

Capitulación otorgada a Alonso de Ojeda para ir a descubrir a Coquibacoa.
1504, septiembre 30. Dada en Medina del Campo.
A.G.I. Indif. General 418. L. I, fols. 134-137.
OTTE, E.: *Cédulas Reales relativas a Venezuela*. Edición de la Fundación John Boulton y la Fundación Eugenio Mendoza. Caracas, 1963. págs. 39-48.
C.D.I. T. XXXI, págs. 258-271.
RAMOS PÉREZ, D.: ob. cit., págs. 480-487.


Asiento y Capitulaçión que se tomó con Alonso de Ojeda para ir a descubrir a las Indias.
Capitulaçión con Alonso de Ojeda Vecino de la Ciudad de Cuenca.

El Rey.

El asiento que se tomó por mi mandado con vos Alonso de Hojeda veçino de la çibdad de Cuenca para yr a la tierra firme de Cuquibacoa que descubristes a la parte del poniente desde el Cabo del Ysleo fasta do dizen los Coxos, e otras yslas e tierra firme del mar Oçéano que fasta agora son descubiertase se descunbrieren de aquí adelante es esto que se sygue:

1. Primeramente, que podais yr con dos o tres navíos e los que más quisierdes llevar a vuestra costa e minsión a las tierras e yslas de las Perlas e al golfo de Vrabá, e a la dicha tierra que descubristes, e a otras qualesquier yslas e tierra firme del mar Oçéano questán descubiertas e por descobrir, con tanto que sean de las que descubrió e agora nuevamente a descubierto don Christóval Colón, nuestro Almirante del mar Oçéano, qués más adelante de donde vos e Bastidas llegastes, ni de las yslas e tierra firme que pertenesçen al Serenísimo Rey de Portugal, mi muy caro e muy

amado hijo, entiendese aquellas que estuvieren dentro de los límites que entre Nos e él están señalados, nin dellos nin de alguna dellos podays tomar ni aver ynterese nin otra cosa alguna, salvo solamente las cosas que para vuestro mantenimiento e provisión de navíos e gente ovierdes menester, pagando por ellas lo que valieren e podades en las dichas tierras de Vrabá, en la dicha tierra o en las otras yslas o tierra firme del mar Océano, descubiertas e por descobrir, que por [13] esta capitulación no vos son defendidos rescatar e aver en otra qualquier manera oro e plata e guanines e otros metales e aljofar e piedras preçiosas e mostruos e serpientes e animales e pescados e aves e espeçería e droguería e otras qualesquier cosas de qualesquier género e nonbre que sean, con tanto que no podais traher esclavos, salvo los questán en las yslas de Sant Bernaldo e ysla Fuerte, e en los puertos de Tajena, o en las yslas de Barú, que se disen caníbales.

2. Yten, que en la dicha tierra que así descubristes seays obligado de hazer a vuestra costa e minsión una fortaleza donde primero la [14] teniades fecha, o en otra parte donde vos paresçiere aver mejor disposiçión, que sea tal que con poca gente se pueda defender a los yndios, la qual ayays e podays hazer en la costa de Cuquibacoa, desde el Cabo de Ysleo fasta los Coxos, e la sostener por tienpo de tres años primeros syguientes, que se cuenten desde el día que la comencardes a labrar en adelante, e que pasado el dicho tienpo seamos obligados a sostener la dicha fortaleza, sy vieramos que cunple a nuestro serviçio fasiéndonos /primero/ saver si vos la quisierdes dexar.

3. Yten, que para la dicha fortaleza que seays obligado a hazer e para otras sy las hisyerdes viendo que ay necesidad, vos ayamos de dar tenençia e salario con que las podays sostener, la qual dicha tenençia vos ayamos de señalar aviendo ynformaçión de las tales dichas fortalezas, e de la favor e manera dellas, e de la gente e otras cosas que an menester para se defender.

4. Yten, que de todo lo que rrescatardes e ovierdes en qualquier manera en la dicha tierra de Vrabá, o en la costa desde el Lisleo fasta los Coxos, o en otra tierra nueva que no aya seydo descubierta, sy vos la descubrierdes nos ayays de dar e deis la sexta parte de lo que ovierdes e rrescatardes en qualquier manera, o en las otras tierras e yslas que an seydo descubiertas por vos e por otras personas nos ayays de dar e deys el quinto linpio, todo syn sacar de lo uno e de lo otro costa ni armazón ni flete ni sueldo de gente, ni de otras cosas ni gastos algunos que hisyerdes, e las otras partes sean libremente para vos el dicho Alonso de Hojeda, e podays hazer dellas lo que quisierdes e por bien toviderdes, como de cosa vuestra propia libre e quita e desenbargada, e lo podays vender e trocar en qualquier parte de nuestros rreinos e señorios syn que pagueys de la primera vez almoxarifazgo ni aduana ni otro derecho alguno, en tanto quel dicho sexto o quinto que Nos ovieremos de aver de la manera que dicha es, nos lo deys puesto en la çibdad de Sevilla en la nuestra Casa de la Contrataçión de las Indias, en poder de los ofiçiales della o en la ysla Española en poder del que por nuestro man-

---

[13] Tachado: *o*.
[14] Tachado: *s*.

dado toviere cargo de cobrar nuestras rrentas e otras cosas de la dicha ysla.

5. Yten, que si quisierdes llevar a la ysla Española a contratar los guanines e rropas e cosas de algodón e rredes e plumas e çivas e guayças que rrescatardes e ovierdes en qualquier manera, lo podays hazer, con tanto que luego que allí llegardes ante todas cosas magnifesteys todas las dichas cosas que allí truxerdes e mostreys la cuenta o memoria de qué tierras o yslas las ovistes ante nuestros offiçiales que allí tovieren cargo de la hazienda, e asy manifestadas sea a esto govierno dellos, de tomar primero el dicho quinto o sexto según en la tierra que se ovieren avido conforme al capítulo de arriba en las mismas pieças, o después de vendidas del dinero que ellas se oviere, e sy lo tomaren en las pieças que las tome, en su gusto valor, según que serán estimadas por lo que más pueden valer unas pieças con otras, e que pagando el quinto o sexto las otras cosas que vos quedaren las podays vender e contratar en la dicha ysla Española, en presençia de nuestro fator, e no de otra manera, porque tenga cuenta e rrasón de lo que por ellas se oviere e de lo que las dichas cosas valieren e por ellas se oviere seais obligado de dar e pagar al dicho nuestro fator en nuestro nonbre la meytad dello que montaren, demás e allende del quinto o sexto, que ante todas cosas a de ser pagado o en las pieças o en dinero como dicho es.

6. Yten, que durante el tienpo de los dichos tres años podays yr a la dicha ysla Española e comprar allí todos los bastimentos e cosas que menester ovierdes, dando por ellos los presçios que a la sazón en la dicha ysla valieren, e llevar con vos qualesquier de los christianos que en ella rresiden, quales al nuestro governador paresçiere sy ellos de su voluntad quisieren yr con vos, e al dicho nuestro governador paresçiere que deven yr e fletar los navíos que quisierdes, de qualesquier personas que de allí las llevaren con mercaderías que ellos vos quisieren fletar, e non seyendo de los que el nuestro governador oviere menester para nuestro serviçio e podays asymismo llevar de la dicha Española, o de otra qualquier parte donde allardes, un christiano que se dice Joan de Santa María para lengua, sy quisiere yr con vos.

7. Yten, que sy después de llegados en las dichas [15] yslas descubiertas e por descobrir, e savido lo que ay en ellas, luego nos enbieys o trayays rrelación dello a Nos o a nuestro Governador que por tienpo estoviere en la Española, para que Nos la veamos e mandemos proveer en ello lo que a nuestro serviçio cunple.

8. Yten, que si durante el tienpo de los dichos tres años vos el dicho Alonso Hojeda, o otro en vuestro nonbre, quisierdes armar más navíos allende de los que agora llevardes para sostenimiento de lo suso dicho, lo podades haser syn pedir ni aver para ello nueva liçençia e mandado, queardando e conpliendo todavía lo que ay capitulado e asentado en esta capitulaçión.

9. Yten, que sy vos o los que con vos se juntaren quisierdes quedar allá con algunos navíos o syn ellos, para edeficar casas o estançia o pueblo e heredades que allí hisyerdes e ovierdes, francamente que lo podays

---

[15] Tachado: *yslas*.

hazer e que goseys de las casas e estançias e poblaçiones syn pagarnos alcavala ni otro derecho alguno ni ynposyçión por el dicho tienpo de tres años. E que del oro e plata e guanines e metales e aljofar e perlas e piedras e joyas e cosas de algodón e seda e otras qualesquier cosas de qualesquier nonbre e valor e calidad que sean, rrescatardes e ovierdes en qualquier manera, aunque sean yndustria e trabajo de los yndios e otras personas, pagueys el sexto puesto en los lugares e según que arriba se contiene eçebto de las cosas de algodón e lino e lana que ovierdes menester para vuestros vistimentos e de los que con vos estovieren, que de aquesto vos hasemos merçed que no ayays de pagar cosa ninguna.

10. Yten, que aviendo poblado vos o los que con vos fueren o se juntaren en las dichas tierras e yslas, descubiertas o por descobrir, que non sean de las que por esta capitulación vos son defendidas, proveyendonos de más pobladores e de otro governador, vos e los que allá estovierdes vos podays venir quando quesierdes libremente a estos nuestros Reynos syn que vos sea puesto ynpedimento alguno, e podays vender e arrendar las heredades e casas que allá tovierdes.

11. Yten, que para que se sepa lo que asy se rrescatare e oviere, doquiera que fuerdes e en ello non se pueda hazer fraude nin engaño alguno, Nos, mandemos poner en cada uno de los navíos que llevardes una persona e en cada ysla o tierra firme donde poblardes otra o otras personas las que fueren menester, que estén presentes a todo lo que se rrescatare e oviere en otra qualquier manera, e fagan dello libro e tengan cuenta e rrazón e lo que asy se rrescatare e oviere se ponga en arcas en cada uno de los navíos o ysla o tierra firme de las quales tengan una llave una de las dichas personas que nos mandaremos nonbrar, e otra vos, e otra persona que vos nonbrardes, para que esté seguro e a buen rrecabdo e en ello no pueda aver falta ni dimynuçión alguna.

12. Yten, que vos el dicho Hojeda ni otra persona [16] o personas no podays rrescatar nin aver nin coger nin sacar oro ni plata nin otra cosa alguna syn ser presentes a ello las tales personas que en nuestro nonbre fueren nonbradas para ello, o quien su poder oviere, estando ellos enfermos o ocupados no pudiendo yr en persona.

13. Yten, que las tales personas que por nuestro mandado fueren nonbradas para lo suso dicho ganen una soldada e parte de marinero como las otras personas que fueren en la dicha conpañya.

14. Yten, que todo lo suso dicho, o que se rrescatare e oviere en qualquier manera, se trayga syn falta ni dimynuçión alguna a la cibdad o puerto de Sevilla, e se presente con ello ante nuestros ofiçiales de la Casa de la Contrataçión de las Indias que rresiden en la dicha cibdad, o a la dicha ysla Española, para que allí se tome e rresçiba el sexto o quinto que Nos ovieremos de aver como dicho es.

15. Yten, que antes que fagays el dicho viaje vos vays a presentar con los navíos e con la gente dellos a la dicha çibdad de Sevilla, ante los dichos nuestros ofiçiales de la dicha Casa de la dicha Contrataçión de las Indias, para que vean los dichos navíos egente, que asyenten la rrelaçión de todo ello en nuestros libros e fagan todas las otras diligençias

---

[16] Tachado: *in*.

como por Nos les es mandado. E sy fuera del Río de Sevilla armardes, porque en venir a Sevilla se perdería mucho tiempo, que en tal caso los dichos nuestros ofiçiales enbien a vuestra costa a hazer las dichas diligençias do quiera que armaredes para que de todo les traya rrazón.

16. Yten, acatando los serviçios que nos aveys fecho, e esperamos que nos hareys de aquí adelante, e porque con mejor gana e aparejo podays hazer el dicho viaje, mi merçed e voluntad es de vos ayudar e pagar en todo el dicho tienpo de los dichos tres años çinquenta onbres de los que llevardes en vuestra compañía e viaje, e cada uno dellos /aya/cada día [en blanco] maravedís de sueldo, los quales se paguen en esta manera: que los çinco meses primeros siguientes vos paguen luego los nuestros ofiçiales de la dicha casa de Sevilla, e los otros dos años e syete meses siguientes se vos paguen del valor e ynterese que Nos ovierdes de dar de lo que ovierdes en el dicho viaje, e de lo que ovieremos de aver de provecho de las tierras e yslas [17] en esta dicha capitulaçión nonbradas. E sy en todo ello no ovierdes cunplimiento para pagar el dicho sueldo, que Nos no seamos obligados a vos pagar lo que asy rrestare por pagar. E mando a los dichos nuestros ofiçiales de la dicha Casa de la Contrataçión de Sevilla que luego vos den e paguen [en blanco] mill maravedís que en el sueldo de los dichos cinquenta onbres en los dichos çinco meses monta e con el traslado desta dicha capitulaçión, que para esto e para otras cosas an de tomar e con vuestra carta de pago se le rresçibiran en cuenta.

17. Yten, que no podays llevar en vuestra conpañía para lo suso dicho persona ni personas algunas que sean estraños de nuestros Reynos.

18. Yten, que para seguridad que vos el dicho Hojeda e las personas que en los dichos navíos fueren, fareys e cunplyreis e pagareys, e será cunplido e guardado e pagado lo en esta capitulaçión contenydo, que a vos e a ellos atañe de guardar e cunplir e pagar, e cada cosa e parte dello, antes que hagays el dicho viaje deys para ello fianças llanas e abonadas, a contentamyento de los dichos nuestros ofiçiales que rresyden en la dicha çibdad de Sevilla, fasta en suma de quento e medio de maravedís. E que seays obligado a hazer el dicho viaje e estar aparejado para hazer vela para seguir el dicho viaje haziendo tienpo desde el día de la data desta nuestra capitulaçión hasta en seys meses primeros syguientes.

19. Yten, que vos el dicho Hojeda e las personas que en los dichos navíos fueren fagueys e guardeis e pagueys todo lo contenido en esta capitulaçión, e cada cosa e parte dello, so pena que vos o otra persona que lo contrario hisyeredes por el mismo fecho el que asy non lo cunpliere, aya perdido e pierda la parte que le pertenesçiere de todo lo que se rrescatare e oviere, e todo el ynterese e provecho que en el dicho viaje se oviere, asy en la mar como dentro en la tierra, e sea aplicado e desde agora lo aplicamos a nuestra Cámara e Fisco.

20. Yten, que por que mejor cunplays lo suso dicho e nos podays mejor servir en el dicho viaje, vos mandaremos dar nuestras provisiones para el nuestro governador de la Española e para nuestros asedores, para que conforme a esta capitulaçión vos den todo favor e ayuda que ovierdes menester e vos hagan buen tratamiento.

---

[17] Tachado: *que*.

21. Para lo qual hazemos nuestro capitán de los dichos navíos e gente que en ellos fueren a vos, el dicho Alonso de Hojeda, e vos damos nuestro poder cunplido e juredición çivil e criminal, con todas sus ynçidençias e dependençias, emergençias, anexidades e conexidades. E mandamos a todas las personas que en los dichos navíos fueren e a cada uno dellos que como a tal nuestro capitán vos obedezcan, e vos dexen e consyentan usar del dicho ofiçio e juredición, con tanto que no podays matar ni condenar persona alguna a muerte ni le cortar mienbro.

22. Lo qual todo, que dicho es, e cada cosa e parte dello, dadas las dichas fianças por vos el dicho Alonso de Hojeda, e fechas las otras diligençias, e guardando e cunpliendo e pagando las cosas suso dichas, prometemos por la presente de vos mandar guardar e conplir todo lo en esta capitulación contenido, e cada cosa e parte dello. E mandamos a Frey Niculas de Ovando, nuestro Governador de las yslas e tierra firme del mar Oçéano, que vos dexe llevar de la ysla Española seis yndios de los que vos el dicho Alonso de Hojeda e Bastidas llevastes a ella, e vos dé al dicho Juan de Buenaventura sy con vos quisiere yr, e vos dexe tomar en ella agua e leña e otros bastimentos e provisiones que vos de allí quisierdes e ovierdes menester, pagando por ellos lo que buenamente valieren, de lo qual vos mandé dar la presente firmada de mi nombre. Fecha en la Villa de Medina del ampo, a treynta días del mes de Setienbre, año del nasçimiento de Nuestro Salvador Jhesu Christo de MDIIIIº años. Yo el Rey. Por mandado del Rey, Gaspar de Grisio. El Obispo de Córdova.

# DOCUMENTO N.º 4

Capitulación otorgada a Juan de la Cosa para ir a descubrir al golfo de Urabá.
1504, febrero 14. Dada en Medina del Campo.
A.G.I. Indif. General 418. L. I, fols. 124-126 vto.
C.D.I. T. XXXI, págs. 220-229.
RAMOS PÉREZ, D.: ob. cit., págs. 474-479.

Asiento y capitulación que se tomó con Juan de la Cosa para ir a descubrir.

### LA REYNA

El asiento que se tomó por nuestro mandado, con vos Juan de la Cosa, para ir al golfo de Urabá e otras islas del mar Oçéano que fasta agora sean descubiertas o se descubrieren de agora adelante, es este que se sigue:

1. Primeramente, que podais ir con dos o tres navíos e los que más quisierdes llevar, a vuestra costa e minsión, a las tierras e islas de las Perlas e al Golfo de Urabá, e a otras qualesquier islas e tierra firme del mar Oçéano questán decobiertas o por descobrir, con tanto que no sean de las que descobrió don Cristóbal Colón nuestro Almirante de dicho mar Oçéano, ni de las islas e tierra fimeque pertenesçiere al Serenísimo Rey de Portugal, nuestro muy caro e muy amado hijo. Entiendase aquellas que estovieren dentro de los límites que entre Nos e él están señalados, ni dellas ni de alguna dellas podais tomar ni aver interese ni otra cosa alguna, salvo solamente las cosas que para vuestro mantenimiento e provisión de navíos e gente ovierdes menester, pagando por ellas lo que valieren. E podades en las dichas tierras del dicho Golfo de Urabá e en las otras islas e tierra firme del mar Oçéano descubiertas e por descobrir que por esta capitulación no vos son defendidas las tomar e aver en otra qualquier manera oro e plata e otros metales e aljofar e perlas e piedras preciosas e monstruos e serpientes e animales e pescados e aves e espeçiería e droguería, e otras qualesquier cosas de qualquier genero e

calidad e nonbre que sean, con tanto que no podais traher esclavos, salvo los que por nuestro mandado son ternidos por esclavos, que son los questán en las islas de Sant Bernardo e islas Fuerte, o en los puertos de Casova, o en las islas de Barú que se dicen caníbales.

2. Yten, que de todo lo que rescatardes o ovierdes en qualquier manera, nos ayais de dar e dais el quinto linpio, sin sacar costa ni armazón, ni flete ni sueldo de gente, ni otras cosas, ni gastos algunos que hizierdes. E las otras quatro partes sea libremente para vos, el dicho Juan de la Cosa, e podais façer dellas lo que quisierdes o por bien tovierdes, como de cosa vuestra propia libre e quita e desenbargada, sin que pagueis de la primera venta almoxarifadgo ni aduana, ni otro derecho alguno, en tanto quel dicho quinto que Nos ovieremos de aver, nos lo deis puesto en la çibdad de Sevilla en la nuestra Casa de Contrataçión de las Indias, en poder de los ofiçiales della.

3. Yten, que si quisierdes llevar a la isla españoles a contratar los guanines e ropas e cosas de algodón e redes e plumas e aves e guanines, que rescatardes y ovierdes en qualquier manera, lo podeis hazer, con tanto que luego que allí llegardes, ante todas cosas, manifesteis todas las dichas cosas que allí traxerdes ante nuestros ofiçales que allí tovieren cargo de la hazienda, e así magnifestades sea a escogimiento dellos de tomar primero el quinto en las mismas pieças, o después de vendidos, del dinero que por ellas se oviere. E sí lo tomaren en las pieças, pagado el quinto, las otras cosas que de vuestras quatro partes vos quedaren las podais vender e contratar en las dichas islas poniendola en presençia de nuestro fator e no de otra manera, por que tenga quenta e razón de lo que por ellas se oviere. E de lo que las dichas cosas valieren e por ellas se oviere, seais obligado a dar e pagar, al dicho nuestro fator en nuestro nonbre, la meitad de lo que montaron de más e allende del dicho quinto, que ante todas cosas a de ser primero pagado o en las pieças o en dinero, como dicho es.

4. Yten, que agora a la ida podais ir por la isla Española, e tomar seis indios o los que más quisierdes de los que Rodrigo de Bastidas dexó allí, para los llevar por lenguas a las dichas tierras del golfo de Urabá, que asimismo un christiano que se dice Juan de Buena Ventura, si él quisiere ir con vos. E asímismo podais tomar en la dicha isla agua e leña e otros bastimentos, pagando por ellos lo que valiere sin que en ello vos sea puesto inpedimiento alguno.

5. Yten, que después de llegados en las dichas islas, descubiertas e por descubrir, e sabido lo que ay en ellas, luego nos enbieis o traigais relaçion dello, para que la veamos e mandemos lo que a nuestro serviçio cunple mandar proveer en ello.

6. Yten, que si vos, e los que con vos se juntaren, quisierdes quedar allá con algunos navios, o sin ellos, para edificar casas o estancias o pueblo, que lo podais hazer. E que gozeis de las casas e estancias e poblaciones, e heredades que allí fizierdes e ovierdes francamente, sin pagarnos alcavala ni otro derecho alguno ni inpusiçión, por tienpo de çinco años, que se cuenten del día que a las dichas tierras llegardes. E que del oro e plata e guanines e metales e aljofar e perlas e piedras e perlas e joyas, e cosas de algodón e seda, e otras qualesquier cosas, de qualquier nonbre e valor e calidad que sean, que rescatardes e ovierdes en otra qual-

145

quier manera, aunque sean con industria o trabajo de los indios e otras personas, pagueis el quinto puesto en los lugares e según que arriba se contiene. E de las cosas de algodón e lino e lana que ovierdes menester para vuestros cristianos e de los que con vos estovieren, que de aquesto vos hazemos merçed y no ayais de pagar cosa alguna.

7. Yten, que aviendo poblado vos, e los que con vos fueren e se juntaren, en las dichas tierras o islas descobiertas o por descobrir, que no sean de las que por esta nuestra capitulación vos son defendidas, proveyendo Nos de más pobladores e governador, vos e los que allá estuvierdes podais venir quando quisierdes libremente a estos nuestros reinos, sin que vos sea puesto impedimiento alguno, e podais vender e arendar las heredades e cosas que allá tovierdes.

8. Yten, que para que se sepa lo que así se rescatare e oviere, do quiera que fuerdes, e en ello no se preste a fazer fraude ni engaño alguno, Nos, mandamos poner en cada uno de los navíos que llevardes una persona, e en cada isla o tierra firme donde poblardes o fizierdes algún asiento una o dos personas, de más los que se fueren menester que estuvieren presentes. E todo lo que se rescatare e oviere en otra qualquier manera, e fagan dello libro, e tengan quenta e razón. E lo que así se rescatare e oviere, se ponga en arcas en cada uno de los navíos, o isla, o tierra firme, de las quales tenga una llave una de las personas que Nos mandaremos nonbrar, e otra una persona que vos, el dicho Juan de la Cosa, nonbrardes para que esté seguro e a buen recabdo, e en ello no pueda aver falta ni diminución alguna.

9. Yten, que vos el dicho Juan de la Cosa, ni otra persona o personas, no podais rescatar ni aver ni cojer ni sacar oro, ni plata, ni otra cosa alguna sin ser presentes a ello los tales personas que en nuestro nonbre fueren nonbradas para ello.

10. Yten, que las tales personas que por nuestro mandado fueren nonbradas, para lo suso dicho, gane una soldada o parte como las otras personas que fueren en la dicha conpañía.

11. Yten, que todo lo suso dicho que se rescatare o oviere en qualquier manera, se traiga sin falta ni diminución a la çibdad o puerto de Sevilla, e se presente ante nuestros ofiçiales de la Casa de la Contrataçión de las Indias, que reside en la dicha çibdad, para que allí se tome e resçiba el quinto que nos pertenesçe, salvo los guanines e cosas de algodón e redes, e otras cosas que arriba avemos mandado que se lleven a la isla Española, que las podais llevar allá si quisierdes, como dicho es.

12. Yten, que antes que hagais el dicho viaje vos vais a presentar con los navíos que llevardes, e con la gente dellos a la dicha çibdad de Sevilla, ante los dichos nuestros ofiçiales de la dicha Casa de la Contrataçión de las Indias, para que vean los dichos navíos e quente e asiente la relación de todo ello en nuestros libros e faga todas las otras diligençias como por Nos les es mandado.

13. Yten, que no podais llevar en vuestra conpañía para lo suso dicho, persona ni personas algunas que sean estrangeras de nuestros reinos.

14. Yten, para seguridad que vos, el dicho Juan de la Cosa, e las personas que en los dichos navíos fueren, fareis e cumplireis e pagareis e será cunplido, e guardado, e pagado todo lo en esta capitulación contenido, que

a vos e a ellos atañe de guardar e cumplir, e pagar, e cada cosa e parte dello a nosotros, que fagais el dicho viaje, deis para ello fianças llanas e abonadas, a contentamiento de los dichos nuestros ofiçales que residen en la dicha çibdad de Sevilla. E que seais obligado a hazer el dicho viaje, e a estar aparejado para hazer vela para seguir el dicho viaje, e haziendo tienpo desde el día de la data desta nuestra capitulaçión hasta quatro meses primeros siguientes.

15. Iten, que vos el dicho Juan de la Cosa e las personas que en los dichos navíos fueren, fagais e guardeis e pagueis todo lo contenido en esta capitulación, e cada cosa e parte dello, so pena que vos o otra persona que lo contrario hizierdes, por el mismo fecho, el que así no lo cunpliere aya perdido e pierda la parte que le pertenesçiere de todo lo que se rescatare e oviere, e todo el interese e provecho que en el dicho navío oviere, por la dicha parte que sea aplicado, e desde agora lo aplicamos a nuestra Cámara e Fisco.

16. Para lo qual, fazemos nuestro capitán de los dichos navíos e gente que en ellos fuere, a vos, el dicho Juan de la Cosa, e vos damos nuestro poder cunplido e juredición çevil e criminal, con todas sus incidençias e dependencias, emergençias, anexidades e conexidades e mandamientos. E todas las personas que en los dichos navíos fueren, e a cada uno dellos, que como a tal nuestro capitán vos obedezcan, e vos dejen e consientan usar el dicho ofiçio e juredición, con tanto, que no podais matar ni condenar persona alguna a muerte ni le cortar mienbros.

17. Lo qual, todo que dicho es, e cada cosa e parte dello, dadas las dichas fianças por vos, el dicho Juan de la Cosa, e fechas las otras diligençias, e guardando e cunpliendo e pagando las cosas suso dichas, os prometemos por la presente, de vos mandar guardar e cumplir todo lo en esta capitulación contenido, e cada cosa e parte dello, e mandamos a Frey Niculas de Ovando nuestro gobernador de las Islas e Tierra Firme de la mar Oçéano, que vos dexe llevar de la isla Española los dichos seis indios o al dicho Juan de Buenaventura si con vos quisierde ir, e vos dexe tomar en ella agua e leña e otros bastimentos que vos de allí quisierdes e ovierdes menester, pagando por ellos lo que valieren, de lo qual vos mandamos dar la presente firmada de nuestros nombres. Fecha en la villa de Medina del Campo, a 14 días del mes de Hebrero, de quinientos cuatro años. Yo el Rey. Yo la Reina. Por mandado del Rey e de la Reina, Gaspar de Grizio, el Obispo de Córdova.

## DOCUMENTO N.º 5

Capitulación otorgada a Vicente Yáñez Pinzón para ir a poblar a la isla de San Juan.
1505, abril 24, Dada en Toro.
A.G.I. Indif. General 418. L. I, fols. 164-166 vto.
C.D.I. T. XXXI, págs. 309-317.
Ramos Pérez, D.: ob. cit., págs. 488-493.

Asiento con Viçente Anes Pinçon, Vecino de la Villa de Palos para yr a poblar a la ysla de Sant Joan.

El Rey.

El asiento que por mi mandado se tomó con vos, Viçente Anes Pinçon veçino de la Villa de Palos, para yr a poblar la ysla nonbrada Sant Joan que es en el mar Oçéano a la [18] parte de las Indias çerca de la isla Española es lo siguiente:

1. Primeramente, por que Yo acatando algunos buenos serviçios que vos el dicho Viçente Anes Pinçon me aveys fecho, especialmente en la conquista de la isla Española, e en descobrir otras tierras e yslas en el dicho mar Oçéano, e espero que me fareys de aquí adelante e por vos façer bien e merçed, vos haga merçed de la Capitanía e corrigimiento de la dicha isla de Sant Joan por el tienpo que mi mered e voluntad fuere, seays obligado de yr de aquí fasta un año primero siguiente a la dicha ysla a servir e exerçer el dicho ofiçio e /a/ poblar con los más vecinos e moradores casados e por casar que pudierdes, e con los que tovierdes que para ello fuere menester e son neçesarios para questén e rresidan e sirvan en ella syn le llevar sueldo alguno de Nos, e que fagan e cunplan lo que por vos de nuestra parte les fuere mandado, especialmente algunos de los christianos que agora están o estuvieren en la dicha ysla no obedeçieren mis mandamientos, algunas provinçias se rrevelaren, algunos yndios se alçaren contra mi

---
[18] Tachado: s.

serviçio, que en tal caso a sus propios costos e expensas le hagais la guerra.

2. Otrosí, que [19] llegando vos, el dicho Viçente Anes, a la dicha isla de Sant Joan, señalareys a donde lo dichos veçinos puedan poblar una villa o dos o tres o quatro de cada çinquenta o sesenta veçinos, más si más oviere e vierdes que [20] cunple a mi servicio, e les deys el término que para ello vierdes ser más neçesario e conplidero e utile e provechoso a ellos e que en el [21] repartimiento de las cavallerías e tierras e árboles e aguas e otras cosas de la dicha ysla se faga según de la forma e manera que se ha fecho e hace en la dicha ysla nonbrada Española. E que cada uno a quien se rrepartiere algo de lo suso dicho, aya de rresydir e rresida en la dicha ysla de Sant Juan por tienpo de çinco años conplidos. E sy algunos antes deste dicho tienpo se quisiere venir que lo puedan fazer, más que no puedan vender lo que asy les fuere dado por vesyndad e repartimiento, más que lo pierdan e Yo pueda hazer merçed dellas a quien por bien toviere.

3. Otrosí, que vos el dicho Bicente Anes seays obligado de faser en la dicha ysla a vuestra costa e minsión una fortaleza que sea tal que los christianos se puedan bien defender de los yndios e de otras personas que [22] a la dicha ysla vinieren, e que así fecha Yo vos aya de dar tenencia para ella por vuestra vida e de un vuestro suçesor que vos señalardes en vuestra vida o por vuestro testamento, la qual dicha tenençia vos aya de declarar, aviendo información de la verdad e manera della, e de la gente e otras cosas que han menester para se defender, e que la dicha tenencia se nos dé de las rrentas de la dicha ysla a mi pertenesçientes, e si en la dicha isla no oviere rentas a mi pertenesçientes o aviendo algunas no bastaren para vos pagar la dicha tenençia, que Yo no sea obligado a vos dar ni pagar ni al dicho vuestro subçesor más de aquello que las dichas rrentas bastaren.

4. Yten, que de todo lo que vos, e los dichos veçinos, labraredes e criaredes en la dicha isla me paguen el dicho diezmo e primiçia de todo ello de que Yo tengo facultad *(sic)* apostólica para lo llevar, e que Yo no pueda poner otros derechos ni ynposiçión alguna por tienpo de çinco años reservado para mi e para la Corona Real destos Reynos e para los Reyes que en ellos suçedieren, la Justiçia çivil e criminal, e su prioridad como la que tienen en estos Reynos e señoríos, e los dichos diezmos e primiçias e otros derechos que a mi pertenesçieren, e todos los mineros de oro e plata e cobre e yerro e estaño e plomo e haçogue a brasyl, e mineros de açufre e otros qualesquier que sean, e salinas e los puertos de mar, e otras cosas pertenesçientes a mis rrentas e derechos rreales que ay ovieren en los términos e en que las dichas villas se poblaren.

5. Otrosy, que todo el horo que vos e los dichos veçinos cogieredes e tovieredes, e los yndyos que con vosotros andovieren en la dicha ysla sean obligados de me dar, e dén, el quinto de todo el dicho oro, syn costa alguna mía. E que no podades rrescatar ni rrescatedes oro alguno de los dichos yndios.

---

[19] Tachado: *vos.*
[20] Tachado: *es mi servicio.*
[21] Tachado: *Term.*
[22] Tachado: *en el.*

6. Otrosy, que vos ni los dichos veçinos ni alguno dellos no podades tomar ni tomedes brasyl alguno de lo que hagora ay descobierto o se descobrere de aquí adelante, en la dicha ysla, e que sy lo tomaredes sea para mi e me acudades con todo ello.

7. Otrosy, que de todo lo que vos e los dichos veçinos ovieredes de los dichos yndios en la dicha ysla de algodón e otras cosas en que los yndustriardes, fuera del término de las villas donde así ovieren de vebir e poblar, que me dén e sean obligados a dar el quarto de todo ello, eçebto de las cosas para vuestro mantenimiento e suyo, por quanto yo vos ago a vos e a ellos merçed dello.

8. Otrosy, que sy vos o los dichos vecinos o poblaredes *(sic)* o alguno dellos descubrieredes mineros algunos de qualesquier metales que sean, que sacada la costa que en ello hizieredes, me seades e sea obligado a dar e deys el quinto de todo ello, quedando para mi los dichos mineros, segúnd dicho es.

9. Otrosy, que vos e los dichos veçinos podays yr e vayays a otras qualesquier yslas e tierra firme descobiertas, donde no aya governa/dor/ ni tengamos notiça de las cosas que ay en ellas, a vuestra costa e minsión, e suya de todo el oro e perlas e otras piedras de valor que en ellas o en qualquier dellas ovieredes, vos e ellos, me deys el quinto de todo ello e de todas las otras cosas el sesmo, con tanto que no podays yr nin vayays syn mi liçençia e mandado o de quien mi poder oviere a las yslas e tierra firme donde Christóval Guerra e Pero Alonso Nyño truxieron las perlas, ni a la costa de Coquibacoa ni Huravá, nin toda la costa atrás nin adelante.

10. Otrosy, que sy descubrieredes vos o ellos yslas e tierra firme que ninguno hasta entonçes aya descobierto, que de todo el horo e perlas e piedras e otras cosas de valor ovieredes en ellas, me deis del primer viaje el quinto, e de las otras cosas el sesmo, como dicho es, e non podays tornar a ellas syn mi espeçial liçençia e mandado.

11. Yten, que si en la dicha isla de San Juan se descobriere algúnd minero de horo o plata o piedras o otros metales o colores que Yo aya de poner un beedor o dos o más para que esté presente al coger del dicho oro e cosas susodichas, para que cobren para mí lo que a mí pertenesçiere, segúnd esta capitulaçión, e tenga cuenta e rrasón dello segúnd e de la manera que se hase en la dicha ysla Española.

12. Yten, que las personas que ovieren de yr a rresidir e poblar la dicha ysla de Sant Juan, no sean de los veçinos e pobladores de alguna de las yslas e tierra firme del mar Oçéano que han ydo de estos Reynos, ni de los que están defendido que no vayan a las dichas yslas e tierra firme.

13. Yten, que vos e los otros vecinos e pobladores qu'estovieren e rresidieren en la dicha ysla de Sant Juan, fagays e cunplays todo aquello quel que es o fuere mi Governador de las dichas yslas e tierra firme del dicho mar Oçéano, de mi parte vos mandare.

14. Por lo qual todo suso dicho, Yo mando guardar con tanto que vos e todos los dichos veçinos, e cada uno dellos, acuda al dicho mi Governador o beedores o ofiçiales bien e fielmente con todo lo que me pertenesçe e pertenesçiere e me ovieren a dar e pagar. E que la persona que hurtare o encubriere o defraudare lo que me fuere obligado, allende de las otras penas en las leys destos Reinos contenidas, por el mismo fecho pierdan

qualquier previlegio en su favor se conçede en este dicho asyento e capitulaçión, e Yo e mis ofiçiales no seamos obligados a lo mandar guardar.

    15.   Quiero e mando, e es mi merçed e voluntad e prometo por mi Fée e palabra Real, que guardando e cunpliendo vos, el dicho Biçente Yañes, e las otras personas a quien lo suso dicho toca e atañe, todo lo que dicho es, que Yo mandaré guardar e cunplir todo lo suso dicho e cada cosa e parte dello que a mi atañe e incunbe de mandar dar e guardar e cunplir. Sobre lo qual mando al que es o fuere mi Governa/dor/ de las dichas Yndias y tierra firme que asy lo haga guardar e cunplir, al mi contador que rreside en la dicha Española e a los ofiçiales de la Casa de la Contrataçión de las Yndias que rresiden en la çibdad de Sevilla, e a otras personas que por mí tienen o tovieren cargo de la hasienda de las dichas Yndias, que asyenten el traslado deste dicho asyento en los libros, e la sobre escrivan, e tornen este oreginal a vos el dicho Biçente Anes, para que gozeys e gozen los dichos veçinos de la merçed en ella contenida, e vos den e libren, e fagan dar e librar qualesquier cartas e previlegios e otras provisiones que çerca de lo suso dicho pidieredes e menester ovieredes. E que en ello ni en parte dello enbargo ni contrarios alguno vos non pongan nin consientan poner, so pena de la mi merçed e de diez mill maravedís para la Cámara a cada uno que lo contrario fisieren. Fecha en la çibdad de Toro, a veynte e quatro días del mes de abril, año del nasçimiento de Nuestro Salvador Jhesús Christo de mill e quinientos e çinco años. Yo el Rey. Por mandado del Rey, administrador e Governador Gaspar de Gersio. Señalado del licençiado Çapata.

# DOCUMENTO N.º 6

Capitulación otorgada a Vicente Yáñez Pinzón y Juan Díaz de Solís para descubrir en la parte occidental de las Indias.
1508, marzo 23. Dada en Burgos.
A.G.I. Indif. General 415. L. I, fols. 1-3 vto.
C.D.I. T. XXII, págs. 5-13.
Ramos Pérez, D.: ob. cit., págs. 494-499.

Capitulaçion que se tomó con Viçente Yañes y Joan Díaz de Solis, pilotos, para la parte del Norte Oçidente.

El Rey

Las cosas que Yo mandé asentar con vos Viçente Yañes Pinçon, vezino de Moguer, e Juan Díaz de Solís, vezino de Lepe, mis pilotos, y lo que abeis de hazer en el viaje, que con ayuda de Nuestro Señor y es a la parte del norte fazia el Oçidente por mi mandado, es lo siguiente:

1. Primeramente, cuando en buena ora partierdes de Cádiz, abeis de seguir la derrota e vía e marcaje que vos, el dicho Juan Díaz de Solís, dixerdes; lo cual vos mando que comuniqueis con vos el dicho Viçente Yañes y con los otros nuestros pilotos y maestres e hombres de consejo, porque se aga con más acuerdo y mejor sepais lo que abeis de seguir.
2. Todos los días, una vez a la mañana y otra a la tarde, hable el un navío con el otro; no aya pundonor ni diferençia, sino quel que se hallare barlovento vaya en demanda del questuviere sotaviento y los salbeys como es uso y costunbre, a lo menos una bez en cada tarde, y tomeis el acuerdo de lo que se ha de hazer en la noche. Y por esta mando al mi behedor y escrivano, que va en las dichas carabelas, que tenga cuidado de ber como se haze y traiga por testimonio la vez que no se hiziere por qué causa se dexó, porque yo lo mande proveher como a nuestro serviçio cunpla.

3. Después de conçertada entre los navíos la dicha orden que se a de tener, llevad vos, el dicho Juan Díaz de Solís, el p/er/ ... haraste *(sic)* para quel otro navío vos pueda seguir.

4. Yten, conçertareis entre vosotros por ante el dicho behedor y escrivano las señales con que se á de entender el un navío con el otro, así para el marcaje como para las neçesidades de aparejos que os podrían ocurrir, lo qual han de llevar cada navío por capítulos firmados del dicho veedor para quél sepa cuya es la culpa por quien quedare de se hazer.

5. No habeis de tocar en ninguna tierra firme ni islas de las que pertenesçen al Serenísimo Rey de Portugal por la línia del rrepartimiento questá señalada entre Nos y el dicho Rey, que es una línia que dize se parte en esta manera: que partiendo de la postrera isla de Cabo Berde hazia el Oçidente e andando por la dicha línia del Oçidente CCCXX leguas, las quales handadas, se á de entender otra línia que atraviesa la dicha línea corriendo norte et sur; así que toda nuestra tierra firme e islas que serán a la parte del Oçidente de la dicha línea del norte sur adelante corriendo hazia el poniente son pertenesçientes a Nos, e la otra mar e tierra firme e islas que serán hazia cá a la parte del oriente de la dicha línea de norte et sur, se entiende ser del dicho Serenísimo Rey de Portugal. Esta línea se entiende en cuerpo esperito, en lo qual, como dicho es, no tocareis, só aquellas penas y casos en que caen e incurren los que pasan y quebrantan el mandamiento semexante, ques perdimiento de bienes y la persona a Nuestra merçed. Pero si por bentura a ida o benida os hallardes en estrema neçesidad de tormenta o de mantenimientos o a falta de aparejos o otro caso fortuito que no lo pudierdes escussar, que para hebitar la neçesidad lo podais hazer, tomando o para tomar, las cosas neçesarias por vuestro dinero e tomándolas por su justo valor y no alterando la tierra ni haziendo fuerça ni escándalo ni alboroto en ella, siendo con acuerdo del capitán, maestres pilotos y marineros, y siendo presente el dicho mi beedor y escrivano y tomándolo delante dél por testimonio.

6. Yten, si después de pasada la dicha línea en nuestros términos hallardes qualesquier navío o navíos que van a allá sin mi liçençia, hallándolos alta la mar, les demandeis quenta y razón de dónde van y bienen y que vía llevan, para saber si van a lo nuestro, y le requirais que no vayan a ninguna parte de los límites que pertenesçiere a Nos; y si no quisiere hazerlo o no vos quisieren dar quenta donde van, los podais tomar y traer pressos a estos Reino de Castilla; y si los hallardes en tierra en qualquier parte de las que a Nos pertenescan, los podais tomar a ellos con todo lo que llevaren, y de lo que ansí tomardes a las tales personas e pertenesçiendo a Nos, trayendo las dos partes/dello/ para mí, por la presente vos fago merçed de la terçia parte dello para se rreparta entre navío y conpañía, según se suele rrepartir las pressas de la mar.

7. Yten, quanto plaçiendo a Nuestro Señor y con su bendiçión seais arrivados en tierra, después de aver hechado el anclo, abeis de obedesçer al dicho Viçente Yáñes Pinçón como a mi capitán, nombrado por mí, que para ello le doy poder cunplido, el cual con acuerdo de los honbres de consejo ha de hazer en la tierra todo lo que viere que a nuestro serviçio cunple.

8. No vos abeis de detener en los puertos de la tierra que así hallardes más tienpo de los días que a vos bastaren para tomarlo e ovierdes menes-

153

ter, sino que brevemente vos despacheys y sigais la nabegaçión para descubrir aquel canal o mar abierto que prinçipalmente abeis de descubrir e que Yo quiero que se busque; e haziendo lo contrario seré muy desservido e lo mandaré castigar e proveher como a nuestro serviçio cunpla.

9. Abeys de procurar por todas las vías y maneras que pudierdes de no alborotar la gente de la tierra que hallardes, e así lo abeis de mandar de mi parte a todos los que fueren con vosotros, que los traten bien y no les hagan mal ni danno; y si lo contrario hizieren abeislos de castigar por ello, sino que vosotros y todos los abeis de tratar con mucha dulçura y tenplança e que en cosa no resçiban descontentamiento, porque la contrataçión se haga con toda paz y sosiego y como se deve de hazer, para el bien del negoçio e según que a nuestro serviçio cunpla.

10. Yten, mando que vos, los dichos Viçente Yáñez y Juan Díaz, ni de qualquier de vos ni otra persona alguna, no podais ir ni va(ya)is en tierra ni rrescatar cossa alguna sino llevando con vosotros al dicho mi beedor y escrivano, que haziéndolo en su presençia, para que de todo lo que hiçerdes tome y tenga quenta y rrazón. Y ansímismo mando quel dicho beedor no pueda rrescatar ni rrescate cosa alguna sin que vosotros seais presentes a ello sino en vuestra presençia y de dos marineros e ante vosotros y ellos asienten en el libro lo que así rrescataren, declarando cada cossa por la forma que se rrescatare, y vosotros y ellos firmeis en el dicho libro para que acá se sepa lo que se hiziere.

11. Yten, mando que después de rrescatada la mercadería nuestra que en los dichos navíos fueren, podais rrescatar la mercadería de toda la conpañía con tanto que la mitad de todo lo que así rrescatardes sea para nos y la otra mitad para la conpañía e con tanto que el dicho rrescate se faga en presençia del dicho mi beedor, como dicho es, so pena, que si así no lo hizierdes, que ayais perdido lo que así rescatardes y lo que por ello huvierdes, y sea confiscado, y por la presente lo confisco para nuestra Cámara y Fisco.

12. Asímismo, por la presente hago merçed a vos, los dichos Viçente Yáñes y Juan de Solís, que a la buelta podais traer en lugar de las quintaladas vuestras cámaras francas, y los pilotos y maestres sus arcas, las quales no an de ser de más de çinco palmos en largo y tres en halto, y a los marineros una arca entre dos, e a los grumetes entre tres un arca, e a los pajes entre quatro un arca, por la dicha horden, con tanto que la mercadería que ansí traxerdes en las dichas cámaras e arcas sea de volumen, como es canela, clavos e pimienta, y otras cossas desta calidad, e no de cossas de oro e plata y piedras preciosas, o qualquier otra cossa que sea de poco volumen e mucho valor, ni otro metal, como guaní y otras cosas semejantes, porque todas las cossas desta calidad han de ser para Nos, dando vos la recompensa de lo que otros géneros de mercadurías que así podriades traer.

13. Yten, que si determinados de volver vos hallardes en paraje que os conbenga, así por falta de mantenimientos como de otro neçesidad, y os sea más útil y provechosso tocar en la Española que no benir derechos acá, que podais tocar en ello; y en tal caso vos mando que deis quenta al nuestro Gobernador de la dicha isla del viaje que abeis fecho y de lo que abeis descubierto, y si os demandare quenta de lo que teneis, que assimismo se la deis, y faltando vos algún aparejo o otra cosa neçesaria para bol-

ver a Castilla que se la demandeys de mi parte, que por esta mando al dicho Gobernador que de todas las cossas que hansí huvierdes menester os provea sin faltar alguna.

14. Ansímismo, vos mando que trayéndovos Dios en salvamento deste viaje a estos reinos de Castilla, no entreis ni podais entrar ni tocar en puerto ninguno que sea puerto estrangero, sino en los puertos destos reinos. Y si por caso, forçados de tormenta, obiésedes de entrar en puerto extrangero, vos mando que no fagais en él ningún daño ni deis quenta de lo que traxerdes, ni del viaje que feçistes, ni por donde fuistes ni benistes, ni otra cosa alguna.

15. Yten, que benidos a estos reinos entreis dentro del puerto de Cádiz, y que ninguno de la conpañía sea osado de saltar en tierra, ni consintais honbre ninguno de tierra entrar en vuestros navíos fasta fasta *(sic)* que nuestro Visitador los aya visto y visitado y tomado por memoria todo lo que en ello trais, según que a nuestro serçiçio cunple. E que quando ayais de saltar en tierra sea después de fecho lo suso dicho y de averos dado liçençia el dicho Visitador.

16. Lo qual todo que dicho es, quiero y mando que se guarde y cunpla en todo y por todo, según y por la forma y manera que en esta Capitulación se contiene; y contra el tenor y forma dello no vayades ni pasedes, ni consintades yr ni pasar por alguna manera, so pena de perdimiento de vienes y de otra penas en que caen e yncurren los que pasan y quebrantan los mandamientos e capítulos de sus Reyes y Señores. Y mando a los maestres y marineros, grumetes, pajes y otros personas que en los dichas navíos fueren, que os obedescan como a mis Cappitanes, ellos, y fagan lo que vosotros de mi parte les mandardes cunplidero a nuestro serviçio; faziendo en lo del navegar lo que a vos el dicho Juan Díaz de Solís paresçiere, y en lo de la tierra lo que vos el dicho Viçente Yañes dixerdes, según dicho es, que para el cunplimiento de todo lo que ansí se contiene vos doy poder cunplido con todas sus ynsidençias y dependençias. Fecha en Burgos a XXIII días del mes de março de quinientos y ocho años. Yo el Rey. Por mandado de su Alteza, Loppe Conchillos. El Obisjo de Palençia, Conde.

# DOCUMENTO N.º 7

Capitulación otorgada a Diego de Nicuesa y Alonso de Ojeda para comerciar en Urabá y Veragua.
1508, junio 9. Dada en Burgos.
A.G.I. Indif. General 415. L. I, fols. 3-8 vto.
C.D.I. T. XXII, págs. 13-26.
RAMOS PÉREZ, D.: ob. cit., págs. 500-511.

Capitulaçión que se tomó con Diego de Nicuesa y Alonso de Ojeda.

El Rey

El asiento que por mi mandado se tomó con vos Diego de Nicuesa, por vos y en nombre de Alonso de Ojeda, para yr a la tierra de Urabá e Beragua, es esto:

1. Primeramente, que podais yr con los navíos que quisierdes llevar, a vuestra costa e minsión, al golffo y tierras de Uraba e Beragua, para hazer en ellas los asientos que en esta capitulación serán contenidos. E a la yda podais tomar en qualesquier islas e tierra firme del mar Oçéano, así descubiertas como por descubrir, con tanto que no sean de las islas e tierra ffirme del mar Oçéano que pertenesçen al Serenísimo Rey de Portugal, nuestro muy caro y muy amado hijo, entiendese aquellas que estuvieren dentro de los límites que entre Nos y él están señalados, ni de las ende alguna dellas podais tomar ni aver interesse ni otra cossas alguna salvo las cossas que para vuestro mantenimiento y provisión de navíos y gente ovierdes menester, pagando por ellos lo que valieren; y podades en las dichas tierras, que por esta capitulación no vos sean defendidas rrescatar, aver, en otra qualquier manera oro e plata, e guacayris, y otros metales e aljofar y piedras preçiosas y perlas e mostruos e serpientes y animales o pescados e aves, espeçiería y de otro género de oga (...) ipa *(sic)* e otras qualesquier cossas de qualquier género e calidad e nonbre que sea, por término de quatro años primeros siguientes, con tanto que no podais traer esclavos según que adelante será contenido.

2. Yten, que de lo que rrecatardes y obierdes, en qualquier manera durante el dicho tienpo, que nos ayais de dar y deis el primero año el quinto de todo lo que hansí hubierdes, y los otros tres años siguientes el quarto, sin sacar ni de lo uno ni de lo otro almazén ni costa de flete ni sueldo de mi gente ni otra cosa alguna de gastos que fiçierdes, e las otras partes sean libremente para vosotros. Y lo que a Nos pertenesçiere deis puesto a vuestra costa en la isla Española entregandolo a Miguel de Pasamonte, nuestro thesorero general de las dichas islas, Indias y tierra firme del mar Oçeano, o en la çiudad de Sevilla en poder de los nuestros offiçiales de la dicha Cassa de la Contrataçión que allí residen, o en la parte de lo suso dicho que más quisieremos.

3. Y con que en la dicha tierra seais obligados a hazer quatro fortalezas, a vuestra costa y minsión, para quatro asientos: los dos en la tierra de Urabá hasta el golfo, y las otras dos, desde el golfo hasta en fín de la tierra que llaman Beragua, ques donde postrimeramente fue el Almirante Colón, en los lugares y asientos que señalare en Urabá el dicho Alonsso de Hojeda, juntamente con Silvestre Perez, que Yo para ello nombro. Y en las partes de Beragua, vos el dicho Diego de Nicuessa juntamente con Alonso de Quiroga, las cuales han de estar labradas, los çimientos de piedra y lo otro de tapia, que sean de tal manera que se puedan bien defender de la gente de la tierra, las cuales vosotros decís que quereis fazer en esta manera: las dos que se han de hazer en Urabá el dicho Alonso de Ojeda, la primera dentro de año y medio que se quenta desde el día que desenbarcaredes en tierra, y la otra dentro de /otros/ dos años y medio, y en este mismo tiempo, vos el dicho Diego de Nicuesa, abeis de fazer las otras dos en la parte de Veragua.

4. Yten, que para las dichas fortalezas que abeis de hazer, vos aya de mandar dar y después de hechas, abiendo informaçión de las tales fortalezas e de la labor y manera dellas e la gente y otras cosas que oviere menester, la quenta y salario que para la sostener conbenga, lo qual vos aya de mandar pagar contando desde el día que començardes a labrar las dichas fortalezas en adelante; contando que si no las acavardes no seamos obligados a pagar vos cosa alguna de la dicha cuenta y rrecaudo dellas.

5. Yten, que vos aya de dar liçençia y por la presente vos la doy, para que podais pasar quarenta esclavos para la labor de las dichas fortalezas, para cada asiento diez.

6. Yten, que yo vos aya de mandar dar para cada una de las dichas fortalezas quatro cijos de anilla, de ocho a diez, quinze, o de la menuda desta ca bien eys cijos de hierro para cada asiento veinte, y para cada fortaleza diez quintales de pólvora.

7. Yten, que de las minas y mineros de oro y plata que allí se hallaren y otro metal, por vosotros y de los que con vosotros fueren, las podais gozar por término de diez años en esta manera: el primero año pagando para Nos el diezmo, e segundo año pagando la novena parte, y en el terçero año pagando la ochava parte, y en el quarto año pagando la setena parte, y el quinto año pagando la sesta parte de todo lo que de las dichas islas e mineros se sacare, y los otros çinco años benideros pagando el quinto, según y por la forma y manera que agora se paga en la isla Española. E abiendo así pagado los dichos derechos, lo que vos quedare vuestro, vos daremos liçençia y facultad para que lo podais llevar a vender

a la dicha isla Española libremente, sin pagar nuevos derechos, llevando fée de como los abeis pagado en la dicha tierra firme.

8. Yten, que vosotros o quien vuestro poder huviere podais conprar en la dicha isla Española todas las cosas que ovierdes menester para vuestro mantenimiento, segund qué como los compran los mismos vezinos de la dicha isla, pagando los derechos como ellos los pagan e no más ni allende. E durante el tiempo de los dichos quatro años, podais fletar en la dicha isla Española los navíos que ovierdes menester para las dichas tierras, y que los cristianos que allá se quisieren ir con vosotros, de más de los seisçientos de yuso contenidos, ayudaros, lo que pueda hacer agora o en cualquier tienppo durante los dichos quatro años, que por la presente doy liçençia para ello, con tanto que los dichos navíos se fleten con sabiduría del nuestro gobernador de la dicha isla Española, el qual aya de poner el rrecaudo que fuere menester para que vayan a los dichos asientos y no a otra parte, so pena de perder los navíos y lo que en ellos llevaren, y todos los otros bienes que tienen, y las personas a nuestra merçed. Pero si en qualquier tiempo dieremos liçençia para que lleven a las dichas tierras de Urabá e Beragua, destos nuestro reinos o de otra qualquier parte qualesquier mantenimientos o otras mercaderías, no conprando ni se vendiendo en la dicha isla Española, entiendesse no abiendose vendido en ella, que nos paguen los derechos dellos como se pagan agora en la dicha isla Española, e más si adelante se pagaren más.

9. Yten, que Yo vos aya de dar y por la presente vos doy pasaje franco para la gente de Castilla que con vosotros se quisieren ir, hasta en número de doçientos honbres, y ansímismo, a los que quisieren ir con vosotros desde la isla Española hasta en cunplimiento de seisçientos honbres, de más de los doçientos que fueren de Castilla, y que Yo vos aya de mandar dar mantenimientos para los dichos doçientos honbres que de acá fueren quarenta días, y para los otros seisçientos que fueren desde la isla Española para quinze días, lo qual todo enbiaré a mandar a los ofiçales de la Contrataçión de las Indias, que rresiden en la çiudad de Sevilla, que luego lo probean. De más de lo qual, Yo vos he de mandar dar para las dichas personas las armas que ovieren menester, a rrazón de una cavachina y un coselete e un casquete e una hubera para cada uno.

10. Yten, quel número de los dichos seisçientos honbres que han de ir de la dicha isla Española, qual nuestro gobernador ques o fuere de aquí adelante de la dicha isla, no les pongan enbargo ni contradiçión alguna antes les dé todo el fabor e ayuda que fuere menester, e los que dellos tuvieren indios de rrepartimiento de la dicha isla no les puedan ser quitados por término de los dichos quatro años, e que gozen de las otras libertades e previllegios que en la dicha isla Española gozan, y por esta mando el dicho gobernador qués o fuere que así lo cunpla.

11. Yten, que después de allegados en las dichas islas y tierra firme, y sabido lo que ay en ellas, enbieis otra relaçión a Nos dello y al nuestro gobernador ques o fuere de la dicha isla Española, para que Nos lo beamos y mandemos proveher en ello lo que nuestro serviçio cunpla.

12. Yten, que Yo aya de mandar y por la presente mando, que a vos, los dichos Diego de Nicuesa e Alonso de Hojeda, vos dexen vuestros indios y hazienda según y de la manera que agora los teneis, en la dicha isla Española, durante el dicho tiempo de los dichos quatro años.

13. Yten, que Yo vos aya de dar liçençia, y por la presente vos la doy, para que durante el tienpo de los dichos quatro años podais llevar y lleveis destos rreinos de Castilla, a la dicha tierra firme, quarenta cavallos, diez para cada asiento.

14. Yten, que vosotros y los que con vosotros fueren a lo suso dicho, podais a la ida prender y cautivar esclavos de los lugares questán señalados por esclavos, que son en el puerto de Cartagena que llaman los indios de Caxamari o odeo e las islas de Vain e de Sant Bernabé e la isla Fuerta o (...) vuestros navíos y llevarlos a vender a la isla Española, pagando allí lo que de nuestra parte de derechos ovieremos de aver, ques el quinto, o en preçios de los mismos o en dinero como nuestros offiçiales más lo quisieren. Y lo que vendierdes por mercadería pagareis los derechos como de las otras mercaderías. Y si a la ida nos sirbiere el tienpo para lo poder hazer lo podais hazer a la tornada de los navíos, e façiendo lo contrario, caigais en pena de perdimiento dellos e de todos vuestros bienes, o si vos quisierdes aprovechar dellos para vuestras labores en la dicha isla Española, abiendo pagado el quinto a Nos puertenesçiente, lo podais hazer.

15. Yten, que vosotros ni ninguno de vos, ni otra persona, ni personas, no podais rrescatar, ni aver, ni coger, ni sacar oro o plata ni otra cosa alguna sin traerlo a magnifestar a las personas que por Nos fueren nombradas para ello, o a quien su poder huviere estando ellos enfermos o ocupados, no lo pudiendo hazer en persona.

16. Yten, que si vosotros o los que con vosotros se juntaren, quisierdes quedar allá para hedificar casas o estançias o pueblos en los uugares y asientos, que los podais hazer y que gozeis de las casas y estançias y poblaciones y heredades que allí fiçierdes e ovierdes francamente, sin pagarnos alcavala ni otro derecho alguno, ni inpusición, por el dicho tienpo de los dichos quatro años. E que de oro e plata e piedras e joyas e cosas de halgodón y seda y otras qualesquier cosas de qualquier nonbre y valor y calidad que sean, que rrescatardes y ovierdes en cualquier manera, aunque sea con industria y travajo de los indios e otras personas, pagareis el primero año el quinto, y los otros tres años el quarto, puesto en la isla Española según que arriba se contiene, eçeto de las cosas de algodón e lino e lana que ovierdes menester para vuestros vistacaruos (vestuarios) y de los que con vosotros estuvieren, que de aquesto yo vos hago merçed que no ayais de pagar cossa ninguna.

17. Yten, que habiendo poblado vos y los que con vos fueren e juntaren en las dichas tierras, mandado Yo proveher de más pobladores e de otro governador, que vos y los que allá estuvierdes, vos podais benir quando quisierdes libremente a estos reinos sin que vos sea puesto impedimiento alguno, y podais vender las heredades y casas que allí tuvierdes.

18. Yten, que antes que hagais el dicho viaje, vos vais a presentar y presenteis con los navíos y con la gente dellos a la çiudad de Cáliz, ante Pedro de Aguila mi visitador, que allí a destar por mi mandado para que bean los dichos navíos y gente, e asienten la relaçión de todo ello en sus libros, y lo enbie a nuestros hasidores de la Casa de la Contratación que rreside en la dicha çiudad de Sevilla, e haga todas las otras diligençias que por Nos les mandado.

19. Yten, que vos aya de dar liçençia y por la presente vos la doy, para que podais ante los navíos que ovierdes menester para la contrataçión de

la isla Española, hasta en número de dos navíos para cada asiento, con que podais llevar de la Española y de Jamaica todas las cosas neçesarias para los pobladores que allí huviere, con tanto que los tales navíos se pongan en las personas fiables y conosçidas, y que vosotros seais obligados por ellos a las personas que por vuestro mandado fueren puestas, y que no puedan ir a otra parte sin nuestra espiçial liçençia.

20. Yten, que se os aya de dar liçençia para que a la yda podais llevar quatroçientos yndios de las yslas comarcanas a la Españ:ola, por la horden que se a escrito al nuestro gobernador della para que vos podais aprovechar dellos en vuestras laborías e haziendas y ganado, e por la forma y manera que al dicho gobernador se enbió a mandar, y para ello vos mandaré dar mi carta.

21. Yten, que Yo vos aya de dar liçençia para que podais llevar de la dicha ysla Española, quarenta yndios que sean maestros de sacar oro para que puedan vezar a los otros de aquellas partes, con tanto que no sean de los que agora vosotros abeis en la dicha ysla. Y por esta mando al nuestro gobernador de la dicha ysla que vos los haga dar como aquí se contiene.

22. Yten, que no podais llevar en vuestra conpañía, para lo suso dicho, persona ni personas algunas que sean estraños de fuera de nuestros rreynos.

23. Yten, que para seguridad que vos, el dicho Diego de Nicuesa y el dicho Alonso de Hojeda y las personas que en los dichos navíos fueren, hareis y cunplireis y pagareis y será cunplido y guardado y pagado lo en esta capitulación contenido, que a vosotros tañe de guardar y cunplir y pagar y cada cosa y parte dello, y antes que hagais el dicho viaje, deis para ello fianças llanas y abonadas a contentamiento de don Juan Fonseca, Obispo de Palençia, hasta en suma de çierto número, que seais obligados a hazer el dicho viaje, y estar aparejados para hazer bela para seguir el dicho viaje haziendo tiempo, desde el día de la data desta nuestra capitulaçión hasta un fin de Março que biene, del año benidero de mill e quinientos e nueve años.

24. Yten, que vos el dicho Diego de Nicuessa y el dicho Alonso de Ojeda y las otras personas que en los dichos navíos fueren y hallá estuvierdes, hareis y guardareis y pagareis todo lo contenido en esta capitulaçión y cada cosa y parte dello, y no fareis fraude ni engaño alguno ni dareis labor ni ayuda, ni consentimiento para ello, y si lo supierdes lo notificareis a Nos e a nuestros offiçales en nuestro nonbre, so pena que vosotros, o otra persona que lo contrario fiçierdes, por el mismo fecho el que así no lo cunpliere, aya perdido cualquier merçed y ofiçio y preheminençia que de Nos huviere, y pierda la parte que le pertenesçiere de todo lo que se rrescatare y oviere y de todo el interesse y provecho que el dicho viaje oviere así en la mar como dentro en la tierra, e sí aplicando y desde agora lo aplico a nuestra Cámara y fisco, y pague por su persona y bienes todas las dichas penas que Nos por bien tuviéremos de mandar executar en las personas y bienes de aquellos que no lo hizieren o consintieren o encubrieren.

25. Por lo qual, vos hazemos a vos, los dichos Diego de Nicuesa e Alonso de Ojeda, nuestros capitanes de los navíos y gente que en ellos fueren y que en los dichos asientos y otras partes de la dicha tierra fueren, en esta manera: a vos los dichos Diego de Nicuesa en la parte de Beragua, y el dicho Alonso de Ojeda en la parte de Vicava, con tanto que el dicho Alonso de Ojeda aya de llevar y lleve por su lugarteniente de cap-

pitán a Juan de la Cosa, para que en las partes donde él no estuviere sea nuestro capitán en su nombre y donde estuviere sea su teniente, estando toda unida debaxo de su obidiençia. Y por esta forma vos damos nuestro poder cunplido, y jurisdiçión çevil y criminal, con todas sus insidençias y anexidades y conexidades, por el dicho tiempo de los dicho quatro años, quedando la apelaçión de todo para ante nuestro Gobernador ques o fuere de la dicha isla Española. Y mando a todas las personas que en los dichos navíos fueren, e a cada uno dellos, que como tales nuestros capitanes vos obedescan y vos dexen y consientan usar el dicho offiçio y jurisdiçión.

26. Y ansímismo, que hagais por Nos la gobernaçión de la ysla de Jamaica con las condiçiones suso dichas, por el dicho tiempo de los dichos quatro años. Y estando devaxo del nuestro gobernador ques o fuere de la dicha ysla Española, con que vosotros seais obligados de hazer allí otras fortalezas de la condiçión y forma y manera que arriba se contiene, y para ello seais obligados a cunplilo en esta dicha capitulaçión contenido que a las otras fortalezas (toca).

27. Lo qual todo que dicho es, y cada cossa y parte dello, todas las dichas fianças por vos los dichos Diego de Nicuesa y Alonso de Ojeda, y fechas las otras diligençias, y guardando y cunpliendo y pagando las cosas suso dichas, prometemos por la presente de vos mandar guardar y cunplir todo lo en esta capitulaçión contenido y cada cosa y parte dello. Y mandamos a Fray Niculas de Ovando nuestro gobernador de las yslas y tierras firme del mar Oçéano, que bean esta capitulaçión y la guarden y cunplan según y por la forma y manera que en ella se contiene. Fecha en Burgos, a nueve de junio de mill y quinientos y ocho años. Yo el Rey. Por mandado de Alteza, Lope Conchillos. Firmada del Obispo de Palençia.

## DOCUMENTO N.º 8

Capitulación otorgada a Juan Ponce de León para ir a descubrir y poblar a la isla Bimini.
1512, febrero 23. Dada en Burgos.
A.G.I. Indif. General 415. L. I, fols. 9-11 vto.
C.D.I. T. XXII, págs. 26-32.
RAMOS PÉREZ, D.: ob. cit., págs. 519-523.

Capitulación con Joan Ponce de León sobre el descubriimento de la isla Bemini.

### EL REY

Por quanto vos, Juan Ponce de León, me enbiastes a suplicar e pedir por merçed vos diese liçençia y facultad para yr a descubrir y poblar la ysla de Bimini con çiertas condiçiones que adelante serán declaradas, por ende, por vos hazer merçed, vos doy liçençia y facultad para que podais yr a descubrir y poblar la dicha ysla, con tanto que no sea de las que hasta agora están descubiertas, y con las condiçiones y según que adelante será contenida en esta guissa:

1. Primeramente, que podais con los nabíos que quisierdes llevar, a vuestra costa y minsión, yr a descubrir y descubrais la dicha ysla y para ello tengais tres años de término, que se quenten desde el día que vos fuere presentada esta mi capitulación o se tomare el asiento con vos sobre la dicha poblaçión, con tanto que seais obligado para la yr a descubrir dentro del primer año de los dichos tres años. E que a la yda podais tocar en cualesquier yslas e tierra firme del mar Oçéano, así descubiertas como por descubrir, con tanto que no sean de las yslas e tierra firme del mar Oçéano que pertenesçen al Seueníssimo Rey de Portugal, nuestro muy caro y muy amado hijo, y entiendese aquellas questuvieren dentro de los límites que entre Nos y El estan señaladas, ni dellas ni de alguna dellas podais tomar ni aber ynteresse ni otra cosa alguna, salvo solamente las cossas

que para vuestra mantenimiento y provisión de navíos y gente que ovierdes menester pagando por ellos lo que valieren.

2. Yten, que podais tomar y se tomen por vuestra parte, en estos reynos de Castilla o en la dicha ysla Española, para lo suso dicho, los navíos, mantenimientos y offiçiales y marineros y gente que ovierdes menester, pagandolo todo según se acostunbra y siendo a vista en la ysla Española de nuestros offiçiales que al presente residen y residieren en nuestra Casa de la Contrataçion della, y en Castilla, a vista de los nuestros offiçiales que residen y residieren en la nuestra Casa de la Contrataçion de Sevilla.

3. Yten, por vos hazer merçed mando que durante el dicho tienpo de los dichos tres años, no podais yr ni vaya ninguna persona a descubrir la isla de Binini y si alguno fuere a la descubrir o por açercamiento la descubriere, se cunpla con vos lo en esta mi capitulaçion contenido y no con la persona que ansí la descubriere. E que por la descubrir otro no perdais vos nada del derecho que a ella teneis, con tanto que como dicho es, os hagais a la bela para la ir a descubrir dentro del dicho primero año, e que de otra manera no balga, y con tanto que no sea de las que se tiene ya notiçia y sabiduria çierta.

4. Yten, que hallando y descubriendo la dicha ysla, en la manera que dicha es, vos hago merçed de la gobernaçion y justiçia della por todos los días de vuestra vida, y para ello vos doy poder cunplido y jurisdiçion çevil y criminal con todas sus insidençias y dependençias, anexidades y conexidades.

5. Yten, que hallando la dicha ysla, según dicho es, seais obligado a la poblar a vuestra costa, en los lugares y asientos que mejor lo podais hazer, e que gozeis de las casas y estançias y poblaçiones y heredades que allí hizierdes, y del provecho que en la dicha yslya oviere conforme a lo contenido en este asiento.

6. Yten, que si fortalezas se ovieren de hazer en la dicha ysla, ayan de ser y sean a nuestra costa, e pongamos en ellas nuestros alcaides como más vieremos que a nuestro serviçio cunpla. Y si entre tanto que se hazen las dichas fortalezas, vos, fiçierdes alguna cassa e casas de morada e para defensión de los yndios, questas sean vuestras propias, y si dellas huviere neçesidad para vuestro serviçio las ayais de dar pagando lo que valieren.

7. Yten, que vos haré merçed, y por la presente vos la hago, por tienpo de doze años contados desde el día que descubrierdes la dicha ysla de Bimini, del diezmo de todas las rrentas e provechos que a Nos pertenescan en la dicha isla, no siendo de los diezmos de nuestra granjería, porque desto no abeis de llevar cosa alguna, sino de lo que vos y los que poblaren y estuvieren en la dicha ysla, po rel dicho tiempo, obierdes por granjeria o en otra qualquier manera.

8. Yten, quel repartimiento de los yndios que oviere en la dicha ysla se haga por la persona o personas que por Mi fueren nombrados y no de otra manera.

9. Yten, que yo mandaré y por la presente mando, que los yndios que huviere en la dicha ysla se rrepartan según las personas que oviere, y que primero se cunpla y sean probeidos los primeros descubridores, que otras personas algunas, e que a estos se haga en ello toda la bentaja que buenamente huviere lugar.

10. Yten, que Yo hago merçed por tienpo de los dichos diez años que gozen las personas que fueren a descubrir la dicha ysla y poblaren de aquel viaje del oro e otros metales e cosas de provecho que en la dicha ysla oviere, sin nos pagar dellos mas derecho del diezmo que el primer año e el segundo el nobeno y el tercero el ochabo y el quinto *(sic)* le setimo y el quinto año la sesta parte, y los otros çinco años benideros pagando el quinto, según e por la forma y manera que hagora se paga en la ysla Española, e que los otros pobladores que después fueren, que no sean de los descubridores, paguen desde el primer año el quinto, porque a estos yo les mandaré dar otra franqueça de otros cosas que no sea del oro.

11. Yten, por hazer más bien e merçed a vos, el dicho Juan Ponçe de León, es mi merçed y voluntad que todas las yslas que estuvieren comarcanas a la dicha ysla de Binini, que vos descubrierdes por vuestra persona y a vuestra costa y minsión en la forma suso dicha, y no siendo de las que se tiene notiçia, como dicho es, tengais la gobernaçión y poblaçión dellas, con las condiciones e según que en esta mi capitulaçión se contiene, e como por virtud della la abeys de tener de la dicha ysla.

12. Yten, que vos hago merçed del título de nuestro adelantado de la dicha ysla e de las otras que en la forma suso dicha descubrierdes.

13. Yten, que se coxa el oro si lo huviere por la forma que en la Española se coxe agora, e por la forma e manera que Yo mandare.

14. Yten, que no podais llevar en vuestra conpañía, para lo suso dicho, persona ni personas algunas que sean estrangeros de fuera de nuestros Reinos y Señorios.

15. Yten, que para seguridad que vos, el dicho Juan Ponçe de las perssones que con vos fueren, hareis y cunplireis e pagareis y será cunplido y pagado e guardado lo en esta capitulaçión contenido, que a vos pertenesçe guardar y cunplir, antes que fagais el dicho viaje deis fianças llanas y abonadas a contentamiento de los nuestros offiçiales que rresiden en la ysla Española de *(sic)*.

16. Yten, que vos, el dicho Juan Ponçe e las otras personas que con vos fueren e allí estuvierdes, hareis y guardareis e pagareis todo lo contenido en esta dicha mi capitulaçión y cada cossa y parte dello y no hareis fraude ni engaño alguno, ni dareis fabor ni ayuda ni consentimiento para ello, e si lo supierdes lo notificareis a Nos e a nuestros offiçiales en nuestro nonbre so pena que vos o otros qualesquier personas que lo contrario hizierdes, por el mismo fecho el que así no lo cunpliere aya perdido qualquier merçed o offiçio que de Nos toviere, e pague por su persona y bienes todas las penas que Nos por bien tovieremos de mandar esecutar en sus personas y bienes de aquellos que lo hiçieren, consintieren o encubrieren.

17. Yten, que después de allegados a la ysla, y sabido lo que en ella ay, me enbieis relación dello, e otra a los nuestros offiçiales que residen en la ysla Española, para que Nos sepamos lo que se oviere echo o se probea lo que más a nuestro serviçio cunpla.

18. Por ende, cunpliendo vos, el dicho Juan Ponçe, todo lo que dicho es y cada cosa y parte dello, e dadas las dichas fianças, e guardando y pagando las cosas suso dichas, vos prometo y seguro por la presente de mandar guardar e cunplir todo lo en esta cappitulaçión contenido, e cada cossa y parte dello, e mando a los nuestros offiçiales que rresiden en la ysla Espa-

ñola, que en nuestro nonbre, conforme a lo suso dicho, tomen con vos el dicho asiento y capitulaçión, e resçiban las dichas fianças. E para vuestro despacho, mando a don Diego Colón nuestro Almirante y Governador de la dicha ysla Española, e a los nuestros juezes de apelaçión, e a los offiçiales de nuestra hazienda, que rresiden en ella y a todas las justiçias de la dicha ysla Española, que vos den todo el favor e ayuda que ovierdes menester, sin que en ello ni en cosa alguna ni parte dello se vos ponga ningún inpedimiento. Fecha en Burgos, a XXIII de hebrero de DXII años. Yo el Rey. Por mandado de Su Alteza, Lope Conchillos. Señalada del Obispo de Palençia.

# DOCUMENTO N.º 9

Capitulación otorgada a Juan Ponce de León para ir a descubrir y poblar a la isla Bimini y Florida. Esta capitulación es una ampliación de la concedida el 23 de febrero de 1512 al mismo capitulante, por no haber llegado al inicio de la anterior del plazo fijado por la Corona.
1514, septiembre 27. Dada en Valladolid.
A.G.I. Indif. General 415. L. I, fols. 11 vto.-12 vto.
R.A.H. Registro del Consejo de Indias. D. 95, fol. 278.
C.D.I. T. XXII, págs. 33-37.
Murga Sanz, V.: *Cedulario puertorriqueño*. Río Piedras, 1961. T. I, páginas 295-298.
Ramos Pérez, D.: ob. cit., págs. 524-527.


Con el dicho Juan Ponçe sobre la dicha ysla Bimini.

### EL REY

El asiento que se tomó por nuestro mandado, con vos Joan Ponçe de León para ir a poblar a la ysla de Brinini, e ysla Florida, que vos descubristes por nuestro mandado, demás de la capitulación y asiento que con vos se tomó quando las fuistes a descubrir, es el siguiente:

1. Primeramente, por quanto en la dicha capitulaçión e asiento que con con vos por mi mandado se tomó sobre el descubrir y poblar de las dichas yslas, vos dí liçençia y facultad para que por tiempo y término de tres años que començasen desde el día que vos fuese entregada la dicha capitulaçión, pudiesedes llevar a vuestra costa y minsión los navíos que quisiesedes, con tanto que fueseis obligado a descubrir dentro del primero año y porque hasta agora os abeis ocupado en cosas de nuestro serviçio y no abeis tenido tienpo para entender en ello, es mi merçed y voluntad que los dichos tres años comiençen a correr y se cuenten desde el día que enbarcades para yr a las dichas yslas.

2. Yten, que luego que fuerdes o enbiardes a las dichas yslas, hagais rrequerir a los caçiques e yndios dellas por la mejor manera o maneras que se les pueda dar a entender lo que se le dixere, conforme a un rrequerimiento questá hordenado por muchos letrados el qual se vos dará firmado del muy Reverendo en Christo Padre Obispo de Burgos Arçobispo de Rosario, nuestro Capellán Mayor y de nuestro Consejo, y de Lope Conchillos, nuestro secretario y del nuestro Consejo, y Procuradores, por todas las vías y maneras que pudierdes, e que bengan en conosçimiento de nuestra Sancta Fée Cathólica y en obedeçer y serbir como son obligados. Y tomareis por escripto por ante dos o tres escrivanos, si los oviere, y ante los más testigos y más abonados que hallá se hallaren, para que aquello sirva para nuestra justificación. Y enbiarmeis las dichas escripturas y requirimientos que así se hizieren, y estos dichos requirimientos se an de hazer una y dos y tres vezes.

3. Y si después de lo suso dicho (no) quisieren obedeer lo contenido en el dicho rrequerimiento, en tal caso les podeis fazer la guerra y prenderlos y traerlos por esclavos, pero si obedesçieren, hazedles el buen tratamiento que fuere posible, y trabajad, como dicho es, por todas las maneras que pudierdes como ellos se conviertan a nuestra Sancta Fée Cathólica. Y si por bentura después de aver obedesçido una vez el dicho rrequirimiento ellos se tornasen a rrebelar, en tal caso, mando que los torneis a fazer el dicho rrequirimiento antes de les fazer guerra, ni mal, ni daño.

4. Otrosí, que ningún mercader ni otra persona alguna no pueda armar para yr, ni enbiar a las dichas yslas por esclavos ni por gente ninguna, y que si oviere de yr sea de consentimiento del dicho Juan Ponçe, y no de otra manera, con tanto que nos paguen el quinto e otros derechos que ovieremos de aver y nos pertenesçiere de las armadas y cosas suso dichas.

5. Otrosí, por quanto en la dicha capitulación e asiento que con vos mandé tomar al tiempo que ybades a descubrir la dicha ysla, Yo fize merçed a las personas que fuesen a descubrir la dicha ysla y la poblasen de aquel viaje, que por tiempo y término de doze años contados del día que la dicha ysla se descubriere y del oro y otros metales y cosas de provecho que oviesen nos pagasen de derecho el primer año el diezmo, y el segundo el nobeno, el terçero el octavo, y el quarto el seteno, y el quinto la sesta parte y los otros años siguientes el quinto, según y como se paga en la ysla Española, y por ende, por la presente confirmo y apruevo lo suso dicho, y es mi merçed que aya hefeto por tiempo de los dichos doze años, los quales comiençan desde que se començaren a poblar las dichas yslas.

6. Otrosí, que Yo daré liçençia, y por la presente la doy al dicho Juan Ponçe de León, para que pueda haber y hedificar cassas en las dicha yslas y pueblos de las cassas de morada, de la manera que se hazen y labran en estos reinos, con tanto que los çimientos dellas sean de una tapia en alto de piedra y lo otro de tierra, y asímismo pueda hazer qualesquier labranças de pan y bino, y poner qualesquier árboles frutuosos e infrutuosos y otras cosas que en la dicha tierra se dieran.

7. Yten, que después que ayais fecho guerra a los dichos caribes, o asegurado los caçiques e yndios y fécholes de paz, podais yr o enbiar con los navíos y gente de la dicha armada a bisitar las dichas yslas de Bimini e ysla Florida, quando no aya neçesidad de vuestra persona, e hazer sobre ello lo que mejor paresçiere que conviene a nuestro serviçio.

8. Yten, que para seguridad que vos, el dicho Juan Ponçe y las personas que con vos fueren, hareis y cunplireis y será cunplido, guardado y pagado lo en esta capitulación contenido, que a vos pertenesçe guardar y cunplir, antes que hagais el dicho viaje deis fianças llanas y abonadas a contentamiento de los nuestros offiçiales que rresiden en la dicha ysla de San Juan.

9. Por ende, cunpliendo vos el dicho Juan Ponçe todo lo que dicho es, e cada cossa e parte dello, e dadas las dichas fianças, y guardando y pagando las cossas suso dichas, vos prometo y seguro por la presente de mandar guardar y cunplir todo lo en esta capitulación contenido e cada cossa y parte dello. Y mando a los nuestros offiçiales que rresiden en la isla de Sant Juan, que en nuestro nonbre, conforme a lo susodicho, tomen con vos el dicho asiento y capitulación, y rresçiban las dichas fianças. Y para vuestro despacho, mando a don Diego Colón, nuestro Almirante, Visorrey y Gobernador de la ysla Española, e a los nuestros juezes de apelación que en ella rresiden, e a los nuestros offiçiales que rresiden en la dicha ysla de Sant Juan, e a todas las justiçias de las dichas yslas, que vos den todo el favor e ayuda que ovierdes menester, sin que en ello ni en cossa alguna ni parte dello se vos ponga ningún ympedimiento. Fecha en Valladolid, a XXVII de setienbre de DXIII años. Yo el Rey. Refrendada de Conchillos. Esta señalada del Obispo. Y quitose la señal porquesto es cosa de crimen.

## DOCUMENTO N.º 10

Capitulación otorgada a Diego Velázquez para ir a descubrir y conquistar Yucatán y Cozumel.
1518, noviembre 13. Dada en Zaragoza.
A.G.I. Indif. General 415. L. I, fols. 12 vto.-14 vto.
C.D.I. T. XXII, págs. 38-46.
RAMOS PÉREZ, D.: ob. cit., págs. 541-545.

Capitulaçión con Diego Belazquez para la conquista de çiertas yslas.

EL REY

Por quanto vos, Diego Belazquez lugarteniente de nuestro gobernador de la ysla Fernandina, que antes se llamaba de Cuva, y nuestro capitán y rrepartidor della, me heçistes relaçión que vos, por la mucha voluntad que teneis al serviçio de la Catholica Reyna Mi Señora e mio e al acreçentamiento de Nuestra Corona Real, abeis descubierto a vuestra costa çierta tierra que por la relaçión que teneis de los yndios que della tomastes se llama Youcatán y Coçumel, a la qual los cristianos españoles que vuestro nonbre la descubrieron pusieron nonbre Santa María de los Remedios, y asímismo abeis descubierto otras çiertas yslas, y que después de descubiertas las dichas yslas o tierra firme y por saber los secretos dellas, con liçençia y paresçer de los padres gerónimos, que por nuestro mandado en la ysla Española rresiden, a vuestra costa tornaste a enviar otra armada a la dicha tierra para la descubrir más e ver los puertos dellas, la qual va proveida por un año de la gente y mantenimientos neçesarios a vuestra costa, y porque vos, continuando el dicho propósito e voluntad que teneis a nuestro serviçio, querriades enviar por otras partes gente e navíos para descubrir sojuzgar e poner devaxo de nuestro yugo y serbidunbre las dichas tierra e yslas que así abeis descubierto e descubrierdes, a vuestra costa y minsión, e descubrir otras me suplicastes y pedistes por merçed vos hiziese merçed de la conquista dellas e vos hiziese y otorgase las merçedes y con las condiçiones siguientes:

169

1. Primeramente, vos doy liçençia y facultad para que podais descubrir y descubrais, a vuestra costa, qualesquier yslas e tierra firme que hasta aquí no están descubiertas, con tanto que no descubrais ni hagais costa en la demarcaçión e límites del Serenísimo Rey de Portugal, mi muy caro e muy amado hermano y tio, ni en cosa alguna que le pertenesca porque mi voluntad es que lo capitulado e asentado entre mi y el dicho Rey se guarde e cunpla muy enteramente.

2. Yten, es mi merçed y mando que las tierras que ansí descubrierdes o abeis descubierto las podais conquistar como nuestro capitán y poner devaxo de nuestro señorio y serbidunbre, con tanto que en el dicho descubrimiento y conquista guardeis las ynstruciones que se os darán para el buen tratamiento y paçificación y conbersión de los yndios naturales de las tales tierras e yslas, a las que de aquí adelante mandaremos hazer so las penas en ellas contenidas.

3. Otrosí, acatando vuestra persona y serviçios que nos abeis fecho y espero que nos hareis, es mi merçed y voluntad de vos hazer merçed, y por la presente vos la hago, que por todos los días de vuestra vida seades nuestro Adelantado de todas las dichas tierras e yslas que así por vuestra yndustria y a vuestra costa se an descubierto o descubrieren, y dello vos mandaremos dar título y provisión en forma.

4. Ansymismo, acatando la voluntad con que os abeis movido a serbir en lo suso dicho, y el gasto que se os ha ofresçido y ofresçe y en alguna henmienda e rremuneraçión dello, quiero y es mi merçed y voluntad, que en todas las tierras e yslas que así se han descubierto o descubrierdes por vuestra yndustria e a vuestra costa, como dicho es, ayais y lleveis el trizabo de todo el provecho que en cualquier manera se nos siguiere de las dichas tierras e yslas, por vuestra vida e de un heredero cual vos quisieredes y señalardes según vuestra dispusiçión. Y que abiendo vos poblado o paçificado quatro yslas, de las que así a vuestra costa abeis descubierto o descubrierdes o por vuestra yndustria, de manera que pueda aber en ellas trato seguro, es nuestra boluntad que en la una de ellas qual vos escogierdes y señalardes, ayais y lleveis la veintena parte del provecho que en qualquier manera se nos siguiere de la dicha tal ysla que así señalardes, perpetuamente para vos y vuestros herederos y susçesores para siempre jamás.

5. Yten, por vos fazer más merçed, es mi merçed y voluntad que de toda la rropa, mantenimientos e armas que destos rreinos llevardes a las dichas tierras e yslas que así descubrierdes, no pagueis derechos de almoxarifazgo ni otros algunos por todos los días de vuestra vida en las dichas tierras que ansí abeis descubierto o descubrierdes.

6. Otrosí, por quanto vos me hezistes relaçión que en la provinçia de la Havana, ques en la dicha ysla de Cuba, ay çierta hazienda de córnicos y puercos, nuestra, la qual está muy a propósito de la dicha tierra, e me suplicastes vos hiçiese merçed della para que se guardase en las dichas armadas, por la presente, vos hago merçed de la dicha hazienda para que se gaste en lo suso dicho.

7. Asímismo, que en las rentas y provechos que en la dicha tierra oviere para Nos, vos señalaré y por la presente vos señalo tresçientos mill maravedís de salario para toda vuestra vida, y dello os mandaré dar mi provisión para que seais pagado dellos.

8. Otrosí, que vos haré merçed y por la presente vos la hago de la escobilla y rrelaves de las casas de las fundiçiones que en las dichas tierras o yslas se ovieren de hazer, para en toda vuestra vida.

9. Asímismo, a lo que me suplicastes que si en las dichas tierras e yslas se obieren de hazer fortalezas por Nos, vos hiziese merçed de la tenençia dellas, digo; que quando sean fechas conforme a vuestra persona y servicios, se terná memoria de vos fazer merçed en ello.

10. Yten, por hazer merçed a la gente que en la dicha armada o armadas que hiçieredes fueren, suplicaré a Nuestro Muy Santo Padre que conçeda Bulla para que todas las personas que murieran en ellas sean asueltos a culpa y a pena, y questa se traerá a mi costa.

11. Ansímismo, por la mucha voluntad que tenemos a la poblaçión y nobleçimiento de las dichas tierras e yslas que así abeis descubierto y descubrierdes, y porque se pueble y ennoblezca, por la presente, es mi merçed y voluntad que si en las dichas tierras e yslas, que ansí abeis descubierto o descubrierdes, oviere oro de minas o nasçimiento, que por los dos primeros años que se cogere el dicho oro, no nos pague más de la déçima parte y por el terçero la nobena y por el quarto la ochava parte, y así benga diminuyendo hasta el quinto, y dende en adelante quede en el dicho quinto, o según y de la manera que al presente se paga en la ysla Española.

12. Otrosí, por hazer merçed a vos y a la gente que a las dichas tierras e yslas fueren, así en las armadas que allá enviardes como a los que ellas poblaren y rresidieren, mando que por tiempo de seis años primeros siguientes, no sean obligados a Nos pagar cosa alguna de la sal que comieren e gastaren de las que en las tales tierras e yslas obiere, no abiendo arrendamiento nuestro.

13. Yten, que vos mandaré dar para cada navío de los que en la dicha armada que ansí abeis de enbiar al dicho descubrimiento fuere, un clérigo de Misa para que administre los Santos Sacramentos, y questos se paguen a nuestra costa. Y para ello vos mandaré dar cédula mia para los nuestros offiçiales que rresiden en la dicha ysla de Cuba.

14. Ansimismo, por fazer merçed a la gente que en la dicha armada fuere, y porque los que adolesçieren tengan quien los curen y las mediçinas nesçesarias, vos mandaré dar un médico y un botiçario y dos buenos cirujanos, pagados a nuestra costa, y así lo mandaremos cunplir a los nuestros offiçiales que rresiden en la dicha ysla de Cuba.

15. Otrosí, para ayuda a faboresçer la dicha armada, vos haré merçed, de vos mandar dar veinte arcabuzes de a dos arrovas cada uno, y que así lo mandaré a los nuestros offiçiales que rresiden en la çiudad de Sevilla, en la Casa de la Contratación de las Yndias, que vos los enbien.

16. Yten, porque las tierras e yslas que así descubrierdes se pueblen, y los conquistadores y pobladores dellas sean aprobechados de los mantenimientos e otras cosas nesçesarias, y las dichas tierras se noblezcan, y por las fazer merçed, mandaré darles liçençias, y por la presente se la doy, a todos y qualesquier personas que quisieren probeer y basteçer las dichas yslas e tierras, e les haré merçed, y por la presente se la hago, que por término de diez años primeros siguientes, que corran y se cuenten desde el día de la fecha en adelante, no paguen derechos de almoxarifazgo ni otros algunos que a Nos pertenesca.

17. Otrosí, por quanto vos me hizistes relaçión que para yr en las armadas que al descubrimiento y paçificaçión que a las dichas tierras e yslas abeis de enviar, y para la paçificaçión dellas, es menester alguna gente de la que el presente ay en las yslas Española, Sanct Juan y Cuba, y me suplicastes y pedistes por merçed diese liçençia y facultad a qualesquier personas que quisieren yr, lo pudiesen hazer libremente, digo que mandaré a las personas que por nuestro mandado van a las dichas yslas, que siendo nesçesarios y no biniendo daño a la poblaçión de las dichas ylas, dén liçençia a las personas que quisieren yr con vos a nos servir en lo suso dicho, hasta en número de doçientas personas, no debiendo debdas ni abiendo caussa porque sean detenidos, y para ello vos mandaré dar las provisiones nesçesarias.

18. Y porque según la boluntad que para nuestro serviçio teneys yo espero que en hefeto nos servireis con aquella diligençia y fidilidad que Yo de vos confio y a nuestro serviçio conbiene, tened por cierto que demás de las merçedes de suso contenidas vos haré otras conforme a vuestros serviçios y persona y que siempre vos mandaré y favoresçer como a criado y servidor nuestro.

19. Por ende, por la presente, haziendo vos lo suso dicho a vuestra costa, y según y de la manera que de suso se contiene, y guardando y cunpliendo la ynstruçión que se vos dá, y las otras ynstruçiones y hordenanzas que se han fecho, y hiziere para el buen tratamiento y conbersión de los yndios en las tierras e yslas que así abeis descubierto y descubrierdes, y que haçiéndolos de paz, digo y prometo que vos será guardada esta capitulaçión e todo lo en ella contenido, en todo y por todo, según que de suso se contiene, e que si ansí no lo fiçierdes y cunplierdes, Nos no seamos obligados a vos mandar guardar e cunplir lo suso dicho en cosa alguna della. E dello vos mandé dar y dí la presente, firmada de mi nombre y rrefrendada de mi ynfrascrito secretario. Dada en Çaragoça, a treze días del mes de noviembre, de mill quinientos y diez y ocho años. Yo el Rey. Refrendada de Francisco de los Cobos. Señalada del Chançiller, e del Obispo de Burgos y del Obispo de Badajoz, e don Garçia, e Çapata.

# DOCUMENTO N.º 11

Capitulación otorgada a Hernando de Magallanes y a Ruy Falero para el descubrimiento de la especiería.
1518, marzo 22. Dada en Valladolid.
A.G.I. Indif. General 415. L. I, fols. 14 vto.-16.
FERNÁNDEZ DE NAVARRETE, M.: *Colección de viajes y descubrimientos.*
B.A.E. Madrid, 1954. T. II, págs. 474-477.

Con Hernando de Magallanes y el bachiller Luis Falero, para el descubrimiento de la speçieria.

## EL REY

Por quanto vos, Fernando de Magallanes, cavallero natural del reyno de Portugal, e el bachiller Ruy Falero assímismo natural del dicho reyno, queriendo nos hazer señalado serviçio os obligais de descubrir en los términos que nos pertenesçen y son nuestros, del mar oçéano dentro de los límites de nuestra demarcación, yslas e tierras firmes, rricas espeçierías, y otras cosas de que seremos muy servidos, e estos nuestro reinos muy aprovechados, mandamos asentar para ello con vosotros la capitulaçión siguiente:

1. Primeramente, que vosotros con la buena bentura ayais de yr y vais a descubrir a la parte del mar oçéano, dentro de nuestros límites y demarcaçión, e porque no sería razón que yendo vosotros a hazer lo suso dicho se vos atrabesasen otras personas a fazer lo mismo, e abiendo consideraçión que vosotros tomais el travajo desta enpresa, es mi merçed y voluntad y prometo que por término de diez años primeros siguientes, no daremos liçençia a persona alguna que vaya a descubrir por el mismo camino e derrota que vosotros fueredes, e que si alguno lo quisiere enprender, e para ello nos pidiere liçençia, que antes que ge *(sic)* la demos vos lo haremos saber, para que si vosotros la quisieredes hazer en el tiempo que ellos se ofresçieren, lo hagais, teniendo tan buena sufiçiençia e aparejo e tantas naos e tan bien condiçionadas e aparejadas e con tanta guerra como otras

173

personas que quisieran fazer el dicho descubrimiento. Pero entiendese, que si nos quisieremos mandar descubrir o dar liçençia para ello a otras personas, por la vía del hueste, en las partes de las yslas e tierra firme, e todas las otras partes questán descubiertas hazia la parte que quisieremos para buscar el estrecho de aquellos mares, lo podamos mandar fazer o dar liçençia para que otras personas lo fagan, e si desde la tierra firme, por el mar del sur, questá descubierta, o desde la ysla de Sant Miguel quisieren yr a descubrir, lo puedan hazer. E asímismo, si el governador o la gente que agora por nuestro mandado está o estuviere de aquí adelante, en la dicha tierra firme, o otros nuestros subditos vasallos, quisieren descubrir por el mar del sur questá comenzando a descubrir, e enviar los navíos por ella para descubrir más que el dicho nuestro gobernador o vasallos e otras qualesquier personas que nos fueremos servidos que lo hagan por aquella parte, que lo puedan hazer sin enbargo de lo suso dicho e de cualquier capítulo a clausola desta capitulaçión. Pero tanbien queremos que si vosotros por alguna destas dichas partes quisieredes descubrir, que lo podades hazer no siendo en lo questá descubierto e hallado.

2. El qual dicho descubrimiento abeis de hazer, con tanto que no descubrais ni hagais cosa en la demarcaçión e límites del Serenísimo Rey de Portugal, mi muy caro y muy amado tio e hermano, ni en perjuiçio suyo, salvo en los límites de nuestra demarcaçión.

3. E acatando la voluntad con que os abeis movido a entender en el dicho descubrimiento por Nos servir, al serviçio que Nos dello resçibimos e nuestra Corona Real ser acreçentada, e por el travajo e peligro que en ello abeis de pasar, en rremuneraçión dello, es nuestra merçed y voluntad y queremos, que en todas las yslas e tierras que vosotros descubrierdes vos haremos merçed, e por la presente vos la hazemos, que de todo el provecho e ynteresse que de todas las tierras y yslas que ansí descubrierdes así de rrenta como de derechos como de otra cualquier cossa que a Nos se siguiere en cualquier manera, sacadas primero todas costas que en ella se hisieren ayais y lleveis la veintena parte, con el título de nuestros adelantados e governadores de las dichas tierras e yslas, vosotros e vuestros hijos e herederos de juro, para siempre jamás, con que quede para Nos e para los Reyes que después de Nos vinieren la supremera e seyendo vuestros hijos y herederos naturales de nuestros Reinos, e casados en ellos, con que la dicha governaçión y título de adelantados después de vuestros días quede en un hijo heredero, e dello vos mandaremos despachar vuestras cartas e privilegios en forma.

4. Asímismo, vos hazemos merçed e vos damos liçençia y facultad, para que de aquí adelante, en cada un año, podais llevar e enbiar o enbieis a las dichas yslas e tierras que así descubrierdes, en nuestras naos o en las que vosotros quisieredes, el valor de mill ducados de primer costo, enpleados en las partes e cosas que mejor os estuviere, a vuestra costa, los quales podais allá bender e enplear en lo que a vosotros os paresçiere e quisieredes y tornarlos a traer de rretorno a estos rreinos, pagando a Nos de derechos el veinteavo dello, sin que seais obligados a pagar otros derechos algunos de los acostunbrados ni otros que de nuevo se ympusieren. Pero entiendese esto después que bengais de este primero viaje y no en tanto que en él estuvieredes.

5. Otrosí, por vos faser más merçed es nuestra voluntad que de las yslas que así descubrieredes, si pasaren de seis, abiendose primero escogido las seis de las otros que rrestaren, podais vosotros señalar dos dellas, de las quales ayais y lleveis la quinsena parte de todo el probecho e ynteresse de rrenta y derechos que Nos dellas oviéremos, limpios, sacando las costas que se hizieren.

6. Yten, queremos e es nuestra voluntad, acatando los gastos y travajos que en el dicho viaje se vos ofresçen de vos hazer merçed y por la presente vos la fasemos, e de todo lo que de la buelta desta primera armada e por esta bez se deviere de ynterese linpio para Nos, de las cosas que della traxeredes, ayais y llebeis el quinto, sacadas todas las costas que en la dicha armada se hizieren.

7. Y porque lo suso dicho mejor podais hazer e aya en ello el recaudo que conbiene, digo que Yo vos mandaré armar çinco navíos los dos de çiento y treinta toneles cada uno, e otros dos de noventa e otro de sesenta toneles, vasteçidos de gente y mantenimientos e artilleria; conbiene a saber que vayan los dichos navíos basteçidos por dos años, e que vayan en ellos doçientas y treinta y quatro personas para el gobierno dellas, entre maestres y marineros y ginetes e toda la otra gente nesçesaria conforme al memorial questá fecho para ello. E así lo mandaremos poner luego en obra a los nuestros offiçiales que rresiden en la çiudad de Sevilla, en la casa de la Contrataçión de las Yndias.

8. Y porque nuestra merçed y voluntad es que vos sea en todo guardado y cunplido lo suso dicho, queremos que si en la prosecuçión de lo suso dicho, alguno de vosotros muriere que sea guardado e guarde al que de vosotros quedare bivo todo lo suso contenido cunplidamente como se avía de guardar a entramos siendo bivos.

9. Otrosí, porque de todo lo suso dicho aya buena quenta y razón, e en nuestra hazienda aya buen rrecaudo que conviene, que Nos ayamos de nombrar y nonbremos un fator o thesorero o contador o escribano de las dichas naos que lleven e tengan la cuenta e rrazón de todo, e ante quien passe e se entregue todo lo que de la dicha armada se oviere.

10. Lo qual, vos prometo y doy mi fée y palabra Real que vos mandaré guardar y cunplir, en todo y por todo, según de suso se contiene. E dello vos mandé dar la presente, firmada en mi nombre. Fecha en Valladolid, a XXII días del mes de Março de MCXVIII° años. Yo el Rey. Por mandado del Rey, Françisco de los Cobos. Señalada del Chançiller, e del Obispo de Burgos, e del Obispo de Badajoz e de don Garçia de Padilla.

# DOCUMENTO N.º 12

Capitulación con el licenciado Serrano para ir a poblar a la isla de Guadalupe.
1520, julio 9. Dada en Valladolid.
A.G.I. Indif. General 415. L. I, fols. 29 vto.-30 vto.

Con el liçençiado Serrano, para la población de la ysla de Guadaluppe.

## EL REY

Por quanto vos, el liçençiado Serrano vezino y rregidor de la çiudad de Santo Domingo, de la ysla Española, por serviçio de la Cathólica Reyna Nuestra Señora e mio os ofreceis de poblar y poblariades la ysla de Guadalupe, ques del Obispado de la ysla de Sant Juan, ques cerca de la ysla Dominica, que la poblareis lo más que os fuere posible, así de cristianos españoles como de yndios e porníades e haríades en ella grangerias e labranças, e me suplicastes y pedistes por merçed vos mandase dar liçençia y facultad para ello e otorgar e hazer merçed de las cosas siguientes:

1. Primeramente, doy liçençia y facultad a vos, el dicho liçençiado Antonio Serrano, para que podais yr e enbiar e poblar e pobleis la dicha ysla de Guadalupe de cristianos españoles e yndios e negros, e para que podais fecha e criar en ella los ganados que quisierdes e hazer las otras granjerías que en la dicha ysla mejor se diere, e las tener y gozar como vuestras.
2. Asímismo, acatando las costas e gastos que en la población de la dicha ysla abeis de hazer, e para que mejor se pueda hazer la dicha poblaçión, quiero y es mi merçed y voluntad que por término de diez años primeros siguientes que corran e se quenten desde el día que entrardes a poblar en la dicha ysla en adelante, vos ni los pobladores e tratantes que de ella fueren seais obligados a pagar derechos algunos así del oro e granjerías e otros metales que en la dicha ysla se cogeren e ovieren, ni derechos de almoxarifazgo ni otros algunos. Pasados los dichos diez años pagueis el siguiente año el diezmo, el segundo el noveno, e ansí diminuiendo hasta

quedar en el quinto, según y como y de la manera que agora se paga en la dicha ysla Española, e de aquellas mismas cosas.

3. Otrosí, que pensais probeheros a menos costa de los ganados e mantenimientos neçesarios de las yslas de Canaria que de otra parte alguna, por la presente, vos doy liçençia y facultad para que dellas podais llevar los ganados y mantenimientos que fueren menester para la dicha ysla de Guadaluppe, registrándolo todo ante el Gobernador de la ysla de donde lo sacardes por ante scrivano público para que de allí se enbie al rregidor dello a los nuestros offiçiales que rresiden en la çiudad de Sevilla.

4. Yten, acatando la voluntad con que os ofreçeis a hazer el dicho serviçio, y los que hasta aquí nos abeis fecho, e ansímismo los gastos que en esta dicha poblaçion abeis de hazer, por la presente vos hago merçed graçia y donaçión, a vos y a vuestros herederos e suçesores para que agora e para siempre jamás, que poblando vos la dicha ysla, como dicho es, de toda la rrenta y probecho que della ovieremos en qualquier manera ayais y lleveis de rrenta uno perpetuamente.

5. Ansímismo, vos hazemos merçed, y por la presente vos la hazemos, que vos todos los días de vuestra vida e después dos herederos quales vos nombraredes en vuestra vida o al tiempo de vuestro fín, según vuestra disposiçión, seades nuestros Capitanes de la dicha ysla, e gozeis de las honrras y preheminençias de que gozan las otras personas que tienen semejantes merçedes y offiçios.

6. Y porque la dicha ysla se pueble e enoblezca, quiero y es mi merçed y voluntad, que goze de todas las otras merçedes y libertades que hasta agora se han conçedido e conçedieren de aquí adelante a la dicha ysla Española e a cada una de las otras a ella comarcanas.

7. Anssímismo, confiando de la persona de vos, el dicho liçençiado Antonio Serrano y vuestra fidilidad, y porque entendemos que ésto areis con la egualdad que conbiene, por la presente vos cometo y doy poder y facultad para que por tiempo de diez años primeros siguientes, que corran e se quenten desde el día que començardes a poblar la dicha ysla adelante, podais rrepartir los solares e aguas e tierra de la dicha ysla a los vezinos y pobladores della, como a vos os paresçiere.

8. Otrosí, porque la dicha ysla es visitada de indios caribes muchas vezes, e los ay e abitan en ella, e para os defender vos y los dichos pobladores, de los dichos caribes, ay neçesidad que en la dicha ysla se haga una fortaleza, por la presente vos doi liçençia y facultad para que la podais hazer y hedificar y forneçer de lo neçesario a vuestra costa al presente, con tanto que lo que costare podais tomar e tomeis de las rrentas y probechos que Nos tovieremos primeros en la dicha ysla.

9. Y porque la yntinçión de la Cathólica Reina mi Señora e mia, es que los yndios naturales de las Yndias sean como lo son libres, e tratados e instruidos como nuestros súbditos naturales e vasallos, por la presente vos encargamos y mandamos que los yndios que al presente ay o oviere de aquí adelante en la dicha ysla de gente, tengais mucho cuidado que sean tratados como nuestros vasallos e yndustriados en las cossas de nuestra fée, sobre lo qual vos encargo la conçiençia.

10. Todo lo qual según y de la forma y manera que de suso se contiene vos deçimos e prometemos e aseguramos que vos será guardado

e cumplido todo e por todo/vos lo que por la dicha cappitulaçion sois obligado. Fecha en Valladolid a nueve de Jullio de quinientos y veinte años a cartas de rufen *(sic)* señalada del Obispo de Burgos e Zapata rregystrada de Pedro de los Cobos.

# DOCUMENTO N.º 13

Capitulación otorgada a los armadores (cualquier persona que quisiera participar económicamente para llevar a efecto la empresa), para ir al descubrimiento de la especiería en las islas del Maluco.
1522, noviembre 13. Dada en Valladolid.
A.G.I. Indif. General 415. L. I, fols. 16-23.
C.D.I. T. XXII, págs. 52-74.


Capitulaçión con los armadores sobre la dicha espeçiería.

### EL REY

Don Carlos, por la graçia de Dios, e doña Juana su madre etc. Por quanto a todos es notorio que Nos, con la boluntad que siempre abemos tenido y tenemos de engrandeçer estos nuestros rreinos y señoríos, enrriqueçer los súbditos y naturales dellos, por los muchos grandes y señalados serviçios que an fecho a Nos y a los rreies nuestros predeçesores e a nuestra Corona Real, el año pasado de mill y quinientos y diez y nueve años mandamos armar çinco naos de las quales fue por nuestro capitán general Fernando de Magallanes, cavallero de la orden de Santiago, las quales mandamos basteçer de todo lo nesçesario con la gente que en ellas yva por tiempo de tres años. Al qual mandamos que fuese a las yslas de Maluco e a otras partes a donde oviese espeçería, que fuesen dentro de nuestros límites e demarcaçión, para la orden que en ello avía de tener le mandamos dar y dimos çierta instruçión por la qual se rregiese y guiasse, y como quiera que el dicho Fernando de Magallanes fallesçió en el dicho camino, los capitanes de las dichas nuestras naos siguiendo nuestro mandamiento y horden hiçieron su viaje hasta tanto que llegaron a las dichas yslas de Maluco y a otras que son en nuestros límites e demarcaçión, donde por los rreies y señores dellas sabiendo como heran nuestras fueron bien rresçividos y tratados y honrrados, e a Nos como a sus rreyes y soberanos señores dieron y enviaron con ellos su obidiençia, e a los dichos nuestros capitanes con entera voluntad y amor, reconosçiendo-

179

nos, como dicho es, por sus rreyes y señores dexaron y permitieron libremente contratar la dicha espeçiería, e cargar las dichas naos de clavo e traer las muestras de todas las otras espeçierías o droguerías que en las dichas yslas e tierras ay, de las quales dichas naos después que fizieron bela de las dichas yslas de Maluco para benir en estos nuestros rreynos, una dellas, llamada la Victoria, arrivó con salvamento al puerto de Sant Lucar de Barrameda y otra llamada la nao capitana que venían en una conserva porque hazía agua quedó a rrepararse en la ysla de Teodira la qual esperamos en Nuestro Señor brevemente traera en salvamento. E ansímismo esperamos otra nuestra armada que al mismo tiempo mandamos despachar y enbiar al dicho descubrimiento con todo aparejo para que las naos que fuese menester hazerse para el dicho viaje se hizieren en la costa del mar del sur de Panamá, a las espaldas de Tierra Firme, de que fué por capitán general Gil González de Avila, caballero de la dicha orden de que tenemos relaçión que salió de la dicha costa al prinçipio del año pasado de quinientos y veinte y un años, con siete navíos muy bien aderesçados y basteçidos de todo lo nesçesario. Y conosçiendo la grandeza y rriqueza que ay en las dichas yslas y quanto ynporta al bien destos dichos nuestros rreinos e de los súbditos y naturales dellos que prosigamos la dicha contrataçión, como quiera que teníamos determinado de hazer una gruesa armada para ello, pero atendido que para la buena navegaçión de aquellas partes conviene y aún es neçesario que la dicha nuestra armada partiesse de aquí por todo el mes de março del año que viene, de mill y quinientos y veinte y tres años, al presente, por no enbaraçar la navegaçión con gruesa armada porque es ynposible poder hacerse para partirse en el dicho tiempo, con acuerdo de los del Nuestro Consejo de las Yndias, abemos acordado e determinado de enbiar seis naos de armada muy en orden, así de artillería e muniçiones e mantenimientos, mercaderías de rrescate e otras cosas nesçesarias para el rrescate e contrataçión que se haze en la dicha espeçería por capitán general de las quales mandamos ir a un cavallero prinçipal de nuestros reinos, e otrosí, un gobernador e lugarteniente general nuestro para que quede en las dichas tierras e yslas de Maluco, en nuestro nombre y con nuestro poder bastante, e otros offiçiales nesçesarios así para yr e bolver con la dicha armada como para quedar con el dicho nuestro lugarteniente general en las dichas tierras. Y porque nuestra yntinçión y voluntad sienpre a sido, y es, de hazer merçed a los súbditos y naturales destos nuestros rreinos y señoríos, abemos tenido y tenemos por bien que puedan armar en la dicha nuestra armada cada uno dellos, por si o en conpañía, la cantidad o cantidades que quisieren y por bien tubieren, y para ello con acuerdo de los del dicho nuestro Consejo los otorgamos los capítulos siguientes:

1. Primeramente, por hazer bien y merçed a los dichos armadores, e porque entendemos que así conbiene para el bien de la nevegaçión y contrataçión de la espeçiería e buena venta della, e por otros muchos provechos y bentajas que en ello hallamos, les prometemos de asentar e que asentaremos, en la nuestra çiudad de la Coruña la casa que mandamos hazer para la contrataçión de la dicha espeçiería y cosas que binieren de la Yndia.

2. Yten, conçedemos y otorgamos, a todas las sobre dichas personas e qualesquier dellas que puedan armar y armen en este presente armada que va a las yslas de Maluco y a otras qualesquier yslas e Tierra Firme, descubiertas y por descubrir, dentro de los límites de nuestra demarcación, las quantías de maravedís que quisieren y por bien tuvieren, agora las quieran poner por sí agora en conpañía de otros. E conçedemos a los que así armaren en esta dicha armada, que puedan armar y armen en las quatro otras primeras armadas siguientes que mandaremos hazer para las dichas yslas e Tierra Firme otras tantas quantías de maravedís como armaren y pusieren en esta.

3. Yten, les conçedemos que si las dichas quatro armadas primeras sigiuentes, después desta, o alguna dellas mandáremos crescer en mayor armazón e cantidad de la que en esta se fornece e arma, que las dichas personas e cada una dellas puedan fornesçer y poner en el dicho cresçimiento sueldo a libra, respetado por lo que en esta presente armada pusieren, con tanto que los que así quisieren fornesçer en el dicho cresçimiento sean obligados a lo declarar dentro de tres meses ante los del nuestro Consejo que entienden en el despacho de lo suso dicho, en la nuestra Casa de la Contratación de la espeçiería si a la saçon estuviere fecha y puesta en horden, a los nustros offiçiales della, después que por Nos fuere notificado a dos o tres de los principales armadores o a sus fatores en su ausençia que estovieren en la dicha nuestra Casa de la Contrataçión en esta nuestra Corte.

4. Otrosí, que de todo lo que traxeren en esta armada y las quatro sigiuentes benideras así de espeçiería, droguería oro, plata, joyas, perlas, piedras preciosas, e seda e otras qualesquier cosas de qualquier condiçión e calidad que sean, ayamos de aver por nuestros derechos el quinto e veintena parte. Ante todas cosas el quinto para Nos e nuestra Corona, e la veintena para los gastar e conbertir solamente e mantener e curar e medeçinar las personas que binieren enfermas en las dichas nuestras armadas, e se rrecogeren en el ospital que para ello mandaremos hazer en la dicha çiudad, e se curar dellos. E conplir esto en otras obras pias e rredençión de cativos, como mejor nos paresçiere para serviçio de nuestro Señor, porque El endereçe e guie nuestras armadas y las traiga en salvamento e con bueno e próspero viaje. E porque la dicha veintena la dedicamos a obras pías y serviçio de Dios, queremos que se saque primeramente de la dicha armaçón, y luego el dicho quinto pertenesçiente a Nos.

5. Yten, conçedemos a los dichos armadores que armaren en esta presente armada, solos o en conpañía, en quantía de diez mill ducados o dende arriva, que puedan poner cada uno que así armare en la dicha quantía en una de las naos de la dicha nuestra armada, qual ellos quisieren, e en las quatro venideras un fator suyo propio, con tanto que sea súbdito y natural de la Corona destos nuestros rreinos de Castilla e León e Granada etc. A los quales conçedemos quel dicho fator pueda estar e esté presente a todo el rrescate que se hiziere juntamente con los nuestros offiçiales que en las dichas armadas enviaremos, e firme juntamente con ellos en el libro del armaçón lo que así se rrescatare e contratare. E para questo se tenga e guarde ansí en todas las cossas tocantes a los rrescates e contrataçión que se hizieren en qualquier parte

que se hagan, mandamos al Nuestro Capitán General de la dicha Armada e offiçiales dello que así lo guarden e cunplan e hagan guardar e cumplir.

6. Yten, conçedemos que derrotandose alguna o algunas naos de la dicha nuestra armada de la conpañía de las otras, por tenporal forzoso, que en tal caso, do quier que llegare la tal nao dentro de nuestros límites e demarcación, paresçiendo al nuestro Capitán e offiçiales de la dicha nao que conbiene al bien de la armazón, rrescatar y contratar allí lo pueda hazer guardandose en ello con los dichos fatores la horden suso dicha.

7. Yten, que después que en buena ora las dichas nuestras armadas o qualquier dellos sean arrivadas a las dichas yslas de Maluco, o a otras qualesquier yslas y tierra firme descubiertas e por descubrir de nuestra demarcación, en el rrescate que se hiziere se tenga la orden suso dicha con los fatores de los armadores dichos. E paresçiendo al nuestro Capitán General e offiçiales de la dicha armada que conbiene para el bien de la dicha armaçón enbiar a otras yslas e parte e tierra firme dentro de los dichos nuestros límites, algunas o algunas naos de la dicha armada e contratar e rrescatar lo puedan hazer, a los quales mandamos que consientan yr en ellas a los fatores de los dichos armadores, para que sean presentes al rrescate y a todo lo demás que hizieren e contrataren, según dicho es.

8. Yten, les prometemos que luego como con la bendiçión de Dios Nuestro Señor la dicha armada fuere arrivada en estos nuestros rreinos, \ e la espeçiería/ e droguería que en ella viniere puesta en la nuestra Casa de la Contrataçión, le mandaremos poner y pornemos presçio con conformidad de los sobre dichos armadores e que aquel mandaremos sostener e tener a la venta dello. E que assí como se fuere vendiendo de seis en seis meses, mandaremos hazer la quenta, e sacados primeramente nuestros derechos, mandaremos acudir a los dichos armadores por lo que pusieren e devieren aver sueldo a libra; e por la presente mandamos que les sea acudido libremente, e les prometemos que por causa ni rrazón alguna no les será detenido ni enbargado.

9. Yten, por más hazer bien y merçedes a los dichos armadores y otras qualesquier personas y tratantes que binieren a la dicha çiudad de qualquier naçión que sean, con tanto que sean cristianos, a contratar e conprar en la dicha costa, les conçedemos que de ninguna cosa, así la espeçiera como droguería, e joyas de oro y plata e perlas, e otras qualesquier de qualquier calidad y condiçión e natura que sean que vengan de las dichas Indias e tierra firme en las dichas armadas a la dicha nuestra Casa de la Contrataçión, que en ella conpren, no paguen otro derecho alguno más del sobredicho. Puesto caso que después una y muchas vezes lo tornen a vender dentro de la dicha çiudad porque de lo que ansí vendieren dentro de la dicha çiudad es nuestra merçed que sean libres e francos con la paga de los sobre dichos derechos. Y ansímismo conçedemos, que lo que de la dicha Casa sacaren, o en ella o en la dicha çibdad compraren, siendo como dicho es cosa benida de las dichas Indias. la pueden sacar por mar o por tierra libremente sin pagar a la salida otro derecho alguno, esto así, comprandolo los dichos armadores como otra persona alguna que sea cristiano en la dicha Casa o dentro de la dicha çiudad.

10. Yten, que el oro, plata, joyas, perlas, piedras preciosas y seda texida o en madexas, y otra qualquier cossa que venga en las dichas armadas que no sea espeçiería e droguería, de que por calidad dello no se pueda tomar el sobredicho derecho de quinto y veintena, particularmente en ello manda\re/mos y por la presente mandamos que se tasen, se estimen e apreçien por personas sufiçientes e espertas en ello nonbradas por los dichos nuestros offiçiales, con conformidad de los dichos armadores, e si en las dichas cossas oviere alguna o algunas que por razón de su calidad queramos Nos tomar para Nos por el presçio que fuere tasado, en quenta de nuestros derechos, o valiendo más en parte de lo que oviéremos de aver por lo que posimos en la dicha armazón, que lo podamos hazer e el rrestante siendo pagados Nos de nuestros derechos primeramente, y de lo que ovieramos de aver por lo que en la tal armada aviéremos forneçido, el pago de lo qual tomaremos en las dichas joyas, por la tasa e presçio que se les pusiere, como dicho es. Mandaremos entregar, e por lo presente mandamos, que se entregue a los dichos armadores la qual dicha tassa, e entregadelas sobre dichas cosas, prometemos mandaremos hazer dentro de dos meses después de benida la dicha armada, con que el oro y plata que biniere en polvo o en rrieles o en grano no se pueda sacar de la dicha Casa de la Contrataçión, salvo que dellos se lleve luego por los dichos nuestros offiçiales, presentes los dichos armadores o sus fatores, a la nuestra Casa de la Moneda de la dicha çiudad donde se amonede y labre, e después de amonedado, rresçibidos nuestros derechos e parte del armaçón que nos cupiere, se entregue luego a los dichos armadores, con tanto que el dicho oro y plata no lo puedan sacar ni saquen fuera de nuestros Reinos y Señorios en oro ni en plata ni en moneda amonedada.

11. Yten, les conçedemos que si Nos por ganar la voluntad de los Reies y Señores de las yslas de tierra firme, descubiertas e que adelante se descubrirán, para que la gente que fueren en las dichas nuestras aramadas, y allí obieren de quedar contratando, sean por ellos favoresçidos y bien tratados, acordaremos e nos pluguiere de los enbiar algunas joyas, cosas de las de acá a nuestra costa, fuera de lo que pussiéremos y armáremos con los otros armadores, que lo podamos hazer. Y que lo que los dichos rreyes e sus governadores, por rrazón de lo suso dicho nos dieren sea asímismo para Nos, fuera de la dicha armaçón e abto si las tales dádivas fuesen en espeçiería o droguería, porque en este caso por hazer merçed a los dichos armadores queremos que la dicha espeçiería e droguería sea para la dicha armazón, con que el coste de lo que ansí diéremos rrespetado a lo que acá nos costó se ponga en la dicha armazón y heredemos por rrazón de ello, en ella, como lo demás que en ella pussimos.

12. Yten, queremos y nos plaze que qualquier presa o cavalgada que hiziere la dicha nuestra armada, e las quatro siguientes e qualquier nao dellas, sea de la dicha armaçón. Y para ella, esto agora con la dicha presa o cavalgada o con alguna cosa della, se haga allá algún rrescate, agora benga enteramente acá, porque así la dicha presa o cavalgada como el rrescate que con ella y cosas della se hiziere, es nuestra boluntad que entera y cunplidamente se quede la armaçón, e que della como de las otras cosas rrescatadas, ayamos los sobre dichos nuestros derechos, en la

manera ya dichas, la parte que nos copiere en ella por razón de lo que posimos en el armaçón, e los armadores asímismo por la que ovieren puesto en ella, e que no enbargante que sea pressa o cavalgada o rrescate fecho con cosas della, no ayamos de aver ni nuestro Capitán General o particular de la nao que le hiziere, otros derechos de más de los sobre dichos por rrazón dello, aunque a Nos e al dicho Capitán nos pertenesca o pueda pertenesçer por rrazón de ser cavalgada o pressa.

13. Yten, conçedemos a los dichos armadores, que por la parte que en esta primera armada pusieren, puedan en ella y en las quatro siguientes tomar los conpañeros que quisieren, e hazer con ellos nueva contrataçión, a su voluntad, por la dicha su parte. E que qualquier cossa que con ellos contrataren e ganaren en la dicha su parte sea suya propia. Y esto mismo queremos y nos plaze que puedan hazer quanto al cresçimiento si alguno hizieren en las dichas quatro armadas conforme a lo questá dicho.

14. Yten, les prometemos que los capitanes, officiales e pilotos e otra compañía o gente que fuere en esta dicha armada, y en las quatro benideras, no ganarán ningún sueldo a costa de la dicha armaçón, sino solamente desde el día que la dicha armada o armadas en que fueren hizieren bela hasta el día que tornaren o binieren a la dicha nuestra cassa, e que si Nos, por algún rrespeto o causas que aya, mandáremos hazer algunas merçedes a las dichas personas que en ellos fueren será a nuestra costa y no de la dicha armaçón.

15. Yten, les aseguramos que por razón de ningún asiento o conçierto que ayamos fecho o fiziéremos de adelante, no pediremos ni demandaremos a los dichos armadores, ni ellos nos pagaran otro derecho alguno de ninguna cossa que venga de las dichas Indias e tierra firme en las dichas armadas, más de los sobre dichos veintena e quinto.

16. Yten, en quanto a la espeçiería que quedó en la dicha Yndia, de la armada passada de que fué Capitán Fernando de Magallanes, al tiempo que la nao Victoria partió de la dicha Yndia, e al rrescate de especiería e otras cossas de qualquiera calidad que sean, que antes questa nuestra armada llegase se aya fecho y otras cossas en qualquier manera pertenesçientes a la dicha armaçón primera que aquello mandaremos traer en esta presente armada, que agora va por quenta e ynbentario particular, que dello traigan los nuestros offiçiales que binieren en ella e por bien de concordia de los armadores pasados y presentes, queremos y nos plaze que la dicha mercadería y rrescate que pertenesçiere a la dicha primera armada, que assí mandamos traer, que fuere en espeçiería e droguería y seda y otras mercaderías que ocupan carga, se hagan çinco partes e que las tres dellas pertenesçan y sean de la dicha primera armada e armadores della, de la qual sacados los derechos que conforme al asiento que con ellos mandamos tomar nos pertenesçiere, e otrosí lo que dello ovieremos de aver, por la parte que armamos, el rrestante sea presçi.no [23] de los dichos primeros armadores, e los otros dos partes rrestantes, por razón del flete de las naos en que viene la dicha mercaduría, pertenesca o sea desta presente armada, e por él todos los armadores della por la parte

---

[23] Entiéndase« *pertenencia*».

que cada uno pussiere, en lo qual ayamos los mismos derechos de quinto e veintena que devemor aver de las otras cossas desta presente armada. Y mandamos que la dicha espeçiería y droguería que así traxeren, pertenesçiente a los dichos primeros armadores, se venda en la dicha nuestra Casa, juntamente con la otra espeçiería que en la dicha armada biniere, por la forma y manera ya dicha. E assí como se fuere y vendiendo se acudirá a los primeros armadores sueldo o libra, como lo ovieran de aver en la manera sobredicha. Y si fuere la dicha mercadería pertenesçiente a la dicha primera armada en oro e plata, perlas e otras cossas que no ocupan carga e pueden venir en caxas, que el diezmo de todo ello pertenesca a esta presente armada por rrazón del dicho flete, y todo lo demas rrestante sea de la dicha primera armada, de todo lo qual ante todas cosas Nos ayamos nuestros derechos en la manera que arriva dicha es, en lo de la espeçiería e droguería. Y esta misma orden, prometemos, mandaremos guardar e guardaremos con los armadores desta presente armada en rrazón de los armadores, si durante el tiempo de los quatro siguientes algunos mandaremos resçibir de manera que la dicha su espeçiería e cosa de rrescate que allá oviere se traherán en la primera armada que mandaremos hazer, después que ovieramos resçibido los tales armadores.

17. Yten, que si de la dicha armada pasada al tiempo que ésta llegare a las dichas yslas de Maluco, quedaran algunas mercaderías o mercadurías dellas por rrescatar, que del día quésta dicha nuestra armada llegare en adelante, no se pueda hazer rescate alguno con ella, antes mandamos que la que oviere se entregue a los nuestros offiçiales desta presente armada, y que sea del armazón della, los quales lo que así resçibieren lo asienten particularmente en el libro del armaçón desta armada, para que acá por el dicho asiento se les pague de la dicha armazón con más treinta por çiento en nombre de intereses de lo que acá oviere costado.

18. Y esta misma horden prometemos, mandaremos guardar e guardaremos con los armadores desta presente armada, acavadas las dichas çinco armadas, quanto a las mercadurías que dellas en las dichas tierras quedaren por rrescate.

19. Yten, conçedemos a los fatores que así en la forma suso dicha enbiaren los dichos armadores que ayan y tengan en la dicha armada de salario y caxa y cámara y quintalada otro tanto, como mandaremos dar a cada fator de los nuestros que fueren en cada una de las dichas naos.

20. Yten, conçedemos a los armadores que según la forma y horden sobredicha puedan y deven tener y nombrar fator, que si quisieren quel fator que nombraren para ir en esta armada quede en las dichas yslas, lo puedan hazer, e que con él se guarde la forma y horden suso dicha, así en el así en el *(sic)* contratar y rrescatar como en todo en lo demás tocante a la contrataçión, e que si aquel muriere puedan nombrar en su lugar otro, y lo mismo puedan hazer si les paresçiere que les conviene quitar y remover aquel y poner otro en su lugar, lo qual puedan hazer y hagan todas las vezes que quisieren e vieren que les conbiene.

21. Yten, les conçedemos y prometemos quel nuestro Capitán General ni gente, ni otra persona alguna que vaya en la dicha nuestra armada

ni en las quatro siguientes, no se entremeteran a rrescatar por si ni por otras personas cosa alguna en la dicha armazón, salvo aquello que por nuestras instruçiones le fuere conçedido, e al tenor y forma de la ynstruçión que Nos mandaremos dar al dicho nuestro Capitán General e offiçiales de la dicha armada, so pena de la nuestra merçed. E más que en lo que en contrario rrescatare lo aya perdido para el armazón, y quel rrescate y contrataçión se hará solamente por los nuestros offiçiales que nombraremos, ynterbeniendo en ello el fator y factores de los dichos armadores, en la forma suso dicha y no en otra manera, so la dicha pena.

22. Yten, quel rescate y contrataçión que se hiziere en las dichas Yndias, se porná en la dicha armaçón a provecho della, e que aquellas ni algunas dellas no serán tomadas por el dicho nuestro Capitán General, ni por otra persona alguna, por el tanto ni en otra manera, sino que todo quede para la dicha armaçón e benga enteramente en beneffiçio della a la dicha nuestra Casa.

23. Yten, porque las dichas armadas vayan más faboresçidas e sean mejor miradas en la contrataçión y rrescate e venta de la dicha espeçiería se haga a más provecho de la dicha armazón, tenemos por bien que todo lo que se comprare y vendiere y contratare y rrescatare se haga en nombre, y para el fabor y buen despacho dello mandaremos dar las posesiones de justiçia que conbengan y sean nesçesarias.

24. Yten, porque la dicha espeçiería se sostenga en un precio como arriva esta dicho, mandaremos como por la presente mandamos, que toda la espeçiería que traxeren los capitanes y offiçiales, y toda la otra conpañía que binieren en la dicha armada, de sus cámaras e quintaladas se pongan en la dicha nuestra Casa juntamente con la otra espeçiería que biniere en la tal armada, e se venda por la horden questá dicha.

25. Yten, que toda la dicha espeçiería que biniera se benderá por su horden, así como se fuere veniendo sin que se entremeta la de la una armada con lo de la otra, de manera que hasta la espeçiería de la primera armada sea vendida no se venda lo de la otra, e por esta horden lo de las otras, hasta ser cumplidas las dichas çinco armadas y vendida la espeçiería de la armazón dellas.

26. Otrosí, que las cossas que se compraren para la dicha armaçón o mantenimientos o vituallas neçessarias para las dichas armadas, o qualquier dellas en cualquier parte que se compraren en estos nuestros reinos o fuera dellas agora vengan por mar agora por tierra, que sean libres y francos en la dicha çiudad de la Coruña de qualquier derechos pertenesçientes a Nos o a la dicha çiudad de la Coruña. E que assímismo, que las naos que binieren a la dicha çiudad, para yr en la dicha armada o a traer mercadurías para ella, e las que binieren de la dicha Yndia cargadas sean francas e libres de anclajes e otros qualesquier derechos a Nos y a la dicha çiudad, y a otra qualquier persona pertenesçientes en la dicha çiudad e su puerto de entrada y salida.

27. Yten, quel nuestro fator de la dicha Casa, terná quenta e rrazón con cada uno de los armadores a los quales o a sus fatores acudirá con todo lo que oviere de aver después de pagados nuestros derechos, e acudirá a cada uno con lo que oviere de aver, sueldo a libra, en la manera que dicha es, sin que para ello espere otra nuestra Carta ni Mandamiento, lo qual por la presente mandamos que así se haga y cunpla.

28. Yten, que si alguna o algunas personas, agora sean nuestros súbditos como estrangeros e naturales de otros reinos estraños, fueren osados o atrevidos de hazer mal y daño a las naos que fueren en la dicha nuestra armada, o alguna dellas, que en tal casso, constandonos del daño que fuere fecho, y de las personas que lo hizieron, mandaremos dar cartas y provisiones para que todos los bienes de qualesquier danificadores, agora sean naturales e súbditos nuestros, agora estranjeros dellos que estovieren en nuestros rreynos y señoríos, se tomen y se cresten [24] y dellos mediante justiçia, nos sastifagamos Nos y los dichos armadores por el daño e ynterese y costas que se ovieren fecho y rresçibido las dichas nuestras armadas. Y no teniendo los dichos danificadores bienes en estos reinos o tobiendolos, no siendo tantos que basten para satisfazer el dicho daño, mandaremos dar cartas de marcas y rrepresarias contra los extrangeros que no fueren nuestros súbditos e naturales, por todo el daño y costas e yntereses que ovieren resçibido las dichas nuestras armadas e contra nuestros súbditos ,todas las provisiones de justiçia que sean neçesarias.

29. Otrosí, que la mercadería y dineros que los dichos armadores traxeren a la dicha nuestra Casa para poner en la dicha armazón, e el rrescate dello que biniere de las dichas Yndias en espeçiería y joyas e en otra qualquier cosa, durante el tiempo que fuere o biniere para la dicha nuestra casa, o estuviere en ella, tenga seguro real nuestro en todos nuestros reinos y señorios por mar e por tierra para que no pueda ser tomada ni enbargada ni detenida ni en ella fecha execuçión por guerra, movida ni por mover, ni por marca ni rrepresaria ni por otra ninguna debda que devan los dichos armadores.

30. Yten, que si nos dieramos o pusieramos algún ynpedimento a qualesquier de las dichas çinco armadas para que no vayan a la dicha espeçiería, que mandaremos pagar a los dichos armadores a rrazón de veinte por çiento de todo lo que ovieren puesto y gastado para la dicha armada si se detuviere por nuestro mandado, y mandaremos tomar las mercaderías e todas las otras cossas questovieren conpradas e aparejadas para la dicha armazón para Nos, e pagar por ellas a los dichos armadores lo que paresçiere que justamente les costare.

31. Yten, que en fin de las dichas çinco armadas, las naos e artillería y otros aparejos que fueren fechos para el armaçón dellas e quedaren como cossas pertenesçientes a la dicha armazón, se apresçie cada nao por si con artillería y aparejos que toviere e por personas nonbradas, en la manera sobre dicha, la podamos tomar para Nos, e no la queriendo nos le puedan tomar los dichos armadores. E si Nos ni los dichos armadores no la quisieremos se venda en almoneda pública, e por lo que fuere vendido se rreparta sueldo a libra por los dichos armadores, sacados primeramente nuestros derechos y lo que nos pertenesçiere por la parte que en ella pusieremos. E esta misma horden mandaremos tener, e se terná en las naos e aparejos de las naos, de cada una de las dichas çinco armadas que no estuvieren sufiçientes para seguir el dicho viaje.

---

[24] Entiéndase «confisquen».

32. Yten, que mandaremos dar todas las cartas y provissiones que de justiçia, que oviere lugar, para que abiendo espeçiería o droguería de las dichas nuestras armadas, en estos nuestros reinos y señorios, no se pueda vender otra ninguna en ellos que no sea nuestra.

33. Yten, que ningun estrangero y no natural destos nuestros reinos puedan entrar en la dicha conpañía ni armas en las dichas armadas sin nuestra espressa y espiçial liçençia y facultad, e entonçes quando bieremos que conbiene a nuestro serviçio e guardando sienpre a los dichos nuestros súbditos los dichos capítulos.

34. os quales dichos capítulos, y cada uno dellos, que ansí conçedemos, prometemos y aseguramos a todos los dichos nuestros súbditos e naturales e qualquier dellos que en la dicha nuestra armada armaren, que los ternemos y guardaremos y cumpliremos en todo y por todo segúnd y como en ellos se contiene, e que no iremos ni bernemos ni pasaremos contra ellos ni contra alguno dellos, por alguna manera, rrazón ni causa que aya. Lo qual les prometemos y aseguramos de así tener e guardar y cunplir por nuestra feé y palabra real, que para seguridad dello queremos y Nos plaze que los dichos capítulos quanto a Nos e a los dichos armadores ayan y tengan fuerça de contrato, con Nos fecho. Y por que lo suso dicho sea notorio y ninguno pueda pretender ynorançia, mandamos dar la presente ynserta en ella los dichos capítulos que ansí conçedemos. Firmada de mi el Rey, y sellada con nuestro sello. Dada en Valladolid, a treze días del mes de noviembre, año del nasçimiento de nuestro salvador Jesucristo de mill y quinientos y veinte y dos años. Yo el Rey. Refrendada de Cobos y firmada del Gran Chançiller, y del Obispo de Burgos, y don García.

# DOCUMENTO N.º 14

Capitulación dada a Esteban Gómez para ir a descubrir el Catayo Oriental.
1523, marzo 27. Dada en Valladolid.
A.G.I. Indif. General 415, L. I, fols. 30 vto.-32.
C.D.I. T. XXII, págs. 74-78.
Ramos Pérez, D.: ob. cit., págs. 555-557.


Con Estevan Gomez, piloto.

## EL REY

Por quanto vos, Estevan Gomez nuestro piloto, por Nos servir vos offreçeis de yr a descubrir el Cathayo Oriental de que teneis notiçias y rrelaçión, por donde hazeis fundamento descubrir hasta las nuestras yslas de Maluco, que todo cabe y es dentro de nuestros límites y demarcaçión, e que yendo por el dicho camino del Catayo Oriental ay muchas yslas e provinçias hasta oy no descubiertas, de mucha rriqueza de oro, plata y espeçierías y droguerías, dando vos yo liçençia y facultad para ello, y mandando vos armar una carabela de porte de hasta çinquenta toneles armada y forneçida de mantenimientos por un año, y algunas mercadurías que pueda costar armada y puesta en horden hasta mill y quinientos ducados, y proveyendo vos del cargo de nuestro Capitán de la dicha carabela, e otorgando vos las cossas que de yuso serán contenidas; e yo tobelo por bien con las condiçiones y declaraciones siguientes:

1. Primeramente, vos doy liçençia para que vais a hazer el dicho viaje y descubrimiento, con tanto que no bais en los límites de la demarcaçión del Serenísimo Rey de Portugal, mi muy caro y muy amado primo y hermano, ni en cosa alguna de lo que le pertenesçe, salvo dentro de nuestros límites, porque nuestra voluntad es que lo asentado y capitulado entre la Corona Real de Nuestros Reinos y la de Portugal se guarde y cunpla enteramente.

2. Y para ello, digo que vos mandaré armar a nuestra costa la dicha carabela del dicho porte de çinquenta toneles, y vos la mandaré basteçer y vituallar por un año y poner en ella las mercaderías neçesarias, y vos haré nuestro Capitán della, e dello vos mandaré dar nuestra provisión patente en forma.

3. Otrosí, por hazer merçed a nuestros súbditos y naturales, es mi merçed y voluntad de les dar liçençia y facultad, y por la presente se la doi, para que sobre lo que Nos mandaremos forneçer en la dicha carabela, puedan ellos armar y forneçer lo que faltare para el despacho y abiamiento de la dicha carabela, y les hago merçed y conçedo, y doy liçençia, para que en las quatro primeras armadas que se armaren y fueren a las tierras y partes que vos descubrieredes, e por la parte que vos fueredes después desta, puedan armar y forneçer otra tanta cantidad como agora armaren, e siendo la armada maior como se espera será, puedan contribuir en lo demás sueldo a libra del coste desta, a lo que las armadas que adelante fueren e se armaren por la dicha parte costare, sin que sean obligados a nos pagar por este primero viaje derecho ni otra cosa alguna más de la veintena questá hordenada para rredençión de cativos y obras pías.

4. Yten, por quanto me hiziste relaçión que pues vos poneis en ello vuestra persona querriades armar alguna parte en la dicha armada de que se os recreçiese algún probecho, e me suplicaste vos mandase pagar adelantados doçientos ducados para en quenta del salario que de Nos teneis asentado por nuestro piloto en la Cassa de la Contrataçión de Sevilla, o mandaros rresçibir por armador e conpañeros en la dicha armada, por ellos digo que vos mandaré rresçibir por armador y conpañeros en la dicha armada por los dichos doçientos ducados, que es mi voluntad que se vos paguen adelantados, los quales se descuenten de Nos de la parte que Nos forneçemos, e sean para que vos gozeis dellos, e se vos descuenten del dicho vuestro salario, o vos los mandaré pagar adelantados en la dicha Cassa como vos lo suplicais.

5. Otrosí, digo que vos mandaré pagar dos lonbarderos, personas ábiles y sufiçientes e de confiança, para que sirvan en la dicha armada.

6. Yten, quiero y es mi voluntad porque los maestres, pilotos e marineros, e las otras personas que en la dicha armada fueren, sirvan con mejor boluntad en ella, de les dar liçençia y por la presente se la doy para que después de rrescatadas las cossas nuestras, e de los dichos armadores, que van en la dicha carabela, ellos puedan rrescatar sus caxas e quintaladas en lo que pusieren y por bien tuvieren; e que de lo que así rrescataren e traxeren en las dichas sus caxas e quintaladas hasta en balor de doçientos ducados de oro, vendidos en estos rreinos, no sean obligados a Nos pagar derechos ni otra cosa alguna más de la veintena parte. Pero si rrescataren o truxeren más valor de los dichos doçientos ducados, los dichos marineros e los dichos grumetes deste rrespeto de lo demas rrestante, nos paguen el quinto para Nos y la dicha veintena. Pero entiendese que los dichos doçiendos ducados de valor lo pueden traer los marineros, pero los grumetes y pajes podrán traer a este rrespeto sueldo a libra, según lo que cada uno gane de sueldo.

7. Otrosí, por caso a la yda o a la buelta, o andando en el dicho descubrimiento, hiziéredes alguna pressa o cavalgada por mar o por

tierra, sacado el quinto para Nos, lo demás rrestante se haga tres partes; y la una ayais vos el dicho Capitán y la gente de la dicha carabela, y las otras dos quedan para Nos y para los armadores della.

8. De lo qual, vos mandé dar y dí la presente capitulaçion firmada de mi nombre y rrefrendada de mi ynfraescrito secretario. Fecha en Valladolid, a veinte y siete días del mes de março, de mill y quinientos y veinte y tres años. Yo el Rey. Señalada del Gobernador Maior, y Carvajal, y del dotor Beltran. Refrendada de Cobos.

# DOCUMENTO N.º 15

Capitulación con el licenciado Vázquez de Ayllón para ir a descubrir a la Florida.
1523, junio 12. Dada en Valladolid.
A.G.I. Indif. General 415. L. I, fols. 32-37.
C.D.I. T. XIV, págs. 509-515. T. XXII, págs. 79-93.
RAMOS PÉREZ, D.: ob. cit., págs. 558-568.

Con el liçençiado Ayllon, para lo de la Florida.

### EL REY

Por quanto vos, el liçençiado Lucas Vazquez de Ayllon, nuestro Oidor de la nuestra Audiencia Real de las Yndias que rreside en la ysla Española, me heçiste relaçión que dos carabelas vuestras y del liçençiado Matienzo, Oidor de la dicha Audiencia, y de Diego Cavallero nuestro escrivano della, vezinos de la dicha ysla Española, descubrieron nuevamente tierra de que hasta entonces no se tenia notiçia, a la parte del norte, la qual dicha tierra díz que está en treynta e çinco, y treinta y seis, y treinta y siete grados norte-sur con la ysla Española, y que según del paraje y rregión que la dicha tierra está, y la rrelaçión y notiçia que vos della teneis, se creé y tiene por çierto ser muy fértir y rrica e aparejada para se poblar porque en ella ay muchos árboles e plantas de la de España e la gente es de buen entendimiento e más aparejada para bivir en puliçia que la de la ysla Española ni de las otras yslas que hasta oy estan descubiertas. Que así mismo teneis rrelaçión que la maior parte de la dicha tierra está señoreada de un honbre de estatura de gigante, e que ay en ella perlas e otras cosas con que contratan, e que Nos seríamos muy servidos de que la dicha tierra se descubra e se sepa el secreto della, y de que gentes está poblada y de que calidad y costunbres son y de que cosas abundan que sean de valor y precio, y se sepa que horden y maneras debe tener para poner la dicha tierra devaxo de nuestro Señorío Real, e para atraer a los naturales della a que rresçiban pedricadores que los ynformes e ynstruian en las cosas de nuestra santa Fée Cathólica para que sean cristianos, y se sepa asímismo en que manera Nos podriamos aver las rrentas p⸱ ᵊechos y serviçios de la dicha tierra, como de las otras de nuestro señorio. E que vos siguiendo la voluntad que sienpre abeis tenido a las cossas de nuestro serviçio, por Nos servir y que nuestra Corona de estos reinos sea acreçentada vos ofreçeis dando vos liçençia para ello e otorgando vos las merçedes y cossas que de yuso serán contenidas de proseguir el descubrimiento de la dicha tierra, e os obligais de armar a vuestra costa las carabelas y navíos que para ello fueren menester, e de los basteçer asímismo a vuestra costa al senor [25] de la gente e mantenimientos e todo lo demás que fuere neçesario para la nabegaçión e que yreis, o enbiareis a proseguir el dicho descubrimiento hazia la parte que la costa de la dicha tierra se corriere, e navegareis ochoçientas leguas o hasta dar en tierra descubierta si aquella tierra confina con otras de las tierras descubiertas, e que si estrecho se hallare descubriendo la dicha tierra nabegareis por el dicho estrecho para lo descubrir y Nos traer o enbiar relaçión dél, e que procurareis de saber que yslas o quantas, e que tierra de que grandeça ay hazia aquella parte; lo qual hareis dentro de tres años, contados desde que partierén los dichos vuestros navíos de la ysla Española a descubrir la dicha tierra, e que partirán a la descubrir el berano benidero de mill y quinientos y veinte y quatro años. Y que assímismo procurareis de saber la calidad y manera de la tierra e de la gente que en ella bibe, e las cosas que en ella ay de valor, e si se podrán aver por rrescate o contrataçión, o en que manera Nos mejor podamos ser servidos della. E que luego que sea descubierto e sabido todo lo suso dicho, nos trayreis o enbiareis de todo ello rrelaçión, porque vista mandemos que la dicha tierra se pueble e que se hagan en los puertos della las fortalezas neçesarias para el rrescate e contrataçión, e se haga aquello que más paresçiere que conbiene a nuestro serviçio y acreçentamiento de nuestras rrentas rreales. E yo acatando la voluntad con que os abeis movido a lo suso dicho, y el señalado serviçio que esperamos que en ello nos hareis, por la confiança que de vos tenemos y los gastos que en la prosecuçión dello se vos ofreçen, por la presente vos damos liçençia y facultad para proseguir el dicho descubrimiento y vos hago y conçedo las merçedes que de yuso serán contenidas, e sobre ello mandé asentar con vos esta capitulación y asiento con las condiçiones siguientes:

1. Primeramente, vos doy liçençia y facultad para que podais yr o enbiar a proseguir el descubrimiento de la dicha tierra de que, como dicho es, teneis rrelaçión, que díz que son las provincias e yslas de Dauche, Chicora, Xapira y Tatancal, Anicatiye, Çecayo, Guacaya, Xoxi, Sonapasqui, Aranbe, Xamunanbe, Huaq, Tançada, Yenyo, Holpaos, y Amiscoon, Orixa, Ynsiguanin, Anopa. Y ansímismo podais enbiar a descubrir todos y qualesquier otras tierras e yslas que hasta aquí no están descubiertas por otras personas, con tanto que no descubrais ni hagais cosa dentro en los límites e demarcaçión del Serenísimo Rey de Portugal, mi muy caro y muy amado primo, ni en cosa alguna que le pertenesca, porque mi voluntad es que lo asentado y capitulado entre estos rreinos y el rreino de

---

[25] Entiéndase «tenor».

Portugal se guarde y cunpla enteramente. E ansímismo, vos doy la dicha liçençia y facultad para que podais armar o llevar destos nuestros rreinos libremente, las carabelas y navíos de la parte que vos pareçiere que conbiene para la navegaçión y descubrimiento de la dicha tierra, y ansímismo la gente, armas y mantenimientos que villeredes menester para lo suso dicho, sin que en ello vos sea puesto enbargo ni ynpedimiento alguno.

2. Otrosí, que en tienpo de los dichos tres años, en que vos el dicho liçençiado abeis de descubrir la dicha tierra, y en otros tres años siguientes, vos o quien vos para ello enbiardes y no otra persona alguna, podais rrescatar e aver por contrataçión o en otra qualquier manera, a voluntad de los yndios naturales de la dicha tierra, oro e plata, perlas y piedras e otras cualesquier joyas e cosas de qualquier género y calidad, condiçión que sean, libremente, sin que seais obligado a Nos dar más del diezmo del oro e plata, piedras y perlas que así ovierdes, e no otro derecho alguno.

3. Y porque no sería rrazón que encargandoos vos de la dicha enpresa otras personas fuesen a la dicha tierra porque podrían deñarla e alterar lo que vos con vuestra buena yndustria y buenas obras fechas a los yndios obiesedes ganado e asentado en ella, e me suplicastes mandase que en el dicho tienpo de los dichos seis años no vayan a la dicha tierra otros navíos ni gente alguna, sino la que vos el dicho liçençiado enbiardes, por la presente mando y defiendo firmemente, que para aquella parte no puede yr ni baya otro descubridor ni a rrescatar ni a hazer cosa alguna, ni Nos para ello daremos liçençia hasta pasado el año que vos començardes a hazer el dicho descubrimiento, e a los que pasado el dicho año oviéramos de dar liçençia para yr a descubrir será doçientas leguas de lo postrero que vos ovierdes descubierto, e aunque otras personas ayan ydo o vayan dentro del dicho término por nuestro mandado o liçençia, no se entienda ser en perjuicio desta dicha capitulaçión y asiento que con vos se toma.

4. Y porque la prinçipal yntençión que Nos tenemos, en el descubrimiento de las tierras nuevas, es porque a los abitadores y naturales dellas questán sin lunbre de fée e conosçimiento della se les dé a entender las cosas de nuestra Sancta Fée Católica para que bengan en conosçimiento della y sean cristianos y se salven, y este es el prinçipal yntento que vos abeis de llevar y traer en esta negoçiaçión, y para esto conbiene que vayan con vos personas rreligiosas; por la presente vos doy facultad para que podais llevar a la dicha tierra los rreligiosos que os pareçiere e los hornamentos y otras cosas neçessarias para el serviçio del culto devino. Y mando que todo lo que vos gastardes en el llevar los dichos rreligiosos como en mantenerlos y darles lo neçessario, y en su sostenimiento, y en hornamentos, y en otras cossas neçesarias para el culto dibino, os sea pagado enteramente de las rrentas y probechos que en la dicha tierra nos pertenesçiere en qualquier manera.

5. Otrosí, nos suplicastes que pues los yndios no se pueden con buena conçiençia encomendar ni dar por repartimiento para que sirvan perssonalmente, y se a visto por espiriençia que desto se han seguido muchos daños y asolamiento de los yndios y despoblaçión de la tierra en las yslas e partes que se a hecho, mandase que en la dicha tierra no uviese rrepartimiento de yndios ni sean apremiados a que sirvan en serviçio personal [26]

---

[26] Tachado: «e».

sino fuere de su grado e voluntad, e pagandoselo como se haze con los otros nuestros vasallos libres y la gente de travajo en estos reinos, mando que así se cunpla, e que vos tengais dello y del buen tratamiento de los dichos yndios mucho cuidado.

6. Yten, digo que todo lo que vos, el dicho liçençiado, en nuestro nonbre conforme a justiçia e a la ynstruçión que para ello vos será dada para la buena gobernaçión de la dicha tierra asentaredes con los yndios de la dicha tierra o les prometíeredes para paçificarlos y atraerlos a nuestro serviçio, les será guardado y no se les quebrantará, porque demás de que con rrazón que lo que se promete y asienta en nuestro nombre se cunpla, se a visto por espírençia que guardar berdad a los yndios es el prinçipal camino para los atraer y conservar en amistad con los cristianos españoles.

7. Otrosí, acatando el señalado sserviçio que en lo suso dicho esperamos que nos hareis, y los gastos que en ello de presente se vos ofreçen, y la mucha voluntad con que os abeis movido a ello por nos servir, y en alguna enmienda y rremuneraçión *(sic)* dello, quiero y es mi voluntad que en todas las dichas tierras e yslas, e las que más descubrieredes por vuestra yndustria, se descubrieren no estando descubiertas hasta aquí por nuestras personas, por nuestro mandado y liçençia ayais y lleveis el quinzavo de todas las rrentas e yntereses, provechos y derechos que en qualquier manera nos pertenesçieren e siguieren de las dichas tierras e yslas, de juro e de heredad, para vos y para vuestros herederos y suçesores para agora y para sienpre jamás, e que dello vos mandaré dar nuestro previllegio en forma.

8. Otrosí, acatando los serviçios que hasta aquí nos abeis hecho, y lo que espero que en el dicho descubrimiento nos servireis, y los gastos que en ello se vos offreçen, digo que vos haré merçed, y por la presente vos la hago, del alguaçilazgo maior e alguaçilazgos de todas las tierras e yslas que por vos fueren descubiertas y por vuestra yndustria se descubrieren, para vos y para vuestros herederos y suçessores para sienpre jamás, y dello vos mandaré dar nuestra carta de pribillegio en forma.

9. Yten, por vos hazer más merçed y porque en lo que asy descubrieredes tengais tierra vuestra en que labrar e criar y granjear, vos haré merçed y por la presente vos la hago de quinze leguas de término en quadro, en la parte que vos la escogerdes e señalardes, para que ssean vuestras propias y de vuestros herederos y susçesores para agora y para sienpre jamás, con todos los pastos, montes, prados e agua e rrios y todas las otras cossas que en ellas oviere, con tanto que sean continuadas en un pedaço y medidas en quadro, como dicho es, de manera que por cada parte aya las dichas quinze leguas, y con que la jurisdiçión y las minas y mineros e las otras cosas que como a Reyes e supremos señores pertenesçen sean para Nos e para nuestros herederos y susçesores, de manera que la suprema y las cossas della nos queden enteramente, e a vos no vos finque jurisdiçión alguna en ella.

10. E por quanto vos teneis pensamiento que en la dicha tierra se criará seda, y esta es grangería sin mucho travajo y muy aparejada para los yndios, y pensais llevar algunas personas de las que lo saben criar y la simiente y travajar, porque se crie y los yndios se den a ello, acatando el probecho y nobleçimiento que de la granjeria de la dicha seda la dicha

tierra resçibirá, e al travajo, yndustria, e costa que en ello abeis de poner, e vuestros serviçios; por la presente vos hago merçed para vos y vuestros herederos y suçesores de juro de heredad, para sienpre jamás, de quinientos ducados de oro de rrenta, en cada un año, para que vos sean pagados de la rrenta misma que en qualquier manera nos ovieremos de la dicha seda, agora se pague el derecho della en la dicha tierra o en otra qualquier parte donde se pagare.

11. Otrosí, acatando lo mucho que nos abeis servido y lo que esperamos que nos serbireis en esta enpresa e viaje, en que con tanta voluntad os abeis mobido a nos servir, acatando la suffiçiençia e ydoneidad de vuestra persona, y por vos honrrar y hazer merçed, e porque de vos y de vuestros serviçios quede memoria, es nuestra merçed y voluntad de hazer merçed, y por la presente la hazemos a vos el dicho liçençiado Ayllon, para que vos y después vuestros días un hijo vuestro, qual vos nonbraredes y señalardes, seais nuestro Adelantado de las dichas tierras e yslas e provinçias y de todas las demás que descubierdes y por vuestra yndustria fueren descubiertas y dello vos mandaremos dar nuestra provisión y título en forma.

12. Otrosí, por vos hazer merçed acatando vuestros serviçios, vos hago merçed y doy liçençia y facultad para que vos el dicho liçençiado Ayllon, y no otra persona alguna sin vuestra liçençia, podais sacar todos los días de vuestra bida de las dichas tierras e yslas el pescado que en los mares y rrios de la dicha tierra oviere para lo traer por mercadería a estos rreinos, y lo llevar a otras partes donde quisierdes.

13. Otrosí, hago merçed a vos y vuestros herederos y suçesores, e aquel o aquellos que de vos o dellos oviere título o causa, de dos pesquerías distintas y apartadas en la dicha tierra, quales vos señalardes, con tanto que sean de las medianas y limitadas por Nos.

14. Yten, vos mandaré dar nuestra Provisión Real para que todos los días de nuestra vida seais nuestro Governador de todas las tierras e yslas que así descubrieredes, con treçientos y sesenta e çinco mill maravedís de salario en cada un año.

15. Ansímismo, por la conffiança que tengo de vuestra persona y sufiçiençia, vos daré poder y facultad para que por todos los días de vuestra vida rrepartais y seais nuestro rrepartidor de las aguas e tierras y solares, en cualquier parte de la dicha tierra, juntamente con los nuestros offiçiales que en ella oviere y dello vos mandaré nuestra provisión.

16. Otrosí, vos doy liçençia y facultad para que así a vos o a la persona que fuere en vuestro nonbre el dicho descubrimiento, paresçiere que conbiene hazer alguna fortaleça o casa en alguno de los partidos de las dichas tierras que por vos fueren descubiertas, para seguridad y defensa de la gente que fuere a ellas y para que mejor y mas seguramente se haga el rrescate e contrataçión con los yndios, lo podais hazer de las rrentas y probechos de las dichas tierras que a Nos pertenesçieren. E vos prometo de hazer merçed, e por la presente la hago, a uno de vuestros hijos, qual vos nonbraredes y señalardes, de la tenençia de la dicha fortaleça, con cient mill maravedís de salario en cada un año.

17. Otrosí, por vos hazer más merçed, es mi voluntad que todas las rropas, mantenimientos e armas, que destos rreinos llevardes a las dichas tierras e yslas que assí descubrierdes para forneçimiento desta negoçiación

e probeimiento de vuestra cassa, no siendo para mercadería ni contratación, no pagueis almoxarifazgo ni otro derecho alguno por todos los días de vuestra vida.

18. Yten, vos doi liçençia y facultad, para que si en alguna parte de la dicha tierra que vos ansí descubrierdes en poder de los yndios naturales della, si hallaren esclavos de los que ellos toman en guerras en la manera que se han allado en la costa de tierra firme e en otras partes de las Yndias, siendo de los que justa y berdaderamente fueren esclavos, que abiendolos vos conprado por rrescate o voluntad de los yndios, que les podais llevar a la ysla Española libremente, o a qualquiera de las otras yslas para los poner en vuestras haziendas, o disponer dellos a vuestra voluntad sin que seais obligado a Nos pagar almoxarifazgo ni otro derecho alguno.

19. Yten, que mandaré pagar en cada uno de los navíos que vos el dicho liçençiado llevardes o enbiardes a descubrir la dicha tierra, un capellán el qual a de ser pagado de las rrentas y provechos de la dicha tierra.

20. Otrosí, es mi merçed y voluntad que después que se cogiere e criare en la dicha tierra de que pagar diezmos eclesiásticos, de lo que se oviere de los dichos diezmos, se paguen los clérigos y capellanes que fueren neçesarios para el culto dibino, y lo que sobrare, pagados los dichos clérigos, mandaré e por la presente mando que se gaste en la obra de las yglesias e en un monasterio de Sant Francisco, como por Nos fuere hordenado, e que hasta ser hecho esto y probeido de hornamentos se sobreseherá el probeer de Obispos en la dicha tierra.

21. Anssímismo, que mandaré pagar, y por la presente mando que se pague, para la gente que fuere en la dicha armada un médico cirujano y boticario, e las mediçinas neçesarias. Y mando que lo que vos asentardes con el dicho médico cirujano, y lo que en las dichas mediçinas pareçiere aberse gastado se pague de la renta e probechos de la dicha tierra que a Nos pertenesçieren en qualquier manera.

22. Otrosí, como quiera que vos de presente os offreçeis de hazer el dicho descubrimiento, a vuestra costa, entiendese que todo lo que vos en ello gastaredes paresçiendo por fée de escrivano o por ynformaçión bastante que se gastó, vos ha de ser pagado de las rrentas y provechos que de la dicha tierra Nos tovieremos y nos pertenesçieren en qualquier manera, e que así lo mandaré, e por la presente mando, que vos sean pagados de las rrentas y provechos [27] en las dichas tierras e yslas tovieremos en qualquier manera.

23. E quiero e es mi voluntad, que si vos el dicho liçençiado falleçieredes antes de acabar lo suso dicho, que vuestros herederos o la persona que vos señalardes pueda acabar lo que vos herades obligado a hazer y goçe de las merçedes y de todo lo contenido en este asiento como vos lo abiades de gozar.

24. Otrosí, que de todo lo contenido en este dicho asiento vos mandaré dar nuestras Provysiones Reales e las Cédulas que conbengan. Y después que oviéredes descubierto la tierra, e traido o enbiado la rrelaçión della vos

---

[27] Entiéndase «que».

mandaré dar privillegio en forma, y vos mandaré ffaboreçer y hazer merçedes conforme a la calidad de vuestros serviçios y persona.

25. Y entiendesse, que si Nos quisieremos e bieremos que conbiene a nuestro serviçio e al buen rrecaudo de nuestro hazienda, e para ser ynformados de lo que en el dicho viaje e descubrimiento ffiçieredes, que Nos podamos nonbrar y nonbremos por nuestro tesorero e contador e fator, así en la armada que enbiáredes al dicho descubrimiento de la dicha tierra como después de descubierta para rresidir en ella, las personas e offiçiales que quisiéremos e por bien tuviéremos.

26. Por ende, por la presente, haziendo y cunpliendo lo suso dicho a vuestra costa, según y de la manera que de suso se contiene, vos digo y prometo por mi fée y palabra rreal que vos mandaré guardar y vos será guardada esta capitulación y todo lo en ella contenido, en todo y por todo, según que en ella se contiene, de lo qual vos mandé dar y dí la presente, ffirmada de mi nonbre y rrefrendada del ynfraescrito secretario. Fecha en Valladolid, a doze días de Junio, de mill y quinientos y veinte y tres años. Yo el Rey. Refrendada de Cobos, y señalada de Gran Chançiller y el Comendador Maior de Castilla, del dotor Carvajal y del Dotor Beltrán.

## DOCUMENTO N.º 16

Capitulación con Gonzalo Fernández de Oviedo para pacificar y contratar con los indios en el puerto de Cartagena.
1523, junio 26. Dada en Valladolid.
A.G.I. Indif. General 415, L. I, fols. 47 voto.-48 vto.
      Panamá, 233. L. I, fols. 337-338.
C.D.I. T. XXII, págs. 94-97.
FRIEDE, J.: *Documentos inéditos para la historia de Colombia*. Bogotá, 1960. T. I, págs. 73-75.
RAMOS PÉREZ, D.: ob. cit., págs. 569-571.

Con Gonzalo Hernández de Oviedo.

### EL REY

Por quanto por parte de vos, Gonzalo Fernández de Oviedo, nuestro behedor de las fundiçiones del oro en Castilla del Oro, me es fecha rrelaçión que vos a vuestra costa el mes de Henero de mill y quinientos y veinte y dos años, enbiastes una carabela vuestra al puerto de Cartajena donde mataron los yndios caribes flecheros que allí ay a Juan de la Casa y desvarataron al capitán Alonso de Ojeda, que diz que es la gente más feroz de toda la tierra firme, la qual dicha carabela diz que partió del Darte, y distes çierta inistruçión al capitán que enbiastes qual os pareçio que conbenía a nuestro serviçio, e que la dicha carabela ovo habla con los yndios e rrescató con ellos hasta doçientos y setenta y tantos pesos de oro de diversos oros, y porque no se entendía con la gente que yva en la dicha carabela por señas quedaron muy amigos y les dixeron que dende en treynta días tornasen y les darian más oro, e ansí tornastes a enbiar la dicha carabela; y porque a causa de algunos armadores que por la dicha costa han andado que an tratado mal a los dichos yndios y se cree que los dichos yndios no se an asegurado, y para los asegurar otorgandoos y conçediendoos los capítulos y merçedes que de yuso serán declarados, vos hareis contrataçión abierta y pacífica con los dichos yndios, y cunplireis las otras cossas que de yuso serán declaradas:

1. Primeramente, por quanto me suplicastes vos hiçiese merçed y diese liçençia y facultad para que pudiesedes hazer una fuerça a vuestra costa en la ysla de Codego, o en el puerto de Cartajena, donde vos pareçiere más conbiniente porque allí es escala de quantos navíos van y bienen al Darte, que vos hiziese merçed de la tenençia della, e por hazer la dicha fortaleza no quereis dineros sino que por término de dos años después que encomençardes ha armar, por virtud desta mi carta, en adelante ninguno pueda rrescatar con doze o quinze leguas alderredor de la dicha Cartagena ni en las yslas de Barú e San Bernardo sino vos el dicho beedor, porque aquello diz que es de la más áspera gente, y por lo que esta començado pensais y teneis por çierto que lo paçificareis, por la presente vos doi liçençia y facultad para que vos solamente y quien vuestro poder oviere, y no otra persona alguna, podais hazer la dicha fortaleza en una de las dichas partes, qual vos más quisieredes, a vuestra costa, e vos hago merçed de la tenençia della por el tiempo que nuestra voluntad fuere, con mill maravedís de salario en cada un año para que vos sean pagados de las rrentas y diezmos que en la dicha tierra tovieremos. Y mando y defiendo firmemente, que por término de dos años que se cuenten desde el día que començardes a entender en ello en adelante, dentro de los dichos límites, vos solo podais rrescatar en los dichos límites y no otra persona alguna, pagandonos el quinto de todo lo que rrescatardes, con tanto que seais obligado a lo començar y poner en obra por todo el año benidero de mill y quinientos y veinte y quatro años.

2. E porque me suplicastes que para ello vos hiziese merçed de un bergantín aparejado y armado, el qual vos sosterníades e porníades a vuestra costa otro tal para hazer lo suso dicho, por la presente vos doi liçençia que a costa del quinto y derechos que nos perteneçieren en lo que vos poblardes e rrescatardes y lo podais hazer, con tanto que vos pongais otro de vuestra parte como dicho es.

3. E ansímismo me suplicastes que vos mandase pagar el pasaje y mantenimientos de çinquenta honbres que abeis menester llevar destos rreinos para la dicha negoçiaçion, y por la presente vos doy liçençia y faque podais llevar las dichas çinquenta personas, y vos doi liçençia y facultad para que lo que ansí costare el pasaje y mantenimientos de las dichas personas siendo tasado por nuestros offiçiales que rresiden en la çiudad de Sevilla en la Casa de la Contrataçión de las Yndias, lo podais tomar de las rentas y probechos que Nos tovieramos en la dicha tierra dentro de los dichos límites.

4. Asimismo, vos doy facultad para que si vos pareçiere que conbiene, podais hazer un pueblo dentro de los dichos límites, en la parte que vos pareçiere, y hecho, por la presente digo y vos prometo que vos mandaré hazer en ello la merçed y gratificaçión que vuestros serviçios mereçieren. Fecha en Valladolid, a XXVI días del mes de Junio, de mill y quinientos y veinte y tres años. Yo el Rey. Reffrendada de Cobos, señalada del **Comendador Maior de astilla**, y del Dotor Caravajal y Beltrán.

# DOCUMENTO N.º 17

Capitulación con Rodrigo de Bastidas, para ir a conquistar y poblar a la provincia de Santa Marta.
1524, noviembre 6. Dada en Valladolid.
A.G.I. Indif. General 415. L. I, fols. 48 vto.-51.
            Panamá 233. Lib. 2, fol. 110.
C.D.I. T. XXII, págs. 98-106.
FRIEDE, J.: ob. cit. T. I, pág. 76.

Capitulación con Rodrigo de Bastidas, para la conquista de Santa Marta.

### EL REY

Por quanto por parte de vos, Rodrigo de Bastidas vezino de la ciudad de Santo Domingo de la ysla Española, me fue fecha rrelación que por serviçio de la Cathólica Reina mi Señora e mío, os ofreçeis de poblar y poblariades la provinçia y puerto de Santa Marta ques en Castilla del Oro llamada la Tierra Firme, e que la poblariades dentro de dos años primeros siguiente, haziendo en ella un pueblo en que a lo menos aya en el presente çinquenta vecinos, que los quince dellos sean casados y tengan consigo a sus mujeres, y que lo terniades fecho dentro de dos años y de ay adelante lo más que fuese posible así de christianos españoles como de yndios, y hariades y porniades en ella granjerías e crianças, y que de presente porniades en la dicha tierra doçientas vacas e treçientos puercos e veinte e çinco hieguas y otros animales de cría que vos pusiesedes, y con ellos procurariades de poblar mucho la dicha provinçia e puerto. E me fue suplicado y pedido por merçed vos mandase dar liçençia y facultad para ello, e otorgar e hazer merçed de las cosas siguientes:

1. Primeramente, doy liçençia y facultad que vos el dicho Rodrigo de Bastidas, que podais yr e enbiar a poblar y pobleis la dicha provinçia e puerto de Santa Marta de christianos españoles e yndios, e para que po-

201

dais hechar y criar en ella los dichos ganados y más los que quisieredes que sean en benefficçio de la dicha población y serviçio nuestro, y hazer las otras granjerías que en la dicha tierra se dieren y las tener y gozar como vuestras propias, con tanto que seais obligado a començar a entender en la dicha población dentro en seis meses que corran y se quenten desde el día que partieren las primeras naos que fueren a la dicha ysla Española y constare por fée de los nuestros offiçiales que residen en la çiudad de Sevilla, en la Casa de la Contrataçión de las Yndias, y de tenerla acavada y hecho el dicho pueblo con los dichos çinquenta vezinos, en que aya a lo menos los quinze casados y tengan consigo las dichas sus mujeres, y todo lo demás que vos ofreçeis dentro de los dichos dos años primeros siguientes.

2. Anssímismo, vos hazemos merçed y por la presente vos le hazemos que vos, todos los días de vuestra vida seais nuestro capitán de la dicha provinçia e tierra, y gozeis de las honrras y preheminençias de que goçan las otras personas que tienen semejantes merçedes e offiçios.

3. Otrosí, por vos más honrrar y acatando los gastos que en lo suso dicho se os offreçen, vos hazemos nuestro Adelantado de la dicha provinçia e tierra, y dello vos mandaremos dar nuestra Provisión Real después que la dicha provinçia e tierra esté poblada como de suso se contiene.

4. Ansímismo, confiando de la persona de vos el dicho Rodrigo de Bastidas, y de vuestra fidilidad, y porque entendemos questo hareis con la igualdad que conbiene, por la presente vos cometo y doy poder y facultad para que por tienpo de çinco años que corran y se cuenten desde el día que començardes a poblar la dicha provinçia y tierra en adelante, podais repartir los solares e aguas e tierras de la dicha tierra a los vezinos y pobladores della, como a vos os pareçiere, con tanto que lo ayais de hazer con pareçer de los nuestros offiçiales que a la saçón allí rresidieren.

5. Otrosí, porque la dicha provincia e tierra es bisitada de yndios caribes muchas vezes, e los ay e abitan en ella, e para os defender vos y los dichos pobladores de los dichos caribes, ay neçesidad que en la dicha tierra se haga una fortaleza, por la presente vos doy liçençia y facultad para que la podais hazer y hedificar y forneçer de lo neçesario a vuestra costa, al presente, con tanto que lo que costare se vos pague de las rentas y probechos que nos tovieremos primeros en la dicha tierra. Lo qual mando a los nuestros offiçiales della que vos den y paguen abiendose fecho los dichos gastos por ante ellos, y teniendo ellos quenta y razón dello. Y ansímismo, vos paguen al dicho tienpo todo lo que gastardes en el pasar de los pobladores y gente que en la dicha provinçia e tierra a de rresidir.

6. Y porque nos hezistes relación que para guarda de la dicha fortaleza por ser la dicha tierra muy poblada de caribes e gente brava y tan rrequerida y conquistada dellos, ay neçesidad que en ella aya alguna gente e lonbarderos, por la presente vos mando que pongais en la dicha fortaleza ocho honbres y quatro lonbarderos, a los quales se les pague de salario lo que se paga a cada uno de los peones y lonbarderos que rresiden en la fortaleça de la çiudad de Santo Domingo de la ysla Española, de las

rrentas que Nos en la dicha tierra tovieremos, lo que pareçiere que rresidieron y no más.

7. Ansímismo, acatando las costas y gastos que en la poblaçión de la dicha provinçia y tierra abeis de hazer, y para que mexor se pueda hazer la dicha poblaçión, quiero y es mi merçed y voluntad que por término de seis años primeros siguientes que corran y se cuenten desde el día que entrardes a poblar la dicha provinçia y tierra en adelante, vos ni los pobladores ni tratantes que a ella fueren, seais obligados de pagar derechos algunos del cargo y descargo de las mercaderías que a la dicha tierra fueren, con tanto que la dicha poblaçión esté hecha dentro del término de suso declarado, como vos os ofreçeis.

8. Otrosí, hazemos merçed a la dicha provinçia y tierra de Santa Marta y vezinos y moradores della, que por término de seis años primeros siguientes que corran y se cuenten desde el día que la començardes a poblar en adelante, no paguen del oro, granjerías e otros metales que en la dicha tierra ovieren, por el dicho tienpo, más de la déçima parte, e se quenten desde el día que començardes a poblar, como dicho es, y pasados los dichos seis años bengan diminuyendo fasta el quinto como se a pagado en la ysla Española, la qual deçima parte se á de pagar el dicho tienpo de los dichos seis años.

9. Ansímismo, hazemos merçed y damos liçençia y facultad a los vezinos y moradores que en la dicha provinçia e tierra oviere para que puedan yr y vayan y enbiar y enbien a rrescatar y pescar perlas al poniente e lebante de la dicha tierra, a las partes que por Nos no estoviere proybido ni se proibiere, con tanto que no vayan sin liçençia de los nuestros offiçiales que rresidieren en la dicha tierra, y rregistrandose ante ellos y llevando el beedor que ellos dieren, y guardandose açerca dello la forma que se guarda en la dicha isla Española.

10. Asímismo, por la voluntad que tenemos que la dicha provinçia y tierra se pueble, hazemos por la presente merçed a los dichos vezinos y moradores della para que por tienpo de los dichos seis años primeros siguientes que se cuenten desde que el dicho pueblo se hiziere en adelante, puedan vender e se aprovechar de la madera de brasil y guayacán que en la dicha tierra oviere, pagandonos solamente la deçima parte dello por el dicho tienpo y no más.

11. Y porque la dicha provinçia y tierra se pueble y noblezca, quiero y es mi merçed y voluntad que goze de todas las otras merçedes y libertades que hasta agora se han conçedido y conçedieren de aquí adelante a la dicha ysla Española y a cada una de las otras a ella comarcanas.

12. Asímismo, hazemos merçed a vos e a los vezinos y pobladores que en la dicha provinçia e tierra de Santa Marta oviere, y vos damos liçençia y facultad para que podais y puedan hazer en ella los navíos que quisieren para su contrataçión, con tanto que vos seais primero obligado a dar fianças llanas y abonadas ante los nuestros offiçiales que rresiden en la ysla Española, que todo el daño que los dichos navíos hizieren en mal tratamiento de yndios como en pasar nuestros mandamientos y ordenanças y provisiones y de nuestra Audiencia Real que en la dicha ysla reside, los pagueis vos y los que lo hizieren.

13. Otrosí, damos liçençia y facultad a vos, el dicho Rodrigo de Bastidas, y a los dichos pobladores de la dicha provinçia y tierra de Santa

Marta, para que podais contratar con vuestras mercaderías con la tierra firme y todas las yslas comarcanas como lo pueden hazer los vezinos de la ysla Española, con tanto que no entreis ni topeis en los límites y partes que por Nos estuvieren proybidos e bedadas, ni hagais mal tratamiento a los yndios, ni los podais rrescatar a ellos ni a sus mugeres ni les hazer guerra ni mal tratamiento, salvo aquellos que por Nos o por nuestros juezes con comisión nuestra estovieren declarados por esclavos y personas a quien se puede hazer guerra justa y ser cativados. Entiendese que todo lo que ansí rrescatardes abeis de pagar a nuestra cámara el diezmo por tienpo de ocho años, y después el quinto como es costunbre.

14. Yten, por quanto por vuestra parte me fue fecha rrelación que para lenguas con los yndios de la dicha provinçia e tierra de Santa Marta, teneis necesidad de llevar [28] a ella algunos yndios esclavos, y de los que ay en las yslas Española y Sant Juan, que son naturales de la dicha tierra e de la costa de la tierra firme, por la presente vos doy liçençia para ello, pagando a los dueños de los tales esclavos lo que justamente valieren.

15. Yten, para el serviçio del culto dibino y para administrar los santos sacramentos en la dicha tierra, vos mando que probeais de tres clérigos de misa a nuestra costa, los quales rresidan en ella y sean pagados de los diezmos que Nos ovieramos de aver en la dicha tierra los salarios que se acostunbran dar a los semejantes capellanes, los quales mando a los dichos nuestros offiçiales que en la dicha tierra rresidieren que les paguen, como dicho es, de los dichos diezmos.

16. Y porque la intinçión de la Cathólica Reina mi Señora e mia, es que los yndios naturales de las Yndias sean como lo son libres, estén tratados e inistruidos como nuestros subditos naturales y vasallos, por la presente vos encargamos y mandamos que los yndios que al presente ay e oviere de aquí adelante en la dicha tierra, tengais mucho cuidado que sean tratados como nuestros vasallos y libres e yndustriados en las cosas de nuestra Fée. Sobre lo qual vos encargamos la conçiençia, teniendo por çierto que haziendo lo contrario cayreis en nuestra yndignaçión y mandaremos executar en vuestra persona y bienes las penas en que por ello ovierdes yncurrido.

17. Otrosí, queremos y mandamos que vos, el dicho Rodrigo de Bastidas, dentro del dicho término de los dichos seis meses seais obligado a dar y deis fianças llanas y abonadas en la dicha ysla Española ante los dichos nuestros offiçiales que en ella rresiden, que hareis la dicha poblaçión y todas las otras cosas contenidas en este asiento y capitulación, que vos sois tenido y obligado de hazer y cunplir conforme a ella para lo qual vos asímismo vos obligais aprovando y ratificando la obligaçión que Francisco de Licaur en vuestro nonbre, como vuestro procurador, hizo açerca desto.

18. Todo lo qual, que dicho es, como de suso se contiene vos será guardado y cunplido, guardando y cunpliendo vos lo que por ello vos offreçistes e obligastes, e todo lo demás que vos se manda en los dichos capítulos e en la ynstruçión que se vos dá con esta, pero no lo guardando y cunplien-

---

[28] Tachado: «h».

do y pasando en algún tienpo nuestras inistruçiones e provisiones y mandamientos, no seamos obligados a vos guardar cosa alguna dello, antes por ello perdais cualesquier merçedes y previllegios, juros y offiçios que de Nos tengais. Fecha en Valladolid, a seis días del mes de nobienbre, de mill y quinientos y veinte y cuatro años. Yo el Rey. Refrendada de Cobos, señalada del obispo de Osma, y Carvajal, y Beltrán, y Dotor Maldonado.

# DOCUMENTO N.º 18

Capitulación concertada entre el Conde de Andrada y Cristóbal de Haro con Diego García para realizar un viaje de descubrimiento a la parte del Océano Meridional.
1525, agosto 14. Dada en La Coruña.
Confirmación real al asiento concertado entre el Conde de Andrade y Cristóbal de Haro con Diego García.
1525, noviembre 24. Dada en Toledo.
A.G.I. Indif. General 415. L. I, fols. 23-24.
Confirmación real y capitulación entre la Corona y el Conde de Andrade y Cristóbal de Haro para descubrir en la parte del Océano Meridional.
1526, febrero 10. Dada en Toledo.
A.G.I. Indif. General 415. L, I, fols. 24-27.
C.D.I. T. XXII, págs. 130-144.
Ramos Pérez, D.: ob. cit., págs. 581-584.


Asiento quel Conde de Andrada y Cristobal de Haro tomaron, en merçed de su Magestad con Diego García.

### EL REY

1. Con las condiciones que nos, el conde Don Hernando de Andrada y Cristobal de Haro Ruibisante y Alonso de Salamanca nos, conçertamos con vos Diego García vezino de la villa de Moguer, para en esta armada e viaje, que plaçiendo a Dios se ha de hazer a la parte del mar Oçéano meridional son las siguientes:

2. Que nos, los sobredichos, abremos liçençia de su Magestad para ynseguimiento del dicho descubrimiento con las condiçiones más aventajadas que se pudieren aver en benefiçio de la dicha armaçón, lo qual se haze fundamiento costará mil y ochoçientos ducados, çiento o dosçientos más o

menos, los quales forneçera cada uno a los tienpos que fuere menester conforme a lo que cada uno tiene declarado poner en harmaçón como paresçera por la escriptura que para ello está hecha.

3. Yten, se os dará para este primero viaje una carabela de parte [29] de hasta cinquenta o çient toneles, y un pataje de veinte y cinco o treinta toneles y la madera labrada para una justa o bergantín que se pueda remar, el qual yra en pieças para lo poder armar donde quiera que llegardes.

4. Yten, de las quales dichas carabelas se os dará la capitanía dellas, por la qual, juntamente con la liçençia se a escrito a su Magestad.

5. as quales dichas carabelas se darán adereçadas y armadas como conbiene para semejante viaje y basteçidos de mantenimiento para quarenta personas, que el número que queda más de acuerdo vaya en la dicha armada.

6. Yten, con condiçión que todo lo que Dios nuestro Señor en este viaje diere, ansí de rrescate como de cavalgada como de otra qualquier manera que sea, sacados los derechos de Su Magestad y todo el coste de la dicha armada, sacado ello y los derechos como dicho es de todo el rrescate se dará a vos, el dicho Diego García, de vuestra capitanía y pilotaje y por la esperiençia que del dicho descubrimiento teneis, la déçima parte de todo, y no otro partido ni cosa alguna, lo qual se vos dará acavado de descargar y pagar los derechos de Su Magestad.

7. Con condiçión que vos, el dicho Diego García y Rodrigo de Area que a de yr por nuestro piloto, seades obligados de dar la gente de mar que oviere de yr en la dicha armada al partido que con vos el dicho Diego Garçía está asentado; que pagados los derechos que a Su Magestad se ovieren de pagar, de todo el rrestante se saque todo el coste de la armada, el qual sacado se haran tres partes; las dos terçias partes quedarán de los armadores y la terçia parte a la conpaña, la qual entre si rrepartirán por partes como entre ellos fuere conçertado, con que antes que la dicha partiçión se haga, sacados los derechos de Su Magestad como dicho es, se sacará la deçima parte que a vos el dicho Diego García se os dá de vuestra capitanía y pilotaje.

8. Yten, con condiçión que vos, el dicho Diego García, seais obligado de tornar otro viaje a qualquiera cosa que se descubriere y de enseñar el dicho camino a los dichos pilotos que con vos fueren, para questos sean pláticos en la dicha navegaçión.

9. Yten, con condiçión que vos ni otra persona que fuere en la dicha armada no pueda llevar ninguna cosa del rrescate, y si por caso lo llevaren sea con consentimiento de los armadores y rregistrado y declarado la parte que a de dar a la armaçón de lo que dello rrescataren, lo qual será cosa que no perjudique la carga del armaçón, lo qual ansí llevaran rregystrado y con consentimiento de los armadores, no se podrán rrescatar hasta ser rrescatado todo lo del armaçón, y fecho el rrescate de aquello, podrá rrescatar la persona lo que llevare con liçençia de poder rrescatar, de lo qual, pagados los derechos de Su Magestad y el coste de lo que oviere costado lo que dieren por el rrescate, pagarán la mitad.

---

[29] Entiéndase «*porte*».

10. Yten, con condiçión que ninguna persona no pueda traer ningún esclavo eçepto las personas que llevaren facultad de los armadores para los poder traer, y los esclavos que traxeren será para el armazón.

11. Yten, con condiçión que pueda traer el capitán y personas que fueren en la dicha armada papagayos y gaticos sin pagar otra ninguna cosa, salvo los derechos de Su Magestad con que dé algunos gatos y papagayos que serán de ventaja dellos, dexen haber primero rrescate del armazón para que dellos puedan dar a personas e partes antes que ellos rresçaten.

12. Yten, con condiçión que vos el dicho Diego García y Rodrigo y Daria seais obligados, y desde agora vos obligais, de poner en la dicha armada doçientos ducados, que cada uno çient ducados, los quales dareis a los tienpos que fueren menester sueldo a libra como los otros armadores y heredareis en la dicha armazón como los otros armadores.

13. Yten, por quanto, el dicho Diego García ha de estar en esta çibdad entendiendo en las cosas necesarias de la armada, hasta que plaçiendo a nuestro Señor se ponga a la bela y aya de partir. A costa de la armada se dé para su mantenimiento a rrazón de a rreal y medio por día.

14. Yten, por quanto en el armada en que fue Hernando de Magallanes a las espaldas de la Tierra del Brasil dexaron a Juan de Cartagena e a un clérigo en su compañía, por todas vías en qualquiera de aquellas partes que tocardes travajeis por vos informar y saber dél, y si hallardes rastro travajareis de lo traer de qualquier manera que sea.

15. Y luego los dichos Diego García y Rodrigo y Darea e el dicho Cristoval de Haro, por Su Magestad e por el dicho señor conde don Hernando, el dicho Cristoval de Haro, por si y Rodrigo y Basante e Alonso de Salamanca e Pedro de Morales, se obligaron con sus personas y bienes muebles y rrayzes en pena de mill ducados de oro, de cunplir y guardar las condiçiones y capitulaçiones suso dichos, so la dicha pena. Y para ello dieron poder cunplido las justiçias de Sus Magestades para que executen en él e por quien faltare de lo así cunplir por la dicha pena y por las costas y daños que por su falta se rrecreçieren, e fagan pago a las partes que por ello estuvieren, bien ansí e a tan cunplidamente como si fuese dada por sentençia definitiva y pasada en cosa juzgada; çerca de lo qual rrenunçiaron todos y qualesquier leyes, fueros y derechos y privilegios en contrario, y la ley y derecho en que diz que general rrenunçiaçión no vala, y por mayor firmeza lo firmaron de sus nombres, testigos presentes: Pedro de Morales, y Juan de Burgos, y Françisco Calafate, vezinos de la dicha çibdad. Que fué fecha en la dicha çibdad, a catorze días del mes de Agosto, año del Señor mill e quinientos y veinte y çinco años. Cristoval de Haro, Alonso Salamanca, Polanco, Roy Basante, Pedro de Morales, Rodrigo y Darea, e yo Cristoval de Paulo, escrivano de Sus Magestades y del número de la dicha çibdad de la Coruña. En uno con los dichos testigos, presente, fui a todo lo que de suso dicho es, y doy fée que conosco a los dichos otorgantes e queda otro tanto en mi poder firmado de los suso dichos. Y por ende lo fize escrivir, y fize aqueste mi nombre y signo, qués a tal en testimonio de verdad. Cristoval de Paulo, notario.

Por la presente, vistos estos capítulos e asiento que los dichos Cristoval de Haro en nuestro nonbre y el conde don Fernando Andrada y el dicho Cristoval de Haro, por sí, y Ruy Basante, y Alonso de Salamanca, tomaron con Diego Graçía, vezino de Moguer, sobre el descubrimiento en ellos contenido, en el mi Consejo de las Yndias los confirmo y apruevo y he por bien que conforme a ellos se haga la dicha armada e descubrimiento. Y dello firmé la presente de mi nombre que va ansí mismo refrendada de mi ynfrascrito secreptario. Fecha en Toledo, a veinticuatro días de noviembre, de mill e quinientos y veinte y çinco años. Yo el Rey. Refrendada del secretario Cobos. Señalada del Obispo de Osma, y dotor Beltran, y dotor Maldonado.

Conffirmaçión.

## EL REY

Por quanto vos, el conde Don Hernando de Andrada y Cristoval de Haro, nuestro fator de la Casa de la Contrataçión de la espeçieria, me hezistes relaçión que por éos serbir quereys hazer çierto viaje y descubrimiento en las nuestras Indias del mar Oçéano, dentro de los límites y tierras de nuestra demarcaçión, y que para ello armariades con las condiçiones que de yuso serán contenidas una carabela por de çincuenta hasta sesenta toneles, y un pataxe de veintyçinco a treinta toneles fornecidos de las cosas necesarias, así de aparejos como de mantenimientos y otras cosas que se rrequieren para semejante viaje y descubrimiento, y que demás de la dicha carabela y pataxe, enviareis en pieças un bergantín de rremos para descubrir qualquier rribera por las partes do navegare, y me suplicastes y pedistes por merçed vos mandasemos dar liçençia y facultad para ello, e yo, por vos hazer merçed tobelo por bien, y sobre ello mande tomar con vosotros el asiento y capitulaçión siguiente:

1. Primeramente, por quanto como dicho es, vosotros os obligais e ofreçeis de hazer el dicho viaje y descubrimiento en las nuestras Indias del mar Oçéano dentro de los límites y tierras de nuestra demarcaçión, y para ello armareis con las condiçiones en esta capitulaçión contenidas la dicha carabela y pataxe del dicho porte, fornecidas de las cosas neçesarias así de aparejos como de mantenimientos e otras cosas que se rrequieren para semejante viaje y descubrimiento. Y que demás de la dicha carabela y pataxe, enviareis en pieças el dicho bergantín de rremos para descubrir qualquier rrivera por las partes do navegare, e que no hareis el dicho viaje y descubrimiento en las partes donde ovieren descubierto otros descubridores y tuvieren asentado trato, por ende, por la presente vos doi liçençia y facultad para que haziendo y cunpliendo vosotros lo suso dicho en este capitulo contenido, podais hazer y hagais la dicha armada y viaje según y como y de la manera que dicha es y en la siguiente:

2. Otrosí, es nuestra merçed y voluntad e por vos hazer merçed, que por tienpo de ocho años cunplidos primeros siguientes que se quentan desde el día que la dicha armada hiziera bela en el puerto de la Coruña en adelante, vosotros podais armar y armeis y hagais las dichas armadas por las dichas tierras y partes que descubrieredes con la dicha armada, y que ninguna otras personas ni armadas puedan yr ni bayan a las dichas tierras y partes sin vuestra liçençia y mandado, y que Nos no daremos liçençia a ningunas perssonas para ello, con tanto, que si Nos durante el dicho tien-

po quisieramos armar a nuestra costa para las dichas tierras e partes, lo podamos hazer e hagamos, tomando a vosotros por armadores, en la meitad de toda la dicha armaçón.

3. Ansímismo, vos damos liçençia y facultad para que durante el dicho tiempo de los dichos ocho años, podais enbiar e enbieis a las dichas tierras y partes todas las armadas que quisieredes e por bien tuvieredes, e acreçentar en número de naos como os paresçiere que conbiene a la dicha navegaçión y podais tomar conpañía con otros armadores, e hazer con ellos qualquier asiento e conçierto a vuestra bentaja, así naturales destos nuestros rreinos como de fuera dellos, con tanto que no sean françeses ni portugueses ni ingleses.

4. Otrosí, con tanto que las dichas armadas que se huvieren de hazer e hizieren para las dichas tierras e partes, se hagan e partan de la dicha çiudad de la Coruña. Y de la primera, y segunda y terçeras armadas, pagareis de lo que en ellas se oviere sacado el costo del montón que quedare a los nuestros offiçiales de la Casa de la Contrataçión de la espeçiería, que rresidieren en la dicha çiudad de la Coruña, la veintena parte para rredençión de cativos, y la déçima para Nos, y lo de las otras armadas siguientes, el quinto e la dicha veintena de todo ello.

5. E quanto a lo que pedís, que mande que pagada la dicha veintena y diezmo de las dichas tres armadas, de las otras adelante venideras la dicha veintena y quinto, no pagueis otro ningún derecho de ninguna cossa que sea, de entrada ni salida, ni de venta ni rrebenta que se haga, de todo lo que biniere e se traxere en la dicha armada, de qualquier calidad y genero que ssea, caso que se venda una o muchas vezes así en la dicha çiudad de la Coruña como fuera della, e lo podais cargar por mar e por tierra sin pagar otro derecho alguno más de sola la dicha veintena e quanto, como dicho es, por la presente, por hazer bien y merçed a vos y a los otros armadores y otras qualesquier personas y tratantes que binieren a la dicha çiudad de la Coruña de qualquier naçión que sean, con tanto que sean cristianos, a contratar y conprar en la dicha cassa de lo que binieren en las dichas armadas, les conçedemos: que de ninguna cossa, así espeçiería como droguería, e joyas de oro y plata e perlas e otras qualesquier cossas de qualquier calidad y condiçión que sean, que bengan de las dichas Yndias e tierras, que con las dichas armadas se descubriere y oviere en ellas, que conpren en la dicha Casa no paguen otro derecho alguno más de la dicha deçima y quinto, puesto caso que después una o muchas vezes lo torne a bender dentro de la dicha çiudad, y es nuestra merçed que sean libres y francos con la paga de los sobre dichos derechos. Y ansímismo, les concedemos que lo que de la dicha Casa sacaren, o en ella o en la dicha çiudad conpraren, siendo como dicho es cosa benida de las dichas Indias, la puedan sacar por mar e por tierra libremente sin pagar a la salida otro derecho alguno, esto assí conprandolo los dichos armadores como otra persona alguna que sea cristiano en la dicha Cassa o dientro de la dicha çiudad.

6. Otrosí, que las cosas que se conpraren para la dicha armaçón, e mantenimiento e vitualles neçesarias para las dichas armadas, o qualquier dellas, en qualquiera parte que se conpraren en estos nuestros rreinos o ffuera dellos, agora bengan por mar agora por tierra, que sean libres y francos en la dicha çiudad de la Coruña. E que asímismo, las naos que

binieren a la dicha çiudad para yr en las dichas armadas o para ello se hizieren en ellas e traxeren mercadurías e los que binieren el dicho descubrimiento, que hizieren cargadas, sean francas e libres de anclajes e otros qualesquier derechos que a Nos y a la dicha çiudad y a otra qualquier persona pertenesçientes, en la dicha çiudad e su puerto de entrada y salida.

7. Yten, porque en la dicha çiudad de la Coruña a de ser el trato e Casa de la Contrataçión de la espeçiería, queremos y mandamos y es nuestra voluntad: que benida la dicha armada y naos que agora van, y las que adelante fueren a la dicha contrataçión, bengan a se descargar y descarguen en la dicha Casa de Contrataçión de la espeçiería, y estén a la descarga dellas los nuestros offiçiales de la dicha Casa juntamente con vosotros, o con la persona que para ello pusierdes al tiempo del descargar.

8. Otrosí, que acavado de descargar lo que ansí truxeren las dichas armadas, y pagados los dichos derechos a los dichos nuestros offiçiales, así desta armada como de las que se hizieren durante el dicho tienpo, como dicho es, vos lo entreguen luego para lo poder vender o cargar o hazer dello lo que quisierds y por bien tuvierdes, sin os poner en ello enbargo ni supedimiento alguno, ni que pagueis más derechos ni otras cosas de como se contiene y esta conçedido en los cap:tulos antes deste.

9. Otrosí, con condiçión que ayamos de forneçer e fornezcamos, en esta dicha primera armada, en cantidad de cuatro çientos ducados de oro, los quales luego mandaremos dar, por los quales heredaremos en esta armada y las benideras, en las quales asímismo al tiempo forneçeremos por la parte que Nos cupiere a los tiempos que fuere menester, y proberán dello los dichos nuestros offiçiales en nuestro nombre, y que no lo dando, no heredaremos por más o de lo que huviéremos por nuestro forneçido, y lo pondrán los otros armadores, y heredarán por tanto, más en las armadas que lo pusieren sueldo a libra, y si más cantidad quissiéramos armar en la dicha armada lo podamos hazer

10. Yten, que daremos provisión de nuestro capitán de la dicha armada a Diego García, piloto, porque somos ynformados qués persona abil y sufiçiente para ello, y porque ~assí me lo abeis suplicado, e que Nos abemos de nonbrar y nonbramosnos un nuestro contador para cada una de las dichas naos, y que por vuestra parte y de los dichos armadores se ponga y nonbre, en cada una dellas, un thesorero, y que los dichos tesoreros ni contadores no han de llevar ni se les a de pagar salario alguno en dinero, salvo sus partes, las quales serán ventajadas de las otras personas.

11. Otrosí, con tanto que comenceis a hazer la dicha armada y entender en el despacho dello dentro de ochenta días primeros siguientes de la fecha desta capitulaçión, y la tengais acabada para se poder hazer a la bela por todo el mes de setiembre deste presente año de mill e quinientos y veinte y seis años.

12. Otrosí, por la presente deçimos que abemos por bueno el asiento que vosotros tomardes con el capitán e pilotos y las otras perssonas que huvieren de yr en la dicha armada, los quales an de yr a partes y no a sueldo de dinero. Y porque deçís que para entender en los gastos de la dicha armada, estan nombrados Ruy Basante e Alonso de Salamanca, porque son personas de confiança, yo lo he por bien, con tanto que lo que huviere de hazer y gastar lo hagan y gasten juntamente con el nuestro offiçial o

persona que por nuestro mandado rresidiere en la dicha çiudad de la Coruña, y no de otra manera. Fecha en Toledo, a diez días del mes de hebrero, de mill y quinientos y veinte y seis años. Yo el Rey. Por mandado de Su Magestad, Francisco de los Cobos. Señalada del Chançiller, y del Obispo de Osma, y del dotor Beltran, y del Obispo de Çiudad Rodrigo.

# DOCUMENTO N.º 19

Capitulación con Gonzalo Fernández de Oviedo para pacificar, poblar y contratar con los indios en el puerto de Cartagena
Esta capitulación es ampliación de la concedida el 26 de junio de 1523.
1525, marzo 18. Dada en Madrid.
A.G.I. Indif. General 415. L. I, fols. 62-65.
          Panamá 233. L. II, fols. 17-19 vto.
C.D.I. T. XXII, págs. 107-115.
Friede, J.: ob. cit. T. I, pág. 95.


Con Gonçalo Hernández de Oviedo, para la poblaçión de Cartagena.

### EL REY

Por quanto por parte de vos, Gonçalo Hernández de Oviedo, me es hecha rrelaçión que vos a vuestra costa, en el mes de henero de mill y quinientos y veinte y dos años enbiastes una carabela vuestra al puerto de Cartagena donde mataron los yndios caribes flecheros que allí ay a Juan de la Cosa, y desbarataron al capitán Diego de Hojeda, por ser como es la gente mas feroz de toda la tierra firme, la qual dicha carabela diz que partio del Darte con el capitán que vos enviastes, a quien distes çiertas ynstruçión qual vos paresçió que más conbenía a nuestro serviçio, y que la dicha carabela ovo habla con los yndios y rrescató con ellos hasta doçientos y setenta y tantos pesos de oro de dibersos quilates, y porque no se entendía la gente y capitán que ansí enbiastes en la dicha carabela con los dichos yndios quedaron por señas muy amigos, e les dixeron los dichos yndios que dende ende en treinta días tornasen y les darían más oro, e así tornastes a enbiar la dicha carabela e tornó a rrescatar más cantidad; e porque a causa de algunos armadores an andado por aquella costa, han tratado mal a los dichos yndios se creé que no se an asegurado, y para los asegurar y paçificar deçís que otorgandoos y concediendoos los capítulos y merçedes que de yuso serán declarados, vos hareis y cunplireis las otras cosas que de yuso serán declaradas en la manera siguiente:

213

1. Primeramente, se suplicastes vos hiziese merçed e diese liçençia y facultad para que pudiesedes hazer una fuerça a vuestra costa, en la ysla de Codego o en el puerto de Cartagena, donde vos pareçiere más conbiniente, porque allí es escala de quantos navíos van y bienen a dar en aquellas partes; la qual vos obligais a hazer y dar hecho dentro del término que de yuso será contenido, haziendo vos merçed de la tenençia della por vuestro días e de un heredero. E que por hazer la dicha fortaleza no quereis dineros ni otra cosa, si no que por término de dos años después que saltardes con la gente que con vos fuere a hazer la dicha fortaleza e poblaçión, por virtud desta capitulaçión, hasta ser cunplidos dos años primeros siguientes después que llegardes a la dicha ysla de Codego, ninguno pueda rrescatar con quinze leguas alrrededor de la dicha Cartagena ni en las yslas de Barú e Sant Bernardo sino vos el dicho Gonçalo Hernández, porque aquello diz qués de la más aspera gente. Y por lo que hezistes en començar la dicha contrataçión y rrescates, pensais y teneys por çierto que lo paçificareis, por la presente vos doy liçençia y facultad para que vos solamente, o quien vuestro poder oviere y no otra persona alguna, podais hazer la dicha fortaleza en una de las dichas partes, qual a vos pareçiere que será más conbinientes; lo qual començareis a hazer, e sereis en la dicha tierra, dentro del año benidero de mill y quinientos y veinte y seis años e dentro del año de quinientos y veinte y ocho la dereis acavada de hazer, como vos obligais a vuestra costa, y vos hago merçed de la tenençia della, por los días de vuestra vida y después dellos a Francisco Meléndez de Valdés, vuestro hijo por los días de su vida, con lo qual ayais de tenençia y salario en cada un año cient mill maravedís en vuestra vida, y después de vuestros días el dicho vuestro hijo aya çinquenta mill maravedís de salario e tenençia en cada un año, después de vuestra vida para que vos sean pagados a vos y a él de las rrentas y derechos que en la dicha tierra tovieremos, conforme a la Provisión que dello vos mandaremos dar. Y mando, y defiendo firmemente, que por término de los dichos dos años, que se cuenten desde el día que saltardes en la dicha tierra e ysla, o puerto de Cartajena en adelante, dentro de los dichos límites, vos solo podais rrescatar en los dichos límites y no otra persona alguna pagandonos el quinto de lo que ansí rrescatardes, salvo de los yndios caribes que se tomaren por guerra justa porque desto es nuestra merçed y voluntad que durante el dicho tienpo no se pague cosa alguna.

2. Y porque me suplicastes y pedistes por merçed vos hiziese merçed de un bergantín aparejado y armado, el qual vos sosterniades y porniades a vuestra costa otro tal para hazer lo suso dicho, por la presente vos doy liçençia que a costa del quinto y derechos que nos perteneçieren en lo que vos poblardes y rrescatardes lo podais hazer, con tanto que vos pongais otro de vuestra parte como dicho es.

3. Asímismo, me suplicastes y pedistes con merçed vos mandase pagar el pasaje y mantenimientos de cient honbres que abeis menester llevar destos reinos para la dicha negoçiaçión, y por la presente vos doy liçençia y facultad para que podais llevar las dichas cient personas, que vos doy liçençia y facultad para que los que ansí montare en el dicho pasaje y mantenimientos, siendo tasado por los nuestros offiçiales que rresiden en la çiudad de Sevilla en la Casa de la Contrataçión de las Yndias, lo podais

tomar de las rrentas y probechos que Nos tovieremos en la dicha tierra dentro de los dichos límites.

4. Ansímismo, vos doy facultad para que si vos pareçiere que conbiene podays hazer un pueblo dentro de los dichos límites, en la parte que vos pareçiere, y hecho, por la presente digo que vos prometo que vos mandaré hazer en ello la merçed y gratificaçión que vuestros serviçios meresçieren.

5. Otrosí, me suplicastes y pedistes por merçed, que por quanto para hazer el dicho pueblo, es neçesario que con muchos travajo y costa vuestra se haga y prinçipie, que para en parte de la satisfaçión de vuestro serviçio, si hiziesedes el dicho pueblo, vos conçediese que oviese en él una Casa de Fundiçión y los derechos della fuesen para vos y para dos herederos después de vuestros días, quales vos señalardes, digo que des que Nos tengamos entera relaçión de lo que en ello abeis hecho, y como abeys poblado y paçificado la dicha provinçia, terné memoria de lo que en ello ovierdes travajado y servido para os lo mandar gratificar.

6. Yten, me suplicastes que lo que rrepartiesedes en la dicha ysla de Codego e donde se hiziere el dicho pueblo, que lo pudiesen gozar las personas a quien lo rrepartiesedes según y de la manera que lo podrian gozar si en estos reinos la heredasen o obiesen por justa subçesión de sus patrimonios y que como tal pudiesen hazer dello lo que quisiesen, por la presente vos doy liçençia para que lo podai así hazer e hagais con las personas que llevardes e fueren a poblar la dicha tierra, y quiero y es mi voluntad que se les guarde y cunpla como de suso se dize y declara, el qual dicho rrepartimiento a de ser fecho por vos y por nuestros offiçiales juntamente.

7. Yten, por la presente, vos doy liçençia y facultad para que a dos religiosos, frailes o clérigos de Missa, que fueren y estovieren en la dicha poblaçión o fortaleza para la administraçión de los Santos Sacramentos e conbersión de los yndios de la dicha tierra, les podais dar nuestra hazienda que tovieremos y nos pertenesçiere, lo que ovieren menester moderadamente para su mantenimiento y vestuario.

8. Otrosí, nos suplicastes y pedistes por merçed, que porque vos queriades hazer un espital en la dicha ysla, o en la parte que vos paresçiese más conbiniente en la dicha tierra, donde se rrecogiesen e curasen los pobres enfermos que en ella oviesse, hiziesemos merçed de las penas aplicadas a nuestra Cámara y Fisco en la dicha tierra y poblaçión para ayuda de la sustentaçión del dicho ospital por el tienpo que nuestra voluntad fuesse, por ende, habiendo rrespeto a ser esto serviçio de nuestro Señor y por la salud de los christianos enfermos que oviere en la dicha tierra, hazemos merçed al dicho ospital y pobres de la mitad que Nos pertenesçiere y oviremos de aver de las penas que fueren aplicadas y confiscadas a la dicha nuestro Cámara en los seis años primeros siguientes después que se començare a poblar la dicha tierra.

9. Otrosí, porque me ynformastes de que ay neçesidad que esté en la dicha tierra un çirujano para curar los que se hirieren y enfermaren en ella, porque de otra manera peligrarían muchos a causa de ser la gente de la dicha tierra de guerra caribes y flecheros, por la presente vos doy liçençia y facultad para que tengais en la dicha tierra el dicho cirujano, y le pagueis de salario en cada un año de los dos primeros, después que como

215

dicho es llegardeis a ella, a veinte mill maravedís a costa de nuestra hazienda.

10. Otrosí, por hazer bien y merçed a vos el dicho Gonçalo Fernández de Oviedo, e a los pobladores quen en la dicha tierra oviere e a los mercaderes e tratantes que a ella fueren o enbiaren con sus navíos y qualesquier haziendas mercaderías y otras cossas, mando y es mi merçed y voluntad, que por tiempo de tres años cunplidos primeros siguientes, contados desde el día que, como dicho es, saltardes en la dicha tierra, no paguen ni les sea pedido de cosa alguna dello derechos de almoxarifazgo, alcavala ni aduana ni otros derechos algunos a Nos pertenesçientes, salvo que los puedan llevar y vender y tratar libremente.

11. Otrosí, por la presente mandamos y es nuestra merçed que ninguna ni algunas personas de ninguna calidad que sea, vayan ni enbien a rrescatar ni rrescaten cosa alguna en la dicha tierra de Cartagena e su provincia, que conforme a este asiento abeis de poblar ni con quinze leguas alderredor della, so pena de la nuestra merçed y de perdimiento de todos sus bienes para la nuestra Cámara y Fisco, en las quales dichas penas lo contrario haziendo, los condenamos y abemos por condenados, y vos damos poder y facultad para las executar en las personas que contra ello fueren y en sus bienes, después de apregonado este capítulo y la carta que sobre ello se vos diere.

12. Otrosí, por la presente vos doy liçençia e facultad para que entre tanto que nos mandasemos probeer scrivano para la dicha tierra podais vos y los offiçiales nuestros que oviere en la dicha tierra, poner y helegir un escrivano ante quien se hagan y otorguen los rrepartimientos y cosas que en la dicha tierra se hizieren y vosotros rrepartieredes en nuestro nombre, e ante quien se otorguen y hagan otras qualesquier scrituras y autos que entre los vezinos y estantes y abitantes en ella se ovieren de hazer, con tanto que sea scrivano de nuestros rreynos..

13. Otrosí, contando que seais obligado, y por la presente vos obligueis, a començar a armar y poner en obra lo suso dicho por todo el año benidero de mill y quinientos y veinte y seis años, y que después que saltardes en tierra, como dicho es, que dentro de dos años en que solo podeis rrescatar, seais obligado a dar fecha y acavada la dicha fortaleza a vista y parecer de los nuestros offiçiales de la dicha tierra, o de las personas que Nos para ello nonbraremos.

14. Todo lo qual que dicho es, como de suso se contiene, vos será guardado y cunplido, guardando y cunpliendo vos lo que por ellos vos ofreçistes y obligastes, y por todo lo demás que se vos manda en los dichos capítulos de suso contenidos. Fecha en la villa de Madrid, a diez y ocho días del mes de Março, de mill y quinientos y veinte e çinco años. Yo el Rey. Refrendada de Cobos, señalada del Obispo de Osma, y dotor Beltrán, y Maldonado.

# DOCUMENTO N.º 20

Capitulación con Marcelo de Villalobos para ir a conquistar a la isla de la Margarita.
1525, marzo 18. Dada en Madrid.
A.G.I. Indif. General 415. L. I, fols. 74 vto.-77 vto.
C.D.I. T. XXII, págs. 116-124.
OTTE, E.: ob. cit. T. I, pág. 138.

Capitulaçión con el liçençiado Villalovos, para la conquista de la Margarita.

## EL REY

Por quanto por parte de vos, el liçençiado Marcelo de Villalobos oydor de la nuestra Audiençia Real de las Yndias que rreside en la ysla Española, me fue hecha relaçión que por serviçio de la Católica Reyna mi señora e mio, os ofreçiais de poblar y que poblariades la ysla de la Margarita ques casi junto a la costa de tierra firme en comarca de la ysla de las Perlas, entre las yslas de carives e de yndios Guatiçios amigos de los españoles, questán más adelante de la ysla Española, y que la poblariades, haziendo en ella un pueblo en que a lo menos aya en él, luego de presente, veinte vezinos casados y tengan consigo sus mugeres y de ay adelante con todo lo que vos fuese posible así de christianos españoles como de yndios, y porniades y hariades en ella granjerias y criançzas y otras cosas de nuestro serviçio y bien de la dicha ysla y conbersión de los yndios naturales della, y para ello me suplicastes y pedistes por merçed vos diese liçençia y facultad y vos otorgase y conçediese las cosas siguientes:

1. Primeramente, vos doy liçençia y facultad para que vos, el dicho liçençiado Marçelo de Villalobos, podais yr o enbiar a poblar y pobleis la dicha ysla de la Margarita de christianos españoles e yndios, y criar en ella los ganados que conbiniere y fuere necesario para la provisión y benefiçio de la poblaçión della, e hazer las otras granjerías que en la dicha tierra se dieren, con tanto que seais obligados a començar a entender en la

217

dicha poblaçión dentro de ocho meses primeros siguientes que corran y se quenten desde el día de la fecha desta capitulaçión en adelante, y de tenella acavada y hecho el dicho pueblo con los dichos veinte vezinos casados, y que tengan consigo las dichas sus mugeres y todo lo demás que os ofreçeis, dentro de dos años primeros siguientes.

2. Yten, que para el serviçio del culto dibino y administraçión de los santos sacramentos en la dicha ysla, seais obligado, y por la presente vos obligais, que llevareis y teneis en ella dos clérigos de Misa a vuestra costa, con los hornamentos y otras cosas neçesarias al serviçio del culto dibino.

3. Otrosí, porque los yndios de la dicha ysla son gente de guerra y carives y para os defender vos y los pobladores della, ay neçesidad que en ella se haga una fortaleza o casa fuerte, por la presente, vos doi liçençia y facultad para que en el lugar mas conbiniente y neçesario que vos pareçiere lo podais haber y hagais a vuestra costa, de tapiería e alvanilría, de la grandeza y fuerça que según la calidad de la dicha ysla pareçiere y conbiniere, con tanto que sea a vista y pareçer de los nuestros offiçiales que para la dicha ysla proveyeremos o de las personas que nos señalaremos para ello, y llevareis los maestros y otras personas que para la hazer fueren neçesarios, asímismo a vuestra costa, y les dareis todos los mantenimientos, provisiones, aparejos y otras cosas que ovieren menester, y les pagareis su sueldo e pasaje y todo lo demás que se oviere de gastar en ella, por manera que no seamos Nos obligados a gastar en ello cosa alguna, con tanto que lo que costare y se gastare en la dicha fortaleza, como dicho es, se vos pague de las rrentas y probechos que Nos tovieremos en la dicha ysla, teniendo quenta y rrazón berdadera de lo que en ella se oviere gastado en esta manera la terçia parte de lo que en la dicha ysla nos perteneçiere en cada año hasta ser pagado; en la qual dicha fortaleza seais obligado a tener la artillería, armas y muniçión y petrechos y otros aparejos y cossas neçesarias a la guarda y defensa della. E considerando el gasto y travajo que en esto abeis de poner, es nuestra merçed y voluntad que tengais la tenençia y alcaydia della por vuestra vida y de un heredero vuestro, con treinta mill maravedís de salario en cada un año, e dello vos mandaremos dar provisión en forma para que gozeis della, teniendo en ella la gente armas y artillería e muniçión y todas las otras cosas que como nuestro allcaide della fueredes obligado a tener, a vista y pareçer de los dicho offiçiales y personas por Nos nonbrados.

4. Asímismo, por la presente vos hazemos merçed que vos todos los días de vuestra vida e de un vuestro heredero qual vos señalardes, seais nuestro capitán de la dicha ysla y gozeis de las honrras y preheminençias de que gozan las otras personas que tienen semejantes merçedes y offiçios.

5. Otrosí, que por la presente vos obligais y abeis de ser obligado a tener a la continua, en la dicha ycla, un bergantín armado y aparejado para lo que en ella se ofreçiere, así de paz como de guerra, y que seais obligado a descubrir y descubrais los secretos de la dicha tierra y si oviere minas o pesquerías de perlas e otras cosas de que podamos ser servidos e rresçibir probecho e a Nos abisar de todo ello.

6. Otrosí, por la presente hazemos merçed a la dicha ysla de la Margarita e vezinos y moradores della para que gozen y les sean guardadas todas las honrras, libertades y franquezas y todas las otras cosas de que gozan y pueden gozar y les están conçedidas por los Reies Cathólicos, y por

Nos, a los vezinos y moradores de la dicha ysla Española, e que no pague más derechos ni otras cosas que los de la dicha ysla Española paguen e adelante paguaren.

7. Otrosí, que vos y los dichos pobladores seais obligados a Nos pagar y pagueis de todo el oro y perlas que con los yndios o en otra qualquier manera se cogere y pescare en la dicha ysla y sus confines, el primer años que la dicha ysla se poblare la deçima parte de todo y el segundo año la nobena parte y desde allí subçesive vaxando hasta benir al quinto de todo el oro y perlas que en la dicha ysla se cogeren e sacare, e oviere en qualquier manera.

8. Ansímismo, que durante el tienpo que nuestra merçed y voluntad fuere, podais usar y huseis el cargo de nuestra justiçia de la dicha ysla, por vos o por vuestros lugares tenientes, para lo qual por la presente vos damos poder cunplido.

9. Ansímismo, confiando de la persona de vos, el dicho liçençiado Villalovos y de vuestra fidelidad, y porque entendemos questo hareis con la igualdad que conbiene, por la presente vos cometo y doi poder y facultad para que por tienpo de çinco años, que corran y se cuenten desde el día que començardes a poblar la dicha ysla en adelante, podais partir los solares y aguas y tierras de la dicha ysla a los vezinos y pobladores della, como a vos os pareçiere, con tanto que los ayais de hazer con pareçer de los Nuestros offiçiales que a la sazón allí rresidieren.

10. Ansímismo, acatando las costas y gastos que en la población de la dicha provinçia y tierra abeis de hazer, y para que mejor se puede hazer la dicha poblaçión, quien y es mi merced y voluntad que término de seis años primeros siguientes que corran y se quenten desde el día que entrardes a poblar la dicha ysla en adelante, vos ni los pobladores ni tratantes que alla fueren, seais obligados de pagar derechos algunos del cargo y descargo de las mercaderías que a la dicha tierra fueren, con tanto que la dicha poblaçión esté hecha dentro del término de suso declarado.

11. Ansímismo, hazemos merçed y damos liçençia y facultad a los vezinos y moradores, que en la dicha ysla poblaren, para que puedan yr y vayan y enbiar, y enbien a rrescatar y rrescaten perlas al poniente y levante de la dicha ysla, a las partes que por Nos no estuviere prohibido ni se proybiere, con tanto que no vayan sin liçençia de los nuestros offiçiales que rresidieren en la dicha ysla, e rregistrandose ante ellos y llevando el behedor que ellos dieren, e guardando cerca dello la forma que se guarda en la ysla Española, e pagando los nuestros derechos que conforme a este asiento fueren obligados.

12. Asímismo, hazemos merçed a vos e a los vezinos e pobladores que en la dicha ysla de la Margarita oviere, y vos damos liçençia y facultad para que podais y puedan hazer en ella los navíos que quisieren para su contrataçión, con tanto que vos seais primero obligado a dar fianças llanas y abonadas ante nuestros offiçiales que rresiden en la ysla Española, que todo el daño que los dichos navíos hizieren y maltratamiento de yndios como en pasar nuestros mandamientos y hordenaças y provisiones, e de nuestra Audiençia Real que en la dicha ysla rreside, lo pagareis vos e los que lo hizieren.

13. Otrosí, damos liçençia y façultad a vos, el dicho liçençiado Villalovos e a los dichos pobladores de la dicha ysla, para que podais

contrata con vuestras mercaderías en la dicha tierra firme e todas las yslas comarcanas como lo pueden hazer los vezinos de la ysla Española, con tanto que no entreis ni toqueis en los límites y partes que por Nos están o estuvieren prohibidas y bedadas, ni hagais mal tratamiento a los yndios, ni los podais rrescatar a ellos, ni a sus mugeres, ni les hazer guerra ni maltratamiento, salvo aquellos que por Nos o por nuestros juezes con comissión nuestra estovieren declarados por esclavos, e personas a quien se pueda hazer guerra justamente e ser cativos; entiendasse que todo lo que rrescatardes abeis de pagar a nuestra Cámara el diezmo, por ocho años y después el quinto como es costunbre.

14. Y porque la yntinçión de la Cathólica Reina mi señora e mia es que los yndios naturales de las Yndias sean como lo son libres, y tratados e ynstruidos como Nuestros súbditos naturales y vasallos, por la presente vos encargamos y mandamos que los yndios que al presente ay y oviere de aquí adelante en la dicha ysla, tengais mucho cuidado que sean tratados como nuestros vasallos e libres e yndustriados en las cossas de nuestra fée cathólica sobre lo qual vos encargamos la conçiençia, teniendo por çierto que haziendo lo contrario seremos de vos muy deservidos, e so pena de perdimiento de todos sus bienes e de qualesquier merçedes y offiçios que de Nos tengais en qualquier manera y mandaremos executar en vuestra perona y bienes las penas en que por ello ovierdes yncurrido.

15. Otrosí, queremos y mandamos que vos, el dicho liçençiado Villalovos, dentro del dicho término de los dichos çinco años, seais obligado a dar y deis fiançias llanas y abonadas en la dicha ysla Española, ante los nuestros offiçiales que en ella residen, que hareis la dicha poblaçión y todas las otras cosas contenidas en este asiento y capitulaçión, que vos sois tenudo y obligado de hazer y cunplir conforme a ella, para lo qual vos, asímismo, obligueis aprovando y rratificando la obligaçión que Gonçalo Fernández de Oviedo hizo en vuestro nonbre y con vuestro poder.

16. Todo lo qual, que dicho es, como de suso se contiene vos será guardado y cunplido, guardando y cunpliendo vos lo que por ello vos ofreçistes e obligastes, y todo lo demás que se vos manda en los dichos capítulos e en la ynstruçión que se vos dará con esta, pero no lo guardando y cunpliendo e pasando en algún tienpo nuestras ynstruçiones, provisiones y mandamientos, Nos no seamos obligados a vos guardar cosa alguna dello, antes por ello perdais qualesquier merçedes y previllegios, juros e offiçios que de Nos tengais. Fecha en Madrid, a diez y ocho días del mes de março, de mill y quinientos y veinte y çinco años. Yo el Rey. Refrendada del Secretario Cobos. Señalada del obispo de Osma, y dotor Beltrán, y dotor Gonçalo Maldonado.

# DOCUMENTO N.º 21

Capitulación con Diego Cavallero para ir a conquistar al cabo de la Bela.
1525, agosto 4. Dada en Toledo.
A.G.I. Indif. General 415. L. I, fols. 57-58 vto.
C.D.I. T. XXII, págs. 125-130.
FRIEDE, J.: ob. cit., T. I, pág. 140.
OTTE, E.: ob. cit. T. I, pág. 153.

Capitulación con Diego Cavallero, para la conquista del Cabo de la Bela.

## EL REY

Por quanto por parte de vos Diego Cavallero, vezino de la ysla Española, escrivano de la nuestra Audiençia y Chançillería questá y reside en la dicha ysla, me fué fecha relaçión que vos teniades notiçia que en la costa de tierra firme en çierta parte della questá poblada de yndios, que podrá ser obra de çient leguas de costa que se declara desde el Cabo de Sant Román hasta el cabo de la Bela, los yndios de aquella tierra contratan unos con otros oro fino, de más de que se tiene por çierto que tratandose se descubriran e hallaran otras riquezas lo qual todo esta suspenso, y que vos por Nos servir, teniendo el aparejo y notiçia que teneis dello, os ofreçeis a la conquista y descubrimiento de la dicha tierra para hazer en ello lo que por Nos os fuere mandado, a vuestras propias costas, en lo qual gastareis seys mill ducados poco más o menos, de que podrá rresultar y descubrirse muchos secretos en aquella tierra y la otra mar del sur, e seré yo muy servido por estar en el parage de la nabegaçión de la espeçería, de más de que se conbertirán a nuestra Santa Fée Católica los yndios de aquellos provinçias, y nuestras rentas serán muy acreçentadas, y nos suplicastes y pedistes por merçed que para el despacho dello vos mandasemos conçeder y otorgar los capítulos y cosas siguientes, y Nos tobimoslo por bien.

1. Primeramente, vos doi liçençia y facultad para que podais armar un navío o dos, del porte que os pareçiere que serán conbenientes, y probee-

ros de todas las otras cosas neçesarias para el dicho viaje, rrescate y contratación en la dicha ysla Española.

2. Otrosí, por quanto me suplicastes y pedistes por merced vos diese liçençia y facultad para que con la dicha armada pudiesedes yr y fuesedes a las dichas provinçias y tierras desde el cabo de Sant Román hasta el cabo de la Bela, como dicho es, a contratar y saber los secretos de aquella tierra, no haziendo mal ni daño a los yndios guatiçios, salbo por vía de rrescate y contratación, rrescatando y contratando con ellos oro, plata, perlas e las otras cosas que vos dieren y oviere en la dicha tierra, y que para el dicho rrescate y contratación si neçesario fuesse llevariades con vos uno o dos o tres rreligiosos de la dicha horden de Santo Domingo para que con su pareçer y por su mano se hiçiese todo; por la presente vos doy liçençia y facultad para que podais yr con los dichos navíos a la dicha tierra, desde el dicho cabo de Sant Román hasta el Cabo de la Bela y provinçias della, y podais hazer y hagais con la dicha armada la dicha contrataçión y rrescate, con tanto que seais obligado a llevar en la dicha armada uno o dos rreligiosos de la orden de Santo Domingo, y que no se pueda hazer sino por su mano dellos o del uno dellos porque el dicho rrescate y contrataçión se haga justamente e libre, e a voluntad de los yndios naturales de la dicha tierra y provinçias e no se les tome cosa contra su voluntad, y que de lo que en el dicho rrescate y contratación ovieredes nos pagueis el quinto de todo.

3. Asímismo, porque me suplicastes y pedistes por merçed os diese liçençia y facultad para que hallando dispusiçión para ello, o siendo la tierra qual conbiene, pudiesedes hazer en la costa una fortaleza, por la presente vos doy liçençia y facultad para que paresçiendo a los dichos religiosos y ofiçial nuestro que en la dicha armada a de yr, y a vos, y quedando los dichos religiosos en ella podais hazer y hagais la dicha fortaleza a vuestra costa, para la seguridad de la gente que en la dicha armada fuese y seguridad de la dicha contratación.

4. Y porque podría ser que entre tanto que entendiesedes la dicha contrataçión, otras armadas fuesen a aquella tierra de que se podría alterar lo que vos oviesedes paçificado, me suplicastes por merçed que ningunas otras personas con armadas ni de otra manera fuesen a rrescatar ni contratar a la dicha tierra por tienpo de quatro años primeros siguientes, por la presente mandamos, y defendemos, que ningunas ni algunas personas quedan yr ni vayan con armada ni de otra manera alguna a rrescatar ni contratar en la dicha tierra e provinçias, por tienpo de dos años cunplidos primeros siguientes, contados desde el día que vos os hizieredes a la bela con la dicha armada para el dicho viaje en adelante, salvo vos o las personas que vos quisieredes y por bien tuvieredes, con tanto que la armada este puesta para se hazer a la bela dentro de ocho meses primeros siguientes, contados desde el día de la fecha desta mi carta en adelante.

5. Otrosí, abiendo respeto a la voluntad con que os mobeis a hazer el dicho descubrimiento y al travajo y costa que en ello abeis de poner, por la presente, abiendo hefeto lo contenido en esta mi carta e haziendo vos el dicho viaje y cunpliendo las otras cosas en ella contenidas, vos prometo y doy mi palabra real de vos hazer en ella merçedes y gratificar vuestros serviçios y travajo.

6. Y para que en el hazer y despacho de la dicha armada aya el buen rrecabdo que conbiene, por la presente nombro al liçençiado Lebron nuestro oydor de nuestra Audiençia Real que rreside las Yndias, que rreside en esa dicha ysla para que entienda en el despacho de la dicha armada y abiamiento della y en todas las otras cosas della, anexas y dependientes, que para ello por esta mi carta le doy poder cunplido, con todas sus ynsidençias y dependençias, anexidades y conexidades, de todo lo qual vos mandé dar la presente firmada de mi nonbre y rrefrendada de mi ynfraescrito secretario, la cual mando a todas e qualesquier nuestras justiçias e juezes, así destos nuestros Reinos y Señoríos como de las Yndias, yslas e tierra firme del mar Oçéano, que vos guarden y cumplan y hagan guardar y cunplir esta mi Çédula e lo en ella contenido en todo y por todo según e como en ella se contiene.

7. Otrosí, queremos y mandamos que vos el dicho Diego Cavallero, dentro de los dichos ocho meses en que la dicha armada a destar presta para se hazer a la bela, seais obligado a dar y deis fianças llanas y abonadas en la dicha ysla Española ante los nuestros offiçiales que en ella rresiden, que hareis lo contenido en esta mi Çédula y capítulos della, y que vos asímismo os obligais de lo hazer y cunplir, como en ella se contiene. Fecha en Toledo, a quatro días del mes de Agosto, de mill y quinientos veinte y çinco años. Yo el Rey. Refrendada del Secretario Covos. Señalada del Chançiller, y Obispo de Osma, y Canaria, y Bel trán, y Maldonado.

# DOCUMENTO N.º 22

Capitulación otorgada a Francisco de Montejo para ir a descubrir, conquistar y poblar Yucatán y Cozumel.
1526, diciembre 8. Dada en Granada.
A.G.I. Indif. General 415. L. I, fols. 86 vto.-94 vto.
C.D.I. T. XXII, págs. 201-223.

Capitulaçión que se tomó con Françisco de Montejo para la conquista de Yucatán.

### EL REY

Por quanto vos, Françisco de Montejo vezino de la çiudad de México ques en la Nueva España, me hiziste rrelaçión que vos por la mucha voluntad que teneys al serviçio de la Católica Reina e Mio e bien e acreçentamiento de Nuestra Corona Real queriades descubrir, conquistar y poblar las yslas de Yucatan y Coçumel a vuestra costa y minsión, sin que en ningún tienpo seamos obligados a vos pagar ni satisfazer los gastos que en ello hizieredes más de lo que en esta capitulaçión vos será otorgado, y hareis en ellas dos fortalezas quales conbengan, y me suplicastes y pedistes por merçed vos hiziese merçed de la conquista de las dichas tierras, y vos hiziese yotorgasse las merçedes y con las condiçiones que de yuso serán contenidas, sobre lo qual yo mandé tomar con bos el asiento y capitulaçión siguiente:

1. Primeramente, vos doi liçençia y facultad para que podais conquistar y poblar las dichas yslas de Yucatan y Coçumel, con tanto que seais obligado de llevar y lleveis destos nuestros rreinos o de fuera dellos, de las personas que no estan prohibidas para yr aquellas partes a hazer la dicha poblaçión e hazer en las dichas yslas dos pueblos o más los que a vos os pareçiere, y en los lugares que bieredes que conbienen, y que para cada una de las dichas poblaçiones llebeis a lo menos çient hombres, y hagais dos fortalezas y todo a vuestra costa y minsión, y seais obligado a partir d'España a lo menos el primero viaje dentro de un año de la fecha des-

ta capitulaçión, y que para ello deys la seguridad bastante que vos será señalada por los del mi Consejo de las Yndias.

2. Y acatando vuestra persona y los serviçios que nos abeis fecho y esperamos que nos hareis, es mi merçed y voluntad de vos hazer merçed, como por la presente vos la hago, para que todos los días de vuestra vida seais nuestro Gobernador y Capitán General de las dichas yslas que ansí conquistardes y poblardes, con salario en cada un año por nuestro Governador de çient y çinquenta mill maravedís, y por Capitán General çient mill maravedís, que son por todos dozientas y çinquenta mill maravedís, y dello vos mandaré dar nuestras provisiones.

3. Otrosí, vos haré mered como por la presente vos la hago del offiçio de nuestro Alguazil Maior de las dichas tierras, para vos y para vuestros herederos y suçesores para siempre jamás.

4. Otrosí, con tanto que seais obligado de hazer y hagais en las dichas yslas las dichas dos fortalezas a vuestra costa y minsión en los lugares y partes donde más conbenga y sea neçesario si pareçiere a vos e a los nuestros offiçiales que ay neçesidad dellas, que sean tales quales conbenga a vista de los dichos offiçiales, y que vos haré merçed, como por la presente vos la hago, de las tenençias dellas por los días de vuestra vida e de dos herederos y suçesores vuestros quales vos señalardes e quisieredes, con sesenta mill maravedís de salario en cada un año, con cada una dellas, y dello vos mandaré dar Provisión patente.

Otrosí, acatando vuestra persona y serviçios que me abeis fecho, y espero que me hareis, y lo que en la dicha población abeis de gastar, es mi merçed y voluntad de vos hazer merçed, y por la presente vos le hago, del offiçio de Nuestro Adelantado de las dichas tierras que assí poblardes, para vos y para vuestros herederos y susçesores para sienpre jamás, y dello vos mandaré dar título y provisión en forma.

6. Otrosí, vos hago merçed de diez leguas en quadra de la que así descubrierdes, para que tengais tierra en que granjear y labrar, no siendo en lo mejor ni peor, esto a vista de vos y de los dichos nuestros offiçiales que para la dicha tierra mandaremos probeer para que sea vuestra y de vuestros herederos y subçesores para sienpre jamás, sin jurisdiçion çivil ni criminal ni a otra cossa que a Nos pertenesca como a Reies y Señores.

7. Ansímismo, acatando la voluntad con que os abeis movido a Nos serbir en lo suso dicho y el gasto que se os ofresçe en ello, quiero y es mi voluntad que en todas las tierras que ansí descubrieredes y poblardes a vuestra costa, como dicho es, según y de la manera y forma que de suso se contiene ,como dicho, es ayais y lleveis quatro por çiento de todo el provecho que en cualquier manera se nos siguiere para vos y para vuestros herederos y susçesores para sienpre jamás, sacadas todas las costas y gastos que por nuestra parte fueren fechos y se hizieren en conserbaçión y población de la dicha tierra en qualquier manera, y los salarios que mandaremos pagar así a vos como a otras qualesquier personas y offiçiales nuestros que para la dicha tierra en qualquier manera se probeyeren.

8. Yten, por vos hazer merçed, mi merçed y voluntad es que toda la rropa, mantenimientos, armas y cavallos y otras cossas que destos rreinos llevardes a las dichas tierras non pagueis derechos de almoxarifazgo ni otros derechos algunos por todos los días de vuestra vida, no siendo para los vender ni contratar ni mercadear con ellos.

9. Anssímismo, que vos daré liçençia, como por la presente vos la doy, para que de las nuestras yslas Española, Sant Juan e Cuva e Santiago y de qualquier dellas podais llevar a las dichas tierras los cavallos, yeguas y otros ganados que quisieredes y por bien tubierdes sin que en ello vos sea puesto enbargo ni ynpedimiento alguno.

10. Y porque nuestro prinçipal deseo e yntinçión es que la dicha tierra se pueble de christianos porque en ella se sienpre e acreçiente nuestra Santa Fée Cathólica y las gentes de aquellas partes sean atraidos y conbertidos a ella, digo que por questo aya más breve y cunplido efeto a los vezinos que con vos en este primero viaje y después fueren a las dichas tierras a las poblar, es mi voluntad de les hazer las merçedes siguientes:

11. Que los tres primeros años de la dicha población no se pague en la dicha tierra a Nos del oro de minas solamente más del diezmo, y el quarto año el nobeno y de ay bengan vaxando por esta horden hasta quedar en el quinto, y que de lo rrestante que se huviere, así de rrescates como en otra qualquier manera, se nos pague el dicho nuestro quinto enteramente; pero entiéndesse que los rrescates y serviçios y otros probechos de la dicha tierra, desde luego, abemos de llevar nuestro quinto como en las otras partes.

12. Otrosí, que a los nuestros pobladores y conquistadores sus vezindades, y dos cavallerías de tierra y dos solares, y que cunplan la dicha vezindad en quatro años questén y bivan en la dicha tierra, y aquellos cunplidos los puedan vender y hazer dello como de cossa suya.

13. Otrosí, que los dichos vezinos que fueren a la dicha tierra, el dicho primero viaje y después çinco años luego siguientes, no paguen derechos de almoxarifazgo de ninguna cosa de lo que llevaren a la dicha tierra para sus casas, no siendo cosa para vender tratar ni mercadear.

14. Y porque me suplicastes y pedistes por merçed que los rregimientos que se oviren de probeer en la dicha tierra los probeyamos a los dichos pobladores y conquistadores, digo que quando los tales rregimientos se probeyeren abremos respeto en ello a lo que vos nos suplicais y los dichos pobladores ovieren servido o travajado.

15. Otrosí, porque la dicha tierra mejor y más brevemente se pueble y ennoblezca digo que haré merçed, y por la presente la hago, por término de çinco años que se cuenten desde que se començare a poblar de la mitad de las penas que en ella se aplicaren a nuestra Cámara y Fisco para que se gasten en ospitales y obras públicas.

16. Y porque me suplicastes y pedistes por merçed, hiziese merçed a la dicha tierra e yslas de los diezmos que en ellas nos perteneçen, entre tanto que otra cossa se probeyesse de perlado dellas para hazer yglesias e hornamentos y cosas del serviçio del Culto Dibino, por la presente, es nuestra merçed y mandamos, que para las dichas yglesias y hornamentos y cossas del serviçio e honrra del Culto Divino se dén y paguen de los dichos diezmos lo que fuere neçessario a vista y pareçer de los dichos nuestros offiçiales, de los quales dichos diezmos mandamos que se paguen los clérigos que fueren menester para el serviçio de las dichas iglesias y hornamentos dellas, a vista y pareçer de los dichos offiçiales.

17. Otrosí, vos doy liçençia y facultad a vos y a los dichos pobladores para que a los yndios que fueren rrebeldes, siendo amonestados y requeridos, los podais tomar por esclavos, guardando çerca desto lo que de yuso

en esta capitulaçión e asiento será contenido, y las otras yninstruçiones y provisiones nuestras que çerca desto mandaremos dar, y desta manera y guardando la dicho horden los yndios que tuvieren los caçiques y otras personas de la tierra por esclavos, pagandoselos a su voluntad a vista de la justiçia y beedores y de los rreligiosos que con vos yran, los podais tomar y conprar, siendo berdaderamente esclavos.

18. Otrosí, por hazer merçed a vos y a la gente que a las dichas tierras fueren, mando que por tienpo de los dichos çinco años no sean obligados a Nos pagar cosa alguna de la sal que comieren y gastaren de la que en las dichas tierras huviere.

19. Otrosí, digo que porque la dicha tierra mejor y más brevemente se pueble mandaré hazer a las dichas tierras las merçedes que tienen y abemos fecho a las otras tierra e yslas que agora están pobladas, siendo conbiniente a la dicha tierra e no contrarias, los quales luego seais obligado a declarar para probeher en ellas lo que fueremos servidos y más conbenga.

20. Ansímismo, que mandaremos, y por la presente mandamos y defendemos, que destos nuestros rreinos no vayan ni pasen a la dicha tierra ninguna persona de las proybidas que no puedan pasar en aquellas partes, so las penas contenidas en las leyes y hordenanças y cartas nuestras que çerca desto por Nos y por los Reies Católicos están dadas.

21. Ansímismo, mandamos que por el tienpo que nuestra merçed y voluntad fuere no vayan ni pasen a la dicha tierra destos nuestros rreinos ni de otras partes letrados ni procuradores algunos por los pleitos y difirençias que dello se siguen.

22. Porque Nos siendo ynformados de los males y deshordenes que en descubrimientos y poblaçiones nuevas se han fecho y hazen, para que Nos con buena conçiençia podamos dar liçençia para los hazer, para remedio de lo qual, con acuerdo de los del Nuestro Consejo y consulta nuestra está hordenada y despachada una Provisión General de Capítulos sobre lo que vos abeis de guardar en la dicha poblaçión y descubrimiento, la qual aquí mandamos yncorporar, su tenor de la qual es esta que se sigue:

23. Don Carlos etc., por quanto Nos somos çertificados y es notorio que por la deshordenada cobdiçia de algunos de nuestros súbditos que pasan a las nuestras Yndias, yslas y tierra Firme del mar Oçéano, por el mal tratamiento que hizieron a los yndios naturales de las dichas yslas y tierra firme, ansí en los grandes y excesibos travajos que les davan manteniendolos en las minas para sacar oro y en las pesquerías de las perlas y en otras labores y granjerías, haziendoles travajar exçesiva e ynmoderadamente, no les dando el bestir ni el mantenimiento neçesario para su sustentaçión de sus vidas, tratandoles con crueldades, desamor mucho peor que si fueran esclavos, lo qual todo a seido y fue caussa de la muerte de gran número de los dichos yndios en tanta cantidad que muchas de las yslas e parte de tierra firme quedaron yermas y sin poblaçión alguna de los dichos yndios naturales dellas e otros huyesen y se fuesen y se ausentasen de sus propias tierras y naturaleza, y se fuesen a los montes e otros lugares para salvar sus vidas y salir de la dicha subjeçión e maltratamiento, lo qual fue tanbién gran estorvo a la conbersión de los dichos yndios a nuestra Santa Fée Cathólica, e de no aver benido todos ellos entera y generalmente en berdadero conosçimiento della, de que Dios Nuestro Señor es muy

desserbido. Y ansímismo somos ynformados que los capitanes y otras gentes que por nuestro mandado y con nuestra liçençia fueron a descubrir y poblar algunas de las dichas yslas e Yndias e tierra firme, siendo como fue y es nuestro principal yntento y deseo de traer los dichos yndios en conosçimiento berdadero de Dios Nuestro Señor y de su Santa Fée, con prediçación della y exenplo de personas dotas y buenos rreligiosos con les hazer buenas obras y buenos tratamientos de próximos, sin que en sus personas y bienes no rreçibiesen fuerça ni premio, daño ni desaguisado alguno, y abiendose todo esto así por Nos hordenado y mandado, llevandolo los dichos capitanes e otros nuestros offiçiales y gentes de las tales armadas, por mandamiento e ynstruçión particular, movidas con la dicha cobdiçia holbidando el serviçio de Dios Nuestro Señor y nuestro, yrieron y matarón a muchos de los dichos yndios en los descubrimientos y conquistas, y les tomaron sus bienes sin que los dichos indios les oviesen dado causa justa para ello, ni oviesen preferido ni fecho las amonestaiones que heran thenudos de les hazer ni fecho a los christianos resistençia ni daño alguno para la prediçaçión de nuestra Santa Fée, lo qual, de más de aver seido en grand offenssa de Dios Nuestro Señor, dió ocasión y fue causa que no solamente los dichos yndios que rresçibieron las dichas fuerças, daños e agravios, pero otros muchos comarcanos que tubieron dello notiçia y sabiduria se levantaron y juntaron con mano armada contra los christianos nuestros subditos, e mataron muchos dellos, e aún a los rreligiosos y personas eclesiásticas que ninguna culpa tuvieron y como mártires padeçieron prediçándoles la Fée Christiana, por lo qual todos suspendimos y sobreseymos en el dar de las liçençias para las dichas conquistas y descubrimientos, queriendo probeer y platicar así sobre ello el castigo de lo pasado como en el remedio de lo benidero y escusar los dichos daños e ynconninientes, y dar horden que los dichos descubrimientos y poblaçiones de aquí adelante se huvieren de hazer e se hagan sin ofensa de Dios y sin muerte ni robo de los dichos yndios, y sin cativarlos por esclavos yndividamente, de manera quel deseo que abemos tenido y tenemos de anpliar nuestro Santa Fée e que los dichos yndios e ynfieles bengan en conosçimiento della se haga sin cargo de nuestras conçiençias y se prosiga nuestro propósito y la yntinçión y obra de los Católicos Reies nuestros señores e abuelos en todas aquellas partes de las yslas e tierra firme del mar oçéano que son de nuestra conquista y quedan por descubrir y poblar. Lo qual visto con gran deliberaçión por los del nuestro Consejo de las Yndias, y con nos consultado, fué acordado que deviamos mandar esta nuestra carta en la dicha rrazón, por la qual hordenamos y mandamos que agora y de aquí adelante, así para rremedio de lo pasado como en los descubrimientos y poblaçiones que por nuestro mandado y en nuestro nombre se hizieren en la dichas yslas y tierra firme del mar oçéano, descubiertas y por descubrir, en nuestros límites y demarcaçión se guarde y cunpla lo que de yuso sera contenido en esta guisa:

24. Primeramente, hordenamos y mandamos que luego sean dadas nuestras cartas y provisiones para los oydores de nuestra Audiençia que rresiden en la çiudad de Santo Domingo de la ysla Española, y para los gobernadores y otras justiçias que agora son o fueren de la dicha ysla, e de las otras yslas de Sant Juan e Cuba e Jamaica e para los gobernadores e alcaldes mayores e otras justiçias, así de tierra firme como de la Nueva

España, y de las otras provinçias del Panuco e de las Higueras y de la Florida e Tierra Nueva y para las otras personas que nuestra voluntad fuere de lo cometer y encomendar para que cada uno con gran cuidado y diligençia, cada uno en su lugar y jurisdiçión, se ynforme quales de nuestros súbditos y naturales así capitanes como offiçiales y otras qualesquier personas, hizieron las dichas muertes y rrobos y casos y desaguisados, y herraron yndios contra rrazón y justiçia, e de los que se hallaren culpados en su jurisdiçión enbien ante Nos en el nuestro Consejo de la Yndias la rrelaçión de la culpa con su pareçer del castigo que se debe sobre ello hazer lo que sea serviçio de Dios Nuestro Señor y Nuestro y congenba a execuçión de nuestra justiçia.

25. Otrosí, hordenamos y mandamos que si las dichas nuestras justiçias por la dicha ynformaçión o ynformaçiones, hallaren que algunos de nuestros súbditos de qualquier calidad o condiçión que sean, o otros qualesquier que tuvieren algunos yndios por esclavos sacados y traydos de sus tierras y naturaleza ynjusta e yndibidamente, los saquen de su poder e queriendo los tales yndios los hagan bolver a sus tierras y naturaleza si buenamente y sin yncomodidad se pudiere hazer, y no se pudiendo esto hazer cómoda y buenamente, les pongan en aquella libertad o encomienda que de rrazón y de justiçia según la calidad o capacidad o calidad de sus personas oviere lugar, teniendo sienpre rrespeto e consideraçión al bien y probecho de los dicho yndios para que sean tratados como libres e no como esclavos, y que sean bien mantenidos y gobernados, y que no se les dé travajo demasiado y que no los traigan en las minas contra su voluntad, lo qual han de hazer con pareçer del perlado o de su offiçial abiendolo en el lugar, y en su ausençia con acuerdo e pareçer del cura o su teniente de la yglesia que ende estuviere, sobre lo qual encargamos mucho a todos las conçiençias. Y si los dichos yndios fueren christianos, no se an de bolver a sus tierras, aunque ellos lo quieran si no estuvieren convertidos a nuestra Santa Fée Católica por el peligro que a sus ánimas se les puede seguir.

26. Otrosí, hordenamos y mandamos que, agora y de aquí adelante, qualesquier capitanes y offiçiales e otros qualesquier nuestros súbditos y naturales de fuera de nuestro rreinos que con nuestra liçençia y mandado ovieren de yr o fueren a descubrir y poblar y rrescatar, en alguna de las yslas o tierra firme del mar Oçéano en nuestros límites y demarcaçión sean tenudos e obligados, antes que salgan de estos nuestros rreinos quando se enbarçaren para hazer su viaje, a llevar a lo menos dos rreligiosos o clérigos de Missa en su conpañía los quales nonbren ante los del nuestro Consejo de las Yndias, o por ellos avida ynformaçión de su vida, dotrina y exenplo sean aprovados por tales quales conbiene a serviçio de Dios Nuestro Señor y para la yninstruçión y asentamiento de los dichos yndios y pedricaçión y conbersión dellos conforme a la bulla de la conçesión de las dichas Indias a la Corona Real destos Reinos.

27. Otrosí, hordenamos y mandamos que los dichos rreligiosos o clérigos tengan muy gran cuidado y deligençia en procurar que los yndios sean bien tratados como próximos mirados y faboresçidos, e que no consientan que les sean fechas fuerças ni rrobos, daños ni desaguisados ni maltratamiento alguno, e si lo contrario se hiziere por qualquier calidad o condiçión que sean, tengan muy gran cuidado y soliçitud de Nos abisar luego

en pudiendo particularmente dello, para que Nos con los del Nuestro Consejo lo mandemos probeer y castigar con todo rrigor.

28. Otrosí, hordenamos y mandamos que los dichos capitanes y otras personas que con nuestra liçençia fueren a hazer descubrimientos o población o rrescate, quando lo huvieren de salir en alguna ysla o tierra firme que hallaren durante la nabegación e viaje en nuestra demarcación o en los límites de lo que les fueren particularmente señalado en la dicha liçençia, lo ayan de hazer e hagan con acuerdo y pareçer de nuestros offiçiales que para ello fueren por Nos nombrados e de los dichos rreligiosos o clérigos que fueren con ellos, y no de otra manera, so pena de perdimiento de la mitad de todos sus bienes al que hiziere lo contrario para nuestra Cámara y Fisco.

29. Otrosí, mandamos que la primera e prinçipal cosa que después de salidos en tierra los dichos capitanes e nuestros offiçiales, y otras qualesquier gentes ovieren de hazer, sea procurar que por lengua de ynterpetres que entiendan los yndios y moradores de la tal tierra e ysla, les digan e declaren como Nos les enbiamos para \ les/ enseñar buenas costunbres y apartarlos de biçios y de comer carne humana ,e a instruirlos en nuestra Santa Fée e pedricarsela para que se salven e atraerlos a nuestro serviçio para que sean tratados muy mejor que lo son, e faboresçidos y mirados como los otros nuestros súbditos christianos, y les digan todo lo demás que fue hordenado por los dichos Reyes Católicos que les avía de ser dicho, magnifestado, rrequerido y mandamos que lleven el dicho rrequirimiento firmado de Francisco de los Cobos, nuestro secretario, y del nuestro Consejo, y que se lo notifiquen y hagan entender particularmente por los dichos ynterpetres, una y dos, y más vezes, quanto pareçiere a los dichos rreligiosos y clérigos que conbiniere y fuere neçesario para que la entiendan por manera que nuestras conçiençias queden descargadas, sobre lo qual encargamos a los dichos rreligiosos o clérigos o descubridores o pobladores sus conçiençias.

30. Otrosí, mandamos que después de fecha dada a entender la dicha amonestaçión y rrequerimiento a los dichos yndios según y como se contiene el capítulo supra próximo, si bieredes que conbiene y es neçesario para serviçio de Dios y nuestro seguridad vuestra y de los que adelante obieren de bivir y morar en las dichas yslas o tierra, de algunas fortalezas o casa fuerte o llanos para vuestras moradas procurarán con mucha deligençia y cuidado de los hazer en las partes y lugares donde estén mejor y se puedan conservar e perpetuar, procurando que se haga con el menos daño y perjuizio que ser pueda, sin les herir ni matar por causa de las hazer e sin les tomar por fuerça sus bienes e hazienda, antes mandamos que les hagan buen tratamiento e buenas obras e les animen e alleguen y traten como a próximos, de manera que por ello e por exenplo de sus vidas de los dichos religiosos o clérigos o por su dotrina, pedricaçión e ynistruçión, bengan en conoçimiento de nuestra Fée y en amor y gana de ser nuestros vasallos y de estar y perseberar en nuestro serviçio como los otros nuestros vasallos súbditos y naturales.

31. Otrosí, mandamos que la misma forma y horden guarden y cunplan en los rrescates y en todas las otras contrataçiones que ovieren de hazer e hizieren con los dichos indios, sin les tomar por fuerça ni contra su voluntad ni les fazer mal ni daño en sus personas, dando a los dichos

yndios por lo que tuvieren y los dichos españoles quisieren aber sastifaçión o equivalençia de manera que ellos queden contentos.

32. Otrosí, mandamos que ninguno no pueda tomar ni tome por esclavo a ninguno de los dichos yndios, so pena de perdimiento de todos sus bienes y offiçios y merçedes y las personas a los que nuestra merçed fuere, salvo que los dichos yndios no consintiesen que los dichos rreligiosos o clérigos estén entre ellos y les inistruyan buenos usos y costunbres y que les pedriquen nuestra Santa Fée Cathólica, o no quisieren darnos la obidiençia o no consintieren, rresistiendo o defendiendo con mano armada. Que no se busquen minas ni saquen dellas oro o los otros metales que se hallaren, ça en estos casos, permitimos que por ello y en defensión de sus vidas y bienes, los dichos pobladores, puedan con acuerdo y pareçer de los dichos religiosos o clérigos, siendo conformes y firmandolo de sus nombres, hazer guerra o hazer en ella aquello que los derechos en nuestra Fée e religion christiana permiten e manda que se haga e pueda hazer, e no en otra manera ni en otro caso alguno, so la dicha pena.

33. Otrosí, mandamos que los dichos capitanes ni otras gentes no puedan apremiar ni conpelar a los dichos indios a que vayan a las minas de oro ni otros metales ni a pesquerías de perlas ni otras granjerías suyas propias, so pena de perdimiento de sus offiçios y bienes para nuestra Cámara. Pero los dichos yndios quisieren yr a travajar de su voluntad, bien permitimos que se puedan servir y aprobechar dellos como de personas libres, tratandolos como tales, no les dando travajo demasiado teniendo espiçial cuydado de los enseñar en buenos usos y costunbres e de apartarlos de los biçios e de comer carne humana e adorar los ydolos y del pecado y delito contra natura, e de los atraer a que se conbiertan en nuestra Fée e bivan en ella se procurando la vida y salud de los dichos yndios como de las suyas propias, dandoles y pagandoles por su travajo y serviçio lo que mereçieren y fuere razonable considerada la calidad de sus personas y condiçión de la tierra e a su travajo, siguiendo çerca de todo esto, que dicho es, el pareçer de los dichos rreligiosos o clérigos. De lo qual todo y en espiçial el buen tratamiento de los dichos indios, les mandamos que tengan particular cuydado de manera que ninguna cossa se haga con cargo e peligro de nuestras conçiencias, y sobre ello les encargamos las suyas, de manera que contra el boto y pareçer de los dichos rreligiosos e clérigos no puedan hazer ni hagan cosa alguna de las suso dichas contenidas en este capítulo y en los otros que disponen la manera y horden que han de ser tratados los dichos indios.

34. Otrosí, mandamos que si vista la calidad, condición o abilidad de los dichos indios, pareçiere a los dichos rreligiosos clérigos ques serviçio de Dios y bien de los dichos indios, que para que se aparten de sus viçios, y espiçial del delito nefando e de comer carne humana, e para ser inistruidos y enseñados en buenos husos y costunbres, y en nuestra Fée y dotrina cristiana, y para que bivan en poliçia conbiene y es neçessario que se encomiende a los christianos para que se sirvan dellos como de personas libres, que los dichos religiosos o clérigos los puedan encomendar siendo anbos conformes según y de la manera que ellos hordenaren, teniendo sienpre rrespeto al serviçio de Dios, bien e utilidad e buen tratamiento de los dichos yndios, e a que en ninguna cosa nuestras conçiencias puedan ser encargadas de lo que hizierdes e hordenardes, sobre lo qual

231

les encargamos las suyas. E mandamos que ninguno no vaya ni pasen contra lo que fuere hordenado por los dichos rreligiosos o clérigos en rrazón de la dicha encomienda, so la dicha pena. E que con el primero nabío que biniere a estos nuestros rreinos nos enbien los dichos rreligiosos o clérigos la ynformaçión berdadera de la calidad e abilidad de los dichos yndios, e rrelaçión de lo que çerca dello tuvieren hordenado para que Nos la mandamos ver en el nuestro Consejo de las Yndias para que se apruebe y conffirme lo que fuere justo y en serviçio de Dios e bien de los dichos yndios y sin perjuiçio ni cargo de nuestras conçiençias e lo que no fuere tal se enmiende y se probea como conbenga a serviçio de Dios e nuestro, sin daño de los dichos yndios e de su libertad e vidas e se escusen los daños e ynconbinientes passados.

35. Yten, hordenamos y mandamos que los pobladores, conquistadores que con nuestra liçençia agora e de aquí adelante fueren a rrescatar y poblar e descubrir dentro de los límites de nuestra demarcación sean tenudos y obligados de llevar la gente que con ellos hubieren de yr a qualquier de las dichas cossas destos nuestros Reinos de Castilla, o de las otras partes que no fueren expresamente proybidas, sin que puedan llevar y lleven de los vezinos y moradores y estantes en las dichas yslas e tierra firme del dicho mar oçéano ni de alguna de ellas, si no fuere una o dos personas en cada descubrimiento para lenguas e otras cosas neçesarias a los tales viajes, so pena de perdimiento de la mitad de todos sus bienes para la nuestra Cámara, al poblador o conquistador o maestre que los llevare sin nuestra liçençia expresa.

36. E guardando y cunpliendo los dichos capitanes e offiçiales, y otras gentes que agora y de aquí adelante ovieren de yr o fueren con nuestra liçençia a las dichas poblaçiones, rescates y descubrimientos, ayan de llevar y gozar y gozen e lleven los salarios y quitaçiones, provechos y graçias, y merçedes que por Nos y en nuestro nombre fuere con ellos asentado y capitulado, lo qual todo por esta nuestra carta prometemos de les guardar y cunplir, lo que por Nos en esta carta les es encomendado e mandado, e no lo guardando ni cunpliendo e biniendo o pasando contra ello, o contra alguna parte dello, de más de yncurrir en las penas de suso contenidas, declaramos y mandamos que ayan perdido y pierdan todos los offiçios e merçedes de que por el dicho asiento y capitulaçión avían de gozar. Dada en Granada, a diez y siete días del mes de Noviembre, de mill y quinientos y veinte y siete años. Yo el Rey. Yo Françisco de los Cobos, Secretario de su Cesarea y Cathólicas Magestades. La fize escrevir por su mandado. Nercurinus Emilianus. Fr. García Episcopus Oxomeo. Dotor Carvajal. Episcopus Canariensis. El Dotor Beltrán. García Episcopus Civitatensis. Registrada Jhoan de Samano. Hurbina por Chanciller.

Por ende, por la presente haziendo vos lo suso dicho, a vuestra costa y según y de la manera que de suso se contiene, e guardando y cunpliendo lo contenido en la dicha provysión que de suso va yncorporada, y todas las otras inistruçiones que adelante vos mandaremos guardar e hazer para la dicha tierra y para el buen tratamiento y conbersión a nuestra Santa Fée Cathólica de los naturales della, digo e prometo que vos será guardada esta capitulación y todo lo en ella contenido, en todo y por todo, según que de suso se contiene, y no lo haziendo y cunpliendo ansí, no seamos obligados a vos mandar guardar y cunplir lo suso dicho en cosa alguna dello, antes vos mandaremos castigar y proçeder contra vos como contra persona que no guarda y cunpla y traspasa los mandamientos de su Rey y Señor natural. Y dello vos mandé dar la presente, firmada de mi nonbre y rrefrendada de mi ynfraescrito secretario. Fecha en Granada, a ocho días del mes de diciembre de mill y quinientos y veinte y seis años. Yo el Rey. Por mandado de Su Magestad, Francisco de los Cobos. Señalada del Obispo de Osma, y Obispo de Canaria, y Obispo de Ciudad Rodrigo.

# DOCUMENTO N.º 23

Capitulación otorgada a Pánfilo de Narváez para ir a conquistar desde el río de Las Palmas hasta la Florida.
1526, diciembre 11. Dada en Granada.
A.G.I. Indif. General 415. L. I, fols. 94 vto.-101 voto.
C.D.I. T. XXII, págs. 224-244.

Capitulaçión que se tomó con Pánphilo Narváez para la conquista del rrio de las Palmas.

## EL REY

Por quanto vos Pánphilo de Narváez, vezino de la ysla Fernandino que hezistes rrelaçión que vos por la mucha voluntad que teneis al serviçio de la Cathólica Reina mi Señora e mio e acreçentamiento de Nuestra Corona Real, querriades descubrir y conquistar y poblar las tierras que son desde el rrio de las Palmas hasta la ysla de la Florida exclusibe, y que ansímismo conquistareys y poblareis la dicha Florida y toda la dicha costa de una mar e otra, e descubrireis todo lo que por aquellas partes huviere que descubrir, todo a vuestra costa y minsión, sin que en ningún tienpo seamos obligados a vos pagar ni satisfazer los gastos que en ella hizieredes más de lo que en esta capitulaçión vos será otorgado. Y me suplicastes y pedistes por merçed, vos hiziese merçed de la conquista de los dichas tierras y vos hiziese y otorgase las merçedes y con las condiçiones que de yuso serán contenidas, sobre lo qual yo mandé tomar con vos el asiento y capitulaçión siguiente:

1. Primeramente, vos doy liçençia y facultad para que podais descubrir y conquistar y poblar las dichas tierras que son desde el rrío de las Palmas hasta el Cabo que dizen de la Florida exclusibe, con tanto que seais obligado de llevar y lleveis destos nuestros rreinos o de fuera dellos, de las personas que no estan proybidas para yr a aquellas partes a hazer la dicha poblaçión, y hazer en las dichas tierras dos pueblos o más, los que a vos os pareçiere, y en los lugares que bieredes que conbiene. Y que para

cada una de las dichas poblaçiones lleveis a lo menos çient honbres, y hagais en la dicha tierra tres fortalezas, todo lo que dicho es, a vuestra costa y minsión, y seais obligado a partir d'España a lo menos con los dichos dozientos honbres el primero viaje, dentro de un año de la fecha desta capitulaçión y que para esto deis la seguridad bastante que vos será señalado.

2. Otrosí, acatando vuestra persona y serviçios que nos abeis fecho y esperamos que no hareis, es mi merçed y voluntad de vos hazer merçed, e como por la presente vos la hago, que por todos los días de vuestra vida seades nuestro Gobernador y Capitán General de las dichas tierras que ansí descubrierdes y poblardes con salario en cada un año por nuestro Gobernador çiento y çinquenta mill maravedís y por Capitán General çient mill maravedís que son por todos doçientos y inquenta mill maravedís. Y dello vos mandaré dar nuestras Provisiones.

3. Ansímismo, vos haré merçed como por la presente vos la hago del offiçio de nuestro Alguazil Maior de las dichas tierras, para vos y para vuestros herederos y subçesores para siempre jamás.

4. Ansímismo, vos haré merçed, como por la presente vos la hago, de las tenençias de las dichas tres fortalezas que a vuestra costa os obligais a hacer e hizierdes vos en las dichas tierras por los dias de vuestra vida y de dos herederos sucesores vuestros qual vos señalardes e quisierdes con sesenta mill maravedís de salario en cada un año con cada una dellas. Y dello vos mandaré dar Provisión patente, con tanto que las dichas fortalezas se hagan si pareciere a vos e a los nuestros offiçiales de la dicha tierra que aya neçesidad dellas, y que sean tales quales convengan a vysta de los dichos offiçiales.

5. Otro si, acatando vuestra persona y serviçios que nos habeis fecho y espero que me hareis, y lo que la dicha poblaçión abeis de gastar, es mi merçed y voluntad de vos hazer merçed, y por la presente vos la hago, del offiçio de nuestro Adelantado de las dichas tierras que ansí poblardes para vos y para vuestros herederos y suçesores para siempre jamás. Y dello vos mandaremos dar título y Provysión.

6. Ansímismo, acatando la voluntad con que os abeis movido a Nos serbir en lo suso dicho, y el gasto que se os ofresçe en ello, quiero y es mi voluntad que en todas las dichas tierras que ansí descubrierdes y poblardes, a vuestra costa, segúnd dicho es, según y de la forma y manera que de suso se contiene, ayais y lleveis quatro por çiento de todo el provecho que en qualquier manera se nos siguiere para vos y para vuestros herederos y subçesores para sienpre jamás, sacados todos los costos y gastos que por nuestra parte fueren fechos e se hizieren en conservaçión y poblaçión de la dicha tierra en qualquier manera fechos, y los dichos salarios que mandaremos pagar así a vos como a otras qualesquier personas y offiçiales nuestros que para la dicha tierra que en qualquier manera se probeyeren.

7. Yten por vos hazer merçed, es mi merçed y voluntad que toda la rropa e mantenimientos, armas e cavallos e otras cosas que destos rreinos llevardes a las dichas tierras, no pagueis derechos de almoxarifazgo ni otros derechos algunos por todos los días de vuestra vida, no siendo para los vender, tratar ni mercadear con ellos.

8. Otrosí, vos hago merçed de diez leguas en quadra de las que ansi descubrierdes para que tengais tierra en que granjear y labrar, no siendo en lo mejor ni peor, esto a vista de vos y de los nuestros offiçiales que para la dicha tierra mandaremos proveer, para que sea vuestra propia y de vuestros herederos y subçesores para sienpre jamás sin jurisdiçión çevil ni criminal ni otra cosa que a Nos pertenesca como a Reies y Señores, por razón de la suprema.

9. Ansímismo, que vos daré liçençia, como por la presente vos la doy, para que de las nuestras yslas Española y Sant Juan y Cuba y Santiago, o de qualquier dellas podais llevar a las dichas tierras los cavallos e yeguas, y otros ganados que quisierdes y por bien tuvierdes, sin que en ello vos sea puesto enbargo ni ynpedimiento alguno.

10. E porque nuestro prinçipal deseo e intinçión es que la dicha tierra se pueble de christianos porque en ella se sienbre y acreçiente nuestra Santa Fée Católica, e las gentes de aquellas partes sean atraidos y conbertidos a ella, digo que por que esto aya más cunplido e breve hefeto a los vezinos que con vos en este primero viaje, o después a la dicha tierra fueren a la poblar, es mi merçed de los hazer las merçedes siguientes:

11. Que los tres primeros años de la dicha poblaçión no se pague en la dicha tierra a Nos del oro de minas solamente más del diezmo, y el quarto año del nobeno, y de ay benga abaxando por esta horden hasta quedar en el quinto. Y que de lo rrestante que se huviere, así de rrescate como en otra qualquier manera, se nos pague el dicho nuestro quinto enteramente, pero entiendes que de los rrescates y serviçios y otros probechos de la tierra, desde luego abemos de llevar el quinto nuestro como en las otras partes.

12. Otrosí, que a los primeros pobladores e conquistadores se les den sus vezindades y dos cavallerías de tierras y dos solares, y que cunplan la dicha vezindad en quatro años questén y bivan en la dicha tierra, e aquellos cunplidos lo puedan vender y hazer dello como de cosa suya.

13. Otrosí, que los dichos vezinos que fueren a la dicha tierra, el dicho primero viaje y después çinco años luego siguientes, no paguen derechos de almoxarifazgo de ninguna cosa de lo que llevaren a la dicha tierra para sus casas, no siendo cosa para vender tratar y mercadear.

14. Otrosí, por hazer merçed a vos y a la gente que a las dichas tierras fueren, mando que por tienpo de los dichos çinco años no sean obligados a Nos pagar cosa alguna de la sal que comieren y gastaren de la que en las dichas tierras huviere.

15. Otrosí, vos doy liçençia y facultad a vos y a los dichos pobladores para que a los yndios que fueren rrebeldes, siendo amonestados y rrequeridos, los podais tomar por esclavos guardando çerca desto lo que de yuso en esta nuestra capitulaçión e asiento sera contenido e las otras inistruçiones y provisiones nuestras que çerca dello mandaremos dar. E desta manera e guardando la dicha horden, los yndios que tovieren los caçiques y otras personas de la tierra por esclavos, pagandoselos a su voluntad, a vista de la justiçia y beedores y de los rreligiosos que con vos yran, los podais tomar y conprar siendo berdaderamente esclavos.

16. Otrosí, digo que por que la dicha tierra mejor y más brevemente se pueble, mandaré hazer a las dichas tierras las merçedes que tenemos

fechas e tienen las otras tierras e yslas que agora estan pobladas, siendo conbinientes a la dicha tierra y no contrarias, las quales luego seais obligado a declarar para probeer en ello lo que seamos servidos y más conbenga.

17. Y porque Nos, siendo ynformados de los males y deshordenes que en descubrimientos y poblaçiones nuevas se an hecho y hazen, y para que Nos con buena conçiençia podamos dar liçençia para los hazer, para el rremedio de lo qual con, acuerdo de los del Nuestro Consejo y Consulta Nuestra esta hordenada y despachada una Provisión General de capítulos sobre ello que vos abeis de guardar en la dicha poblaçión y descubrimiento, la cual mandamos yncorporar, su tenor de la qual es este que se sigue [30].

Por ende, por la presente, haziendo vos lo suso dicho a vuestra costa, e según e de la manera que de suso se contiene, y guardando y cunpliendo lo contenido en la dicha Provisión que de suso va yncorporada, y todas las otras inistruçiones que adelante vos mandaremos guardar e hazer para la dicha tierra y para el buen tratamiento y conbersión a nuestra Santa Fé Cathólica de los naturales della, digo e prometo que vos será guardada esta dicha capitulación y todo lo en ella contenido, en todo y por todo según y como en ella se contiene, e no lo haziendo ni cunpliendo ansí, no seamos obligados a vos mandar guardar y cunplir lo suso dicho ni cosa alguna dello, antes vos mandaremos castigar y proçeder contra vos como contra persona que no guardar y cunple y traspasa los mandamientos de su Rey y Señor natural. Y dello vos mandé dar la pressente, firmada de mi nonbre y refrendada de mi ynfraescrito secretario. Fecha en Granada, a onze días del mes de diziembre, de mill y quinientos y veinte y seis años. Yo el Rey. Por mandado de Su Magestad, Françisco de los Cobos. Señalada del Obispo de Osma, y Obispo de Canaria, y dotor Beltran, y Obispo de Çiudad Rodrigo.

---

[30] Se insertan las Ordenanzas de Descubrimientos hechas en Granada el 17 de noviembre de 1526. Están reproducidas en capitulación con Francisco de Montejo de 8 de diciembre de 1526 (Doc. n.º 22).

# DOCUMENTO N.º 24

Capitulación otorgada a Juan de Ampiés, para ir a poblar y pacificar las islas de Curaçao, Aruba y Bonaire.
1526, noviembre 15. Dada en Granada.
A.G.I. Indif. General 415. L. I, fols. 101-107.
C.D.I. T. XXII, pág. 184.

Sobrecarta de la liçençia que se dió a Juan de Ampiés, para rrescatar en las yslas de Çuraço y Udrava.

### Don Carlos. Etc.

Por quanto por parte de vos, Jhoan de Ampies, nuestro Fator de la ysla Española y Regidor de la çiudad de Santo Domingo della nos fue fecha relaçión que el año pasado de mill y quinientos y treze años, el Rey Cathólico Nuestro Señor padre e aguelo, que aya santa gloria, dio liçençia a los vezinos de la dicha ysla Española e ysla de Sanct Juan que pidiesen traer a las dichas yslas yndios de algunas yslas ynútiles, por virtud de lo qual el Almirante Diego Colón difunto y los nuestros oydores de la nuestra Audiencia Real que rreside en la dicha ysla y los offiçiales della en nuestro nombre, avida primero ynformaçión, pronunçiaron y declararon por ysla ynútiles las yslas de Curaba y Curaço y Buynnore, questán en comarca de la tierra firme llamada Castilla del Oro en el paraje de Coquibacoa y Sauca y Paraguachoa y otros puertos y que para traer los yndios de las dichas yslas fue nonbrado por Capitán un Diego de Salazar, el que fue con çierta armada que para ello se hizo y traxo de las dichas yslas muchos yndios y que a vos como a vezino y morador os cupo algunos de los dichos yndios, y que visto que hera gente de más abilidad y capacidad que los de las otras yslas e tierras comarcanas para ser christianos, con deseo de los conbertir a nuestra Santa Fée Cathólica y por el provecho que de la población de los dichas yslas se nos podía seguir, suplacastes al dicho Almirante en nuestro nonbre vos diese liçençia para poblar las dichas yslas y de las guardar de las armadas que por ellos pasasen, e yndustriarllos en las cosas de nuestra Santa Fée Cathólica, sobre lo qual el dicho Almirante en nuestro nombre, por una nuestra Provisión y el liçençiado Rodrigo de Figueroa, Juez de Residençia de la dicha ysla a quien teniamos cometido el cargo del provee los yndios dessa ysla e declarar por esclavos e quatiaos los yndios de la costa de tierra firme, vos dieron liçençia para tener y poblar las dichas yslas e vos otorgaron y conçedieron çiertos capítulos sobre ellos, según que más largamente en la dicha nuestra Provisión y capítulos se contiene, lo qual todo fué visto en el nuestro Consejo de las Yndias y nos suplicastes y pedistes por merçed conffirmassemos la dicha merçed y liçençia y capítulos, de que de suso se haze minçión, e vos diesemos la dicha liçençia para poblar las dichas islas e tierras, mandando que ningunas otras personas pudiesen yr a ellas sino vos e quien vos enbiasedes a ello porque proceden e cautiban a los dichos yndios y les hazen otros males y daños en gran perjuizio de la dicha poblaçión, y que vos hariades una casa fuerte donde se rrecogesen y de los otros yndios carives no rresçibiesen daño, y por el travajo y costa que en ello abeis de poner, vos conçediesemos e hiziesemos las merçedes que fuesemos servidos, o como la nuestra merçed fuesse, lo qual visto por los del dicho Consejo e la dicha Provysión y capítulos, como dicho es, fue acordado que deviamos mandar dar esta nuestra Carta en la dicha razón, y Nos tobimoslo por bien, por la qual os damos liçençia y facultad para que por el tiempo que nuestra voluntad fuere, y entre tanto que nos mandamos probeer en ello lo que conbenga, conforme al asiento que con vos en nuestro nonbre fue tomado por el dicho Almirante e offiçiales, el liçençiado Rodrigo de Figueroa, podais tener y tengais las dichas yslas e contratar y rrescatar con el dicho caçique de Core, en todo y por todo según e como en el dicho asiento se contiene. Y mandamos que ninguna ni algunas personas no vayan con armadas ni en otra manera a las dichas yslas, ni tocar en ellas sin liçençia vuestra, so pena de muerte y de perdimiento de todos sus bienes para nuestra Cámara y Fisco, en las quales dichas penas lo contrario haziendo, desde agora, los condenamos e abemos por condenados. Y porque Nos siendo informados de los males y deshordenes que en descubrimientos y poblaçiones nuevas se han hecho y hazen, y para que con buena conçiençia podamos dar liçençia para los hazer, para rremedio de lo quel con acuerdo de los del nuestro Consejo y consulta nuestra está hordenada y despachada una Provisión General de capítulos sobre ello ques nuestra voluntad que vos guardeis en la dicha poblaçión de las dichas yslas, la qual aquí mandamos yncorporar que su tenor della es este que se sigue [31]:

Por ende, Nos, vos mandamos que çerca de la dicha poblaçión de las dichas yslas guardeys y cunplais la dicha nuestra provisión y capítulos della, so las penas en ellas contenidas. Dada en Granada, a quinze dias del mes de nobienbre. Año del nasçimiento de Nuestro Salvador Jhesu Christo, de mill y quinientos y veinte y seis años. Y porque nos queremos ser ynformados que yslas son las suso dichas, e de la calidad dellas, y de la condiçión y manera de la gente que en ellas abita, e si ay en ellas oro y

---

[31] Se insertan las Ordenanzas de Descubrimientos hechas en Granada el 17 de noviembre de 152. Están reproducidas en capitulación con Francsico de Montejo de 8 de diciembre de 1526 (Doc. n.º 22).

plata, perlas, y otras cosas, por la presente vos mandamos, que dentro de diez meses de la fecha della, seais obligado a nos enbiar rrelaçión e ynformación larga y particular de cada cossa de las suso dichas para que Nos estemos ynformados e avisados dello. Yo el Rey. Refrendada del Secretario Cobos. Mecharinus Chancelarius. Dotor Carvajal. El dotor Beltrán.

# DOCUMENTO N.º 25

Confirmación otorgada a Hernando de Luque sobre capitulación que había obtenido de Pedro Arias de Avila.
1527, mayo 17. Dada en Valladolid.
A.G.I. Indif. General 415. L. I, fols. 107 vto.-108.

Con Hernando de Luque y otros, sobre el descubrimiento del Pirú.

### EL REY

1. Pedro de los Rios, nuestro lugarteniente General y Gobernador de Tierra Firme llamada Castilla del Oro, o vuestro Alcalde Maior en el dicho ofiçio, por parte de Hernando de Luque, Maestre Escuela de la yglesia de nuestra Señora Santa María de la Antigua del Doriente y del capitán Françisco Piçarro y Diego de Almagro, vezinos de la çiudad de Panamá, conquistadores y pobladores desa tierra, me fue hecha relaçión que por nuestro serviçio y por descubrir la costa del Pirú, ques en la mar del sur, siendo Pedro Arias Davila nuestro Gobernador desa tierra hizieron tres navíos en los quales han pasado treçientos hombres españoles, los quales diz que están en la dicha tierra de Perú poblando y paçificando la dicha tierra, en lo qual diz que han gastado más de veinte y çinco mill castellanos y que se temen que en el asiento que sobre ello tomó con ellos el dicho Pedro Arias vos hareis alguna mudança o nobedad de que podrían rresçibir agravio, y me fue suplicado y pedido por merçed vos mandase que le guardasedes y cunpliesedes los asientos y capitulaçiones que çerca del dicho descubrimiento y población avía tomado con ellos el dicho Pedro Arias de Avila sin que en ello oviese falta, o como la nuestra merçed fuese, e yo tobelo por bien. Por ende, yo vos mando, que luego me envieis rrelaçión de como lo suso dicho pasa y del asiento que con los suso dichos tomó sobre ello el dicho Pedro Arias para que yo mande probeer lo que sea servido, y entre tanto çerca de lo que con los suso dichos asentó el dicho Pedro Arias sobre el dicho descubrimiento y población no hagais ni consintais hazer nobedad ni mudança alguna, antes los ayudad e faboreçed como a personas que andan en

nuestro serviçio, e no fagades ende al por alguna manera. Fecha en Valladolid, a diez y siete días del mes de mayo, de mill y quinientos y veinte y siete años. Yo el Rey. Refrendada del Secretario Cobos, señalada del Obispo de Osma, y Canaria, y Beltran, y Çiudad Rodrigo, y Manuel.

# DOCUMENTO N.º 26

Capitulación otorgada a Fernán Camelo para ir a poblar la isla Bermuda.
1527, diciembre 20. Dada en Burgos.
A.G.I. Indif. General 415. L. I, fols. 108-109.
C.D.I. T. XXII, págs. 247-250.

Con Fernán Camelo, fidalgo portugués, para la población de la ysla Bermuda [32].

## EL REY

Por quanto vos, Fernán Camelo fidalgo portugués, vezino abitante en la ysla de Sant Miguel de los Açores, me fue hecha rrelaçión que en nuestra demarcaçión e límites está una ysla que se dize la Bermuda, la qual puede ser a mill leguas destos nuestros rreinos, y está a doçientas leguas de la ysla de Sant Juan, al poniente, despoblada y sin gente ni alrrededor della ay tierra ni otra poblaçión alguna, la qual reconosçen los navíos que bienen a estos rreinos de la ysla Española y Nueva España, y que por serviçio de la Cathólica Reina Nuestra Señora e mio vos poblariades la dicha ysla de christianos a vuestra costa, dando vos yo liçençia para ello, haziendo vos merçed de las cosas según y de la manera que de yuso serán contenidas, sobre lo qual yo mandé tomar con vos la capitulaçión y asiento siguiente:

1. Primeramente, vos doy liçençia y facultad para que vos podais poblar y pobleis a vuestra costa la dicha ysla y que dentro de doze meses primeros siguientes, seais obligado a començar y començeis a hazer la dicha poblaçión y la tengais fecha dentro de quatro años primeros siguientes, a lo menos de veinte vezinos.

2. Y porque mejor se haga la dicha poblaçión, y con más voluntad permanescan en la dicha ysla los vizinos della, les hazemos merçed y que-

---
[32] Tachado: «*Fernandina*».

remos que por término de veinte años no nos paguen alcavalas ni otros derechos algunos de las cossas que en la dicha ysla se cogeren y criaren y granjearen, de ningún género ni calidad que sea salbo el diezmo que se deve a Dios, el qual a Nos pertenesçe por donación de la Santa Sede Apostólica el qual dicho diezmo durante el dicho tienpo de los dichos veinte años se rreparta en çinco partes, y se rreparta en esta manera: la primera parte para Nos, y la segunda para el Obispo o perlado de la dicha ysla, y la terçera parte para la fábrica y obra de la Iglesia de la dicha ysla, y la quarta parte para el cura y serviçio della, y la quinta parte para vos, y de la parte que a Nos cupiere de lo suso dicho, vos hazemos graçia y merçed por el dicho tienpo de los dichos veinte años, avido rrespeto a la boluntad con que os mobeis a Nos serbir, en lo suso dicho, y a los gastos que en ello se os ofreçen, y pasado el dicho tienpo de los dichos veinte años, es nuestra merçed y voluntad de vos hazer merçed, como por la presente vos la hazemos, a vos e a vuestros herederos y susçesores para sienpre jamás de la décima parte de los diezmos eclesiastycos que en la dicha tierra oviere y se cogeren acatando ser vos el primero poblador y los gastos que en ello se os ofreçen para que vos y los dichos vuestros herederos lo ayais y tengais, y vos sea acudido con ello para sienpre jamás con título de nuestro Adelantado de la dicha ysla.

3. Otrosí, vos damos liçençia y facultad para que vos e un heredero vuestro qual vos señalardes y nombrardes, juntamente con la persona que Nos para ello nonbraremos, podais rrepartir y rrepartais las tierra y solares de la dicha ysla e hagais el dicho rrepartimiento libremente entre los vezinos de la dicha ysla, guardando en ello toda rretitud e ygualdad. Y mando a las personas a quien cupiere lo que así rrepartieredes, y sus herederos y susçesores lo puedan tener por suyo e como cosa suya e como tal, abiendolo rresidido çinco años continuos lo puedan vender y dar y donar y hazer dello como de cosa suya abiendolo rresidido, como dicho es. Y queremos que durante el dicho tienpo de quatro años cunplidos primeros siguientes que se quenten desde que començardes a hazer la dicha poblaçión, no nonbrando Nos en este dicho tienpo la dicha persona que juntamente con vos rreparta las dichas tierras, vos o el dicho vuestro heredero lo podais hazer como si yntirbiniese en ello la dicha persona.

4. Otrosí, vos hazemos merçed, como por la presente vos le hazemos, de la Governaçión y Capitanía General de la dicha ysla por todos los días de vuestra vida e a vuestro hijo heredero siendo nombrado por vos y concurriendo en él las calidades que se rrequieren.

5. Lo qual, vos prometo que vos será guardado y cunplido, guardando y cunpliendo vos todas las inistruçiones, provisiones, hordenaças, e otros mandamientos que Nos dieremos e hizieremos para la buena gobernación e aumento de la dicha ysla, e si en halgo faltardes de lo cunplir, Nos no seamos obligados a vos mandar guardar ni cunplir cosa alguna de las suso dichas, de lo qual vos mandamos dar la presente firmada de mi nombre, refrendada de mi ynfraescrito secretario. Fecha en Burgos, a veinte días del mes de diziembre, de mill y quinientos y veinte y siete años. Yo el Rey. Refrendada de Cobos. Señalada del Obispo de Osma, y dotor Beltrán, y Obispo de Çiudad Rodrigo.

# DOCUMENTO N.º 27

Capitulación otorgada a Aldonza Villalobos en confirmación de la concedida a su padre en 1525 y que no pudo realizar por fallecimiento. Su finalidad es la conquista de la isla Margarita.
1527, junio 13. Dada en Valladolid.
A.G.I. Indif. General 415. L. I, fols. 77 vto.-86 vto.
C.D.I. T. XXII, págs. 153-179.
OTTE, E.: ob. cit., pág. 228.


Conffirmaçión con Doña Aldonça de Villalovos, hija del dicho liçençiado.

### EL REY

Por quanto yo mandé tomar çierto asiento y capitulaçión con el liçençiado Marcelo de Villalovos, nuestro Oidor de la nuestra Audiençia Real de las Yndias que rreside en la ysla Española, ya difunto, sobre la poblaçión de la ysla de la Margarita, su tenor de la qual es este que se sigue: El Rey. Por quanto por parte de vos el liçençiado Marcelo de Villalovos, Oidor de la Nuestra Audiençia Real de las Yndias que rreside en la ysla Española, me fue fecha relaçión que por serviçio de la Católica Reina mi Señora e mio, vos ofreçiades a poblar y que poblariades la ysla de la Margarita ques casi junto a la costa de Tierra Firme en comarca de la ysla de las Perlas, entre las ylas caribes e yndios guatiçios amigos de los españoles questán más a levante de la ysla Española, e que la poblariades haziendo en ella un pueblo en que a lo menos aya en él luego de presente, viene vezinos casados y tengan consigo sus mugeres. e de ay adelante todo lo que os fuese posible ansí de christianos españoles como de yndios, y porniades y hariades en ella granjerías y criancas y otras cosas en nuestro serviçio y bien de la dicha ysla y conbersión de los yndios naturales della, y para ello me suplicastes y pedistes por merçed vos diese liçençia y facultad y vos otorgase e conçediese las cossas siguientes:

245

1. Primeramente, vos doy liçençia y facultad para que vos, el dicho liçençiado Marçelo de Villalovos, podais yr o enbiar a poblar y pobleis la dicha ysla de la Margarita de christianos españoles e yndios, e traer en ella los ganados que conbinieren y fuere neçesario para la provisión y beneffiçio de la poblaçión della, e hazer las otras granjerías que en la dicha tierra se diere, con tanto que seais obligado a començar a entender en la dicha poblaçión dentro de ocho meses primeros siguientes que corran y se cuenten desde el día de la fecha desta capitulaçión en adelante, e de tener en ella acavado y hecho el dicho pueblo con los dichos veinte vezinos casados e que tengan consigo las dichas sus mugeres y todo lo demás que os ofreçeis dentro de dos años primeros siguientes.

2. Yten, para el serviçio del culto dibino y administraçión de los Santos Sacramentos en la dicha ysla, seais obligado y por la presente vos obligais, que llevareis y terneis en ella dos clérigos de Misa a vuestra costa, con los hornamentos y otras cosas neçesarias al serviçio del culto dibino.

3. Otrosí, que porque los yndios de la dicha ysla son gente de guerra y caribes, y para os defender vos y los dichos pobladores della, ay neçesidad que en ella se haga una fortaleza o casa fuerte, por la presente vos doy liçençia y facultad para que en el lugar más conbiniente y neçesario que vos paresçiere la podais hazer y hagais a vuestra costa, de tapiería y alvanaría, de la grandeça y fuerça que según la calidad de la dicha ysla paresçiere y conbiniere, con tanto que sea a vista y pareçer de los nuestros offiçiales que para la dicha ysla probeyeremos o de las personas que Nos señalaremos para ello, y llevareis los maestros y otras personas que para la hazer fueren neçesarios, asímismo a vuestra costa, y les dareis todos los mantenimientos y provisiones y aparejos y otras cosas que oviere menester, y les pagareis su sueldo y pasaje y todo lo demás que se oviere de gastar en ella, por manera que no[33] seamos Nos obligados a gastar en ello cosa alguna, con tanto que lo que costares y se gastare en la dicha fortaleza, como dicho es, se vos pague de las rrentas y provechos que Nos tovieremos primero en la dicha ysla, teniendo quenta y razón verdadera de lo que en ella se oviere gastado en esta manera, la terçia parte de lo que en la dicha ysla a Nos pertenesçiere cada año, hasta ser pagado. En la qual dicha fortaleza seais obligado de tener la artillería y armas y muniçión y pertrechos y otros aparejos y cosas neçesarias a la guarda y defenssa dello. E considerado el gasto y travajo que en esto abeis de poner, es nuestra merçed y voluntad que tengais la tenençia y alcaldía della por vuestra vida y de un heredero vuestro, con treinta mill maravedís de salario en cada un año, y dello von mandaremos dar provisión en forma, para que gozeis della teniendo en ella la gente, armas y artillería, muniçión y todas las otras cosas que como nuestro Alcaide della fueredes obligado a tener, a vista y pareçer de los dichos offiçiales y personas por Nos nonbrados.

4. Ansímismo, por la presente, vos hazemos merçed que vos, todos los días de vuestra vida e de un heredero, qual vos señalardes, seais nuestro Capitán de la dicha ysla y gozeis de las honrras y preheminençias de que gozan las otras personas que tienen semejantes merçedes y offiçios.

---

[33] Tachado: «s».

5. Otrosí, que por la presente vos obligais e abeis de ser obligado a tener a la continua, en la dicha ysla, un bergantín armado y aparejado para lo que en ella se ofreçiere, así de paz como de guerra, y que seais obligado a descubrir y descubrais los secretos de la dicha tierra, y si oviere minas y pesquerías de perlas y otras cosas de que podamos ser avisados y rresçibir provecho dello, antes abisar de todo ello.

6. Otrosí, por la presente hazemos merçed a la dicha ysla de la Margarita y vezinos y moradores della para que gozen y les sean guardadas todas las honrras, libertades y franquezas y todas las otras cosas de que gozan y deven gozar y les están conçedidas po rlos Reies Cattólicos, y por Nos, a los vezinos y moradores de la ysla Española, e que no paguen m6s derechos ni otras cosas que los de la ysla Española pagan y adelante pagaren.

7. Otrosí, que vos y los dichos perlados [34] seais obligados a Nos pagar y pagueis de todo el oro y perlas que con los yndios o en otra qualquier manera se cogiere y pescare en las dichas yslas y sus confines, el primero año que la dicha ysla se poblare la deçima parte de todo el segundo año la nobena parte y desde allí subcesibe vaxando hasta venir al quinto de todo el oro e perlas que en la dicha ysla se cogieren e sacare e oviere en qualquier manera.

8. Asímismo, que durante el tienpo que nuestra merçed y voluntad fuere, podais usar y useis el cargo de la nuestra justiçia de la dicha ysla, por vos o por vuestros lugares tenientes, para lo qual por la presente vos damos poder cunplido.

9. Ansímismo, confiando de la persona que vos, el dicho liçençiado Villalovos y de vuestra fidelidad, y por que entendemos questo hareis con la ygualdad que conbiene, por la presente vos cometo y doy poder y facultad para que por tienpo de çinco años que corran y se quenten desde el día que comenzardes a poblar las dicha ysla en adelante, podais partir los solares y aguas y tierras de la dicha ysla a los vezinos y pobladores della, como a vos os pareçiere, con tanto que los ayais de hazer con pareçer de los nuestros offiçiales que a la sazón allí rresidieren.

10. Ansímismo, acatando las cosas y gastos que en la población de la dicha provinçia y tierra abeis de fazer, y para que mejor se pueda hazer la dicha poblaçión, quiero y es mi boluntad que por término de seys años primeros siguientes que corran y se quenten desde el día que comenzardes a poblar la dicha ysla en adelante, vos ni los pobladores ni tratantes que a ella fueren seais obligados de pagar derechos algunos del cargo y descargo de las mercaderías que a la dicha tierra fuere, con tanto que la dicha poblaçión esta fecha dentro del término de suso declarado.

11. Ansímismo, hazemos merçed y damos liçençia y facultad a los vezinos y moradores, que en la dicha ysla poblaren, para que puedan yr y vayan y enbiar y enbien a rrescatar y rrescaten perlas al poniente y levante de la dicha ysla, a las partes que por Nos no estoviere prybido ni se proybiere, con tanto que no vayan sin liçençia de los nuestros offiçiales que rresidieren en la dicha ysla, y rregistrandose ante ellos y llevando el bee-

---

[34] En el capítulo correspondiente a éste, de capitulación con Macelo Villalobos, se dice «pobladores» en lugar de «perlados». Por el sentido parece que aquí debiera decir «pobladores» también.

dor que ellos dieren, y guardandose çerca dello la forma que se guarde en la ysla Española, y pagando los nuestros derechos que conforme a este asiento fueren obligados.

12. Asímismo, hazemos merçed a vos e a los vezinos e moradores que en la dicha ysla de la Margarita oviere, e vos damos liçençia y facultad para que podais y puedan hazer en ella los navíos que quisieren para su contrataçión, con tanto que vos seais primero obligado a dar fianças llanas y abonadas ante los nuestros offiçiales que rresiden en la ysla Española, que todos los daños que los dichos navíos hizieren en mal tratamiento de yndios como en pasar nuestros mandamientos y hordenanças y provisiones, y de nuestra Audiençia Real que en la dicha ysla rreside, lo pagareis vos y los que lo hizieren.

13. Otrosí, damos liçençia y facultad a vos, el dicho liçençiado Villalovos e a los dichos pobladores de la dicha ysla, para que podais contratar con vuestras mercaderías en la dicha tierra Firme y todas las yslas comarcanas como lo pueden hazer los vezinos de la ysla Española, con tanto que no entreis no toqueis en los límites y partes que por Nos están y estovieren prybidas, ni hagais mal tratamiento a los yndios ni le podais rrescatar a ello ni a sus mugeres ni les hazer guerras ni mal tratamiento, salvo aquellos que por Nos o por nuestros juezes con comisión nuestra estovieren declarados por esclavos, y personas a quien se puede hazer guerra justamente y por cautivos; entiendesse que de todo lo que rrescatardes abeis de pagar a nuestra Cámara el diezmo por ocho años, y después el quinto como es costumbre.

14. Y porque la yntinçión de la Católica Reina mi señora e mia es que los yndios naturales de las yndias sean como lo son libres e tratados e ynistruidos como nuestros súbditos naturales y vasallos, por la presente vos encargamos y mandamos que los yndios que el presente ay e oviere de aquí adelante en la dicha ysla, tengais mucho cuydado que sean tratados como nuestros vasallos, e libres e yndios criados en las cossas de nuestra Santa Fée Católica sobre la qual vos encargamos la conçiençia, teniendo por çierto que haziendo lo contrario Nos ternemos de vos por muy deservidos, e so pena de perdimiento de todos vuestros bienes e de qualesquier merçedes e offiçios que de Nos tengais en qualquier manera y mandaremos executar en vuestra persona y bienes las penas en que por ello ovierdes yncurrido.

15. Otrosí, queremos y mandamos que vos el dicho liçençiado de Villalovos, dentro del dicho término de los dichos dos años, seais obligado de dar y deis fianças llanas y abonadas en la dicha ysla Española ante los dichos nuestros offiçiales que en ella residen que hareis la dicha población y todas las otras cosas contenidas en este asiento y capitulaçión. Y vos sois tenudo y obligado de hazer y cunplir conforme a ella, para lo qual, vos, ansímismo vos obligais aprovando y rratificando las obligaçiones que Gonçalo Hernández de Oviedo hizo en vuestro nombre e con vuestro poder.

16. Todo lo qual, que dicho es, como de suso se contiene, vos será guardado y cunplido, guardando y cunpliendo vos lo que por ello vos ofreçisteis y todo lo demás que se vos manda en los dichos capítulos, y en la ynistruçión que se vos dá con esta, pero no la guardando y cunpliendo, e pasando en algún tiempo, nuestras yinistruçiones e provisiones e

mandamientos, Nos no seamos obligados a vos guardar cosa alguna dello, antes por ello perdais qualesquier merçedes, previllegios, juros e offiçios que de Nos tengais. Fecha en la villa de Madrid, a diez y ocho días del mes de março, de mill y quinientos y veinte y çinco años. Yo el Rey. Por mandado de Su Magestad. Francisco de los Cobos.

17. Y agora, por parte de vos, doña Aldonça de Villalovos hija del dicho liçençiado Marçelo de Villalovos e de vuestro tutor e curador, en vuestro nombre, Nos fue fecha rrelaçión que el dicho liçençiado vuestro padre continuando y hefetuando lo contenido en la dicha capitulaçión e asiento, que de suso va encorporado, hizo muchas costas y gastos para la poblaçión de la dicha ysla y enbiar a ella gente e ganados e otras cossas, e que conforme a ella en su testamento nombró por su heredero para que gozase de la dicha merçed a vos la dicha doña Aldonça, según que por una clausula del dicho testamento paresçió de que ante Nos en el nuestro Consejo de las Yndias fue fecha presentaçión y por vuestra parte me fue suplicado y pedido por merçed que abido consideraçión a los serviçios que el dicho vuestro padre nos hizo e a los gastos y costos que en comenzar a hazer a la dicha poblaçión dexo fecho e a la neçesidad en que vuestra madre y hermanos quedais, mandasemos confirmar la dicha capitulaçión e asiento como estave hecho con el dicho vuestro padre para que vos como su heredera pudiesedes hefetuar lo contenido en ella e gozar de la dicha merçed conforme a la dicha capitulaçión, y que durante el tienpo de vuestra menor hedad vuestro tutor y curador pudiese entender en la administraçión y gobernaçión de las cosas que vos fuesedes obligada a hazer e probeer çerca dello, como la nuestra merçed fuese. E Nos avido rrespeto a lo que el dicho vuestro padre nos sirvió, e a los gastos y costas que en lo suso dicho hizo e a que vos sois su heredera por él nonbrada para gozar de la dicha capitulaçión toviemoslo por bien, y por la presente vos confirmamos la dicha capitulaçión e asiento que de suso va yncorporada para que gozeis della e de lo en ella contenido, según y de la manera que estava asentado y capitulado con el dicho liçençiado vuestro padre, como su heredera por él nonbrada, con tanto que los veynte vezinos casados que conforme a ella el dicho vuestro padre hera obligado a llevar a la dicha ysla los lleveis destos dichos nuestros Reynos y Señoríos y no desa ysla ni de las yslas de Sant Juan y Cuba ni Jamaica ni tierra Firme, e que los clérigos que ansímismo hera obligado a llevar a la dicha ysla, para el serviçio del culto divino e administraçión de los Santos Sacramentos sean aprovados en el nuestro Consejo de las Yndias o en la Nuestra Audiençia Real desa dicha ysla, y que seais obligada vos y el dicho vuestro curador, en vuestro nonbre, de dar las fianças que el dicho vuestro padre estava obligado para lo contenido en la dicha capitulaçión, dentro de seys meses primeros siguientes, contados desde el día de la data desta nuestra provisión en adelante, los quales sean de dos mill ducados, e de la manera suso dicha. Y con las dichas condiçiones vos conformamos y aprovamos la dicha capitulaçión e asiento, según y de la manera qu'estava fecho e asentado con el dicho vuestro padre, e que no cunpliendo como de suso se contiene por vuestra parte, Nos seamos obligados a cosa alguna de lo en ella contenido. Y porque como dicho es, vos sois menor de hedad mandamos y damos liçençia y facultad para que el dicho vuestro tutor e curador e

persona que tuviere cargo de la administraçión de vuestra persona e bienes durante el tienpo de vuestra menor hedad o hasta que vos casardes, pueda entender en hefetuar lo conbenido en esta dicha capitulaçión e asiento según y como vos lo podriades hazer siendo varón y de hedad cunplida. Y porque Nos, siendo ynformados de los males y deshordenes que en descubrimientos y poblaçiones nuevas se an hecho y hazen, y para que con buena conçiencia para los hazer, para rremedio de lo qual, con acuerdo de los del nuestro Consejo y consulta nuestra esta hordenada y despachada una provisión general de capítulos sobre ello, y es nuestra boluntad que vos guardeis en la poblaçión de la dicha ysla. La qual mandamos aqui yncorporar, cuyo tenor dize en esta guissa [35].

Por ende, Nos vos mandamos que çerca de la dicha poblaçión de la dicha ysla guardeys y cunplais la dicha nuestra Provisión y capítulos della, so las penas contenidas. Fecha en Valladolid, a treze días del mes de Junio, año del nasçimiento de Nuestro Salvador Jhesus Christo, de mill y quinientos y veinte y siete años. Yo el Rey. Por mandado de su Magestad, Françisco de los Cobos. Señalada del Obispo de Osma, y Carvajal, y confirmada y Beltrán.

---

[35] Se insertan las Ordenanzas de Descubrimientos hechas en Granada el 17 de noviembre de 1526. Están reproducidas en capitulación con Francisco de Montejo de 8 de diciembre de 1526 (Doc. n.º 22).

# DOCUMENTO N.º 28

Capitulación otorgada a los alemanes Enrique Ehinger y Jerónimo Sailer, para conquistar y pacificar las tierras del Cabo de la Vela y Golfo de Venezuela.
1528, marzo 27. Dada en Madrid.
A.G.I. Indif. General 415. L. I, fols. 59-62.
         Panamá 234. L. II, fol. 3.
C.D.I. T. XXII, págs. 251-261.
OTTE, E.: ob. cit., pág. 244.


Capitulaçión con los alemanes.

### EL REY

Por quanto vos, Enrrique Einguer y Geronimo Sayller alemanes, nuestros vasallos, me heçistes rrelaçión que vosotros estays ynformados que Nos mandamos a García de Lerma vaya por nuestro Gobernador a la provinçia de Sancta Marta, y porque vosotros teneis notiçia de aquella tierra y su comarca, y sabeis que los yndios naturales della son belicosos y flecheros, y una parte dellos están rrebelados juntamente con çiertos christianos y otras gentes que fueron en la muerte del gobernador Bastidas, e para paçificar la dicha tierra y rreducirla a nuestro serviçio, de manera que se aya el provecho que della se espera, ay neçesidad quel dicho Diego García de Lerma vaya muy acompañado y en horden de gente y armas, muniçión y bastimentos, y de tal manera probeido que pueda allanar y paçificar la dicha tierra y poblarla y castigar los rrebeldes y culpantes en el dicho levantamiento e muerte, para lo qual es menester grandes gastos y dineros. Y porque la enpresa y poblaçión de la dicha tierra no se yerre ni abenture ni dilate vosotros os ofreçeis de hazer una armada de quatro navíos o más, con doçientos honbres o más, armados e abetuallados por un año, con los quales el dicho gobernador allanara la dicha tierra de Santa Marta, y ansímismo me heziste relaçión que junto a la dicha tierra de Santa Marta y en la misma costa está otra tierra ques del Cabo de la Bela y golfo de Beneçuela y el

251

Cabo de Sant Román y otras tierras hasta el cabo de Marcapain, questán en la misma conquista, en que se ynçluyen muchas tierras y provinçias, la qual toca con la de Santa Marta, vosotros os ofreçeis a paçificar y poblar de los dichos honbres y más otros çciento que serán trasçientos por todos muy bien probeydos y armados, como dicho es, todo a vuestra costa y minsión sin que ningún tienpo seamos obligados a vos pagar ni satisfazer los gastos que en ello fiçieredes más de lo que en esta capitulación vos será otorgado, y me suplicastes y pedistes por merçed vos hiziese merçed de la dicha conquista y poblaçión de las dichas tierras e vos hiziese y otorgase las merçedes y con las condiçiones que de yuso serán contenidas, sobre lo qual yo mandé tomar con vosotros el asiento y capitulación siguiente:

1. Primeramente, cunpliendo vos lo que de suso os ofreçeis en yr o enbiar la dicha armada con el dicho nuestro Gobernador de Santa Marta e paçificado aquella, como dicho es, vos doy liçençia y facultad para que vos o qualquier de vos y en defeto de qualquier de vosotros Ambrosio de Alfinguer e Jorje Einguer, hermanos de vos el dicho Enrique o qualquier dellos podais descubrir y conquistar y poblar las dichas tierras y provinçias que ay en la dicha costa que comiença desde el Cabo de la Bela o del fín de los límites y términos de la dicha gobernación de Santa Marta hasta Marcapairo, léste-oeste, norte y sur de la una mar a la otra con todas las yslas questán en la dicha costa, exceptadas las que están encomendadas y tiene a su cargo el factor Joán de Ampiés, con tanto que seais obligados de llevar y lleveis destos nuestros rreinos e de fuera dellos, de las personas que no estan proybidas para yr aquellas partes a hazer la dicha población, y hazer en las dichas tierras dos pueblos o más los que a vosotros pareçiere y en los lugares que bieredes que conbiene y que para cada una de las dicha poblaçiones lleveis a lo menos treçientos honbres, y hagais en la dicha tierra tres fortalezas, todo lo que dicho es a vuestra costa y minsyón. Y seais obligado a partir de España con los dichos treçientos honbres, el primero viaje, dentro de un año de la fecha desta capitulación, y seais obligados a hazer los dichos dos pueblos dentro de dos años después de llegados, y para todo esto deis la seguridad bastante que vos será señalada.

2. Otrosí, que de más de los dichos treçientos honbres seais obligados a pasar a las yslas Española, San Juan y Cuba y a la dicha vuestra tierra y a otras cualesquier partes de las nuestras Yndias y Tierra Firme e a las yslas nuestras, dentro del dicho término de los dichos dos años, çinquenta alemanes naturales de Alimania, maestros mineros, a vuestra costa, para que con su yndustria y saber se hallen las minas y beneros del oro y plata y otros metales que oviere en las tierras e yslas e los rrepartir por ellas como a vosotros paresçiere ques más provecho nuestro. Y que en el buen tratamiento, libertad y exención que han de tener los dichos alemanes se guarde lo mismo questá otorgado y conçedido a los mineros alemanes que rresiden en Galiçia en los mineros de aquel reino.

3. Y acatando vuestras personas y serviçios, y la voluntad con que os moveis a hazer lo suso dicho, es nuestra merçed y voluntad de vos hazer merçed, como por la presente vos la hago, para quel que de vosotros

fuere a hazer la dicha conquista y población todos los días de vuestra vida seais nuestro governador y capitán general de las dichas tierras que ansí descubrieredes y poblardes, con salario en cada un año por nuestro gobernador de doçientos mill maravedís, y por capitán general çient mill maravedís, que son por todos treçientos mill maravedís, y dello vos mandaré dar nuestras Cartas y Provisiones; y si por caso vos, los dichos Evinger e Geronimo Sayller, no fueredes en persona o lo suso dicho y enbiardes a qualquiera de los dichos Ambrosio de Alfinguer e Jorge Einguer a la dicha conquista y población, teniendo poder y nonbramiento vuestro para ello, qualquier de los que ansí nonbrardes tenga e use de los dichos títulos de Governador y Capitán General, al tienpo que vosotros quisieredes y por bien tuvieredes, no estando ninguno de vosotros en la dicha tierra.

4. Ansímismo, vos haré merçed, como por la presente vos la hago, del offiçio de nuestro Alguazil Maior de las dichas tierras para vos y para vuestros herederos y suçesores, para sienpre jamás, sin que por ello vos sea dado salario alguno más de los derechos perteneçientes al offiçio.

5. Ansímismo, vos haré merçed, como por la presente vos la hago, de las tenençias de las dichas tres fortalezas que a vuestra costa os obligais a hazer e hiçieredes vosotros en las dichas tierras por los días de vuestras vidas y de vuestros herederos para sienpre jamás, quales vosotros señalardes y quisieredes, con setenta e çinco mill maravedís de salario en cada un año, con cada una dellas, y dello vos mandaré dar Provisión patente, con tanto que las dichas fortalezas se hagan si pareçiere a vos y a los dichos nuestros offiçiales de la dicha tierra que ay neçesidad dellos, y que sean tales quales conbenga a vista de los dichos offiçiales.

6. Otrosí, acatando vuestras personas y serviçios y lo que en la dicha población abeis de gastar, es mi merçed y voluntad de vos hazer merçed, como por la presente vos lo hago, del título y offiçio de nuestro Adelantado de las dichas tierras, al uno de vosotros, los dichos Enrrique Cynguer e Geronimo Saylen, qual entre vosotros fuere conçertado, para que aquel y sus herederos y suçesores para sienpre jamás sea nuestro adelantado de las dichas tierras e yslas, y dello vos mandaré dar título y Provisión en forma.

7. Asymismo, acatando la voluntad con que os mobeys a nos servir en lo suso dicho y el gasto que se os ofrçe en ello, quiero y es mi voluntad que en todas las tierras que así descubrieredes y poblaredes a vuestra costa según y de la forma y manera que de suso se contiene, ayais y lleveis quatro por çiento de todo el provecho que en qualquier manera se nos siguiere para vosotros y para vuestros herederos y suçesores para sienpre jamás, sacado las costas y gastos que por nuestra parte fueren hechas y se hizieren en conservaçión y poblaçión de la dicha tierra en qualquier manera y los salarios que mandaremos pagar, así a vosotros como a otras qualesquier personas y offiçiales nuestros y que para la dicha tierra en qualquier manera se probeyeren; pero no se entiende que abeis de llevar parte de las alcavalas ni almoxarifazgo ni penas de cámara porquesto no es fruto de la tierra y a de quedar enteramente para Nos.

8. Yten, para vos hazer merçed, es mi merçed y voluntad que de los mantenimientos destos reinos llevardes a las dichas tierras no pagueis derechos de almoxarifazgo ni otros derechos algunos por todos los días de vuestra vida, no siendo para los vender, contratar ni mercadear con ellos. Pero si después de llevados los vendieredes, después, que seais obligados a pagar los derechos de almoxarifazgo.

9. Otrosí, vos hago merçed de doce leguas de quadra, de las que ansí descubrieredes, para que tengais tierra con que granjear y labrar, no siendo en lo mejor ni peor, esto a vysta de vos y de los nuestros offiçiales que para la dicha tierra mandaremos proveher para que sea vuestra propia y de vuestros herederos y susçesores para sienpre jamás, sin jurisdiçión çevil ni criminal ni otra cosa que a Nos pertenesca como a Reyes y Señores por rrazón de la Suprema.

10. Y ansímismo, que vos daré liçençia, como por la presente vos la doy, para que de las nuestras yslas Española, Sant Juan e Cuba y Santiago, podais llevar a la dicha tierra cavallos e yeguas e otros ganados que quisieredes y por bien tuvieredes, sin que en ello vos sea puesto enbargo ni ympedimento alguno.

11. Y por que nuestro prinçipal deseo e yntinçión es que la dicha tierra se pueble de christianos porque en ella se sienbre y acreçiente nuestra Santa Fée Cathólica y las gentes de aquellas partes sean atraidos conbertidos a ella, digo que porque esto aya más cunplido y breve hefeto, a los vezinos que con vos en este primero viaje o después a la dicha tierra fueren a la poblar, es mi merçed de les hazer las merçedes siguientes:

12. Que los tres primeros años de la dicha poblaçión no se pague en la dicha tierra, a Nos, del oro de mina solamente más del diezmo, y el quarto año el nobeno, y de ay benga avaxando por esta horden hasta quedar en el quinto. Y que de lo rrestante que se oviere, así de rrescate como en otra qualquier manera, se nos pague el dicho nuestro quinto enteramente; pero entiendase que de los rrescates y serviçios y otros provechos de la tierra, dende luego abemos de llevar nuestro quinto como en las otras partes.

13. Otrosí, que a los primeros pobladores y conquistadores se les dén sus vezindades, y dos cavallerías el tierras de tierras (sic), y dos solares, y que cunplan la dicha vezindad en quatro años questén y bivan en la dicha tierra, y aquellos cunplidos lo puedan vender y hazer dello como de cosa suya.

14. Otrosí, que los dichos vezinos que fueren a la dicha tierra, el dicho primero viaje, y despues ocho años luego siguientes, no paguen derechos de almoxarifazgo de los mantenimientos y provisiones que llevaren para su cassa.

15. Otrosí, por hazer merçed a vos y a las dichas gentes que a la dicha tierra fueren, mando que por tienpo de los dichos ocho años no sean obligados a Nos pagar cosa alguna de la sal que comieren e gastaren de la que en las dichas tierras oviere.

16. Otrosí, vos doy liçençia y facultad, a vos y a los dichos pobladores, para que a los yndios que fueren rebeldes siendo amonestados y requeridos, los podais tomar por esclavos guardando çerca desto lo que de yuso en esta nuestra capitulaçión y asiento sera contenido y las otras ynis-

truçiones y Provisiones nuestras que çerca dello mandaremos dar. E desta manera, e guardando la dicha orden, los yndios que tuvieren o caçiques y otras personas de la tierra por esclavos, pagandoselos e su voluntad a vista de la justiçia y beedores y de los rreligiosos que con vos hyran, los podais tomar y conprar siendo berdaderamente esclavos, pagandonos el quinto de los dichos esclavos.

17. Otrosí, digo que porque la dicha tierra mejor y más brevemente se pueble, mandaré hazer a las dichas tierras las merçedes que tenemos hechas y tienen las otras tierras e yslas que agora están pobladas, siendo conbinientes a la dicha tierra y no contrarias, las quales luego seais obligados a declarar para probeer en ello.

18. Otrosí, que por tiempo de seis años vos mandaré dar lugar en las nuestras ataraçanas de Sevilla, en que tengais las cossas que se ovieren de llevar y cargar para la dicha tierra, y vos daré liçençia para que en las yslas de Tenerife podais cortar çient pinos de los que allí tenemos nuestros, pudiendose dar sin perjuiçio de terçero para que hagais dellos lo que quisieredes.

19. Y porque Nos, siendo ynformados de los males y deshordenes que en descubrimientos y poblaçiones nuevas se han hecho y hazen, y para que nos con buena conçiencia podamos dar liçençia para lo poder hazer, para rremedio de lo qual con acuerdo de los del nuestro Consejo y Consulta nuestra esté hordenada y despachada una Provisión General de capítulos, sobre lo que los abeis de guardar en la dicha poblaçion y descubrimiento. La qual aquí mandamos encorporar, su tenor de la qual es este que se sigue, que va en todas las capitulaçiones adelante.

Por ende, por la presente haziendo vosotros lo suso dicho a vuestra costa y según y de la manera que de suso se contine, y guardando y cunpliendo lo contenido en la dicha Provisión, que de suso va yncorporada e todas las otras inistruçiones que adelante vos mandaremos dar, guardar e hazer para la dicha tierra e para el buen tratamiento y conbersión a nuestra Santa Fée Catolica de los naturales della, digo y prometo que vos será guardada esta capitulación y todo lo en ella contenido, en todo y por todo, según que de suso se contiene, e no lo haziendo ni cunpliendo así, Nos no seamos obligados a vos mandar e guardar e cunplir lo suso dicho ni cosa alguna dello, antes vos mandaremos castigar y proçeder contra vosotros como contra personas que no guarda y cunple y traspasa los mandamientos de su Rey y Señor natural, y dello vos mandé dar la presente firmada de mi nombre, y rrefrendada de mi ynfrascrito secretario. Fecha en Madrid, a veinte y siete días del mes de Março, de mill y quinientos y veinte y ocho años. Yo el Rey, Refrendada del Secretario Cobos. Señalada del Obispo de Osma y Beltran, y Çiudad Rodrigo, y Manuel.

# DOCUMENTO N.º 29

Capitulación otorgada a Hernán Cortés para ir a descubrir las islas y tierras que están en el mar del Sur de la Nueva España.
1529, octubre 27. Dada en Madrid.
A.G.I. Indif. General 415. L. I, fols. 109 vto.-115.
C.D.I. T. XXII, pág. 285-295.
PUGA, Vasco de: *Provisiones, cédulas, instrucciones para el gobierno de la Nueva España.* Solección de incunables americanos. Madrid, 1945. Ediciones de Cultura Hispánica, fol. 36.

Capitulaçión que se tomó con el Marques del Valle, para el descubrimiento de la mar del Sur.

## LA REYNA

Por quanto vos, don Hernando Cortés Marques del Valle, nos hezistes rrelación que con deseo de nos servir y del bien y acreçentamiento de nuestra Corona Real, como sienpre lo habeis fecho, querriades descubrir conquistar y poblar qualesquier yslas, tierras y provinçias que ay en el mar del Sur de la Nueva España, que no sea en paraje de las tierras que hasta agora ay probeydas gobernadores, todo a vuestra costa y minsión, sin que en ningún tienpo seamos obligados a vos pagar los gastos que en ello hizieredes más de lo que en esta capitulaçión vos fuere otorgado, y me suplicastes y pedistes por merçed vos mandase encomendar y dar liçençia para hazer la conquista de las dichas tierras, y vos conçediese y otorgase las merçedes, y con las condiçiones que de yuso serán contenidas. Sobre lo qual yo mandé tomar con vos el asiento y capitulación siguiente:

1. Primeramente, vos damos liçençia, poder y facultad para que Nos y en nuestro nombre de la Corona Real de Castilla podais descubrir, conquistar y poblar qualesquier yslas que ay en el mar del Sur de la dicha Nueva España, questén en su paraje, y todas las que hallardes

hazia el poniente de llano, siendo en el paraje de las tierras en que oy ay probeidos gobernadores. Y ansímesmo vos damos la dicha liçençia y facultad para que podais descubrir qualquier parte de tierra firme que hallardes por la dicha costa del sur hazia el poniente que no se aya hasta agora descubierto ni entre en los límites y paraje norte-sur de la tierra questá dada en gobernación a Pánfhilo de Narbáez ni Niño de Guzmán.

2. Yten, entendiendo ser cunplidero al serviçio de Dios Nuestro Señor y nuestro y por honrrar vuestra persona y por vos hazer merçed, prometemos de vos hazer nuestro governador de todas las dichas yslas e tierras que como dicho es descubrierdes y conquistardes por todos los días de vuestra vida. Y dello vos mandaremos dar y vos serán dadas nuestras provisiones en forma.

3. Ansímismo, que vos haré merçed, como por la presente vos la hago, del offiçio de nuestro Alguazil Maior de las dichas tierras, por todos los días de vuestra vida. Y dello vos será dada Provisión en forma.

4. Otrosí, por quanto vos me suplicastes vos hiziese merçed de la dozava parte de todo lo que descubriesedes en la dicha mar del Sur perpetuamente para vuestros herederos y suçesores, por la presente digo que avida ynformaçión de lo que vos descubrierdes y sabido lo ques, ternemos memoria de vos hazer la merçed y satisfaçión quel serviçio y gasto que en ello hizierdes meresçiere, y que en ello se terná rrespeto a vuestra persona. Y para entre tanto que benida la dicha relaçión, lo mandaremos probeer, como dicho es, avido rrespeto a los gastos y costas que en la dicha conquista y descubrimiento abeis de hazer, tenemos por bien que gozeis de la dozena parte de todo lo que, como dicho es, descubrierdes por el tienpo que nuestra merçed y voluntad ffuere con el señorío y jurisdiçión en primera inistançia, rreservando para Nos y nuestra Corona Real todas las cossas conçernientes a la Suprema.

5. Y porque nos siendo ynformados de los males y deshordenes que en descubrimientos y poblaçiones nuevas se han hecho y hazen, y para que Nos con buena conçiençia podamos dar liçençia para los fazer, para rremedio de lo qual, con acuerdo de los del nuestro Consejo y consulta nuestra esté hordenada y despachada una Provisión General de Capítulos, sobre lo que vos abeis de guardar en la dicha población y descubrimiento, lo cual aquí mandamos yncorporar, su tenor de la qual es este que se sigue [36].

Por ende, por la presente, haziendo vos lo suso dicho a vuestra costa y según y de la manera que de suso se contiene, y guardando y cunpliendo lo contenido en la dicha Provisión, que de suso va yncorporada, y todas las otras inistruçiones que adelante vos mandaremos guardar e hazer para la dicha tierra y para el buen tratamiento y conbersión a nuestra Santa Fée Cathólica y de los naturales della, digo y prometo que vos será guardada esta capitulación y todo lo en ella contenido en todo y por todo, según que de suso se contiene; y no lo haziendo ny cunpliendo ansí, Nos, no seamos obligados a vos mandar guardar ni

---

[36] A continuación se insertan las Ordenanzas de Descubrimientos de 17 de noviembre de 1526. Están reproducidas en capitulación con Francisco de Montejo de 8 de diciembre de 1526 (Doc. n.º 22).

cunplir lo suso dicho ni cosa alguna dello. Y dello vos mandé dar la presente, firmada de mi nombre y rrefrendada de mi ynfraescrito secretario. Fecha en Madrid, a veinte y siete días del mes de otubre, de mill y quinientos y veinte y nueve años. Yo la Reina. Refrendada de Samano. Señalada del Conde, y de Beltran, y del Liçençiado de la Corte, y de Carvajal.

# DOCUMENTO N.º 30

Capitulación otorgada a Francisco Pizarro para ir a la conquista de Tumbez.
1529, julio 26. Dada en Toledo.
A.G.I. Indif. General 415. L. I, fols. 115-120.
C.D.I. XXII, págs. 271-285.
PORRAS BARRENETHEA, R.: *Cedulario del Perú. Colección de documentos inéditos para la historia del Perú*. Edición del Departamento de Relaciones Culturales del Ministerio de Relaciones Exteriores del Perú. Lima, 1944. T. I, págs. 18-24.

Capitulaçión que se tomó con el capitán Françisco Piçarro, para la conquista de Tunbez.

### LA REYNA

Por quanto vos, el capitán Françisco Piçarro vezino de Tierra Firme, llamada Castilla del Oro, por nos y en nombre del benerable padre don Fernando de Luque, Maestre escuela y Provisor de la yglesia del Darien de Devacaur (sic), ques en la dicha Castilla del Oro, y del capitán Diego de Almagro, vezino de la çiudad de Panamá, nos fezistes rrelaçión que vos e los dichos vuestros conpañeros con deseo de Nos serbir e del bien y acreçentamiento de nuestra Corona Real, puede a ver çinco años poco más o menos, que con liçençia y pareçer de Pedrarias de Avila nuestro Gobernador y Capitán General que fue de la dicha Tierra Firme, tomastes a cargo de yr a conquistar, descubrir y paçificar e poblar por la costa del mar del Sur de la dicha tierra a la parte de Levante a vuestra costa y de los dichos vuestros conpañeros, todo lo que por aquella parte pudiesedes, y fezistes para ello dos navíos e un bergantín en la dicha costa en que ansí, en esto por se aver de pasar la jarçia e aparejos neçesarios al dicho viaje e armada, desde el Nombre de Dios ques en la costa del norte a la otra costa del sur como con la gente e otras cossas neçesarias al dicho viaje, e en tornar a rrefazer la dicha

259

armada gastastes mucha suma de pesos de oro e fuistes a fazer e fecistes el dicho descubrimiento donde pasastes muchos peligros y travajo a caussa de lo qual vos dexó toda la gente que con bos iva en una ysla despoblada con solos treze honmbres que no vos quisieron dexar, y que con ellos y con el socorro que de navíos y gente vos hizo el dicho capitán Diego de Almagro, partistes de la dicha ysla y descubristes las tierras y provinçias del Pirú y çiudad de Tunbez, en que abeis gastado vos e los dichos vuestros compañeros más de treinta mill pesos de oro, e que con el deseo que teneis de Nos serbir, querriades continuar la dicha conquista y población a vuestra costa e minsión sin que en ningún tienpo seamos obligados a vos pagar ni satisfazer los gastos que en ello fizierdes, más de lo que en esta capitulaçión vos fuere otorgado, e me suplicastes e pedistes por merçed, vos mandase encomendar la conquista de las dichas tierras, e vos conçediese y otorgase las merçedes y con las condiçiones que de suso serán contenidas, sobre lo qual, yo mandé tomar con vos el asiento y capitulaçión siguiente:

1. Primeramente, doy liçençia y facultad a vos el dicho capitán Françisco Piçarro para que por Nos, y en nuestro nombre y de la Corona Real de Castilla, podais continuar el dicho descubrimiento, conquista y población de la dicha tierra y provinçia del Pirú, fasta doçientas leguas de tierra por la misma costa, las quales dichas doçientas leguas comiençan desde el pueblo que en lengua de yndios se dize Temunpulla y después le llamastes Santiago, fasta llegar al pueblo de Chuncha que puede aver las dichas doçientas leguas de costa poco más o menos.

2. Yten, entendiendo ser cunplidero al serviçio de Dios y nuestro, e por honrrar vuestra persona y por vos hazer merçed, prometemos de vos hazer nuestro Gobernador e Capitán General de toda la dicha provinçia del Pirú y tierras y pueblos, que al presente ay e adelante oviere en todas las dichas doçientas leguas, por todos los días de vuestra vida con salario de seteçientos y veinte y çinco mill maravedís en cada un año, contados desde el día que vos fizierdes a la bela destos nuestros reinos para continuar la dicha población y conquista, los quales vos han de ser pagados de las rentas y derechos a Nos perteneçientes en la dicha tierra que hansí abeis de poblar, del qual salario abeis de pagar en cada un año un Alcalde Maior y diez escuderos e treinta peones e un médico e un boticario, el qual salario os ha de ser pagado por los nuestros offiçiales de la dicha tierra.

3. Otrosí, vos hazemos merçed de título de nuestro Adelantado de la dicha provinçia del Pirú, e ansímismo del offiçio de Alguazil Maior della, todo ello por los días de vuestra vida.

4. Otrosí, vos doy liçençia para que con pareçer y acuerdo de los dichos nuestros offiçiales podais fazer en las dichas tierras y provinçias del Pirú hasta quatro fortalezas en las partes y lugares que más conbenga, pareçiendo a vos e a los dichos nuestros offiçiales ser nesçesarios para guarda y paçificaçión de la dicha tierra, y vos haré merçed de la tenençia dellas, para vos y para dos herederos e suçesores vuestros, uno en pos de otro, con salario de setenta e çinco mill maravedís en cada un año por cada una de las dichas fortalezas que así estubieren fechas, las quales abeis de fazer a vuestra costa, sin que Nos ni los

Reies que después de Nos binieren seamos obligados a vos lo pagar al tienpo que así lo gastardes, salbo dende en çinco años después de acavada la tal fortaleza, pagandoos en cada un año de los dicho çinco años la quinta parte de lo que se montare el dicho gasto de los frutos de la dicha tierra.

5. Otrosí, vos hazemos merçed para ayuda a vuestra costa, de mill ducados en cada año por todos los días de vuestra vida de las rrentas de la dicha tierra.

6. Otrosí, es nuestra merçed acatando la buena vida y dotrina de la persona del dicho don Fernando de Luque, de le presentar a nuestro muy Santo Padre por Obispo de la çiudad de Túnbez, ques en la dicha provinçia e governaçión del Pirú, con los límites e dioçesis que por Nos, con nuestra autoridad appostólica, le serán señalados. Y entretanto que bienen las Bulas del dicho obispado, le fazemos protector huniversal de todos los yndios de la dicha provinçia, con salario de mill ducados en cada un año pagados de nuestras rrentas de la dicha tierra entre tanto que ay diezmos eclesiásticos de que se pueda pagar.

7. Otrosí, por quanto nos abeis suplicado por vos y en el dicho nombre fisiese merçed de algunos vasallos en las dichas tierras, y al presente dexamos de fazer por no tener entera rrelaçión dellas, es nuestra merçed que entre tanto que ynformados probeamos en ello lo que a nuestro serviçio y a la enmienda y satisfaçión de vuestros trabajos y serviçio conbiene, tengais la veintena parte de todos los pechos que Nos tovieramos en cada un año en la dicha tierra, con tanto que no exceda de mill quinientos ducados; los mill para vos el dicho capitán Piçarro, y los quinientos para el dicho Diego de Almagro.

8. Otrosí, hazemos merçed al dicho capitán Diego de Almagro de la tenençia de la fortaleza que ay o oviere en la dicha çiudad de Tanbez, ques en la dicha provinçia del Pirú, con salario de çinco mill maravedís cada un año, con más dozientos mill maravedís en cada un año de ayuda de costa, todo pagado de las rrentas de la dicha tierra, de las quales a de gozar desde el día que vos el dicho Françisco Pizarro llegardes a la dicha tierra aunque el dicho capitán Almagro se quede en Panamá o en otra parte que le conbenga. E le faremos Ome fijodalgo para que goze de las honrras e preheminençias que los omes fijosdalgo pueden y deben gozar en todas las Yndias, yslas e tierra firme del mar Oçeano.

9. Otrosy, mandamos que las faziendas y tierras y solares que teneis en Tierra Firme, llamada Castilla del Oro, e vos están dadas como veçinos della las tengais y gozeis e hagais dello lo que quisierdes y por bien tubierdes, conforme a lo que tenemos conçedido y otorgado a los vezinos de la dicha Tierra Firme. Y en lo que toca a los yndios y nabarias que teneis y vos estan encomendados, es nuestra merçed y voluntad y mandamos que los tengais y gozeis y sirbais dellos y que no vos sean quitados ni rremobidos por el tiempo que nuestra voluntad fuere.

10. Otrosí, conçedemos a los que fueren a poblar a la dicha tierra, que en los seis años primeros siguientes desde el día de la data desta en adelante, que del oro que se cogere en las minas nos paguen el diezmo, y cunplidos los dichos seys años paguen el nobeno, e así deçendiendo en cada un año fasta llegar al quinto; pero del oro y otras cosas que

se ovieren de rrescate o cavalgadas, o en otra qualquier manera, desde luego Nos han de pagar el quinto de todo ello.

11. Otrosí, franqueamos a los vezinos de la dicha tierra por los dichos seis años, y más quanto fuere nuestra voluntad, del almoxarifasgo de todo lo que llevaren para probeimiento y provisión de sus casas, con tanto que no sea para lo vender, e de lo que vendieren ellos y otras qualesquier personas, mercaderes y tratantos, ansímismo los franqueamos por dos años tan solamente.

12. Yten, prometemos que por término de diez años y más adelante fasta que otra cosa mandemos en contrario, no ynpornemos a los vezinos de las dichas tierras alcavala ni otro tributo alguno.

13. Yten, conçedemos a los dichos vezinos y pobladores que le sean dados por vos los solares e tierras conbenientes a sus personas, conforme a la que se a fecho y haze en la ysla Española. En ansímismo, vos daremos poder para que en nuestro nombre, durante el tienpo de vuestra gobernaçión, hagais la encomienda de los yndios de la dicha tierra guardando en ellas las inistruçiones e hordenanças que vos serán dadas.

14. Yten, a suplicaçión vuestra fazemos nuestro Piloto Maior de la mar del sur a Bartolomé Ruiz, con setenta y çinco mill maravedís de salario en cada un año, pagados de la rrenta de la dicha tierra, de los quales a de gozar desde el día que le fuere entregado el título que dello le mandaremos dar. Y en las espaldas dél se asentará el juramento y solenidad que ha de hazer anbos e otorgado ante escrivano, e ansímismo, daremos título de escrivano del número y del conçejo de la dicha çiudad de Tanbez a un hijo del dicho Bartolome Ruiz, siendo ábil y sufiçiente para ello.

15. Otrosí, somos contentos y nos plaze que vos el dicho capitán Piçarro quanto nuestra merçed y voluntad fuere, tengais la gobernaçión y administraçión de los yndios de la nuestra ysla de Flores, ques çerca da Panamá, e gozeis para vos y para quien de vos quisierdes de todos los aprovechamientos que oviere en la dicha ysla, así de tierras como de solares y montes y árboles e mineros y pesquería de perlas, con tanto que seais obligado por rrazón dello a dar a Nos y a los nuestros offiçiales de Castilla y del Oro, en cada un año de los que fuere nuestra voluntad que vos la tengais, doçientas mill maravedís e más el quinto de todo el oro e perlas que en qualquier manera y por qualesquier personas se sacare en la dicha ysla de Flores, sin desquento alguno, con tanto que los dichos yndios de la dicha ysla de Flores no los podais ocupar en la pesquería de las perlas ni en las minas del oro ni en otros metales sino en las otras granjerías y aprovechamientos de la dicha tierra para provisión y mantenimiento de la dicha vuestra armada e de las que adelante ovierdes de fazer para la dicha tierra. E permitimos que si vos el dicho Francisco Piçarro, llegado a Castilla del Oro dentro de dos meses luego siguientes, declarardeis ante el dicho Nuestro gobernador o Juez de rresidencia que allí estuviere que no vos quereis encargar de la dicha ysla de Flores, que en tal caso no seais tenudo e obligado a Nos pagar por rrazón dello las dichas doçientas mill maravedís y que se quede para Nos la dicha ysla como agora la tenemos.

16. Yten, acatando lo mucho que a serbido en el dicho viaje y descubrimiento Bartolom Ruyz Expoval de Peralta, e Pedro de Candía, e

Domingo de Sofaluse, e Niculás de Ribera, e Françisco de Cuellar, e Alonso de Molina, e Pedro Halcón, e García de Geren, e Anton Carrión, Alonso Brizeño y Martín de Paz e Juan de la Torre e porque vos me lo suplicastes e pedistes por merçedes, nuestra merçed y voluntad de les fazer merçed, como por la presente se la fazemos, a los que dellos no son hidalgos que sean Fidalgos Notorios de Solar Conosçido en aquellas partes, y que en ellas y en todas las nuestras Yndias, yslas e tierra firme del mar Oçéano, gozen de las preheminençias e libertades y otras cosas de que gozan e deben ser guardadas a los Fijodalgos Notorios de Solar Conosçido destos nuestros rreynos, e los que de los suso dichos sin hidalgos que sean Cavalleros d'Espuelas Doradas, dando primero la ynformaçión que en tal caso se rrequiere.

17. Yten, vos fazemos merçed de veinte y çinco yeguas y otros tantos cavallos, de los que Nos tenemos en la ysla de Jamayca, y no las abiendo quando las pidierdes, no seamos tenudos al precio dellas ni otra cosa por rrazón dellas.

18. Otrosí, vos hazemos merçed de treçientas mill maravedís, pagadas en Castilla del Oro, para el artillería y muniçión que abeis de llevar a la dicha provinçia del Pirú, llevando Fée de los Nuestros offiçiales de la Casa de Sevilla de las cosas que ansí conprastes y de lo que vos costó contando el ynterese y canbio dello, y más vos faré merçed de otros doçientos ducados pagados en Castilla del Oro para ayuda al acarreto de la dicha artillería y muniçión y otras cossas vuestras, desde el nombre de Dios a la dicha çiudad del Sur.

19. Otrosí, que vos daremos liçençia, como por la presente vos la damos, para que destos nuestros rreinos o del rreino de Portugal o yslas de Cabo Berde, o de donde vos o quien vuestro poder huviere quisierdes y por bien tubierdes, podais pasar y paseis a la dicha tierra de vuestra governaçión, çinquenta esclavos negros en que aya a lo menos el terçio enbras, libres de todos derechos a Nos pertenesçientes, con tanto que si los dexardes todos o parte dellos en las yslas Española, Sanct Juan y Cuba e Santiago o en Castilla del Oro o en otra parte alguna, los que dellos ansí dexardes sean perdidos e aplicados, y por la presente aplicamos para la nuestra Cámara y Fisco.

20. Otrosí, que haremos merçed y limosna al ospital que se hiziere en la dicha tierra para ayuda al rremedio de los pobres que allá fueren de çient mill maravedís, librados en las penas de Cámara de la dicha tierra.

21. Ansímismo, de vuestro pedimento y consentimiento de los primeros pobladores de la dicha tierra dezimos que haremos merçed, como por la presente la fazemos, a los ospitales de la dicha tierra de los derechos de la escovilla, rreheliéves que huviere en las fundaçiones que en ella se hizieren, y dello mandaremos dar nuestra Provisión en forma.

22. Otrosí, dezimos que mandaremos y por la presente mandamos que aya y rresida en la çiudad de Panamá, o donde por vos fuere mandado, un carpintero e un calafatero e cada uno dellos tenga de salario treynta mill maravedís en cada un año, dende que começaren o rresidir en la dicha çiudad, o donde, como dicho es, vos les mandardes, los quales les mandaremos pagar por los nuestros offiçiales de la dicha tierra de vuestra governaçión, quando nuestra merçed y voluntad fuere.

23. Yten que vos mandaremos dar nuestra Provysión en forma para que en la dicha costa de la mar del Sur podais tomar qualesquier navíos que ovieredes menester, de consentimiento de sus dueños, para los viajes que ovierdes de hazer a la dicha tierra, pagando a los dueños de los tales navíos el flete que justo que sea, no enbargante que otras personas los tengan fletados para otras partes.

24. Ansímismo, que mandaremos, y por la presente mandamos y defendemos, que destos nuestros rreinos no bayan ni pasen a las dichas tierras ningunas personas de las proybidas que no pueden pasar aquellas partes, so las penas contenidas en las leyes y hordenanças y cartas nuestras que acerca desto por Nos y por los Reyes Cathólicos están dadas, ni letrados ni procuradores para usar de sus officios.

25. Lo qual todo que dicho es, y cada cossa y parte dello, vos concedemos con tanto que vos el dicho capitán Piçarro seais tenudo y obligado de salir destos nuestros rreinos con los nabíos e aparejos y mantenimientos y otras cosas que fueren menester para el dicho viaje y población con doçientos e çinquenta honbres, los çiento y çinquenta destos nuestros rreinos, e otras partes no proybidas, y los çiento rrestantes podais llevar de las yslas e tierra firme del mar Oçeano, con tanto que la dicha tierra firme, llamada Castilla del Oro, no saqueis más de veinte hombres y no fuere de los que en el primero o segundo viaje que vos feçistes a la dicha tierra del Pirú se hallaron con vos, porque a estos damos liçencia que puedan yr con bos libremente. Lo qual vos ayais de cunplir desde el día de la data desta fasta seis meses primeros siguientes, y llegado a la dicha Castilla del Oro y pasado a Panamá, seais tenudo de proseguir el dicho viaje y fazer el dicho descubrimiento y población dentro de otros seys meses luego siguientes.

26. Yten, con condiçión que quando salierdes destos nuestros rreinos e llegardes a la dicha provinçia del Pirú, ayais de llevar e tener con vos a los officiales de nuestra hazienda que por Nos están y fueren nonbrados, y asímismo, las personas religiosos o eclesiasticos que por Nos serán señaladas para ynistruçión de los yndios e naturales de aquella provinçia a nuestra Santa Fée Cathólica, con cuyo paresçer, y no sin ellos, abeis de fazer la conquista, descubrimiento y poblaçión de la dicha tierra, a los quales rreligiosos abeis de dar y pagar el flete y matatolaje y los otros mantenimientos neçesarios, conforme a sus personas, todo a vuestra costa, sin por ello les llevar cosa alguna durante toda la dicha nabegación. Lo qual mucho vos encargamos que así hagais y cunplais como cosa de serviçio de Dios y nuestro porque de lo contrario nos ternemos de vos por deservidos.

27. Otrosí, con condiçión que en la dicha paçificaçión, conquista y poblaçión e tratamiento de los dichos yndios, sus personas e bienes seais tenudos y obligados de guardar, en todo y por todo, lo contenido en las hordenanças e ynistruçiones que para esto tenemos fechas e se hizieren e vos serán dadas en la nuestra carta y provysión que vos mandaremos dar para la encomienda de los dichos yndios.

28. Y cunpliendo vos, el dicho capitán Françisco Pizarro, lo contenido en este asiento e todo lo que a vos toca e yncumbe de guardar y cunplir, prometemos y vos aseguramos por nuestra palabra real, que agora e de aquí adelante vos mandaremos guardar, y vos será guardado

todo lo que ansí vos conçedemos e fazemos merçed a vos e a los pobladores e tratantes en la dicha tierra; para execuçión y cunplimiento dello, vos mandaremos dar nuestras cartas y provisiones particulares que conbengan y menester sean, obligando vos el dicho capitán Piçarro, primeramente, ante escrivano público de guardar y cunplir lo contenido en este asiento que a vos toca, como dicho es. Fecha en Toledo, a veinte y seis días de Jullio, de mill y quinientos y veinte y nueve años. Yo la Reyna. Refrendada de Joan Vazquez, señalada del Conde, y del Dotor Beltrán.

# DOCUMENTO N.º 31

Capitulación otorgada a Simón de Alcazaba para ir a conquistar doscientas leguas hacia el estrecho de Magallanes.
1529, julio 26. Dada en Toledo.
A.G.I. Indif. General 415. L. I, fols. 120-123.
C.D.I. T. XXII, págs. 262-270.

capitulaçión que se tomó con Simón de Alçava, para conquystar doçientas leguas hazia el estrecho de Magallanes.

### LA REYNA

Por quanto vos, Simón de Alcaçava nuestro Criado y Gentil honbre de Nuestra Casa por Nos servir, vos ofreçeis de descubrir, conquistar y poblar a vuestra costa y minsión, sin que en ningún tienpo seamos obligados, Nos ni los Reyes que después de Nos binieren a vos pagar ni satisfazer los gastos que en ello hizierdes, más de lo que en esta capitulación vos fuere otorgado, las tierras y provinçias que ay desde el lugar de Chincha questá en la mar del Sur, término y límite de la governaçión del Capitán Piçarro dentro de doçientas leguas hazia el estrecho de Magallanes, continuadas las dichas doçientas leguas desde el dicho lugar de Chincha hazia el dicho estrecho, el qual descubrimiento y población quereys hazer a vuestra costa, haziendo vos las merçedes e conçediendo a vos e a los pobladores las cosas que de yuso serán declaradas. Y nos considerando vuestra fidilidad y çelo con que os mobeis a Nos serbir, y la yndustria y espiriençia de vuestra persona, mandamos tomar y tomamos çerca de lo suso dicho, con vos, el dicho Simón de Alçava, el asiento y capitulaçión siguiente:

1. Primeramente, vos prometemos de dar, y por la presente vos damos, liçençia de conquistar, paçificar y poblar las provinçias y tierras que oviere en las dichas doçientas leguas más çercanas al dicho lugar de Chincha, desenbocando y saliendo del dicho estrecho de Magallanes hasta llegar al dicho lugar de Chincha, de manera que del primero pueblo

e tierra que conquistardes e poblardes en este descubrimiento fasta el dicho lugar de Chincha hasta el postrero lugar que plobardes no aya de aver ni aya más de las dichas doçientas leguas continuadas, como dicho es, lo qual ayais de hazer dentro de año y medio del día de la fecha desta, estando a la bela con los navíos neçesarios para llevar y que lleveis en ellos çiento y çinquenta honbres destos nuestros rreinos de Castilla y de otras partes permitidas, y dentro de otro año y medio adelante, luego siguientes, seais tenudo y obligado de proseguir y fenesçer el dicho viaje con los dichos çiento y çinquenta honbres, con las personas rreligiosos y clérigos, y con los nuestros offiçiales, que para conbersión de los yndios a nuestra Santa Fée y buen rrecabdo de nuestra hazienda vos serán dados y señalados por nuestro mandado; a los quales rreligiosos abeis de dar y pagar el flete y matalotaje y los otros mantenimientos neçesarios conforme a sus personas, todo a vuestra costa, sin por ello les llevar cosa alguna durante toda la dicha nabegación; lo qual mucho vos encargamos que hansí hagais y cunplais, como cosa del serviçio de Dios y nuestro, porque de lo contrario nos ternemos por deservidos.

2. Yten, vos daremos y por la presente vos damos liçençia para que si desde el dicho Estrecho de Magallanes prosiguiendo la dicha navegaçión hasta llegar al término de las dichas doçientas leguas de Chincha, que a de ser el límite de vuestra Gobernación y conquista, toviéredes notiçia de algunas tierras e yslas al serviçio de Dios y nuestro conbenga tener entera relación dellas, podais en tal caso, vos o la persona que para ello señalardes con acuerdo de los nuestros offiçiales y de los dichos rreligiosos, con que no sean más de quatro personas, salir a tierra asentando por escrito todo lo que consigo llevaren cada una de las dichas quatro personas para rrescate o en otra qualquier manera. Y ansímismo, lo que truxeren consigo quando tornaren a los dichos navíos, para que todo se tenga quenta y rrazón y se ponga particularmente por escrito la calidad de la tierra y moradores y naturales della y de las cossas que se dan y crían en ella, para que ynformados nosotros de la berdad de todo ello, proveamos lo que conbenga a serviçio de Dios y Nuestro.

3. Yten, vos prometemos que durante el tienpo de los dichos tres años, ni después cunpliendo vos lo que por vuestra parte fueredes tenudo a cunplir por este asiento y capitulación, no daremos liçençia a ninguna otra persona para conquistar ni descubrir las tierras y provinçias que se encluieren en las dichas doçientas leguas de Chincha hazia el Estrecho de Magallanes, como dicho es, antes lo defenderemos espresamente, y para ello vos daremos las provisiones que fueren neçesarias.

4. Otrosí, es nuestra merçed y vos conçedemos, que si a vos y a los dichos rreligiosos y a los dichos nuestros offiçiales, juntamente, pareçiere que no conbiene a nuestro serviçio o no ay posibilidad para conquistar y poblar en las dichas doçientas leguas que ansí señalais desde Chincha hazia el Estrecho, declarandolo ansí, y apartandoos por auto de la población de las dichas doçientas leguas podais en tal casso y no en otro alguno, señalar las dichas doçientas leguas en el rrestante de las tierras y provinçias que obiere hasta el dicho Estrecho de Magallanes continuadas, lo qual a de ser sin perjuizio de las gobernaçiones que

hasta oy estan probeidas por Nos, o adelante probeyeremos, hasta el día que vos quisierdes dexar las dichas doçientas leguas que agora señalais y escogeis otras.

5. Otrosí, vos haremos nuestro Gobernador por toda vuestra vida de las dichas tierras y provinçias que así descubrierdes y poblardes en el término de las dichas doçientas leguas, con salario de mill y quinientos ducados en cada un año pagados de los provechos que Nos tovieremos en la dicha tierra, contados desde el día que vos hizierdes a la bela en estos nuestros rreinos para proseguir el dicho viaje, sin Nos divirtir a otras partes ni negoçios estraños del dicho descubrimiento y población.

6. Yten, vos haré, y por la presente vos hago merçed del offiçio de nuestro Alguazil Maior de todas las dichas tierras, por los días de vuestra vida sin salario alguno, salvo en los derechos que según leies destos nuestros reinos podais y deveis llevar.

7. Otrosí, vos doi liçençia, que si a vos juntamente con nuestros offiçiales pareçiere qués cosa neçesaria, conbiniente a nuestro serviçio de hazer en alguna parte de las dichas doçientas leguas una o dos fortalezas a vuestra costa, las podais hazer, y de la tenençia dellas vos hago desde agora merçed perpetua para vos y para vuestros herederos con salario de doçientos ducados en cada un año, con tanto que Nos ni los Reies que después de Nos binieren no seamos tenudos a vos pagar cosa alguna de lo que ansí gastardes ni del sueldo que la gente en ellas estuviere ganare.

8. Otrosí, vos haremos merçed, y por la presente vos la hazemos, de la veintena parte y provechos que Nos tovieremos en la dicha tierra, con tanto que no pase de mill ducados en cada un año sino dellos avaxo.

9. Yten, es nuestra merçed que los mantenimientos y armas y otras cossas, que destos nuestros rreinos llevardes este primero viaje, no paguen en ellos, ni en los lugares del dicho vuestro descubrimiento y poblaçión, almoxarifasgo ni otros derechos algunos. Pero si durante la dicha nabegaçión saliesedes a tierra d'algunas partes de nuestras yslas o tierra firme do se pagan derechos, en tal caso, de todo lo que ansí sacardes y bendierdes pagueis el dicho almoxarifasgo.

10. Otrosí, franqueamos a todas las mercaderías e mantenimientos e otras cossas, que a las tierras de la dicha vuestra Governaçión se llevaren, por término de dos años desde el dicho día que vos hizierdes a la bela, así por vos el dicho Simón Alcaçava como por qualesquier personas que con vos fueren a hazer la dicha poblaçión o atratos de mercaderías, con tanto que si vos o ellos salierdes a otras partes de nuestras yslas o tierra firme del mar Oçéano donde se pagan derechos si sacardes algunas cossas a tierra, ayais de pagar y pagueis almoxarifazgo de todo lo que ansí sacardes.

11. Yten, conçedemos a los vezinos y moradores de las dichas tierras de la dicha vuestra gobernaçión franqueza del dicho almoxarifazgo de las cossas que llevaren a ellas para su mantenimiento y provysión de sus personas y cassas, por otros dos años luego siguientes, con tanto que no puedan vender ni bendan lo que ansí llevaren, e si lo vendieren, paguen el dicho almoxarifazgo dello y de todo lo que ansí ovieren llevado.

12. Otrosí, es nuestra merçed que del oro que en la dicha tierra se cogiere e sacaren de minas, nos paguen el diezmo y no más por término

de çinco años que corran desde el día que llegardes a la dicha vuestra governaçión, y pasados los çinco años, luego el otro año siguiente pague el nobeno, e ansí deçendiendo los otros años hasta llegar al quinto, el qual quinto en adelante nos ayan de pagar y paguen del dicho oro de minas, como dicho es. Pero es nuestra merçed, e ansí lo declaramos, que de todo el oro, perlas y piedras que se oviere ansí de rrescates y cavalgadas, o se hallare en otra qualquier manera, Nos ayan dende luego de pagar y paguen el quinto de todo ello sin disquento alguno.

13. Otrosí, les prometemos que por término de diez años, e más quanto nuestra voluntad fuere, no ynpornemos ni mandaremos hechar ni poner en la dicha tierra vezinos della alcavala ni otro derecho alguno de más del dicho almoxarifazgo.

14. Otrosí, permitimos que a los vezinos y moradores, en las dichas provinçias de vuestra gobernaçión, le sean dadas y señaladas por vos las tierras y solares y cavallerías que según la calidad de sus personas y de razón, abiendo rrespeto a la tierra e a lo que se a hecho en la ysla Española, ovieren menester.

15. Otrosí, permitimos, que vos, el dicho Somón de Alcaçava con las personas que para ello señalaremos, podais hazer el rrepartimiento y encomienda de los yndios, guardando en ello enteramente las hordenanças que por nuestro mandado vos serán dados e yran encorporadas en la carta que para la execuçión y cunplimiento de lo contenido en este capítulo vos será entregada.

16. Otrosí, haremos, y por la presente hazemos merçed, de consentimiento vuestro y de los primeros pobladores que con vos fueren a la dicha tierra, de los derechos de la escovilla y rrelaves de las fundiçiones que en ella se hizieren para el espital de pobres que en la dicha tierra oviere.

17. Yten, defendemos que ninguna persona de las proibidas para pasar a las Yndias no pasen a las tierras de vuestra gobernaçión, ni letrado, ni procurador para usar ni usen de sus offiçios, sin nuestra liçençia y expreso mandado.

18. Yten, si demás de las merçedes en esta capitulaçión declaradas, oviere de presente algunas conçedidas a la ysla Española que sean conbinientes a los moradores en las dichas tierras de vuestra governaçión, y no perjudiçiales a nuestro serviçio, se las mandaremos conçeder.

19. Y cunpliendo vos, el dicho Simón de Alcaçava, lo contenido en este asiento en todo lo que a vos toca e yncumbe de guardar y cunplir, prometemos y vos aseguramos por nuestra palabra rreal, agora y de aquí adelante, vos mandaremos guardar y vos será guardado todo lo que ansí vos conçedemos y hazemos merçed a vos y a los pobladores y tratantes en la dicha tierra. Y para execuçión y cunplimiento dello vos mandaremos dar nuestras cartas y Provisyones particulares que conbengan y menester sean, obligandoos vos, el dicho Simón de Alcaçava, primeramente ante escrivano público de guardar y cunplir lo contenido en este asiento que a vos toca, como dicho es. Fecha en Toledo, a veinte y seis días del mes de Jullio, de mill y quinientos y veinte y nueve años. Yo la Reyna. Refrendada de Jhoan Vazquez, y señalada del Conde, y del Dotor Beltrán.

# DOCUMENTO N.º 32

Capitulación otorgada a Diego de Ordás para ir a descubrir, conquistar y poblar doscientas leguas desde el cabo de la Vela.
1530, mayo 20. Dada en Madrid.
A.G.I. Indif. General 416. L. III, fols. 1-4 vto.

Diego de Ordaz, su capitulaçión.

## LA REYNA

Por quanto vos, el capitan Diego de Ordaz, vezino de la Nueva España, me hezistes relaçión que vos por la mucha voluntad que teneis al serviçio del Emperador y Rey my señor y myo, y al acreçentamiento de nuestra Corona Real, queriades descobrir y conquistar y poblar las tierras que ay desde los límites y gobernaçión de Cabo de la Vela y Golfo de Venezuela que tenemos encomendada a micer Enrrique e Ynguer y Gerónimo Sayler, alemanes, dozientas leguas de costa poco mas o menos, y trabajareys de descubrir lo que mas pudierdes y por aquellas partes toda a vuestra costa y mynsyón, sin que en ningún tienpo seamos obligados a vos pagar ny satisfazer los gastos que en ello hizieredes más de lo que en esta capitulaçión vos será otorgado. Y me suplicastes y pedistes por merçed, vos hiziese merçed de la conquista de las dichas tierras, y vos hiziere y otorgase las merçedes y con las condiçiones que de yuso serán conthenidas. Sobre lo qual yo mandé tomar con vos el asiento y capitulación siguiente:

1. Primeramente, vos doy liçençia y facultad para que por Nos y en nuestro nonbre y de la Corona Real de Castilla, podais conquystar y poblar las dichas tierras y provinçias que ay desde el dicho rio del Marañon hasta el cabo de la Vela, de la gobernaçión de los dichos alemanes, en que puede aver dozientas leguas de costa, poco más o menos, con tanto que no toqueis en cosa que sea dentro de la demarcaçión del Serenísimo Rey de Portugal mi hermano.

270

2. Yten, entendiendo ser cunplidero al serviçio de Dios y nuestro y por honrrar vuestra persona y por vos haber merçed, prometemos de vos hazer nuestro Gobernador y Capitán General de las dichas tierras y provinçias y pueblos que al presente ay y delante oviere en todas las dichas doguas, por todos los dias de buestra bida, con salario de seteçientos y beinte e cinco mill maravedís en cada un año contados desde el día que vos hizieredes a la bela en estos nuestros reynos para hazer la dicha poblaçión y conquysta, los quales vos han de ser pagados de las rentas y derechos a Nos perteneçientes en la dicha tierra que ansí abeis de poblar, del qual salario abeis de pagar en cada un año un alcalde mayor y diez escuderos, y treynta peones, e un médico, e un boticario, el qual salario vos ha de ser pagado por los nuestros ofiçiales de la dicha tierra.

3. Otrosí, vos hazemos merçed de título de nuestro Adelantado de las dichas tierras y ansímismo del ofiçio de Alguazil Mayor dellas, todo ello por los días de vuestra bida.

4. Otrosí, vos doy liçençia para que con pareçer e acuerdo de los dicho nuestros ofiçiales podais hazer en las dichas tierras y provinçias hasta quatro fortalezas, en las partes y lugares que más conbenga, pareçiendo a vos y a los dichos nuestros ofiçiales ser neçesarias para guarda y paçificaçión de la dicha tyerra. Y vos hazemos merçed de la tenençia dellas, para vos y para dos herederos y suçesores vuestros, uno en pos de otro con salario de setenta e çinco mill maravedís en cada un año con cada una de las dichas fortalezas que ansí estovieren hechas, las quales aveis de hazer a vuestra costa, sin que Nos ni los Reyes que después de Nos vinieren seamos obligados a vos lo pagar, al tienpo que ansí los gastaredes, salbo dende en çinco años después de acabada la tal fortaleza pagandos en cada uno de los dichos çinco años la quinta parte de lo que se montare al dicho gasto, de las rentas de la dicha tierra.

5. Otrosí, vos hazemos merçed para ayuda a vuestra costa de mill ducados en cada un año por todos los días de vuestra vida, de la rentas de la dicha tierra.

6. Otrosí, por quanto nos abiades suplicado vos hiziese merçed de algunos vasallos en las dichas tierras, y al presente lo dexamos de hazer por no tener entera relaçión dellas, en nuestra merçed, que entre tanto que ynformados probeamos en ello lo que a nuestro serviçio y a la hemyenda y satysfaçión de buestros trabajos y serviçios conbiene, tengais la veyntena parte de todos los provechos y rentas que Nos tovieremos en cada un año en la dicha tierra, con tanto que no eçeda de mill e quinientos ducados en cada un año.

7. Otrosí, mandamos que las haziendas y tierras y solares en estas estançias e otras cosas que teneys en la Nueva España, ansy encomendadas como de las que os abemos hecho merçed, las tengais y gozeis y hagais dello lo que quysyeredes y por bien tovieredes conforme a lo que tenemos conçedido e otorgado a los vesynos de la dicha tierra, y en lo que toca a los yndios y naborias que teneys y vos estan encomendados, es nuestra merçed y voluntad y mandamos que los tengays y gozeis y syrbays dellos, y que no vos sean quitados ny removidos por el tienpo que nuestra voluntad fuere.

8. Otrosy, conçedemos a los que fueren a poblar a la dicha tierra, que en los seys años primeros siguientes que se quenten desde el día de la data

desta en adelante, que del oro que se cogere en las minas nos paguen el diezmo, y conplidos los dichos seis años paguen el noveno, y ansy deçendiendo en cada un año hasta llegar al quynto; pero del oro y otras cosas que se ovieren de rescates y cabalgadas, o en otra qualquier manera, desde luego nos han de pagar el quynto de todo ello.

9. Otrosí, franqueamos a los vecinos de la dicha tierra por los dichos seys años, y más quando fuere nuestra voluntad, de almozarifazgo de todo lo que llevaren para proveymyento y provisión de sus casas, con tanto que no sea para lo vender, e de lo que vendieren ellos y otras qualesquyer personas mercaderes y tratantes, ansymysmo, los franqueamos por dos años tan solamente.

10. Yten, prometemos que por térmyno de diez años, y más adelante hasta que otra cosa mandemos en contrario, no ynpornemos a los vecinos de las dichas tierras alcavala ny otro tributo alguno.

11. Yten, conçedemos a los dichos vecinos y pobladores que les sean dados por vos los solares y tierras convinyentes a sus personas conforme a lo que se ha hecho y haze en la ysla Española. Y ansymismo, os daremos poder para que en nuestro nonbre durante el tienpo de vuestra governaçión hagays las encomyendas de los indios de la dicha tierra, guardando en ella las instruçiones y hordenanças que vos serán dadas.

12. Otrosí, vos hazemos merçed de veynte a çinco yeguas y otros tantos cavallos de los que tenemos en la ysla de Jamaica, y no las abyendo quando las pidieredes no seamos tenudos al preçio dello sin otra cosa por esta razón.

13. Otrosí, vos hazemos merçed de trezientos mill maravedís pagados en la dicha vuestra gobernación para el artillería y munyçión que aveis de llevar a la dicha tierra, llevando fée dello nuestros ofiçiales de la Casa de la Contrataçión de Sevilla de las cosas que ansy conprastes y de lo que vos costó, contando el ynterese e canbio dello, la qual dicha artillería seays obligado a tener y preparar para la guarda de las fortalezas de la tierra.

14. Otrosí, vos daremos liçençia, como por la presente vos la damos, para que destos nuestros reinos e del reino de Portugal e yslas de Cabo Verde e de donde vos o quien vuestro poder oviere quysieredes e por bien tovieredes, podays pasar e paseys a la dicha tierra de vuestra governaçión çinquenta esclabos negros, en que aya a lo menos el terçio henbras, libres de todos derechos a Nos pertenesçientes, así tanto que sy los dexaredes todos o parte dellos en la ysla Española o San Juan o Cuva o Santiago o en otra parte alguna, lo que de los ansy dexaredes sean perdidos e aplicados a nuestra Cámara e Fisco.

15. Otrosy, hacemos merçed e lismona al ospital que se hiziere en la dicha tierra para ayuda al remedio de los pobres que a ella fueren de çien maravedís librados en las penas de la Cámara de la dicha çibdad.

16. Ansymismo, de vuestro pedymiento e consentimiento de los primeros pobladores de la dicha tierra, dezimos que hazemos merçed como por la presente la hazemos a los pobladores de la dicha tierra de los derechos de la escobilla e relabes que oviere en las fundiçiones que en ella se hizieren, e dello mandaremos dar nuestro provisión en forma.

17. Ansymismo, que mandaremos, e por la presente mandamos y defendemos, que destos nuestros reinos no vayan ni pasen a la dicha tierra ningunas personas de las proybidas que no pueden pasar aquellas partes so

las penas contenidas en las leyes y ordenanças y cartas nuestras que açerca desto por Nos e por los Reyes anteriores están dadas, ni letrados ni procuradores para usar de sus ofiçios.

18. Lo qual, todo que dicho es, y cada cosa y parte dello vos conçededemos con tanto que vos, el dicho capitán Diego de Ordás, seays tenudo e obligado a salir destos nuestros reinos con los navíos e aparejos e mantenimientos e otras cosas que fueren menester para el dicho viaje e población con dozientos e çinquenta onbres destos nuestros reinos e de otras partes no proybidos. Lo qual ayais de cunplir desde el día de la data hasta seis meses primeros syguientes.

19. Yten, con condiçión que quando salieredes destos nuestros reinos e llegaredes a la dicha tierra ayais de llevar a tener con vos a los ofiçiales de nuestra hazienda que por Nos esán y fueren nonbrados, y asymismo los dichos nuestros religiosos e eclesiasticos que por Nos serán señalados para ynstruçión de los yndios y naturales de aquella provinçia a nuestra Santa Fée católica con cuyo paresçer, y no sin ellos, aveys de hazer la conquista, descubrimiento y población de la dicha tierra, a los quales religiosos abeys de dar e pagar el flete e matalotaje y los otros mantenimientos nesçesarios conforme a sus personas, todo a vuestra costa, sin por ello les llebar cosa alguna durante toda la dicha navegaçión. Lo qual mucho vos encargamos que ansy hagais e cunplais como cosa del serbiçio de Dios y nuestro, porque de lo contrario nos tengamos por deserbidos.

20. Otrosy, con condiçión que en la dicha paçificación, conquista e población e tratamiento de los dichos yndios, en sus personas e bienes, seays tenudos e obligados de guardar en todo e por todo lo contenido en las dichas ordenanças e ynstruçiones que para esto tenemos hechas y se hizieren e vos serán dadas en la nuestra carta e provysión, así (...) que vos mandaremos dar para encomienda de los dichos yndios.

21. Otrosy, por la presente os obligays e quedays obligado de Nos prestar quatroçientos ducados de oro para ayudar a armar e forneçer un navío para enviar al rio de Solis a saber de Sebastian Caboto, nuestro piloto mayor y de los que con él fueron, y en que estado están las cosas de aquella armada, porque vos abiades de yr por el dicho rio, e por os ser trabajoso y dello podría naçer inconbiniente para nuestro viaje Nos prestar los dichos quatroçientos ducados los quales vos mandamos pagar de las rentas e provechos que Nos tovieremos en la dicha tierra, y no de otra parte alguna.

22. Cunpliendo vos, el dicho Capitán Diego de Ordás lo contenido en este asiento, en todo lo que a vos toca e yncunbe de guardar e conplir, prometemos e vos aseguramos por nuestra palabra real que agora e de aquí adelante vos mandaremos guardar e vos serán guardados todo lo que ansy vos conçedemos e hazemos merçed a vos e a los pobladores tratantes en la dicha tierra, e para la guarda e conplimiento dello vos mandaremos dar nuestras probisiones particulares que conbenga y (...) sean obligandos vos el dicho Capitán Diego de Ordás (...) el de guardar e cunplir lo contenido en este asiento que a vos toca, como dicho es. Fecha en Madrid, a veinte de Mayo de mill e quinientos treinta años. Yo la Reyna. Refrendada de Samano, y señalada del Conde y del dotor Beltran, y del liçençiado (...).

# DOCUMENTO N.º 33

Capitulación con Pedro de Heredia para poblar y conquistar desde el río Grande en la provincia de Cartagena hasta el golfo de Urabá.
1532, agosto 5. Dada en Medina del Campo.
A.G.I. Indif. General 415. L. I, fols. 65-67 vto.
C.D.I. T. XXII, págs. 325-333.

Con Pedro de Heredia.

### EL REY

Por quanto vos, Pedro de Heredia, con deseo de nos servir os ofreçeis a poblar y conquistar por la costa de Tierra Firme, desde el rrio Grande questá en la provinçia de Santa Marta e Cartagena hasta el rrio Grande questá en el golfo de Uravá, que serán hasta setenta leguas de Costa con las ysletas que confinan con la dicha tierra, y sujetar a nuestro serviçio y corona rreal a los yndios della, e yndustriarlos en las cosas de nuestra Santa Fée Catholica e ansímismo os ofreçeis a hazer en la dicha tierra una fortaleça qual conbenga para la defensa de los españoles que en ella rresidieren en la parte que mejor os pareçiere y teneis con los yndios un clérigo de buena vida que los bautize yndustrie y enseñe las cosas de nuestra Santa Fée Catolica, y si conbiniere que aya más clérigos, los porneis, e no abiendo en la dicha tierra diezmo de que se paguen, los teneis a vuestra costa todo el tienpo que no huviere los dichos diezmos, y travajareis con dádivas y buenas obras de los paçificar y traer al conosçimiento y vasallaje que nos deven, en que beniendo a rresçibir la dotrina christiana les hareis sus yglesias segund la disposiçión de la tierra en que la rresçiban. Y nos suplicastes y pedistes por merçed vos hiziese y otorgase las merçedes e con las condiçiones que de yuso serán contenydas, sobre lo qual yo mandaré tomar con vos el asiento y capitulación siguiente:

1. Primeramente, vos doy liçençia y facultad para que podais fazer y fagais en la dicha provinçia la dicha fortaleza qual conbenga para la defensa de los españoles que en ella rresideren, en la parte que os pareçiere, e

274

que vos haré merçed, como por la presente vos le hago, de la tenençia della para vos y para un heredero vuestro, qual por vos fuere señalado, con doçientos ducados de salario cada un año de las rrentas y provechos que tovieramos en la dicha tierra, de los quales abeis de gozar desde el día que la dicha fortaleça estoviere acavada e vista de los nuestros offiçiales de la dicha provinçia. Y en quanto a lo del clérigo o clérigos que abeis de poner para yndustria de los yndios en las cosas de la Fée, decimos, que abiendo Obispo en la dicha provinçia a él pertenesçe poner los dichos clérigos, y no lo abiendo que abemos por bien y queremos que entre tanto que aya Perlado, vos pongais uno o dos clérigos a vuestra costa hasta que aya diezmos eclesiasticos de que ser pagados. Y dello mandaremos dar Provisión en forma.

2. Otrosí, entendiendo ser cunplidero al nuestro serviçio e al bien y paçificaçión de la dicha tierra y provinçia y administraçión y execuçión de nuestra justiçia e por honrrar vuestra persona, prometemos de vos fazer e vos fazemos nuestro Governador de la dicha provinçia por todos los días de vuestra vida, sin que por rrazón de la dicha Governaçión lleveis salario alguno, con tanto que cada y quando Nos fueremos servidos vos podamos mandar tomar rresidencia del dicho cargo de Gobernador. Y asímismo, vos fazemos cargo del Alguacilazgo Mayor de la dicha provinçia por todos los dias de vuestra vida, e que en él podais poner la persona que quisieredes y por bien tuvieredes, con tanto que no sea de las proybidas.

3. Otrosí, porque con más voluntad los dichos indios bengan a l'amistad de los españoles, e por questo paresçe qués camino para que más presto con la conbersaçión dellos bengan en conosçimiento de nuestra Santa Fee Cathólica y por que vos y los dichos españoles seais probeehidos, vos damos liçençia y facultad, para que benidos los dichos yndios de paz y contrataçión, para que vos y la persona que tuvieredes en la dicha fortaleza, y los de más que vos quisieredes, contrateys con los dichos yndios de la dicha provinçia como honbres libres, como lo son, y rrescatar con ellos todo el oro y plata e perlas preçiosas y perlas y joyas y otros metales y mantenimientos y rropas de algodón y canoas y todo otro género de cosas que ellos tienen o tuvieren, dándoles por ello lo que con ellos vos conçertades por manera que todo sea a su voluntad, tanto que no podais rrescatar ni rrescateis yndios algunos por esclavos.

4. Otrosy, vos fazemos merçed que de todo el oro y plata y piedras preçiosas y perlas e joyas que los dichos yndios tienen o tuvieren, e otros metales que si huvieren por rrescate en la dicha provinçia con los yndios della llevaremos el quinto y no más.

5. Otrosí, voz fazemos merçed que de todo el algodón y rropas de lo que se huviere en los dichos rescates, no ayais de acudir y acudais con el quinto.

6. Asímismo, que vos fazemos merçed, como por la presente vos la hazemos, que de todo el oro que en la dicha provinçia se sacare, e ansí en egrros como en arroyos y nasçimientos como en quebradas o en otra qualquier parte de la dicha provinçia, se nos aya de pagar y pague diezmos, por término de diez años, que corra desde el día deste asiento en adelante, e aquel pasado se nos pague el quinto.

7. Otrosí, abiendo rrespeto a los gastos que en lo suso dicho se ofreçen, y a la voluntad de Nos servir con que a ello os moveys, es nuestra volun-

tad/ que abiendo dispusiçión en la dicha tierra tengais en ella todas las granjerías así de ganados y labranças, y todas las otras cosas que tienen en la ysla Española y Sant Juan los vezinos della, y gozarlos segúnd ellos lo gozan, y ocupar todas las tierras que para esto fuere menester. Y ansímismo, quel primero yngenio de açucar que fiçieredes en la dicha provinçia sea libre por vuestra vida y de un heredero, de todos pechos y derechos que ansymismo para el dicho yngenio podais llevar destos rreinos e de las Yndias todas las herramientas de hierro que sean neçesarias, sin pagar derechos de almoxarifazgo ni otros derechos, y todo lo demás neçesario al dicho yngenio hasta estar acavado para poder moler, de herramientas y otros materiales, e que los otros yngenios que se hizieren en la dicha provinçia tengan la libertad que tienen los de la ysla Española.

8. Asymismo, vos fazemos merçed, como por la presente vos la hazemos, que de todo lo que llevardes para fazer la dicha fortaleça, de materiales, no pagueis derechos algunos de almoxarifazgo, e asímismo es nuestra voluntad que de todas las mercaderías y cosas que llevardes para rrescatar con los yndios de la dicha provinçia, no pagueis derechos de almoxarifazgo ni otros derechos algunos por çinco años, con tanto que lo que ansí llevardes para las cosas suso dichas vayan derechamente a la dicha provinçia, y si a otra parte se llevare sea perdido para Nos. E que todo lo que llevaren de mercaderes y mercaderías e mantenimientos e otras cosas para probeymientos de la dicha provinçia, nos paguen los derechos a Nos pertenesçientes como se paga en la ysla Española.

9. Ansymismo, vos daré liçençia para poder pasar a la dicha provinçia destos nuestros rreinos y del rreino de Portugal e ysla de Cabo Berde e donde quisieredes y por bien tuvieredes, çient esclavos negros y la mitad honbres e la mitad henbras, pudiendolo hazer sin perjuizio del asiento de los alemanes, libres de todos derechos de la liçençia y almozarifazgo con que sean para vuestras granjerías y labranzas y fazer la dicha fortaleza, con tanto que los lleveis derechamente a la dicha provinçia y que si los llevardes a otra parte sean perdidos para nuestra Cámara.

10. Y porque me suplicastes y pedistes por merçed, mandase, que si los dichos yndios rrepunasen la dotrina christiana e no dieren la obidiençia y rreconosçimiento que deven, y faziendo con ellos las diligençias questá mandado que se hagan en las otras poblaçiones en tales casos, guardando aquella horden, les pudiesen hazer guerra e ser avidos por esclavos, mandamos que vos fagais primero las diligençias y solenidades que por Nos está mandado y hordenado y hechos las enbiad a los del nuestro Consejo de las Yndias para que vistas mandemos probeher en ello lo que conbenga, y entre tanto no podais tomar ni tomeis ningún yndios de la dicha provinçia por esclavo.

11. Otrosí, vos conçedemos que no abiendo perlado en la dicha provinçia, presentaremos a la abadía della a la persona que para ello señalardes, siendo calificada, e abiendo perlado presentaremos al deanazgo de la dicha provinçia la persona que para ello nonbrardes, siendo asímismo calificada.

12. Otrosí, para el buen recaudo de nuestra hazienda, Nos, ayamos de poner y pongamos en la dicha provinçia nuestros offiçiales della, y que ante ellos se hagan rrescates y todas las otras cossas anexas y conçernientes a sus offiçios, y no de otra manera.

13. Otrosí, que sin enbargo de lo contenido en este asiento todos y qualesquier vasallos nuestros así destos nuestros rreinos como de las Yndias que quisieren, puedan yr y vayan a la dicha provinçia a bivir y a se abeçindar e rrescatar y a tener en ella sus haziendas y granjerías y los otros aprovechamientos como lo tienen y hazen y pueden hazer en la ysla Española y Sant Juan, sin que vos ni otra persona alguna les ponga en ello, ni en parte dello, ynpedimento alguno.

14. El qual dicho asiento y todo lo demás en él contenido, como de suso se contiene y declara, mandamos que se guarde y cunple por término de veinte años cunplidos primeros siguientes, que se quenten desde el día de la fecha dél. Y si vos murieredes durante el dicho tienpo, que pase a vuestros herederos, con tanto que vos seais obligado, y por la presente vos obligais, de començar a entender en lo contenido en este asiento dentro de seis meses de la fecha dél.

15. Otrosí, dezimos y prometemos que durante el dicho tienpo de los dichos veinte años no encomendaremos ni mandaremos encomendar a persona ni a personas algunos yndios de la dicha provinçia, salbo que se estén y biban en su libertad para hazer la espiriençia dellos.

16. Y cunpliendo vos, el dicho Pedro de Heredia, lo contenido en este asiento en todo lo que a vos toca e yncunbe de guardar y cunplir, prometemos e vos aseguramos por nuestra palabra rreal, que agora y de aquí adelante vos mandaremos guardar a vos será guardado todo lo que ansí vos conçedemos y fazemos merçed a vos y a los pobladores y tratantes en la dicha provinçia. Y para execuçión y cunplimiento dello vos mandaremos dar nuestras cartas y Privisiones particulares que convengan y menester sean. Y no cunpliendo y guardando lo que por este dicho asiento vos sois obligado, no seamos obligados a vos guardar e cunplir cosa alguna dél. Fecha en Medina del Campo, a çinco días del mes de Agosto, de mill y quinientos y treinta y dos años. Yo la Reyna. Refrendada de Samano, señalada del conde Beltran, Xuaroz, Bernal, Mercado.

## DOCUMENTO N.º 34

Capitulación otorgada a don Pedro de Alvarado para ir a descubrir y conquistar las islas de la mar del Sur.
1532, agosto 5. Dada en Medina del Campo.
A.G.I. Indif. General 415. L. I, fols. 133-139 vto.
C.D.I. T. XXII, págs. 307-324, y T. XIV, págs. 537-540.


Capitulación que se tomó con Pedro de Alvarado sobre el descubrimiento de las yslas del mar del Sur.

### LA REYNA

Por quanto vos, don Pedro de Alvarado Adelantado y Gobernador de la provinçia de Guatemala, nos hezistes rrelaçión que por los buenos y leales serviçios que nos heçistes en la conquista de la ysla de Cuva y Nueva España y dessa provinçia, la qual diz que abeis poblado de christianos y fecho hazer yglesias, y descubierto minas, e hase paçificado toda la tierra de que los yndios están en paz, y de su voluntad bienen a servir a los christianos, e que agora con deseo de Nos servir y del bien y acreçentamiento de nuestra Corona Real, como sienpre lo abeis fecho, abeis començado a hazer una armada en el puerto questá çerca de la çiudad de Santiago, desa dicha provinçia, para descubrir los secretos del mar del Sur porque teneis notiçia de muy rricas yslas e de otras tierras en la costa de aquella mar, de que entre ellas se nos seguirá mucho serviçio y probecho, y porque para una cosa tan prinçipal teniades neçesidad de llevar sufiçiente armada y bien probeida de todo lo neçesario, os ofreçeis de hazer hasta cunplimiento de doze navíos con los que agora teneis, y que metereis en ellos quatroçientos honbres christianos, de pie y cavallo. Y porque la costa dello según paresçía por espiriençia de lo que teniades fecho os llegaría a más de quarenta mill castellanos, y para lo cunplir y acavar os aviades de poner en neçesidad, me suplicastes y pedistes por merçed vos mandase dar liçençia para hazer la conquista de las dichas tierras, y vos conçediese y otorgasse las merçedes y con las condiçiones que de yuso serán contenidas, sobre lo qual yo mandé tomar con vos el asiento y capitulaçión siguiente:

1. Primeramente, vos damos liçençia, poder y facultad para que por Nos e en nuestro nonbre, y de la Corona Real de Castilla, podais descubrir, poblar y conquistar qualesquier yslas que ay en la mar del Sur de la Nueva España, questá en su paraje, y todas las demás que hallardes hazia el poniente della no siendo en el paraje de las tierras en que oy ay probeidos Gobernadores. Y ansímismo vos damos la dicha liçencia y facultad para que podais descubrir cualquier parte de tierra firme que hallardes por la dicha costa del Sur hazia el poniente que no se aya hasta agora descubierto ni entre en los límites y paraje norte-sur de la tierra questá dada en gobernaçión a otras personas.

2. Yten, entendiendo ser cunplidero al serviçio de Dios Nuestro Señor y Nuestro y por honrrar vuestra persona y por vos hazer merçed, prometemos de vos hazer nuestro Gobernador de todas las dichas yslas e tierras que, como dicho es, descubrierdes e conquistardes por todos los días de vuestra vida, y dello vos mandaremos dar, y vos serán dadas, nuestras provisiones en forma.

3. Ansímismo, que vos haré merçed, como por la presente vos la hago, de nuestro Alguazil Mayor de las dichas tierras por todos los días de vuestra vida, y dello vos será dada provysión en forma.

4. Otrosí, por quanto vos me suplicastes vos hiziese merçed de la dozena parte de todo lo que descubrierdes en la dicha mar del Sur, perpetuamente para vuestros herederos y suçesores, por la presente digo que avida ynformaçión de lo que vos descubrierdes, y sabido lo qués, ternemos memoria de vos hazer merçed y satisfaçión qual serviçio y gasto que en ello hizierdes meresçiere, e que en ello se terná rrespeto a vuestra persona, e para entre tanto que benida la dicha rrelaçión lo mandaremos probeer, como dicho es, avido rrespeto a los gastos y costas que en la dicha conquista y descubrimiento aveis de hazer, tenemos por bien que gozeis de la dozena parte de todo lo que, como dicho es, descubrierdes por el tienpo que nuestra merçed y voluntad fuere con el señorio y jurisdiçión en primera ynstançia, rreservando para Nos e nuestra Corona Real todas las cossas conçernientes a la Suprema.

5. Y porque Nos siendo ynformados de los males y deshordenes que en descubrimientos y poblaçiones se an hecho y hazen y para que Nos con buena conçiençia podamos dar liçençias para los hazer, para rremedio de lo qual con acuerdo de los del nuestro consejo y consulta nuestra está hordenada y despachada una Provisión General de Capítulos sobre lo que vos abeis de guardar en la dicha poblaçión o descubrimiento lo qual aquí mandamos yncorporar su tenor de la qual es este que se sigue [37].

6. Por ende, por la presente haziendo vos, el suso dicho, a vuestra costa, según y de la manera que de suso se contiene y guardando y cunpliendo lo contenido en la dicha provisión que de suso va yncorporada, y todas las otras ynistruçiones que adelante vos mandaremos guardar e hazer para la dicha tierra y para el buen tratamiento y conbersión a nuestra Santa Fée Cathólica de los naturales della, digo e prometo que vos será guardada esta capitulaçión y todo lo en ella contenido, en todo y por todo, según

---

[37] Se insertan las Ordenanzas dadas en Granada el 17 de noviembre de 1526. Están reproducidas en capitulación con Francisco de Montejo el 8 de diciembre de 1526 (Doc. n.º 22).

que de suso se contiene, e no lo haziendo e cunpliendo ansí, Nos, no seamos obligados a vos mandar guardar ni cunplir lo suso dicho ni cosa alguna dello, y dello vos mandé dar la presente ffirmada de mi nombre y refrendada de my ynfrascrito secretario. Fecha en la villa de Medina del Campo, a çinco días del mes de agosto de mill y quinientos y treinta y dos años. Yo la Reyna. Refrendada de Samano. Firmada del Conde don Garçi Manrique, el dotor Beltran, liçençiatus Suarez de Carvajal, liçençiatus Mercado de Peñalossa.

# DOCUMENTO N.º 35

Capitulación otorgada a Jerónimo de Artal para ir a poblar y rescatar el golfo de Paria.
1533, octubre 25. Dada en Monzón.
A.G.I. Indif. General 416. L. III, fols. 59-61 vto.

Capitulaçión de Gerónimo Artel.

## EL REY

Por quanto vos Gerónimo Artal, me hezistes relaçión que ya sabía como fuistes por mi thesorero a la provinçia del Río del Marñón cuya governafiión y conquista encomendamos al comendador Diego de Ordás, defunto, por todos los días de sus vidas, con el qual entrastes la tierra adentro y en alguna parte della andubistes tres años, y más tiempo entendiendo en la conquista della, e que agora por Nos servir y porque nuestras rentas se acresçienten como hombre que por espiriençia haveis visto que para poblar en la tierra firme y sin violençia de los naturales, reçebir provecho los españoles, no hay otro mejor aparejo que mediante contrataçión de rescate amigable desde fortalezas que se hagan en aquella tierra de trecho en trecho, de los quales sin rencor y con poca gente se podrá sujetar la tierra y saber los secretos della, os obligaseis de hazer dos fortalezas; una en el Golfo de Paria, ques en la dicha governaçión en la parte del dicho golfo, que os pareçiere más conveniente a la seguridad de la dicha tierra, y otra la tierra adentro siendo neçesario, y que para hazer el dicho rescate y contrataçión vos mandasemos señalar y dar por límites y términos al dicho golfo de Paria desde la punta del Gallo hasta la voca del Drago inclusive, que puede haver de término hasta veynte leguas y la tierra adentro, todos los ríos que acuden al dicho golfo y las otras provinçias que por el dicho golfo y ríos se pueden contratar la tierra adentro y que llevareis a la dicha tierra una caravela con treynta hombres, y los que más fueren menester, y que terneis con los indios un clérigo de buena vida que los bautize, industrie y enseñe en las cosas de nuestra Santa Fée Cathólica y si conviniere que haya más clérigos los porneis, y no haviendo en la dicha tierra diezmos de que se paguen los terneis a vuestra costa todo el tiempo que no hoviere los dichos diezmos, y travajareis con dádivas y buenas obras de los paçificar y traer al conoçimiento y vassallaje que nos deven en que veniendo a reçebir la dotrina christiana les hareis sus yglesias según la dispusiçión de la tierra en que la reçiban, e me suplicastes y pidistes por merçed, vos hiziere y otorgase las merçedes y con las condiçiones que de yuso serán contenidas, sobre lo qual mandé tomar con vos el assiento y capitulaçión siguiente:

1. Primeramente, vos doy liçençia y facultad para que podais hazer y hagais en el dicho golfo de Paria y ríos las dichas dos fortalezas, quales convengan a vista y pareçer del nuestro veedor y offiçiales que a la sazón que la hizieredes estubieren proveydos, para defensa de los españoles que en ellos residieren en la parte que vos pareçiere mas conveniente, y vos hago merçed de las tenençias dellas para vos y para un heredero, qual por vos fuere señalado, con dozientos ducados de salario en cada un año con cada una de las dichas dos tenençias, los quales vos sean dados y pagados de las rentas y provechos que en qualquier manera tubieramos en la dicha tierra durante el tiempo que los tubieredes, y no las haviendo no seamos obligados a vos pagar cosa alguna dello, y dellos haveis de gozar desde el día que cada una de las dichas fortalezas estubieren acabadas en adelante con tanto que las tengais hechas dentro del dicho tiempo que ansí os obligais, ques la una dentro de dos años y la otra dentro de quatro años después de la fecha desta nuestra capitulaçión, las quales no vos podamos mandar quitar y con que si por caso fueremos servidos de mandaros tomar las dichas fortalezas para hazer dellas lo que fuere nuestra voluntad, que en tal caso, seamos obligados de os mandar pagar de nuestra hazienda que en la dicha tierra tubieremos, haviendola, y no la haviendo de otra parte donde seais bien pagado todo lo que se averiguare que havieredes gastado en ellas, tassado por dos personas juramentadas, puestas y nombradas la una por vuestra parte o de vuestro heredero, y la otra por el presidente y oydores que a la sazón residieren en la isla Española, y dello vos mandaré dar nuestra provisión en forma.

2. Y otrosí, que para instruçión de los naturales de la dicha provinçia seais obligado y vos obligais a llevar con vos a la dicha tierra dos religiosos de la orden de Sant Françisco y llegados a la dicha tierra de los sostener a vuestra costa hasta tanto que haya diezmo de que se les pueda dar congrua sustentaçión, por quanto nos havemos de mandar proveer a los dichos dos religiosos de lo que hovieren menester para su pasaje, mantenimiento hasta la dicha tierra, como lo mandamos dar a los otros religiosos que passan a las Indias.

3. Otrosí, entendiendo ser cunplidero a mi serviçio y al bien y paçificaçión de la dicha tierra y administraçión y execuçión de la nuestra justiçia, por honrrar vuestra persona, prometemos de vos proveer y proveemos del ofiçio y cargo de nuestro governador del dicho golfo de Paria y de las provinçias que por los ríos que a él salen contrataredes para que los tengais y useis por el tienpo que nuestra merçed y voluntad fuere, sin que por razón de la dicha governaçión se vos dé salario alguno, y dello vos mandaremos dar luego nuestra provisión en forma.

4. Y porque con más voluntad los dichos indios vengan a la amistad de los españoles porque por experiençia pareçe ser este prinçipal camino para que más presto con la comunicaçión dello vengan en conoçimiento de nuestra Santa Fée Cathólica, y porque vos y los vezinos que en el dicho pueblo y las dichas fortalezas residieren y bivieren seais aprovechados, vos damos liçençia y facultad para que vos y ellos podais contratar por vía de comerçio y rescate con los indios de la dicha tierra, rescatar y contratar con ellos todo el oro, plata, perlas preciosas, joyas y otros metales y mantenimientos y ropas de algodón y canoas y todas otras qualesquier cosas que con ellos vos conçertaredes, con tanto que dicho rescate y contrataçión sea de voluntad de los dichos indios y para ello no sean atraidos por fuerça ni premia alguna, y que los dichos rescates se hagan en presençia vuestra o de la persona que vos nombráredes, y del dicho nuestro veedor para que se cobre dellos nuestro quinto que nos perteneçe sin que se pueda encubrir, e para que vos no consintais que a los dichos indios en la dicha contrataçión y rescate se les haga fuerça ni premia alguna y que mandaremos dar nuestra provisión para que no puedan yr ni vayan otras personas algunas a rescatar con los dichos yndios dentro de los dichos límites; pero si los vezinos de la ysla de Cubagua quisieren yr a rescatar lo pueden hazer con tanto que el rescate que hizieren sea en presençia vuestra o de la dicha persona que nombráredes, presente el dicho nuestro vehedor, y guardando en ello las ordenanças que hiziéredes y guardaren los dichos vezinos que han de asentar en el dicho golfo de Paria y fortalezas, pero que vos ni otra persona les pueda perturbar el dicho rescate y contrataçión, guardando ellos en él las dichas ordenanças.

5. Otrosí, que de todo el oro e plata y piedras preçiosas y perlas y joyas que los dichos indios tienen o tubieren y otros metales que se hovieren por rescate en la dicha tierra con los indios della, llevemos el quinto que nos pertenesçe.

6. Ansímismo, vos hazemos merçed como por la presente vos le hazemos que de todo lo que llevaredes ansí destos nuestros reynos como de las yslas comarcanas al dicho Golfo de Paria para hazer las dichas dos fortalezas de materiales como de todas las mercaderías y mantenimiento y cosas que vos y los que con vos fueren a la dicha tierra para vuestra persona y mantenimiento, no pagueis ni paguen almoxarifazgo ni otros derechos algunos por çinco años contados desde el día de la fecha desta capitulaçión, con tanto que lo que ansí llevaredes para las cosas suso dichas vayan derechamente al dicho Golfo de Paria registrado para allí, y que no se pueda descargar en ninguno ysla ni en otra parte de tierra firme donde se pague almoxarifazgo.

7. Yten, vos damos liçençia y facultad para que a los vezinos y pobladores que en la dicha tierra se quisieran avezindar, les podais dar y repartir sus repartimientos de tierras y solares en que edifiquen e para sus labranças y granjerías, dándoles sus cavallerías moderadas a cada uno conforme a la qualidad de sus personas, según y de la manera que se ha hecho y haga en la ysla Española.

8. E porque en nuestra hazienda haya buen recado, queremos y mandamos que esté y resida en el dicho golfo de Paria, donde vos estubieredes, una persona qual para ello nombraremos que sea veedor, ante el qual

283

se hagan los rescates y de todas las otras cosas anexas y conçernientes al dicho offiçio.

9. Yten, que seais obligado de començar a entender en lo contenido en este asiento dentro de seis meses de la fecha dél.

10. E cumpliendo vos, el dicho Gerónimo Artal, lo contenido en este assiento en todo lo que a vos toca e incumbe de guardar y cumplir, prometemos y vos aseguramos por nuestra palabra real, que agora y de aquí adelante vos mandaremos guardar, y vos será guardado todo lo que ansí vos conçedemos y hazemos merçed a vos y a los pobladores y tratantes en la dicha tierra; y para execuçión y cumplimiento dello, vos mandaremos dar nuestras cartas y provisiones particulares que convengan y menester sean, y no cunpliendo y guardando lo que por este dicho assiento vos sois obligado Nos no seamos obligado a vos guardar y cumplir cosa alguna de lo en él contenido. Fecho en Monçón, a veyntiçinco días del mes de Otubre, de mill y quinientos y treynta y tres años. Yo el Rey. Por mandado de Su Magestad, Covos comendador mayor, señalada del Conde, y Beltrán, y Xuarez, y Bernal, y Mercado.

## DOCUMENTO N.º 36

Capitulación otorgada a Simón de Alcazaba para ir a conquistar doscientas leguas hacia el estrecho de Magallanes. Esta concesión es para ir al mismo territorio de la otorgada a este mismo capitulante con fecha de 1529.
1534, mayo 21. Dada en Toledo.
A.G.I. Indif. General 415. L. I, fols. 123-131 vto.
C.D.I. T. XXII, págs. 360-383.

Capitulación que se tomó con Simón de Alçava.

### EL REY

Por quanto vos, Simón de Alçava, nuestro Criado y Gentil-Hombre de nuestra Casa, por Nos servir os ofreçeis a descubrir, conquistar y poblar a vuestra costa y minsión, sin que en ningún tienpo seamos obligados Nos ni los Reies que después de Nos binieren a vos pagar ni satisfazer los gastos que en ello hizierde más de lo que en esta capitulación vos será otorgado, las tierras y provinçias que ay en doçientas leguas de costa en la mar del sur, que comiença desde donde se acaban los límites de la gobernación que tenemos encomendada a don Pedro de Mendoça hazia el estrecho de Magallanes, el qual dicho descubrimiento y población quereis hazer a vuestra costa, haziendo vos las merçedes, e conçediendo a vos e a los pobladores las cossas que de yuso serán declaradas, y nos considerando vuestra fidelidad y çelo con que os mobeis a Nos servir, e la yndustria y espiriençia de vuestra persona, mandamos tomar y tomamos çerca de lo suso dicho, con vos, el dicho Simón de Alcaçava el asiento y capitulación siguiente:

1. Primeramente, que vos daremos liçençia, como por la presente vos la damos, para que en nuestro nombre e de la Corona Real de Castilla, podais conquistar, paçificar y poblar las tierras y provinçias que oviere por la dicha costa del mar del Sur en las dichas doçientas leguas más

çercanas a los límites de la gobernaçión que tenemos encomendada al dicho don Pedro de Mendoça, lo qual ayais de fazer dentro de seis meses, desde el día de la fecha desta, estando a la bela con los navíos neçesarios para llevar e que lleveis en ellos çiento y çinquenta honbres destos nuestros Reinos de Castilla e de otras partes permitidas, y dentro de año y medio en adelante, luego siguiente, seais tenudo e obligado a proseguir e feneсçer el dicho viaje con otros çient honbres con las personas rreligiossas e clérigos e con los nuestros offiçiales que para conbersión de los yndios que para conbersión *(sic)* de los yndios y nuestra Santa Fée y buen rrecaudo de nuestra hazienda vos serán dados y señalados por nuestro mandado; a los quales rreligiosos abeis de dar y pagar el flete y matalotaje y los otros mantenimientos neçesarios conforme a sus personas, todo a vuestra costa, sin por ello les llevar cosa alguna durante toda la dicha navegaçión, lo qual mucho vos encargamos que así hagais y cunplais como cosa del serviçio de Dios y nuestro, porque de lo contrario nos terniamos de vos por desservidos.

2. Yten, vos daremos, y por la presente vos damos, liçençia y facultad para que si desde el dicho Estrecho de Magallanes prosiguiendo la dicha navegaçión hasta llegar al término de las dichas doçientas legua, que como dicho es a de ser el límite de la dicha vuestra gobernaçión e conquista, tuvierdes notiçia de algunas tierras e yslas que al serviçio de Dios y nuestro conbenga tener entera rrelaçión dellas podais en tal caso, vos o la persona que para ello señalardes, con acuerdo de los nuestros offiçiales y de los dichos rreligiosos, con que no sean más de quatro personas salir a tierra poniendo por escrito todo lo que consigo llevaren cada una de las dichas quatro personas para rrescate, o en otra qualquier manera, e ansímismo lo que traxeren consigo quando tornaren a los dichos navíos para que de todo se tenga quenta y rrazón y se ponga particularmente por escrito la calidad de la tierra y moradores y naturales della e de las cossas que se dan e crían en ella para que ynformados nosotros de la berdad de todo ello probeamos lo que conbenga al serviçio de Dios e nuestro.

3. Yten, vos prometemos que durante el tienpo de los dichos dos años, ni después, cunpliendo lo que por vuestra parte fuerdes tenudo a cunplir por este asiento y capitulaçión, no daremos liçençia a ninguna persona para conquistar ni descubrir las tierras y provinçias que se yncluieren en las dichas doçientas leguas continuadas desde donde se acava los límites de la gobernaçión del dicho don Pedro de Mendoça, como dicho es, antes lo defenderemos espresamente, y para ello vos daremos las provisiones que fueren neçesarias.

4. Yten, vos hazemos nuestro Gobernador por toda vuestra vida de las dichas tierra y provinçias que ansí descubrierdes y poblardes como en el término de las dichas doçientas leguas, con salario de mill y quinientos ducados en cada un año pagados de los provechos que Nos tubieremos en la dicha tierra e ovieremos en el tienpo que durante vuestra gobernaçión, y no de otra manera contados, desde el día que vos fiçierdes a la bela en estos nuestros rreinos para proseguir el dicho viaje sin os debertir a otras partes ni negoçios estraños del dicho descubrimiento y población.

5. Otrosí, como quier que según derecho y leies de nuestros rreinos, quando nuestra gente y capitanes de nuestras armadas tomen preso algún

prinçipe o señor de las tierras por donde nuestro mandado hazen guerra, el rrescate del tal señor o caçique pertenesçe a Nos con todas las otras cosas muebles que fuesen halladas y pertenesçen a él mismo; pero considerando los grandes travajos y peligros que nuestros súbditos pasan en las conquistas de las Yndias, y en alguna enmienda dellos y por les hazer merçed, declaramos y mandamos que si en la dicha vuestra conquista y gobernaçión se cautivare y prendiere algún caçique o señor, que todos los tesoros oro y plata, piedras y perlas que se ovieren dél por vía de rrescate, o en otra qualquier manera, se nos dé la sesta parte dello y de lo demás se rreparta entre los conquistadores sacando primeramente nuestro quinto; y en caso que al dicho caçique o señor prinçipal mataren en vatalla o después por vía de justiçia o en otra qualquier manera, que en tal caso, de los tesoros e bienes suso dichos que dél se ovieren, justamente, ayamos la mitad, la qual ante todas cossas cobren los nuestros offiçiales, y la otra mitad se rreparta sacando primeramente nuestro quinto.

6. Yten, vos haré, y por la presente vos hago, merçed del offiçio de nuestro Alguazil Maior de todas las dichas tierras por los días de vuestra vida sin salario alguno, con los derechos que según leies destos rreinos podeis y debeis llevar.

7. Otrosí, vos doy liçençia que si a vos juntamente con nuestros offiçiales paresçiere ques cosa neçesaria y conbiniente a nuestro serviçio de fazer en alguna parte de las dichas doçientas leguas, una o dos fortalezas a vuestra costa, los podais fazer; que de la tenençia de la una dellas vos hago merced por toda vuestra vida e de dos herederos desde agora, con salario de doçientos ducados en cada un año, de lo qual abeis de gozar siendo acavada la dicha fortaleza a vista y pareçer de nuestros offiçiales, con tanto que Nos ni los rreies que después de Nos binieren no seamos tenudos a vos pagar cosa de lo que ansí gastardes ni del sueldo que la gente que en ella tuvierdes ganareis.

8. Otrosí, vos hazemos merçed, e por la presente vos la hazemos, que la veintena parte y probechos que Nos tuvieremos en la dicha tierra, con tanto que no pase de mill ducados en cada un año, por todos los días de vuestra vida.

9. Yten, es nuestra merçed que los mantenimientos e armas e otras cosas que destos nuestros rreinos llevardes este primero viaje, no paguen en ellos ni en los lugares del dicho vuestro descubrimiento y poblaçión almoxarifazgo ni otros derechos algunos; pero si durante la dicha nabegaçión salierdes a tierra a algunas partes de nuestras yslas e tierra firme do se pagan derechos, en tal caso, de todo lo que vendierdes o allí dexardes pagueis el dicho almoxarifazgo.

10. Otrosí, franqueamos a todos los mercaderes e mantenimientos y otras cosas que a las tierras de la dicha vuestra gobernaçión se llevaren, por término de dos años desde el dicho día que vos hizierdes a la bela, así por vos el dicho Simón de Alcaçava como por qualesquier personas que con vos fueren a la dicha poblaçión o a tratos de mercaderías, con tanto que si vos o ellos salierdes a otras partes de nuestras yslas o tierra firme del mar Oçéano donde se pagan derechos si sacardes algunas cosas a tierra, ayais de pagar y pagueis almoxarifazgo de todo lo que ansí sacardes.

287

11. Yten, conçedemos a los vezinos y moradores en las dichas tierras de la dicha vuestra gobernaçion, franqueza del dicho almoxarifazgo de las cossas que llevaren a ellas para su mantenimiento y provisión de sus personas e casas por otros dos años luego siguientes, con tanto que no puedan vender ni vendan lo que ansí llevaren y si lo vendieren paguen el dicho almoxarifazgo dello y de todo lo que asi ovieren llevado.

12. Otrosí, es nuestra merçed que del oro que en la dicha tierra se cogiere y sacare de minas nos pague el diezmo y no más por término de çinco años que corran desde el día que llegardes a la dicha vuestra gobernaçion, y pasados los dichos çinco años luego al otro año siguiente paguen el nobeno, e ansí deçendiendo los otros años hasta llegar el quinto, el qual quinto nos ayan de pagar y paguen dende en adelante del dicho oro de minas, como dicho es. Pero es nuestra merçed, y ansí lo declaramos, que de todo el oro, perlas y piedras que se ovieren así de rrescates o cavalgadas o se hallare en otra qualquier manera, nos ayan de pagar dende luego y paguen el quinto de todo ello sin desquento alguno, el qual término corra desde el día que os hizierdes a la bela con la dicha armada.

13. Otrosí, les prometemos que por término de diez años, y más quanto nuestra voluntad fuere, no ynpornemos ni mandaremos hechar ni poner en la dicha tierra e vezinos della alcavala ni otro derecho alguno de más del dicho almoxarifazgo.

14. Otrosí, permitimos que a los vezinos y moradores de las dichas provinçias de vuestra gobernaçion les sean dadas y señaladas por vos las tierras y solares y cavallerías que según la calidad de sus personas e de rrazón abiendo rrespeto a la dicha tierra e a lo que se a fecho en la ysla Española, ovieren menester.

15. Otrosí, permitimos que vos, el dicho Simón de Alcaçava, con las personas que para ello señalaremos podais fazer el rrepartimiento y encomiendo de los yndios, guardando en ellos enteramente las ordenanças que por nuestro mandado vos serán dadas e yrán yncorporadas en la capitulaçion que para la execuçion y cunplimiento de lo contenido en este capítulo vos será entregada.

16. Otrosí, aremos, y por la presente hazemos, merçed de consentimiento vuestro e de los primeros pobladores que con vos fueren a la dicha tierra de los derechos de la escobilla e rrelaves de las fundiçiones que en ellas hizieren para el ospital y pobres que en la dicha tierra oviere.

17. Yten, defendemos que ninguna persona de las proibidas para pasar a las Yndias, no pasen a las tierras de vuestra gobernaçion ni letrado ni procurador para usar ni huse de sus offiçios sin vuestra liçençia y expresso mandado.

18. Yten, de más de las merçedes en esta capitulaçión declaradas oviere de presente algunas conçedidas a la ysla Española que sean conbenibles a los moradores en las tierras de vuestra gobernaçion, y no perjudiciales a nuestro serviçio, se las mandaremos conçeder.

19. Y porque siendo ynformados de los males y desordenes que en descubrientos y poblaçiones nuevas se an fecho y hazen, e para que Nos con buena conçiençia podemos dar liçençia para los hazer para rremedio de lo qual, con acuerdo de los del nuestro Consejo y Consulta nuestra, está hordenada y despachada una Provisión General de capítulos sobre lo que vos

abeis de guardar en la dicha poblaçión y descubrimiento, la qual aquí mandamos yncorporar, su tenor de la qual es esta que se sigue [38].

20. Por ende, por la presente, haziendo vos lo suso dicho a vuestra costa e según y de la manera que de suso se contiene y guardando y cunpliendo lo contenido en la dicha Provisión, que de suso va incorporada, y todas las otras ynistruçiones que adelante vos mandaremos guardar e hazer para la dicha tierra y para el buen tratamiento y conbersión a nuestra Santa Fée Cathólica de los naturales della, digo y prometo que vos será guardada esta capitulaçión e todo lo en ella contenido en todo y por todo según que en ella se contiene; y no lo haziendo ni cunpliendo ansí, Nos, no seamos obligados a vos mandar guardar y cunplir lo suso dicho en cosa alguna dello, ante vos mandaremos castigar e proçeder contra vos como contra persona que no guarda y cunple y traspasa los mandamientos de su Rey y señor natural, y dello vos mandé dar la presente, firmada de mi nombre, y refrendada de mi ynfraescrito secretario. Fecha en Toledo, a veinte y un días del mes de Mayo, de mill y quinientos y treinta y cuatro años. Yo el Rey. Refrendada del Comendador Mayor de Leon. Señalada del Cardenal, y del dotor Beltrán, y del Liçençiado Mercado.

---

[38] Van insertas las Ordenanzas de Descubrimientos hechas en Granada el 17 de noviembre de 1526. Están reproducidas en capitulación con Francisco de Montejo de 8 de diciembre de 1526 (Doc. n.º 22).

# DOCUMENTO N.º 37

Capitulación otorgada a Pedro de Mendoza para ir a conquistar al Río de la Plata.
1534, mayo 21. Dada en Toledo.
A.G.I. Indif. General 415. L. I, fols. 144 vto.-148 vto.
C.D.I. T. XXII, págs. 350-360.


Capitulaçión que se tomó con don Pedro de Mendoça para la conquista del Rio de la Plata.

### EL REY

Por quanto vos, don Pedro de Mendoça, mi criado y Gentil-honbre de mi Casa, nos hezistes relación que por la mucha voluntad que teneys de Nos servir y del acreçentamiento de nuestra Corona Real de Castilla, os ofreçeis de yr a conquistar y poblar las tierras y provinçias que ay en el rrio de Solís, que llaman de la Plata, donde estuvo Sebastián Caboto, y por alli calar y pasar la tierra hasta llegar a la mar del Sur, y de llevar destos Nuestros Reynos a vuestra costa y minsión mill honbres, los quinientos en el primer viaje en que bos abeis de yr con el mantenimiento neçesario para un año y çient cavallos yeguas, y dentro de dos años siguientes los otros quinientos honbres con el mismo bastimento y con las armas y artillería neçesaria. Y ansímismo, travajareis de descubrir todas las yslas que tuvieren en paraje del dicho rrio de vuestra governaçión en la dicha mar del Sur, en lo que fuere dentro de los límites de nuestra demarcaçión, todo a vuestra costa y minsión sin que en ningún tienpo seamos obligados a vos pagar ni satisfazer los gastos que en ello hizierdes más de lo que en esta capitulación vos será otorgado, y me suplicastes y pedistes por merçed vos hiziese merçed de la conquista de las dichas tierras y provinçias del dicho rrío y de las que estuvieren en su paraje y vos hiziese y otorgase las merçedes y con las condiçiones que de yuso serán contenidas, sobre lo qual yo mandé tomar con vos el asiento y capitulaçión siguiente:

1. Primeramente, vos doy liçençia y facultad para que por Nos y en nuestro nombre y de la Corona Real de Castilla podais entrar por el dicho rrío de Solís, que llaman de la Plata, hasta la mar del Sur donde tengais doçientas leguas de luengo de costa de gobernación, que comiençe desde donde se acava la gobernación que tenemos encomendada al Mariscal don Diego de Almagro hazia el Estrecho de Magallanes, y conquistar y poblar las tierras y provinçias que huviere en las dichas tierras.

2. Yten, entendiendo ser cunplidero al serviçio de Dios y nuestro y por honrrar vuestra persona y por vos hazer merçed, prometemos de vos hazer nuestro Gobernador y Capitán General de las dichas tierras y provinçias y pueblos del dicho Río de la Plata y en las dichas doçientas leguas de costa del mar del Sur que comiençan desde donde acavan los límites, que como dicho es, tenemos dado en gobernaçión al dicho Mariscal Don Diego de Almagro, por todos los días de vuestra vida con salario de los mill ducados \ de oro/ en cada un año y dos mill ducados de ayuda de costa que sean por todos quatro mill ducados, de los quales gozeis desde el día que vos hizierdes a la bela en estos nuestros rreynos para hazer la dicha poblaçión y conquista, los quales dichos quatro mill ducados de salario y ayuda de costa, vos han de ser pagados de las rrentas y provechos a Nos pertenesçientes en la dicha tierra que huvieremos durante el tienpo de vuestra gobernaçión y no de otra manera alguna.

3. Otrosí, vos haremos merçed de título de nuestro Adelantado de las dichas tierras y provinçias que así descubrierdes y poblardes en el dicho rrío de Solís y en las dichas doçientas leguas, y ansímismo, vos hazemos merçed del offiçio de Alguaçilazgo Maior de las dichas tierras perpetuamente.

4. Otrosí, vos hazemos merçed para que con paresçer y acuerdo de los dichos nuestros offiçiales podais hazer en las dichas tierras y provinçias hasta tres fortalezas de piedra en las partes y lugares que más conbengan, paresçiendo a vos y a los dichos nuestros offiçiales ser neçesarios para guarda y paçificación de la dicha tierra, y vos hazemos merçed de la tenençia dellas para bos y para dos herederos y subçesores vuestros, uno en pos de otros quales vos nonbrardes con salario de çien mill maravedís y çinquenta mill maravedís de ayuda de costa en cada un año, con cada una de las dichas fortalezas que ansí estuvieren fechas, las quales abeis de hazer de piedra, a vuestra costa, sin que Nos ni los Reyes que después de Nos binieren seamos obligados a vos pagar lo que así gastardes en las dichas fortalezas.

5. Otrosí, por quanto nos abeis suplicado vos hiziesemos merçed de alguna parte de tierra y vasallos en las dichas tierras y al presente lo dexamos de hazer por no tener entera rrelaçión dellos, vos prometemos de voz hazer merçed, como por la presente vos la hazemos, de diez mill vasallos en la dicha gobernaçión con que no sea en puerto de mar ni cabeça de provinçia con la jurisdiçión que vos señalaremos y declararemos al tienpo que vos hizieremos la dicha merçed, con título de Conde; y entre tanto que ynformados de la calidad de la tierra lo mandamos hefetuar, es nuestra merçed que tengais de Nos por merçed la doçava parte de todos los quintos que Nos tuvieremos en las dichas tierras, sacando ante todos cosas dellos los gastos y salarios que nos tuvieremos en ellas.

6. Yten, vos damos liçençia y facultad para que podais conquistar y poblar las islas questuvieren en vuestro paraje, questen dentro de los límites de nuestra demarçación en las quales es nuestra merçed que tengais el doçavo del provecho que nos hovieremos en ellas, sacados los salarios que en las dichas yslas pagaremos, en tanto que ynformados de las dichas yslas que así descubrierdes y poblardes en el dicho vuestro paraje y de vuestros serviçios y travajos, vos mandaremos hazer la enmienda y rrenumeraçión que fueremos servidos y vuestros serviçios meresçieren.

7. Y porque nos abeis suplicado que si Dios fuere servido que en este viaje muriesedes antes de acabar el dicho descubrimiento y poblaçión, que en tal casso vuestro heredero o la persona que por vos fuere nonbrada lo pudiese acabar y gozar de las merçedes que por Nos vos son conçedidas en esta capitulaçión, e no bastando lo suso dicho y por vos hazer merçed, por la presente declaramos que abiendo entrado en las dichas tierras y cunpliendo lo que sois obligado y estando en ellas tres años, que en tal caso vuestro heredero o la persona que por vos fuere nonbrada puedan acavar la dicha poblaçión y conquista y gozar de las merçedes en esta capitulaçión contenidas, con tanto que dentro de dos años sea aprovado por Nos.

8. Otrosí, como quiera que según derecho y leies de Nuestros Reinos quando nuestras gentes y capitanes de nuestras armadas toman preso algún prinçipe o señor en las tierras donde por nuestro mandado hazen guerra, el rrescate del tal señor o caçique pertenesçe a Nos con todas las otras cosas muebles que fuesen halladas que pertenesçiesen a él mismo; pero considerando los grandes peligros y travajos que nuestros súbditos pasan en las conquistas de las Yndias, en alguna enmienda dellos y por les hazer merçed, declaramos y mandamos que si en la dicha vuestra conquista o gobernaçión se cativare o prendiere algún caçique o señor que de todos los tesoros, oro y plata, piedras y perlas que se ovieren dél por vía de rrescate o en otra qualquier manera, se nos dé la sesta parte dello y lo demás se rreparta entre los conquistadores, sacando primeramente nuestro quinto; y en caso quél dicho caçique o señor prinçipal mataren en vatalla o después por vía de justiçia o en otra qualquier manera que en tal caso de los tesoros y bienes suso dichos que dél se ovieren justamente ayamos la mitad, la qual ante todas cosas cobren nuestros offiçiales y la otra mitad se rreparta sacando primeramente nuestro quinto.

9. Otrosí, franqueamos a los que fueren a poblar las dichas tierras y provinçias que así descubrieren y poblaren en el dicho rrío, en el término de la data desta, del almoxarifazgo de todo lo que llevaren para probeimiento y provisión de sus casas, con tanto que no sean para lo vender.

10. Otrosí, conçedemos a los que fueren a poblar las dichas tierras y provinçias que así descubrieren y poblaren en el dicho río, en el término de las dichas dozientas leguas, que en los seis años primeros siguientes desde el día de la data deste asiento y capitulaçión en adelante, que del oro que se cogere en las minas nos paguen el diezmo y cunplidos los dichos seis años paguen el noveno y ansí deçendiendo en cada un año hasta llegar al quinto, pero del oro y otras cosas que se ovieren de rrescate o cavalgadas, o en otra qualquier manera, desde luego nos han de pagar el quinto de todo ello.

11. Ansímismo, franqueamos a vos, el dicho don Pedro de Mendoça, por todos los días de vuestra vida del dicho almoxarifazgo de todo lo que llevardes para probeymiento y provisión de vuestra casa, con tanto que no sea para vender y si alguna bendierdes dello o rrescatardes que lo pagueis enteramente y esta conçesión sea en sí ninguna.

12. Yten, conçedemos a los dichos vezinos y pobladores que les sean dados por vos los solares en que hedifiquen casas y tierras y cavallerías y aguas conbinientes a sus personas, conforme a lo que se a hecho y haze en la ysla Española; y ansímismo, le daremos poder para que en nuestro nonbre durante el tienpo de vuestra gobernaçión hagais la encomienda de yndios de la dicha tierra, guardando en ellas las ynistruçiones y hordenanzas que os serán dadas.

13. Otrosí, vos daremos liçençia, como por la presente vos la damos, para que destos nuestros Reinos o del Reino de Portugal o yslas de Cavo Berde y Guinea, vos o quien vuestro poder huviere, podais llevar y lleveis a las tierras y provinçias de vuestra gobernaçión doçientos esclavos negros, la mitad honbres y la otra mitad henbras, libres de todos los derechos a Nos pertenesçientes, con tanto que si los llevardes a otras partes, e yslas o provinçias o los vendierdes en ellas, los ayais perdido y los aplicamos a nuestra Cámara y Fisco.

14. Iten, que vos el dicho don Pedro de Mendoça seais obligado de llevar a la dicha tierra un médico y un çirujano y un boticario, para que curen los enfermos que en ella y en el viaje adoleçieren, a los quales queremos y es nuestra merçed que de las rrentas y provchos que tuvieremos en las dichas tierras y provinçias se les dé en cada un año de salario, al fisico çinquenta mill, y al sirujano otros çinquenta mill, y al boticario veinte y çinco mill maravedís, los quales dichos salarios corran y comiençen a correr desde el día que se hizieren a la bela con vuestra armada para seguir vuestro viaje en adelante.

15. Yten, vos damos liençia y facultad para que podais tener y tengais en las nuestras ataraçanas de Sevilla todos los vastimentos y vituallas que ovierdes menester para nuestra armada y partida.

16. Lo qual que dicho es, y cada cosa y parte dello, os conçedemos, con tanto que vos el dicho don Pedro de Mendoça seais tenudo y obligado a salir destos rreinos con los navíos y aparejos y mantenimientos y otras cossas que fueren menester para el dicho viaje y poblaçión con los dichos quinientos honbres de nuestros rreinos y otras partes no probeidas, lo qual ayais de cunplir desde el día de la data desta capitulaçión hasta diez meses primeros siguientes.

17. Yten, con condiçión que quando salierdes destos nuestros rreinos y llegardes a la dicha tierra, ayais de llevar y tener con vos las personas rreligiosas o ecleiasticas que por Nos serán señaladas para inistruçión de los yndios naturales de aquella tierra a nuestra Santa Fée Cathólica, con cuyo pareçer y no sin ellos abeis de hazer la conquista, descubrimiento y poblaçión de la dicha tierra; a los quales rreligiosos abeis de dar y pagar el flete y matalotaje, y los otros mantenimientos neçesarios conforme a sus personas, todo a vuestra costa, sin por ello les llevar cosa alguna du- durante toda la dicha navegaçión; lo qual muchos vos encargamos que así lo guardeis y cunplais como cossa del serviçio de Dios y nuestro.

18. Otrosí, con condiçión que en la dicha conquista, paçificaçión y poblaçión y tratamiento de los dichos yndios, en sus personas y bienes seais tenudo y obligado de guardar en todo y por todo lo contenido en las hordenanzas e ynistruçiones que para esto tenemos fechas y se hizieren y vos serán dadas.

19. Estavan, en esta capitulación las hordenanças conforme a la capitulaçión de Francisco Montejo.

20. Por ende, haziendo vos lo suso dicho, a vuestra costa, y según y de la manera que de suso se contiene, y guardando y cunpliendo lo contenido en la dicha provisión que de suso va yncorporada y todas las otras ynistruçiones que adelante vos mandaremos guardar y hazer para la dicha tierra y para el buen tratamiento y conbersión a nuestra Santa Fée Católica de los naturales della, digo y prometo que vos será guardada esta capitulaçión y todo lo en ella contenido, en todo y por todo, según que de suso se contiene; y no lo haziendo ni cunpliendo ansí, Nos, no seamos obligados a vos guardar y cunplir lo suso dicho en cosa alguna dello, antes vos mandaremos castigar y proçeder contra vos como contra persona que guarda y cunple y traspasa los mandamientos de su Rey y señor natural, y dello vos mandamos dar la presente, firmada de mi nonbre, y refrendada de mi ynfraescrito secretario. Fecha en la çiudad de Toledo, a veinte e un días del mes de Mayo, de mill y quinientos y treinta y quatro años. Yo el Rey. Por mandado de Su Magestad, Covos, Comendador Mayor, señalada de Beltrán y Juarez y Mercado.

# DOCUMENTO N.º 38

Capitulación otorgada a Felipe Gutiérrez para ir a conquistar y poblar en la provincia de Veragua.
1534, diciembre 24. Dada en Madrid.
A.G.I. Indif. General 415. L. I, fols. 169-187.
C.D.I. T. XXII, pág. 383-406.

Capitulaçión que se tomó con el capitán Fhelipe Gutiérrez, para el descubrimiento de Beragua.

## EL REY

Por quanto vos, el capitán Fhelipe Gutiérrez nuestro criado, por Nos servir vos ofreçeis de conquistar y poblar a vuestra costa y minsión, sin que en ningún tienpo seamos obligados Nos ni los Reyes que después de Nos binieren, a vos pagar ni satisfazer los gastos que en ello hizierdes, más de lo que en esta capitulaçión vos fuere otorgado, la provinçia de Beragua ques en la costa de tierra ffirme de las nuestras Yndias del mar Oçéano, ques desde donde se acavan los límites de la gobernaçión de Castilla del Oro, llamada Tierra Firme, y fueron señalados a Pedro Arias de Avila y a Pedro de los Ríos, gobernadores que fueron de la dicha provinçias, por las provisiones que se les dieron hasta el Cabo de Graçias a Dios, y sujetar a nuestro serçiçio y Corona Real a los yndios della, e yndustriarlos en las cosas de nuestra Santa Fée Cathólica. Y ansímismo os ofreçeis a hazer en la dicha tierra una o dos ffortalezas quales conbengan para la defensa de los españoles que en ella rresidieren, en la parte que mejor os paresçiere, y que llevareis a dicha tierra doçientos honbres con los navíos y bastimentos neçesarios, y terneis con los dichos yndios un clérigo y dos rreligiosos de buena vida y exenplo, que los bautizen, yndustrien y enseñen en las cossas de nuestra Santa Fée Cathólica, y si conbiniese que aya más clérigos o rreligiosos, los porneis, e no abiendo en la dicha tierra diezmos de que se paguen los terneis a vuestra costa todo el tienpo que no huviere los dicho s diezmos e travajareis con dádivas y buenas obras de paçifficar y traer los dichos yndios al conosçimiento y vasallaje, en que biniendo de

295

rresçibir la dotrina christiana, les hareis sus yglesias según la dispusiçión de la tierra en que la rresçivan, la qual dicha conquista y población quereis hazer a vuestra costa, como dicho es, haziendo vos las merçedes e conçediendo a vos e a los pobladores las cosas que de yuso serán declaradas. Y Nos considerando los muchos, y buenos, y leales serviçios que nos habeis hecho y esperamos que nos hareis de aquí adelante, y vuestra ffidilidad y çelo con que os mobeis a Nos servir, mandamos tomar y tomamos con vos el dicho capitán Felippe Gutiérrez, çerca de lo suso dicho, el asiento y cappitulaçión siguiente:

1. Primeramente, vos damos liçençia y facultad, como por la presente vos la damos, para que por Nos y en nuestro nonbre y de la Corona Real de Castilla, podais conquistar, paçificar y poblar la dicha provinçia de Beragua, la qual ayais de hazer dentro de ocho meses de la fecha desta, estando a la bela con los navíos neçesarios para llevar, y que lleveis doçientos honbres destos nuestros Reynos de Castilla y de otras partes permitidas, y dentro de un año adelante luego siguiente, seais ternido y obligado de perseguir y fenesçer el dicho viaje con los dichos doçientos honbres, y con las personas rreligiosas y clérigos, y con los nuestros offiçiales que para la conbersión de los yndios a nuestra Santa Fée y buen rrecabdo de nuestra hazienda vos serán dados y señalados; a los quales rreligiosos abeis de dar y pagar el flete y matalotaje y los otros mantenimientos neçesarios, conforme a sus personas, todo a vuestra costa sin por ello les llevar cosa alguna durante la dicha navegaçión; lo qual muchos vos encargamos que así hagais y cunplais como cosa del serviçio de Dios y nuestro porque de lo contrario me terné de vos por deservido.

2. Yten, vos doy liçençia y facultad para que podais hazer y hagais en la dicha provinçia, una fortaleza para defensa de los españoles que en ella rresidieren, en la parte que vos paresçiere, y que vos haré merçed, como por la presente vos la hago, de la tenençia della por todos los días de vuestra vida por çient mill maravedís de salario en cada un año de las rrentas y probechos que tovieremos en la dicha tierra, de los quales abeis de gozar desde el día que la dicha fortaleza estuviere acavada a vista de los nuestros offiçiales de la dicha provinçia.

3. Otrosí, que para ynstruçión de los naturales de aquella tierra seais obligado y vos obligueis a llevar con vos a la dicha tierra dos religiosos de la horden den Sant Françisco, y llegados a la dicha tierra de les sostener a vuestra costa hasta tanto que aya diezmos de que se les pueda dar congrua sustentaçión, a los quales abeys de probeer de lo neçesario para su pasaje y mantenimiento hasta llegar a la dicha tierra, conforme a la calidad de sus personas y horden.

4. Otrosí, entendiendo ser cunplidero a nuestro serviçio y al bien y paçificaçión de la dicha provinçia e administraçión de nuestra justiçia y por honrrar vuestra persona, prometemos de vos hazer y hazemos nuestro Gobernador y Alguazil Mayor de la dicha provinçia, por todos los días de vuestra vida, con salario de mill ducados e quinientos de ayuda de costa en cada un año, que sean por todos mill y quinientos ducados, pagados de las rrentas y provechos que Nos tovieramos en la dicha provinçia; de los queales abeis de gozar y os han de ser dados y pagados por los nuestros offiçiales della, desde el día que vos hizierdes a la bela en el puerto

de Sant Lucar de Varrameda para seguir vuestra viaje a la dicha provinçia.

5. Otrosí, queremos y mandamos que si Dios Nuestro Señor fuere serbido de os llevar desta presente vida dentro de los primeros diez años de la dicha vuestra gobernaçión, que la tenga y goze un heredero o suçesor vuestro hasta el cunplimiento de los dichos diez años, que se cuenten sobre los que vos huvierdes gobernado y lo mismo en lo que toca al dicho officio de Alguazil Mayor, con tanto que el dicho vuestro heredero o suçesor o persona por vos nonbrada sea hábil y suffiçente para los dichos cargos.

6. Otrosí, vos hazemos merçed que de todos los metales, piedras y perlas y espeçiería que se oviere en la dicha provinçia, ansí de entrada como de rrescates y minas, y por qualquier otra vía que se adquirieren con los yndios de la dicha provinçia, llevemos el quinto y no más.

7. Otrosí, es nuestra merçed y queremos y mandamos que en los primeros seis años de la dicha vuestra gobernación, no se nos pague en la dicha provinçia derechos de aduana ni almoxarifadgo de todas las cosas que se descargaren en ella, con que no lo puedan llevar ni lleven a otra gobernaçión.

8. Otrosí, porque mejor la dicha provinçia se pueda poblar, vos prometemos que en el tienpo de los dichos diez años no ynpornemos ni será ynpuesto en la dicha provinçia a los vezinos y moradores della otra contribuçión, derecho ni alcavala alguna más de las de suso nonbradas.

9. Otrosí, habido rrespeto a los gastos que en lo suso dicho se ofrecen e a la voluntad de Nos serbir con que a ello os mobeis, es nuestra merçed y voluntad que habiendo despusiçión en la dicha tierra, tengais en ella tierras y solares, y gozeis de las partes que gozan e tienen, pueden gozar y tener los otros nuestros gobernadores de otras provinçias.

10. Otrosí, permitimos que a los vezinos y moradores de la dicha provinçia, podais dar y señalar las tierras y solares que os paresçiere conforme a la calidad de sus personas, y como lo hazen y pueden hazer los otros nuestros gobernadores que ay al presente en las otras tierras y provinçias de la dicha costa de tierra ffirme.

11. Otrosí, vos doy liçençia y facultad para que por término de seis años primeros siguientes que corran y se quenten desde el día que, como dicho es, vos hizierdes a la bela en el puerto de Sant Lucar de Varrameda para seguir buestro viaje a la dicha provinçia, se puedan llevar y lleven por vos, y por los vezinos y pobladores y conquistadores de la dicha provinçia los ganados, yeguas e cavallos y bastimentos que en las dichas nuestras yslas del mar Oçéano huviere y fueren neçesarias para la dicha poblaçión; e que dellas no se Nos ayan de pagar, ni paguen, derechos de salida ni entrada en la dicha provinçia, por término de los dichos seys años.

12. Yten, que vos daremos liçençia y facultad, como por la presente vos la damos, para que podais conprar y llevar de la çiudad de Sevilla y puertos de la Andaluzia, los bastimentos y cossas que fueren menester, y para ello vos mandaremos dar las cartas y provisiones neçesarias.

13. Ansímismo, vos daremos liçençia para poder pasar a la dicha provinfiia destos Reinos o del Reino de Portugal o yslas de cabo Berde, donde quisierdes y por bien tubierdes, çient esclavos negros libres de todos derechos, así de los dos ducados de la liçençia de cada uno dellos, como del

almoxarifazgo y otros cualesquier derechos que dellos nos pertenescan o puedan pertenesçer, con tanto que los lleveis derechamente a la dicha provinçia, y que si los llevardes a otra parte sean perdidos y aplicados a nuestra Cámara.

14. Otrosí, como quiera que según derecho y leies de nuestros Reinos quando nuestras gentes y capitanes de nuestras armadas tomaren presso algún prinçipe y señor de los naturales, donde por nuestro mandado hazen guerra el rrescate, del tal señor o caçique pertenesçe a Nos con todas las otras cosas muebles que fuesen halladas, y que pertenesçiesen a él mismo; Pero considerando los grandes gastos, travajos y peligros que nuestros súbditos pasan en las conquistas de las Yndias en alguna enmienda dellos, y por les hazer merçed, declaramos y mandamos, que si en la dicha vuestra conquista y gobernaçión se cautivaren o prendiere algún caçique o señor, que de todos los tesoros, oro y plata y piedras y perlas que se ovierenren dél por vía de rrescate, o en otra cualquier manera, se nos dé la sesta parte dello, y lo demás se rreparta entre los conquistadores, sacando primeramente nuestro quinto; y en caso que el dicho caçique o señor prinçipal mataren en vatalla y después por vía de justiçia, o en otra qualquier manera, que en tal caso de los thesoros y bienes susodichos que dél se ovieren justamente, ayamos la mitad, la qual ante todas cosas cobren nuestros offiçiales, y la otra mitad se rreparta sacando primeramente nuestro quinto.

15. Otrosí, con condiçión que en la dicha paçificación, conquista y poblaçión y tratamiento de los dicho yndios y en sus personas, bienes, sean tenudos e obligado de guardar en todo y por todo lo contenido en las hordenanças e ynstruçiones que para esto tenemos hechas y que se hizieren y le serán dadas en la nuestra carta y provisión que le mandaremos dar para la encomyenda de los dicho yndios.

16. E porque Nos, siendo ynformados de los males y deshordenes que en descubrimientos y poblaçiones nuevas se han hecho y hazen, y para que Nos con buena conçiencia podamos dar liçençia para los poder hazer para el remedio de lo qual, con acuerdo de los del nuestro Consejo y Consulta nuestra esta hordenada y despachada una Provisión General de capítulos, sobre ello que vos abeis de guardar en la dicha poblaçión y descubrimiento, la qual aquí mandamos yncorporar, su tenor de la qual es este que se sigue [39].

17. Por ende, por la presente haziendo vos el dicho Felipe Gutiérrez, a vuestra costa, según y de la manera que de suso se contiene, y guardando y cunpliendo lo contenido en la dicha provisión que de suso va yncorporada, y todas las otras ynstruçiones que adelante vos mandaremos guardar y hazer para la dicha tierra y para el buen tratamiento y conbersión a nuestra Santa Fée Cathólica de los naturales della, digo y prometo que vos será guardada esta capitulaçión y todo lo en ella contenido, en todo y por todo, según que de suso se contiene; y no lo haziendo ni cunpliendo ansí Nos, no seamos obligados a vos mandar guardar y cunplir lo suso dicho en cosa alguna della, antes le mandaremos castigar y proçeder con-

---

[39] Van incorporadas las Ordenanzas de Descubrimientos hechas en Granada el 17 de noviembre de 1526. Están reproducidas en capitulación con Francisco de Montejo de 8 de diciembre de 1526 (Doc. n.º 22).

tra él como contra persona que no guarda y cunple y traspasa los mandamientos de su Rey y Señor natural, y dello vos mandamos dar la presente, ffirmada de mi nombre y rrefrendada de my ynfraescrito secretario. Fecha en la villa de Madrid, a veinte y quatro días del mes de Diciemdel Comendador Mayor. Señalada de Beltrán, y Carvajal, y Mercado.

# DOCUMENTO N.º 39

Capitulación otorgada a don Diego de Almagro para ir a descubrir doscientas leguas del mar del Sur hacia el estrecho.
1534, mayo 21. Dada en Toledo.
A.G.I. Indif. General 415. L. I, fols. 140-144 vto.
C.D.I. T. XXII, págs. 338-350.


Capitulaçión que se tomó con el Mariscal don Diego de Almagro para descubrir doçientas leguas del mar del Sur hazia el estrecho.

### EL REY

Por quanto el capitán Fernado Piçarro, en nonbre del Mariscal don Diego de Almagro, y por virtud de su poder bastante que en el nuestro Consejo de las Yndias presentó, me hizo rrelaçión que os ofreçereis que el dicho Mariscal don Diego de Almagro por Nos servir y por el bien e acreçentamiento de nuestra Corona Real descubrirá, conquistará y poblará las tierras y provinçias que ay por la costa del mar del Sur a la parte de levante, dentro de doçientas leguas hazia el estrecho de Magallanes continuadas las dichas doçientas leguas desde donde se acavan los límites de la gobernaçión que por la capitulaçión y por nuestras provysiones tenemos encomendada al capitán Françisco Pizarro, a su costa y mynsión, sin que en ningún tienpo seamos obligados a le pagar ni satisfazer los gastos que en ello hizieren más de lo que en esta capitulaçión vos fuere otorgado en su nombre; y me suplicastes y pedistes por merçed mandase encomendar la conquista de las dichas tierras al dicho mariscal, y le conçediese y otorgase las merçedes e con las condiçiones que de suyo serán contenidas, sobre lo qual mandé tomar con vos, el dicho capitán Hernando Piçarro, en el dicho nonbre, el asiento y capitulaçión siguiente:

1. Primeramente, doy liçençia y facultad al dicho Mariscal don Diego de Almagro para que por Nos y en nuestro nonbre y de la Corona Real de Castilla pueda conquistar, paçificar y poblar las provinçias y tierras que oviere en las dichas doçientas legua que comiençan desde donde se

acavan los límites de la gobernaçión que por la dicha capitulaçión y por nuestras provisiones tenemos encomendada al capitán Françisco Piçarro, a levante qués hazia el estrecho de Magallanes.

2. Yten, entendiendo ser cunplidero al serviçio de Dios y nuestro, y por honrrar su persona y le hazer merçed, prometemos de le hazer nuestro Gobernador y Capitán General por todos los días de su vida, de las dichas doçientas leguas con salario de seteçientas y veinte y çinco mill maravedís de salario cada un año, contados desde el día que vos el dicho Fernando Piçarro vos hizierdes a la bela con la gente que llevardes al dicho don Diego de Almagro, en el dicho puerto de Sant Lucar de Barrameda para continuar la dicha poblaçión y conquista, los quales le han de ser pagados de las rrentas y derechos a Nos pertenesçientes en la dicha tierra que así a de poblar, del qual salario a de pagar en cada un año, a un allcalde mayor y diez escuderos, y treinta peones, e un médico, e un boticario, el qual salario le a de ser pagado por los nuestros offiçiales de la dicha tierra, de lo que a Nos pertenesçiere en ella durante vuestra governaçión.

3. Otrosí, le hazemos merçed de título de nuestro Adelantado de las dichas tierras e provinçias que así descubriere y poblare en el término de las dichas doçientas leguas, e ansí mismo del offiçio de Alguaçilazgo Maior dellos, todo ello por los días de su vida.

4. Otrosí, doy liçençia para que con pareçer y acuerdo de los dichos offiçiales nuestros, pueda hazer en las dichas tierras y provinçias que así descubriere y poblare, en el término de las dichas doçientas leguas, hasta quatro fortalezas en las partes y lugares que más conbengan paresçiendole a él y a los dichos nuestros offiçiales ser neçesarios para guarda y paçificaçión de las dichas tierras y provinçias; y le haré merçed de la tenençia dellas para él y para dos herederos y suçesores suyos, uno en pos de otro con salario de setenta e çinco mill marvedís en cada un año, por cada una de las dichas fortalezas que ansí estovieren fechas, la quales a de hazer a su costa sin que Nos ni los Reies que después de Nos binieren seamos obligados a se lo pagar, al tienpo que así lo gastare, salvo dende en çinco años después de acavada la tal fortaleza, pagándole en cada uno de los dichos çinco años la quinta parte de lo que se montare en el dicho gasto de los frutos de la dicha tierra.

5. Otrosí, le haremos merçed, para ayuda a su costa, de mill ducados en cada un año por todos los días de su vida, de las rrentas de la dicha tierra.

6. Otrosí, por quanto en su nombre nos a sido suplicado le hiziese merçed de algunos vasallos en las dichas tierras y provinçias, e al presente lo dexamos de hazer por no tener entera rrelaçión dellas, es nuestra merçed que entre tanto que ynformados probeamos en ello lo que a nuestro serviçio y a la encomienda y satisfaçión de sus travajos y serviçios conbiniere, tenga la veintena parte de todos los provechos que nos tovieremos, en cada un año en las dichas tierras y provinçias, con tanto que no exceda de mill ducados.

7. Y porque en nonbre del dicho Mariscal don Diego de Almagro nos abeis fecho rrelaçión quel gobernador Françisco Piçarro a de ayudar al dicho Mariscal don Diego de Almagro, e ser parçionero en la dicha contrataçión y descubrimiento, como el dicho Mariscal lo es en las tierras y

provechos de la gobernaçión del dicho Françisco Piçarro, queremos y es nuestra merçed que ayudandole en lo suso dicho por virtud del conçierto que los dos hizieron y otorgaron ante escrivano, el dicho Françisco Piçarroaya y lleve otros quinientos ducados en cada un año de las dichas rrentas y probechos.

8. Otrosí, mandamos que las haziendas, tierras y solares que tiene en Tierra Firme llamada Castilla del Oro, y le están dadas como a vezinos della, las tenga e goze e haga dello lo que quisiere y por bien tuviere conforme a lo que tenemos conçedido y otorgado a los vezinos de la dicha Tierra Firme; y en lo que toca a los yndios e navorías que tiene y están encomendados, es nuestra merçed y voluntad e mandamos, que lo tenga y goze e que se sirva dello y que no le sean quitados ni rremovidos por el tienpo que nuestra voluntad ffuere.

9. Otrosí, conçedemos a los que fueren a poblar a las dichas tierras y provinçias que así descubriere, conquistare y poblare, en el término de las dichas doçientas leguas, que en los seis años primeros siguientes, desde el día de la data deste asiento y capitulaçión en adelante, que del oro que se cogere en las minas nos paguen el diezmo y cumplidos los dichos seis años paguen el nobeno, e ansí, deçidiendo en cada un año hasta llegar al quinto; pero del oro y otras cosas que se ovieren de rrescate y cavalgadas, o en otra qualquier manera, desde luego nos an de pagar el quinto de todo ello.

10. Otrosí, franqueamos a los vezinos de las dichas tierras y provinçias por los dichos seis años y quanto nuestra voluntad ffuere de almoxarifazgo de todo lo que llevaren para probeimiento y provisión de sus casas, contando que no sea para lo vender; e de lo que bendieren ellos y otras qualesquier personas, mercaderes y tratantes, asímismo, los franqueamos por dos años tan solamente.

11. Yten, prometemos que por término de diez años y más adelante hasta que otra cosa mandemos, no ynpornemos a los vezinos de la dicha tierra, alcavala ni otro tributo alguno.

12. Yten, conçedemos a los dichos vezinos y pobladores que les deis los solares y tierras conbinientes a sus personas, conforme a lo que se a hecho y haze en la ysla Española, e ansímismo le daremos poder para que en nuestro nonbre durante el tienpo de su gobernación haga la encomienda de los yndios de la dicha tierra, guardando en ellas las inistruçiones y hodenanças que le serán dadas.

13. Yten, le haremos merçed de veinte y çinco yeguas, e otros tantos cavallos de los que Nos tenemos en la ysla de Jamayca, e no los abiendo quando las pidiere, no seamos tenudos el preçio dellas ni otra cosa por rrazón dellas.

14. Otrosí, le haremos merçed de treçientos mill maravedís, pagados en Castilla del Oro, para el artillería y muniçión que a de llevar a la dicha gobernaçión, llevando fée de los nuestros offiçiales de la Casa de Sevilla, de las cosas que en su nonbre, vos, el dicho capitán Fernando Piçarro le conprastes, y de lo que le costó contado todo el ynteresse e canbio dello, y más le haremos merçed de otros doçientos ducados en la dicha Castilla del Oro para ayuda al carreto de la dicha artillería y muniçión y otras cosas que se llevaren desde el nombre de Dios a la dicha mar del Sur.

15. Otrosí, que le daremos liçençia, como por la presente se la damos, para que destos Nuestros Reinos o del Reino de Portugal e yslas de Cabo Berde, o de donde él o quien su poder huviere quisiere y por bien tuviere, pueda pasar y pase a las provinçias y tierra de su gobernación, çient esclavos negros, en que aya a lo menos el terçio de henbras libres de todos derechos a Nos pertenesçientes, con tanto que si los dexare todos o parte dellas en la ysla Española, Sant Juan y Cuba y Santiago o en Castilla del Oro, e provinçias del Pirú, cuya governaçión tenemos encargada al dicho Françisco Piçarro, o en otra parte alguna, los que dellos así dexare sean perdidos e aplicados para nuestra Cámara y Fisco.

16. Otrosí, que haremos merçed y limosna al ospital que se hiziere en las dichas tierra y provinçias para ayuda a rremedio de los pobres que a ella fueren, de doçientas mill maravedís para que les sean pagados en dos años en cada un año, dellos, çient mill librados en las Penas de Cámara de las dichas tierras. Ansímismo de su pedimiento y consentimiento de los primeros pobladores de las dichas tierras, deçimos que haremos merçed, como por la presente la hazemos, a los espitales de las dichas tierras de los derechos de la dicha escovilla y rrelaves que oviere en las fundiçiones que en ellas se hiziere, y dello vos mandaremos dar nuestra provisión en forma.

17. Otrosí, dezimos que mandaremos, y por la presente mandamos, que aya y rresida en la çiudad de Panamá, o donde por vos fuere mandado, un carpintero e un calafat, e que cada uno dellos tenga de salario treynta mill en cada un año, dende que començare a rresidir en la dicha çiudad, como dicho es, les mandaredes pagar por los nuestros offiçiales de la dicha tierra de vuestra gobernaçión quanto nuestra merçed y voluntad fuere.

18. Yten, que le mandaremos dar nuestra provisión en forma para que en la dicha costa de la mar del Sur pueda tomar qualesquier nuavíos que ovyere menester, de consentimiento de sus dueños para los viajes que oviere de hazer a la dicha tierra, pagando a los dueños de los tales navios el flete que justo sea, no enbargante que otras personas los tengan fletados para otras partes.

19. Ansímismo, mandaremos, y por la presente mandamos e defendemos, que destos Nuestros Reinos no vayan ni pasen a las dichas tierras ningunas personas de las proybidas que no puedan pasar a aquellas partes, so las penas contenidas en las leyes y hordenanças e çédulas nuestras que çerca desto por Nos y por los Reyes Cathólicos están dadas, ni letrados ni procuradores para usar de sus offiçios.

20. Otrosí, con condiçión que en la dicha paçificaçión, conquista, y poblaçión y tratamiento de los dichos yndios y en sus personas y bienes y sea tenudo y obligado de guardar, en todo y por todo, lo contenido en las hordenanças y ynstruçiones que para esto tenemos fechas y se fizieren, y le serán dadas en la nuestra carta y provisión que le mandaremos dar para el encomienda de los dichos yndios.

21. Lo qual, todo que dicho es, y cada una cossa y parte dello, vos çonçedemos en nombre del dicho Mariscal, con tanto que seais tenudo y obligado de salir destos Nuestros Reinos con los navíos e aparejos e mantenimientos y otras cosas que fuere menester para el dicho viaje y poblaçión, con doçientos y çincuenta honbres, llevados

destos Nuestros Reinos y Señorios y de otras partes no proibidas, con tanto que de la gobernaçión del dicho Françisco Piçarro no pueda sacar ni saque honbre alguno, lo qual aya de cunplir, y desde el día de la data desta capitulaçión hasta seis meses primeros siguientes, y llegados a la dicha Castilla del Oro y pasado a Panamá, de llevar la dicha gente para quél dicho Mariscal haga el dicho descubrimiento y poblaçión dentro de otros seys meses luego siguientes.

22. Yten, con condiçión que quando saliere de la gobernaçión del dicho Françisco Piçarro, aya de llevar a tener con él las personas religiosas e eclesiasticas que por Nos serán señalados para ynstruçión de los yndios naturales de aquellas partes y tierras a nuestra Santa Fée Cathólica, con cuyo paresçer, y no sin ellos, a de hazer la conquista, descubrimiento y poblaçión de la dicha tierra; a los quales rreligiosos a de dar y pagar el flete y matalotaje, y los otros mantenimientos neçesarios conforme a sus personas, todo a su costa, sin por ello les llevar cosa alguna durante toda la dicha nabegaçión, lo qual mucho le encargamos que así haga y cunpla como cossa del serviçio de Dios y nuestro, porque de lo contrario nos terniamos por deservidos.

23. Otrosí, con condiçión que en la dicha paçificación, conquista y poblaçión y tratamiento de los dichos yndios y en sus personas y bienes, seais tenudo y obligado de guardar en todo y por todo lo contenido en las hordenanças e ynstruçiones que para esto tenemos fechas e se hizieren y les serán dadas en la nuestra carta y provisión que le mandaremos dar para la encomienda de los dichos yndios.

24. Otrosí, como quiera que según derecho y leies de Nuestros Reinos, quando nuestras gentes y capitanes de nuestras armadas toman preso algún prinçipe o señor de las tierras donde por nuestro mandado hazen guerra, el rrescate del tal señor o caçique perteneçe a Nos con todas las otras cosas muebles que fuesen halladas y que pertenesçiesen a él mismo; pero considerando los grandes travajos y peligros que nuestros súbditos pasan en las conquistas de las Yndias, en alguna enmienda dellos y por les hazer merçed, declaramos y mandamos que si en la dicha vuestra conquista y gobernaçión se cativare o prendiere algún caçique o señor, que de todos los tesoros, oro y plata, y piedras y perlas, que se ovieren dél por vía de rrescate o en otra qualquier manera, se nos dé la sesta parte dello, e lo demás se rreparta entre los conquisdores, sacando primeramente nuestro quinto; y en caso que al dicho caçique o señor prinçipal mataren en vatalla o después por vía de justiçia, o en otra qualquier manera, que en tal caso, de los thesoros y bienes suso dichos que dél se ovieren justamente, ayamos la mitad, la qual ante todas cosas cobren nuestros offiçiales, e la otra parte se rreparta sacando primeramente nuestro quinto. Estavan en esta capitulaçión las hordenanças conforme a la capitulaçión de Francisco de Montejo que son las que van en todas las capitulaçiones.

25. Por ende, haziendo el dicho mariscal a su costa, y según y de la manera que de suso se contiene, y guardando y cunpliendo lo contenido en la dicha provisión que de suso va yncorporada, y todas las otras ynystruçiones que adelante le mandaremos guardar e hazer para la dicha tierra y para el buen tratamiento y conbersión a nuestra Santa Fée Cathólica a los naturales della, digo y prometo que le será guardada

esta capitulaçión y todo lo en ella contenido, en todo y por todo, según que de suso se contiene; y no lo haziendo ni cunpliendo así, Nos no seamos obligados a le mandar guardar e cunplir lo suso dicho en cosa alguna della, antes le mandaremos castigar y proçeder contra él como contra persona que no guarda y cunple y traspasa los mandamientos de su Rey y Señor natural, y dello mandamos dar la presente, firmada de mi nombre y rrefrendada de mi ynfraescrito secretario. Fecha en la Çiudad de Toledo, a veinte y un días del mes de mayo, de mill y quinientos y treinta y quatro años. Yo el Rey. Por mandado de Su Magestad, Covos, Comendador Mayor. Señalada de todos.

# DOCUMENTO N.º 40

Capitulación otorgada a Pedro Fernández de Lugo por mediación de su hijo Alonso Luis Fernández de Lugo, para ir a descubrir y conquistar a la provincia de Cartagena.
1535, enero 22. Dada en Madrid.
A.G.I. Indif. General 415. L. I, fols. 51-57.
C.D.I. T. XXII, págs. 406-433.
SERRANO SANZ, M.: *Cedulario de las provincias de Santa Marta y Cartagena de Indias*. Librería General de Victoriano Suárez. Madrid, 1913, pág. 286.


Capitulaçión con Don Luys de Lugo.

### EL REY

Por quanto vos, don Alonso Luis de Lugo, en nombre de don Pero Henándes de Lugo, Adelantado de Canaria, nuestro Governador y Justiçia Maior de las yslas de Thenerife e la Palma, vuestro padre, y por virtud de su poder espiçial y bastante que para ello presentastes en el nuestro Consejo de las Yndias, me feçistes rrelación que por la boluntad quel dicho Adelantado tiene de Nos servir e del acreçentamiento de nuestra Corona Real de Castilla, os ofreçeis que yrá a conquistar e poblar las tierras y provinçias que ay por descubrir y conquistar en la provinçia de Santa Marta, que se entiende desde donde se acava los límites que tenemos señalados a la provinçia de Cartajena, cuya gobernaçión tenemos encomendada a Pedro de Heredia, hasta donde ansímismo se acava los límites de la provinçia de Beneçuela e cabo de la Bela, cuya conquista y governaçión tenemos encomendada a Bartolomé e Antonio Belzar, alemanes, de mar a mar, e lo poner todo devaxo de nuestra obediençia y señorio, guardando sienpre los dichos límites que para ello llevareis destos nuestros Reinos de Castilla y de las yslas de Canaria, mill y quinientos honbres de pie, escopeteros e arcabuzeros y ballesteros e rrodilleros y doçientos honbres de a cavallo, con cavallos e hieguas

306

de silla, e que así los de pie como los de a cavallo yran bien armados y adereçados de lo neçesario, todo ello a su costa y minsión, sin que en ningund tienpo seamos obligados a le pagar ni satisfazer los gastos que en ello fiziere más de lo que en esta capitulaçión le será otorgado, y me suplicastes y pedistes por merçed, en el dicho nonbre y por virtud del dicho poder, fiziese merçed al dicho Adelantado de la conquista de la dicha provinçia, sobre la qual mando tomar con vos, el dicho don Alonso Luis de Lugo, en su nombre, el asiento y capitulación siguiente:

1. Primeramente, doi liçençia y facultad al dicho Don Pedro Fernandez de Lugo, Adelantado de Canaria, para que por Nos e en nuestro nonbre y de la Corona Real de Castilla pueda conquistar y paçificar y poblar las tierras y provinçias que ay por conquistar y paçificar y poblar en la dicha provinçia de Santa Marta, que se entiende desde como dicho es, se acavan los límites de la dicha provinçia de Cartagena, cuya conquista y governaçión tenemos encomendada a Pedro de Heredia, hasta los límites de la provinçia de Beneçuela e cabo de la Bela, cuya conquista y governaçión tenemos asímismo encomendada a Bartolomé e Antonio Belzar, alemanes, y de ay hasta llegar a la mar del Sur, con tanto que no entreis en los límites y términos de las otras provinçias questán encomendadas a otros governadores.

2. Yten, entendiendo ser cunplidero a nuestro serviçio y por honrrar la persona del dicho Adelantado, prometemos de le hazer nuestro Governador y Capitán General de la dicha provinçia y pueblos della en los dichos límites, por todos los días de su vida, con un quento de maravedís de salario en cada un año, de los quales goze desde el día quel dicho Adelantado se hiziere a la bela en qualquier de los puertos de las yslas de Canaria con la gente que ha de llevar para hazer la dicha conquista, los quales le an de ser pagados de las rrentas y derechos a Nos pertenesçientes en la dicha tierra que así ha de poblar y conquistar durante el tienpo que tuviere la dicha gobernaçión y capitanía general; y no las abiendo en el dicho tienpo no seamos obligados a vos pagar cosa alguna dello.

3. Otrosí, queremos y mandamos que cuando Dios Nuestro Señor fuere servido de llevar al dicho Adelantado, don Pero Hernandez de Lugo desta presente vida, vos, el dicho Don Alonso de Lugo, tengais la Governaçión Capitanía General de la dicha provinçia por todos los días de vuestra vida con el dicho salario de un quento de maravedís en cada un año, segund y de la manera que el dicho Adelantado vuestro padre lo tiene.

4. Otrosí, hazemos merçed al dicho Adelantado, don Pero Hernández de Lugo, del título de nuestro Adelantado de las dichas tierras y provinçias que ansí descubrieren y poblaren, el qual dicho título suçede en vos, el dicho don Alonso Luis de Lugo, después de los días e vida del dicho Adelantado vuestro padre.

5. Otrosí, le doy liçençia para que con pareçer y acuerdo de los nuestros offiçiales de la dicha provinçia, pueda hazer en las dichas tierras y provinçias que ansí descubriere y poblare en los dichos límites, dos fortalezas en las partes y lugares que más conbenga, paresciendole a él y a los dichos nuestros offiçales ser nellesarias para guarda y

paçificaçión de las dichas tierras y proçincias, y de le fazer merçed de la tenençia dellas con salario de setenta y çinco mill maravedís en cada un año, con cada una dellas, las quales ha de hazer a su costa, sin que Nos ni los Reies que después de Nos binieren seamos obligados a se lo pagar; e del salario de cada una de las dichas fortalezas questovieren acabadas a vysta de los nuestros offiçiales, abeis de gozar de los frutos de la dicha tierra según dicho es.

6. Otrosy, por quanto vos el dicho don Alonso Luis de Lugo, en nombre del adelantado don Pero Hernández de Lugo, vuestro padre, me suplicastes le hiziese merçed de algunos vasallos en las dichas tierras e provinçias que ansí abeis de descubrir y paçificar de nuevo, es nuestra merçed que entre tanto que ynformados de lo que ansí de nuevo descubrieredes e pobladres probeamos en ello lo que a nuestro serviçio y a la hemienda y sastifaçión de sus travajos y serviçios conbinieren, tenga la dozava parte de todos los probechos que nos tovieremos en cada un año en las dichas tierras y provinçias que ansí de nuevo conquistare e poblare, fuera de lo que hasta agora está descubierto y paçificado, sacando ante todas cossas dellos, los gastos y salarios que Nos tovieremos en ellos.

7. Otrosí, le haremos merçed, como por la presente se la hazemos, de quatro mill ducados de oro, los quales le sean dados y pagados por los nuestros offiçiales de la dicha provinçia de las rrentas y provechos que Nos tovieremos en las tierras y provinçias que ansí conquistare para ayuda a los gastos que ha de hazer en llevar a la dicha gente a la dicha conquista.

8. Yten, conçedemos a los vezinos y pobladores de las dichas tierras y provinçias que ansí conquistardes y poblardes, que les deis y rrepartais los solares e tierras conbenientes a sus personas como lo han fecho y hazen los otros nuestros Governadores de las otras provinçias de las nuestras Yndias.

9. Otrosí, que le daremos liçençia, como por la presente se la damos, para que destos nuestros Reinos, del Reino de Portugal e yslas de Cabo Berde o donde él o quien su poder oviere quisiere y por bien tuvieren pueda pasar y pase a la dicha provinçia de Santa Marta çient esclavos negros, en que aya a lo menos el terçio dellos henbras, libres de todos derechos a Nos perteneçientes; con tanto que se los dexare todos o parte dellos en las yslas Española, Sant Juan y Cuba, el Trago o en otra qualquier parte; los que dellos ansí dexaren sean perdidos y aplicados para nuestra Cámara y Fisco.

10. Yten que le mandaremos dar nuestra Provisión en forma para que de los navíos questovieren en los puertos de las yslas de Canaria podais tomar hasta tres dellos, de los que entiende en el trato de las Yndias o quisieren fletearse para ellas, no estando fletadas para otra armada pagando a los dueños de los tales navíos el flete que justo sea.

11. Otrosí, con condiçión que en la dicha paçificaçión, conquista y poblaçión y tratamiento de los yndios en la dicha provinçia e de sus personas y bienes, el dicho Adelantado vuestro padre, sea tenudo y obligado de guardar, en todo y por todo, lo contenido en las hordenanzas e ynstruçiones que para esto tenemos fechas y se hizieren.

12. Yten, con codiçión que quando el dicho Adelantado, vuestro padre, saliere de las dichas yslas de Canaria para hazer la dicha conquista y población ,aya de llevar y tener con él las personas rreligiosas o eclesiasticas que por Nos serán señaladas para inistruçión de los yndios naturales de aquellas tierras a nuestra Santa Fée Cathólica, con cuyo pareçer, y no sin ellos, a de hazer la dicha conquista; a los quales rreligiosos a de dar y pagar el flete y matalotaje y los otros mantenimientos neçesarios conforme a sus personas, todo a su costa sin por ello les llevar cosa alguna durante toda la dicha navegación, lo qual cunple encargamos que así haga e cunpla como cosa del serviçio de Dios e nuestro, porque de lo contrario nos ternemos por deservidos.

13. Otrosí, como quiera que según derecho y leies de nuestros Reinos, quando nuestras gentes y capitanes de nuestras armadas toman preso algún prínçipe o señor de las tierras donde por nuestro mandado hazen guerra, el rrescate del tal señor y caçique pertenesçe a Nos, con todas las otras cosas muebles que fuesen hallados y que pertenesçiesen a él mismo; pero considerando los grandes travajos, peligros que nuestros súbditos pasan en las conquistas de las Yndias en alguna enmienda dellos, e por los fazer merçed, declaramos e mandamos que sí en la dicha vuestra conquista o governaçión se cativare o prendiere algún caçique o señor, que de todos los tesoros, oro, plata, perlas e piedras que se ovieren dél por vía de rrescate, o en otra qualquier manera, se Nos dé la sesta parte dello, e lo demás se rreparta entre los conquistadores, sacando primeramente nuestro quinto, y en caso que el dicho caçique o señor prinçipal mataren en vatalla, o después por vía de justiçia, o en otra qualquier manera, que en tal caso, de los tesoros y bienes suso dicho que dél se ovieren justamente, ayamos la mitad, la qual ante todas cossas cobren nuestros offiçiales, y la otra mitad se rreparta sacando primeramente nuestro quinto.

14. E porque siendo ynformado de los males y desordenes que en descubrimientos y poblaçiones nuevas se han fecho y hazen, y para que Nos con buena conçiencia podamos dar liçençia para los hazer, para rremedio de lo qual con acuerdo de los del nuestro Consejo y Consulta Nuestra esta hordenada y despachada una Provisión general de capítulos sobre lo que vos abeis de azer en la dicha poblaçión y descubrimiento. Lo qual aquí mandamos incorporar, su tenor de la qual es este que se sigue [40].

15. Por ende, por la presente, haziendo el dicho Adelantado lo suso dicho a su costa, e según y de la manera que de suso se contiene, y guardando y cunpliendo lo contenido en la dicha Provisión que de suso va incorporada, y todas las otras inistruçiones que adelante le mandaremos dar e hazer para la dicha tierra y para el buen tratamiento y conversión a nuestra Santa Fée Cathólica de los naturales della, digo y prometo que le será guardada esta capitulaçión y todo lo en ella contenido, en todo y por todo, según que de suso se contiene; y no lo haziendo ni cunpliendo ansí, no seamos obligados a le guardar y cunplir

---

[40] Van incorporadas las Ordenanzas de Descubrimientos hechas en Granada el 17 de noviembre de 1526. Están reproducidas en capitulación con Francisco de Montejo de 8 de diciembre de 1526 (Doc. n.º 22).

lo suso dicho, ni cosa alguna dello, antes le mandaremos castigar y proçeder contra él como contra persona que no guarda e cunpla y traspasa los mandamientos de su Rey y Señor natural, y dello mandamos dar la presente firmada de mi nombre y refrendada de mi ynfrascrito secretario. Fecha en la villa de Madrid, a veinte y dos días del mes de Henero de mill e quinientos y treinta y çinco años. Yo el Rey. Por mandado de Su Magestad, Cobos, Comendador Mayor. Señalada del Conde, y Beltrán, Carvajal y Maldonado.

# DOCUMENTO N.º 41

Capitulación con Joan Pacheco para descubrir en las islas y Tierra Firme de Castilla del Oro.
1536, febrero 24. Dada en Madrid.
A.G.I. Indif. General 415. L. I, fols. 27-29 vto.
C.D.I. T. XXII, págs. 145-153.
RAMOS PÉREZ, D.: ob. cit., págs. 590-595.

Con Joan Pacheco.

## LA REYNA

Por quanto vos Joan Pacheco, cavallero de la horden de Alcantara, natural del reino de Portugal, con deseo de Nos servir y del acresçentamiento de nuestra Corona Real de Castilla, os ofreçeis de yr a la Nueva España o a la provinçia de Tierra Firme, llamada Castilla del Oro, ques en las nuestras Yndias del mar oçéano, y por la Costa del mar del Sur nabegareis y descubrireis yslas y tierra firme, ansí en la dicha mar del Sur como en otra qualquier parte, dentro de nuestros límites y demarcaçión, en que aya espeçiería de una o muchas maneras, sin tocar en los límites y demarcaçión del Serenísimo Rey de Portugal, nuestro hermano, ni en los Malucos ni en los límites que por la última contrataçión y empeño se dieron al dicho Serenísimo Rey de Portugal, lo qual todo hareis a vuestra costa y minsión, sin que Nos ni los Reies que después de Nos binieren seamos obligados a vos pagar ni satisfazer los gastos que en lo suso dicho hiziéredes, salvo lo que en esta capitulaçión vos será otorgado, haziendo a vos y a las personas que con vos fueren las merçedes siguientes:

1. Primeramente, que vos haré merçed, como por la presente vos la hago, de asiento de Gentil-hombre de Nuestra Casa con quitaçión de çient mill maravedís cada un año, de los quales ayais de gozar y gozeis

311

el primero año que obierdes descubierto la dicha espeçiería y Yo estuviere çertificado della, y no antes; los quales dichos çient mill maravedís vos an de ser pagados de las rrentas que Nos oviéremos en la misma espeçiería, y no los abiendo no seamos obligados a mandar pagar cosa alguna dello.

2. Yten, que de toda la espeçiería que en nuestro nombre o para Nos se tratare o traxere a estos rreinos o fuera dellos, por nuestro mandado o consentimiento, o del provecho y derechos que llevaremos así en las Yndias como en estos dichos nuestros rreinos o en otra qualquier parte de la dicha espeçiería o por razón della, ayais de llevar y lleveis vos, el dicho Juan Pacheco y vuestros herederos y susçesores y aquel y aquellos que de vos y dellos tuvieren título o causa unibersal o particular, perpetuamente para siempre jamás, la quinta parte, con tanto questa dicha quinta parte no pueda exceder ni eçeda de quatro mill ducados en cada un año, y no llegando al dicho valor lleveis tan solamente la rata que os cupiere por rrazón de la dicha quinta parte e no más; y el rrestante de todo, en qualquier de los dichos dos casos, aya de quedar y quede para Nos y para los Reies que por tiempo fueren de Castilla, pero si Nos mandaremos traer la dicha espeçiería, ante que a vos el dicho comendador se os dé la dicha quinta parte se saque las costas que en ello se hizieren.

3. Y por quanto me hizistes relaçión que vos teneis en una ysla de Portugal doçientos esclavos negros, y me suplicastes os diese liçençia para los poder llevar a la Nueva España o tierra firme, libres de todos derechos, e yo acatando los serviçios que en esta jornada os offreçeis de hazer, tengo por bien de vos dar la dicha liçençia, como por la presente vos la doy, para que de la dicha ysla donde dezís que teneis los dichos doçientos esclavos negros o destos nuestros rreinos o de otra qualquier parte de [41] los señorios del reino de Portugal los podais pasar y paseis a la dicha Nueva España o tierra firme o a qualquier parte dellas, libres de todos derechos, así de los dos ducados de la liçençia de cada uno dellos como de los derechos de almoxarifazgo y otros qualesquier que Nos pertenescan, por quanto de lo que dello monta yo vos hago merçed, con tanto que si por casso no descubrieredes la dicha espeçiería, según y como lo offreçeis, seais obligado y os obligueis ante todas cosas de Nos pagar enteramente los dichos derechos de las dichas liçençias, los quales derechos de agora quedan tasados a diez ducados cada uno, que son por todos dos mill ducados en los dichos doçientos esclavos; los quales dichos dos mill ducados o la mitad que se montare en los esclavos que assí pasardes por virtud desta capitulaçión a rrazón de los dichos diez ducados para cada uno, depositareis en los nuestros offiçiales de la dicha Nueva España o de la dicha provinçia de tierra firme donde desenbarcaredes, desde el día que llegaren a esa tierra hasta treinta días primeros siguientes, para que abiendo vos cunplido lo que así os ofreceis os lo tornen y restituyan libremente; y no abiendo cunplido, queden para Nos; y permitimos que si vos, el dicho Juan Pacheco, os quisieredes aprobechar de algunos destos dichos doçientos esclavos para cortar maderas y otras cosas de la fábrica de los navíos que abeis de

---
[41] Tachado: «l».

hazer en la mar del Sur, o para los llevar con vos en el dicho viaje y nabegaçión, lo podais hazer.

4. Yten, que mandaremos que todo lo que llevardes, vos y las personas que con vos fueren en este primero viaje, para provisión de vuestras cassas y de otras qualesquier cossas de muniçión y peltrechos conbinientes para los navíos que teneis de hazer, no os lleven derechos de almoxarifazgo no lo vendiendo.

5. Y queremos y mandamos y es nuestra merçed y voluntad, que si por caso Nos o los rreyes nuestros suçessores por quialquier causa voluntaria o probechosa o neçesaria, enagenaremos o enpeñaremos la dicha espeçiería que así descrubierdes o los derechos o trato dello, que Nos o los dichos rreyes nuestros susçesores seamos obligados a pagar a vos y a vuestros susçesores e a las personas que de vos o dellos tuvieren título o causa, la dicha quinta parte de todo el provecho y rrenta de la dicha espeçiería, según y como y por la forma y cantidad que en los capítulos de suso scriptos se contiene.

6. Yten, que vos daré liçençia, como por la presente vos la doy, para que en dos navíos que vos decís que entendeis armar en la dicha mar del Sur, podais llevar y lleveis en cada uno de ellos hasta doze portugueses para pilotos o marineros, con tanto que toda la otra gente que llevaredes en los dichos dos navíos sean nuestros vasallos y súbditos de nuestros reinos.

7. Yten, que vos el dicho Juan Pacheco, os obligareis de salir destos dichos nuestros rreinos para la dicha Nueva España o para la dicha provinçia de tierra firme deste año de quinientos y treinta y seis, y que dentro de año y medio luego siguiente, que se cumplirá en fin del mes de junio del año benidero de mill y quinientos y treinta y ocho, estareis en la costa de la dicha mar del Sur de una de las dichas provinçias a punto para os hazer a la bela con los dichos dos navíos, con el primero buen tienpo que Deos os diere.

8. Yten, es asentado y capitulado que de toda la espeçiería, oro o plata, piedras o perlas, que traxéredes a estos nuestros rreinos de la dichas islas o tierra firme que assí descubriéredes, los dos primeros viajes que hiçiéredes Nos ayais de pagar y pagueis el quinto de todo ello, sin descontar las costas que oviéredes fecho ni otra cosa alguna.

9. Y porque me suplicastes, que de más de la liçençia de los dichos doçientos esclavos, vos mandase dar liçençia para otros diez esclavos libres de todos derechos por la neçesidad que dellos teníades para cosas de la dicha armada, por la presente vos damos la dicha liçençia para que destos nuestros rreinos e señorios o de las yslas de Cabo Berde y Guinea, podais pasar y paseis a la dicha Nueva España y tierra firme, los dichos diez esclavos negros, libres de todos derechos de la liçençia y almoxarifazgo, para serviçio de vuestra persona y casa, con tanto questos diez esclavos no los podais vender ni vendais, y si los vendiéredes pagueis dellos enteramente el dicho almojarifazgo y derechos de la liçençia.

10. Y porque assí mismo me suplicastes, que si descubriéredes alguna ysla o tierra firma, vos hiziese merçed de título de nuestro gobernador della, es nuestra merçed que si después de descubierta la dicha espeçiería, que conforme a esta capitulaçión sois obligado a descubrir, des-

313

cubriéredes otras qualesquier yslas o tierra firme que no estén descubiertas ni dadas en gobernaçión a otra persona, que por el tienpo que nuestra merçed y voluntad fuere, y hasta que ynformados mandemos probeer en lo tocante a la governaçión dello lo que más a mi serviçio convenga, tengais la nuestra justiçia así çivil como criminal y conoscais de todos los pleitos y caussas que oviere entre las personas que en las dichas yslas o tierra firme y con vos estuvieren.

11. Otrosí, por quanto vos el dicho Joan Pacheco, os abeis obligado de guardar y cunplir todo lo que os abeis ofresçido por vuestra parte, so pena de dos mill ducados para nuestra Cámara y Fisco, y no es justo que haçiendo vos las diligençias neçesarias se os llevase la dicha pena, es nuestra merçed y mandamos que estando vos aparejado para os hazer a la bela en la mar del Sur en el tienpo de suso declarado, y haziendo os a la bela con el primero buen tienpo que Dios os diere, no yncurrais en la dicha pena; puesto caso que no descubrais la dicha espeçiería, salvo que Nos ayamos los dichos dos mill ducados de los derechos de los dichos doçientos esclavos que ansí abeis de depositar, según dicho es.

12. Yten, porque me heçiste relaçión que vos entendeis de llevar de las nuestras yslas Española, Sant Juan y Jamaica o otras partes de las nuestras Yndias, algunas hieguas o cavallos para el carreto de la xárçia y muniçión, y otras cossas neçesarias a vuestra armada, me suplicastes vos diese liçençia para ello, e que no vos fuesen llevados derechos de almoxarifazgo en la dicha Nueva España ni en la dicha tierra firme, por la presente vos damos la dicha liçençia e mandamos que no se nos lleven derechos de almoxarifazgo ni otros algunos hasta número de veinte cavallos e hieguas.

13. Yten, vos prometemos que abiendo hefeto lo suso dicho que assí os ofreçeis a hazer en nuestro serviçio y de la Corona Real de Castilla, de vos hazer más merçed, la que nuestra voluntad fuera, abido rrespeto a los gastos que en ello obierdes fecho y a vuestra persona y al al provecho que della rresultará a nuestra Corona Real.

14. Y cunplido os, Juan Pacheco, lo contenido en este asiento en todo lo que a vos toca e yncumbe, prometemos y vos aseguramos por nuestra palabra real, que aora y de aquí adelante vos mandaremos guardar y vos será guardado todo lo que así vos conçedemos y hazemos merçed, se guarde como de suso se contiene; y no lo haziendo ni cunpliendo assí, no seamos obligados a vos mandar guardar lo suso dicho, ni cosa alguna dello, antes vos mandaremos castigar e proçeder contra vos como contra persona que no guarda y cunple y traspassa los mandamientos de su Rey y Señor natural, y dello vos mandamos dar la presente, ffirmada de mi nombre y refrendada de mi ynfrascrito secreptario. Ques fecha en la villa de Madrid, a veinte y quatro días del mes de Hebrero, de mill y quinientos y treinta y seis años. Yo la Reina. Refrendada de Juan Vazquez. Señalada del Cardenal, Beltran, Bernal, Belazquez.

# DOCUMENTO N.º 42

Capitulación otorgada a Francisco Pizarro y Diego de Almagro para ir a descubrir, conquistar y poblar las islas que están dentro de sus respectivas gobernaciones.
1536, marzo 13. Dada en Madrid.
A.G.I. Indif. General 415. L. I, fols. 187-193 vto.
C.D.I. T. XXII, p!gs. 497-515.

El adelantado Don Françisco Piçarro, y don Diego de Almagro, para las yslas del paraje de sus governaçiones.

## LA REINA

Por quanto Lope de Idiáquez en nonbre de vosotros, el Adelantado Don Françisco Piçarro y Mariscal don Diego de Almagro, nuestros gobernadores de las provinçias del Pirú y Toledo, me hizo rrelaçión que vosotros, con deseo de Nos serbir y del acreçentamiento de Nuestra Corona Real de Castilla, querriades descubrir conquistar y poblar las yslas questán en el paraje de vuestras gobernaçiones, y me suplicó vos mandase dar liçençia para haçer el dicho descubrimiento, conquista y población de las dichas yslas y vos concediese y otorgase las merçedes y con las condiçiones que de yuso serán contenidas, sobre lo qual yo mandé tomar con el dicho Lope de Idiáquez, en vuestro nonbre, el asiento y capitulaçión siguiente:

Primeramente, vos doy liçençia y facultad para que por Nos y en nuestro nonbre y de la Corona Real de Castilla podais descubrir, conquistar y poblar qualesquier yslas que aya en el paraje de las dichas vuestras gobernaçiones, que sean dentro de los límites de nuestra demarcaçión, que no se ayan hasta agora descubierto ni entren en los límites y parajes de las yslas y tierras questán dadas en gobernaçión a otras personas.

2. Yten, entendiendo ser cunplidero al serviçio de Dios nuestro Señor, y por honrrar vuestras personas y por vos hazer merçed, prome-

temos de vos hazer nuestros gobernadores de todas las yslas que cada uno de vosotros, como dicho es, descubrierdes en el paraje de cada una de las dichas vuestras gobernaçiones por todos los días de vuestras vidas, con que no sean de las que agora se ayan descubierto ni entren en los límites y paraje de las otras yslas questán dadas en gobernación a otras personas.

3. Yten, vos haré merçed, como por la presente vos le hago, del offiçio de nuestro Alguacil Mayor de las yslas que cada uno de vosotros descubriere conforme a esta dicha capitulaçión, por todos los días de vuestras vidas.

4. Otrosí, por quanto el dicho Lope de Idiáquez, en vuestro nonbre, nos ha suplicado vos hiziese merçed de la doçava parte de lo que ansí descubrierdes, y al presente lo dexamos de hazer por no tener entera relaçión dellas, es nuestra merçed que entre tanto que ynformados probeamos en ello lo que a nuestro serviçio y a la hemienda y satisfaçión de vuestros serviçios y travajos conviene, tengais la doçava parte de todos los probechos e rrentas que Nos tovieremos en cada un año en las dichas yslas que ansí descubrierdes y conquistardes confforme a esta capitulaçión, que vista por Nos la rrelaçión de las yslas que hansí descubrierdes y de su calidad, vos mandaremos hazer merçed y satisfaçión he equivalençia a lo que en ello huvierdes servido y gastado.

5. Otrosí, como quiera que según derecho y leies de nuestros rreinos quando nuestras gentes y capitanes de nuestras armadas toman presso algún prinçipe y señor de las tierras donde por nuestro mandado hazen guerra, el rrescate del tal señor o caçique pertenesçe a Nos con todas las otras cosas muebles que fuesen hallados y que pertenesçiese al mismo; pero considerando los grandes travajos y peligros que nuestros súbditos pasan en las conquistas de las Yndias, en alguna enmienda dellas, y por le hazer merçed, declaramos y mandamos, que si en las dichas vuestras conquistas y gobernaçión se cautivare y prendiere algún caçique o señor, que de todos los thesoros, oro y plata y piedras y perlas que se ovieren dél por vía de rrescate, o en otra qualquier manera, se nos dé la sesta parte dello, y lo demás se rreparta entre los conquistadores, sacando primeramente nuestro quinto; y en caso que al dicho caçique o señor prinçipal mataren en vatalla, o después por vía de justiçia, o en otra cualquier manera, que en tal caso de los thesoros y bienes suso dichos que dél se ovieren justamente, ayamos la mitad, la qual ante todas cossas cobren nuestros officiales, y la otra parte se rreparta sacando primeramente nuestro quinto [42].

6. Por ende, por la presente, haziendo vos los dichos Adelantado Don Françisco Piçarro e Mariscal don Diego de Almagro, a vuestra costa, y según y de la manera que de suso se contiene, y guardando y cunpliendo lo contenido en la dicha provisión que de suso va yncorporada y todas las otras inistruçiones que adelante mandaremos guardar y hazer para las dichas yslas y para el buen tratamiento y conbersión a nuestra Santa Fée Cathólica de los naturales della, digo y prometo que vos será guardada

---

[42] Van incorporadas las Ordenanzas de Descubrimientos hechas en Granada el 17 de noviembre de 1526. Están reproducidas en capitulación con Francisco de Montejo de 8 de diciembre de 1526 (Doc. n.º 22).

esta capitulación y todo lo en ella contenido, en todo y por todo, según que de suso se contiene. Y no lo haziendo ni cunpliendo ansí no seamos obligados a vos mandar guardar y cunplir lo suso dicho, en cosa alguna dello, antes vos mandaremos castigar y proçeder contra vosotros como contra personas que no guardan y cunplen y traspasan los mandamientos de su Rey y Señor natural, y dello vos mandamos dar la presente, firmada de mi nonbre y rrefrendada de mi ynfrascrito secretario. Fecha en la villa de Madrid, a treze días del mes de março de mill e quinientos y treinta y seis años. Yo la Reyna. Refrendada de Samano, y Señalada del Cardenal, y Beltrán, y Belazquez.

# DOCUMENTO N.º 43

Capitulación otorgada a Pedro de Garro, para ir a descubrir, conquistar y poblar a unas islas que hay en el mar del Sur.
1536, marzo 11. Dada en Madrid.
A.G.I. Indif. General 415. L. I, fols. 194-200 vto.
C.D.I. T. XXII, págs. 434-452.

Capitulaçión que se tomó con Pedro de Garro, para la conquista de çierta ysla que ay en el mar del Sur.

### LA REYNA

Por quanto Juan Galvarro, en nonbre y con poder de vos Pedro de Garro, vezino de la provinçia de Guatimala, me hizo rrelación que vos teneis notiçia que en çierta parte de la mar del Sur fuera de los límites de las provinçias e yslas cuya gobernaçión tenemos al presente encomendada a otras personas, ay una ysla muy rica, la qual querriades descubrir, conquistar y poblar, a vuestra costa y minsión, sin que Nos ni los Reyes que después de Nos binieren seamos obligados a vos pagar ni satisfazer los gastos que en ello hizierdes, y me suplicó vos mandase dar liçencia para hazer el dicho descubrimiento, conquista, y población, y vos conçediese y otorgase las merçedes y con las condiçiones que de yuso serán contenidas, sobre lo qual yo mandé tomar con el dicho Juan Galvarro, en vuestro nombre, el asiento y capitulación siguiente:

1. Primeramente, vos doy liçençia y facultad para que por Nos y en nuestro nonbre, y de la Corona Real de Castilla, podais descubrir, conquistar, y poblar la dicha ysla, no siendo en los límites de las tierras e yslas en que oy ay probeidos gobernadores.

2. E acatando el serviçio que en el descubrimiento de la dicha ysla os ofreçeis a hazer, queremos y mandamos que entre tanto, y hasta que benida la rrelación de lo ques para os mandar gratificar los serviçios y gastos que en ello hizierdes, tengais la gobernaçión de la dicha ysla, con los offiçios de justiçia y alguaçiladgo, y conoscais de todos los pleytos, y

causas çeviles y criminales que oviere entre la gente que con vos y en la dicha ysla estuvieren, y ayais y lleveis la déçima parte de todos y qualesquier derechos y provechos que Nos ovieremos en ella y nos pertenesçiere, porque benida la dicha relaçión prometemos de vos mandar hazer la merçed y satisffaçión equivalente al serviçio y gastos que en el dicho descubrimiento y población hizierdes.

3. Otrosí, vos doy liçençia y facultad para que si a vos y a los nuestros offiçiales que mandaremos prober para la dicha ysla paresçiere que ay neçeçidad en ella de hazer una fortaleza para su guarda y defensa, la podays hazer y la hagais a vuestra costa y minsión, en la parte y lugar que más convenga, y os haré merçed de la tenençia della, con salario de setenta y çinco mill maravedís cada un año, el qual se os a de pagar de las rrentas y provechos que tovieremos en la dicha ysla, y no los habiendo no seamos obligados a cosa alguna dello.

4. Otrosí, como quiera que según derecho y leies de nuestros rreinos, quando nuestras gentes y capitanes de nuestras armadas toman preso algún prínçipe y señor de las tierras donde por nuestro mandado hazen guerra, el rrescate del tal señor o caçique pertenesçe a Nos, con todas las otras cosas muebles que fuesen halladas e pertenesçiesen a él mismo, pero considerando los grandes travajos y peligros que nuestros súbditos pasan en las conquistas de las Yndias, en alguna henmienda dellos, y por les hazer merçed, declaramos y mandamos que si en la dicha vuestra conquista y gobernaçión, se cativare y prendiere algún caçique o señor, que todos los tesoros, oro, y plata, y piedras, y perlas, que se ovieren dél por vía de rrescate, o en otra qualquier manera, se nos dé la sesta parte dello, y lo demás se rreparta entre los conquistadores, sacando primeramente nuestro quinto; y en caso que al dicho caçique o señor prinçipal mataren en vatalla, o después por vía de justiçia, o en otro qualquier manera, que en tal caso, de los tesoros y bienes suso dichos que dél se ovieren, justamente, ayamos la mitad, la qual ante todas cosas cobren nuestros offiçiales, y la otra mitad se rreparta, sacando primeramente nuestro quinto.

5. Y porque Nos siendo ynformados de los males y deshordenes que en descubrimientos y poblaçiones nuevas se han hecho y hazen, y para que Nos con buena conçiençia podamos dar liçençia para los poder hazer, para el rremedio de lo qual, con acuerdo de los del nuestro Consejo y Consulta nuestra, este hordenada y despachada una Provysión General de capítulos, sobre lo que vos abeys de guardar en la dicha población y descubrimiento, la qual mandamos yncorporar su tenor de la qual es esta que se sigue [43].

6. Por ende, por la presente, haziendo vos el dicho Pedro Garro lo que así os ofreçeis a hazer, a vuestra costa, y según y de la manera que de suso se contiene, y guardando, y cunpliendo lo contenido en la dicha provisión que de suso va encorporada, y todas las otras instruçiones que adelante vos mandaremos guardar y hazer, para la dicha ysla, y para el buen tratamiento y conbersión a nuestra Santa Fée Cathólica de los na-

---

[43] Van incorporadas las Ordenanzas de Descubrimientos hechas en Granada el 17 de noviembre de 1526. Están reproducidas en capitulación con Francisco de Montejo de 8 de diciembre de 1526 (Doc. nº. 22).

turales della, digo y prometo que vos será guardada esta capitulaçión, y todo lo en ella contenido, en todo y por todo, según que de suso se contiene; y no lo haziendo ni cunpliendo así, Nos no seamos obligados a vos mandar guardar y cunplir lo suso dicho, ni cosa alguna della, antes os mandaremos castigar y proçeder contra vos como contra persona que no guarde, y cunpla, y traspasa los mandamientos de su Rey y Señor natural, y dello vos mandamos dar la presente, ffirmada de mi nonbre, y rrefrendada de mi ynfrascrito secretario. Fecha en la villa de Madrid, a honze días del mes de Março de mill y quinientos y treynta y seis años. Yo la Reyna. Refrendada de Samano. Señalada del Cardenal, Beltran, Belazquez.

# DOCUMENTO N.º 44

Capitulación otorgada a Gaspar de Espinosa para ir a pacificar y poblar las tierras que hay desde el río de San Juan hasta los límites de la gobernación concedida a Francisco Pizarro.
1536, septiembre 11. Dada en Valladolid.
A.G.I. Indif. General 415. L. I, fols. 200 vto.-207 vto.
C.D.I. T. XXII, págs. 452-471.

Capitulaçión que se tomó con el liçençiado Espinosa, para la conquista del río de San Joan.

## LA REYNA

Por quanto Juan de Perea en nombre de vos el liçençiado Gaspar de Espinosa, vezino de la çiudad de Panamá ques en la provinçia de Tierra Firme de las nuestras Yndias del mar Oçéano, me a hecho rrelaçión que vos, por el gran deseo que tenis de Nos serbir y del acreçentamiento de nuestra Corona Real de Castilla y por la notiçia que teneis de la dicha tierra firme, querriades paçificar y poblar la tierra que ay desde el río que dizen de Sant Juan hasta la provinçia de Catamez, ques hasta donde comiençan los límites de la Gobernaçión que tenemos encomendada al Adelantado don Françisco Piçarro nuestro gobernador y Capitán General de la Provinçia de la Nueva Castilla llamada Perú, y que terneis en la dicha provinçia dos navíos de rremos de a diez vancos por banda cada uno para ellos dar pasaje a las personas que fueren donde la dicha provinçia de Tierra Firme a la Nueva Castilla, pagando los fletes que justos sean, todo a vuestra costa y minsión, sin que en ningún tienpo Nos ni los Reyes que despues de Nos binieren seamos obligados a vos mandar pagar cosa alguna dello más de lo que en esta capitulación vos fuere otorgado, y me suplicó y pidió por merçed, vos mandase dar liçençia para hazer la dicha conquista y poblaçión, y vos conçediese y otorgase las merçedes y con las condiçiones que de yuso serán contenidas, sobre lo qual yo mandé tomar con él, en vuestro nonbre, el asiento y capitulación siguiente:

321

1. Primeramente, vos doy liçençia y facultad para que por Nos y en nuestro nonbre y de la Corona Real de Castilla podais conquistar, paçifficar y poblar las dichas tierras que hay desde el dicho rrío de Sant Juan hasta donde comiença la gobernación que tenemos dada al Adelantado don Françisco Piçarro ynclusive, sin entrar ni allegar a ella ni a cosa que tenga descubierto o poblado, y por las espaldas de la dicha vuestra gobernación guardeys los límites de la dicha vuestra gobernación sin tocar en los límites de la gobernación de Cartagena.

2. Yten, entendiendo ser cunplidero al serviçio de Dios nuestro Señor y Nuestro y por honrrar vuestra persona y por vos hazer merçed, prometemos de vos hazer nuestro Gobernador y Capitán General de las dichas provinçias, por todos los días de vuestra vida, y dello vos mandaremos dar y vos serán dadas nuestras provisiones en forma.

3. Ansímismo, que vos haré merçed, como por la presente vos la hago, del título de nuestro adelantado y del offiçio de nuestro Alguaçil Mayor de las dichas tierras y provinçias, por todos los días de vuestra vida.

4. Otrosí, por quanto el dicho Joan de Perea en vuestro nonbre me suplicó vos hiziese merçed de la oçava parte de lo que ansí conquistardes y poblardes en las dichas tierras y provinçias, perpetuamente, para vuestros herederos y subçesores, por la presente digo que avida ynfformaçión de lo que vos ansí conquistardes y poblardes, y sabido lo ques, ternemos memoria de vos hazer la merçed y satisfaçión quel serviçio y gastos que en ello hizierdes meresçiere; y es nuestra merçed que entre tanto que ynformados probeamos en ello, lo que a nuestro serviçio y a la enmienda y satisffaçión de los vuestros serviçios y travajos conbiene, tengais la doçava parte de todos los provechos y rrentas que Nos tovieremos cada un año en las dichas tierras y provinçias que ansí conquistardes y poblardes conforme a esta capitulación, quitas las costas.

5. Otrosí, que porque podría ser que los nuestros offiçiales de la dicha provinçia toviesen alguna dubda en el cobrar de nuestros derechos, espeçialmente del oro y plata y piedras y perlas, así de lo que se hallase en las sepolturas y otras partes donde estuviese escondido como de lo que se oviere de rrescate y cabalgada, o en otra manera, nuestra merçed y voluntad es que por el tienpo que fueremos servidos se guarde la horden siguiente:

6. Primeramente, mandamos que todo el oro y plata, piedras e perlas que se ovieren en vatalla o en entrada de pueblo o por rrescate con los yndios o de minas, se nos aya de pagar y pague el quinto de todo ello.

7. Yten, que de todo el oro y plata y piedras y perlas y otras cossas que se hallaren e ovieren, así en los enterramientos, sepulturas o tenplos de yndios como en otros lugares do solían offresçer sacrifiçios a sus ydolos o en otros lugares rreligiosos, ascondidos o enterrados, en casa, heredad y tierra o otra qualquier parte, pública o conçegil o particular, de qualquier estado, preheminençia o dignidad que sea, de todo ello y de todo lo demás que desta calidad se oviere e hallare, agora se halla por acaesçimiento o buscandolo de propósito, se Nos pague la mitad, sin diesquento de cosa alguna, quedando la otra mitad para la persona que hansí lo hallare y descubiere; con tanto que si alguna persona o personas encubrieren el oro y plata, piedras y perlas que hallaren y ovieren ansí en los dichos enterramientos, sepolturas o cues o tenplos de yndios, como en los

otros lugares donde solian offresçer sacriffiçios a sus ydolos o otros lugares rreligiosos ascondidos o enterrados, de suso declarados, y no los magnifestaren para que se les dé lo que conforme a este capítulo les puede pertenesçer dello, ayan perdido y pierdan todo el oro y plata, piedras y perlas y más la otra mitad de los otros sus bienes para nuestra Cámara y Fisco.

8. Otrosí, como quiera que según derecho y leies de nuestros rreinos, quando nuestras gentes o capitanes de nuestras armadas toman preso algún gran prinçipe o señor de las tierras donde por nuestro mandado hazen guerra, el rrescate del tal señor o caçique pertenesçe a Nos con todas las otras cosas muebles que fuesen hallados que pertenesçiesen a él mismo; pero considerando los grandes peligros y travajos que nuestros súbditos pasan en las conquistas de las Yndias, en alguna enmienda dellos, y por les hazer merçed, declaramos y mandamos que si en la dicha vuestra conquista y gobernación se prendiere algún caçique o señor, que de todos los tesoros, oro y plata, piedras y perlas que dél se ovieren por vía de rrescate, o en otra qualquier manera, se nos dé la sesta parte dello y lo demás se rreparta entre los conquistadores, sacando primeramente nuestro quinto; y en caso que al dicho caçique o señor prinçipal mataren en vatalla, o en otra qualquier manera, que en tal caso, de los thesoros y bienes suso dichos que dél se ovieren justamente ayamos la mitad, la qual ante todas cosas cobren nuestros offiçiales, y la otra mitad se rreparta, sacando primeramente nuestro quinto [44].

9. Por ende, por la presente, haziendo vos el dicho liçençiado Gaspar d'Espinosa lo suso dicho, a vuestra costa y según y de la manera que de suso se contiene, y guardando y cunpliendo lo contenido en la dicha provisión que de suso va yncorporada y todas las otras inistruçiones que adelante vos mandaremos guardar e hazer para la dicha tierra y para el buen tratamiento y conbersión a nuestra Santa Fée Cathólica de los naturales della, digo y prometo que vos será guardada esta capitulación y todo lo en ella contenido, en todo y por todo, según y como en ella se contiene; y no lo haziendo ni cunpliendo ansí, Nos no seamos obligados a vos mandar guardar e cunplir lo suso dicho ni cosa alguna dello, antes vos mandaremos castigar y proçeder contra vos como contra persona que no guarda y cunple y traspasa los mandamientos de su Rey y Señor natural, y dello vos mandé dar la presente, ffirmada de mi nombre, y rrefrendada de mi ynfraescrito secretario. Fecha en Valladolid, a onze de setiembre de mill y quinientos y treinta y seis años. Yo la Reyna. Refrendada de Samano, y señalada de todos.

---

[44] Van incorporadas las Ordenanzas de Descubrimientos hechas en Granada el 17 de noviembre de 1526. Están reproducidas en capitulación con Françisco de Montejo de 8 de diciembre de 1526 (Doc. n.º 22).

# DOCUMENTO N.º 45

Capitulación otorgada a Juan Despes para ir a descubrir, conquistar y poblar doscientas leguas de costa en la provincia de Tierra Firme.
1536, marzo 11. Dada en Madrid.
A.G.I. Indif. General 415. L. I, fols. 208-216 vto.
C.D.I. T. XXII, págs. 472-496.

Capitulación que se tomó con don Juan Despes para la conquista de la Nueva Andaluzia.

### LA REYNA

Por quanto Matias Roberto en nombre de vos don Joan Despes, natural de la çiudad de Lérida e vezino de la çiudad de Valencia, me a hecho relaçión que vos, con deseo del serviçio de Dios nuestro Señor e nuestro e por la mucha voluntad que teneis al serviçio del Emperador mi señor e mio y al acreçentamiento de nuestra Corona Real de Castilla, querriades descubrir, conquistar y poblar doçientas leguas de costa en la Tierra Firme, que comiença desde el rrío que llaman Salado, questá çerca del Golfo de Paria continuados la costa adelante como se corre hazia el oriente norhueste sueste, y la tierra a dentro hasta tresçientas leguas, contando desde la voca del dicho rrío Salado por derecho meridiano hazia el otro norte; y que para ello llevareis destos nuestros rreinos hasta tresçientos honbres, e los çinquenta dellos o dende arriva hasta çiento de a cavallo, todo ello a vuestra costa y minsión, sin que Nos ni los rreyes que después de Nos binieren seamos obligados a vos pagar ni satisfazer los gastos que en lo suso dicho hizierdes más de lo que en esta capitulaçión vos será otorgado, y me suplicó y pidió por merçed vos hiziese merçed de la conquista de las dichas tierras, y vos otorgase las merçedes y con las condiçiones que de suyo serán contenidas, sobre lo qual yo mandé tomar con vos el asiento y capitulaçión siguiente:

1. Primeramente, vos doy liçençia y ffacultad para que por Nos, y en nuestro nombre y de la Corona Real de Castilla, podais conquistar y poblar

las dichas doçientas leguas de costa en la dicha tierra firme que comiençan y se cuenten desde el dicho rrio Salado questá çerca del golfo de Paria continuados la costa adelante como se corre hazia el oriente norueste sueste y la tierra adentro hasta treçientas leguas, contando desde la boca del dicho rrío Salado a la parte del Poniente han de començar los límites del Golfo de Paria que al presente está encomendada a Guillermo Dortal.

2. Yten, entendiendo ser cunplidero al serviçio de Dios nuestro Señor y nuestro, y por honrrar vuestra persona y por vos hazer merçed, prometemos de vos hazer nuestro Gobernador y Capitán General de las dichas tierras y provinçias a las quales abemos mandado llamar e yntitular la Nueva Andaluçía, y de los pueblos que ay al presente y adelante huviere en las dichas dozientas leguas de costa y treçientas la tierra adentro, contadas desde el dicho rrío Salado por derecho meridiano hazia el otro norte, según dicho es, por todos los días de vuestra vida, con salario de seteçientas y veinte y çinco mill maravedís cada un año, contados desde el día que vos hizierdes a la bela en estos nuestros rreinos para hazer la dicha conquista y poblaçión; los quales han de ser pagados por los nuestros offiçiales de las dichas tierras y provinçias de las rrentas y provechos que Nos tovieremos en ellas y no los abiendo en el dicho tienpo no seamos obligados a vos mandar pagar cosa alguna dello, del qual salario abeys de pagar en cada un año un allcalde mayor e un médico e un boticario.

3. Otrosí, vos hazemos merçed del título de nuestro Adelantado de las dichas tierras y ansímismo del offiçio de Alguaçil Mayor dellas, todo ello por los días de vuestra vida.

4. Otrosí, vos doy liçençia para que con paresçer y acuerdo de los dichos nuestros offiçiales podais hazer en las dichas tierras y provinçias hasta quatro fortalezas en las partes y lugares que más conbenga, paresçiendo a vos y a los dichos nuestros offiçiales ser neçesarios para guarda y paçificaçión de la dicha tierra; y vos haré merçed de la tenençia dellas para dos heredores y suçesores, uno en pos de otro, con salario de çient mill maravedís cada un año con cada una de las dichas fortalezas que así estuviere fechas; las quales abeys de haber a vuestra costa sin que Nos ni los rreies que después de Nos binieren seamos obligados a vos lo pagar, al tienpo que así lo gastardes, salbo dende en çinco años después de acabada la tal fortaleza, pagados en cada uno de los dichos çinco años la quinta parte de lo que se montare el dicho gasto de los frutos de la dicha tierra.

5. Otrosí, vos hazemos merçed, para ayuda a vuestra costa, de mill ducados en cada un año por todos los días de vuestra vida, pagados de la rrenta y provecho que ovieremos en las dichas tierras y provinçias, y si no lo huvieremos de probechos en las dichas tierras, en cada uno de los dichos años, no seamos obligados a vos lo pagar de otra parte.

6. Otrosí, por quanto el dicho Matias Roberto en vuestro nonbre nos a suplicado vos hiziese merçed de algunos vasallos en las dichas tierras, y al pesente lo dexamos de hazer por no tener entera notiçia dellas; es nuestra merçed que entre tanto que ynfformados probeamos en ello lo que a nuestro serviçio y a la enmienda y satisfaçión de vuestros serviçios y travajos conbiene, tengais la veintena parte de todos los probechos y rrentas que Nos tovieremos en cada un año en la dicha tierra, con tanto que no heçeda de mill y quinientos ducados en cada un año; y prome-

temos que benida la rrelaçión del serviçio que nos hicierdes en la dicha conquista, vos haremos merçed en las dichas tierras hequivalente a vuestros serviçios en lugar de la dicha veintena que entre tanto abeis de tener.

7. Otrosí, vos hazemos merçed de veinte y çinco yeguas y otros tantos cavallo de los que tenemos en la ysla de Jamayca, y no los abiendo quando los pidierdes no seamos tenudos al preçio dellas y a otra cosa alguna por esta razón.

8. Otrosí, vos hazemos merçed de treçentos mill maravedís, pagados en la dicha vuestra gobernaçión, para el artillería y muniçión que abeis de llevar a la dicha tierra, llevando fée de los nuestros offiçiales que rresiden en Sevilla en la Casa de Contrataçión de las Yndias de las cosas que ansí conprastes y de lo que vos costó, contando el ynterese y canbio dello, la qual dicha artillería seays obligado a tener en pie por nuestra para guarda de las fortalezas de la tierra, abiendose os pagado el valor y costa dello por los nuestros offiçiales como dicho es.

9. Otrosí, vos daremos liçençia como por la presente vos la damos para que destos nuestros rreinos y señoríos o del rreino de Portugal e yslas de Cabo Berde e Guinea e de donde quisierdes y por bien tuvierdes, podais pasar y paseis a la dicha tierra de vuestra gobernaçión çien esclavos negros, en que aya en ellos a lo menos el terçio de henbras, libres de todos derechos a Nos pertenesçientes con tanto que si los dexardes todos o parte dellos en alguna otra provinçia o ysla de las nuestras Yndias, los que ansí dexardes sean perdidos e aplicados a nuestra Cámara y Fisco.

10. Otrosí, conçedemos a los que fueren a poblar la dicha tierra que en los seys años primeros siguientes que se quenten desde el día de la data desta en adelante, que del oro que se cogiere en las minas nos pague el diezmo y cumplidos los dichos seis años pague el noveno y ansí deçendiendo en cada un año hasta llegar al quinto; pero del oro y otras cossas que se ovieren de rrescates y cavalgadas, o en otra qualquier manera, desde luego nos ha de pagar el quinto de todo ello; y si oviere oro de sepolturas se nos ha de pagar dello el quinto en lugar del dicho quinto *(sic)*.

11. Otrosí, franqueamos a los vezinos de la dicha tierra por los dichos seis años, y más quanto fuere nuestra boluntad, de almoxarifazgo de todo lo que llevare para probeymiento y provisión de sus casas, con tanto que no sea para lo vender; y de lo que vendieren ellos y otras qualesquier personas, mercaderes y tratantes, ansímismo, los franqueamos por dos años tan solamente.

12. Yten, prometemos que por término de diez años, y más adelante hasta que otra cosa mandemos en contrario, no ynpornemos a los vezinos de las dichas tierras alcavala ni otro tributo alguno.

13. Yten, conçedemos a los dichos vezinos y pobladores que le sean dados por vos los solares y tierras conbinientes a sus personas, conffome a lo que se a hecho y aze en la dicha ysla Española; y ansímismo vos daremos liçençia para que en nuestro nombre, durante el tiempo de vuestra gobernaçión hagais la encomienda de los yndios de la dicha tierra, guardando en ella las yntruçiones y provisiones que vos serán dadas.

14. Otrosí, haremos merçed y limosna al ospital que se hiçiere en la dicha tierra, para ayuda al rremedio de los pobres que allá fueren, de cient mill maravedís librados en las penas de cámara de la dicha tierra.

15. Ansímismo, de vuestro pedimiento y consentimiento de los primeros pobladores de la dicha tierra, deçimos que haremos merçed, como por la presente la hazemos, a los ospitales de la dicha tierra de los derechos de la escovilla, rrelaves que se huviere en las fundiçiones que en ella se hiçieren, y dello mandamos dar nuestra provisión en forma.

16. Ansímismo, que mandaremos, y por la presente mandamos y defendemos, que destos nuestros rreinos no vayan ni pasen a la dicha tierra ningunas personas de las proybidas que no pueden pasar a aquellas partes, so las penas contenidas en las leyes y hordenanças y cartas nuestras que çerca desto por Nos y por los Reyes Católicos están dadas, ni letrados ni procuradores para husar sus offiçios.

17. Lo qual, que dicho es, y cada cosa y parte dello, vos conçedemos, con tanto que vos el dicho Juan Despes seais tenudo y obligado a salir destos nuestros rreinos en persona con los dichos treçientos honbres y con los navíos y aparejos y mantenimientos neçesarios para el dicho viaje, desde el día de la data desta capitulación en doze meses primeros siguientes.

18. Otrosí, con condición que quando salierdes destos dichos nuestros rreinos y llegardes a la dicha tierra, ayais de llevar y tener con vos a los offiçiales de nuestra hazienda que por Nos fueren nonbrados, y ansímismo, las personas rreligiosas o eclesiásticas que por Nos serán señaladas para instruçión de los yndios y naturales de aquella provinçia a nuestra Santa Fée Cathólica con cuyo paresçer, y no sin ellos, abeis de hazer la conquista, descubrimiento y población de la dicha tierra; a los quales rreligiosos abeis de dar y pagar de flete y matalotaje, y los otros mantenimientos neçesarios conforme a sus personas, toda a vuestra costa, sin por ello les llevar cosa alguna durante toda la navegación, lo qual mucho vos encargamos que ansí hagais y cunplais como cosa del serviçio de Dios y nuestro, porque de lo contrario nos terniamos por deservidos.

19. Y por quanto el dicho Matias Roberto, en vuestro nonbre, me a suplicado mandase que si Dios fuese servido que murais antes de acavar este viaje o descubrimiento, que en tal caso, vuestro heredero o la persona que por vos fuese nonbrada lo pudiese acavar y gozar de las merçedes que por Nos vos son conçedidas en esta capitulación; y nos, acatando lo suso dicho, y por vos hazer merçed, por la presente declaramos que si Dios fuese serbido que vos, el dicho don Juan Despes, murais en el dicho viaje y conquista dentro de tres años contados desde el día que os hiçierdes a la bela con la dicha vuestra armada, que vuestro heredero en la persona que vos dexardes nonbrada puede acabar la dicha conquista y población y gozar de las merçedes en esta capitulación contenidas, con tanto que dentro de dos años después de vuestro ffallecimiento sea aprovado por Nos.

20. Otrosí, como quiera que según derecho y leies de nuestros rreynos, quando nuestras gentes y capitanes de nuestras armadas toman preso algún prinçipe y señor de las tierras donde por nuestro mandadado hazen guerra, el rrescate del tal señor o caçique pertenesçe a Nos con todas las otras cosas muebles que fuesen halladas y pertenesçiesen a él mismo; pero considerando los grandes travajos y peligros que nuestros súbditos pasan en las conquistas de los yndios, en alguna henmienda dellas, y por les hazer merçed, declaramos y mandamos que sí en la dicha vuestra conquista

y gobernaçión se cativare y prendiere algún caçique o señor, que de todos los tesoros, oro y plata y piedras y perlas que se ovieren dél por vía de rrescate, o en otra qualquier manera, se nos dé la sesta parte de ello, y lo demás se rreparta entre los conquistadores, sacando primeramente nuestro quinto; y en caso que al dicho caçique o señor prinçipal mataren en vatalla, o después por vía de justiçia o en otra qualquier manera, que en tal caso, de los tesoros y bienes suso dichos que dél se ovieren justamente, ayamos la mitad, lo qual ante todas cossas cobren nuestros offiçiales, y la otra mitad se rreparta sacando primeramente nuestro quinto.

21. Otrosí, con condiçión que en la dicha paçificación, conquista y poblaçión y tratamiento de los dichos yndios y en sus personas y bienes seais tenudo y obligado de guardar, en todo y por todo, lo contenido en las hordenanças e ynstruçiones que para esto tenemos hechas y se hizieren y les serán dadas en la nuestra carta y provisión que les mandaremos dar para la enmienda de los dichos yndios [45].

22. Por ende, por la presente haziendo vos el dicho Juan Despes, a vuestra costa y según y de la manera que de suso se contiene, y guardando y cunpliendo lo contenido en la dicha provisión que de suso va yncorporada y todas las demás inistruçiones que adelante mandaremos guardar y hazer para la dicha tierra y para el buen tratamiento y conbersión a nuestra Santa Fée Cathólica de los naturales della, digo y prometo que vos será guardada esta capitulación y todo lo en ella contenido, en todo y por todo, según que de suso se contiene. Y no lo haziendo ni cunpliendo ansí, Nos no seamos obligados a vos mandar guardar y cunplir lo suso dicho, en cosa alguna dello, antes vos mandaremos castigar y proçeder contra vos como contra persona que no guarda y cunple y traspasa los mandamientos de su Rey y Señor natural, y dello vos mandamos dar la presente, firmada de mi nonbre y rrefrendada de mi ynfrascrito secretario. Fecha en la Villa de Madrid, a onze días del mes de março de mill e quinientos y treinta y seis años. Yo la Reyna. Refrendada de Samano, y Señalada del Cardenal, y Beltran, y Bernal, y Belazquez.

---

[45] Van incorporadas las Ordenanzas de Descubrimientos hechas en Granada el 17 de noviembre de 1526. Están reproducidas en capitulación con Francisco de Montejo de 8 de diciembre de 1526 (Doc. n.º 22).

# DOCUMENTO N.º 46

Capitulación otorgada a Hernando de Soto para ir a conquistar y poblar la provincia del Río de las Palmas hasta la Florida.
1537, abril 20. Dada en Valladolid.
A.G.I. Indif. General 415. L. I, fols. 37-41.
C.D.I. T. XXII, págs. 534-546.

Con el Capitán Hernando de Soto.

## EL REY

Por quanto vos, el capitán Hernando de Soto, me hiçistes relación que vos nos abeis servido en la conquista, paçificaçión y población de las provinçias de Nicaragua y el Pirú y de otras partes de las nuestra Yndias, e que agora con deseo de Nos serbir, y por continuar y acreçentar nuestro Patrimonio y Corona Real, queriades bolver a las dichas nuestras Yndias a conquistar y poblar la provinçia del Rio de las Palmas hasta Florida, cuya governaçión y descubrimiento estava encomendada a Pánfilo de Narvaez y las provinçias y tierra nueva cuya governaçión y descubrimiento estava encomendado al liçençiado Lucas Vázquez de Ayllon, y que para ello llevareis destos nuestros rreinos y de las dichas nuestras Yndias quinientos honbres con las armas, cavallos y petrechos y muniçión neçesarias, y que saldreis destos dichos nuestros rreinos a hazer la dicha conquista y población dentro de un año primero siguiente que se quente desde el día de la data desta capitulaçión; y que cuando salieredes de la ysla de Cuva para yr a hazer la dicha conquista llevareis los bastimentos neçesarios para toda la dicha gente por diez y ocho meses, antes más que menos, todo ello a vuestra costa y minsión, sin que Nos ni los Reyes que después de Nos binieren seamos obligados a vos pagar ni satisfazer los gastos que en ella hizieredes, más de lo que en esta dicha capitulaçión vos será otorgado, y me suplicastes vos hiziese merçed de la conquista de las dichas tierras y provincias, y vos encomendasse juntamente con ellas la governaçión de la dicha ysla de Cuva porque desde allí podríades mejor rregir y probeer todo lo prinçipal e ynportante a la dicha

329

conquista y población, sobre lo qual todo yo mandé tomar con vos el asiento y capitulaçión siguiente:

1. Primeramente, vos doy liçençia y facultad, a vos el dicho capitán Hernando de Soto, para que Nos y en nuestro nonbre y de la Corona Real de Castilla, podais conquistar y paçificar y poblar las dichas tierras que ay desde la dicha provinçia del rrío de las Palmas hasta la Florida, cuya governaçión estaba encomendada al dicho Panfilo de Narvaez, y adelante las provinçias de la dicha Tierra Nueva cuyo gobernaçión anssímismo se enconmendó al dicho liçençiado Ayllon.

2. Yten, entendiendo ser ansí cunplidero al serviçio de Dios Nuestro Señor, e por honrrar vuestra persona, prometemos de vos dar título de nuestro Governador y Capitán General, de doçientas leguas de costa quales vos señalardes en lo que ansí descubrieredes, con tanto que dentro de quatro años, que se cuenten desde que llegardes en qualquier parte de las dichas tierras y provinçias de suso declaradas en adelante, escojais y declareis desde donde quereis que comiençen las dichas doçientas leguas, para que desde donde donde *(sic)* ansí vos señalardes se quenten las dichas doçientas leguas por luengo de costa, por todos los días de vuestra vida, con salario de mill y quinientos ducados cada un año y quinientos ducados de ayuda de costa que son por todos dos mill ducados, de los quales abeis de gozar desde el día que vos hiziéredes a la bela en el puerto de Sant Lucar para seguir vuestro viaje, y vos han de ser pagados de las rrentas y provechos a Nos pertenesçientes en las dichas tierra y provinçias que ansí os ofreçeis a conquistar y poblar; y no habiendo en ellas en el dicho tienpo rrentas ni probechos, Nos no seremos obligados a vos mandar pagar cosa alguna dello.

3. Yten, vos haré merçed de título de nuestro Adelantado de los dichas doçientas leguas que ansí abeis descoger y declarar para vuestra governaçión en las dichas tierras y provinçias que ansí descubrierdes y poblardes, y ansímismo, vos haremos merçed del offiçio de Alguacil Maior de las dichas tierras perpetuamente.

4. Yten, vos damos liçençia para que con pareçer y acuerdo de los nuestros offiçiales de la dicha provinia y podais hazer en ella hasta tres fortalezas de piedra, en las partes y lugares que más conbengan, paresçiendo a vos y a los dichos nuestros offiçiales ser necesarias para guardar y paçificaçión de la dicha tierra; y vos hazemos merçed de la tenençia dellas para vos y un heredero y subçesor vuestro qual vos nonbrardes, con salario de cient mill maravedís en cada un año con cada una de las dichas ffortalezas, del qual dicho salario abeis de gozar desde que cada una dellas estobieren hechas y acavadas y cerradas a vista de los dichos nuestros offiçiales las quales abeis de hazer a vuestra costa sin que Nos ni los rreies que después de Nos binieren seamos obligados a vos pagar lo que en las dichas fortalezas gastardes.

5. Otrosí, por quanto nos abeys suplicado vos hiçiesemos merçed de alguna parte de tierra y vasallos en la dicha provinçia que ansí abeis de conquistar y poblar, y Nos acatando lo que nos abeis servido y los gastos que de presente se os ofresçen en la dicha conquista y paçificación, lo abemos tenido por bien, por ende, por la presente vos prometemos de vos hazer merçed, y por la presente vos la hazemos, de doze leguas de tierra

en quadra en las dichas doçientas leguas que ansí señalardes para tener en governaçión en las dichas tierra y provinçias de suso declaradas; las quales mandamos a los nuestros offiçiales de la dicha provinçia que vos señalen después que ayais señalado las dichas doçientas leguas que no sea puerto de mar ni la cabeçera prinçipal con la jurisdiçión y título que vos mandaremos señalar al tienpo que se vos diere la Provisión dello.

6. Otrosí, porque como dicho es nos suplicastes, que porque mejor se pudiese rregir e probeer todo lo principal e ynportante a la dicha conquista y población de las dichas tierras y provincias, vos mandase encomendar juntamente con ellas la Governaçión de la dicha ysla de Cuba, por la dicha causa tenemos por bien y es nuestra merçed que por el tiempo que nuestra voluntad fuere tengais la Governaçión de la dicha ysla de Cuba, y dello vos mandamos dar nuestra Provisión, en la qual seays obligado a tener un Alcalde Maior que sea letrado, para el qual vos mandaremos dar de salario, en la dicha ysla, doçientos pesos de oro cada año, y a vos quinientos ducados de ayuda de costa con la dicha Governaçión de la dicha ysla de Cuba en cada un año, todo el tiempo que la tovieredes en Governaçión; los quales vos sean dados y pagados de las rrentas y provechos que Nos tovieremos en la dicho provinçia que ansí abeis de conquistar y paçificar y tener en Governaçión; y no las abiendo en la dicha provinçia, Nos no seamos obligados a vos lo pagar ni a otra cosa alguna dello más de los dichos doçientos pesos del dicho Alcalde Maior.

7. Otrosí, vos daremos liçençia y facultad para que destos nuestros rreinos e señorios, o del rreino de Portugal o yslas de Cabo Berde o Guinea podais passar y paseis vos o quien vuestro poder oviere a la dicha ysla de Cuba çinquenta esclavos negros, en que aya a lo menos el terçio dellos enbras, libres en la dicha ysla de los derechos de almoxarifazgo que dellos nos pueden pertenesçer, y pagando los dos ducados de la liçençia de cada uno dellos a Diego de la Aya canbio que por nuestro mandado tiene cargo de los cobrar.

8. Asímismo, vos prometemos que llegado vos a la dicha tierra de vuestra Governaçión, que ansí abeis de conquistar y poblar, daremos liçençia y facultad a quien vuestro poder huviere para que os pueda llevar a la dicha tierra, destos dichos nuestros rreino o de Portugal, yslas de Cabo Berde, otros çinquenta esclavos negros, la terçia parte dellos enbras, libres de todos derechos.

9. Otrosí, conçedemos a los que fueren a poblar la dicha tierra, que en los seis años primeros siguientes que se cuenten desde el día de la data desta en adelante, que del oro que se cogiere en las minas nos paguen el diezmo y cumplidos los dichos seis años nos paguen el noveno, y ansí deçendiendo en cada un año hasta llegar al quinto; pero del oro y otras cosas que se ovieren de rrescates y cabalgadas, o en otra qualquier manera, desde luego nos han de pagar el quinto de todo ello.

10. Otrosí, franqueamos a los vezinos de la dicha tierra por los dichos seis años, y más quanto fuere nuestra voluntad, de almoxarifazgo de todo lo que llevaren para probeymiento y provisión de sus casas, con tanto que no sea para lo vender; de lo que bendieren ellos y otras qualesquier personas, mercaderes y tratantes ansímismo los franqueamos por dos años tan solamente.

11. Yten, prometemos que por término de diez años y más adelante hasta que otra cosa mandemos en contrario, no ynponernos a los vezinos de las dichas tierras alcavala ni otro tributo alguno.

12. Yten, conçedemos a los dichos vezinos que les sean dados por vos los solares y tierras conbinientes a sus personas conforme a lo que se ha hecho y haze en la ysla Española, y ansímismo vos daremos liçençia para que en nuestro nonbre durante el tienpo de vuestra Governaçión, hagais la encomienda de los yndios de la dicha tierra, guardando en ella las ynistruciones y provisiones que vos serán dadas.

13. Otrosí, hazemos merçed y limosna al ospital que se hiziere en la dicha tierra para ayuda al rremedio de los pobres que a ello fueren, de cient mill maravedís librados en las penas de Cámara de la dicha tierra.

14. Ansímismo, de vuestro pedimento y consentimiento e de los pobladores de la dicha tierra deçimos que haremos merçed, como por la presente la hazemos, al ospital della de los derechos de la escobilla y rrelaves que oviere en las fundiçiones que en ella se hizieren, y dello mandaremos dar nuestra Provisión en forma.

15. Ansímismo, que mandaremos y por la presente mandamos y defendemos que destos nuestros rreinos no vayan ni pasen a la dicha tierra ninguna persona de las probeydas que no pueden pasar aquellas partes so las penas contenidas en las leies y hordenanças y cartas nuestras que çerca desto por Nos y por los Reies Cathólicos están dadás, ni letrados ni procuradores para usar sus offiçios.

16. Lo qual todo que dicho es y cada cossa y parte dello vos conçedemos, con tanto que vos, el dicho capitán Hernando de Soto, seais tenudo y obligado a salir destos nuestros rreinos en persona a hazer la dicha conquista dentro de un año primero siguientes que se cuente desde el día de la data desta dicha capitulaçión.

17. Otrosí, con condiçión que quando salieredes destos dichos nuestros rreinos e llegardes a la dicha tierra, ayais de llevar y tener con vos los offiçiales de nuestra Hazienda que por Nos fueren nonbrados, y asímismo las personas rreligiosas o eclesiásticas que por Nos serán señaladas para ynistruçión de los naturales de aquella provinçia a nuestra Santa Feé Cathólica, a los quales religiosos abeis de dar y pagar el flete y matalotaje y los otros mantenimientos neçesarios conforme a sus personas, todo a vuestra costa, sin por ello llevar cosa alguna durante toda la dicha navegaçión, lo qual mucho vos encargamos que ansí hagais y cunplais, como cosa del serviçio de Dios y nuestro, porque de lo contrario nos ternemos por deservidos.

18. Otrosí, como quiera que según derecho y leies de nuestros rreinos, quando nuestras gentes y capitanes de nuestras armadas toman presso algún prinçipe o señor de las tierras donde por nuestro mandado hazen guerra, el rrescate del tal señor o caique pertenesçe a nos con todas las otras cosas muebles que fuesen halladas o pertenesçiesen a él mismo; pero considerando los grandes travajos y peligros que nuestros súbditos pasan en la conquista de las Yndias, en alguna enmienda dellos y por les hazer merçed, declaramos y mandamos que si en la dicha vuestra conquista y Governaçión se cativare o prendiere algún caçique o señor prinçipal, que todos los thesoros, oro y plata y piedras y perlas que se ovieren del por vía de rrescate, o en otra qualquier manera, se nos dé la sesta parte dello, y lo

demás se rreparta entre los conquistadores, sacando primeramente nuestro quinto; y en caso quel dicho caçique o señor prinçipal matare en vatalla, o después por vía de justicia o en otra qualquiera manera, que en tal caso, de los thesoros e bienes suso dichos que dél se ovieren, justamente ayamos la mitad, la qual ante todas cosas cobren nuestros offiçiales, sacando primeramente nuestro quinto.

19. Otrosí, por que podría ser que los dichos nuestros offiçiales de la dicha provinçia toviesen alguna dubda en el cobrar de nuestros derechos, espeçialmente del oro y plata y piedras y perlas ansí lo que se hallare en las sepulturas y otras partes donde estoviere escondido como de los que se oviere de rrescate o cavalgada, o en otra manera, nuestra merçed y voluntad es que por tienpo que fueremos servidos se guarde la horden siguiente:

20. Primeramente, mandamos que todo el oro y plata, piedras o perlas que se ovieren en vatalla o entrada de pueblo o por rrescate con los yndios, se nos aya de pagar y pague el quinto de todo ello.

21. Yten, que de todo el oro y plata, piedras y perlas y otras cosas que se hallaren y oviere, hansí en los enterramientos sepulturas o qués o tenplos de yndios como en los otros lugares do solían offreçer sacriffiçios a sus ydolos o en otros lugares rreligiosos, ascondidos o enterrados en casa o heredad, o tierra o en otra qualquier parte pública o conçegil o particular de qualquier estado o dignidad que sea, de todo ello y de todo lo demás que desta calidad se oviere y hallare, agora se halle por acesçimiento o buscándolo de propósito, se nos pague la mitad, sin desquento de cosa alguna, quedando la otra mitad para la persona que así lo hallare y descubriere; con tanto, que si halguna persona o personas encubriere el oro y plata, piedras y perlas que hallaren e hovieren ansí en los dichos enterramientos sepulturas o cues o tenplos de yndios como en los otros lugares donde solian offreçer sacriffiçios, o otros lugares rreligiosos ascondidos o enterrados de suso declarados, y no lo magnifestaren para que se les dé de lo que conforme a este capítulo les puede pertenescer dello, ayan perdido todo el oro y plata y piedras y perlas y más la mitad de los otros sus bienes para nuestra Cámara y Fisco.

22. Y porque Nos siendo ynformados de los males y deshordenes que en descubrimientos y poblaçiones nuevas se han hecho y hazen, y para que Nos con buena conçiençia podamos dar liçençia para los hazer, para rremedio de lo qual, con acuerdo de los del nuestro Consejo y consulta nuestra está hordenada y despachada una Provisión Real general de Capítulos, sobre lo que abeis de guardar en la dicha población y conquista, la qual aquí mandamos yncorporar su tenor de la qual es este que sigue:

Es la provisión acordada que se suele poner en las capitulaçiones, y está asentada en el libro de la Nueva España del año de XXVI, en la capitulaçión que se tomó con Montejo, a ocho de Diziembre de D XXVI, que va en todas las capitulaçiones adelante.

23. Por ende, por la presente, haziendo vos el dicho Capitán Hernando de Soto lo suso dicho, a vuestra costa según y de la manera que de suso se contiene, e guardando y cunpliendo lo contenido en la dicha Provisión que de suso va yncorporado y todas las otras ynistruçiones que adelante le mandaremos dar e hazer para la dicha tierra e para el buen tratamiento y conbersión a nuestra Santa Fée Cathólica de los naturales della, digo

y prometo que vos será guardada esta capitulación y todo lo en ella contenido, en todo y por todo, según que de suso se contiene. Y no lo haziendo ny cunpliendo ansí, Nos no seamos obligados a vos guardar ni cunplir lo suso dicho, ni cosa alguna dello, antes vos mandaremos castigar y proçeder contra vos como contra persona que no guarda y cunple y traspasa los mandamientos de su Rei y Señor natural, y dello mandamos dar la presente, ffirmada de Mi nonbre y rrefrendada de my ynfraescrito secretario. Fecha en la villa de Valladolid, a veinte días del mes de abril, de mill y quinientos y treinta y siete años. Yo el Rey. Registrada de Samano, y señalada del Cardenal, y del Conde de Osorno, y Beltrán, y Carvajal, y Belazquez.

# DOCUMENTO N.º 47

Capitulación otorgada a Rodrigo de Contreras para ir a descubrir, conquistar y poblar las islas que están en la gobernación de Nicaragua.
1537, abril 20. Dada en Valladolid.
A.G.I. Indif. General 415. L. I, fols. 221-228.
C.D.I. T. XXII, págs. 515-534.

Capitulaçión que se tomó con Rodrigo de Contreras para el descubrimiento de las yslas del paraje de Nicaragua.

## EL REY

Por quanto Joan de Perea, en nombre de vos Rodrigo de Contreras nuestro gobernador de la provinçia de Nicaragua, me a hecho relaçión que vos, con deseo de nos serbir y del acreçentamiento de Nuestra Corona Real de Castilla, querriades descubrir, conquistar y poblar las yslas questán en el paraje de la dicha vuestra gobernación y me suplicó os mandase dar liçençia para hazer el dicho descubrimiento y poblaçión de las dichas yslas, y vos conçediese y otorgase las merçedes y con las condiçiones que de yuso serán contenidas, sobre lo qual yo mandé tomar con el dicho Joan de Perea, en vuestro nombre, el asiento y capitulación siguiente:

1. Primeramente, vos doy liçençia y facultad para que por Nos, y en nuestro nombre y de la Corona Real de Castilla, podais descubrir y conquistar y poblar qualesquier yslas que aya en el paraje de vuestra gobernaçión que sea dentro de los límites de nuestra demarcación y no entren en gobernación de otra persona alguna.

2. Otrosí, entendiendo ser cunplidero a nuestro serviçio y por honrrar a vuestra persona y por vos hazer merçed, prometemos de vos hazer nuestro gobernador de todas las yslas que, como dicho es, descubrierdes en el paraje de vuestra gobernación por todos los días de vuestra vida con que, como dicho es, no entren en los límites questán dados en gobernación a otra persona alguna.

3. Yten, vos haré merçed, como por la presente la hago, del offiçio de nuestro Alguazil Maior de las dichas yslas que ansí descubrierdes conforme a esta dicha capitulación, por todos los días de vuestra vida.

4. Otrosí, por quanto el dicho Juan de Perea en vuestro nombre me a suplicado vos hiziese merçed de la dozava parte de lo que descubrierdes, y al presente lo dexamos de hazer por no tener entera relaçión de las dichas yslas, es nuestra merçed que entre tanto que ynformados dello proveamos lo que a nuestro serviçio y a la enmienda y satisffaçión de vuestros serviçios y travajos conbiene, tengais la quinçena parte de todos los provechos y rrentas que Nos tovieremos en cada un año en las dichas yslas que hansí descubrierdes y conquistardes, conforme a esta dicha capitulaçión, que vista por Nos la rrelaçión de las dichas yslas y de su qualidad vos mandaremos hazer merçed y satisfaçión equivalençia a lo que en ello huvierdes servido y gastado.

5. Otrosí, como quiera que según derecho y leyes de nuestros rreinos, quando nuestras gentes y capitanes de nuestras armadas toman preso algún prinçipe o señor de las tierras donde por nuestro mandado hazen guerra, el rrescate del tal señor o caçique pertenesçe a Nos, con todas las otras cosas muebles que fuesen hallados y pertenesçiesen a él mismo; pero considerando los grandes travajos y peligros que nuestros súbditos pasan en las conquistas de las Yndias y en alguna enmienda dellos y por les hazer merçed, declaramos y mandamos que si en las dichas yslas que ansí abeis de descubrir o conquistar se cativare o prendiere algún caçique o señor prinçipal, que todos los tesoros, oro y plata y piedras y perlas que se ovieren dél por vía de rrescate, en otra qualquier manera, se nos dé la sesta parte dello y lo demás se rreparta entre los conquistadores, sacando primeramente nuestro quito; y en caso que al dicho caçique o señor prinçipal mataren en vatalla o después por vía de justiçia, o en otra qualquier manera, que en tal caso, de los thesoros y bienes suso dichos que dél se oviere justamente ayamos la mitad, la qual ante todas cosas cobren los nuestros offiçiales sacando primeramente nuestro quinto.

6. Otrosí, porque podría ser que los dichos nuestros offiçiales tuvieren alguna dubda en el cobrar de nuestros derechos, espiçialmente del oro y plata y piedras y perlas así lo que se hallare en las sepolturas e otras partes donde estuviere escondido como de lo que se oviere de rrescate o cavalgada, o en otra manera, nuestra merçed y voluntad que por el tiempo que fueremos servidos se guarde la horden siguiente:

7. Primeramente, mandamos que todo el oro y plata, piedras y perlas que se ovieren en vatalla o entrada de pueblo o por rrescate con los yndios se nos aya de pagar y pague el quinto de todo ello.

8. Yten, que de todo el oro y plata, piedras y perlas, otras cossas que se hallaren y ovieren ansí en los enterramientos o sepolturas o cues o tenplos de yndios como en los otros lugares do solían ofresçer sacriffiçios a sus ydolos, o en otros lugares rreligiosos escondidos o enterrados, en casa o heredad o tierra o en otra qualquier parte pública o conçegil o particular de qualquier estado o dignidad que sea, de todo ello y de todo lo demás que desta calidad se oviere e hallare, agora se halle de acaesçimiento o buscandolo de propósito, se nos pague la mitad sin desquento de cosa alguna, quedando la otra mitad para la persona que hansí lo hallare o descubriere; con tanto que si alguna persona o personas encubriere el oro

e plata, perlas y piedras que hallaren e ovieren, ansí en los dichos enterramientos sepolturas o cues o tenplos de yndios como en los otros lugares donde se solían ofresçer sacriffiçios o otros lugares rreligiosos escondidos o enterrados de suso declarados, y no lo magnifestaren para que se le dé lo que conforme a este capítulo les pueda pertenesçer dello ayan perdido y pierdan todo el oro y plata y piedras y perlas y más la otra mitad de los otros bienes para nuestra Cámara y Fisco [46].

9. Por ende, por la presente, haziendo vos el dicho Rodrigo de Contrera todo lo suso dicho, a vuestra costa según y de la manera que de suso se contiene, y guardando y cunpliendo lo contenido en la dicha provisión que de suso va yncorporado y todas las otras ynstruçiones que adelante mandaremos dar e hazer para la dicha tierra y para el buen tratamiento y conbersión a nuestra Santa Fée Cathólica de los naturales della, digo y prometo que vos será guardada esta capitulaçión y todo lo en ella contenido, en todo y por todo, según que de suso se contiene; y no lo haziendo ni cunpliendo ansí, no seamos obligados a vos guardar ni cunplir lo suso dicho ni cosa alguna dello antes vos mandaremos castigar y proçeder contra vos como contra persona que no guarde ni cunpla y traspasa los mandamientos de su Rey y Señor natural, y dello mandamos dar la presente, firmada de mi nombre y rrefrendada de mi ynfraescrito secretario. Fecha en Valladolid, a veinte días del mes de abrill, de mill y quinientos y treinta y siete años. Yo el Rey. Refrendada del Comendador Mayor, señalada del Cardenal, el Conde Beltrán, Carvajal, Belazquez.

---

[46] Van incorporadas las Ordenanzas de Descubrimientos hechas en Granada el 17 de noviembre de 1526. Están reproducidas en capitulación con Francisco de Montejo de 8 de diciembre de 1526 (Doc. n.º 22).

## DOCUMENTO N.º 48

Capitulación otorgada a Gabriel de Socarrás para ir a conquistar a la isla de San Bernardo.
1537, septiembre 30. Dada en Valladolid.
A.G.I. Indif. General 415. L. I, fols. 228-238.
C.D.I. T. XXII, págs. 546-572.


Capitulaçión que se tomó con (Gabriel) Socarras, para la conquista de la ysla de San Bernardo.

### LA REYNA

Por quanto el liçençiado Juan de Santa Cruz, vezino de la ysla de la Palma, en nombre de vos Gabriel de Socarras, vezino ansímismo de la dicha ysla, y por virtud de vuestro poder bastante y de Alonso Camacho escrivano público de la dicha ysla de la Palma, fecha en la villa de Santa Cruz de la dicha ysla a veinte días de Setienbre de mill y quinientos y treynta y siete años que en el nuestro Consejo de las Yndias presentó, me a fecho relación que vos teneis noticia de una ysla questá entre la dicha ysla de la Palma y la Española ques en las nuestras Yndias, que hasta agora no está sabida ni situada en las cartas de navegar y está dentro de los límites de nuestra demarcaçión, la qual descubrió un Antonio de Fonseca, piloto y maestre de navío vuestro que enbiastes cargado desa dicha ysla de la Palma a la de la Española, y que agora vos, con el deseo del serviçio de Dios nuestro Seños e nuestro e acreçentamiento de nuestras rrentas rreales, querriades descubrir y conquistar y poblar la dicha ysla a vuestra costa y minsión, sin que Nos ni los Reyes que después de Nos binieren seamos obligados a vos pagar ni satisfazer los gastos que en ello hizierdes, sobre lo qual yo mandé tomar con el dicho liçençiado Juan de Santa Cruz, en vuestro nonbre, y por virtud del dicho poder el asiento y capitulaçión siguiente:

1. Primeramente, vos obligais de descubrir, conquistar y poblar la dicha ysla a la qual abemos mandado llamar e yntitular la ysla de San Ber-

nardo, y que para ello enbiareis dos navíos, basteçidos de gente y armas y mantenimientos y ganados de todas suertes, con piloto sufiçiente para que la descubra y pueble y que para ello llevará el aparejo neçesario.

2. Yten, que si en la dicha ysla hallare gente, procurará de los traer al serviçio de Dios nuestro Señor e nuestro e a que nos den la obidiençia y vasallaje que nos deven como a Reyes y Señores naturales.

3. Yten, que si en la dicha ysla oviere aparejo para labrar en ella pan e bino e açucares e ganados y otros frutos, llevareis a ella de todas semillas plantas y legunbres y arbolados de provecho y ganados y trigo y çevada para la poner en cultura.

4. Yten, os obligais que benida çertidunbre que la dicha ysla es tal que se pueda en ella labrar el dicho pan y bino y cría de ganados, llevareis a ella vuestra muger e hijos e casa e çinquenta vezinos con sus mugeres y que siendo tan grande que sea menester más poblaçión travajareis de llevar más vezindad.

5. Yten, os obligais de llevar a la dicha ysla y tener con vos los offiçiales de nuestra hazienda que por Nos fueren nombrados, y las personas rreligiosas, eclesiasticas que por Nos serán señaladas por la ynstruçión de los naturales de aquella ysla en las cosas de nuestra Santa Fée Cathólica, a los quales rreligiosos o clérigos abeys de dar y pagar flete y matalotaje y los otros mantenimientos neçesarios conforme a sus personas, todo a vuestra costa, sin les llevar por ello cosa alguna durante la dicha navegaçión.

6. Otrosí, os obligais de enbiar a descubrir la dicha ysla y saber los secretos della, como dicho es, dentro de un año primero siguiente que se cunpla desde el día de la fecha desta capitulaçión en adelante hasta ser cunplido; y dentro de dos años luego siguientes, tendiendo la dicha çertidunbre, yreis a la dicha ysla con la dicha vuestra muger y casa y llevareis los dichos çinquenta vezinos para la poblaçión della.

7. Y haziendo y cunpliendo vos, el dicho Gabriel Socarras, las cossas suso dichas y cada una dellas según y como en los capítulos de suso contenidos se contiene, pometemos de vos hazer y conçeder las merçedes siguientes:

8. Primeramente, doy liçençia y facultad a vos, el dicho Gabriel Socarras, para que por Nos y en nuestro nonbre y de la Corona Real de Castilla podais descubrir, conquistar y poblar la dicha ysla de que así deçís que teneis notiçia, siendo dentro de los límites de nuestra demarcaçión e no estando por Nos dada en gobernaçión a otra persona alguna ni descubierta fasta agora ni asentada en las cartas de nabegar.

9. Yten, por vos hazer merçed y honrrar vuestra persona, prometo de vos dar título de nuestro Gobernador y Capitán General de la dicha ysla por todos los días de vuestra vida y de un heredero vuestro qual vos nonbrades y señalardes, con salario de tresçientas mill maravedís en cada un año, de los quales abeis de gozar desde el día que se hiziere a la bela el primer navío que enbiardes en la dicha ysla de la Palma; y vos han de ser dados y pagados de las rrentas y provechos a Nos pertenesçientes en la dicha ysla que así abeis de descubrir, conquistar y poblar, y no abiendo en ella en el tienpo rrentas ni provechos Nos no seamos obligados a vos mandar pagar cosa alguna del dicho salario.

10. Yten, vos haré merçed del offiçio de nuestro Alguaçil Mayor de la dicha ysla, por todos los días de vuestra vida y de dos herederos vuestros, uno en pos de otro, qual vos señalardes y nonbrardes.

11. Yten, vos damos liçençia y facultad para que con paresçer y acuerdo de los nuestros offiçiales de la dicha ysla, podais hazer en ella una fortaleza en la parte y lugar que más conbenga, paresçiendo a vos y a los dichos nuestros offiçiales ser neçesario para la seguridad y guarda de la dicha ysla, y vos haré merçed de la tenençia della para vos y para todos vuestros herederos y subçesores quales vos nonbrardes y señalardes uno en pos de otro, para sienpre jamás, en cada año, los quales se paguen de las rrentas y provechos que tuvieremos en la dicha ysla y no habiendo en ellas las dichas rrentas en el tienpo no seamos obligados a pagar el dicho salario, del qual abeys de gozar desde que la dicha fortaleza estuviere acavada y cerrada a vista de los dichos nuestros offiçiales; lo qual abeis de hazer y hedificar a vuestra costa y minsión y sin que Nos ni los rreyes que después de Nos binieren seamos obligados a vos pagar los gastos que en el hediffiçio della hizierdes ni otra cosa alguna más del dicho salario abiendo en las dichas yslas rrentas y provechos de que os lo pagar, según dicho es.

12. Otrosí, por quanto el dicho liçençiado Santa Cruz, en vuestro nonbre, nos suplicó vos hiziesemos merçed de alguna parte de tierra y vasallos en la dicha ysla que hansí abeis de descubrir, conquistar y poblar, y Nos acatando lo que nos abeis servido y esperamos que nos serbireis y los gastos que de presente se os ofresçen en el dicho descubrimiento, conquista y población, lo abemos tenido por bien. Por ende, por la presente vos prometemos de vos hazer merçed, y por la presente vos le hazemos, de tres leguas de tierra en quadra en la dicha ysla, las quales mandamos a los nuestros offiçiales de la dicha ysla que vos den y señalen que no sea puerto de mar ni la cabeçera prinçipal, con tanto que la jurisdiçión de los pueblos que en las dichas tres leguas de tierra en quadra hizierdes sea nuestra y no tengais en ella jurisdiçión alguna.

13. Yten, que vos daremos liçençia y facultad para que destos nuestros rreinos y señorios o del rreino de Portugal o yslas de cabo Berde y Guinea podais pasar y paseis, vos o quien vuestro poder huviere, a la dicha ysla que así descubrierdes, conquistardes y poblardes çinquenta esclavos negros, el terçio dellas henbras libres de todos derechos, y dello vos mandamos dar nuestra carta y provisión en forma.

14. Yten, conçedemos a los vezinos de la dicha ysla que les sean dados por vos los solares e tierras y aguas conbinientes a sus personas, conforme a lo que se a hecho y haga en la ysla Española, y ansímismo vos daremos liçençia para que en nuestro nombre, durante el tienpo de vuestra gobernaçión, hagais la encomienda de los yndios guardando las ynstruçiones que vos serán dadas.

15. Y porque el dicho liçençiado Santa Cruz, en vuestro nonbre, me a fecha rrelaçión que vos teneis por çierto que en la dicha ysla abra dispusiçión y aparejo para hazer en ello yngenio de açucar, como los ay en la dicha ysla de la Palma donde al presente bivís, y me suplicastes vos hiziese merçed del aprovechamiento de alguna parte de las aguas de la dicha ysla para hazer algunos de los dichos yngenios y para vuestras granjerías, por la presente vos doy liçençia y facultad para que os podais

aprovechar y aprovecheis del diezmo de las aguas que ay e oviere en la dicha ysla para los dichos buestros yngenios y granjerías.

16. Otrosí, que haremos merçed y limosna a un ospital que dezís que quereis hazer en la dicha ysla, en la población principal, para el rremedio de los pobres que a él fueren, y para el hedeffiçio dél de çiento y çinquenta mill maravedís pagados de las rrentas que tovieremos en la dicha ysla en tres años primeros siguientes, cada año çinquenta mill maravedís.

17. Yten, prometemos que por tienpo de treinta años primeros siguientes no ynponemos a los vezinos de la dicha ysla alcavala ni serviçio ni otro tributo alguno.

18. Otrosí, franqueamos a los vezinos y conquistadores y pobladores de la dicha ysla por seis años del almoxarifazgo de todo lo que llevaren para proybimiento y provisión de sus personas y casas, con que no sea para lo vender; y de lo que vendieren ellos y otros qualesquier personas, mercaderes y tratantes, ansímismo los franqueamos por dos años tan solamente.

19. Yten, conçedemos a los que fueren a poblar la dicha ysla, que en los seys años primeros siguientes que se quenten desde el día de la data desta en adelante, que del oro que se cogiere en las minas nos pague el diezmo, y cunplidos los dichos seis años el nobeno, y ansí deçendiendo en cada un año hasta llegar el quinto; pero del oro y otras cossas que se ovieren de rrescates y cavalgadas o en otra manera, desde luego, nos an de pagar el quinto de todo ello.

20. Yten, por quanto al dicho Liçençiado Santa Cruz, en el dicho buestro nonbre, me suplicó que si en la costa de la dicha ysla se hallasen algunas perlas, vos diese liçençia para las pescar en la mejor manera que os pudiesedes aprovechar, por la presente vos doy la dicha liçençia para que si en las costas de la dicha ysla se descubrieren o hallaren algunos ostrales de perlas los podais pescar por la forma y horden que se pescaren en la ysla de Cubagua.

21. Y porque ansímysmo me hizo rrelaçión en el dicho vuestro nonbre el dicho liçençiado Santa Cruz que vos teneis neçesidad de llevar de las yslas de Tenerife y la Palma para la armada y cultura de la dicha ysla algunos mantenimientos y provisiones de pan, trigo, çevada y cavallos, ganados y plantas y semillas, por ende, por la presente, vos doy liçençia y facultad para que de las dichas yslas de Tenerife y la Palma podais pasar y paseis a la dicha ysla así para el pobreimiento de la dicha armada como para la cultura de la dicha ysla el pan, trigo, cevada y ganados y cavallos y plantas y semillas que quisierdes sin ynpedimiento alguno.

22. Yten, es nuestra merçed y voluntad, si Dios fuere servido, que vos el dicho Gabriel de Socarras murais antes de acavar este descubrimiento y conquista que vuestro heredero lo pueda acavar y que si vos y el dicho vuestro heredero muriesdes, que la persona que vos o el dicho vuestro heredero señalardes pueda continuar el dicho descubrimiento y poblaçión, dentro de tres años delante benideros luego siguientes fasta ser cunplidos conforme a esta dicha cappitulación y asiento, e que con el que así nombrardes se cunpla lo contenido en esta capitulación.

23. Lo qual, que dicho es, vos conçedemos con tanto que seais obligado a enbiar a descubrir la dicha ysla dentro de un año que se cuente desde el día de la data desta capitulaçión y que dentro de otros dos años luego

siguientes, vais con la dicha vuestra muger y casa y vezinos a poblar la dicha ysla.

24. Otrosí, con condiçión que seais obligado de llevar y tener con vos los offiçiales de nuestra hazienda que por Nos fueren por Nos nonbrados, y ansímismo las personas rreligiosos o clérigos, eclesiásticos que por Nos serán señalados para ynstruçión de los naturales de aquella ysla a nuestra Santa Fée Cathólica, a los quales religiosos o clérigos abeis de dar y pagar el flete y matalotaje y los otros mantenimientos neçesarios conforme a sus personas, todo a vuestra costa, sin por ello les llevar cosa alguna durante la dicha navegación; lo qual mucho vos encargamos que hansí hagais y cunplais como cosa del serviçio de Dios y nuestro porque de lo contrario nos ternemos por deservidos.

25. Otrosí, como quiera que según derecho y leies de nuestros rreinos, quando nuestras gentes y capitanes de nuestras armadas toman preso algún prínçipe o señor de las tierras donde por nuestro mandado hazen guerra, el rrescate de tal señor o caçique pernesçe a Nos con todas las otras cosas muebles que fuesen hallados que pertenesçiesen a él mismo; pero considerando los grandes travajos y peligros que nuestros súbditos pasan en la conquista de los yndios, en alguna enmienda dellos, y por les hazer merçed, declaramos y mandamos que si en la dicha vuestra conquista y gobernaçión se cativare o prendiere algún caçique o señor prinçipal, que todos los thesoros, oro y plata y piedras y perlas que se ovieren dél por vía de rrescate o en otra qualquier manera, se nos dé la sesta parte dello, y lo demás se rreparta entre los conquistadores, sacando primeramente nuestro quinto, y en caso que el dicho caçique o señor prinçipal mataren en vatalla, o despues por vía de justiçia, o en otra qualquier manera, que en tal caso de los thesoros y bienes suso dichos que dél se ovieren justamente, ayamos la mitad, la qual ante todas cosas cobren nuestros offiçiales, sacando primeramente nuestro quinto.

26. Otrosí, porque podría ser que los dichos nuestros offiçiales de la dicha provinçia tuviesen alguna dubda en el cobrar de nuestros derechos, espiçialmente del oro y plata y piedras y perlas, así lo que se hallare en las sepolturas y otras partes donde estuviere ascondido, como de lo que se oviere de rrescate o cabalgadas, o en otra manera, nuestra merçed y voluntad es que por el tienpo que fueremos servidos se guarde la horden siguiente:

27. Primeramente, mandamos que todo el oro y plata y piedras o perlas que se ovieren en vatallas, o entrada del pueblo, o por rrescate con los yndios, se nos aya de pagar y pague el quinto de todo ello.

28. Yten, que de todo el oro y plata, piedras e perlas y otras cosas que se hallaren e ovieren ansí en los enterramientos, sepolturas o cues o tenplos de yndios, como en los otros lugares do solían, ofresçer sacrifiçios a sus ydolos o en otros lugares rreligiosos o ascondidos o enterrados en casa o heredad o tierra o en otra qualquier parte pública o conçegil o particular de qualquier estado o dignidad que sea, de todo ello y de todo lo demás que desta calidad se oviere y hallare, agora se halle por acaesçimiento o buscandolo de propósito, se nos pague la mitad sin desquento de cosa alguna, quedando la otra mitad para la persona que ansí lo hallare y descubriere, con tanto que si alguna persona o personas encubriere el oro y plata, piedras y perlas que hallaren y ovieren ansí en los

dichos enterramientos, sepolturas o cues o tenplos de yndios como en los otros lugares donde solían ofresçer sacrifiçios o otros lugares rreligiosos ascondidos o enterrados, de suso declarados, y no lo magnifestaren para que se les dé lo que conforme a este capítulo les pueda pertenesçer dello, ayan perdido todo el oro y plata y piedras y perlas y más la mitad de los otros sus bienes para nuestra Cámara y Fisco [47].

29. Por ende, por la presente, haziendo vos el dicho Gabriel de Socarras lo suso dicho, a vuestra costa y segúnd y de la manera que de suso se contiene, y guardando y cunpliendo lo contenido en la dicha provisión que de suso va yncorporada, y todas las otras intruçiones que adelante mandaremos dar e hazer para la dicha tierra y para el buen tratamiento y conbersión de nuestra Santa Fée Cathólica de los naturales della, digo y prometo que vos será guardada esta capitulación y todo lo en ella contenido, en todo y por todo según que de suso se contiene; y no lo haziendo ni cunpliendo ansí, Nos no seamos obligado a vos guardar ni cunplir lo suso dicho ni cosa alguna dello, antes vos mandaremos castigar y proçeder contra vos como contra persona que no guarde y cunpla y traspasa los mandamientos de su Rey y señor natural, y dello mandamos dar la presente, firmada de mi nombre y refrendada de mi ynfrascrito secretario. Fecha en Valladolid, a treynta días del mes de Septiembre, de mill quinientos y treinta y siete años. Yo la Reyna. Por mandado de Su Magestad Joan Vazquez, señalada de Beltrán, y Carvajal, y Belazquez.

---

[47] Van incorporadas las Ordenanzas de Descubrimientos hechas en Granada el 17 de noviembre de 1526. Están reproducidas en capitulación con Francisco de Montejo de 8 de diciembre de 1526 (Doc. n.º 22).

# DOCUMENTO N.º 49

Capitulación otorgada al Adelantado Pedro de Alvarado para ir a descubrir en la mar del Sur y costear y descubrir la vuelta que hace la Nueva España.
1538, abril 16. Dada en Valladolid.
A.G.I. Indif. General 417. L. I, fols. 3-10.
C.D.I. T. II (2.ª serie), págs. 7-25.

El asiento e capitulaçión que se tomó con el adelantado Alvarado.

### LA REYNA

En quanto vos, el adelantado don Pedro de Alvarado, nuestro governador e Capitán General de la Provinçia de Guatemala, que es en las nuestras Yndias del mar oçéano, me haveis echo relaçión que con desseo del serviçio de Dios nuestro señor y nuestro, por acreçentar nuestro patrimonio y Corona Real, querriades hazer çierto descubrimiento en la mar del Sur hazia el poniente para lo poner en efecto os ofreçeis que llegado que seais en la dicha provinçia de Guatimala, dentro de quinze meses luego siguientes, embiareis dos galeones y un navío sotil basteçidos por dos años de bastimentos, con la gente y aparejos, artillería neçesaria en descubrimiento del dicho poniente, y asímismo embiareis otros dos que costeen y descubran la buelta que haze la tierra de la Nueva España para que se sepan todos los secretos que ay en la dicha costa, y que echo lo suso dicho y teniendo aviso dello e hallando tierra e ysla en lo que se descubriere que según la dispusiçión dellos aya neçesidad de se poblar, yreis o enbiareis, luego que se venga la dicha nueva, otros diez navíos en los quales embiareis ochoçientos hombres de guerra, los trezientos de cavallo, si la calidad de la tierra fuere tal que aya neçesidad en ella de la dicha gente de cavallo para que con ellos se pueblen las dichas tierras, y asímismo embiareis clérigos e rreligiosos para la ynstruçión y buena doctrina de los naturales de aquellas partes, todo ello a vuestra costa e minsión sin que Nos ni los reyes que despues de Nos binieren seamos obligados a vos pagar ni satisfazer los gastos que en ello hizieredes, más de lo que en esta capitulaçión vos será otorgado, y no otra cosa alguna. Y que ansímismo, os ofreçeis, que después de descubiertas las dichas tierras y embiado los dichos navíos para que lo que se descubriere pueda ser mejor socorrido y conservado, terneis en un astillero, que al presente teneis en la dicha provinçia de Guatemala, maestros y carpinteros y otros ofiçiales hasta treinta e después porneis en el dicho astillero la más gente que fuere menester, según la neçesidad que tuviere el armada; los quales dichos ofiçiales se entienden en hazer navíos y aparejos para la dicha navegaçión los terneis por espaçio de diez años, con tanto que así para este tiempo como para acabar de hazer los navíos que teneis començados y hazer otros de nuevo podais tomar los carpinteros y cabrestante y otros ofiçiales de rribera y fregeis para que labren en ellos pagándoles su justo salario aunque otros vezinos particulares los tengan ocupados en obras suyas, porque por falta de maestros no cese la obra ni se aparte ninguno a perturbarla, sobre lo qual yo mandé con vos el asiento y capitulaçión siguiente:

1. Primeramente, porque me haveis echo relaçión que desde la dicha provinçia de Guatimala aveis de conquistar lo que así descubrieredes, y donde ha de acudir la gente que fuere e biajare al dicho descubrimiento, por la presente vos prometo que vos mandaré proveer y dar provisión de la dicha governaçión de Guatimala para que seais nuestro governador della por término de veinte años, y más quanto nuestra voluntad fuere, no pareçiendo en la rresidençia que agora os toma por nuestro mandado el liçençiado Françisco Maldonado, nuestro oidor de la nuestra Audiençia e Chançillería Real de la Nueva España, culpas porque merezcais ser privado della, con que seais obligados a hazer rresidençia cada y quando yo fuere servido de mandárosla tomar.

2. Yten, que atentos los muchos gastos que teneis de hazer, así en las armadas que al presente haveis de ambiar como en las que después de sabida la tierra haveis de llevar, la dificultad que ay de navíos en la mar del Sur y lo mucho que cuestan los materiales y ofiçiales, mantenimientos y otros aparejos, me supplicastes que lo que os pertenesçiere en el descubrimiento que así os ofreçeis a hazer de oro, plata y piedras y perlas y droguería y espeçiería y de otros qualesquier metales y cosas que en las dichas tierras se hallaren y produxeren y de que nos perteneçiere derechos, que se os diese la dézima parte dello perpetuamente por ende, tenemos de vos hazer merçed, como por la presente vos la hazemos, que de los provechos de los quintos y tributos que en la misma tierra hoviere llevaremos ayais vos quatro por çiento, que es de veynte çinco partes una, perpetuamente para siempre jamás, con que no exçeda esta merçed de seis mill ducados de renta cada año, y que esto sea rrepartido en las rrentas que hoviere en cada ysla o provinçia que así descubrierdes por ruta; y entiendase que no lo haveis de llevar de almoxarifazgo ni alcavalas ni serviçios boluntarios que ympusieramos en ellas.

3. Otrosí, por quanto nos haveis supplicado vos hiziesemos merçed de la dézima parte de las tierras e yslas e vasallos que así descubrieredes y poblaredes y que vos las escogiéredes en cada una dellas, todo ello en una parte o en dos o en las que vos paresçiere, y que sí en la dicha dézima cupiese una, y en la que desea, o de aquella parte de tierra que

cupiere la dézima se os diese título de Duque con el Señorío y jurisdiçión que tienen los Grandes de Castilla, por la presente prometemos de vos hazer merçed de veinte y çinco partes, una en las yslas e tierra que se descubrierede por rrata en cada parte con título de Conde con el Señorío y Jurisdiçión que vos mandaremos señalar al tiempo que vos mandaremos dar el dicho título, el qual se vos dará después que ayais echo el dicho descubrimiento y señalada la parte que hoviéredes de haver con que no sea lo que así se os hoviere de dar para en la dicha vuestra parte en lo mejor ni peor de las dichas yslas e provinçias ni cabeçera de provinçias ni puerto de mar.

4. Yten, entendido así ser cumplidero al serviçio de Dios nuestro Señor y nuestro y por honrrar vuestra persona e vos hazer merçed, prometemos de vos dar título de nuestro governador e Capitán General de todo lo que descubrieredes por todos los días de vuestra vida con tres mill ducados de salario en cada un año y mill ducados de ayuda de costa, los quales vos serán pagados de las rrentas y provechos que tuvieremos en las dichas tierras e yslas que así descubrieredes y poblaredes; y no haviendo en ellas las dichas rrentas y provechos, Nos no seamos obligados a vos pagar cosa alguna del dicho salario ni ayuda de costa, y que después de vos vuestro heredero tenga en governaçión dozientas leguas de tierras quales vos señalardes, con el mismo salario y ayuda de costa y con la misma condiçión que sí en las dichas dozientas leguas no hoviéredes que sea pagado del dicho salario, no seamos obligados a que los mandar pagar de otra parte.

5. Yten, vos hazemos merçed que con pareçer e acuerdo de los nuestros ofiçiales de las dichas tierras que así descubrieredes y conquistaredes podais hazer hasta tres fortalezas de piedra, en las partes y lugares que más convenga, pareçiendo a vos e a los dichos nuestros ofiçiales ser neçesarios para la guarda y paçificaçión de las dichas yslas y provinçias; y vos hazemos merçed de la tenençia dellas para vos e para dos herederos y subçesores vuestros, uno en pos de otro, quales vos nombraredes con çient mill maravedís de salario e çinquenta de ayuda de costa en cada un año con cada una de las dichas fortalezas, el qual salario vos ha de ser pagado de las rrentas y provechos que nos tuvieremos en las dichas tierras e yslas que así descubrieredes y poblaredes en dicha, aviendo en ellas las dichas rentas y provechos nos no seamos obligado a vos pagar cosa alguna del dicho salario; las quales dichas fortalezas haveis de hazer de piedra y a vuestra costa e minsión, sin que Nos ni los Reyes que después de Nos vinieren seamos obligados a vos pagar lo que así gastardes en las dichas fortalezas.

6. Yten, que vos hazemos merçed del ofiçio de nuestro Alguazil Mayor de las dichas yslas y provinçias que así descubrieredes y conquistardes, perpetuamente.

7. Yten, vos prometemos que por tiempo de syete años primeros siguientes que se cuenten desde el día de la fecha desta capitulaçión no tomaremos con ninguna persona asiento alguno, haviendo vos dentro de los dichos syete años salido a cumplir lo que así os ofreceys.

8. Otrosí, en lo que supplicais que no vos sean quitados ni rremovidos los yndios que teneis encomendados aunque en las tierras e yslas que así descubrierdes tengais otros, vos dezimos que des que ayais descubierto

las dichas yslas e tierras, se proverá en esto lo que convenga, y que entre tanto no se hará novedad en ello.

9. Otrosí, por quanto me haveis echo relaçión que para hazer este viaje y la armada haveis de llevar destos rreinos mucho hyerro y artillería y arcabuze y otros metales y cosas a ellos neçesarias y la gente que ha de yr en la dicha armada, lo qual no podría yr por la Nueva España por el mucho camino que ay, y me supplicastes que atento esto y que conquistades a vuestra costa el Puerto de Cavallos, ques en la mar del norte, y que por él se camina a Guatimala y de Guatimala a él y aya comerçio de la una puerta a la otra, e de la otra a la otra, y haverlo vos descubierto e conquistado, vos hiziese merçed de la governaçión de la dicha provinçia de Onduras con el dicho puerto de Cavallos, dezimos que mandaremos dar Provisión para quel nuestro Virrey de la Nueva España y el Liçençiado Maldonado, nuestro Juez de Residençia de la dicha provinçia de Guatimala y el obispo della ynformen de lo que en esto pasa, y porque hasta que vista su relaçión mandamos prover lo que convenga no se pueda hazer en ello novedad, se vos darán provisiones para quel Governador de la dicha provinçia de Onduras no os ponga ympedimento en el paso de las cosas e gente que llevardes por el dicho puerto de Cavallos, y si fuere neçesario se vos dará un executor de esta corte o de la Audiençia de la Española que lo haya cumplir.

10. Yten, vos mandaremos dar provisiones para el dicho Governador de Onduras; que si hoviere en esta provinçia yndios que suelen travajar en llevar cargas que os dé los que hovieredes menester pagándoles las cargas a vista del governador y haziendo él mismo la tasa y preçio de las dichas cargas conforme a la horden que se tiene en la Nueva España, y que si hoviere carretas y aparejo de camino para ellas, que tambien os las dé por el preçio que sea justo; y vos procurareis de llevar las más que pudierdes el río arriba en barcos.

11. Yten, que vos daremos liçençia y facultad, como por la presente vos le damos, para que destos nuestros rreynos o del Reyno de Portugal podais llevar y lleveis para la dicha armada ofiçiales las obras della, çiento e çinquenta esclavos negros libres de todos derechos, así de los dos ducados de la liçençia de cada uno dellos como del almoxarifazgo y otros qualesquier, contando que os obligueis que dentro de veynte meses embiareis a nuestro Consejo de las Yndias testimonio firmado de los ofiçiales de la dicha provinçia de Guatimala como los embiais en la dicha armada o los teneys en las obras della, y que no los teniendo en las dichas obras o no los embiando en la dicha armada, pagareis a los dichos nuestros ofiçiales seys mill maravedís por los derechos de cada uno de los dichos esclavos; y vos prometemos que luego que ayais echo el dicho descubrimiento os daremos liçençia para llevar más esclavos negros.

12. Yten, que se vos darán nuestras cartas para los Governadores y otras nuestras justiçias de los puertos e costas e yslas de las nuestras Yndias donde aportaren los navíos que embiaredes a hazer el dicho descubrimiento para que la gente que en ellos fuere sea bien tratada y favoreçida.

13. Y porque assímismo me supplicastes que en rremuneraçión de lo que nos haveis servido en la conquista de la Nueva España y Guatimala e Onduras donde haveis gastado mucha parte de nuestra hazienda, vos

hiziese merçed en la provinçia de Guatimala o en la de Onduras de vasallos y título como lo mandamos hazer con el Marqués de Valle, por la presente vos prometemos que vista la dicha vuestra rresidençia, vos mandaremos hazer en esto la merçed condigna a vuestros serviçios.

14. Yten, es nuestra merçed e mandamos que de todo lo que llevare a las dichas yslas e tierras que así descubrieredes la persona que fuere en la dicha armada por espaçio de diez años que se quenten desde el día de la dacta de esta capitulaçión, no paguen della derechos de almoxarifazgo ni otros algunos.

15. Otrosy, conçedemos a los que fueren a poblar las dichas tierras e yslas que por diez años que se quente desde el día de la dacta desta capitulaçión, del oro que se cogiere en las minas nos paguen el diezmo e año hasta llegar al quinto, pero de rrescates y cavalgadas y de todo lo demás de que se nos devan derechos desde luego se nos ha de pagar el quinto de todo ello.

16. Assímismo, hazemos merçed a vos el dicho Adelantado don Pedro de Alvarado que de las cosas contendidas en un memorial que dieredes y llevaredes destos nuestros Reynos a la dicha provinçia de Guatimala para el adereço de la dicha armada, no se os lleven derechos de almoxarifadgo por este primero viage.

17. Yten, vos hazemos merçed que de todo lo que llevaredes a las yslas e provinçias que descubrieredes para proveimiento de vuestra persona y casa, todos los días de vuestra vida no pagueys dello derechos de almoxarifadgo, contando que no llevais cada año más de hasta en cantidad de tress mill ducados.

18. Yten, que daremos liçençia y facultad a las personas que fueren a hazer el dicho descubrimiento y llevaren cavallos que pueda llevar cada uno dos yndios siendo esclavos y contando al obispo de Guatimala que lo son.

19. Yten, conçedemos a las personas que fueren a poblar las dichas yslas e provinçias que ansí descubrieredes que por el tiempo que durare vuestra governaçión dellas, vos los podais dar cavallerías de tierras y solares en que labren y planten y edifiquen con la moderaçión y condiçiones que se acostumbran dar en la ysla Española, las quales residiendolas los quatro años que son obligados, sean suyas perpetuamente; y que asímismo podais hazer la encomienda y repartimiento de los yndios de las dichas yslas e provinçias por el tiempo que fuere nuestra boluntad, e guardando las ynstruçiones y hordenanças que os serán dadas. Y porque entre Nos y el Serenísimo Rey de Portugal, nuestro muy charo e muy amado hijo, ay çiertos asientos y capitulaçiones çerca de la demarcaçión y repartimiento de las Yndias, y también sobre las yslas de los Malucos y Espeçiería, vos mando que los guardeis como en ella se contiene y que no toqueis en cosa que pertenezca el dicho Serenísimo Rey.

20. Y por quanto me hezistes relaçión, que entre vos y don Antonio de Mendoça, nuestro Virrey de la Nueva España, esta conçertado quél tome la terçia parte de la dicha armada en que sea compañero y goze de los provechos en ella, lo qual yo he havido por bien y dello he mandado dar çédula al dicho don Antonio de Mendoça, entiendese que vos seays obligado a lo reçibir por compañero en la dicha terçia parte conforme a ella.

21. Yten, prometemos que por término de diez años, y más adelante hasta que otra cosa mandemos en contrario, no ymponemos a los vezinos de las dichas yslas y provinçias alcavala ny otro tributo alguno.

22. Otrosí, hazemos merçed y limosna al ospital que se hiziere en las dichas tierras para ayuda al remedio de los pobres que a él fueren, de çient mill maravedís librados en penas de Cámara de la dicha tierra.

23. Asímismo, de vuestro pedimiento y consentimiento y de los pobladores de la dicha tierra, dezimos que haremos merçed, como por la presente la hazemos, al ospital della de los derechos de la escobilla y relabes que se hoviere en las fundiçiones que en ella se hiziere, y dello mandamos dar nuestra provisión en forma.

24. Asímismo, mandaremos, como por la presente mandamos y defendemos, que de estos nuestros reinos no vayan ni pasen a las dichas tierras e yslas nynguna persona de las prohybidas que no puedan pasar aquellas partes, so las penas contenidas en las Leyes y Ordenanças y cartas nuestras que cerca destos por Nos y por los Reyes Católicos están dadas ny letrados ny procuradores para usar de sus ofiçios.

25. Otrosí, con condiçión que quando salierdes de la dicha provinçia de Guatimala ayais de llevar, y lleveis con vos, los ofiçiales de nuestra hazienda que por Nos fueren nombrados, y asymismo las personas religiosas e eclesiásticas que por Nos sean señaladas para ynstruçión de los naturales de las dichas yslas y provinçias a nuestra Sancta Fée Cathólica, a los quales rreligiosos o clérigos haveis de pagar el flete y matalotage y los otros mantenimientos neçesarios conforme a sus personas, todo a vuestra costa syn por ello les llevar cosa alguna durante toda la dicha vuestra navegaçión, lo qual mucho vos encargamos que así hagais y cumplais como cosa del serviçio de Dios y nuestro porque de lo contrario nos terniamos por deservidos.

26. Otrosí, como quiera que segúnd derechos y leyes de nuestros Reynos quando nuestras gentes y capitanes de nuestras armadas toman preso algúnd prínçipe o señor de las tierras donde por nuestro mandado hazen guerra, el rescate del tal señor o caçique perteneçe a Nos con todas las otras cosas muebles que fuesen halladas o pertenesçiesen a él mismo; pero considerando los grandes travajos y peligros que nuestros súbditos pasan en la conquista de las Yndias y en alguna enmienda dellos y por les hazer merçed, declaramos y mandamos que sy en la dicha vuestra conquista y governaçión se cabtivare o prendiere algúnd caçique o señor prençipal, que de todos los tesoros, oro y plata, piedras y perlas, que se hovieren dél por vía de rrescate, o en otra qualquier manera, que nos dé la sesta parte dello, y lo demás se rreparta entre los conquistadores sacando primeramente nuestro quinto; y en caso quel dicho caçique o señor prençipal matare en batalla, o después por vía de justiçia o en otra qualquier manera, que en tal caso, de los tesoros y bienes suso dichos que dél se hoviere justamente ayamos la mytad, la qual ante todas cosas cobren los nuestros ofiçiales, sacando primeramente nuestro quinto.

27. Otrosí, que podría ser que los dichos nuestros ofiçiales de la dicha provynçia tuvieren alguna duda en el cobrar de nuestros derechos, espeçialmente del oro y plata y piedras y perlas, así lo que se hallare en las sepulturas y otras partes donde estuviere escondido como de lo que se hoviere de rescate o cavalgada o en otra manera, nuestra merçed y boluntad

es que por el tiempo que fueremos servidos se guarde la horden syguiente:

28. Primeramente, mandamos que todo el oro y plata, piedras y perlas, que se hoviere en batalla o en entrada de pueblo o por rescate con los yndios, se nos aya de pagar y pague el quinto de todo ello.

29. Yten, que de todo el oro y plata, piedras y perlas y otras cosas que se hallaren e hovieren, así en los enterramientos o cues o templos de yndios como en los otros lugares donde se han ofrezei sacrifiçios a sus ydolos o en otros lugares religiosos ascondidos o enterrados en casa o heredad o tierra o en otra cualquier parte pública o conçejil o particular de qualquier estado o dignidad que sea, de todo ello y de todo lo demás que de esta calidad se hoviere y hallare, agora se halle por acaesçimiento o buscandolo de propósyto, que nos pague la mitad sin desquento de cosa alguna, quedando la otra mitad para la persona que así lo hallare y descubriere; con tanto que si alguna persona o personas encubrieren el oro y plata, piedras y perlas que se hallaren e hovieren, así en los dichos enterramientos sepulturas o cues o templos de yndios como en los otros lugares donde solían ofreçer sacrifiçios o otros lugares religiosos ascondidos o encerrados, de uso declarados y no lo magnifestaren para que se les dé de lo que conforme a este capítulo les pueda perteneçer dello, ayan perdido todo el oro y plata, piedras y perlas e más la mitad de los otros sus bienes para nuestra Cámara y Fisco.

30. E por que Nos siendo ynformados de los males y deshordenes que en descubrimientos y poblaciones nuevas se han echo y hazen, y para que Nos con buena conçiençia podamos dar liçençia para los hazer para rremedio de lo qual, con acuerdo de los del nuestro Consejo y Consulta nuestro, está hodenada y despachada una provisión general de capítulos sobre lo que haviades de guardar en la dicha población y conquista, la qual aquí mandamos yncorporar, su tenor de la qual es este que sigue [48].

31. Por ende, haciendo vos, el dicho adelantado don Pedro de Alvarado, lo suso dicho a vuestra costa, y según y de la manera que de suso se contiene, guardando e cumpliendo lo contenido en la dicha provisión que de suso va incorporada y todas las instruçiones que adelante mandaremos dar y haçer para las dichas yslas e provinçias, e para el buen tratamiento y conversión a nuestra Santa Fé Cathólica de los naturales dellas, digo y prometo que vos será guardada esta capitulación y todo lo en ella contenido, en todo e por todo, según que de suso se contiene, e no lo haziendo e incumpliendo así Nos no seamos obligados a vos guardar ni cunplir lo suso dicho ni cosa alguna dello, antes vos mandaremos castigar y proçeder contra vos, como contra persona que no guarda y cumple y traspasa los mandamientos de su Rey y señor natural, y dello mandamos dar la presente firmada de mi nombre y refrenadada de ynfrascripto secretario. Fecha en la villa de Valladolid, a diez y seis días del mes de abril de mill e quinientos e treinta e ocho años. Yo la Reyna, Por mandato de Su Magestad. Juan de Samano.

---

[48] Van incorporadas las Ordenanzas de Descubrimientos hechas en Granada el 17 de noviembre de 1526. Están reproducidas en capitulación con Francisco de Montejo de 8 de diciembre de 1526 (Doc. n.º 22).

# DOCUMENTO N.º 50

Capitulación otorgada a Pero Sancho de Hoz para ir a descubrir y navegar por el mar del Sur.
1539, enero 24. Dada en Toledo.
A.G.I. Indif. General 415- L. I, fols. 241-241 vto.
C.D.I. T. XXII, págs. 5-8.


Capitulaçión y asiento que se tomó con Pero Sancho de Hoz.

## EL REY

Por quanto vos, Pero Sancho de Hoz, me abeis hecho relaçión que con deseo de continuar lo que nos serviste en la conquista de la Nueva Castilla, llamada Perú, y de acreçentar nuestro patrimonio rreal y Corona de Castilla os ofreçeis de armar en la mar del sur, y hareis de belas latinas y de rremos más navíos si más fueren menester de la cantidad y manera que conbengan para descubrir y las probereis de gente, armas y marineros y bastimentos y de todos aparejos y cosas neçesarias y que nabegareis por la costa del mar del Sur, donde tienen sus gobernaçiones el marqués don Françisco Pizarro y don Diego de Almagro y don Pedro de Mendoça y Françisco de Camargo hasta el Estrecho y la tierra que está en la otra parte dél, y de yda o benida si descubrireis toda aquella costa del sur y puertos della y nos enbiareis rrelaçión della tierra y manera y puertos de mar y todo lo demás que hallardes y rrazón de la nabegaçión, todo ello a vuestra costa y minsión, sin que Nos ni los Reyes que después de nos binieren seamos obligados a vos pagar cosa alguna de lo que en ello gastardes, y me suplicastes vos mandase dar liçençia para hazer el dicho descubrimiento, y que descubierta aquella tierra de la parte del dicho estrecho o otra tierra qualquiera que hasta entonces no esté hallada, y después de enbiada la rrelaçión della se os diese en gobernaçión perpetua y se hiziese con vos lo que con las otras personas han hecho semejantes descubrimientos, sobre lo qual yo mandé tomar con vos el asiento y capitulaçión siguiente:

351

1. Primeramente, vos doy liçençia y facultad a vos, el dicho Pero Sancho de Hoz, para que por Nos y en nuestro nombre y de la Corona Real de Castilla podais nabegar con los dichos navíos que ansí os ofreçeis a hazer por la dicha mar del sur, donde tienen las dichas sus gobernaçiones los dichos Marqués don Françisco Pizarro y Adelantado don Diego de Almagro y don Pero de Mendoça y Françisco de Camargo, hasta el dicho Estrecho de Magallanes y la tierra questá de la otra parte dél, y de yda o de buelta descubrireys toda aquella costa de la parte del dicho Estrecho sin que entren en los límites y parajes de las yslas y tierras questán dadas en gobernaçión a otras personas, a conquistar ni gobernar ni rrescatar si no fuese mantenimiento para sustentaçión de la gente que llevardes, con tanto que no toqueis en los límites y demarcaçión del Serenísimo Rey de Portugal, nuestro hermano, ni en los Malucos ni en los límites que por la húltima contrataçión y empeño se dió al dicho Serenísimo Rey.

2. Yten, vos prometemos que hecho el dicho descubrimiento de la otra parte del dicho estrecho, o de alguna ysla que no sea en paraje o ageno, os haremos la merçed condina a vuestros serviçios, y entretanto que Nos ynformados de lo que así descubriesdes seays nuestro gobernador dello.

3. Por ende, por la presente, haziendo vos el dicho Pero Sancho de Hoz, a vuestra costa y según y de la manera que de suso se contiene el dicho descubrimiento, digo y prometo que vos será guardada esta capitulaçión y todo lo en ella contenido, y no lo haziendo ni cunpliendo anssí, Nos no seamos obligados a vos mandar guardar ni cumplir lo suso dicho ni cosa alguna dello, ante vos mandaremos castigar y proçeder contra vos como contra persona que no guarda ni cunple y traspasa los mandamientos de su Rey y Señor natural, y dello vos mandamos dar la presente, ffirmada de mi nombre y refrendada de mi ynffrascrito secretario. Fecha en Toledo, a veinte y quatro días del mes de henero, de mil y quinientos y treinta y nueve años. Yo el Rey. Refrendada de Samano, y señalada del Cardenal y Beltrán y Carvajal y Bernal y Velazquez.

# DOCUMENTO N.º 51

Capitulación otorgada a Sebastián de Benalcázar para ir a descubrir y poblar cualquier tierras que no pertenecieren a ningún otro gobernador ni descubridor partiendo de la provincia de Popayán, término de su gobernación.
1540, mayo 30. Dada en Lobayna.
A.G.I. Indif. General 415. L. I, fols. 242-250.
C.D.I. T. XXIII, págs. 33-55.

Capitulaçión que se tomó con Sebastian de Banalcaçar para el descubrimiento de Popayán.

## EL REY

Por quanto vos, el capitán Sebastián de Benalcaçar, continuando nuestro serviçio con gente de a pie y de a cavallo, a vuestra costa abeis descubierto, conquistado, poblado y las çiudades de Popayán y Calí y las villas de Nanzerma y Guacacallo y Neiva y otras provinçias y tierras dellas comarcanas, las quales abemos mandado llamar e yntitular la provinçia de Popayán y os abemos probeydo de la Gobernaçión della, de agora me abeys hecho relaçión que además de las tierras que ansí abeis descubierto y conquistado teneis notiçia de otras provinçias que asta agora no están descubiertas, las quales, con deseo de Nos servir y del acreçentamiento de nuestra Corona Real de Castilla querriades descubrir y conquistar y poblar, me suplicastes vos mandase dar liçençia para haçer el dicho descubrimiento, conquista y poblaçión, y vos conçediese y otorgase las merçedes y con las condiçiones que de yusso serán contenidas, sobre lo qual mandé tomar con vos el asiento y capitulaçión siguiente:

1. Primeramente, vos doy liçençia y facultad para que por Nos, y en nuestro nombre y de la Corona Real de Castilla, desde la dicha gobernaçión podais descubrir, conquistar y poblar qualesquier tierras y provinçias que no se ayan descubierto ni hallado por otro nuestro gobernador ni descubridor.

353

2. Yten, entendiendo ser cumplidero el serviçio de Dios Nuestro Señor y nuestro, y por honrrar vuestra persona y os hazer merçed, prometemos de os hazer nuestro Gobernador y Capitán General de todas las tierras y provinçias que como dicho es descubrierdes por todos los días de vuestra vida y de un heredero, qual vos nombrardes y señalardes.

3. Asímismo, vos haré merçed, como por la presente vos la hago, del offiçio de nuestro Alguazil Mayor de las tierras y provinçias que ansí descubrierdes y conquistardes, por todos los días de vuestra vida y de un vuestro heredero, qual vos nombrardes.

4. Yten, vos prometemos que, benida la relaçión de lo que ansí de nuevo descubrierdes, vos hazemos merçed del título de nuestro Adelantado dello y vos mandaremos entonces dar el título y provisión dellos.

5. Otrosí, vos daremos liçençia, como por la presente vos la damos, para que con paresçer y acuerdo de los nuestros offiçiales de la dicha vuestra gobernaçión podais hazer y hagais en las dichas tierras y provinçias que ansí descubrierdes y poblardes, tres fortalezas en las partes y lugares que más conbengan, paresçiendo a vos y a los dichos nuestros offiçiales ser neçesarios para guardar y paçificación de las dichas tierras y provinçias; y os haremos merçed de la tenençia dellas para vos y para dos herederos y suçesores vuestros, uno en pos de otro, con salario de çient mil maravedís en cada un año por cada una de las dichas fortalezas que ansí estuvieren hechas, las quales abeis de hazer a vuestra costa sin que Nos ni los Reies que después de Nos binieren seamos obligados a os lo pagar.

6. Otrosy, por quanto me abeis suplicado vos haga merçed de la doçava parte de lo que ansí conquistardes y poblardes en las dichas tierras y provinçias perpetuamente para Vos y para vuestros herederos y suçesores, por la presente digo y prometo que abida ynformaçión de lo que ansí vos conquistardes y poblardes, y savido lo que es, ternemos memoria de os hazer merçed y satisfaçión quel serviçio y gastos que en ello hiçierdes meresieren; y es nuestra merçed que entre tanto que ynfformados proveamos en ello lo que a nuestro serviçio y a la enmienda y satisfaçión de vuestros serviçios y travajos conbiene, tengais la doçava parte de todos los provechos y rrentas que Nos tovieremos en cada un año en las dichas tierras y provinçias que así conquistardes y poblardes conforme a esta capitulaçión, quitas las costas.

7. Otrosí, por quanto me abeis hecho rrelaçión que teneys notiçia de algunas tierras que ay en ellas espeçiería, o a lo menos canela, y vos por Nos servir las querriades descubrir, y me abeis suplicado que descubriendo vos la dicha espeçiería o canela vos hiziese merçed perpetuamente, vos y vuestros herederos y susçesores entendiesedes en la granjería della y no otra persona alguna, por la presente prometemos que descubriendo vos a vuestra costa qualquier espeçiería o canela dentro de los límites y demarcaçión, vos haremos merçed, como por la presente vos la hazemos, de que vos y dos herederos vuestros susçesores, uno en pos de otro, quales por vos fuesen nombrados o quien entendais en la granjería de la dicha espeçiería que así oviere en la dicha tierra que descubrierdes, e a pagarnos el quinto del valor de lo que dello proçediere sin descontarnos costas algunas, lo cual abeis de traer derechamente a la çiudad de Sevilla o al puerto de Cádiz y magnifestarlo ante los nuestros offiçiales que allí

rresiden para que tengan quenta y razón de lo que así se traxere y cobren el quinto que dello nos pertenesçiere, y sobre ellos vos mandaremos dar las provisiones neçesarias.

8. Otro si, vos daremos liçençia, como por la presente vos la damos, para que destos nuestros rreinos y señorios o del rreyno de Portugal o yslas de Cavo Berde o Guinea, vos o quien vuestro poder huviere podais llevar y lleveis a las tierras y provinçias de vuestra gobernaçión, çient esclavos libres de todos derechos a Nos pertenesçientes el terçio dellos hembras, con tanto que si los llevardes a otras yslas y provinçias y los vendierdes en ellas los ayais perdido y los derechos aplicamos a nuestra Cámara y Fisco.

9. Yten, conçedemos a las personas que fueren a poblar la dicha tierra y provinçia que así descubrierdes, por el tiempo que durare vuestra governaçión della, vos les podais dar cavallerías de tierras y solares en que labren y planten y hedifiquen con la moderaçión y condiçiones que acostunbran dar en la ysla Española, las quales rresidiendolas los quatro años que son obligados, sean suyas perpetuamente, e que ansímismo podais hazer la encomienda y rrepartimiento de los yndios de la dicha tierra y provinçias por el tiempo que fuese vuestra voluntad y guardando las ynstruçiones y hordenanças que os serán dadas.

10. Y porque entre Nos y el Serenísimo Rey de Portugal, nuestro muy caro y muy amado hermano, ay çiertos asientos y capitlaçiones çerca de la demarcaçión y rrepartimientos de las Yndias, y tanbién sobre las yslas de los Malucos y Espeçiería, vos mando que los guardeys como en ellos se contienen y que no toqueis en cossa que pertenesca al dicho Serenísimo Rey.

11. Otrosí, como quiera que según derecho y leies de nuestros Reynos quando mis gentes y capitanes de nuestras armadas tenían presso algún Prinçipe o Señor de las tierras donde por nuestro mandado hazen guerra, el rrescate del tal señor o caçique pertenesçe a Nos con todas las otras cossas muebles que fuesen halladas que pertenesçiesen a él mismo; pero considerando los grandes travajos y peligros que nuestros súbditos pasan en la conquista de las Yndias, y en alguna enmienda della, y por les hazer merçed, declaramos y mandamos que si en la dicha vuestra conquista y gobernaçión se cautivare o prendiere algún caçique o señor prinçipal que de todos los thesoros, oro y plata, piedras y perlas, que se ovieren dél por vía de rrescate, o en otra qualquier manera, se nos dé la sesta parte dello y lo demás se rreparta entre los conquistadores, sacando primeramente nuestro quinto; y en caso quel dicho caçique o señor prinçipal mataren en vatalla o después por vía de justiçia o en otra qualquier manera, que en tal caso, de los tesoros y bienes suso dichos que dél se ovire justamente ayamos la mitad, la qual ante todas cosas cobren los nuestros offiçiales, sacando primeramente nuestro quinto.

12. Otrosí, que podía ser que los dichos nuestros offiçiales de la dicha provinçia toviesen alguna dubda en el cobrar de nuestros derechos, espeçialmente del oro y plata y piedras y perlas, así lo que se hallare en las sepulturas y otras partes donde estuviere escondido como de lo que se uviere de rrescate o cavalgada o en otra manera, nuestra merçed y voluntad es que por el tiempo que fuesemos servidos se guarde la horden siguiente:

13. Primeramente, mandamos que todo el oro y plata, piedras y perlas que se ovieren en vatalla o en entrada de pueblo o por rrescate con los yndios, se nos aya de pagar y pague el quinto de todo ello.

14. Yten, que todo el oro y plata y perlas y otras cosas que se hallaren y oviere, ansí en los enterramientos o cues o templos de yndios como en los otros lugares donde solían ofresçer sacriffiçios a sus ydolos o en otros lugares rreligiosos, ascondidos o enterrados en casa o en heredad o en otra qualquier parte pública o conçegil o particular de qualquier estado o dignidad que sea, de todo ello o de todo lo demás que desta calidad se oviere y hallare agora se halle por acaesçimiento o buscandolo de propósito, se nos pague la mitad sin discuento de cosa alguna, quedando la otra mitad para la persona que así lo hallare y descubriere, con tanto que si alguna persona o personas encubrieren el oro y plata, piedras y perlas que se hallare y oviere, ansí en los dichos enterramientos, sepolturas o cues o tenplos de yndios como en los otros lugares donde solían ofresçer sacriffiçios o otros lugares rreligiosos, ascondidos o enterrados de suso declarados y no lo magnifestaren para que se les dé de lo que conforme a este capítulo les pueda pertenesçer dello, ayan perdido todo el oro y plata, piedras y perlas y más la mitad de los otros bienes para nuestra Cámara y Fisco [49].

15. Por ende, por la presente, haziendo y cunpliendo vos, el dicho capitán Sevastián Benalcaçar, lo suso dicho, según y de la manera que de suso se contiene, y guardando y cunpliendo lo contenido en la dicha provisión que de suso ya yncorporada, y todas las ynstruçiones que adelante mandaremos dar para la dicha tierra, y para el buen tratamiento y conbersión a nuestra Santa Fée Cathólica a los naturales della, deçimos y prometemos que vos será guardada esta capitulación y todo lo en ella contenido, en todo y por todo, según de suso se contiene; y no lo haziendo ni cunpliendo ansí, Nos no seamos obligados a os guardar ni cumplir lo suso dicho ni cosa alguna dello, antes vos mandaremos castigar y proçeder contra vos como persona que no guarda y cumple y traspassa los mandamientos de su Rey y señor natural, y dello vos mandamos dar la presente ffirmada de mi el Rey, y rrefrendada en mi ynffrascrito secretario. Fecha en Lobayna, a postrero día del mes de mayo, año de mill y quinientos y quarenta años. Yo el Rey. Por mandado de Su Majestad, Juan Vazquez, señalada de los señores Beltrán, Obispo de Lugo, dotor Beltrán, liçençiado Gutierre Velazquez.

---

[49] Van incorporadas las Ordenanzas de Descubrimientos hechas en Granada el 17 de noviembre de 1526. Están reproducidas en capitulación con Francisco de Montejo de 8 de diciembre de 1526 (Doc. n.º 22).

# DOCUMENTO N.º 52

Capitulación otorgada a Diego Gutiérrez para ir a conquistar a las tierras que quedan por hacerlo en Veragua.
1540, noviembre 29. Dada en Madrid.
A.G.I. Indif. General 415. L. I, fols. 250-258 vto.
C.D.I. T. XXIII, págs. 74-97.

Capitulaçión que se tomó con Diego Gutierrez, sobre la conquista de Veragua.

## EL REY

Por quanto por parte de vos Diego Gutierrez, me ha sido hecha relaçión que por la mucha voluntad que teneis de Nos servir y del acreçentamiento de nuestra Corona Real de Castilla os ofreçeis de yr a conquistar y poblar la tierra que queda para Nos en la provinçia de Veragua, y que ansímismo conquistareis las yslas que oviere en el paraje de la dicha tierra en el mar del norte que no estén conquistados, y de llevar destos nuestros rreinos a vuestra costa y minsión los navíos y gente y mantenimiento y otras cosas neçesarias sin que en ningún tienpo seamos obligados a vos pagar ni satisfazer los gastos que en ello hiziesdes más de lo que en esta capitulaçión vos será otorgado, y me suplicastes y pedistes por merçed vos hiziese merçed de la conquista de la dicha tierra y de las dichas yslas que estuvieren en su paraje, y vos hiziese y otorgase las mercédes e con las condiçiones que de yuso serán contenidas, sobre lo qual yo mandé tomar con vos el asiento y capitulaçión siguiente:

1. Primeramente, vos doy liçençia y facultad para que por Nos y en nuestro nombre, e de la Corona Real de Castilla, podais conquistar y poblar la tierra que quede para Nos en la dicha provinçia de Veragua, ynclusa de mar a mar, que comiençe de donde se acavaren los veinte y çinco leguas en quadra de que hemos hecho merçed al Almirante don Luis Colón haçia el poniente, las quales dichas veinte e çinco leguas comienzan desde el río de Velen ynclusive, y contando para dar un paralelo hasta la parte de oçidente de la bahía del Yravaro y las que faltaren por las dichas

357

veinte e çinco leguas se an de contar adelante de la dicha bahía por el dicho paralelo, y donde se acavaren las dichas veinte y çinco leguas comiençen otras veinte e çinco, las quales se han de yr contando por un paralelo hasta fenesçer donde se acavaren las dichas veinte y çinco leguas que se contaran más adelante de la bahía de Çirabaro, de manera que de donde acabaren las dichas veinte y çinco leguas en quadra, medidas de la manera que dicha es, a de comenzar la dicha vuestra conquista y población y acavar en el rrío Grande hazia el poniente de la otra parte del Cabo del Camarón, con que la conquista del dicho rrío hazia Honduras quede en la gobernaçión de la dicha provinçia de Honduras; y ansímismo si en el dicho rrío oviere algunas yslas pobladas o por poblar de yndios y no estuvieren conquistadas y pobladas de españoles, los podais vos conquistar y que la nabegaçión y pesca y otros aprovechamientos del dicho rrío sean comunes, y ansímismo con tanto que no llegueis a la laguna de Nicaragua con quinze leguas, por quanto estas quinze leguas con la dicha laguna a de quedar y quede a la Gobernaçión de Nicaragua, pero la navegaçión y pesca de lo que a vos os quede en el dicho rrío y las dichas quinze leguas y laguna que quedan a Nicaragua a de ser común, e ansímismo vos damos liçençia para que podais conquistar y poblar las yslas que oviere en el paraje de la dicha tierra en la mar del norte, con tanto que no entreis en los límites ni términos de la provinçia de Nicaragua ni en las otras provinçias questán encomendadas a otros gobernadores ni cosa questé poblada o rrepartida por otro qualquier gobernador.

2. Yten, entendiendo ser cunplidero al serviçio de Dios nuestro Señor e nuestro e por honrrar vuestra persona y por vos hazer merçed prometemos de vos hazer nuestro Gobernador y Capitán General de la dicha tierra e yslas, por todos los días de vuestra vida y de un heredero, qual por vos fuere nonbrado y señalado, con salario de mill y quinientos ducados y quinientos de ayuda de costa, que son por todos dos mill ducados, y de los quales gozeis desde el día que vos hizierdes a la bela en el puerto de Sant Lucar de Varrameda; los quales dichos dos mill ducados de salario e ayuda de costa vos han de ser pagados a vos y al dicho vuestro heredero de las rrentas y provechos a Nos pertenesçientes en la dicha tierra que ovieremos durante el tienpo de vuestra gobernaçión, y no de otra manera alguna.

3. Otrosí, vos hazemos merçed del offiçio de Alguaçiladgo Mayor de la dicha tierra e yslas por todos los días de vuestra vida, y después de vuestros días de un heredero vuestro, qual por vos fuere nonbrado y señalado.

4. Otrosí, vos hazemos merçed de la tenençia de una fortaleza que os mandamos que hagais en la dicha tierra en el puerto prinçipal della en la parte del que paresçiere a vos y a los nuestros offiçiales de la dicha tierra, la qual començeis a hazer dentro de un año que llegardes al dicho puerto y la tengais acavada dentro de otros dos años luego siguientes, y con que sea de piedra si la huviere y si no de muy buena tapiería, que sea bastante para defender y ofender; y haziendola como dicho es, vos hazemos merçed de la dicha tenençia para vos y para dos herederos y subçesores vuestros, uno en pos de otro, quales vos nonbrardes, con salario de çient mill maravedís en cada un año, del qual abeis de gozar desde el día que la dicha fortaleza estuviere acavada, la cual abeis de

hazer a vuestra costa, sin que Nos ni los Reyes que después de Nos binieren seamos obligados a vos pagar lo que ansí gastardes en la dicha fortaleza; y no le abiendo començado y acavado en los dichos términos, mandamos a los nuestros offiçales de la dicha tierra que de vuestro salario la hagan y acaven y hasta que se acave no os paguen cosa alguna dél, y después de hecha proveheremos la dicha tenençia a quien fuéremos servidos.

5. Otrosí, por quanto nos abeis suplicado vos hiziese merçed de alguna parte de tierra y vasallos en la dicha tierra e yslas, con el título que fuesemos servidos, y al presente lo dexamos de hazer por no tener entera rrelaçión dello, por la presente digo y prometo que avida informaçión de lo que ansí vos conquistardes y poblardes, y savido lo qués, os haremos la merçed y satisfaçión condigna a vuestros serviçios y gastos que en ello hizierdes, con título e tierras; y es nuestra merçed que entre tanto que ynformados probeamos en ello lo que a nuestro serviçio y a la enmienda y satisfaçión de vuestros serviçios y trabajos conbiene tengais la doçava parte de todos los provechos y rrentas que Nos tovieremos en cada un año en la dicha tierra e yslas que así conquistardes y poblardes, conforme e esta capitulaión, quitas las costas.

6. Otrosí, vos daremos liçençia, como por la presente vos la damos, para que destos nuestros rreinos y señoríos o del rreyno de Portugal o yslas de Cabo Berde o Guinea, vos o quien vuestro poder huviere podais llevar y lleveis a la dicha tierra y no a otra parte alguna çient esclavos, la terçia parte dellos henbras, libres de todos derechos a Nos pertenesçientes, con tanto que no los saqueis de la dicha tierra ni los lleveis a otras yslas y provinçias so pena que si los llevardes y los bendierdes en ella los ayais perdido, y los aplicamos a nuestra Cámara y Fisco.

Otrosí, vos damos liçençia y facultad para que a vuestra costa podais en la mar del Sur armas los navíos que os paresçiere y descubrir por la dicha mar las tierras e yslas que no estuvieran descubiertas ni dadas en gobernaçión a persona alguna, y prometemos de vos probeer de la gobernaçión de lo que ansí descubierdes según y de la forma que os abemos conçedido y conçedemos la dicha gobernaçión de Cartago.

8. Otrosí, franqueamos a los que fueren a poblar la dicha tierra por quatro años primeros siguientes que se cuenten desde el día de la data desta, de almoxarifadgo de todo lo que llevaren para probeimiento y provisión de sus casas, con tanto que no sea para lo vender.

9. Otrosí, conçedemos a los que fueren a poblar la dicha tierra e yslas que ansí conquistardes y poblardes, que en los tres primeros años que corren y se quenten desde primero día de Henero del año que biene, de quinientos y quarenta y dos en adelante, que del oro que se cogiere en las minas nos paguen el diezmo, y cunplidos los dichos tres años vaya vaxando fasta el quinto, pero del oro y otras cossas que se ovieren de rrescates o cavalgados, o en otra cualquier manera, desde luego nos han de pagar el quinto de todo ello.

10. Yten, conçedemos a los vezinos de las dichas tierras que les sean dados por vos los solares y tierras conbinientes a sus personas, confforme a lo que se a hecho y haze en la ysla Española; y ansímismo vos damos liçençia para que en nuestro nombre, durante el tienpo de vuestra gober-

nación, hagais la encomienda de los yndios de las dichas tierras, guardando en ello las ynstruçiones y provisiones que vos serán dadas.

11. Otrosí, como quiera que según derecho y leies destos rreinos, quando nuestras gentes y capitanes de nuestras armadas toman preso algún prinçipe o señor de las tierras donde por nuestro mandado hazen guerra, el rrescate del tal señor o caçique pertenesçe a Nos con todas las otras cosas muebles que fuesen hallados y que pertenesçiesen a él mismo; pero considerando los grandes travajos y peligros que nuestros súbditos pasan en la conquista de las Yndias, en alguna enmienda dellos, y por les hazer merçed, declaramos y mandamos que si en la dicha vuestra conquista y gobernaçión se cativare o prendiere algún caçique o señor prinçipal, que todos los tesoros, oro y plata y piedras y perlas que se ovieren dél por vía de rrescate, o en otra qualquier manera, se nos dé la sesta parte dello, y lo demás se rreparta entre los conquistadores, sacando primeramente nuestro quinto; y en casso quel dicho caçique o señor prinçipal mataren en vatalla o después por vía de justiçia, o en otra qualquier manera, que en tal caso de los tesoros y bienes suso dichos que dél se ovieren, justamente ayamos la mitad, la qual ante todas cosas cobren nuestros offiçiales, sacando primeramente nuestro quinto.

12. Otrosí, porque podría ser que los dichos nuestros offiçiales de la dicha provinçia tuvieren alguna dubda en el cobrar de nuestros derechos, espiçialmente del oro y plata y piedras y perlas, así lo que se hallare en las sepolturas y otras partes donde estuviere ascondido como de lo que se oviere de rrescate o cavalgada o en otra manera, nuestra merçed y voluntad es que por el tienpo que fueremos servidos se guarde la horden siguiente:

13. Primeramente, mandamos que todo el oro y plata, piedras o perlas que se ovieren en vatalla o entrada de pueblo o por rrescate con los yndios, se nos aya de pagar y pague el quinto de todo ello.

14. Yten, que todo el oro y plata y piedras y perlas y otras cossas que se hallaren e ovieren, así en los enterramientos, sepolturas o cues o tenplos de yndios como en los otros lugares do solían ofreçer sacrifiçios a sus ydolos o en otros lugares religiosos ascondidos o enterrados en casa, heredad o tierra o en otra qualquier parte pública o conçegil o particular, de qualquier estado o dignidad que sea, de todo ello y de todo lo demás que desta calidad oviere y hallare agora se halle por acaesçimiento o buscandolo de propósito, se nos pague la mitad sin desquento alguno, quedando la otra mitad para la persona que así lo hallare y descubriere; con tanto que si alguna persona o personas encubriere el oro y plata, piedras y perlas que hallaren o ovieren, ansí en los dichos enterramientos sepolturas o cues o tenplos de yndios como en los otros lugares donde solían offresçer sacrifiçios o otros lugares rreligiosos ascondidos o enterrados de suso declarados y no lo magnifestaren para que se les dé lo que conforme a este capítulo les pueda pertenesçer, ayan perdido todo el oro y plata, piedras y perlas, y más la mitad de los otros sus bienes para nuestra Cámara y Fisco [50].

---

[60] Van incorporadas las Ordenanzas de Descubrimientos hechas en Granada el 17 de noviembre de 1526. Están reproducidas en capitulación con Francisco de Montejo de 8 de diciembre de 1526 (Doc. n.º 22).

15. Por ende, por la presente, haziendo vos, el dicho Diego Gutierrez, lo suso dicho a vuestra costa y según y de la manera que de suso se contiene y guardando y cunpliendo lo contenido en la dicha nuestra provisión, que de suso va yncorporada, y todas las ynstruçiones que adelante mandaremos dar e hazer para las dichas yslas y provinçias y para el buen tratamiento y conbersión a nuestra santa Fée Católica de los naturales della, digo y prometo que vos será guardada esta capitulaçión y todo lo en ella contenido, en todo y por todo, según que de suso se contiene, y no la haçiendo ni cunpliendo así, Nos nos seamos obligados a vos guardar ni cunplir lo suso dicho ni cosa alguna dello, antes vos mandaremos castigar y proçeder contra vos como contra persona que no guarda y cunple y traspasa los mandamientos de su Rey y Señor natural, y dello mandamos dar la presente firmada del muy Rdo. Cardenal de Sevilla, nuestro gobernador de las Yndias, y rrefrendada de nuestro ynfrascrito secretario. Fecha en la villa de Madrid, a veinte y nueve días del mes de noviembre de mill y quinientos y quarenta años, Fr. G. Cardinalis Hispalensis. Por mandado de Su Magestad, el gobernador en su nombre Pedro de los Cobos, señalada del dotor Beltrán, Obispo de Lugo, dotor Vernal, el liçençiado Gutierre Velazquez.

# DOCUMENTO N.º 53

Capitulación otorgada a Alvar Núñez Cabeza de Vaca para ir a conquistar y a socorrer a los españoles residentes en la provincia del Río de la Plata, dada en gobernación a Pedro de Mendoza ya difunto.
1540, marzo 18. Dada en Madrid.
A.G.I. Indif. General 415-L. I, fols. 148 vto.-157 vto.
C.D.I. T. XXIII, págs. 8-32.

Capitulaçión que se tomó con Alvar Núñez Cabeça de Vaca.

### EL REY

Por quanto Nos mandamos tomar çierto asiento y capitulaçión con don Pedro de Mendoça, ya difunto, sobre la conquista y población de la provinçia del Rio de la Plata y la probeimos de la gobernaçión de la dicha provinçia, desde el dicho Rio de la Plata hasta la mar del Sur, con más doçientas leguas de luengo de costa en la dicha mar del Sur, que començasen desde donde acavase la gobernaçión que tenemos encomendada al Mariscal don Diego de Almagro hazia el Estrecho de Magallanes, el qual dicho don Pedro de Mendoça fué a la dicha provincia y estando en ella enbió a Juan de Ayolas por su capitán general con çierta gente la tierra adentro, y después de averle enbiado él determinó de se benir a estos rreinos y biniendo ffallesçio en la mar, y al tienpo de su fin y muerte, por virtud de la facultad que por la dicha capitulaçión y de otras provisiones nuestras tenía, nonbró para la dicha gobernaçión al dicho Juan de Ayolas al qual instituyó por su heredero, y nos, visto el dicho nonbramiento, mandamos dar al dicho Juan de Ayolas título de la dicha gobernaçión; y porque agora somos ynformados quel dicho Juan de Ayolas después de el dicho don Pedro le enbió con la dicha gente la tierra adentro no a paresçido ni se save si es muerto o bivo, y en el nuestro Consejo de las Yndias se a platicado muchas vezes en dar horden como se supiesse si el dicho Juan de Ayolas es muerto, y si fuese bivo él y la gente española nuestros suditos que en la dicha provinçia están, por la neçesidad en que somos ynformados questán de mantenimiento y bestidos y armas y muniçión y otras cosas neçesarias para proseguir la dicha conquista y descubrimiento, fuesen socorridos, y vos, Alvar Núñez Cabeça de Vaca, con deseo del serviçio de Dios nuestro Señor y nuestro y acreçentamiento de nuestra Corona Real y porque los españoles que en la dicha provinçia están no perescan, os abeis ofresçido y ofreçeis a gastar ocho mill ducados en llevar cavallos, mantenimientos, vestidos, armas, muniçión y otras cosas para probeimiento de los dichos españoles y para la conquista y población de la dicha provinçia, en las cosas y de la forma y manera que por Nos para ello vos será dada de más y alliende de lo que costare los cascos de los navíos que serán menester para llevar los dichos cavallos y cosas, dando la dicha gobernaçión y conquista para que vos en caso que el dicho Juan de Ayolas fuese muerto quando a la dicha tierra llegasedes, la pudiesedes proseguir como el dicho don Pedro de Mendoça y él lo podía hazer, sobre lo cual mandamos tomar con vos el asiento y capitulación siguiente:

1. Primeramente, tenemos por bien que si el dicho Juan de Ayolas no fuere bivo al tienpo que vos llegardes a la dicha provinçia, vos, en nuestro nonbre y de la Corona Real de Castilla podais descubrir, conquistar y poblar los tierras y provinçias que estavan dadas en governaçión al dicho don Pedro de Mendoça por la dicha su capitulación y provisiones con las dichas doçientas leguas de costa en la dicha mar del Sur por la horden, forma y manera que con él estaba capitulado y él lo podía y devía hazer, y de todo ello vos mandaremos dar las provisiones neçesarias.

2. Yten, vos daremos títulos de nuestro Governador y Capitán General de las dichas tierras y provinçias que así estavan dadas en gobernaçión al dicho don Pedro de Mendoça, y de las dichas doçientas leguas de costa en la dicha mar del Sur y de la isla de Santa Catalina, por todos los días de vuestra vida con salario de dos mill ducados en cada un año, de los quales abeis de gozar desde el día que os hizierdes a la bela en el puerto de San Lucar de Barrameda en adelante, de las rrentas y provechos a Nos pertenesçientes en la dicha tierra que huvieremos durante el tienpo de vuestra gobernaçión, y no de otra manera; esto en caso que, como dicho es el dicho Juan de Ayolas no sea bivo quando vos a la dicha tierra llegardes.

3. Yten, vos haré merçed de nuestro offiçio de Alguaçil Mayor de la tierra que vos de nuevo descubrierdes y conquistardes, por quanto de lo que en vida de Don Pedro y del dicho Juan de Ayolas \ se oviere descubierto y poblado/ tiene merçed del dicho offiçio por la dicha capitulación por todos los días de vuestra vida y de un heredero.

4. Yten, vos daremos liçençia y ffacultad para que con paresçer y acuerdo de los nuestros offiçiales de la dicha provinçia, podais fazer en ella dos fortalezas en las partes y lugares que más conbengan, paresçiendo a vos y a los dichos nuestros offiçiales ser neçesario para la seguridad y guarda de la dicha provinçia, y nos haremos merçed de la tenençia dellas por todos los días de vuestra vida, con çient mill maravedís de salario con cada una dellas en cada un año, los quales se paguen de las rrentas y provechos que tovieremos en la dicha provinçia, del qual abeis de gozar desde que las dichas fortalezas estuvieren acavadas y cerradas y a se poder

morar y defender, a vista y paresçer de los dichos nuestros offiçiales; los quales abeis de hazer y hedificar a vuestra costa y minsión sin que Nos ni los Reies que después de Nos binieren seamos obligados a vos pagar los gastos que en el hediffiçio dellas hizierdes ni otra cosa alguna más del dicho salario.

5. Otrosí, vos franqueamos por doze años de almoxarifadgo de todo lo que llevardes o hizierdes llevar a la dicha provinçia para el probeimiento y provisión de vuestra persona y cassa, de más de los contenidos en la franqueza general que a la dicha provinçia se dá.

6. Otrosí, por quanto nos abeis suplicado vos hagamos merçed de la doçava parte de lo que conquistardes y poblardes en la dicha gobernaçión, y doçientas leguas de costa en la dicha mar del sur que quando vos llegardes a la dicha provinçia no estuviere conquistado, perpetuamente para vos y vuestros herederos y suçesores, por la presente dezimos que avida ynformación de lo que vos ansí descubrierdes y conquistardes, que no estuviere descubierto ni conquistado quando vos llegardes a la dicha provinçia, y savido lo que és, ternemos memoria de vos hazer la merçed y satisffaçión quel serviçio y gasto que en ello hibierdes meresiere; y es nuestra merçed que tanto que ynformeis, proveamos en ello lo que a nuestro serviçio y a la hemienda y sastifaçión de vuestros serviçios y travajos conbiene, que tengais la dozava parte de todos los provechos y rrentas que Nos tovieremos en cada un año en las dichas tierras y provinçias que así de nuevo conquistardes y poblardes.

7. Yten, prometemos de vos hazer nuestro gobernador de lo que ansí de nuebo descubrierdes, conquistardes y poblardes con los límites de la Gobernaçión questava dada al dicho don Pedro de Mendoça y con las doçientas leguas de la mar del Sur, con el salario justo y para que seais dél pagado de las rrentas que en las tierras que así descubrierdes tovieremos ,teniendo rrespeto al salario que entonces llevardes.

8. Otrosí, vos haré merçed como por la presente vos la hago, del título de nuestro Adelantado de las tierras que así de nuevo descubrierdes, conquistardes y poblardes.

9. Y porque, como dicho es, se tiene duda si el dicho Juan de Ayolas es bivo o muerto, y nuestra yntinçión y voluntad es de no perjudicar en su derecho si no que siendo bivo tenga la dicha gobernaçión y goze de las otras cosas contenidas en la dicha capitulaçión del dicho don Pedro de Mendoça como su heredero por él nonbrado, declaramos que si el dicho Juan de Ayolas fuere bivo al tienpo que llegardes a la dicha provinçia, seais obligado vos y la gente que llevardes a ser subjetos al dicho Juan de Ayolas y a sus lugartenientes, al qual Nos mandaremos escrevir encargandole que atento el socorro que hazeis y la calidad de vuestra persona os haga su lugarteniente de gobernador y Capitán General por el tienpo aquél quisiere y biere que vos hazeis lo que deveis.

10. Yten, en caso que como dicho es, el dicho Juan de Ayolas sea bivo al tienpo que llegardes a la dicha provinçia, prometemos de vos hazer merçed de la dicha ysla de Santa Catalina por término de doze años para que tengais granjerías y os aprovecheis della, con que no podais sacar yndios fuera de la dicha ysla, y la governaçión della sea al gobernador de la dicha provinçia del Rio de la Plata.

11. Y porque podría ser al tienpo que vos llegasedes con el dicho socorro a la dicha provinçia no se supiese del dicho Juan de Ayolas si es muerto o bivo, es nuestra merçed y voluntad que en caso de duda tengais la governaçión de la dicha provinçia como su lugarteniente por Nos nonbrado, para la husar y exerçer en su nonbre, no enbargante qualesquier teniente quél aya dexado aunque aya sido por Nos aprovados y los pueblos o capitanes o sus gentes ayan helegido, hasta tanto que se sepa del dicho Juan de Ayolas y él çertificado de vuestra llegada os nonbre vos por su lugarteniente o a la persona que le paresçiere y quisiere.

12. Yten, porque en caso, que como dicho es, el dicho Juan de Ayolas sea bivo quando vos llegardes a la dicha provinçia, no abeis de tener la gobernaçión della ni gozar de las otras merçedes que en esta capitulaçión vos hazemos, acatando los gastos que hazeis en el dicho socorro es nuestra merçed y voluntad que por tiempo de seis años vos solo tengais cargo de probeer de bastimentos y otras cossas neçesarias a la dicha provinçia y conquistadores y vezinos della sin que otra persona alguna lo puede hazer si no vos o quien vuestra poder oviere; con tanto que seais obligado a hazer quatro viajes en los dichos seys años, en los quales lleveis provisiones y mantenimientos quel nuestro gobernador de la dicha provinçia ordenare, lo qual todo sea libre de almoxarifazgo por el dicho termino de seys años.

13. Yten, conçedemos a los vezinos y pobladores de la dicha provinçia que en caso que sea muerto el dicho Juan de Ayolas, y abiendo vos de quedar con la dicha gobernaçión, les sean dados por vos solares en que hedifiquen cassas y tierras y cavallerías y aguas conbinientes a sus personas conforme a lo que se a hecho y haze en la ysla Española, y ansímismo, vos daremos poder para que en nuestro nonbre, durante el tienpo de vustra governaçión hagais la encomienda de yndios de la dicha tierra, guardando en ella las ordenanças e ynstruçiones que vos serán dadas.

14. Lo qual todo, que dicho es, y cada cosa y parte dello os conçedemos con tanto que vos, el dicho Albar Núñez Cabeça de Baca, seais tenudo y obligado a salir destos rreinos con los navíos y mantenimientos y otras cosas que ovierdes de llevar dentro de seis meses primeros siguientes.

15. Otrosí, como quiera que según derecho y leies de nuestros Reinos, quando nuestras gentes y capitanes de nuestras armadas toman preso algún prínçipe o señor de las tierras donde por nuestro mandado hazen guerra, el rrescate del tal señor o caçique que pertenesçe a Nos, con todas las otras cosas muebles que fueren halladas, que pertenesçiesen a él mismo; pero considerando los grandes travajos y peligros que nuestros súbditos pasan en la conquista de las Yndias y en alguna henmienda dellos y por los hazer merçed, declaramos y mandamos que si en la dicha vuestra conquista y governaçión se cautivare o prendiere algún caçique o señor prinçipal, que de todos los thesoros, oro y plata, piedra y perlas que se oviere del por vía de rrescate, o en otra qualquier manera, se nos dé la sesta parte dello, y lo demás se reparta entre los conquistadores sacando primeramente nuestro quinto, y en caso que el dicho caçique o señor prinçipal matare en vatalla o después por vía de justiçia o en otra qualquier manera, que en tal casso, de los tesoros y bienes suso dichos que dél se oviere, justamente ayamos la mitad, la qual ante todas cosas cobren los nuestros offiçiales, sacando primeramente nuestro quito.

16. Otrosí, porque podría ser que los nuestros offiçiales de la dicha provinçia tuviesen alguna dubda en el cobrar de nuestros derechos, espiçialmente del oro y plata y piedras y perlas, así lo que se hallare en las sepolturas y otras partes donde estuviere escondido como de lo que se oviere de rrescate o cavalgada o en otra manera, nuestra merçed y voluntad es que por el tiempo que fueremos servidos se guarde la orden siguiente:

17. Primeramente, mandamos que todo el oro y plata y piedras y perlas y otras cosas que se hallaren y ovieren así en los enterramientos o cues o tenplos de yndios como en los otros lugares donde solían ofresçer sacrifiçios a sus ydolos y en otros lugares rreligiosos, ascondidos o enterrados, en casa o heredades o tierra o en otra qualquier parte pública o conçegil o particular de qualquier estado o dignidad que sea, de todo ello y de todo lo demás que desta calidad se oviere y hallare, agora se halle por acaesçimiento o buscandolo de propósito, se nos pague la mitad sin desquento de cosa alguna, quedando la otra mitad para la persona que así lo hallare y descubriere; con tanto que si alguna persona o personas encubrieren el oro y plata, piedras y perlas que se hallare y oviere así en los dichos enterramientos, sepolturas o cues o tenplos de yndios como en los otros lugares rreligiosos escondidos o enterrados de suso declarados, y no los magnifestare para que se les dé de lo que conforme a este capítulo les puede pertenesçer dello, ayan perdido todo el oro y plata, piedras y perlas y más la mitad de los otros sus bienes para nuestra Cámara y Fisco.

18. Por ende, por la presente, haziendo y cunpliendo vos, el dicho Alvar Nuñez Cabeça de Vaca, lo suso dicho según y de la manera que de suso se contiene y guardando y cunpliendo lo contenido en la dicha provisión que de suso va yncorporada y todas las ynstruçiones que adelante mandaremos dar para la dicha tierra y para el buen tratamiento y conbersión a nuestra Santa Fée Cathólica de los naturales della, dezimos y prometemos que vos será guardado esta capitulación y todo lo en ella contenido, en todo y por todo según de suso se contiene, y no lo haziendo y cunpliendo ansí, Nos no seamos obligados a vos guardar ni cunplir lo suso dicho ni cosa alguna dello, antes vos mandaremos castigar y proçeder contra vos como a persona que no guarda y cunple y traspasa los mandamiento de su Rey y Señor natural, y dello vos mandaremos dar la presente. Fecha en la villa de Madrid, a diez y ocho de marzo de quinientos y quarenta años, Fr. G. Cardinalis Hispalensis. Yo el Rey. Refrendada del secretario Samano, y Señalada del dotor Beltrán y el Obispo de Lugo, y dotor Bernal, y el liçençiado Gutierrez Velazquez.

# DOCUMENTO N.º 54

Capitulación con Pedro de Heredia para descubrir las tierras que no estén descubiertas dentro de su gobernación. (Las tierras concedidas en capitulación n.º 34, desde la provincia de Cartagena hasta el golfo de Urabá.)
1540, julio 31. Dada en Madrid.
A.G.I. Indif. General 415. L. I, fols. 68-74 vto.
                 Audiencia de Santa Fe, legajo 987, L. II, fol. 117 vto.
C.D.I. T. XXIII, págs. 55-74.
Friede. J.: ob. cit. T. VI, pág. 7.

Con el dicho Pedro de Heredia.

### EL REY

Por quanto vos, Pedro de Heredia Nuestro Governador de la provinçia de Cartagena, me abeys hecho rrelaçión que de más de la tierra que hasta agora abeis descubierto en la dicha provinçia teneis notiçia de otras tierras que hasta agora no estan descubiertas, e las quales con deseo de Nos servir y del acreçentamiento de nuestra corona Real de Castilla queriades descubrir, conquistar y poblar, y me suplicastes vos mandase dar liçençia para hazer el dicho descubrimiento, conquista y poblaçión y vos conçediese y otorgase las merçedes e con las condiçiones que de yuso serán contenidas, sobre lo qual mande tomar con vos el asiento y capitulaçión siguiente:

1. Primeramente, vos doy liçençia y facultad para que por Nos y en nuestro nonbre y de la Corona Real de Castilla, donde la dicha governaçión podais descubrir, conquistar y poblar qualesquier tierras que oviere hasta la linia hequinoçial que no estuvieren descubiertas ni halladas por otro governador, en el paraje de setenta leguas que teneis de la dicha vuestra governaçión norte-sur.

367

2. Yten entendiendo ser cunplidero al serviçio de Dios nuestro Señor e nuestro, e por honrrar vuestra persona e vos hazer merçed y prometemos de vos hazer nuestro Gobernador y Capitán General de todas las tierra que, como dicho es ,descubrierdes por todos los días de vuestra vida.

3. Otrosí, vos haré merçed, como por la presente vos la hago, del título de nuestro Adelantado de las tierras que ansí de nuebo descubrierdes, conquistardes y poblardes por todos los días de vuestra vida.

4. Otrosí, por quanto vos abeis suplicado vos hiziesemos merçed de alguna parte de tierra en lo que ansí descubrieredes, e al presente lo dexamos de hazer por no tener entera relaçión dello, por la presente digo y prometo que avida ynformaçión de lo que ansí vos conquistardes o poblardes, e sabido lo qués, vos haremos la merçed y satisfaçión condina de vuestros serviçios e gastos que en ello hizieredes en la dicha tierra, e es nuestra merçed que entre tanto que ynformados probeamos en ello lo que a nuestro serviçio e a la enmienda y satisfaçión de vuestros serviçios e travajos conbiene, tengais la veintena parte de todos los probechos y rrentas que Nos tovieremos en cada un año en la dicha tierra que ansí conquistardes y poblardes.

5. Yten, conçedemos a las personas que fueren a poblar la dicha tierra que ansí descubrieredes, que por el tiempo que durare vuestra gobernaçión della, vos les podais dar cavallerías de tierras y solares en que labren y planten y hedifiquen, con la moderaçión y condiçiones que se açostunbran dar en la ysla Española; los quales rresidiendo los quatro años que son obligados sean suyos perpetuamente. Y que ansymismo, podais hazer la encomienda y rrepartimiento de los yndios de la dicha tierra por el tiempo que fuere nuestra voluntad e guardando las inistruçiones y ordenanças que vos serán dadas.

6. Otrosy, como quiera que según derecho e leyes de nuestros Reinos cuando nuestras gentes, capitanes de nuestras armadas, toman preso algún Prinçipe o Señor de las tierras donde por nuestro mandado hazen guerra, el rrescate del tal señor o caçique pertenesçe a Nos con todas las otras cossas muebles que fueren halladas que pertenesçiessen a él mismo; pero considerando los grandes travajos y peligros que nuestros súbditos pasan en las conquistas de las Yndias e en alguna henmienda della y por les hazer merçed, declaramos y mandamos que si en la dicha vuestra conquista y governaçión se cativare o prendiere algún caçique o señor prinçipal que de todos los tesoros, oro y plata, piedras y perlas que se ovieren dél por vía de rrescate, o en otra qualquier manera, se nos dé la sesta parte dello, y lo demás se rreparta entre los conquistadores sacando primeramente nuestro quinto; y en casso quel dicho caçique o señor prinçipal mataren en vatalla o después por vía de justiçia o en otra qualquier manera, que en tal caso, de los tesoros y bienes suso dichos que dél se oviere justamente, ayamos la mitad, lo qual ante todas cosas cobren los nuestros offiçales, sacando primeramente nuestro quinto.

7. Otrosí, que podría ser que los dichos nuestros offiçiales de la dicha provinçia tubiesen alguna duda en el cobrar de nuestros derechos, espeçialmente del oro y plata e perlas y piedras, así lo que hallaran en las sepolturas y otras partes donde estuviere escondido, como de lo que se oviere de rrescate o cabalgada o en otra manera, nuestra merçed y vo-

luntad es que por el tienpo que fueremos servidos se guarde la horden siguiente:

8. Primeramente, mandamos que todo el oro e plata, piedras y perlas, que se oviere en vatalla o en entrada de pueblo o rrescate con los yndios, se nos aya de pagar y pague el quinto de todo ello.

9. Yten, que todo el oro y plata, piedras y perlas, y otras cosas que se hallaren y ovieren ansí en los enterramientos o cues, o tenplos de indios como en los otros lugares donde solian ofreçer sacrifiçios a sus ydolos o en otros lugares rreligiosos ascondidos o enterrados en casa o heredad o tierra, o en otra qualquier parte pública o conçegil o particular de qualquier estado o dignidad que sea, de todo ello y de todo lo demás que desta calidad se oviere y hallare, agora se halle por acaeçimientos o busca solo de propósito, se nos pague la mitad sin desquento de cosa alguna, quedando la otra mitad para la persona que así lo hallare y descubriere; con tanto que si alguna persona o personas encobrieren el oro y plata, piedras y perlas que se hallaren e ovieren ansí en los dichos enterramientos o cues o tenplos de yndios, como en los otros lugares donde solían ofreçer sacrifiçios o otros lugares religiosos ascondidos o enterrados de suso declarados e no lo magnifestaren para que se les dé de lo que conforme a este capítulo les puede pertenesçer dello, ayan perdido todo el oro y plata, piedras e perlas, y más la mitad de los otros sus bienes para nuestra Cámara y Fisco.

10. E porque nos syendo ynformados de los males y desordenes que en descubrimientos y poblaçiones nuevas se han hecho e hazen, para que Nos con buena conçiençia podamos dar liçençia para lo hazer, para remedio de lo qual, con acuerdo de los del nuestro Consejo e Consulta nuestra esta hordenada y despachada una Provision General de capítulos, sobre lo que aviades de guardar en la dicha población y conquista, la qual aquí mandamos yncorporar, su tenor de la qual es este que se sigue [51].

11. Por ende, por la presente haziendo vos el dicho Pedro de Heredia lo suso dicho, a vuestra costa, según y de la manera que de suso se contiene, y guardando y cunpliendo lo en la dicha provisión que de suso va yncorporada, y todas las inistruçiones que adelante mandaremos dar para las dichas tierras, y para el buen tratamiento y conbersión a nuestra Santa Fée Católica los naturales dellas, digo y prometo que vos será guardada esta capitulación y todo lo en ella contenido, en todo y por todo, según que de suso se contiene. Y no lo haziendo y cunpliendo así, no seamos obligados a vos guardar ni cunplir lo suso dicho, ni cosa alguna dello, ante vos mandaremos castigar e proçeder contra vos como contra persona que no cunple y traspasa \ los/ mandamientos de su Rey y Señor natural. Y dello vos mandamos dar la presente. Fecha en la villa de Madrid, a treinta y uno de Jullio, de mill y quinientos y quarenta años. Francis Garcia. Cardinalis Yspalensis. Registrada de Samano, Señalada de Beltrán, Obispo de Lugo, Vazquez.

---

[51] Van incorporadas las Ordenanzas de Descubrimientos hechas en Granada el 17 de noviembre de 1526. Están reproducidas en capitulación con Francisco de Montejo de 8 de diciembre de 1526 (Doc. n.º 22).

# DOCUMENTO N.º 55

Capitulación otorgada a Francisco de Orellana para ir a descubrir, conquistar y poblar las tierras de la Nueva Andalucía.
1544, febrero 13. Valladolid.
A.G.I. Indif. General 415. L. I, fols. 216 vto.-221.
C.D.I. T. XXIII, págs. 98-110 y T. VII, págs. 552-555.

Capitulaçión que se tomó con Francisco de Orellana.

### EL PRINÇIPPE

Por quanto vos, el capitán Francisco de Orellana, me heçiste relaçión que vos abeis serbido al Enperador y Rey mi Señor e en el descubrimiento y paçificación de las provinçias de Pirú, y de otras partes de las Yndias y que continuando la voluntad que sienpre abeis tenido de servir a su Magestad, salistes de las provinçias de Quito con Gonçalo Piçarro al descubrimiento del Valle de la Canela e que para ello enpleastes en cavallos y armas y herrage y otras cosas de rrescate más de quarenta mill pesos, y fuistes en su seguimiento hasta que la hallastes, y que handando descubriendo con el dicho Gonçalo Piçarro e abiendo vos ydo con çiertos conpañeros un rrio avaxo a buscar comida, con la corriente, fuistes metidos por el dicho rrio más de dosçientas leguas donde no podistes dar la buelta y que por esta neçesidad y por la mucha notiçia que tovistes de la grandeza de la tierra, posponiendo vuestro peligro y sin ynterés ninguno por servir a su Magestad, os abenturastes a saber lo que avía en aquellas provinçias y que ansí descubristes y hallastes grandes poblaçiones. Y vista en el Consejo de las Yndias una rrelaçión del suçeso del dicho viaje firmado de vuestro nombre, y que vos, por el deseo que teneis al serviçio de su Magestad y a que la Corona Real destos Reinos sea acreçentada y a que las gentes que ay en el dicho rrío y tierras bengan al conosçimiento de nuestra Santa Feé Cathólica, querriades bolver a la dicha tierra a la acavar de descubrir y a la poblar, y que para ello llevariais destos rreinos treçientos honbres españoles, çiento a cavallo y los otros de a pie, y el haparejo que fuere neçesario para hazer barcas, y ocho rreligiosos para

370

que entiendan en la ynstruçión y conbersión de los naturales de la dicha tierra, todo ello a vuestra costa y minsión, sin que su Magestad ni los rreies que después dél binieran sean obligados a vos pagar ni satisfazer los gastos que en ello hizierdes, más de lo que en esta capitulación vos será otorgado, y me suplicastes vos hiziese merçed de la gobernaçión de lo que descubriesedes, en una de las costas del dicho rrío, quel vos señalasedes, sobre lo qual yo mandé tomar con vos el asiento y capitulación siguiente:

1. Primeramente, que seais obligado y os obligais de llevar destos rreinos de Castilla al descubrimiento y población de la dicha tierra, la quel avemos mandado llamar e yntitular la Nueva Andaluçía, treçientos honbres españoles, los çiento de acavallo y los doçientos a pie, que paresçe ser sufiçiente número y fuerça para yr poblando y defendiendoos.
2. Ansímismo, os obligais de llevar aparejo para hazer las barcas que serán menester para llevar los cavallos e gente por el rrío arriba.
3. Yten, que no levareis ni consintireis llevar en las barcas yndios algunos naturales de parte alguna de las nuestras Yndias, yslas y tierra firme, si no fuere alguno para lengua y no para otro ningún hefeto, so pena de diez mill pesos de oro para nuestra Cámara y Fisco.
4. Otrosí, que ayais de llevar y lleveis hasta ocho rreligiosos, quales os fueren dados y señalados por los del dicho Consejo de las Yndias para que entiendan en la instruçión y conbersión de los naturales de la dicha tierra, los quales abeys de llevar a vuestra costa y darles el mantenimiento neçesario.
5. Yten, abeys de procurar de hazer con la gente que llevardes dos pueblos, el uno al prinçipio de lo poblado en la entrada del rrío, por donde vos abeys de entrar, lo más çercano de la entrada donde a vos y a los dichos rreligiosos e a los nuestros offiçiales de la dicha tierra paresçiere, e otro en la tierra adentro, donde más cómodo e a propósito fuere, escogiendo para ellos los más sanos y deleytosos asientos que se pudieren aver en provinçias abundosas y en parte donde por el rrío se puedan probeer.
6. Otrosí, os obligais de entrar a hazer el dicho descubrimiento y población por la boca del rrío por donde salistes, y de llevar destos rreinos dos caravelas o navíos para que entren por la boca del dicho rrío, los quales abeis de enbiar por el rrío arriva, la una primero que la otra, luego que entrardes por la dicha boca y surgerdes para rreparar vuestra armada, y en ella algunas personas paçíficas y rreligiosos a hazer las diligençias nesçesarias para persuadir a los naturales, que en la dicha tierra oviere, que bengan a la paz, e también personas diestras que puedan hondar y conosçer las rrequestas de la boca y de todo el rrío y las señales para que se conosca la entrada y miren las derrotas e navegaçión e tomen las alturas, e yo a la una enbieis la otra a hazer lo mismo que pase más adelante, y la otra os buelva a dar razón de lo que hallare, de forma que en todo caso se procure no venir en rronpimiento con los yndios.
7. Otrosí, que si algún Gobernador o capitán huviere descubierto o poblado halgo en la dicha tierra y río donde vos abeys de yr, y estuviere en ello al tienpo que vos llegardes, que en perjuizio del que ansí hallardes en la dicha tierra no hagais cosa alguna ni os entremetais a entrar en cosa alguna de lo quél oviere descubierto y poblado, aunque no lo hallais en los límites de vuestra gobernaçión, porque se escusen los ynconbinientes que

de semejantes cosas han subçedido hasta aquí ansí en el Pirú como en otras partes, y avisarnos heys de lo que paresçiere para que se os mande en casso semejante lo que hagays.

8. Otrosí, con que no entreis en las yslas questán en el dicho rrío con gente alguna, más de que podais enbiar rreligiosos que los traigan de paz a nuestra obidiençia y les enseñen las cosas de nuestra Santa Fée Católica, porque estas no entran en vuestra gobernaçión y solo abeys de contratar con ellos por vía de rrescate.

9. Y porque entre el Enperador Rey mi señor y el Serenísimo Rey de Portugal ay ciertos asientos y capitulaçiones çerca de la demarcaçión y repartimientos de las Yndias, y tanbien sobre las yslas de los Malucos y Espeçiería, vos mando que las guardeis como en ello secontiene y que no toqueis en cosa que pertenesça al dicho Serenísimo Rey.

10. Haziendo y cunpliendo vos, el dicho capitán Françisco de Orellana, las cosas suso dichas y cada una dellas según y como en los capítulos de suso contenidos se contiene y guardando las Nuevas leyes y hordenanzas por su Magestad hechas, y las otras cosas que de yuso serán contenidas, prometemos de vos hazer y conçeder las merçedes siguientes:

11. Primeramente, doy liçençia y facultad a vos, el dicho capitán Françisco de Orellana, para que por su Magestad y en su nombre y de la Corona Real de Castilla y León podais descubrir y poblar la costa del dicho rrío, a la parte de la mano yzquierda de la boca del río por donde abeys de entrar, qués a la vanda del rrío de la Plata, siendo dentro de los límites de la demarcaçión de su Magestad.

12. Yten, entendiendo ser cunplidero al serviçio de Dios nuestro señor y por honrrar vuestra persona, prometemos de vos dar título de Gobernador y Capitán General de lo que descubrierdes en la dicha costa de la mano yzquierda del dicho rrío, con docientas leguas de costa del dicho rrío, medido por el aire, las que vos escogierdes, dentro de tres años después que entrardes en la tierra con vuestra armada, por todos los días de vuestra vida, con salario de çinco mill ducados cada un año; de los quales abeis de gozar desde el día que vos hizierdes a la bela en el puerto de Sant Lucar de Varrameda para seguir vuestro viaje, y vos han de ser pagados de las rrentas y provechos a su Magestad pertenesçientes en la tierra y provinçias que hansí descubrierdes y poblardes, y no habiendo en ellas en el dicho tiempo rrentas ni provechos, no sea su Magestad obligado a vos mandar pagar cosa alguna dello; y lo demás de la dicha costa que descubrierdes lo tengais en gobernaçión y justiçia, entre tanto que su Magestad otra cossa manda.

13. Yten, vos haré merçed de título de adelantado de lo que hansí descubrierdes en la dicha costa en que hansí fuerdes gobernador para vos e un heredero subçesor vuestro qual vos nonbrardes.

14. Ansímismo, vos haremos merçed del offiçio de Alguaçil Mayor de las dichas tierras para vos y un hijo vuestro después de vuestros días, qual vos nonbrardes.

15. Yten, vos damos liçençia para que con pareçer y acuerdo de los offiçiales de su Magestad de la dicha tierra podais hazer en ella dos fortalezas de piedra en las partes y lugares que más convenga, paresçiendo a vos y a los dichos nuestros offiçiales ser neçesarias para guarda y paçificación de la dicha tierra, y vos hazemos merçed de la tenencia dellas

perpetuamente para vos y para vuestros herederos y suçesores, con salario de çiento y çinquenta mill maravedís en cada un año, con cada una de las dichas fortalezas, del qual dicho salario abeys de gozar desde que cada una dellas estuvieren hechas y acavadas e çerradas a vista de los dichos nuestros offiçiales, los quales abeis de hazer a vuestra costa sin que su Magestad ni los Reyes que después dél binieren sean obligados a vos pagar lo que en las dichas fortalezas gastardes.

16. Otrosí, vos hago merçed de la doçava parte de todas las rrentas y y frutos que su Magestad tuviere cada un años en las tierras y provinçias que vos hansí descubrierdes y poblardes conforme a esta capitulaçión, quitas costas con que no heçeda de un quento de maravedís cada un año, la qual dicha merçed vos hago para vos y para vuestros herederos perpetuamente.

17. Otrosí, vos daremos liçençia y facultad para que destos nuestros rreinos y señoríos o del rreino de Portugal o yslas de Cabo Berde o Guinea, podais pasar y paseys vos o quien vuestro poder huviere a la dicha tierra ocho esclavos negros libres de todos derechos.

18. Yten, franqueamos a vos e a la gente que con vos al presente fuere a la dicha tierra, e a los que después fueren a poblar a ella, que por término de diez años primeros siguientes que corren y se quenten desde el día de la fecha desta capitulaçión en adelante, no paguen derecho de almoxarifazgo de todo lo que llevaren para proybimiento y provisión de sus casas en las dichas tierras.

19. Y porquel Enperador Rey mi Señor abiendo sido ynformado de la neçesidad que avía de probeher y hordenar algunas cosas que conbenian a la buena gobernaçión de las Yndias y buen tratamiento de los naturales dellas e administraçión de la justiçia nuestra de hazer çiertas leies y hordenanças, las quales vos mandamos dar en molde, firmadas de Juan de Samano secretario de su Magestad, abeis de guardar las dichas leyes y hordenanças, en todo y por todo según y como en ellos y en cada una dellas se contiene, y más las otras cosas que de yuso yran declaradas ynbiolablemente, que son las siguientes:

20. Yten, procureis de tomar el asiento y partes para haber las poblaçiones que abeis de hazer donde no se perjudique a los yndios de la dicha tierra, y si no se pudiere hazer que se tomé con voluntad de los dichos yndios o con la moderaçión quel beedor que con vos a de yr para ver con se cunple lo en esta capitulaçión contenido y a los dichos religiosos pareçiere.

21. Otrosí, que vos ni persona alguna de los que con vos fueren, no tomeis ni tomen muger casada, ni hija, ni otra muger alguna de los yndios, ni se les tome oro ny plata ni halgodón ni plumas ni piedras ni otra cossa que poseyeren los dichos yndios, si no fuere rrescatado y dandoles el pago en otra cosa que lo balga, haziendose el rrescate y pago según al dicho beedor y rreligiosos paresçiere, so pena de muerte y perdimiento de bienes el que lo contrario hiziere; pero bien permitimos que quando se os aya gastado la comida, que vos y la gente que con vos fuere llevardes, la podais pedir a los dichos yndios con rrescate dandoles alguna cosa por ello, y quando os faltare esto, con rruegos y buenas palabras y persuasiones, les pidais la dicha comida de manera que en ningún tienpo se les benga a tomar por fuerça si no fuere quando todos los dicho medios se oviere ten-

tado y los demás que al dicho beedor y rreligiosos e a vos pareçiere, porque estando en estrema neçesidad justamente se pueda tomar la dicha comida donde se hallare.

22. Yten, que por ninguna vía ni manera se haga guerra a los dichos yndios ni para ello se dé causa ni la aya si no fuere defendiendos con aquella moderaçión quel caso lo rrequiere, antes mandamos que se les dé a entender como Nos os enbiamos solo a los enseñar y dotrinar y no a pelear, sino a darles conosçimiento de Dios y de nuestra Santa Fée Católica y de la obidiençia que nos deven; y si por caso los yndios fueren tan orgullosos que no curando de los aperçibimientos y exortaçiones de paz que les hayais hecho todavía os tengan e a cometer de guerra no teniendo otro rremedio para os hevadir y defender dellos salvo rronper con ellos, esto hareis con la más moderaçión y tenplança y con las menos muertes y daños dellos que ser pueda y todas las rropas y otras joyas que les tomardes que no sean ni harmas offensivas y defensivas, ansí por vos como por los que con vos fueren, rrecogerlas eis e hazerlas eys bolver a los dichos yndios, diçiendoles que no quisierades el daño que han resçibido y que fue por su culpa no quereros creer, y que les enbiais aquellas cossas que son suyas porque no pretendeis matarlos, ni maltratarlos ni tomarle sus haziendas, salbo su amistad y su rredençión al serviçio de Dios y de su Magestad porque haçiendolo ansí vosotros, tomarán gran crédito y conffiança de lo que çerca desto les huvierdes dicho o dixerdes.

23. Otrosí, que qualquier español que matare o yriere a yndio alguno sea castigado conforme a las leyes destos rreinos sin que se tenga consideraçión a quel deliçuente sea español y el muerto o herido yndio.

24. Yten, que como fuerdes paçificando la tierra vays moderando la comida y sustentaçión que cada pueblo de yndios deve dar a las comidas y provechos que los dichos yndios huvieren de dar los rrepartais enre los españoles que poblaren la dicha tierra, dándoles los tales probechos conforme a las dichas leyes y las cabeçeras más prinçipales para ponerlas eis en la Corona Real.

25. Y porque, como por las dichas leies bereis, la voluntad de su Magestad es que todos los yndios queden so nuestra proteçión para que se conserven e sean dotrinados en las cosas de nuestra Santa Fée Cathólica, no abeis de dar lugar a que español alguno tenga yndios ni los maltrate ni estorve que sean christianos ni se les tome cosa alguna sí no por rrescate y según y como dicho es.

26. Yten, que si por caso algún señor o prinçipal de la dicha tierra, teniendo notiçia de su Magestad a quien han de obedeçer quisiere hazer algún presente para su Magestad, de su voluntad, lo podais rresçibir y lo enbieis a todo buen rrecabdo a su Magestad.

27. Por ende, por la presente, haziendo vos el dicho capitán Françisco de Orellano lo suso dicho, a vuestra costa e según y de la manera que de suso se contiene, y guardando y cumpliendo y haziendo guardar y cunplir lo contenido en las dichas Nuevas Leyes y hordenanças y las otras cosas de suso declaradas, y todas las otras ynstruçiones que adelante mandaremos dar e hazer para la dicha tierra y para el buen tratamiento y conbersión a nuestra Santa Fée Cathólica de los naturales della, digo y prometo que vos será guardada esta capitulaçión y todo lo en ella contenido, en todo y por todo, según que de suso se contiene, y no lo haziendo ni cun-

pliendo ansí su Magestad no sea obligado a vos guardar ni cunplir lo suso dicho ni cosa alguna dello, antes vos mandará castigar y proçeder contra vos como contra persona que no guarda y cunple y traspasa los mandamientos de su Rey y Señor natural, y dello mandamos dar la presente, firmada de mi mano, y refrendada de Juan de Samano Secretario de su Magestad. Fecha en la Villa de Valladolid, a treze días del mes de febrero, de mill e quinientos y quarenta y quatro años. Yo el Principe. Refrendada de Samano, y Señalada del Obispo de Cuenca, y Gutierrez Belazquez, e Gregorio López, y Salmerón.

# DOCUMENTO N.º 56

Capitulación otorgada a Francisco de Mesa para ir a poblar el puerto de Monte Cristo.
1546, septiembre 12. Dada en Valladolid.
A.G.I. Indif. General 415. L. I, fols. 259-261.
C.D.I. T. XXIII, págs. 110-117.
MARINO INCHAUSTEGUI, J.: *Reales Cédulas y Correspondencia de Gobernadores de Santo Domingo*. Colección Histórico-Documental Trujilloniana. Madrid, 1958. Tomo II, págs. 351-352.

Cappitulaçión que se tomó con Françisco de Mesa, sobre la poblaçión de Monte Criste.

### EL PRINÇIPE

Por quanto vos, Françisco de Messa vezino de la ysla de Canaria, me abeis hecho rrelaçión que por servir al Enperador Rey mi Señor y por el deseo que teneys a que la Corona Real destos Reinos sea creçentada, quereis yr a la ysla Española a hazer en ella una poblaçión en el puerto que dizen De Monte Criste porque a causa de estar muy despoblada la dicha ysla será grande el benefiçio y provecho que de la poblaçión que vos hizierdes se siguira, e que para hazer la dicha poblaçión yreis con vuestra muger, hijos y cassa poblada, y llevareis con vos treinta vezinos casados con sus mugeres y familia, que serán por todos hasta doçientas personas, a vuestra costa y minsión sin que Su Magestad ni los Reyes que después dél binieren sean obligados a vos pagar ni satisfazer los gastos que en ello hizierdes más de lo que en esta capitulación vos será otorgado, e me supplicastes vos hiziese merçed de la gobernaçión de la poblaçión que hansí hiçierdes, sobre lo qual yo mandé tomar con vos el asiento y cappitulaçión siguiente:

1. Primeramente, yendo vos a la dicha ysla Española con la dicha vuestra muger, hijos y casa y llevando con bos los dichos treinta vezinos ca-

sados con sus mugeres y familia, como lo ofreçeis, y haziendo en el dicho puerto de Monte Christi la dicha población, por la presente prometo de vos dar título de Gobernador del pueblo que ansí fundardes y del término que por Nos vos será señalado, por todos los días de vuestra vida, sin salario alguno.

2. Otrosí, vos daré liçençia, poder y facultad para rrepartir y señalar a los vezinos que se avezindaren en el pueblo que ansí fundardes tierras y solares de cavallería, en la cantidad y por la horden que el presidente y oydores de la dicha Audiençia Real que rreside en la dicha ysla Española lo suele haber, con tanto que los vezinos y personas a quien ansí repartierdes las dichas tierras y solares sean obligados a las rresidir ocho años, y no los residiendo las ayan perdido, e con que vos no podays dar ni señalar heredades de yngenios ni agua ni más heredamientos de las dichas cavallerías porque esto lo a de dar y proveher Su Magestad.

3. Yten, que para dar y señalar aguas y tierras para yngenios a los vezinos que se avezindaren en la dicha poblaçión, daremos corsión, poder y facultad al dicho presidente e oydores para que ellos las repartan por los dichos vezinos, como les paresçieren y bieren que les conbiene.

4. Otrosí, por quanto nos abeis suplicado quel pueblo que ansí poblardes en el dicho puerto de Monte Christi aya de tener de términos y jurisdiçión treinta leguas por todas las partes, e que todos los puertos, abras y aletas que huviere dentro del dicho sitio y las poblaçiones que se hizieren en él sean sujetos al dicho pueblo y entren en el dicho vuestro rrepartimiento y gobernaçión, por la presente prometo que se le señalará término conpetente al dicho pueblo, e que todos los pueblos que se hizieren dentro del dicho sitio serán sujetos a vuestra jurisdiçión, y que como vos poblardes se os señalará término muy conbiniente de manera que no falte término al dicho pueblo e por la parte que fuere sin perjuiçio de terçero se le señalaran quinze leguas.

5. Otrosí, vos doy liçençia y facultad para que los offiçios de rregimientos y escrivanías y alguaçiladgos y otros offiçios públicos que se ovieren de proveher ansí en el pueblo que vos poblardes como en los demás de vuestra gobernaçión los podais vos nombrar por todos los días de vuestra vida siendo ábiles y sufiçientes para los dichos offiçios con tanto que dentro de dos años sean obligados las personas que ansí nombrardes a los dichos offiçios a llevar conffirmaçión dellos.

6. Yten, vos haré merçed del offiçio del Alguaçil Mayor de la dicha poblaçión e sus términos por todo los días de vuestra vida.

7. Otrosí haré merçed a vos y a los demás pobladores que fueren a la poblaçión de vuestras casas movidas, mandaré que no se os pidan ni lleven derechos de almoxarifadgo.

8. Otrosí, daré liçençia a vos y a cada uno de los que con vos fueren a la dicha poblaçión para que podais pasar y pasen a ella cada seis esclavos negros para serviçios de vuestras personas e casas, libres de todos derehos, ansí de los dos ducados de la liçençia de cada uno dellos como de los derechos de almoxarifadgo, con tanto que no los podais ni puedan vender durante el tienpo de los ocho años que son obligados a servir las cavallerías, si no fuere entre los pobladores del pueblo que se hiziere y de los mercaderes que allí binieren a morar, porque sirvan en el dicho término e no fuera dél, dando fianças en la çiudad de Sevilla ante los offiçiales de

la Casa de la Contrataçión, que no abiendo hefeto la dicha población pagaran los derechos de los dichos esclavos e que los llevaran dentro de un año que se enbarcaren en adelante.

9. Yten, haré merçed como por la presente la hago a vos y a cada uno de los vezinos que fueren a poblar a la dicha población de cada veinte vacas de las que su Magestad tiene en la dicha ysla Española, dando ansímismo fianças ante los offiçiales de la dicha ysla Española, al tienpo que se os entregaren las dichas vacas que los llevareis a la dicha población y y las terneis en ella vos y los dichos vezinos sin las vender durante el tienpo de los dichos ocho años, e que no las llevando o no abiendo hefeto la dicha población pagareis, vos y ellos, el valor de las dichas vacas.

10. Yten, por quanto nos abeis suplicado que a nuestra costa mandemos hazer una yglesia en la dicha población, y proveer en ella de hornamentos y de las otras cosas neçessarias para quel culto debino se pueda çelebrar, por la presente prometo que hecha la dicha población daremos horden como de los diezmos que oviere en la dicha población e con lo que Su Magestad para ello mandaré ayudar se hará la dicha yglesia.

11. Otrosí, porque la dicha población y sus términos sea mejor mantenida en justiçia, queremos y mandamos, que a costa de penas de Cámara se puedan seguir qualesquier malhechores que oviere en el dicho término.

12. Yten, haremos merçed a los pobladores del dicho sitio y términos e a los que a él fueren a bivir y morar que gozen de las libertades y franquezas que gozan los vezinos de la çiudad de Santo Domingo de la dicha ysla Española.

13. Otrosí, haremos merçed a los vezinos que abitaren en el dicho término, y a los que a él fueren de nuebo a bivir y morar en él destos rreinos e de Canaria que por término de diez años no paguen almoxarifadgo de las cosas que llevaren para sus mantenimientos.

14. Yten, por quanto me abeys hecho relación que donde pensais juntar la mayor parte de los dichos pobladores es de las yslas de Canaria, en las quales hay algunos vezinos que rresiden en ellas con sus mugeres, hijos e cassas e familias naturales del rreino de Portugal, los quales serían muy provechosos para la dicha población, suplicandome vos diese liçençia para que les pudiesedes llevar a la dicha población por ende, por la presente, siendo los tales portugueses casados y llevando sus mugeres y casas movidas, y queriendo ellos yr de su voluntad, vos damos liçençia para que los podais pasar sin que en ello vos sea puesto ynpedimiento alguno.

15. Otrosí, hazemos merçed a vos, e a los otros pobladores del dicho término e a los que a él fueren a bivir e morar, que de cualquier metal que se hallare en el dicho sitio que no sea oro o plata, se nos aya de pagar y pague perpetuamente çiento por çiento de todo ello, y no más por quanto del dicho oro y plata se nos ha de pagar el quinto.

16. Otrosí, os prometemos que si en el término y población mandáremos hazer alguna fortaleza, que hecha os proveheremos de la tenençia della con el salario que fuese justo.

17. Yten, vos mandaremos dar Çédula nuestra para quel Presidente e Oydores de la Audiençia Real de la ysla Española, para que abiendo vos cunplido lo que por esta capitulaçión os ofreceis de cunplir, os señalen dos

hegidos de yngenios con sus tierras en el dicho término y poblaçión para vos y para vuestros herederos y susçesores.

18. Yten, si por caso de más de treynta vezinos casados que os ofreçeis a llevar a la dicha población llevardes algunos otros, o después de vos ydo os los enbiaren dende Canaria o destos rreinos, quiero y es mi voluntad que los que ansí fueren de más de los dichos treynta gozen de las merçedes y franquezas que pueden y deven gozar por virtud desta capitulaçión los dicho treynta vezinos, con las mismas condiçiones y de la manera que ellos las puedan gozar, con tanto que los tales vezinos que ansí fueren de nuevo no ayan estado otra vez en las Yndias si no que de Nuevo vayan desto rreinos o de las dichas yslas de Canaria.

19. Por ende, por la presente, haziendo vos el dicho Françisco de Messa lo suso dicho, a vuestra costa y según y de la manera que de suso se contiene, y obligando os a ello con vuestra persona y bienes, prometo que vos será guardada esta capitulaçión y todo lo en ella contenido en todo y por todo según que de suso se contiene, y no lo haziendo ni cunpliendo ansí Su Magestad no sea obligado a vos guardar ni cunplir lo suso dicho ni cosa alguna dello, y dello mandamos dar la presente, firmada de mi mano y refrendada de Juan de Samano, Secretario de Su Magestad. Fecha en la villa de Valladolid, a doze de Setienbre, de mill quinientos y quarenta y çinco años. Yo el Prinçipe. Por mandado de su Alteza Juan de Samano, señalada del liçenciado Gutierre, Blazquez, Salmerón, Hernán Pérez.

## DOCUMENTO N.º 57

Capitulación otorgada a Juan de Sanabria para ir a poblar a la provincia del Río de la Plata que había sido concedida primero a Pedro de Mendoza, al fallecimiento de éste a Alvar Núñez Cabeza de Vaca que había venido preso a España.
1547, julio 22. Dada en Monzón.
A.G.I. Indif. General 415. L. I, fols. 163- vto.-168 vto.
C.D.I. T. XXIII, págs. 118-131.


Capitulaçión que se tomó con Juan de Sanabria.

### EL PRINÇIPE

Por quanto vos, Juan de Sanabria vezino de la villa de Medellín, nos hezistes rrelaçión que bien saviamos el asiento que aviamos mandado tomar con Alvar Nuñez Cabeça de Vaca sobre el socorro que se ofresçió de hazer a la gente que estava en la provinçia del Río de la Plata que allí dexó don Pedro de Mendoça, nuestro governador que fué della, y como por virtud del dicho asiento le aviamos probeydo de la gobernaçión de la dicha provinçia, y que agora ha benido a vuestra notiçia que por diferençias y cosas que se ofreçieron entre el dicho Alvar Nuñez Cabeça de Vaca y la gente que avía en la dicha provinçia fue traido presso a estos rreinos el dicho Alvar Nuñez, y que no ha de bolver más a la dicha provinçia porque no conbiene quél vuelva a ella por lo qual la gobernaçión de la dicha provinçia queda vaca y que vos con deseo del serviçio de Dios nuestro Señor y nuestro y acreçentamiento de nuestra Corona Real y porque los españoles que en la dicha provinçia están no padescan, querriades yr a ella y socorrer a los dichos españoles con las cosas destos rreinos llevareis por la horden que por nos os fuere dada, y llevar algunos casados con sus mugeres e otra gente para la población de la dicha provinçia, todo ello a vuestra costa y minsión sin que Nos ni los Reyes que después de Nos binieren seamos obligados a vos pagar ni satisfazer los gastos que en ello hizierdes, más de lo que en esta capitulación vos será otorgado, y me suplicastes vos hiziese merçed de la Gobernaçión y Capitanía General de la dicha provinçia y conçederos otras merçedes, sobre lo qual yo mandé tomar con vos el asiento y capitulación siguiente:

1. Primeramente, que seais obligado e os obligueis a llevar destos Reinos de Castilla, a la dicha provinçia del Río de la Plata, çien casados con sus mugeres e hijos para poblar la dicha provinçia, y con ellos llevareis a vuestra muger e hijos.
2. Ansímismo, os obligais de llevar otros doçientos y çinquenta honbres sin los casados para el descubrimiento y poblaçión de la dicha provinçia, y si quisierdes llevar otros çiento y çinquenta lo podais hazer.
3. Yten, que poblareis en la dicha provinçia dos pueblos, uno en el puerto de Sant Françisco, ques cabe la ysla que dizen de Santa Catalina y el otro a la entrada del Río de la Plata, en las partes que más conbinientes os paresçiere tomando paresçer con las personas que vierdes que os lo pueden mejorar.
4. Otrosí, que llevareis a la dicha provinçia trigo, cevada e çenteno y todas las otras semillas que os paresçiere ser neçesarias para la cultivaçión de la tierra.
5. Yten, que no abeis de llevar por el pasaje ni matalotaje cosa alguna a ninguno de los que llevardes con vos, por questo lo abeis de probeer a vuestra costa si no fuere ocho ducados por cada persona por el flete, y a los niños de catorze años avaxo abeis de llevar tan solamente seis ducados, llevando de todos ellos, el que quisiere, la caxa acostunbrada.
6. Otrosí, que ayais del llevar y lleveis hasta ocho rreligiosos de la horden de Sant Franisco quales os fueren dados y señalados por los del nuestro Consejo de las Yndias para que entiendan en la ynstruçión y conbersión de los naturales de la dicha tierra, los quales abeys de llevar a vuestra costa y darles el mantenimiento neçessario.
7. Yten, seais obligados de llevar los navíos neçesarios para la gente y bastimentos que ansí abeys de llevar a la dicha provinçia y para la contrataçión de aquella tierra, los quales a lo menos an de ser quatro o çinco navíos, quel uno sea nuevo de çient toneles y dos bergantines y una carabela y porque podría ser que el llevar de los dichos bergantines fuese ynconbiniente, lo rremitimos a los offiçiales de Sevilla para que abiendo ellos platicado con Sebastian Caboto e otras personas probean lo que les paresçiere en sí contiene que se lleven armadas o en ligaçon.
8. Otrosí, os obligais de llevar quatro bergantines desarmados con toda su ligaçon para lo que conbiniere hazerse con ellos en la dicha provinçia.
9. Yten, que ayais de llevar y lleveis hierro y otros rrescates neçesarios para contratar con los yndios de aquella tierra porque conforme a las leyes por Nos fechas para el buen Gobierno de aquellas partes y buen tratamiento de los naturales dellas no podais tomar a los dichos yndios mantenimientos ni otras cossas sino fuere por su rrescate.
10. Otrosí, os obligais de llevar algunas armas para probeer a la gente que en la dicha provinçia está.
11. Otrosí, que seais obligado y os obligais de llevar dos mill varas de de paño y mill camisas y dos mill pares de çapatos y quinientos bonetes colorados para rrepartir entre los conquistadores y pobladores de la dicha provinçia, y de llevar testimonio de los preçios a como os costó para que las personas en quien se rrepartiere todo lo suso dicho os paguen lo que se

montare de lo que hansí rresçibieren según el coste dello con otro tres tanto más, y el térmyno a que ansí os lo han de pagar sea para quando lo pudieren pagar y en la obligaçión y recaudo que os hizieren para la paga se mancomunen de diez en diez.

12. Yten, os obligais de llevar mill quintales de hierro e çiento de azero para socorrer la dicha gente y que tengan con que hazer las herramientas neçesarias para sus granjerías.

13. Ansímismo, os obligais de llevar tres fraguas para serviçio de la dicha gente y algunos offiçiales de offiçios mecánicos y bastimentos en abundançia para provysión de la gente que al presente abeis de llevar a la dicha provinçia, ansí para el camino como para ocho meses después que llegaren, que podrán senbrar o coger que se mantengan para adelante, y que tanbien llevareis rremos y clavaçon y toda la jarçia neçessaria para los navíos que hansí llevardes.

14. Otrosí, os obligais de llevar seys hornamentos cunplidos para dezir misas en las yglesias que al presente ay fechas en las dichas provinçias y para las que adelante se hizieren.

15. Y haziendo y cunpliendo vos, el dicho Juan de Sanabria, las cosas suso dichas e cada una dellas según e como en los capítulos de suso contenidos se contiene y guardando las dichas Nuevas Leyes y hordenanças por Nos fechas, prometemos de vos hazer e conçeder las merçedes siguientes:

16. Primeramente, doy liçençia y facultad a vos el dicho Juan de Sanabria para que por Magestad y en su nonbre y de la Corona Real de Castilla y León podais descubrir y poblar por vuestras contrataçiones, doçientas leguas de costa de la boca del Río de la Plata y del Brasil que comiençan a contarse de a treinta y un grado de altura del sur y de allí ayan de continuarse hazia la quinoçial, y ansímismo podais poblar un pedaço de tierra que queda desde la boca de la entrada del dicho rrío sobre la mano derecha hasta los dichos treynta y un grado de altura, en el qual abeis de poblar un pueblo e abeys de tener entrada por el dicho rrío, la qual entrada ansímismo an de tener todos los demás con quien Su Majestad tomare asiento para descubrimiento de lo que rrescatare por descubrir en los treinta e un grados como todo lo de la mano izquierda hasta llegar a lo questá contratado con el Obispo de Plasençia las quales dichas doçientas leguas salgan todos ansy en ancho hasta la mar del Sur; el qual dicho descubrimiento y poblaçión podais hazer con tanto que si por qualquiera parte que vais hallardes que algún otro Gobernador o Capitán oviere descubierto o poblado halgo en la dicha tierra y estuviere en ello al tienpo que llegardeis, que en perjuizio de lo que ansí hallardes en la dicha tierra no hagais cosa alguna ni os entremetais a entrar en cosa de lo que obiere descubierto y poblado aunque lo halleis en los límites de vuestra gobernaçión porque se escusen los ynconbinientes que de semejantes cosas han suçedido hasta aquí, eçepto si fuere alguno de los pobladores de la dicha provinçia del Río de la Plata que a estos tales mandamos que os tengan por nuestro gobernador de la dicha provinçia conforme a la provisión que para ello llevare y os dexen la jurisdiçión de todo lo que huvieren descubierto y poblados y os tengan por nuestro Gobernador, como dicho es, no ostante que ellos lo ayan poblado y abisarnos heis de lo que pasare en caso que

halleis algún gobernador o capitán que no sea de los pobladores de la dicha provinçia.

17. Yten, entendiendo ser cunplidero al Serviçio de Dios Nuestro Señor y por honrrar vuestra persona, prometemos de vos dar título de Gobernador y Capitán General de las dichas doçientas leguas de costas en la dicha provinçia del Río de la Plata, que comiençan a contarse entre la boca del dicho Río de la Plata y el Brasil desde treinta e un grado de altura del Sur y de allí ayan de continuarse hazia la quinoçial, como dicho es, y el dicho pedaço de tierra que queda desde la boca de la entrada del dicho rrío sobre la mano derecha hasta los dichos treynta e un grados de altura, por todos los días de vuestra vida y de un heredero vuestro que sea vuestro hijo y de otro deçendiente abil y sufiçiente, y en defeto de no tener deçendiente de otra persona que por vos fue nonbrada y señalada que sea ábil y suffiçiente, como dicho es, con salario de tres mill ducados en cada un año y mill y quinientos de ayuda de costa a vos el dicho Juan de Sanabria, ansímismo en cada un año todo el tienpo que tuvierdes la dicha gobernaçión y capitanía general, de los quales gozeis desde el día que vos hizierdes a la bela en el puerto de Sant Lucar de Varrameda en adelante; los quales dichos tres mill ducados de salario os han de ser pagados a vos e al dicho vuestro heredero y ansímismo los mill y quinientos ducados, a vos, de las rrentas y probechos a Nos pertenesçientes en la dicha tierra que huviéremos durante el tienpo de vuestra gobernaçión, y no de otra manera alguna, e no los abiendo a él no seamos obligados a vos pagar cosa alguna dello.

18. Yten, vos haré merçed de títulos de Adelantado de las dichas doçientas leguas en que hansí fueredes gobernador para vos y para un heredero subçesor vuestro, qual vos nonbrardes.

19. E ansímismo, vos haré merçed del offiçio de Alguaçil Mayor de las tierras que oviere en la dicha gobernaçión para vos y para un heredero vuestro, qual por vos fuere nombrado.

20. Yten, vos damos liçençia para que con paresçer y acuerdo de los offiçiales de Su Magestad de la dicha tierra podais hazer en ella dos fortalezas de piedra en las partes y lugares que más conbengan, paresçiendo a vos y a los dichos nuestros offiçiales ser neçesarias para guarda y paçificaçión de la dicha tierra; y vos hazemos merçed de la tenençia dellas, perpetuamente, para vos y vuestros herederos y susçesores con salario y de çiento y çinquenta mill maravedís en cada un año con cada una de las dichas fortalezas; el qual dicho salario abeis de gozar desde que cada una dellas estuvieren fechas y acavadas y cerradas a bista de los dichos offiçiales, los quales abeis de hazer a vuestra costa sin que Su Magestad ni los Reyes que después dél binieren sean obligados a vos pagar lo que en las dichas fortalezas gastardes.

21. Otrosí, por quanto nos abeys suplicado vos hiziesemos merçed de alguna parte de tierras y vasallos españoles en la dicha provinçia del Río de la Plata, con el título que fuesemos servidos, y al presente lo dexamos de hazer por no tener entera rrelaçión dello, por la presente digo y prometo que avida ynformaçión de lo que ansí vos descubrierdes y poblardes y savido lo qués, haremos la merçed y satisfaçión digna a vuestros serviçios e gastos que en ello hizierdes en título y tierra perpetuamente para vos y para vuestros herederos y subçesores; y es nuestra merçed entre tanto que yn-

formados probeamos en ello lo que a nuestro serviçio e a la enmienda y satisfaçión de vuestros servicios y travajos conbiene tengais la doçena parte de todos los provechos y rrentas que Nos tovieramos en cada un año en las dichas doçientas leguas que ansí vos damos en gobernaçión, quistas las costas, y que ansímismo lleveis el dicho doçavo después de os aver fecho la dicha gratifficaçión con que no heçeda de dos quentos demás en cada año.

22 Otrosí, vos daremos liçençia y facultad para que destos nuestros Reynos y Señorios y del Reino de Portugal o yslas de Cabo Berde o Guinea, podays pasar y paseis vos o quien vuestro poder huviere, a la dicha provinçia del Río de la Plata çinquenta esclavos negros, libres de todos derechos.

23 Yten, franqueamos a vos e a la gente que con vos al presente fuere a la dicha provinçia e a los que en ella están e a los que después fueren a poblar a ella que por término de diez años primeros siguientes que corran y se quenten desde el día de la fecha desta capitulaçión en adelante, no paguen derechos de almoxarifazgo de todo lo que llevaren para probeymiento y provisión de sus casas.

24. Otrosí, franqueamos a la dicha provinçia del Río de la Pla y a los vezinos y moradores della para que por término de diez años primeros siguientes que corran y se quenten desde el día de la data desta en adelante, no paguen del oro y plata y perlas que se huviere en la dicha provinçia más del octavo.

25. Yten, que vos, el dicho Juan de Sanabria, que seays obligado de llevar a la dicha provinçia un letrado por teniente el qual queremos y es nuestra merçed que de las rrentas y provechos que toviéremos en la dicha provinçia se le dé en cada un año de salario doçientas mill maravedís y vos le deys de vuestra hazienda otras çiento que sean por todas treçientos, del qual dicho salario aya de gozar y goze desde el día que se hiziere a la bela con vuestra armada para seguir vuestro viaje en adelante, el qual dicho letrado abeis primeramente de nombrar en el nuestro Consejo de las Yndias y presentarle en él para que si tuviere las calidades que se rrequiere sea aprovado

26. Yten, que se os dará çédula nuestra para que el Alcayde de las ataraçanas de la çiudad de Sevilla os dexe tener en ellas todos los bastimentos y vituallas que huvierdes menester para vuestra armada y partida.

27. Otrosí, vos daremos liçençia y facultad, y por la presente vos la damos, para que todo lo que conffome a esta vuestra capitulaçión obierdes de aver perpetuamente para vos y para vuestros herederos y suçesores lo podais bincular y hazer dello mayoradgo e que muriendo vos después de fecho a la bela en el puerto de Sant Lucar de Varrameda, no obstante que ayais nombrado el dicho vuestro heredero, haya vuestra muger la mitad de lo suso dicho por los días de su vida y que el dicho vuestro heredero no lleve más de la otra mitad entre tanto que la dicha vuestra muger biviere, y después que muriese lo aya todo perpetuamente el dicho vuestro heredero, como dicho es.

28 Ansímismo, vos damos liçençia y facultad para que así como fuerdes paçificando y poblando la tierra vays tasando y moderando los tributos que cada pueblo de yndios deve dar conforme a la ley que por nos está fecha çerca de dello, y fecha la dicha tasación, justa e igualmente, podais rrepartir los tributos que ansí los tales yndios huvieren de dar entre los

españoles que en la dicha provinçia hubiere y los que con vos fueren de nuevo a poblar en ella, guardando çerca dello las leyes que disponen sobre la horden que se a de tener en el señalar de los dichos tributos y las cabeçera más prinçipales ponerla eys en la Corona Real; e queremos y mandamos que los tributos que ansí rrepartierdes entre los dichos españoles no los puedan cobrar el comendero a quien ansí los dierdes sino que los aya de aver por mano de vos el dicho gobernador o de la persona que por Nos para ello fuere señalada conforme a las dichas leyes.

29. Otrosí, vos damos liçençia y facultad para que podais dar y rrepartir cavallerías y tierras en la dicha vuestra gobernaçión entre los vezinos españoles que en ella huviere para que puedan labrar y criar y poblar en ella y tomar vos vuestra parte sin perjuicio de los yndios ni de otro terçero alguno.

30. Yten, vos damos liçençia para que podais conprar el pan que fuere neçesario para la provisión de vuestra armada, conforme a las leyes de estos rreinos.

31 Lo qual todo que dicho es y cada cossa y parte dello, vos conçedemos con tanto que vos el dicho Juan de Sanabria seais tenudo y obligado a salir destos rreinos con la dicha vuestra armada lo más brevemente que sea posible con que no exçeda de diez meses, los quales corran y se quenten desde el día de la fecha desta en adelante.

32 Por ende, por la presente haziendo vos el dicho Juan de Sanabria lo suso dicho, a vuestra costa y según y de la manera que de suso se contiene, y guardando y cunpliendo e haziendo guardar y cunplir lo contenido en las dichas Nuevas Leyes y hordenanças y las otras cossas de suso declaradas y todas las otras ynstruçiones que adelante mandaremos dar e hazer para la dicha tierra y para el buen tratamiento y conbersión a nuestra Santa Fée Cathólica y de los naturalezas della, digo y prometo que vos será guardada esta capitulaçión y todo lo en ella contenido, en todo y por todo, según que de suso se contiene y no lo haziendo ni cunpliendo ansí, Su Magestad no sea obligado a vos guardar ni cunplir lo suso dicho ni cossa alguna dello antes vos mandará castigar y proçeder contra vos como contra persona que no guarda y cunple y traspassa los mandamientos de Su Rey y Señor natural, y dello mandamos dar la presente ffirmada de mi nombre y refrendada de Françisco de Ledesma, Secretario de Su Magestad. Fecha en la villa de Moçon, a veinte y dos días del mes de Jullio de mil y quinientos y quarenta y siete años. Yo el Prinçipe. Por mandado de Su Magestad, Françisco de Ledesma. Señalada del Marqués, y del liçençiado Gutierre Belazques, y del liçençiado Gregorio Lopez, y del lienciado Salmeron, y del dotor Hernán Pérez.

# DOCUMENTO N.º 58

Capitulación otorgada a Diego de Vargas para ir a poblar al río Amazonas y a las tierras que hay en él.
1549, diciembre 24. Dada en Toledo.
A.G.I. Indif. General 415. L. I, fols. 265-269.
C.D.I. T. XIII, págs. 132-144.

Cappitulaçión que se tomó con Diego de Vargas, para lo de las Amazonas.

### EL REY

Por quanto Nos deseamos todo lo ques posible la ynstruçión y conbersión de los yndios naturales de las nuestras Yndias, yslas e tierra ffirme del mar Oçeano, y traerlos a nuestra Santa Fée Cathólica y enbiar para ello gentes y personas que entiendan en ello y siendo ynformado que en el rrío que dizen de las Amazonas, ques por donde salió el Capitán Orellana de las provinçias del Pirú para estos rreinos, ay muchas gentes questán sin lunbre de Fée abemos acordado de enbiar personas rreligiosas para que los dotrinen y otras personas buenos christianos nuestros vasallos para que abiten y conbersen con los yndios que oviere en las tierras y provinçias que ay desde la boca del dicho rrío hasta çiento y çinquenta legua de largo por tierra de quarenta de hancho, las veinte de la una parte del rrio y los veinte de la otra, y para que con su trata y conbersaçión más ffaçilmente sean dotrinados en nuestra San Fée Cathólica y rreduçidos a buenos usos y costunbres y a perfeta poliçia, y vos Diego Vargas, vezino del lugar de Balberde, por el deseo que teneys de serviçio de Dios nuestro Señor y Nuestro y de que la Corona Real destos rreinos sea acreçentada, os abeis ofresçido y ofreçeis de llevar treçientos honbres al dicho rrío y a la tierra que ay en él y quatro o çinco navíos del porte que será neçesario en que vaya a la dicha gente y una dozena de cavallos o yeguas domadas o un par de cavallos para padres y otras neçesarias para poblar y algunos rreligiosos para que entiendan en la conbersión de los dichos yndios, y que hedificareis y poblareis dos pueblos dentro de dos años primeros siguientes, que corran y se cuenten desde el día que del puerto de Sant Lucar de

Barrameda o de Cádiz os hiçierdes a la bela para hazer el dicho viaje, donde mejor y más conbiniente paresçiere, cada uno de los quales dichos pueblos terná a lo menos çient vezinos y que si la tierra no estuviere de paz los hareis dentro de seys años suplicandome que en rrenumeraçión de un semejante serviçio vos conçediese y otorgase las merçedes y con las condiciones que de yuso serán contenidas, sobre lo qual mandé tomar con vos el asiento y capitulaçión siguiente:

1. Primeramente, vos el dicho Diego de Vargas, vos abeis de encargar de hazer juntar los dichos treçientos hombres en estos nuestros rreynos que no sean de los proybidos y que la mayor parte dellos si se pudieren aver sean casados y lleven sus mugeres y labradores y otros offiçiales, y que si de más de los dichos treçientos hombres quisierdes llevar algunas mugeres solteras para que allá se puedan casar, quede a vuestra voluntad.

2. Yten, abeis de comprar los bastimentos que fueren menester para la mar para toda la gente que así abeys de llevar y más para un año después que fueredes llegado a la tierra y los navíos neçesarios para en que vayan.

3. Otrosí, abeis de llevar de más de la dicha gente los rreligiosos de la horden de Sant Françisco que Nos señalaremos y los offiçiales de nuestra hazienda que nos nombraremos.

4. Yten, abeis de conprar todos los ynstrumentos y herramientas y fraguas que fueren menester para las dichas poblaciones y para los hediffiçios dellos, y los rrescates que fueren menester para contratar con los naturales de aquellas provinçias.

5. Abeis os de obligar y dar fiança bastantes en cantidad de diez mill ducados de hazer y cunplir todo lo arriva contenido, y que luego questuvierdes presto con vuestra armada y gente os partireis e hireis derechamente al dicho rrío y poblareis dentro del término arriva declarado los dichos dos pueblos, y si no que pagareis de pena los dichos diez mill ducados a nuestra Cámara y Fisco.

6. Abeis de procurar que la gente que con vos fuere procure paz y amistad con los yndios que en aquella tierra oviere y morare haziendoles buenas obras procurando que de su voluntad abiten en pueblos çerca de los que vos poblardes, defendiendolos e ayudandolos a defender de los que quisieren hazer algún daño, rreduziendolos a buena poliçia procurando apartarlos de viçios y pecados y malos usos, travajando por medio de rreligiosos y otras buenas personas rreduzidos y conbertirlos a nuestra Santa Fée Cathólica y rreligión christiana voluntariamente.

7. Yten, hordenareis que se procure de tener paz, trato y comerçio con los comarcanos probeyendolos de las cosas que de vosotros ovieren menester y procurando de aver dellos las cosas que a vosotros os faltaren.

8. Yten, enbiareis rreligiosos y otras buenas personas a que los dotrinen en nuestra rreligión christiana y les persuadan a que se junten en pueblos y moren juntos para que más façilmente y mejor puedan ser dotrinados.

9. Yten, vos fuerdes o enbiardes personas a ver la tierra encomendareis y terneis quenta en mirar donde podrá haver lugares, actos e cómodos para hazer nuevas poblaçiones.

10. Yten, probereis que si los naturales se pusieren en defender las poblaçiones que abeis de hazer se les dé a entender que no quereis allí poblar para les hazer el mal ni daño ni tomarles sus haziendas si no para tener amistad con ellos y enseñalles a conosçer a Dios Nuestro Señor e a bivir políticamente y en la ley de Jhesús Christo por la qual se salvarán; y hecha esta deligençia y amonestaçion, la qual se les he de hazer tres vezes en la distançia del tienpo que paresçiere a vos e a los rreligiosos que con vos fueren a la tal población, y se les dé a entender por la lengua y rreligiosos que se lo digan y declaren, y si no obstante las dichas amonestaiones no quisieren consentir que se hagan las dichas poblaciones, vos y los dichos pobladores procureis de hazerlas defendiendo de los dichos naturales, defendiendoos lo mejor que pudierdes sin hazer más daño de aquel que fuere menester para vuestra defenssa y para hazer y conservar la dicha poblaçión o poblaçiones.

11. El primero pueblo que abeis de poblar ha de ser donde mejor y más conbiniente pareçiere eligiendo sitio y lugar para fundar el dicho pueblo, teniendo rrespeto a que sea sano, fertil y abundante de agua y leña y buenos pastos para ganados y rrepartireis tierras y solares y heredamientos a los pobladores, a cada uno según lo que os paresçiere ser justo, no ocupando ni tomando cosa de los yndios ni de sus sementeras de que autualmente se aprovechen.

12. Yten, helegido el sitio donde se a de poblar el dicho pueblo, hordenareis que luego se haga una casa grande y fuerte donde se puedan rrecoger los pobladores y tener sus bastimentos y ganados si los naturales los quisieren ofender y quésto hecho hedifiquen luego sus casas de modo que tengan alguna manera de fuerça.

13. Yten, probereis que luego si enbien los dichos pobladores lo neçesario para sustentaçión y de los yndios y otras personas que con ellos se allegaren e quisieren abitar en la dicha población, y que pongan cañas de açucar y caña fístola y biñas y olivas y otras plantas y árboles y semillas de Castilla.

14. Yten, después de aver poblado el tal lugar probereis que los rreligiosos y otras buenas personas que oviere procuren de apaçiguar a los naturales, contratando y comunicando con ellos, dandoles a entender el intento suso dicho.

15. Yten, si por las buenas obras y persuaçiones los naturales y avitantes çerca de la dicha población se hiçieren amigos de manera que consientan tratar los rreligiosos a enseñarles y pedricarles la ley de Jhesús Christo, probereis que lo hagan y procuren de conbertirlos y traerlos a la Fée y a que nos rreconoscan por soberano señor.

16. Yten, probereis que los dichos españoles que ansí poblaren los pueblos que abeis de hazer e hizierdes bivan en paz y en quietud, sin agravio ni ynjuria de naydie y nonbrareis ministro de justiçia y rregidores y otros offiçios neçesarios a la rrepública, teniendo cuenta con castigar y corregir los delitos y eçesos que cada uno de los dichos pobladores y offiçiales hizieren y cometieren, dándoles a entender que de las deshordenes que hizieren los dichos pobladores, ansí entre sí como contra los yndios, han de ser obligados a dar quenta a los que ovieren cargo dellos.

17. Yten, probehereis que hedificadas las casas y hechas sus sementeras y comidas y no antes, procuren de descubrir mineros y otras cosas en

que puedan ser aprovechados y que labren y cultiven la tierra y la aumenten con ganados y nuevas plantas y árboles de frutas para su sustentación y provecho.

18. Yten, poblado y asentado el dicho pueblo, abeis de poblar otro pueblo la tierra adentro en la parte donde paresçiere a vos y a los rreligiosos que con vos llevardes y a los nuestros offiçiales de aquella tierra más conbenir, en las quales dichas poblaçiones y en cada una dellas y en las demás que hizierdes abeis de guardar la horden suso dicha.

19. Y porque con más voluntad, vos, el dicho Diego de Vargas hagais y cunplais todo lo suso dicho es nuestra merçed y voluntad de hazeros nuestro Gobernador y Capitán General por todos los días de vuestra vida y después de vos un hijo vuestro qual vos nombrardes, de las dichas dos poblaçiones y de todas las demás que vos o él poblardes desde la boca del dicho rrío hasta çiento y çinquenta leguas de largo y quarenta leguas de hancho, las veinte de una parte del rrío y las veinte de la otra, y abeis de llevar de Nos, en cada un año, de salario vos en vuestra vida y después de vos el dicho vuestro hijo tres mill ducados, los quales vos an de ser pagados de los frutos y rrentas que a Nos pertenesieren en las dichas poblaçiones que hansí hizierdes y en los otros aprovechamientos de la tierra a Nos pertenesçientes si los oviere y no los aviendo no hemos de ser obligados a os dar ni pagar el dicho salario ni después de vos al dicho vuestro hijo.

20. Otrosí, queremos y es nuestra voluntad que si después de estar vos el dicho Diego de Vargas, o el dicho vuestro hijo, en la dicha gobernaçión por caussas que paresçieren conbenir a nuestro serviçio si os enbiare a tomar rresidençia que después de hecha rresidençia durante la qual vos ni vuestros tenientes ni el dicho vuestro hijo, no abeis de traer varas ni husar del dicho cargo y que acavada de tomar se os vuelvan las dichas varas para que los tengais hasta tanto que por Nos vista la dicha rresidençia se probea lo que conbenga y sea justiçia.

21. Yten, hazemos merçed a vos y a los pobladores que con vos fueren a poblar las dichas tierras y a los que adelante fueren de todo lo que llevaren para probeimiento de sus personas, mugeres e hijos e casas no paguen derechos de almoxarifazgo alguno por tiempo y espaçio de diez años; y ansímismo, hazemos merçed a los mercaderes que en este primero viaje quisieren enviar mercaderías y mantenimientos a la dicha tierra que de todo ello no paguen los dichos derechos de almoxarifazgo.

22. Otrosí, hazemos merçed a vos el dicho Diego de Vargas e a todos los vezinos y pobladores de aquella tierra que de todo el oro y plata, piedras y perlas que en ella se descubrieren no nos paguen más del diezmo por tiempo y espaçio de diez años, que corran y se cuenten desde el día que se hiziere la primera fundiçión.

23. Yten, daremos liçençia a vos el dicho Diego de Vargas, o a quien vuestro poder huviere para poder pasar destos nuestros rreinos o yslas de Cabo Berde o Guinea, donde quisierdes, a la dichá tierra, diez esclavos negros libres de todos derechos.

24. Otrosí, vos prometemos que sacando vos en las dichas provinçias e tierra que ansí os damos en gobernaçión grande aprovechamiento de oro y plata con que nuestro patrimonio rreal sea muy acreçentado vos haremos una buena merçed perpetua para vos y para vuestros herederos y deçen-

dientes con que seais honrrados y aprovechados; de lo qual se os dará carta firmada de mi mano y señalada de los del nuestro Consejo de las Yndias.

23. Otrosí, damos liçençia y facultad a vos el dicho Diego de Vargas para que podais dar solares para casas y tierras para huertas y viñas y rrepartir las aguas y dar cavallerías de tierras para pan y llevar en cada pueblo de los que poblardes sin perjuizio de los yndios rrepartiendo a cada uno conforme a rrazón e a la calidad de sus serviçios y personas y tomando para vos en cada una de las dichas poblaçiones cantidad de tierras para lo suso dicho, moderada, sin perjuiçio de los otros vezinos.

26. Yten, hazemos merçed a vos e a los dichos pobladores que para propios de los pueblos que ansí poblardes podais señalar algunas tierras, exidos, dehesas y otras cosas si os pareçiere.

27. Otrosí, descubierta y paçifica la dicha tierra y puesta en obidiençia y serviçio nuestro, abemos de tasar los tributos que los yndios ovieren de dar a Nos conforme a las nuevas leyes y a las provisiones y çédulas por Nos dadas y de los dichos tributos abeis de dar, vos el dicho Gobernador, la pensión y entretenimiento que os pareçiere a cada uno de los que con vos huvieren ydo al dicho descubrimiento y población conforme a la calidad de sus personas y serviçios, dandoselo por una vida o por dos o como os paresçiere, teniendo consideraçión a que queda de los dichos tributos la cantidad conbiniente en nuestra Caxa Real para que se pueda pagar vuestro salario y de las otras justiçias y ministros de la dicha tierra y para los prelados y rreligiosos y otras personas eclesiásticas y cosas que para el culto dibino y dotrina christiana y administraçión de los sacramentos será menester, y para que allende desto, nos quede cantidad para defenssa que se podrá ofresçer de la tierra y para algún socorro de nuestras necesidades y abeis destar adbertidos que no abeis de encomendar yndios ningunos a nayde porque nuestra voluntad es que no se encomienden.

28. Todo lo qual, que dicho es y cada cossa y parte dello, vos conçedemos con tanto que vos el dicho Diego de Vargas seais tenudo y obligado de salir destos rreinos con los navíos y aparejos y mantenimientos y las otras cosas que fueren menester para el dicho viaje y poblaçiones con la dicha gente, rreligiosos y pobladores, según que dicho es, desde el día de la data desta capitulación hasta un año primero siguiente.

29. Otrosí, con condiçión que las dichas poblaçiones y paçificaçiones y tratamiento de los yndios de aquellas provinçias en sus personas y bienes seais tenudo y obligado por todo lo contenido en las hordenanças e ynstruçiones que para esto tenemos hechas y se hizieren y vos serán dadas.

30. Por ende, por la presente haziendo vos el suso dicho, a vuestra costa según y de la forma que de suso se contiene y guardando y cunpliendo todo lo contenido en esta capitulación y las ynstruçiones que vos dieren y las que adelante vos darán y las provisiones y hordenanças que hizieremos e mandaremos guardar para la dicha tierra y poblaçiones y para el buen tratamiento y conbersión a nuestra Santa Fée Cathólica de los naturales dellas y de los pobladores que allá fueren, digo y prometo que os será guardada esta capitulación y todo lo en ella contenido, en todo y por todo e según que de suso se contiene; y no lo haçiendo ni cunpliendo ansí, Nos no seamos obligados a vos guardar ni cunplir lo suso dicho ni cosa alguna dello antes mandaremos executar por los diez mill ducados

y vos mandaremos castigar y proçeder contra vos como contra persona que no guarda y cunpla y traspasa los mandamientos de su Rey y Señor natural, y dello vos mandamos dar las presente, firmada de nuestra mano y señalada de los del nuestro Consejo de las Yndias y refrendada de Francisco de Erasso nuestro secretario. Fecha en Toledo, a veinte y quatro de diziembre de mill y quinientos y quarenta y nueve años. Yo el Rey. Refrendada de Erasso, librada del liçençiado Birviesca, dotor Vazquez. El liçençiado Agreda, Castro, Jarava.

# DOCUMENTO N.º 59

Capitulación otorgada a Juan Alvarez para ir a descubrir al volcán de Masaya, en la provincia de Nicaragua.
1551, septiembre 9. Dada en Valladolid.
A.G.I. Indif. General 415. L. I, fols. 261-262 vto.
C.D.I. T. XXIII, págs. 265-273.

Asiento que se tomó con el Bachiller Juan Alvarez, clérigo, sobre lo del bolcán.

## EL PRINÇIPE

Por quanto vos el bachiller Juan Alvarez, clérigo, por una petiçión que presentastes en el Consejo de las Yndias de Su Magestad, me hezistes rrelaçión que como savíamos y nos hera notorio en la provinçia de Nicaragua de las Yndias del mar Oçéano ay un bolcán que se dize el bolcán de Masaya, y que vos por servir a Su Magestad y por saber el secreto de lo que en el dicho bolcán ay quereis hazer artifiçios e yngenios a vuestra costa para, saber el dicho secreto, y si oviere en el dicho bolcán algún metal de oro o plata o de otra cosa que se deva seguir dar horden en sacarlo, suplicandome vos diese liçençia para ello y tomase con vos conpañía en la manera siguiente: que vos como dicho es, a vuestra costa y minsión descubrireis el secreto y metales del dicho bolcán y que descubierto Su Magestad tenga la mitad de todo el metal que se hallare del dicho bolcán con tanto que Su Magestad ponga la mitad de los gastos que se hizieren en sacar los dichos metales, y vos pongais la otra mitad y lleveis por rrazón dello y del travajo de vuestra persona la otra mitad, eçepto los derechos que se devieren de fundidor y otras cosas que se ovieren de dar de que tenga su Magestad hecha merçed, o como la mi merçed fuese, a la qual dicha petiçión vos fue respondido que Su Magestad fuese servido de açetar la dicha conpañía se haía como lo ofreçiades con que pagasedes a Su Magestad, de vuestra parte, lo que se pagase en la dicha provinçia de Nicaragua de las otras minas y que la dicha conpañía durase por término de veynte años y aquellos pasados el dicho bolcán quedase por de Su

Magestad y que si Su Magestad no açetase la dicha conpañía pagasedes por los dichos veinte años el quinto, la qual dicha rrespuesta fué por vos consentida, y pedistes vos mandasemos dar çédula dello, lo qual todo visto por los del Consejo de las Yndias de Su Magestad fue acordado que devía mandar dar esta mi çédula en la dicha rrazón y yo tobelo por bien, por la qual, sin perjuizio de los yndios de la dicha provinçia ni de otra parte ni otro persona alguna ni tendiendo ni travajando en ello yndio alguno, doy liçençia y facultad a vos el dicho bachiller Juan Alvarez, e a quien vuestro poder huviere, para que a vuestra costa y minsión podais hazer los artifiçios que conbengan y sean neçesarios para entrar en el dicho bolcán e saber lo que en él ay sin que en ello vos sea puesto enbargo ni ynpedimiento alguno. Y sabido el secreto del dicho bolcán si Su Magestad fuere servido de açetar la dicha conpañía que nos ofreçeis ques que Su Magestad y vos hagais los gastos por mitad de todo lo que se oviere de gastar en sacar el oro y plata o metal que se hallare en le dicho bolcán y gozar por mitad de lo que así se sacare, se hará como lo offreçeis, con tanto que vos pagueis a Su Magestad de vuestra parte que os quedare lo que se pagare en la dicha provinçia de Nicaragua de las otras minas que en ella huviere y con que la dicha conpañía dure por término de veinte años que corran y se cuenten desde el día de la fecha desta mi çédula en adelante y aquellos pasados el dicho bolcán quede por de Su Magestad, e si Su Magestad no açetare la dicha conpañía, que ayais de pagar y pagueis por los dichos veinte años, el quinto de todo lo que sacardes y hizierdes sacar del dicho bolcán, a vuestra costa y minsión quedando ansímismo, después de los dichos veinte años, el dicho bolcán por de Su Magestad, y mandamos a qualesquier justiçias de la dicha provinçia que vos guarden y cunplan esta mi çédula y lo en ella contenydo y contra el tenor y forma della no vayan ni pasen ni consientan yr ni pasar en manera alguna y vos dén y hagan dar todo el fabor e ayuda que fuere neçesario para entender en lo suso dicho; e que si sabido por vos el secreto de lo que en el dicho bolcán ay no se oviere por su Magestad declarado si quiere açetar la dicha conpañía o no, que entre tanto que por Su Magestad se declara os dexen sacar el metal que oviere en el dicho bolcán y no vos pongan en ello ynpedimiento alguno, teniendo quenta y rrazón los offiçiales de la dicha provinçia de lo que se saca para que Su Magestad aya de gozar de la parte que oviere de aver y le pertenesçiere conforme a esta nuestra çédula. Y para que hansí se haga antes que useys de lo contenido en ella, mandamos que le presenteys ante los dichos offiçiales para que ellos tomen la rrazón della y tengan quenta y rrazón de lo que se hiziere y cobrare lo que a Su Magestad pertenesçiere y nos abisen de todo. Fecho en la villa de Valladolid, a nueve días del mes de setienbre de mill y quinientos y çinquenta y un años. Yo el Prinçipe. Refrendada de Samano, señalada del Marques, Gregorio y Lopez Sandoval, Rivadeneyra, Birviesca.

# DOCUMENTO N.º 60

Capitulación otorgada a Jaime Rasquín para ir a fundar y poblar cuatro pueblos en la provincia del Río de la Plata.
1557, diciembre 30. Dada en Valladolid.
A.G.I. Indif. General 415. L. I, fols. 158-163 vto.
C.D.I. T. XXIII, págs. 273-289.

Capitulaçión que se tomó con Jaime Rasquín.

### EL REY

Por quanto de los descubridores del Río de la Plata y de los pobladores de la çiudad de la Asunçión ques en el Paraguay y del prelado que a las dichas provinçias enbiamos y del gobernador que en la dicha çiudad de la Asumpçión tenemos, hemos sido ynformados de la gran neçesidad que ay en las dichas provinçias de poner remedio en la conversión de los naturales dellas y de enbiar dotrina para que nuestra Santa Fée Cathólica se cunpla por tantas y tan ynnumerables gentes como en aquellas provinçias se han descubierto, y venga en conosçimiento de Dios nuestro Señor y sean traidos al gremio de nuestra Santa Fée Católica enbiando personas rreligiosas para que los dotrinen y otras personas buenos christianos nuestros vasallos para que abiten y conbersen con los dichos naturales y para que con su trato y conbersión más fácilmente sean dotrinados en nuestra Santa Fée Cathólica y rreducidos a buenos usos y costunbres y a perfecta puliçia, por ende, acatando lo suso dicho y la obligación que tenemos de procurar la conbersión de todas aquellas gentes que nos son encomendadas y están devaxo de nuestra protección y anparo y señorío y porque ansí conbiene al serviçio de Dios y nuestro, hemos acordado de mandar hazer quatro poblaçiones de nuestros vasallos en las dichas provinçias, conbiene a saber: un pueblo en la costa del Brasil dentro de nuestra demarcación en la parte que dizen Sant Françisco y otro treynta leguas más arriva hazia el rrío de la Plata donde dizen el Viasa que por otro nonbre se llama el Puerto de los Patos y entrado en el Río de la Plata otro pueblo donde dizen Sant Grabiel y el dicho rrío arriva otro pueblo donde dizen Santi Spiritus. Y por quanto vos Jaime Rasquín vezino de la çiudad de la Asunçión ques en el Paraguay en las provinçias del dicho rrío de la Plata nuestro vasallo soys persona de yndustria y despiriençia y abilidad para hazer las dichas poblaçiones como conbenga al serviçio de Dios y nuestro y al bien de aquellas provinçias, a sido nuestra merced y voluntad de os lo cometer, como por la presente vos lo cometemos, para que hagais y fundeis los dichos quatro pueblos de suso nonbrados, los quales vos obligais a poblar y fundar dentro de quatro años primeros siguientes que se cuenten desde el día que del Puerto de Sant Lucar o de Cádiz vos hizierdes a la bela para hazer el dicho viaje; los quales dichos quatro lugares a de tener cada uno a lo menos çient vezinos. Y sobre las dichas poblaçiones y por rrazón del travajo que en los hazer abeis de tomar me pedistes vos hiziese y otorgase las merçedes y con las condiçiones que de yuso serán contenidas, sobre lo qual yo mandé tomar con vos el asiento y capitulación siguiente:

1. Primeramente, vos el dicho Jaime Rasquín vos abeis de encargar de hazer juntar hasta seisçientos honbres en estos nuestros rreinos que no sean de los proibidos e que la mayor parte dellos si se pudieren haver sean casados y lleven sus mugeres y labradores y otros offiçiales de todos offiçios, y si quisierdes llevar de más de los dichos seisçientos honbres algunas mugeres solteras para que allá se puedan casar, quede a vuestra voluntad.
2. Yten, demás de los dichos seisçientos honbres o en el número dellos abeis de llevar doze offiçiales mineros que entiendan de minas y sepan fundir todos los metales que se hallaren.
3. Yten, abeis de conprar los bastimentos que fueren menester para toda la dicha gente que ansí abeis de llevar para un año y los navíos neçesarios para en que vayan.
4. Yten, habeis de llevar las mugeres casadas que en los dichos navíos quisieren yr que tienen sus maridos en la ciudad de la Asunçión.
5. Yten, habeis de conprar todos los ynstrumentos y herramientas y fraguas que fueren menester para las dichas poblaçiones y para los hediffiçios dellas y los rrescates que fueren menester para contratar con los naturales de aquellas provinçias; todo lo qual conprareis con paresçer de la persona que Nos nonbraremos para beedor de las cossas que ansí huvieren de conprar.
6. Yten, vos el dicho Jaime Rasquín abeis de llevar a vuestra costa los adereos e ynstrumentos que fueren menester para hazer tres yngenios de açucar dos en el pueblo de Sant Françisco otro en el pueblo del Viasa que por otro nonbre se llame el Puerto de los Pactos.
7. Yten, habeis de llevar de más de los dichos seiçientos hombres diez buenos rreligiosos de la horden de San Francisco quales Nos señalaremos. Y ansímismo abeis de llevar un médico y un çirujano y un boticario a los quales queremos, y es nuestra merçed, que de las rrentas y provecho que tuvieremos en las dichas provinçias se les dé en cada un año de salario al médico çinquenta mill maravedís y al çirujano quarenta y çinco mill maravedís y al boticario veinte y çinco mill maravedís, los quales dichos salarios comienen a correr desde el día que se hizieren a la bela en nuestra armada para seguir el dicho viaje.

8. Yten, vos habemos de dar y daremos doze mill ducados que se gasten con paresçer vuestro y de la persona que por Nos fuere nonbrada las cossas neçesarias para el dicho vuestro viaje y no vos hemos de ayudar con más de los dichos doze mill ducados y todo lo que más fuere menester para la dicha jornada y para las cossas neçesarias para las dichas poblaçiones lo haveis vos de cunplir y suplir y poner de vuestra hazienda.

9. Yten, nos abeis de obligar y dar fianças en cantidad de los dichos doze mill ducados que ansí vos hemos de dar que luego questuvierdes presto con la dicha vuestra armada y gente partireis y yreis derechamente a la dicha provinçia del Río de la Plata y poblareis dentro de los dichos quatro años los dichos quatro pueblos y sino que Nos bolvereis los dichos doze mill ducados.

10. Yten, os abeis de obligar y dar fianças bastantes en cantidad de otros çinco mill ducados que en caso que no querais hazer ni hagais la dicha jornada de más de bolver los dichos doze mill ducados pagareis de pena los dichos çinco mill ducados para nuestra Cámara y Fisco.

11. Yten, llegado a la tierra el primero pueblo que habeis de poblar ha de ser en la parte que dizen Sanct Françisco, donde ligireis sitio y lugar para fundar el dicho pueblo, teniendo rrespeto a que sea sano, fertil y abundante de agua y leña y buenos pastos para ganados y rrepartireis tierras y solares y heredamientos a los pobladores, a cada uno según lo que os paresçiere ser justo, no ocupando ni tomando cosa de los yndios ni de sus sementeras de que avitualmente se aprovechen sin su voluntad.

12. Yten, helejido el sitio donde se ha de poblar el dicho pueblo, hordenareis que luego se haga una casa grande y fuerte donde se puedan rrecoger los pobladores y tener sus bastimentos y ganados si los naturales los quisieren ofender y questo hecho hedifiquen luego sus casas de modo que tengan alguna manera de fuerça.

13. Yten, probereis que luego sienbren los dichos pobladores lo necesario para su sustentaçión y de los yndios y otras personas que con ellos se allegaren y quisieren abitar en la dicha población y que pongan cañas de açucar y cañas fístola y viñas y olivos y otras plantas y árboles y semillas de Castilla.

14. Yten, probereis que los dichos españoles que hansí poblaren los pueblos que vos abeis de hazer y hizierdes bivan en paz y quietud sin agravio e sin ynjuria de naide, y nonbrareis ministros de justiçia y rregidores y otros offiçiales neçesarios a la rrepublica, teniendo cuenta con castigar y corregir los delitos y excesos que cada uno de de dichos offiçiales y pobladores hizieren y cometieren, dandoles a entender que de las deshordenes que hizieren los dichos pobladores, ansí entre si como contra los yndios, an de ser obligados a dar quenta los que tuvieren cargo dellos.

15. Yten, probereis que los pobladores procuren paz y amistad con los yndios que en aquella tierra y comarca moraren haziendoles buenas obras procurando que de su voluntad habiten en pueblos çerca dellos defendiéndolos y ayudandolos a defender de los que les quisieren hazer algún daño, rreduçiendolos a buena pulicia, procurando apartarlos de viçios y pecados y malos usos y travajando por medio de rreligiosos y otras buenas personas de rreduzirlos y conbertirlos a nuestra Santa Fée Cathólica y rreligión christiana voluntariamente, ofreçiendoles y prometiéndoles que

biniendo de su voluntad al conosçimiento de nuestra Santa Fée Cathólica y a nuestra subjeçión, serán libres de tributos por diez años.

16. Yten, hordenareis que se procure de tener paz, trato y comerçio con los comarcanos, probeyendoles de las cossas que de vosotros huvieren menester y procurando de aver dellos las cossas que a vosotros os faltaren.

17. Yten, enbiareis rreligiosos y otras buenas personas a que los dotrinen en nuestra rreligión christiana y les persuadan a que se junten en pueblos y moren juntos para que más façilmente y mejor puedan ser dotrinados.

18. Yten, si vos fuerdes o enbiardes personas a ver las tierras, encomendareis y terneis quenta en mirar donde podrá aver lugares actos y cómodos para hazer nuevas poblaçiones.

19. Yten, probereis que hedificadas las casas y hechas sus sementeras y comides, y no antes, procuren de descubrir mineros y otras cossas en que puedan ser aprovechados, y que labren y cultiven la tierra y la aumenten con ganados y nuevas plantas y árboles fruta para sustentaçión y provecho.

20. Yten, probereis que si los naturales se pusieren en defender la dicha poblaçión o poblaçiones que habeis de hazer, se les dé a entender que no quereis allí poblar para les hazer mal ni daño ni tomareis sus haziendas sino para tener amistad con ellos y enseñarles a conosçer a Dios nuestro Señor y a bivir polítiçamente y en la ley de Jhesús Christo por la qual se salvarán; y hecha esta deligençia y amonestaçión, la qual se les ha de hazer tres vezes en la distançia del tienpo que paresçiere a vos y a los rreligiosos que con vos fueren a la tal poblaçión y se les dé a entender por la lengua y rreligiosos que se le digan y declaren, y si no obstantes las dichas amonestaiones no quisieren consentir que se hagan las dichas poblaçiones, vos y los dichos pobladores procureis de hazerlas defendiendoos de los dichos naturales lo mejor que pudierdes sin hazer más daño de aquel que fuere menester para vuestra defenssa y para hazer y conservar la dicha poblaçión o poblaçiones.

21. Yten, después de aver poblado el tal lugar o lugares probareis que los rreligiosos y otras buenas personas que huviere procuren de apaçiguar a los naturales, contratando y comunicando con ellos dandoles a entender el yntento suso dicho.

22. Yten, si por las buenas obras y persuasiones los naturales y abitantes çerca de la dicha poblaçión se hizieren amigos, de manera que consientan entrar los rreligiosos a enseñarles y pedricarles la ley de Jhesús Christo, probereis que lo hagais y procuren de conbertirlos y traellos a la Fée y a que nos rreconoscan por soberano señor.

23. Yten, poblado y asentado el dicho pueblo de Sant Françisco, dentro de los dichos quatro años, abeis de poblar los otros tres pueblos començando por el Puerto de los Patos y después por San Grabiel y el postrero de ser Santie Spiritus, en las quales dichas poblaçiones y en cada una dellas y en las demás que hizierdes abeis de guardar la orden suso dicha.

24. Yten, abeis de hazer dos fuerzas a vuestra costa sin que Nos seamos obligados a vos pagar nada de lo que en ellas gastardes con paresçer de nuestros offiçiales, la una en Sant Françisco y la otra en San Grabiel que

sean bastantes para se poder defender de cualesquier enemigos que les quisieren ocupar.

25. Y porque con más voluntad, vos el dicho Jaime Rosquín, hagais y cunplais todo lo suso dicho es nuestra merçed y voluntad de hazeros nuestro Gobernador y Capitán General por todos los días de vuestra vida de todas las dichas quatro poblaçiones y de todas las demás que vos poblardes en doçientas leguas desde el Río de la Plata donde habeis de hazer las dos poblaçiones de las quatro hasta el estrecho de Magallanes derechamente por la costa del mar del norte y abeis de llevar de Nos en cada un año de salario y ayuda de costa tres mill y quinientos ducados; los dos mill de salario y los mill y quinientos de ayuda de costa, por todos los días de vuestra vida, los quales vos han de ser pagados de los frutos y rrentas que a Nos pertenesçieren en las dichas poblaçiones que ansí hizierdes y en los otros aprobechamientos de la tierra a Nos pertenesçientes si los huviere y no los abiendo hemos de ser obligados a os dar ni pagar el dicho salario ni ayuda de costa.

26. Yten, os haremos merçed, como por la presente vos la hazemos de las tenençias de las dichas fortalezas y fuerzas que abeis de hazer en Sant Françisco y en San Gabriel por todos los días de vuestra vida con salario de çinquenta mill maravedís en cada un año por cada tenençia y otros çinquenta mill maravedís por cada una de ayuda de costa, las quales dichas doçientas mill maravedís de salario y ayuda de costa se vos han de dar y pagar en cada un año de los frutos y rrentas a Nos pertenesçientes en la dicha tierra, y no en otra manera, y estando las dichas fortalezas rreparadas y en defensa y guardadas de los henemigos, para lo qual vos mandaremos dar alguna artillería.

27. Yten, vos hazemos merçed que de las cosas que llevardes de estos rreinos para sustentaçión de vuestra casa y persona en cantidad de dos mill pesos en cada un año no se os lleven derechos algunos de almoxarifazgo ni otro derecho por tiempo de diez años, con que si vendierdes las dichas cosas que hansí llevardes seais obligado a pagar los derechos por entero.

28. Yten, hazemos merçed a los pobladores que con vos fueren a poblar las dichas poblaçiones que de todo lo que llevaren para probeymiento de sus personas, hijos y mugeres no paguen derechos de almoxarifazgo alguno por tiempo y espaçio de seys años; y ansímismo hazemos merçed a los vezinos de la çiudad de la Asunpçión y a los vezinos de la villa de Hontiveros que están en los dichos pueblos y a los que con vos bolvieren en sus casas, que de todo lo que llevaren y se les enbiare para probeimiento de sus casas y personas no se les lleven derechos algunos de almoxarifazgo, con que si lo vendieren o parte dello que de todo enteramente nos paguen los dichos derechos.

29. Yten, hazemos mered a todos y qualesquier mercaderes que quisieren enbiar o llevar mercaderías, así a las dichas poblaçiones que vos abeis de hazer como a la çiudad de la Asunpción y a la villa de Hontiveros, que sean libres por diez años de los derechos de almoxarifazgo y de otros derechos.

30. Yten, hazemos merçed a vos y a todos los pobladores de las dichas poblaçiones y a vuestra gobernaçión y a los vezinos y pobladores de la çiudad de la Asunçión y de la villa de Hontiberos, que de todo el oro y

plata y piedras y perlas que en la dicha provinçia se descubrieren no nos paguen más del diezmo por tienpo y espaçio de diez años que corran y se quenten desde el día que se hiziere la primera fundiçión.

31. Yten, que vos el dicho gobernador podais dar solares para casas y tierras para huertas y para viñas y rrepartir las aguas y dar cavallerías de tierras para pan, llevar en cada pueblo de los que poblardes sin perjuizio de los yndios rrepartiendo a cada uno conforme a rrazón y a la calidad de sus serviçios y personas y tomando para vos en cada una de las dichas poblaçiones cantidad de tierra, para lo suso dicho, moderada sin perjuizio de los otros vezinos.

32. Yten, hazemos merçed a vos y a los dichos pobladores que para propios de las dichas villas y lugares y çiudades podais señalar para propios dellos algunas tierras y algunas dehesas y algunos vatanes y molinos y otras cosas si os paresçiere.

33. Yten, vos hazemos merçed que podais hazer en las dichas poblaçiones tres yngenios de açucar, dos en el pueblo de Sanct Françisco y otro en el pueblo de los Patos y que para sustentar los dichos yngenios podais tomar y señalar para cada uno dellos tres cavallerías de tierra sin perjuizio de los yndios, las quales sean para vos y para vuestros herederos y suesores para sienpre jamas; y para que seais más honrrado y de vos quede memoria vos daremos, y por la presente os la damos, liçençia y facultad para que de los dichos yngenios de açucar y de las cavallerías y tierras que para ellos vos damos y de las otras tierras y heredamientos y otros bienes que en las dichas poblaçiones y vuestro gobernador tuvierdes podais hazer un mayorazgo o dos de todos los dichos bienes que hansí tuvierdes o de la parte dellos que os paresçiere en uno o en dos de vuestros hijos con las clausolas, bínculos y finezas y sumisiones que bien vysto os fuere.

34. Yten, hazemos merçed a todos los otros pobladores que quisieren hazer yngenios de açucar como vos, que le sean dados a cada uno que ansí quisiere hazer el dicho yngenio para sustentaçión del dos cavallerías de tierras; y ansímismo que los que tuvieren los dichos yngenios paguen el diezmo por la vía y forma que lo pagan los vezinos de la ysla de Santo Domingo que tienen yngenios de açucar qués medio diezmo.

35. Yten, que todos los que quisieren benir a poblar y a morar en las dichas poblaçiones que hansí abeis de hazer lo puedan libremente hazer aunque sean vezinos de la çiudad de la Asunçión, ques en la gobernaçión que tiene Domingo de Yrala, sin que en ello le sea puesto enbargo ni ynpedimento alguno por el dicho governador ni por otra personas y les dexen llevar sus ganados y haziendas libremente.

36. Yten, vos prometemos que sacando vos en la dicha provinçia y tierra y poblaçiones grande aprovechamiento de oro y plata con que nuestro patrimonio rreal sea muy acreçentado, vos haremos una buena merçed perpetua para vos y para vuestros herederos y deçendientes con que seais honrrados y aprovechados, de lo qual vos mando dar çedula firmada de mi nonbre y señalada de los de mi Consejo.

37. Yten, por quanto somos ynformados que las dichas poblaçiones que hansí abeis de hazer no se podrían sustentar ni permanesçer si no fuesen socorridos del pueblo de Guayra, que por otro nonbre se llama la Villa de Hontiberos, y es nuestra merçed y voluntad que el dicho pueblo

este a vos sujeto y sea de vuestra gobernaçión y gobernado por vos y por vuestros lugares tenientes porque si neçesario es, Nos le apartamos y sacamos de la gobernaçión del Paraguay y que tiene Domingo de Yrala, y le subjetamos a la nuestra y mandamos al dicho Domingo de Yrala, y a otras qualesquier personas que en lo suso dicho no vos pongan enbargo ni ynpedimiento alguno.

38. Yten, vos hazemos merçed que dentro de los dichos quatro años vos o quien vuestro poder hubiere podais llevar para reforzar las dichas poblaçiones y hazer otras de nuebo en una o en dos vezes, otros seisçientos honbres destos nuestros rreinos que no sehan de los proibeidos.

39. Yten, os damos liçençia y facultad para que podais tener y tengais en las nuestras ataraçanas de Sevilla, questán a cargo de los nuestros offiçiales, todos los vastimentos y vituallas y cosas neçesarias que fueren menester para vuestra armada y partida.

40. Yten, hos damos liçençia y facultad para que en qualquier parte y lugar destos nuestros rreinos y en las yslas de Canaria podais conprar el trigo que fuere menester para hazer el bizcocho y todas las demás vituallas que fueren neçesarios para el dicho viaje.

41. Todo lo qual que dicho es, y cada cosa, y parte dello, os conçedemos con tanto que vos el dicho Jaime Rasquín seais tenudo y obligado de salir destos rreinos con los navios y aparejos y mantenimiento y las otras cosas que fueren menester para el dicho viaje y poblaçiones con la dicha gente, rreligiosos y pobladores, según que dicho es, desde el día de la data desta capitulación hasta diez meses primeros siguientes.

42. Otrosí, con condiçión que en las dichas poblaçiones y paçificaçiones y tratamiento de los yndios de aquellas provinçias, en sus personas y bienes, seais tenudo y obligado por todo lo contenido en las hordenanças e ynistruçiones que para esto ternemos hechos y se hizieren y vos serán dadas.

43. Por ende, por la presente, haziendo vos lo suso dicho a vuestra costa, no dando Nos más de los dichos doze mill ducados para ayuda de la dicha jornada, según y de la manera que de suso se contiene, y guardando y cunpliendo lo contenido en la dicha provisión que de suso va yncorporada y las ynistruçiones que se vos dieren y las otras ynistruçiones que adelante vos mandaremos guardar y hordenanças que hiziéremos para la dicha tierra y poblaçiones y para el buen tratamiento y conbersión a nuestra Santa Fée Cathólica de los naturales dellas e de los pobladores, digo y prometo que vos será guardada esta capitulación y todo lo en ella contenido ,en todo y por todo, según que de suso se contiene; y no haziendo ni cunpliendo ansí, Nos no seamos obligados a vos guardar ni cunplir lo suso dicho ni cosa alguna dello, antes vos mandaremos castigar o proçeder contra vos como contra persona que no guarda y cunple y traspasa los mandamientos de su Rey y Señor natural, y dello vos mandamos dar la presente, firmada de nuestro nombre y señalada de los del nuestro Consejo y rrefrendada de nuestro Secretario. Fecha en la villa de Valladolid, a treinta días del mes de diziembre de mill y quinientos y çincuenta y siete años. La Prinçessa. Refrendada de Ledesma, señalada de Birviesca, Don Juan Sarmiento, Vazquez Villagomez.

## DOCUMENTO N.º 61

Capitulación otorgada a Juan Sánchez para ir a descubrir al volcán de Masaya, en la provincia de icaragua, ya que no se había llevado a efecto la capitulación otorgada en 1551 a Juan Alvarez para realizar la misma expedición.
1557, septiembre 28. Dada en Valladolid.
A.G.I. Indif. General 415. L. I, fols. 262 vto.-263 vto.
C.D.I. T. XXIII, págs. 269-273.

Juan Sanchez, portero, sobre el descubrimiento del bolcán de Masaya.

### EL REY

Por quanto vos, Juan Sánchez portero, veçino de la çiudad de Guete, me heçiste relaçión que ya sabiamos y nos era notorio el bolcán de Masaya que avía en la provinçia de Nicaragua, y que en el descubrimiento y entrada de los aviades hallado juntamente con otros compañeros, en el qual gastastes mucho dineros para saber el secreto de lo que en él ay, e que aunque pusistes por entonces toda buena diligencia no se pudo saber el dicho secreto, y que agora por nos servir abiendo entendido en la rriqueza que se dize que ay en el dicho bolcán quereis hazer de nuevo artifiçios e yngenios a vuestra costa para saber el dicho secreto, y que si oviere en el dicho bolcán algún metal de oro o plata, o de otra cossa que a seguir dar horden en sacarlo, y me ssuplicastes vos diese liçençia para ello y tomase con vos conpañía en la manera siguiente: que vos, como dicho es, a vuestra costa y minsión descubrireis el secreto y metales del dicho bolcán con tanto que Nos pongamos la mitad de los gastos que se hizieren en sacar los dichos metales y vos pongais la otra mitad, y llevar por rrazón dello y del travajo de vuestra persona la otra mitad, eçepto los derechos que se debieren de fundidor y otras cosas que se ovieren de dar de que tengamos hecha merçed o como la mi merçed fuesse, lo qual visto por los del nuestro Consejo de las Yndias por quanto Nos tomamos çierto asiento sobre lo tocante al dicho bolcán

401

con el bachiller Juan Alvarez, clérigo, fué acordado que no abiendo el dicho bachiller por virtud del asiento que con él se tomó començado a husar del dicho asiento y a benefficiar el dicho bolcán antes de la data desta mi çédula que debiamos tomar con vos asiento çerca de lo suso dicho y dar sobre ello esta mi çédula en la dicha rrazón, y yo tobelo por bien; por la qual, no abiendo, como dicho es, el dicho bachiller por virtud del dicho asiento començado a beneficiar el dicho bolcán antes de la data desta mi çédula y siendo sin perjuizio de los yndios de la dicha provinçia de Nicaragua ni de otra persona alguna ni entendiendo ni travajando en ello yndio alguno como fuere de su boluntad y pagandoselo, doy liçençia y facultad a vos el dicho Juan Sanchez, portero, o a quien vuestro poder huviere, para que a vuestra costa y minsión podais hazer los artifiçios que conbengan y sean neçesarios para entrar en el dicho bolcán y saber lo que en él ay, sin que en ello vos sea puesto enbargo ni ympedimiento alguno, y savido el secreto del dicho bolcán si Nos fueremos servidos de aceptar conpañia vos ofreçeis que vos y Nos hagamos los gastos por mitad de todo lo que se oviere de gastar en sacar el oro y plata o metal que se hallase en el dicho bolcán y gozar por mitad de lo que ansí se sacare se hará como lo ofreçeis, con tanto que vos, nos pagueis de vuestra parte que os quedaré la que se pagare en la dicha provinçia de Nicaragua de las otras minas que en ella oviere, y aunque la dicha conpañia diese por término de veinte años que corran y se quenten desde el día de la fecha de esta mi çédula en adelante y aquellos pasados el dicho bolcán quede por Nos, y si Nos no aceptaremos la dicha conpañía que ay de pagar y paguare los dichos veinte años el quinto de todo lo que sacardes e hizierdes sacar del dicho bolcán a vuestra costa y minsión, quedando ansímismo después de los dichos veinte años el dicho bolcán por Nos. Y otrosí, con tanto que ayais de començar y començeis a entender en lo suso dicho dentro de dos años, y no començando dentro del dicho término al dicho asiento sea en si ninguno; y mandamos a qualesquier nuestras justicias de la dicha provinçia que vos guarden y cumplan esta mi çédula y lo en ello contenido, y contra el tenor y forma della no vayan ni pasen ni consientan por si pagar en manera alguna, y vos dén y hagan dar todo el fabor y ayuda a que fuese neçesario para entender en lo suso dicho. Y que si sabido por vos el secreto de lo que en el dicho bolcan ay, y no se huviere por vos declarado si queremos aceptar la dicha conpañía o no, que entre tanto que por Nos se declara os dexen sacar el metal que oviere en el dicho bolcán y no os pongan en ello ynpedimiento alguno, teniendo quenta y rrazón los offiçiales de la dicha provinçia de lo que se saca para que Nos ayamos de gozar de la parte que ovieremos de aver y nos pertenesçiere confforme desta nuestra çédula, y para que ansí se haga antes que useis de lo contenydo en ella, mandamos que presenteis ante los dichos nuestros offiçiales para que ellos tomen la rrazón della y tengan quenta de lo que hiziere y cobren lo que nos pertenesçieren y nos abisen de todo. Fecha en Valladolid, a veinte y ocho días del mes de septienbre, de mill y quinientos y çinquenta y siete años. La Prinçesa. Refrendada de Ledesma, señalada de Sandoval, don Juan Villagomez.

EL Rey.

# DOCUMENTO N.º 62

Capitulación otorgada al Licenciado Ortiz, Alcalde Mayor de Nicaragua, por la que se le autoriza a organizar una expedición para descubrir el volcán de Masaya que en anteriores capitulaciones de 1551 y 1557, con Juan Alvarez y Juan Sánchez, respectivamente, no habían llevado a efecto.
1560, agosto 14. Dada en Toledo.
A.G.I. Indif. General 415. L. I, fols. 264-265.
C.D.I. T. XXIII, págs. 144-147.

El liçençiado Hortiz, sobre lo del Bolcán.

### EL REY

1. Liçençiado Hortiz, nuestro Alcalde Mayor de la provinçia de Nicaragua. Bien sabeis que nos mandamos dar y dimos una nuestra çédula firmada de mi mano y refrendada de Françisco de Eraso nuestro secretario, su tenor de la qual es esta que se sigue:

### El Rey

2. Liçençiado Hortiz, nuestro Alcalde Mayor de la provincia de Nicaragua. Sabed que Juan Sanchez, portero, se ha ofresçido de hazer las diligençias que conbengan para saber el secreto de lo que ay en el bolcán de Masaya ques en esa provinçia, sobre lo qual abemos mandado tomar con él çiento asiento; y porque podría ser quel dicho Juan Sánchez no hiziere ni cunpliesse aquello a que se a preferido y dexase de hazer las diligençias neçesarias para saber el dicho secreto, y acá paresçe que en tal caso sería bien que Nos los mandasemos hazer porque se a dicho que lo que ay dentro del dicho bolcán es metal de oro e plata, por ende, yo vos mando que si el dicho Juan Sanchez no supiere el dicho secreto ni hiziere diligençias para saberlo y vos bierdes ques cossa que se podría saber y que lleva camino para ello y que se podrá hazer sin peligro de los que ovieren

de entrar dentro del dicho bolcán, probeais como se sepa y que para ello si fuere menester se gasten de nuestra hazienda hasta quinientos ducados que por la presente mando a los nuestros offiçiales de esa provinçia que por horden vuestra gasten en lo suso dicho hasta los dichos quinientos ducados, que con esta y mandamientos vuestro y testimonio de como se gastaron en ello, mando que les sean rresçividos y pasados en quenta.

Fecha en Madrid, a siete de hebrero de mill e quinientos e sesenta años. Yo el Rey. Refrendada de Françisco de Erasso. Señalada Birviesca, Vazquez, Agreda, Castro, Jarava.

3. E agora, el dicho Juan Sanchez, portero, por causas que a ello le han movido a ser desistido del dicho asiento y se a ofresçido que haziendo hazer vos en nuestro nombre las diligençias que conbengan para saber y entender lo que hay en el dicho bolcán os ayudará con su persona y deligençia e yndustria como persona que a entrado en el dicho bolcán y que entrará en él, por lo qual se le a ofresçido que haziendolo ansí se le dará la deçima parte de la rriqueza que se hallare y sacare del dicho bolcán, hasta en cantidad de treynta mill ducados, y porque nuestra voluntad es pues el dicho Juan Sanchez sea apartado del dicho asiento, de procurar de saber lo que ay en el dicho bolcán y que para ello se hagan las diligençias y ansí enbiamos a mandar a los nuestros offiçiales que rresiden en esa çiudad de Sevilla, en la Casa de la Contrataçión de las Yndias que hagan luego a ver los ynstrumentos contenidos en un memorial que se les enbia, que ha paresçido que son neçesarios para entrar en el dicho bolcán y os lo entreguen para que lo lleveis para el dicho hefeto como bereis por la dicha çédula que sobre ello he mandado dar para los dichos offiçiales que con esta vos mando enbiar juntamente con el dicho memorial, luego que lo rresçibais lo entregareis a los dichos offiçiales para que entiendan en hazer y cunplir lo que por la dicha çédula se les manda. Y hechos los dichos ynstrumentos, rresçibillos heys y llevallos heis a todo buen rrecaudo, y llegado que con la bendiçión de Dios seais en la dicha provinçia de Nicaragua quando os paresçiere y bierdes que más conbiene, entendereis en hazer las diligençias neçesarias para saber el secreto de lo que ay en el dicho bolcán, conforme a la dicha nuestra çédula suso yncorporada; y serbirán para ello los ynstrumentos que hansí vos mandamos entregar y el dicho Juan Sanchez ayudará en lo que conbiniere con su persona e yndustria, como esta ofresçido, y gastareis en ello si fuere neçesario de los quinientos ducados que por la dicha nuestra çédula, suso yncorporada, os está dada comisión que podais gastar hasta treçientos ducados y no más, y de lo que en ello se hiziere y de lo que se hallare en el dicho bolcán, nos daréis aviso. Fecho en Toledo, a catorze de Agosto de mill quinientos y sesenta años. Yo el Rey. Refrendada y señalada de los dichos.

# DOCUMENTO N.º 63

Capitulación otorgada a Pedro Menéndez de Avilés para el descubrimiento y población de las provincias de la Florida.
1565, marzo 20. Dada en Madrid.
A.G.I. Indif. General 415. L. I, fols. 41-47 vto.
C.D.I. T. XXIII, págs. 242-259.


Con el Adelantado Pero Menendez.

## EL REY

Por quanto en dibersos tienpos hemos tomado asientos sobre el descubrimiento y poblaçión de las provinçias de la Florida y tanbien encargamos a Don Luys de Velasco, nuestro Bisorrey que fué de la Nueva España, que enbiase alguna cantidad de gente y rreligiosos a poblar a aquella tierra y postreramente se tomó asiento sobre ello con Lucas Vazquez de Ayllon, y ansí, por las personas con quien tomamos los dichos asientos como por el dicho Visorrey se han hecho diligençias, nunca hasta agora se a poblado ni hefetuado lo que deseabamos que hera la dicha poblaçión y la ynstruçión y conbersión de los naturales de aquellas provinçias y traerlas a nuestra Sancta Fée Católica, y como tengamos delante el bien y salvaçión de aquellas ánimas, abemos acordado de dar horden de enbiar personas rreligiosas para que dotrinen los dichos yndios y otros buenos cristianos, nuestros vasallos, para que abiten y conversen con los naturales que ovieren en aquellas tierras y provinçias de la Florida y para que con su trato y conbersaçión más fáçilmente sean dotrinados en nuestra Santa Fée Católica y rreduçidos a buenos usos y costunbres, y a perfeta poliçia; y vos Pero Menéndez de Abilés, cavallero de la Orden de Santiago, por el deseo que teneis del serviçio de Dios nuestro Señor y de que la Corona Real destos rreinos sea acreçentada, os abeis ofreçido y ofreçeis de que en todo el mes de Mayo primero que berná deste presente año teneis prestas y aparejadas a la bela en Sanct Lucar de Barrameda o en el puerto de Santa María o Vaya (bahía) de Cádiz para partir con el primer tienpo, seis chalupas de cada çinquenta toneles más o menos y quatro zabras ligeras con sus rremos, armas y muniçiones cargados de bastimentos, puestas a punto de guerra, y que llevareis quinientos honbres, los çiento labradores y los çiento marineros, y los demás gente y offiçiales de mar y guerra y otros offiçiales de canteros y carpinteros, serradores, herreros, barberos, cirujanos, todos con sus armas, arcabuzes y ballestas, y mu(niçi)ones y rrodelas y las demás armas ofensibas y defensibas que os pareçiere y fueren conviniențes para la dicha jornada, y dos clérigos de Missa y areis otras cosas de yuso declaradas, todo ello a vuescosta y minsión, sin que Nos ni los Reies que después de Nos binieren seamos obligados a vos pagar ni satisfazer cosa alguna dello más de lo que por esta capitulación vos fuere conçedido, suplicando la mandase tomar con vos y otorgaros çiertas merçedes, sobre lo qual por la confiança y satisfaçión que de vos tenemos y concurrir en vos las calidades que se rrequieren y por lo mucho y bien que nos abeis servido mandé tomar con vos, el dicho Pero Menéndez de Abiles, el asiento y capitulación siguiente:

1. Primeramente, vos, el dicho Pero Menéndez, os encargueis y obligueis de tener para el dicho mes de Mayo prestas y aparejadas y a la bela, en Sant Lucar de Barrameda o en el puerto de Santa María o Cádiz las dichas seis chalupas del porte questá dicho y quatro zabras ligeras con sus rremos, armas, artillería y muniçiones, cargadas de bastiment, puestas a punto de guerra y de llevar los dichos quinientos honbres y la demás gente de mar y guerra y clérigos y offiçiales como está dicho.

2. Yten, os offreçeis y obligais de tener presto para el dicho tienpo el galeón que teneis nonbrado San Pelayo, ques de porte de más de seisçientos toneles, nuevo del primer viaje y que le cargareis y fletareis para qualquiera lugar de las Yndias que quisierdes a media carga que podrá llevar o los dos terçios para vacío para llevar en él hasta treçientos honbres, de los dichos quinientos que ansí abeis de llevar, y alguna comida y mantenimiento que ovieren menester hasta la Dominica o al Cabo del Tiburón o de Sant Antón, como vos más quisieredes, questá setenta leguas de la Havana, poco más o menos, y otras tantas de la Florida, porque las otras chalupas no pueden llevar la dicha gente por ser navíos pequeños y descubiertos y enfermarían y murirían con el mucho sol y aguaçeros que ay en las dichas partes ni podrían llevar el bastimento que para la dicha gente es menester por ser larga la jornada; y que llegado a la Dominica o parte que os pareçiere, pasareis la gente del dicho galeón a las dichas chalupas y el dicho galeón yrá su viaje y vos con las dichas chalupas y quatro zabras yreis con los dichos quinientos honbres basteteçidas aperçibidas a punto de guerra, como dicho es, a la costa de la Florida a donde os obligais de ber y calar de la dicha costa los lugares mejores y más cómodos que os pareçiere, costeando por la mar y calando y tentando por la tierra, a donde se podría mejor tomar puerto y sitio para poblar, y procurareis de tomar lengua si ay en la dicha costa o tierra algunos pobladores cosarios o otras qualesquier naçiones, no subjetos a Nos, y procurareis de los hechar por las mejores vías que pudierdes y os pareçiere, y que tomareis la dicha tierra de la Florida para Nos y en nuestro nonbre procurando atraer los naturales della a nuestra obidiençia, y desbrireis dende los Ancones y vaya (bahia) de

Sant Jusepe, ques una legua de la Florida de la parte del poniente hasta la Cabeça de los Martires questá en veinte y çinco grados, y de allí hasta la tierra Nueva questá de çinquenta grados hasta sesenta del este o hueste, y norte-sur toda la costa para ver y calar los puertos y corrientes, rrocas y vaxios y ensenadas que huviere en la dicha costa, haziendolos marcar y señalar lo más preçissamente que pudierdes por sus alturas y derrotas para que se sepa y entienda el secreto de la dicha costa y puertos que en ella oviere, y dentro deste año abeis de hazer lo que pudierdes y lo más dentro de tres años que por este asiento os obligais de poblar la dicha tierra.

3. Otrosí, os ofreçeis y obligais de llevar para la dicha jornada el bastimento neçesario para todos los dichos quinientos honbres para un año, con que se cuente el año desde que la gente esté en los navíos para partir.

4. Yten, os obligais que desde el día que os hiçiérdes a la bela, en tres años primeros siguientes, metereis en la dicha costa y tierra de la Florida hasta quinientos honbres que sean pobladores della, de los quales an de ser los doçientos casados y por lo menos los çiento y los demás an de ser por la maior parte labradores y offiçiales para que la tierra sea cultivada con más facilidad y que sea gente linpia y no de los proybidos.

5. Yten, os ofreceis y obligais que con la dicha gente hedificareis y poblareis en los dichos tres años, dos o tres pueblos en los lugares y partes que mejor os pareçiere, de cada çient vezinos por lo menos, y que en cada uno dellos abrá una casa grande de piedra tapia y madera, según el aparejo y dispusiçión de la tierra, con su foso y puente levadiza la más fuerte que según el tienpo y aparejo se pudiere hazer para que siendo neçesario se puedan en ella rrecoger los vezinos y anpararse de los peligros que les pueden subçeder de yndios, o de cosarios o de otra gente.

6. Otrosí, os offreçeis y obligais que metereis dentro del dicho tienpo, en el número de la dicha gente que os obligais de llevar diez o doze rreligiosos por lo menos de la horden que os pareçiere, personas que sean de buena vida y exenplo, y otros quatro de la conpañía de Jhesús para que en la dicha tierra aya dotrina y puedan ser conbertidos los yndios a nuestra Santa Fée Cathólica y a nuestra obediençia.

7. Otrosí, os obligais de meter dentro del dicho tienpo en la dicha tierra çient cavallos e yeguas y dozientas terneras, quatroçientos puercos y quatroçientas obejas y algunas cabras y todos los demás ganados mayores y menores que os pareçieren conbinientes.

8. Yten, os ofreçeis que en todo lo a vos posible, el dicho descubrimiento y poblaçión será con toda paz y amistad y christiandad y el govierno de la gente de vuestro cargo la teneis en la maior christiandad y trato que vos pudieredes para que en todo será nuestro Señor y Nos servidos conforme a la ynistruçión que se os dará que se suele dar a los que van a hazer semejantes poblaçiones.

9. Otrosí, os obligais de meter dentro de los dichos tres años, en la dicha tierra, quinientos esclavos para vuestro serviçio y de la gente que abeis de llevar y para que con más façilidad se hedifiquen los pueblos

y se cultibe la tierra y para plantar cañas de açucar para los yngenios que se hizieren y para hazer los dichos yngenios.

10. Yten, por quanto en la costa de Bizcaya, Asturias y Galiçia ay chalupas y çanbras más a propósito que en el Andaluzía, y lo mesmo los offiçiales de carpinteros, herreros y canteros y labradores, tenemos por bien y se declara que la parte desta armada y gente que saliere de aquellas partes puedan yr a las yslas de Canaria derechamente sin llegar a la dicha Villa de Sant Lucar y Cádiz, siendo primeramente visitados ante la justiçia y persona que Nos señalaremos del puerto donde salieren la gente y navíos que van.

11. Otrosí, con condiçión que la dicha armada que ansí abeis de sacar, como está dicho, a de ser primero visitada por uno de nuestros offiçiales, por la horden que se acostunbra a hazer, para que se abea si va con la horden y cunplimiento deste asiento.

12. Yten, obligais de dar fianças legas, llanas y abonadas que Nos bolbereis quinze mill ducados de que os hazemos merçed y mandamos dar si no estuvieredes presto en todo el mes de Mayo primero que biene deste presente año para salir con el primero buen tienpo y no tubiredes a punto todo lo que estais obligado a llevar para el dicho tienpo, conforme a este asiento; y las dichas fianças las abeis de dar en esta Corte o en la çiudad de Sevilla, con sumisión a los del nuestro Consejo Real de las Yndias y otras nuestras justiçias.

13. Y para ayuda a los grandes gastos, peligros y travajos que vos el dicho Pero Menéndez abeis de tener en el dicho descubrimiento y poblaçión, lo que de nuestra parte se cunplirá con vos es lo siguiente:

14. Y para que con más voluntad, vos el dicho Pero Menéndez de Abiles, hagais y cunplais todo lo suso dicho es nuestra merçed y voluntad de os hazer nuestro Governador y Capitán General de la dicha costa
y tierra de la Florida y de todos los pueblos que en ella poblaredes por todos los días de vuestra vida y de un hijo o yerno vuestro, y abeis de llevar de Nos en cada un año, de salario dos mill ducados, los quales os han de ser pagados de los frutos y rrentas que nos pertenesçieren en la dicha tierra, y no los abiendo no hemos de ser obligados a os dar y pagar el dicho salario.

15. Otrosí, por os hazer más merçed, prometemos de os dar de presente quinze mill ducados para que os podais aprestar.

16. Otrosí, vos daremos liçençia para que destos Reinos y Señorios o del Reino de Portugal o yslas de Cabo Berde e Guinea, podais pasar y paseis, vos o quien vuestro poder oviere, a la dicha costa y tierra de la Florida quinientos esclavos negros, en que aya o lo menos el terçio dellos henbras, libres de todos derechos que dellos nos puedan pertenesçer; los quales abeis de llevar rregistrados para la dicha costa y tierra y no para otra parte alguna, so pena que si lo llevardes a otra parte los ayais perdido.

17. Yten, vos haré merçed de dar título de nuestro Adelantado de la dicha costa y tierra para vos y para vuestros herederos y susçesores perpetuamente.

18. Otrosí, vos daremos facultad para que a los que fueren a poblar la dicha tierra podais dar rrepartimientos y tierras y heredades para sus

plantas, labranzas y crianças conforme a la calidad de cada uno y lo que a vos os pareçiere, sin perjuizio de los yndios.

19. Otrosí, poniendolos en la dicha tierra de la Florida Audiençia Real, os haremos merçed de dar título de Alguazil Maior de la dicha Audiençia perpetuamente, para vos y para vuestros herederos y susçesores.

20. Yten, vos haremos merçed en lo que ansí descubrierdes y poblaredes en la dicha tierra de la Florida, veinte y çinco leguas en quadra en un lugar o dos como vos más quisierdes que sea en buena tierra y en parte que os esté bien comodamente sin perjuizio de los yndios, los quales sean para vos y para vuestros herederos y subçesores perpetuamente, para sienpre jamas, sin que en ellos tengais jurisdiçión alguna ni minas porquesto a de quedar para Nos. Y por quanto nos abeis suplicado os hagamos merçed de dar título de Marqués destas veinte y çinco leguas en quadra, que os mandamos dar, dezimos que acavando la jornada, y cunpliendo vos en todo lo contenido en este asiento vos haremos la merçed que oviere lugar conforme a vuestros serviçios.

21. Otrosí, vos hago merçed de quinze partes, la una de todas las rrentas, minas, oro y plata, piedras y perlas y frutos que nos abeis suplicado de las tierras y provinçias de la Florida, perpetuamente, para vos y para vuestros herederos y suçesores, quitas las costas.

22. Yten, vos haremos merçed de dos pesquerías, quales vos escogeredes, en las dichas tierras de la Florida, la una de perlas y la otra de pescado, para vos y para vuestros herederos y subçesores perpetuamente.

23. Yten, hazemos merçed a vos, el dicho Pero Menéndez, y a los vezinos y pobladores de la dicha tierra y a los que adelante fueren a ella, que los diez años primeros después de poblada la dicha tierra de todo lo que llevaren para probeimiento de sus personas, mujeres e hijos y casa no pagueis ni paguen derechos de almoxarifazgo alguno.

24. Otrosí, hazemos merçed a vos, el dicho Pero Menéndez, y a todos los vezinos y moradores, pobladores de la dicha tierra, que de todo el oro y plata, piedras y perlas que en ella se descubrieren no nos paguen más del diezmo por tienpo y espaçio de diez años que se corren y se cuenten desde el día que hizieredes la primera fundiçión.

25. Otrosí, tenemos por bien, que ausentados vos, el dicho Pero Menéndez, de la dicha tierra podais dexar en vuestro lugar un lugarteniente para que en todo tenga el mismo poder que vos, sienpre que querais benir a estos rreinos y nabegar en las Yndias, con que el teniente que nombraredes sea persona que tenga las calidades neçessarias para ello.

26. Otrosí, tenemos por bien y os hazemos merçed que en los dichos tres años en que abeis de cunplir este asiento no pagueis a Nos ni a otra persona alguna derechos de almoxarifazgos ni de galeras ni de otras ningunas cosas ni ynpusiçiones assí de navíos como de bastimentos ni de armas ni de muniçiones ni rrescates para los indios ni de ningún género de comida ni bebida, para todo lo suso dicho no se a de pagar nada, como dicho es, como se entienda de lo que dicho es que se llevare para la dicha tierra de la Florida.

27. Otrosí, os damos liçençia y facultad para que desde el día que partieredes destos rreinos para yr a la dicha tierra de la Florida en un año primero siguiente podais traer en la navegaçión de las nuestras Yndias por término de seis años, dos galeones de porte de quinientos a seis-

çientos toneles y dos pataxes de çiento y çincuenta a doçientos toneles, armados y artillados, merchantes o de armada, en flota o fuera della como a vos mejor os estuviere y pareçiere; y que los podais enbiar a qualquier parte o partes de las dicha nuestras Yndias que quisierdes juntos o dibididos, merchantes o de armada, en flota o fuera della como a vos mejor os estuviere y paresçiere y que los podais enbiar a qualquier parte o partes de las dichas nuestras Yndias que quisieredes juntos o debididos, con que no puedan yr cargados de ningunas mercaderías, salvo salvo *(sic)* de mercaderías de comer y beber y que de las que llevaren y traxeren y fletes y de los nabíos no seais obligado a pagar abería para ninguna armada ni galeras, lo qual os damos para ayuda a las costas y travajos que en la población de la dicha tierra de la Florida y provisión della abeis de hazer. Y que a la buelta de las Yndias podais traer las mercaderías que quisieredes libres de aberías, como esta dicho, con que no podais traer oro ni plata, perlas ni piedras, si no fuere los dineros que a vos tocaren y fueren vuestros y de lo proçedido de los fletes de los galeones y pataxes, de lo qual, como dicho es, no se a de pagar abería.

28. Ansímismo, vos damos, liçencia y facultad para que por tiempo de seys años, podais sacar destos nuestros rreinos y de qualquiera parte dellos a las yslas de Puerto Rico, Sancto Domingo y Cuva y a la dicha tierra de la Florida y de aquellas partes a estas, seis chalupas y quatro zabras, juntas o divididas, en flota o fuera della para el comerçio y trato de la dicha tierra de la Florida, y para cunplir el dicho asiento y llevar en lleo lo que vos pareçiere y fuere menester para la gente questuviere en la dicha tierra de la Florida con que si en las dichas yslas de suso declaradas quisieredes descargar algunas cossas de comida y bebida, que las dichas chalupas y zabras llevaren, lo podais hazer para que en lugar de aquello carguen de ganados y de las cosas neçesarias para la dicha tierra de la Florida; y que si alguna chalupa o zabra desta se quedan en aquellas partes o se perdiere, que podais traer otras en su lugar; los quales dichos seis años an de correr, y queremos que corran, desde el mes de Junio del año benidero de mill y quinientos y sesenta y seis años en adelante. Y tenemos por bien que los maestres y pilotos que handuvieren en estos navíos aunque no sean exsaminados con que sean naturales destos nuestros rreynos, puedan serbir de maestre y pilotos.

29. Yten, tenemos por bien y mandamos questas dichas chalupas y zabras, que an de andar los dichos seis años como esta dicho, no paguen ni an de pagar aberías ningunas de lo que llevaren, por esta vez primera que salen a hazer su viaje a la dicha tierra de la Florida, pero que en el tienpo de los dichos seis años si de la dicha tierra de la Florida o yslas de Santo Domingo o Sant Juan de Puerto Rico o Cuba, traxeren algunas cossas a estos rreinos o destos rreinos sacaren bastimentos de comer y bever o otras cossas neçesarias para la dicha tierra de la Florida, que en tal caso, paguen las aberías que se rreparten para las galeras que handan en esta costa del poniente de España, de ques Capitán General Don Alvaro de Vaçán y tanbien an de pagar las aberías de armada que van a las nuestra Yndias si las dichas chalupas y zabras fueren o vinieren en su conserba, pero si las dichas chalupas y zabras nabegaren por si, uno de conserva de la dicha armada que va a las Yndias no han de pagar aberías de la dicha armada que ansí va a ellos.

30. Otrosí, tenemos por bien que en quanto a los scrivanos que se an de llevar que en lo que toca a los dichos galeones y dos pataxes se guarde la horden que nos tenemos dada, pero en quanto a las seis chalupas y quatro zabras tenemos por bien y mandamos que para todas ellas juntas no se nonbre por Nos más de un escrivano atento a que son navíos vuestros y que toda la costa de armas, artillería y muniçiones, bastimentos y todo lo demás que llevaren y an de llevar a de ser vuestro y a vuestro cargo, atento a que son navíos pequeños y de poca carga y que de llevar en cada uno un escrivano vos sería muy costosso.

31. Yten, vos haremos merçed, como por la presente vos le hazemos, de os dar título de nuestro Capitán General de toda la dicha armada y navíos y gente que en ellos anduviere, y dello os mandaremos dar título en forma.

32. Otrosí, queremos y tenemos por bien que todo lo que tomardes con los dichos galeones, zabras y pataxes durante el tienpo de los dichos seys años a los cossarios sea vuestro y de vuestros herederos y subcesores, y lo mismo qualesquier pressas que las quitardeis y tomaredes sin perjuiçio del derecho del tributo, por quanto os hazemos merçed dello.

33. Yten, se asienta y conçierta que durante el tienpo de los dichos seys años, por ninguna manera no se os puedan enbargar ni detener para nuestro serviçio ninguno de los dichos galeones ni pataxes, chalupas ni zabras en estos rreinos ni en las dichas nuestras Yndias; y si para alguna cosa forçossa y neçesaria vos fueren enbargados algunos de los dichos navíos podais meter otros en su lugar del mismo porte, y quando no los metieredes, pasados los dichos seis años, los podais traer conforme a este dicho asiento todo el tiempo que se os tuvieren enbargados o detenidos, y que los nuestros offiçiales de la Casa de la Contrataçión de Sevilla o de Cádiz, y otras qualesquier justiçias destos rreinos o de las Yndias, donde los dichos navíos llegaren, les dén todo el fabor para el breve y buen despacho dellos y les den los rregistros con toda brebedad porque no se detengan para los suso dicho, y que a los capitanes y offiçiales que en ellos andubieren les den todo el fabor e ayuda y mandamos a las personas y justiçias a quien lo en este capítulo toca que ansí lo guarden y cunplan.

34. Otrosí, si por casso Dios Nuestro Señor llevare desta presente vida a vos, el dicho Pero Menéndez, antes de los dichos tres años de manera que no podays aver cunplido de vuestra parte lo contenido en esta dicha capitulación, tenemos por bien y queremos que lo pueda cunplir la persona que vos nombrareses y señalardes y en falta de no dexarla nonbrada lo puede cunplir la persona que nonbrare el que heredare vuestra cassa y hazienda para poder gozar todas las merçedes contenidas en este asiento.

35. Por ende, por la presente haziendo vos, el dicho Pero Menéndez, a vuestra costa lo suso dicho según y de la manera que de suso se contiene y cunpliendo todo lo contenido en esta capitulación y las instruçiones que se vos dieren y las que adelante se os darán y las provisiones y hordenanzas que hizieremos y mandaremos guardar para la dicha tierra y poblaçiones y para el buen tratamiento y conbersión a nuestra Santa Fée Cathólica de los naturales dellas y de los pobladores que a ellas fueren, digo y prometo, por mi Fée y palabra Real, que vos será guardada esta capitulaçión y todo lo en ella contenido, en todo y por todo según

y como en ella se contiene sin que se os vaya ni pase contra alguna della; y no lo aziendo ni cunpliendo ansí vos, aquello a que os obligais, no seamos obligados a vos guardar y cunplir lo suso dicho ni cosa alguna dello antes os mandaremos castigar y proçeder contra vos como contra persona que no guarda y cunple y traspasa los mandamientos de su Rey y Señor natural, y dello vos mandamos dar la presente, firmada de nuestra mano y señalada de los del nuestro Consejo de las Yndias y rrefrendada de Françisco de Eraso nuestro secretario. Fecha en Madrid, a veinte días del mes de Março, de mill y quinientos y sesenta y çinco años. Yo el Rey. Refrendada de Françisco de Erasso, y señalada de los del Consejo y de las Yndias.

## DOCUMENTO N.º 64

Capitulación otorgada a Jorge de Quintanilla para ir a descubrir el paso entre la mar del Norte y la mar del Sur.
1565, julio 29. Dada en Turégano.
A.G.I. Indif. General 415. L. I, fols. 269-271.
C.D.I. T. XXIII, págs. 259-265.


Capitulaçión que se tomó con Jorje de Quintanilla para descubrir el paso de la mar del Norte a la del Sur.

### EL REY

Por quanto vos, Jorje de Quintanilla vezino y rregidor de la çiudad de Cartagena, por el deseo que teneis del serviçio de Dios nuestro Señor y nuestro y de que la Coronal Real destos rreynos nuestros seha acreçentada y se escusen los grandes daños, muertes y costas que se siguen de desenbarcarse en el puerto del Nombre de Dios de la provinçia de Tierra Firme la gente y mercaderías que van destos rreinos y llevarlo por tierra desde allí a Panamá y tornarle a enbarcar para el Pirú, os abeis ofreçido que por çierta parte donde vos sabeis y teneis notiçia que puede aver paso para de poder nabegar y pasar por agua desde la mar del norte a la del Sur y por ella llevar todas las dichas mercaderías y gente al Pirú y otras partes que caen en la mar del Sur, lo descubrireis a vuestra costa y minsión sin que Nos seamos obligados a gastar cosa alguna en ello, y que metereis en el dicho passo y camino navíos de rremos, fustas, fragatas, bergantines y galeras que en cada uno de los dichos vasos quepan mill botas de bino peruleros o mill y quinientas arrovas de peso de otras mercaderías, los quales puedan navegar por agua de la dicha mar del Sur a la del Norte y por tienpo se pueda hazer por allí la contrataçión de la espeçiería de que nuestras rrentas rreales podrían ser acreçentadas y que hedificareis y poblareis en la parte del mar del Sur un pueblo, o los que más conbinieren y pudierdes poblar en la parte y lugar mas cómoda y neçesaria dentro de tres años primeros siguientes que corran y se quenten desde el día que del puerto de Sant Lucar de Barrameda

413

o de Cádiz os hiçierdes a la bela para hazer el dicho viaje, suplicandome que en rremuneraçion de un semejante y tan señalado serviçio vos conçediese y otorgase las merçedes y con las condiçiones que de yuso serán contenidas, sobre lo qual mandé tomar con vos el asiento y capitulaçión siguiente:

1. Primeramente, que vos el dicho Jorje de Quintanilla os abeis de encargar de descubrir el passo y entrada de que deçis teneis notiçia que ay desde la mar del norte a la del sur, por agua, a vuestra costa y minsión y de meter en él navíos de rremos así fustas como fragatas, bergantines y galeras en que quepan en qualquiera dellos mill botijas de bino peruleras o mill y quinientas arrovas de pesso de otras mercaderías, las quales naveguen de la una mar a la otra, en que puedan yr y passar la dicha gente y mercaderías que ansí fueren destos rreinos al Pirú y otras provinçias e yslas de las nuestra Yndias, questovieren a la parte del mar del Sur, sin desliarse ningún fardo ni caxa, sin que por ello Nos ni los rreyes que después de Nos binieren seamos obligados a vos pagar ni satisfazer los gastos y costos que en ello hiçierdes.

2. Yten, questando descubierto el dicho camino y passo ayais de hedificar y poblar en él y la parte del mar del Sur un pueblo o los que más pudierdes y fueren neçesarios d'españoles en la parte y lugar mas cómoda y neçesaria, dentro de los dichos tres años, como dicho es.

3. Y porque con más voluntad, vos el dicho Jorje de Quintanilla, hagais y cunplais todo lo suso dicho es nuestra merçed y voluntad de hazeros nuestro Gobernador y Cappitán por todos los días de vuestra vida de los pueblos que poblardes a la salida del dicho rrío o passo asta la mar del sur con çinco leguas alrrededor de cada uno de los dichos pueblos con tanto que los dichos pueblos no sean de yndios si no de españoles en los quales vos podais poner y nonbrar Alguaçil Mayor y los demás Alguaziles Menores que fueren neçesarios para la execuçion de la nuestra justiçia.

4. Yten, os conçedemos el dicho gobierno que se entienda, ansímismo por todos los rríos y passos que navegardes con los dichos navíos haçiendo el dicho descubrimiento de la gente que llevardes en ellos para que os tengan y obedescan y acaten por nuestro gobernador y cappitán y vos los tengais a ellos devaxo de vuestro gobierno.

5. Otrosí, os hazemos merçed que por término de diez años primeros siguientes que corran y se cuenten desde el dicho día que ansí os hizierdes a la bela en los puertos de San Lucar de Barrameda o Cádiz para hazer la dicha jornada ninguna ni algunas personas de qualquier calidad o condiçión que sean no puedan nabegar ni nabegaren por el rrío o passo que vos descubrierdes si no fuerdes vos o la persona o personas que vuestro poder para ello tuvieren.

6. Yten, hazemos merçed de çinquenta liçençias de esclavos negros, la terçia parte henbras, libres de todos derechos que dellos pertenescan con tanto que os obligueis y deis fianças de que no paresçiendo haber abido hefeto el dicho descubrimiento dentro de los dichos tres años, pagareis luego que sean pasados a los nuestros offiçiales que rresiden en la çiudad de Sevilla, en la Casa de la Contrataçión de las Yndias los derechos dellas, a razón de treinta ducados por la liçençia de cada una dellas.

7. Yten, os conçedemos y hazemos merçed de otras çient liçençias de esclavos, más la terçia parte honbres con que ansymismo deis fianças llanas y abonadas para que dentro de un año primero siguiente, que corra y se quente desde el día que las registrardes ante los nuestros offiçiales que rresiden en la çiudad de Sevilla en la Casa de la Contratación de las Yndias, nos pagareis en poder de los nuestros offiçiales de la dicha provinçia de Cartagena los tres mill ducados que en ellos montan de buena moneda, a rrazón de a treynta ducados por la liçençia de cada una dellas.

8. Otrosí, os damos liçençia y facultad para que destos nuestros rreinos y señoríos podais llevar y lleveis doze hombres casados o solteros que os ayuden a hazer el dicho descubrimiento y poblaçión, con que ninguno dellos sea de los proybidos a pasar aquellas partes y vayan despachados por los dichos nuestros offiçiales de la çiudad de Sevilla.

9. Por ende, por la presente haziendo vos lo suso dicho, a vuestra costa según y de la forma que de suso se contiene, y guardando y cunpliendo todo lo contenido en esta capitulación y las ynstruçiones que dieremos y las provisiones y hordenanças que hiçieremos y mandasemos guardar para el dicho paso y navegaçión y poblaçiones que en ella se hizieren y pobladores que a ella fueren a poblar, digo y prometo que vos será guardada esta capitulación y todo lo en ella contenido, en todo y por todo según de suso se contiene; y no lo haziendo ni cunpliendo así, Nos no seamos obligado a vos guardar ni cunplir lo suso dicho, ni cosa alguna dello, antes mandaremos executar por lo que montaren las dichas çiento y çinquenta liçençias de esclavos vos mandaremos castigar y proçeder contra vos como contra persona que no guarda y cunple y traspasa los mandamientos de su Rey y Señor natural, y dello vos mandamos dar la presente, firmada de nuestra mano y señalada de los del nuestro Consejo de las Yndias y rrefrendada de Françisco de Erasso, nuestro secretario. Fecha en Turuegano, a veinte y nueve días del mes de Jullio de mill y quinientos y sesenta y çnco años. Yo el Rey. Por mandado de su Magestad, Françisco de Erasso, señalada de los señores del Consejo.

# DOCUMENTO N.º 65

Capitulación otorgada a Pedro Maraver de Silva para ir a descubrir, pacificar y poblar las provincias de Omagua, Omeguas y el Guinaco.
1568, mayo 15. Dada en Aranjuez.
A.G.I. Indif. General 416. L. IV, fols. 1-6 vto.

Capitulaçión con el capitán don Pedro de Silva, sobre el descubrimiento y poblaçión de las provinçias de Omagua, Omeguas, y el Guinaco, y las demás provinçias.

## EL REY

Por quanto deseamos la población instruçión y conbersión de los naturales de las provinçias de las Yndias a nuestra Santa Fée Católica, teniendo delante el bien y salvaçión de sus ánimas como por la Santa Yglesia Romana se nos a encargado, continuando el zelo, trabajo y cuidado que en esto los Católicos Reyes nuestros progenitores han tomado, y vos, el capitán don Pedro de Silva por deseo que teneis del serviçio de Dios nuestro Señor y nuestro y de la Corona Real destos rreinos sea acreçentada, os ofreçeis de descubrir y poblar las provinçias que entra en la gobernaçión que a de ser intitulada la Nueba Estremadura y de tener çiertos navíos para el mes de setienbre primero que berná deste año aparejados para hazerse a la vela con el primer tienpo en San Lucar de Barrameda con çierta gente, armas y muniçiones y otras cosas de yuso declaradas, todo a vuestra costa e misión sin que Nos ni los Reyes que después de Nos vinieren seamos ni sean obligados a vos pagar ni satisfazer cosa alguna dello más de lo que abaxo os será conçedido. Y nos suplicastes mandase os con vos hazer sobre ello capitulaçión y asiento y por cunplir el dicho deseo y con la confiança que de vos tenemos, y que hareis lo que con vos fuere capitulado de la manera que conbenga al serviçio de Dios y nuestro, mandamos tomar con vos la dicha capitulaçión y asiento en la forma siguiente:

416

1. Primeramente, vos el dicho capitán don Pedro de Silva os ofreçeis de tener para el mes de septiembre primero que viene a punto, para se hazer a la vela con el primer tienpo en la Villa de San Lucar de Barrameda o en la çibdad de Cádiz quatro navíos, los dos a doçientas toneladas y las dos de a çient toneladas en las quales aveis de llevar quinientos honbres, los çiento labradores y los otros gente de guerra y conveniente para la dicha poblaçión, de los quales procurareis que sean casados los çiento, o los más que hasta este número pudieredes, los quales yran a punto de guerra con sus armas, arcazubes, vallestas, murriones, rrodelas y las demás armas que os pareçiere y fueren convinientes para la dicha jornada; y asímismo llebareis los marineros y gente de mar neçesaria para el serviçio y gobierno de los dichos quatro navíos y seis clérigos de misa para enseñar a los naturales e instruirles en nuestra Santa Fée Católica y confesar y administrar los Santos Sacramentos a los españoles y los demás convenientes a la salvaçión de todos, de los quales clérigos los dos, y más si pudieredes, serán de la conpañía de Jesús aunque en la ynstruçión dize quatro.

2. Yten, que llevareis los bastimentos y probisiones neçesarias para la dicha gente para un año contado desde que os hizieredes a la bela de la dicha Villa de San Lucar o çibdad de Cádiz, y lo terneis a punto y enbarcado para el dicho mes de setienbre deste año.

3. Yten, aveis de consentir y tener por bien que la dicha armada que así aveis de sacar sea primero visitada por uno de los nuestros ofiçiales que rreside en la Casa de la Contrataçión de Sevilla, por la orden que se acostunbra hazer, para que se vea si va con la orden y cunplimiento deste asiento.

4. Yten, os obligais vos el dicho capitán don Pedro de Silva de yr con la dicha gente e navíos a punto de guerra a las dichas provinçias de Omagua y Omeguas y el Quinaco y las demás provinçias que entran en la gobernaçión que agora nombrais la Nueva Estremadura.

5. Yten, que tomareis la posesión de las provinçias y tierra que fueredes descubriendo y poblando en la dicha gobernaçión en nuestro nonbre y para nuestra Real Corona, haziendo para ello las cosas y diligençias neçesarias.

6. Yten, por quanto hemos encomendado el descubrimiento y poblaçión de las provinçias de Guayana y Caura al capitán Serpa, y dádole por límites de su gobernaçión trezientas leguas, entiendese que vos, el dicho capitán don Pedro de Silva, abeis de començar a poblar y descubrir desde allí adelante otras trezientas leguas que se os dan por límite de vuestra gobernaçión como abaxo se dirá donde os ofreçeis de hazer los pueblos que os pareçiere convenir, haziendo en cada uno su fuerte para defensa de la tierra y sustentarse y defenderse los españoles que vos fueren agora o adelante, los quales pueblos hareis dentro de quatro años y en el primero año hareis todas las más poblaçiones que os fuere posible.

7. Yten, os ofreçeis que dentro de los dichos quatro años llebareis a la dicha tierra y gobernaçión otros quinientos honbres para su poblaçión y sustentaçión con otros seis clérigos de Misa o frailes, de los quales seran los dozientos honbres o más labradores, y casados todos los que fuere posible, y a lo menos que hasta çiento dellos sean casados e llebar sus mugeres e hijos para mayor sosiego y quietud en la dicha tierra.

8. Yten, os obligais vos el dicho capitán dentro de los dichos quatro años de meter en la dicha tierra y población y para su sustento y defensa çient cavallos o más y otras cien yeguas y quinientas vacas o terneras y mill ovejas y dozientos puercos y cabras.

9. Yten, os obligais dentro de los dichos quatro años de meter en la tierra y población dicha treçientos esclabos para vuestro serviçio y de la gente que aveis de llevar e para que con más façilidad se edifiquen los pueblos y se cultibe la tierra y hagan yngenios de açucar y planten las cañas del dicho açucar, y para ellos convinieren y se hagan las demás cosas que fueren menester para su sustentaçión.

10. Yten, os ofreçeis que en todo lo a vos posible el dicho descubrimiento y poblaçión será con toda paz, amistad y christiandad y que gobernareis la gente de vuestro cargo con la mejor orden, trato y christiandad que pudieredes para que en todo sea nuestro Señor y Nos serbidos conforme a la instruçión que se os dará para ello.

11. Para que con mayor ánimo y comodidad vuestra y de la gente que con vos fuere se pueda hazer la dicha poblaçión y sustentarse la gente en ella, de nuestra parte se os ofreçen las merçedes siguientes:

12. Primeramente, se os haze merçed de la dicha gobernaçión y poblaçión de las provinçias de Omagua y Omeguas y el Quinaco y las demás provinçias que agora yntitulas Nueba Estremadura, hasta treçientas leguas de longitud y latitud que se an de contar pasadas las dichas provinçias de Guayana y Caura que hemos dado en gobernaçión al dicho capitán Diego Hernandez de Serpa, de manera que por todas partes la dicha vuestra gobernaçión se estiende y entiende las dichas trezientas leguas, y no más

13. Yten, os hazemos merçed que seais nuestro gobernador y Capitán General de la dicha tierra y poblaçión por vuestra vida y por la vida de otro hijo o heredero vuestro que nonbraredes, con dos mill ducados de quitaçión con el dicho cargo, los quales aveis de cobrar y os an de ser pagados a los frutos y rrentas que en la dicha tierra nos perteneçieren, pero que no los aviendo no seamos obligados de pagarlos de otra nuestra Hazienda Real.

14. Yten, os hazemos merçed que cunpliendo de vuestra parte el dicho asiento y capitulaçión de la manera que teneis ofreçido se os dará título de Adelantado de la dicha provinçia y gobernaçión de la Nueva Estremadura para vos e vuestro heredero y subçesor, perpetuamente, pero sin daros a vos y a ellos quitaçión con el dicho título.

15. Yten, os hazemos merçed de veinte e çinco leguas en quadra pobladas de yndios, en una parte o en dos de la dicha provinçia, como vos quisieredes, para vos e para vuestros herederos e subçcesores perpetuamente, aviendo vos cunplido lo asentado en esta dicha capitulaçión y siendo sin perjuizio de los yndios de la dicha tierra y sin que en las dichas veinte y cinco leguas en quadra tengais jurisdiçión alguna ni minas dellas, porque esto a de quedar rreservado para Nos.

16. Yten, se os haze merçed que poniendo Nos o los Reyes que después de nos suçedieren Audiençia Real en la dicha provinçia y gobernaçión, del Alguaziladgo Mayor de la dicha Audiencia para vos e para vuestros herederos e subçesores, perpetuamente.

17. Yten, os hago merçed que podais dar a los pobladores de la dicha tierra rrepartimientos de yndios, conforme a la calidad de sus personas y

serviçios, teniendo consideración a que no aya exçeso en los dichos rrepartimientos y que sean primero tasados por vos o las personas que para ello nonbraredes.

18. Yten, se os haze merçed que podais dar a los dichos pobladores de la dicha gobernación rrepartimientos de tierras para sus labranças, y criancas y estançias para sus ganados e solares para sus casas, lo qual se entiende perpetuamente para ellos y sus herederos y subçesores con que tengais mucha atençion en lo suso dicho, u sea sin perjuizio de los yndios conforme a la ynstruçion que sobre esto se os dará.

19. Yten, hazemos merçed a vos y a los veçinos y pobladores de la dicha gobernaçion que no pagueis más del diezmo del oro, plata, piedras y perlas de las minas y otros aprobechamientos que oviere en la dicha tierra por tienpo de diez años, los quales corran y se quenten desde el día que se hiziere la primera fundiçion.

20. Yten, os hazemos merçed a vos, el dicho don Pedro de Silva, e a los veçinos e pobladores de la dicha tierra y a los que adelante a ella fueren, que por diez años primeros después de poblada la dicha tierra no pagueis ni paguen derechos de almoxarifadgo alguno de todo lo que llebaren destos rreinos para proveimiento de sus personas, mugeres e hijos, de su casa y familia.

21. Yten, en quanto Nos aveis suplicado que vos hagamos merçed de las penas de Cámara para la fundación de las yglesias y monesterios que en aquella tierra se hizieren, lo acordareis descubierta la tierra para que entendida su calidad proveamos en ello lo que conbenga.

22. Yten, os hazemos merçed que podais rrepartir entre los veçinos e pobladores de la dicha tierra aguas y hexidos para molinos e yngenios de açucar y para otras cosas neçesarias para su aprovechamiento y sustentaçion, lo qual les podeis dar perpetuamente para ellos e sus herederos y subçesores; pero entiendese que lo hagais sin perjuizio de los yndios, y dando las dichas aguas y hexido con moderaçion y tenplança y obligandoles a llevar dentro de tres años confirmaçion nuestra.

23. Yten, en quanto nos suplicais os hagamos merçed por tres vidas, con salario conpetente, de las tenençias de las fortalezas que se hizieren en la dicha tierra, se proveerá lo que convenga según la calidad de las dichas fortalezas y de la neçesidad que ellos oviere.

24. Yten, en quanto nos suplicais os hagamos merçed (... tras) de dar facultad para señalar términos a las çibdades que poblaredes y darles propios, exidos y dehesas os hazemos merçed que quanto a los términos los podais señalar a las dichas çibdades que ansí poblaredes, siendo sin perjuizio de los yndios y con que lleben las dichas çibdades confirmaçion nuestra dentro de tres años después que así les señalaredes los dichos términos, aveis de ynbiar particular declaraçion de la calidad de los dichos términos y de las leguas que en ancho y largo tubieren; y en lo que toca a los propios, dehesas y exidos enbiarnos eis particular declaraçion e ynformaçion de lo que os parece se debe señalar a cada una de las dichas çibdades para los dichos propios, dehesas y exidos, y de la comidad y valor que tienen y si dello resulta perjuizio a yndios o a otras personas o se pueda seguir algund inconveniente o daño a Nos o a otra persona particular, para que visto todo mandemos proveer lo que convenga.

25. Yten, os hazemos merçed de dar liçençia que podais sacar así destos rreinos como de Portugal, Cabo Verde o Guinea quinientos esclavos en que aya a lo menos el terçio dellas hembras, libres de todos derechos que dellos nos puedan perteneçer para serviçio vuestro y de los dichos pobladores y para la labor y agricultura de la tierra y otras cosas neçesarias e convenientes a vos e los dichos pobladores con que los lleben rregistrados para la dicha población y tierra de la Nueva Estremadura y no para otra parte alguna, so pena que si los llebaredes a otra parte los ayais perdido.

26. Yten, os hazemos merçed que si vos, el dicho capitán don Pedro de Silva, fallecieredes, teniendo començado a aprestar vuestro viaje o yendo en seguimiento dél, podais nonbrar para la dicha gobernaçión la persona que os pareçiere hasta en tanto que vuestro heredero o subçesor bengan a continuar y serbir la dicha gobernaçión, y el que así nonbraredes pueda proseguir el dicho viaje para la orden y manera que arriba está dicho.

27. Yten, os hazemos merçed de dar liçençia para que de España podais sacar ochoçientos honbres para poblar y paçificar la dicha gobernaçión de que así os hemos hecho merçed, con que la dicha gente saqueis para la dicha tierra y población y no para otra parte alguna, y que así se rregistre en los dichos navíos que aveis de llebar.

28. Yten, se os haze merçed que con dos navíos de hasta doçientas toneladas por término de çinco años, contados desde que os hizieredes a la vela con la dicha armada, podais proveer la dicha gobernaçión y tierra de las cosas neçesarias para vuestro mantenimiento así de comida como de bevida y ganados e cavallos así de España como de las yslas comarcanas de las Yndias y Tierra Firme, los quales navíos puedan salir juntos o cada uno por si y con flota o sin ella, y que sea libre lo que llevaren, como dicho es, de almoxarifadgo, averías, galeras y otras ynpusiçiones o derechos algunos por el dicho tienpo; pero que otras cosas fuera de las dichas no puedan llebar los dichos navíos, so pena que sean perdidas, ni para otra parte alguna, salvo para la dicha gobernaçión so la mesma pena.

29. Yten, os hazemos merçed que por el dicho tienpo de los dichos çinco años, podais nonbrar maestres y pilotos que anden en los dichos dos navíos, aunque no sean examinados, siendo áviles e naturales y destos rreinos y para solo el efeto que esta dicho de llebar los dichos mantenimientos a la dicha población.

30. Yten, se os haze merçed de dos pesquerías, una de perlas y otra de pescado, donde vos las señalaredes, para vos e vuestros herederos y subçesores perpetuamente, con que sean sin perjuizio de los yndios ni de otro terçero y con que guardeis las leyes y provisiones dadas sobre la pesquería de las dichas perlas.

31. Por ende, por la presente haziendo vos, el dicho capitán don Pedro de Silva, a vuestra costa lo suso dicho, según y de la manera que de suso se contiene, y cumpliendo todo lo contenido en esta capitulación y las yntruçiones que se vos dieren y las que adelante se os darán y las provisiones y ordenanças que hizieremos e mandaremos guardar para la dicha tierra e poblaçiones, e para el buen tratamiento y conversión a nuestra Santa Fée Católica de los naturales dellas y de los pobladores que

a ellas fueren, digo e prometo por mi Fée e palabra Real que vos será guardada esta capitulaçión e todo lo en ella contenido, en todo y por todo, como en ella se contiene, sin que se os vaya ni pase contra cosa alguna dellas; y no lo haziendo ni cunpliendo ansí vos aquello a que os obligais, no seamos obligados a vos guardar y cunplir lo suso dicho ni cosa alguna dello, antes os mandaremos castigar e proçeder contra vos como contra persona que no guarda y cunple y traspasa los mandamientos de su Rey y Señor Natural. Y dello vos mandamos dar la presente, firmada de nuestra mano y señalada de los del nuestro Consejo de las Yndias, y rrefrendada de Françisco de Erasso. Fecha en Aranjuez, a quinze de mallo de mill e quinientos sesenta y ocho años.

32. Yten, os hazemos merçed que sin enbargo no os ayais obligado de llevar agora seis clérigos, por sentaros de alguna costa y por mayor seguridad de nuestra conçiençia, de tomar a cargo la elecçión de los dichos clérigos en este primer viaje y enbiarlos a nuestra costa, a los quales rrespetareis como a personas eclesiasticas, y tomareis su pareçer en lo que se ofreçiere tocante a conçiençia en la dicha poblaçión, y después de llegados les hareis proveer de lo neçesario de los diezmos de los frutos de la tierra e no los aviendo bastantes rrepartiendo entre los pobladores della lo necesario para su sustentaçión. Yo el Rey, rrefrendada de Erasso, señalada del Consejo.

## DOCUMENTO N.º 66

Capitulación otorgada a Diego Fernández de Serpa para ir a descubrir y poblar las provincias de Guayana y Caura, dentro de las provincias de Nueva Andalucía.
1568, mayo 15. Dada en Aranjuez.
A.G.I. Contratación 5090. Libro VI, n.º 4, fols. 104-108.
*Cedularios de la monarquía española de Margarita, Nueva Andalucía y Caracas.* Caracas, 1967, T. II, pág. 1.


Capitulaçión que se tomó por mandado de Su Magestad con Diego Fernandez de Serpa, Gobernador y Capitán General de la Nueva Andaluçía.

### EL REY

Por quanto desseamos la poblaçión e ynstrucción e converssión de los naturales de las provinçias de las Yndias a nuestra Sancta Fée Cathólica, teniendo delante el vien y salvaçión de sus ánimas como por la Santa Yglesia Romana nos a encargado, continuando el zelo, trabajo y cuidado que en esto los Cathólicos Reyes nuestros progenitores an tomado, y vos el capitán Diego Fernando de Serpa por el deseo que teneys del serviçio de Dios nuestro Señor y de que la Corona Real de los reynos sea acreçentada, os ofreçeis de descubrir y poblar la provinçia de Guayana y Caura y las demás provinçias que entran en la governaçión que a de ser yntitulada la Nueva Andaluzía y de tener ciertos navíos para el mes de Septiembre, primero que verná deste año, aparejados para hazerse a la vela con el primer tienpo en San Lucar de Barrameda, o en la çibdad de Cádiz, con çierta gente, armas y muniçiones y otras cosas de yuso declaradas, todo a vuestra costa y minsión sin que Nos ni los Reyes que despues de Nos vinieren seamos ni sean obligados a vos pagar ni satisfazer cosa alguna dello más de lo que abajo os será conçedido, y nos suplicastes mandase con vos hazer sobre ello capitulación y asiento, y por cunplir el dicho deseo y por la confianza que de vos tenemos y que hareys lo que con vos fuere capitulado de la manera que convenga al serviçio de Dios y nuestro, mandamos tomar con vos la dicha capitulaçión y asiento en la forma siguiente:

1. Primeramente, vos, el dicho capitán Diego Fernandez de Serpa, os ofreçeis de tener para el mes de Septiembre primero que verná a punto para se hazer a la vela con el primer tienpo, en la villa de San Lucar de Barrameda o en la çiudad de Cádiz quatro navíos, los dos de a dozientas toneladas y los dos de a çien toneladas en las quales aveis de llevar quinientos onbres, los ciento labradores y los otros gente de guerra y convinientes para la dicha población, a los quales procurareis que sean casados los çiento e los más que hasta este número pudierdes; los quales yran a punto de guerra con sus armas, arcabuzes, vallestas, murriones, rrodelas y las demás armas que os pareçiere y fueren convenientes para la dicha jornada, y ansímismo llevareys los marineros y gente de mar neçesaria para el serbiçio y gobierno de los dichos quatro navíos y sey clérigos de Missa para enseñar a los naturales y ynstruirles en vuestra Santa Fé Católica, y confesar y administrar los Santos Sacramentos, e los españoles y lo demás conviniente a la salvación de todos, de los quales clérigos los dos, y más si pudierdes, serán de la conpañía de Jesús aunque en la ynstruçión dize quatro.

2. Yten, que llevareis los bastimentos y provisiones neçesarias para la dicha gente para un año, contado desde que os hizierdes a la vela de la dicha villa de San Lucar o çiudad de Cádiz, y lo terneis a punto y enbarcado para el dicho mes de Septiembre deste año.

3. Yten, aveys de consentir y tener por bien que la dicha armada que así aveis de sacar sea primero visitado por uno de los nuestros ofiçiales que rresiden en la Casa de la Contrataçión de Sevilla, por la orden que se acostunbra hazer para que se vea si va con la orden y cunplimiento deste asiento.

4. Yten, os obligais vos, el dicho capitán Diego Fernández de Serpa, de yr con la dicha gente y navíos a punto de guerra a las dichas provinçias de Guayana y Caura, que asegura nonbrais la nueva Andaluzía, y poblar luego el puerto questá en la costa donde aveys de yr a desenbarcar, ques entre el rrío de Vuapari y el Morro Lucare, que es la costa de Cumaná y Peritón.

5. Yten, que costeareys desde el dicho rrío de Vuapari toda costa hasta llegar al rrío Marañón y tomareis la possesión de todo lo que así costearedes, en nuestro nonbre y para nuestra Real Corona.

6. Yten, os obligais vos, el dicho Capitán, de poblar y poblareis por el rrío de arriba derechamente, hasta trezientas leguas que se os dán por límite de nuestra gobernaçión como abaxo se dirá, donde os ofreçeis de hazer los pueblos que os pareçiere convenir, haziendo en cada uno su fuerte para defensa de la tierra y sustentarse y defenderse los españoles que con vos fueren agora e adelante, los quales pueblos hareis dentro de quatro años, y en este primero año hareis todas las más poblaçiones que os fuere posible.

7. Yten, os ofrezeis que, dentro de los dichos quatro años, llebareis a la dicha tierra y governaçión otros quinientos onbres para su población y sustentaçión con otros seis clérigos de missa o frailes; de los quales

serán los doszientos onbres o más labradores y casados todos los que fuere posible, y a lo menos que hasta çiento de ellos sean casados y lleven sus mujeres e hijos, para mayor sosiego y quietud en la dicha tierra.

8. Yten, os obligais vos, el dicho capitán, dentro de los dichos quatro años de meter en la dicha tierra y población y para su sustento y defensa, çient cavallos o más y otras çient yeguas y quinientas vacas o terneras y mill ovejas y duzientos puercos y cabras.

9. Yten, os obligais dentro de los dichos quatro años de meter en la tierra y población dicha, trezientos esclavos para nuestro serviçio y de la gente que aveis de llevar, y para que con más façilidad se edifiquen los pueblos y se cultive la tierra y hagan yngenios de açucar y planten las cañas del dicho açucar que para ellos convinieren y se hagan las demás cossas que fueren menester para su sustentaçión.

10. Yten, os ofrezeis que en todo lo a vos posible, el dicho descubrimiento y poblaçión será con toda paz, amistad, y cristiandad y que gobernareis la gente de vuestro cargo con la mejor orden, trato y cristiandad que pudierdes para que en todo sea nuestro Señor y Nos servidos, conforme a la yntruçión que se os dará para ello.

11. Y para que con mayor ánimo y comodidad vuestra y de la gente que con vos fuere se pueda hazer la dicha población y sustentarse la gente en ella, de nuestra parte se os ofreçen los maravedís siguientes:

12. Primeramente, se os haze merçed de la dicha governaçión y poblaçión de las provinçias de Guayana y Caura, y los demás questán la tierra adentro que agora yntitulais nueva Andaluzía hasta trezientas leguas de longitud y latitud el rrío arriba de Vuaparu, por la altura y más el girón de tierras donde está el puerto que es del dicho rrío de Vuapari, hasta el morro de Unare, costa de Cumaná y Peritó, como arriba está dicho, no siendo del dicho puerto y girón de tierra hecha merçed a otro, ni siendo en jerjuizio de tercero; y entiendese que no a de tener la dicha vuestra governaçión por todas partes mas de trezientas leguas allende del dicho girón de tierra.

13. Yten, os hazemos merçed que seais nuestro Gobernador y Capitán General de la dicha tierra y población, por vuestra bida e por la vida de otro hijo o heredero vuestra que nonbraredes, con dos mill ducados de quitaçión con el dicho cargo, los que les aveis de cobrar y os an de ser pagados de los frutos y rrentas que en la dicha tierra nos pertenesçieren, pero que no los aviendo no seamos obligados de pagarlos de otra nuestra Real Hazienda.

14. Yten, os hazemos merçed que cunpliendo de vuestra parte el dicho asiento y capitulaçión, de la manera que teneys ofreçido, se os dará título de Adelantado de la dicha provinçia y gobernaçión de la Nueva Andaluzía, para vos e vuestros herederos y susçesores perpetuamente, pero sin daros a vos y a ellos quitaçión con el dicho título.

15. Yten, os hazemos merçed de veinte e çinco leguas en quadra pobladas de yndios, en una parte o en dos de la dicha provinçia como vos quisieredes, para vos y para vuestros herederos y susçessores perpetuamente, aviendo vos cunplido lo assentado en esta dicha capitulaçión, y siendo sin perjuizio de los yndios de la dicha tierra y sin que en las dichas veynte e çinco leguas en quadra tengais jurisdiçión alguna, ni las minas de ellos, porque esto a de quedar rreserbado para Nos.

16. Yten, se os haze merçed que poniendo Nos e los Reyes que después de Nos susçedieren Audiençia Real en la dicha provinçia y governaçión de el Alguaziladgo Mayor de la dicha Audiençia para vos y vuestros herederos y susçessores perpetuamente.

17. Yten, os hago merçed que podais dar a los pobladores de la dicha tierra rrepartimientos de yndios conforme a la calidad de sus personas y serviçios, tiniendo consideración e que no aya eçeso en los dichos rrepartimientos y que sean primero tasados por vos o las personas que para ello nonbraredes.

18. Yten, se os haze merçed que podades dar a los dichos pobladores de la dicha gobernaçión rrepartimientos de tierras para sus labranças y criancas y estançias para sus ganados y y solares para sus casas, lo qual se entiende perpetuamente para ellos y sus herederos y sus susçessores, con que tengais mucha atençión que lo suso dicho sea sin perjuizio de los yndios conforme a la ystruçión que sobre esto se os dará.

19. Yten, hazemos a vos y a los vezinos y pobladores de la dicha governación que no pagueis más del diezmo del oro, plata, piedras y perlas de las minas y otros aprovechamientos que oviere en la dicha tierra, por tienpo de diez años, los quales corran y se quenten desde el día que se fiziere la primera fundiçión.

20. Yten, os hazemos merçed a vos el dicho Diego Fernandez, y a los vezinos y pobladores de la dicha tierra y a los que adelante a ella fueren, que por los diez años primeros después de poblada la dicha tierra no pagueis ni paguen derechos de almoxarifazgo alguno de todo lo que llevasen destos rreynos para proveymiento de sus personas, mugeres y hijos y de su casa y familia.

21. Yten, en quanto nos abeis suplicado que os hagamos merçed de las penas de cámara para la fundaçión de las yglesias y monasterios que en aquella tierra se hizieren, lo acordareis descubierta la tierra para que entendida su calidad proveamos en lo que convenga.

22. Yten, se os haze merçed que podais rrepartir entre los vezinos y pobladores de la dicha tierra aguas y hexidos para molinos y yngenios de açucar y para otras cosas neçesarias para su aprovechamiento y sustentaçión, lo qual les podeis dar perpetuamente para ellos y sus herederos y susçessores, pero entiendase que lo hagais sin perjuizio de los yndios y donde las dichas aguas y hejidos con moderaçión y tenplança y obligandoles a llevar dentro de tres años confirmaçión rreal.

23. Yten, en quanto nos suplicais os hagamos merçed por tres vidas con salario conpetente de las tenençias de las fortalezas que se hizieren en la dicha tierra, se proveerá adelante lo que convenga según la calidad de las dichas fortalezas y de la neçesidad que dellas oviere.

24. Yten, en quanto nos suplicais os hagamos merçed de dar facultad para señalar términos a las ciudades que poblaredes, y darles propios y dehesas y exidos, os hazemos merçed que quanto a los términos los podais señalar a las dichas çiudades que así pobláredes, siendo sin perjuizio de los yndios y con que lleven las dichas çiudades confirmaçión nuestra dentro de tres años después que así los señaláredes los dichos términos; y para que mejor entendamos si se deven de confirmar los dichos términos, aveis de ynbiar particular declaraçión de la calidad de los dichos términos y de las leguas que en ancho y largo tubieren; y en lo que toca a los propios,

dehesas y exidos, enbiarnos eys particular declaración e ynformación de lo que os pareçe se debe señalar a cada una de las dichas çiudades para los dichos própios, dehesas yexidos y de la comodidad y valor que tienen y si dello rresulta perjuizio a yndios o a otras personas o se puede seguir algun ynconviniente y daño a Nos o a otra persona particular, para que visto todo mandemos proveer lo que convenga.

25. Yten, os hazemos merçed de dar liçençia que podays sacar así destos Reinos como Portugal, Cavo Berde y Guinea, quinientos esclavos en que aya a lo menos el terçio de ellos henbras, libres de todos derechos que de ellos Nos puedan perteneçer, para serbiçio vuestro y de los dichos pobladores y para la labor y agricultura de la tierra y otras cosas neçesarias y conviníentes a vos y a los dichos pobladores; con que los lleveis todos para la dicha poblaçión y tierra de la Nueva Andaluçía y no para otra parte alguna, so pena que si los llevaredes a otra parte los ayais perdido.

26. Yten, os hazemos merçed que si vos, el dicho capitán Diego Fernandez de Serpa, falleçiéredes beniendo comencado a aprestar vuestro viaje o yendo en seguimiento dél, podais nonbrar para la dicha gobernaçión la persona que os pareçiere hasta en tanto que vuestro heredero o suçesor benga a continuar y servir la dicha governaçión, y el que ansí nonbraredes pueda proseguir el dicho viaje por la orden y manera que arriva está dicho.

27. Yten, os hazemos merçed de dar liçençia para que de España podais sacar ochocientos onbres para poblar y paçificar la dicha gobernaçión de que así os emos fecho merçed, con que la dicha gente saqueis para la dicha tierra y poblaçión, y no para otra parte alguna y que así se rregistre en los dichos navíos que aveis de llevar.

28. Yten, se os haze merçed que, con dos navíos de hasta dozientas toneladas por término, de çinco años contados desde que os hizieredes a la vela con la dicha armada podais proveer la dicha gobernaçión y tengais las cosas neçesarias para vuestro mantenimiento, así de comida como de bevida y ganados y cavallos, así de España como de las yslas comarcanas de las Yndias y Tierra Firme, los quales navíos puedan salir con todos y cada uno por sí y con flota o sin ella, y que sea libre lo que llebaren, como dicho es, de almoxarifazgo, averías, galeras y otras ynpusiçiones o derechos algunos por el dicho tiempo, pero otras cosas fuera de las dichas no puedan llevar los dichos navíos, so pena que sean perdidos, ni para otra parte alguna salvo para la dicha gobernaçión, so la mesma pena.

29. Yten, os hazemos merçed que por el dicho tienpo de los dichos çinco años, podais nonbrar maestres y pilotos que an de ir en los dichos dos navíos, aunque no sean esaminados, siendo áviles y naturales destos rreynos y para solo el efeto questá dicho de llevar los dichos mantenimientos a la dicha poblaçión.

30. Yten, os hazemos merçed de las pesquerías, una de perlas y otra de pescado, donde vos las señalaredes, para vos e vuestros herederos y subçessores perpetuamente, con que sean sin perjuizio de los yndios y de otro terçero y con que guardeis las leyes y provisiones dadas sobre la pesquería de las dichas perlas.

31. Por ende, por la presente haziendo vos el dicho capitán Diego Hernández de Serpa a vuestra costa lo suso dicho, según y de la manera que de suso se contiene, y cunpliendo todo lo contenido en esta capitulación, y

las ynstruçiones que se vos dieren y las que adelante se os darán y las provisiones y ordenanças que fiziéremos y mandaremos guardar para la dicha tierra y poblaçiones, y para el buen tratamiento y conversión a nuestra Santa Fée Católica de los naturales de ellas y de los pobladores que a ellas fueren, digo y prometo por mi Fée y palabra Real que vos será guardada esta capitulación y todo lo en ella contenido, en todo y por todo, como en ella se contiene, sin que se os vaya ni pase en otra alguna della; y no lo haziendo ni cunpliendo así vos aquello a que os obligais ni seamos obligados a vos guardar y cunplir lo suso dicho ni cosa alguna dello, antes os mandaremos castigar y proçeder contra bos como contra persona que no guarde y cunpla y traspasa los mandamientos de su Rey y Señor natural, dello vos mandamos dar la presente, firmada de nuestra mano y señalada de los del nuestro Consejo de las Yndias, y rrefrendada de Françisco de Heraso, nuestro secretario. Fecha en Aranjuez, a quinze de mayo de mill e quinientos y sesenta y ocho años.

32. Yten, os hazemos merçed, que sin enbargo que os ayais obligado a llevar agora seis clérigos, por escusar alguna costa y por mayor seguridad de nuestra conçiençia, de tomar a cargo la eleçión de los dichos clérigos en este primer viaje y enbiarlos a nuestra costa, a los quales rrespetareis como a personas eclesiasticas y tomareis su pareçer en lo que se ofreçiere, tocante a conçiençia, en la dicha poblaçión, y después de llegados los hareis proveer de lo neçesario de los diezmos de los frutos de la tierra, e no los aviendo bastantes rrepartiendo entre los pobladores della lo neçesario para su sustentación. Yo el Rey. Por mandado de Su Magestad, Francisco de Erasso. Baratestado *(sic)* o diz términos no valga.

Y al pie de la dicha çédula estan çinco señales de firmas.

Asentose esta capitulaçión rreal de Su Majestad en los libros de la Casa de la Contrataçión de las Indias en veinte y uno de hebrero de mill y quinientos y sesenta un años para que se guarde y cumpla como su Majestad por ella manda. Ortega de Melgosa.

## DOCUMENTO N.º 67

Capitulación otorgada a Juan Ponce de León para ir a descubrir y poblar las islas de Trinidad y Tobago.
1569, enero 15. Dada en Madrid.
A.G.I. Contratación 5090. Libro VI, n.º 4, 180-184.

### EL REY

Por quanto deseamos la poblaçión, ynstruçión y conversión de los naturales de las provinçias de las Yndias a nuestra Santa Fée Cathólica, teniendo delante el bien y salbaçión de sus ánimas como por la Santa Yglesia Romana se nos a encargado, continuando el çelo trabajo e cuidado que en esto los Cathólicos Reyes, nuestros progenitores an tomado, y vos el capitán Juan Troche Ponçe de León, nuestro contador y alcaide que aveis sido de la ysla de San Juan de Puerto Rico, por el deseo que teneis del serbiçio de Dios Nuestro Señor y nuestro y de que la Corona Real destos rreinos sea acreçentada, os ofreçeis de descubrir y poblar la ysla de la Trinidad y Tabaco y de tener una barca y tres carabelas para en fin del mes de abril deste año que viene, de mill e quinientos y sesenta y nuebe años, aparejados para açerse a la bela con el primer tienpo en Sanlucar de Barrameda con çierta gente, harmas y muniçiones e otras cosas de yuso declaradas, todo a vuestra costa y misión sin que Nos ni los Reyes que después de Nos vinieren seamos ni sean obligados a vos pagar ni satisfazer cosa alguna dello, más de lo que avajo os será conçedido, y nos suplicastes mandasemos azer con vos capitulaçión y asiento sobre ello, y por cunplir el dicho deseo y por la confiança que de vos tenemos e que areis lo que con vos fuere capitulado de la manera que conbenga al serviçio de Dios y nuestro, mandamos tomar con vos la dicha capitulaçión y asiendo en la forma siguiente:

1. Primeramente, vos el dicho capitán Juan Troche Ponçe de Leon, os ofreçeis de tener para en fin de abril del año que viene de mill e quinientos e sesenta y nuebe, a punto para se hazer a la bela con el primer tienpo, en la villa de San Lucar de Barrameda o en la çiudad de Cadiz, una hurca

de treçientas toneladas y tres caravelas de cada çien toneladas en las quales aveis de llebar quinientos honbres, los çiento labradores y los otros gente de guerra y conviniente para la dicha poblaçión, de los quales procurareis que sean casados los çiento o los más que hasta este número pudieredes, los quales hiran a punto de guerra con sus harmas, arcabuzas, vallestas, murriones, rrodelas y las demás harmas que os pareçiere y fueren convinientes para la dicha jornada, y ansímismo llebareis los marineros y gente de mar neçesaria para el serviçio y govierno de las dichas hurca y carabelas, y seis clérigos de Misa para enseñar a los naturales e ynstruirles en nuestra Santa Fée Cathólica y confesar y administrar los santos sacramentos a los españoles y lo demás conviniente a la salbaçión de todos, de los quales clérigos los dos, o más si pudieredes, serán de la Conpañia de Jesús.

2. Yten, que llevareis los bastimentos y provisiones neçesarias para la dicha gente para seis meses, contados desde que os hizieredes a la bela de la dicha villa de San Lucar o çiudad de Cádiz, y los teneis a punto y enbarcados para en fin del mes de abril del año que viene.

3. Yten, aveis de consentir y tener por vien que la dicha harmada que ansí aveis de sacar sea primero visitada por uno de los nuestros ofiçiales que rresiden en la Casa de la Contrataçión de Sevilla, por la horden que se acostunbra azer para que se bea si ba con la horden y cunplimiento deste asiento.

4. Yten, os obligais vos, el dicho capitán Juan Ponçe de León, de yr que con la dicha gente, hurca y carabelas a punto de guerra (ireis) a la dicha ysla de la Trenidad y Tabaco.

5. Y que tomareis la posesión de la dicha isla de la Trenidad y Tabaco y la demás tierra que fueredes descubriendo en la dicha governaçión en nuestro nonbre y para nuestra Real Corona, aziendo para ello los autos y diligençias neçesarias.

6. Yten, os obligais de que, en llegando a la dicha ysla de la Trenidad y Tabaco, areis dos pueblos con sus fuertes, y dentro de quatro años otros dos pueblos en los puertos y partes más conviniente para la defensa de la tierra y comodidad de los españoles que en ellos avitaren.

7. Yten, os ofreçeis que dentro de los dichos quatro años llevareis a la dicha tierra y governaçión otros treçientos honbres, los doçientos d'España y los çiento de la ysla de Santo Domingo con parezer de la Audiençia Real que allí rreside de manera que sea de la gente baldía y que no haga falta en la dicha ysla de Santo Domingo, para poblaçión de la dicha governaçión, con otros seis clérigos de misa o frailes, de los quales serán los çien honbres o más labradores y casados todos los que fuere posible y lleben sus mugeres e hijos para mayor sosiego y quietud de la dicha tierra.

8. Yten, os obligais vos el dicho capitán, dentro de los dichos quattro años, de meter en la dicha tierra y poblaçión para su sustento y defensa çien cavallos o más e otras çien yeguas y quinientas bacas o terneras y mill obejas, dozientos puertos y cabras.

9. Yten, os obligais, dentro de los dichos quatros años, de meter en la tierra y poblaçión dicha treçientos esclavos para vuestro serbiçio y de la gente que aveis de llebar y para que con más façilidad se hedifiquen los pueblos y se cultibe la tierra y hagan yngenios de açucar y planten las

cañas del dicho açucar que para ello os convinieren, y se hagan las demás cosas que fueren menester para su sustentaçión.

10. Yten, os ofreçeis que en todo lo a vos posible en el dicho descubrimiento y población, será con toda paz amistad y cristiandad y que governareis la gente de vuestro cargo con la mejor horden, trato y cristiandad que pudieredes para que en todo sea nuestro Señor y Nos serbidos, conforme a la ynstruçión que se os dará para ello.

11. Y para que con mejor ánimo y comodidad vuestra, y de la gente que con vos fuere, se pueda hazer la dicha población y sustentarse la gente en ella, de nuestra parte se os ofreçen las merçedes siguiente:

12. Primeramente se os haze merçed de la dicha governaçión y poblaçión de la ysla de la Trenidad y Tabaco.

13. Yten, os hazemos merçed que seais nuestro Governador y Capitán General de la dicha tierra y población, por vuestra vida y por la vida de otro hijo o herederos vuestro que nonbraredes siendo ávil y sufiçiente para ello, con dos mill ducados de quitaçión con el dicho cargo, los quales aveis de cobrar, os an de ser pagados, de los frutos y rrentas que en la dicha tierra nos perteneçiere pero que no los aviendo no seamos obligados de pagarlos de otra nuestra Hazienda Real.

14. Yten, os azemos merçed que cunpliendo de vuestra parte el dicho asiento y capitulaçión de la manera que teneis ofreçida se os dará título de Adelantado de la dicha ysla de la Trenidad y el Tabaco, para vos y para vuestro heredero y subçesor perpetuamente, pero sin daros a vos y a ellos quitaçión con el dicho ofiçio.

15. Yten, os azemos merçed de doze leguas en quadra pobladas de yndios en una parte o en dos de la dicha ysla como vos quisyeredes, para vos y para vuestros herederos y subçesores perpetuamente, aviendo vos cunplido lo asentado en esta dicha capitulaçión y siendo sin perjuizio de los yndios de la dicha tierra, y sin que en las dichas doze leguas en quadra tengais jurisdiçión alguna ni minas dellos porque esto a de quedar rreservado para Nos.

16. Yten, se os haze merçed que poniendo Nos, o los Reyes que después de Nos subçedieren, Audiençia Real en la dicha ysla y governaçión, de Alguaciladgo Mayor de la dicha Audiençia y no abiendola del Alguaciladgo Mayor de governaçión para vos y para vuestros herederos y subçesores perpetuamente.

17. Yten, os hago merçed que podais dar a los pobladores de la dicha tierra rrepartimientos de yndios conforme a la calidad de sus personas y serviçios y teniendo consideraçión a que no aya eçebso en los dichos rrepartimientos y que sean primero tasados por vos o las personas que para ello nonbraredes.

18. Yten, se os haze merçed que podais dar a los dichos pobladores de la dicha gobernaçión rrepartimientos de tierras para sus labranças y criancas, y estançias para sus ganados y solares para sus casas, lo qual se entiende perpetuamente para ellos y sus herederos y subçesores, con que tengais mucha atençión que lo susodicho sea sin perjuicio de los yndios, conforme a la ynstruçión que para esto se os dará.

19. Yten, azemos merçed a bos y a los veçinos y pobladores de la dicha governaçión que no pagueis más del diezmo del oro, plata, perlas y piedras de las minas e otros aprovechamientos que hubiere en la dicha tierra,

por tiempo de diez años, los quales corran y se quenten desde el día que se hiziere la primera fundiçión.

20. Yten, os azemos merçed a vos, el dicho capitán Juan Ponçe de León, y a los vezinos y pobladores de la dicha tierra y a los que adelante a ella fueren, que por los diez años primeros después de poblada la dicha tierra no pagueis ni paguen derechos de almoxarifazgo alguno de todo lo que llebaren destos rreynos para probeymiento de sus personas, mugeres e hijos, y de su casa y familia.

21. Yten, en quanto vos aveis suplicado que os agamos merçed de las penas de cámara para fundaçión de las yglesias y monasterios que en aquella tierra se hizieren, lo acordareis descubierta la tierra para que, entendida su calidad, probeamos en ello lo que conbenga.

22. Yten, os azemos merçed que podais rrepartir entre los vezinos y pobladores de la dicha tierra aguas y hejidos para molinos e yngenios de açucar y para otras cosas neçesarias para su aprobechamiento y sustentaçión, lo qual les podais dar perpetuamente, para ellos y sus herederos y susçesores; pero entiendese que los hagais sin perjuizio de los yndios, y dando las dichas aguas y hexidos con moderaçión y tenplança y obligandoles a llebar dentro de tres años confirmaçión nuestra.

23. Yten, en quanto nos suplicais os hagamos merçed por tres vidas, con salario conpetente, de las tenençias de las fortalezas que se hizieren en la dicha tierra, se proberá adelante lo que conbenga según la calidad de las dichas fortalezas y de la neçesidad que dellas oviere.

24. Yten, en quanto nos suplicais os agamos merçed de dar facultad para señalar términos a las çiudades que poblaredes y darles propios exidos y dehesas, os azemos merçed que, quando a los términos, los podais señalar a las dichas çiudades que ansí poblaredes, siendo sin perjuizio de los yndios y con que lleben las dichas çiudades confirmaçión nuestra dentro de tres años después de ansí les señalaredes los dichos términos; y para que mejor entendamos si se deben de confirmar los dichos términos, aveis de enviar particular declaraçión de la calidad de los dichos términos y de las leguas que en ancho y largo tuvieren. Y en lo que toca a los propios, dehesas y exidos, enviarnos eis particular declaraçión a ynformaçión de lo que os pareçe se debe señalar a cada una de las dichas çiudades para los dichos propios, dehesas y exidos, y de la comodidad y valor que tienen, y si dello rresulta perjuizio a yndios y a otras personas o se puede seguir algún ynconveniente o daño a Nos o a otra persona particular, para que visto todo mandemos probeer lo que conbenga.

25. Yten, os hazemos merçed de dar liçençia para que destos rreinos y Señoríos, o del Reino de Portugal o yslas de Cabo Berde o de Guinea, podais pasar y paseis, vos o quien vuestro poder oviere, a la dicha ysla de la Trenidad y Tabaco, quinientos esclavos negros, en que aya a lo menos el terçio dellos enbras, libres de todos derechos que dellos nos puedan perteneçer, los quales aveis de llebar rregistrados para la dicha ysla y tierra y no para otra parte alguna, so pena que si los llebaredes a otra parte los ayais perdido.

26. Yten, os hazemos merçed que si vos, el dicho Capitán Juan Troche Ponçe de Leon, falleçieredes teniendo començado aprestar vuestro viage o yendo en seguimiento dél, podais nonbrar para la dicha governaçión la persona que os pareçiere, hasta tanto que vuestro heredero o subçesor

431

benga a continuar y serbir la dicha governaçión, y el que ansí nonbrardes pueda seguir el dicho viaje por la horden y manera que arriba esta dicho.

27. Yten, os azemos merçed de dar liçençia para que d'España podais sacar quinientos honbres para poblar y paçificar la dicha governaçión de que ansí os emos echo merçed, con que la dicha gente saqueis para la dicha tierra y poblaçión y no para otra parte alguna, y que ansí se rregistre en las dichas hurca y carabelas y que aveis de llebar, de los quales podreís llebar hasta diez y o doze veçinos portugueses, casados con sus mugeres y hijos; y no pudiendo sacar toda la dicha cantidad de veçinos destos rreinos, podais llebar hasta treinta o quarenta veçinos de las yslas de Canaria por aver buenos ofiçiales de la hazer yngenios de açucar.

28. Yten, se os haze merçed de que con dos navíos de hasta doçientas toneladas, por término de çinco años contados desde que hos yçierdes a la bela con la dicha harmada, podais prober la dicha governaçión y tierra de las cosas neçesarias para vuestro mantenimiento, ansí de comida como de bebida y de ganados y cavallos, ansí d'España como de las yslas comarcanas de las Yndias y Tierra Firme; los quales navíos puedan salir juntos o cada uno por sí, y con flota y sin ella, y que sea libre lo que llebaren, como dicho es, de almoxarifazgo, aberías, galeras e otros ynpusiçiones derechos algunos por el dicho tienpo, pero que otras cosas fuera de las dichas no puedan llebar los dichos navíos, so pena que sea perdidas, ni para otra parte alguna salbo para la dicha governaçión, con la misma pena.

29. Yten, os hazemos merçed que por el tienpo de los dichos çinco años podais nonbrar maestres y pilotos que andan en los dichos dos navíos, aunque no sean exsaminados, syendo áviles y naturales destos rreinos, y para solo el hefeto questá dicho de llebar los dichos mantenimientos y cosas neçesarias a la dicha poblaçión; ansímismo podais llebar quando salgais de San Lucar con la dicha harmada, los dichos maestres y pilotos, aunque no sean exsaminados, siendo áviles, según dicho es, con que el piloto mayor que llebaredes en la dicha hurca, sea exsaminado.

30. Yten, se os haze merçed de dos pesquerías, una de perlas y otra de pescado, donde vos las señalaredes, para vos y vuestros herederos y subçesores perpetuamente, con que sean sin perjuizio de los yndios ni de otro terçero y con que guardeis las leyes y provisiones dadas sobre la pesqueria de las dichas perlas.

31. Yten, que si se os ofreçiere neçesidad de hazer alguna ausençia fuera de la dicha gobernaçión, podais dexar otro en vuestro lugar con vuestro mismo poder, teniendo el que dexaredes las calidades neçesarias para el cargo, y siendo vuestra ausençia de poco tienpo.

32. Por ende, por la presente, aziendo vos, el dicho capitán Juan Ponçe de León, a vuestra costa lo suso dicho, según y de la manera que de suso se contiene, y cunpliendo todo lo contenido en esta capitulaçión y las ynstruçiones que se bos dieren y las que adelante se bos darán y las probisiones y hordenanzas que hizieremos y mandaremos guardar para la dicha tierra y poblaçión, y para el buen tratamiento y conbersión a nuestra Santa Fé Católica de los naturales dellas y de los pobladores que a ellas fueren, digo y prometo por Fee y palabra rreal que vos será guardada esta capituçión y todo lo en ella contenido, en todo y por todo como en ella se contiene, sin que se os vaya ni pase contra cosa alguna della; y no lo aziendo

ni cunpliendo ansí vos aquello a que os obligais, no seamos obligados a vos guardar y cunplir lo suso dicho ni cosa alguna dello, antes os mandaremos castigar y proçeder contra vos como contra persona que no guarda y cunpla y traspasa los mandamientos de su Rey y Señor natural, y dello vos mandamos dar la presente, firmada de nuestra mano y sañalada de los del Nuestro Consejo de las Yndias, y rrefrendada de Françisco de Erasso nuestro secretario. Fecha en Madrid, a quinze de Henero de mill e quinientos e sesenta y nuebe años. Yo el Rey. Por mandado de Su Magestad, Françisco de Eraso. Y asentose esta ynstruçión de Su Magestad en los libros de la contrataçión desta casa de la *(sic)*.

# DOCUMENTO N.º 68

Capitulación otorgada a Juan Ortiz de Zárate para ir a descubrir, conquistar y poblar las provincias del Río de la Plata.
1569, julio 10. Dada en Madrid.
A.G.I. Indif. General 415. L. I, fols. 285-292.
C.D.I. T. XXIII, págs. 148-165.


Cappitulaçión con el Capitán Joan Ortiz de Çárate, sobre la conquista del Río de la Plata.

### EL REY

Por quanto deseamos la poblaçión, ynstruçión y conbersión de los naturales de las provinçias de las Yndias a nuestra Santa Fée Cathólica, teniendo delante el bien y salvaçión de sus ánimas como por la Santa Yglesia Romana se nos ha encargado, continuando el çelo, travajo y cuidado que en esto los Cathólicos Reyes, nuestros progenitores an tomado, y vos el Capitán Joan Ortiz de Çárate, vezino de la çiudad de la Plata, de las Charcas ques en los reinos del Pirú, por el deseo que teneis del serviçio de Dios Nuestro Señor y (nuestro) y de que la Corona Real destos rreynos sea acreçentado, os ofreçeis de descubrir, conquistar y poblar las provinçias del Río de la Plata, o la parte que en ellos oviere por conquistar, descubrir y poblar, de tener quatro navíos, para el mes de agosto del año que biene de setenta aparejados para hazerse a la bela con el primer buen tienpo en Sant Lucar de Varrameda con çierta gente, armas y muniçiones y otras cosas de yuso declaradas, todo a vuestra costa y minsión, sin que nos y los rreyes que después de nos binieren seamos ni sean obligados a os pagar ni satisfazer cosa alguna dello más de lo que avaxo os será conçedido, y nos suplicastes mandasemos con vos hazer sobre ello capitulaçión y asiento, y por cunplir el dicho deseo, y por la confiança que de vos tenemos, y que hareis lo que con vos fuere capitulado de la manera que conbenga al serviçio de Dios y Nuestro, mandamos tomar con vos la dicha capitulaçión y asiento en la manera siguiente:

434

1. Primeramente, que vos, el dicho Joan Ortiz de Çárate, os ofreçeis de meter en la gobernaçión del Río de la Plata quinientos hombres españoles, de los quales los doçientos dellos an de ser offiçiales de todo género de offiçios y labradores que cultiben y labren la tierra y los otros treçientos hombres que sean para la guerra y conquista de la tierra, y que de los que destos pudierdes hallar que sean casados, y questos los procureis de buscar y llevar con sus mugeres y hijos, y los demás sean solteros y útiles para la conquista y población, sustentaçión y defensa de la dicha tierra.

2. Yten, que conprareis a vuestra costa, para llevar la dicha gente, quatro navíos marineados y artillados como conbengan para la navegaçión y pasage a la dicha gobernaçión; y los dos navíos dellos serán de a çiento y çinquenta toneladas de cada uno, y los otros dos serán caravelas de hasta ochenta toneladas cada una, y que los terneis para el mes de agosto del año que biene de setenta a punto para se hazer a la bela, en los puertos de San Lucar de Varrameda o Cádiz.

3. Yten, que llevareis y provereis el bastimento y comida neçesario para la dicha gente, y, en los dichos navíos, la artillería, armas y muniçiones que fueren neçesarios para que vayan de armada y bien petrechados.

4. Yten, que poblareis dos pueblos d'españoles, allende de los questán agora poblados, los quales hareis entre el distrito de la Çiudad de la Plata y de la Çiudad de L'Ansunçión, donde más convenga, y con la poblaçión d'españoles que conbenga según la disposiçión de la tierra para sus aprovechamientos y entretenimientos y para la neçesidad de su comerçio y contrataçión de una tierra a otra y para su defenssa; y otro pueblo en la entrada del rrío en el puerto que llaman de San Grabiel o Buenos Ayres.

5. Yten, de más de lo suso dicho, os ofreçeis que vos, el dicho capitán Juan Ortiz de Çárate, de meter en la dicha gobernaçión del Río de la Plata, dentro de dos o tres años después que Dios fuere servido, que llegueis a la dicha governaçión del Río de la Plata quatro mill cabeças de vacas de Castilla y quatro mill ovejas de Castilla y hasta quinientas cabras y más tresçientas yeguas y cavallos para la conquista, población y defenssa de la tierra, conquistadores y pobladores della, y que si pudierdes meter los dichos ganados antes deste tienpo travajareis de los meter, porque los teneys juntos de vuestra criança en la provinçia de los Charcas y Valle de Torija, pero tomais este tiempo por rrazón que la tierra que ay desde la dicha çiudad de la Plata hasta la çiudad de la Asunçión, ques en las dichas provinçias del Río de la Plata, está al presente por conquistar y poblar por estar los yndios naturales della rrebelados y alterados contra nuestro rreal serviçio y obidiençia y ay neçesidad de paçificarlos primero, y fundar en esta tierra dos pueblos d'españoles para que con más seguridad se puedan meter los dichos ganados y tratar del comercio de la una tierra a la otra, los quales os ofreeis de poblar.

6. Yten, que en todo lo arriva dicho, de más y allende de los dichos ganados gastareis de vuestros bienes veinte mill ducados de oro, por nos servir y poblar y sustentar aquellas provinçias y tierra devaxo de nuestro Real Serviçio y obidiençia como leal vasallo nuestro, como hasta aquí lo abeis hecho.

7. Y en renumeraçión del dicho serviçio y teniendo consideraçión a lo mucho y bien y lealmente que lo habeis hecho en las provinçias del Pirú, así en su conquista y población como después de defensa de la tierra y en todas las demás alteraçiones que en ella avía havido, se os ofreçen de nuestra parte las merçedes siguientes:

8. Primeramente, os hazemos merçed de la governaçión del Río de la Plata, así de lo que al presente está descubierto y poblado como de todo lo demás que de aquí adelante descubrierdes y poblardes, así en las provinçias de Paraguay y Paraná como en las demas provinçias comarcanas, por vos y por vuestros capitanes y tenientes que nombrardes y señalardes, así por la costa del mar del norte como por la del Sur, con el distrito y demarcaçión que Su Magestad el Enperador mi Señor, que aya gloria, le dió y conçedió al Gobernador don Pedro de Mondoça y después dél a Alvar Nuñez Cabeça de Vaca y a Domingo de Yrala, con el salario y quitaçión y por la horden que ellos la tuvieron, por vuestra vida y la de un hijo varón que nombrardes, y en defeto de no tenerle, en la persona que nombrardes en una vida o al tiempo de vuestra fin y muerte o como os pareçiere; de la qual dicha Governaçión se entiende que vos hazemos merçed sin perjuizio de las otras gobernaçiones que tenemos dadas a los capitanes Serpa y don Pedro de Silva.

9. Yten, hazemos merçed a vos, el dicho Capitán Joan Ortiz de Çárate, de os nombrar y nombramos por nuestro Gobernador y Cappitán General y Justiçia Maior de la dicha Gobernaçión del Río de la Plata, por las dichas dos vidas vuestra y de un hijo heredero o subçesor qual nombrardes y señalardes como está dicho.

10. Yten, ansímismo vos hazemos merçed de dar título de Adelantado de todas las dichas provinçias del Río de la Plata, así para vos como para vuestros herederos y subçesores, en vuestra cassa y mayoradgo perpetuamente, para sienpre jamás.

11. Yten, os damos poder y facultad para que podais rrepartir y encomendar en la dicha Gobernaçión todos los yndios y encomiendas quéstovieren vacos y vacaren de aquí adelante, ansí en las çiudades y pueblos que al presente están poblados y se poblaren de aquí adelante, en la dicha Gobernaçión, ansí por vos el dicho Juan Ortiz de Çárate como por vuestros Capitanes y lugares tenientes, y encomendar los dichos [52] rrepartimientos en esta manera en los pueblos que al presente estan poblados en la dicha Gobernaçión por dos vidas conforme a la subçesión y horden que tenemos dada en los dichos rrepartimientos, y en los pueblos que de aquí adelante se poblaren por vos fazer más merçed, y a las personas que vos ayudaren a conquistar la tierra y poblarla, os damos ffacultad para que podais encomendar los yndios por tres vidas, que se entiende por la vida de aquel en quien primero se hiziere la tal encomienda y para su hijo e nieto, así varón como henbra, prefiriendo sienpre en esta subçesión el varón a la henbra y en deffeto de no tener hijo nieto que subçeda su legítima muger confforme a lo ordenado.

12. Yten, hazemos merçed a vos, el dicho Joan Ortiz de Çárate del Alguaçiladgo Maior de toda la dicha Gobernaçión para vos y vuestro hijo

---

[52] Tachado *yndios y*.

subçesor el que nombrardes y no le teniendo para la persona que subçediere después de vos en la dicha gobernación por vuestro nombramiento, como dicho es, y os damos facultad para que podais nombrar y poner alguaçiles mayores en todos los pueblos d'españoles questán poblados y se poblaren adelante y rremoberlos y quitarlos y poner otros de nuevo cada y quando que a vos y a vuestro subçesor paresçiere que conbiene.

13. Yten, damos comisión a vos, el dicho Capitán Juan Ortiz de Çárate y a la persona que subçediere en la dicha gobernación, que podais hazer a vuestra costa hasta tres fortalezas de piedra quales conbenga para su defensa y de los españoles, y que pongais en ellas el artillería armas y muniçiones necesaria, y que las hagan en los puertos o lugares que más os pareçiere conbenir, y haziendolos y sustentandolos a vuestra costa, de la manera dicha, os hazemos merçed de la tenençia dellas por vuestros días y de los subçesores vuestros, con çiento y çinquenta mill maravedís de salario de quitaçión cada un año de los frutos de la tierra, y que no los haviendo no seamos obligados a os pagar cosa alguna dellos.

14. Yten, hazemos merçed a vos, el dicho Joan Hortiz de Çárate, de os dar comisión y facultad para que podais tomar y señalar para vos en un pueblo de los que al presente están poblados y se poblaren de aquí adelante un rrepartimiento de yndios, ansí de los questovieren vacos como de los que vacaren de aquí adelante, el que escogerdes, por las dos vidas arriva dichas; y quede a vuestra voluntad y eleçión de os poder mejorar en otro rrepartimiento y dexar el que ovierdes tomado primero y llevar dél todos los tributos y aprovechamientos que los yndios dieren, siendo primeramente tasados y visitados conforme a lo que tenemos hordenado por nuestras çédulas y provisiones.

15. Yten, os hazemos merçed y damos ffacultad para que podais rrepartir y dar tierras y solares y cavallerías y estançias y otros sitios a todos vuestros hijos legítimos y naturales, ansí en los pueblos que al presente están poblados como en los que de aquí adelante se poblaren por vos, el dicho Juan Ortiz y por vuestros cappitanes y tenientes. Y en quanto al rrepartimiento de los yndios que, como dicho es, abeis de tomar para vos en la dicha gobernación, lo podais dexar a vuestro hijo mayor legítimo, o dividirlo en partes por los otros hijos legítimos que os pareçiere, y que ffallesçiendo algunos dellos puedan subçeder y subçedan los demás que quedaren bivos en el dicho rrepartimiento, y no teniendo hijos legítimos ni muger al tiempo de vuestro fin y muerte subçedan en el dicho rrepartimiento vuestros o hijas naturales por la misma horden y por la misma prorrogativa que los legítimos.

16. Yten, os hazemos merçed que los yndios que al presente teneis encomendados, y de aquí adelante se os encomendaren en los rreinos del Pirú, los podais tener y gozar de los frutos y rrentas dellos juntamente con los demás yndios que tuvierdes en la dicha gobernación del Río de la Plata, así como vuestro subçesor en ella, con tanto que seais y sean obligados a tener escudero en la dicha çiudad de la Plata para que sirva y sustente la vezindad en nombre de vos, el dicho Juan Ortiz de Çarate y de vuestro subçesor, el qual dicho escudero que así pusierdes y nombrardes vos o él para el dicho heffeto no le pueda rremover ni quitar ninguna justiçia salvo vos o el dicho vuestro ssubçesor o la persona que poder de vos o dél tuviere para ello.

17. Yten, hazemos merçed y damos ffacultad a vos, el dicho capitán Joan Ortiz de Çárate y al dicho vuestro subçesor que después de vuestra muerte subçediere en la dicha gobernación, para que podais y puedan mandar abrir marcas rreales y punçones para que se marquen y quiten los metales de oro y plata y sobre los quintos y derechos rreales que nos pertenesçieren, y poner las dichas marcas y punçones rreales en las çiudades y pueblos y asientos de minas de oro y plata que oviere en la tierra y que se metan en nuestras caxas rreales de tres llaves de los dichos pueblos como lo tenemos hordenado en el Pirú y Nueva España y otras partes de las nuestras Yndias.

18. Yten, os hazemos merçed y damos facultad para que podais nombrar y nombreis offiçiales nuestros en la dicha provinçia faltando algunos de los que tenemos nombrados de presente en el entre tanto que proveemos los dichos offiçios; y para que en lo que se poblare de aquí adelante no bastando los que aora por Nos están nombrados, podais nombrar y nombreis los offiçiales que os paresçiere conbenir, en el entre tanto que Nos los proveemos, y les señaleis sus quitaçiones con los dichos cargos no heçediendo de la cantidad questá señalada en aquellas partes a los dichos nuestros offiçiales por nos nombrados, y abisandonos de los que en esto hizierdes para que proveamos en ello lo que más fueremos servido.

19. Yten, hazemos merçed a vos, el dicho Joan Ortiz de Çárate y a vuestro subçesor y a todos los demás vezinos y pobladores de la dicha governación así a los que allá son como a los que fueren de aquí adelante, que no dén y paguen a Nos ní a nuestros offiçiales rreales de derechos del oro y plata, perlas y piedras que huviere y se descubrieren en las minas, de aquí adelante, ni de la déçima parte, la qual dicha merçed os hazemos por tiempo de diez años que se comiençen a contar desde que se hiziere la primera fundiçión y marcaçión de los dichos metales, piedras y perlas de valor.

20. Yten, hazemos merçed a vos, el dicho Joan Ortiz de Çárate y a todos los vezinos, conquistadores y pobladores de aquella tierra que no pagueis ni paguen alcavala por tiempo de veinte años de todas las cossas que destos rreinos se llevaren ni de las que en la dicha provinçia se vendieren o contrataren de qualquier manera, los quales corran desde el día de la data desta cappitulaçión.

21. Yten, os hazemos merçed que por tiempo de diez años no pagueis derechos de almoxarifazgo, los españoles que agora están poblados en la dicha provinçia ni los que agora abeis de llevar con vos ni los que después fueren, los quales corran desde el día de la data desta dicha capitulaçión, lo qual se entiende de los que llevaren para el probeimiento de sus personas y casa; pero que si lo vendieredes o contrataren con otros sean obligados a Nos pagar luego el dicho almoxarifazgo, y en lo que toca a vuestra persona y de vuestros subçesores sea por tiempo de veinte años así de lo que destos rreiynos llevardes como de los que de aquellas provinçias ynbiaredes a ellos, lo qual todo se entiende del almoxarifazgo que en aquellas proçinçias se avía de pagar.

22. Yten, conçedemos y damos facultad a vos, el dicho Juan Ortiz de Çárate y a vuestro subçesor en la dicha gobernación, que lo que Dios no quiera subçediere en aquella tierra alguna rebelión, alteraçión contra nues-

tro rreal serviçio así por los yndios naturales abiendo benido de paz devaxo de nuestra subjeçión, obediençia y señorío rreal como para los españoles alterados que en tal casso, siendo neçessario yr con gente y mano armada para castigarlos y rreducirlos juntandoos con los nuestros offiçiales rreales, con acuerdo, con los botos y paresçeres de la mayor parte, podais y puede el dicho vuestro subçesor gastar de nuestra Hazienda Real todo lo que para el dicho castigo fuere neçesario, y que los dichos offiçiales açepten y paguen de la dicha nuestra Hazienda Real lo que para el dicho hefeto librardes vos el dicho Juan Ortiz de Çárate como tal gobernador y después de vos el dicho vuestro subçessor, y que con vuestras librançás y carta de pago de las personas que lo rresçivieren se le pase en quenta a los dichos offiçiales.

23. Yten, ansímismo os damos comisión y facultad para que como tal nuestro gobernador podais hazer las ordenanzas que os paresçiere conbenir para el buen gobierno de la tierra, españoles y naturales della, y para el beneffiçio y labor de las minas de oro, plata y piedras de valor que se labraren y descubrieren en la dicha gobernaçión, con que no heçedan ni pasen de lo que por Nos está ordenado y con que dentro de dos años después que las hizierdes y hordenardes los ynbieis al nuestro Consejo de las Yndias para que las mandemos conffirmar o proveer en ello lo que más seamos servido, y en el ynterin las mandeis guardar, cunplir y executar.

24. Yten, os damos comisión y facultad para que si conbiniere poner corregidores y alcaldes mayores para el buen gobierno y execuçión de nuestra justiçia en algunos lugares y provinçias o partidos, así en los pueblos que al presente estan poblados d'españoles como en los que de aquí adelante se poblaren en la dicha gobernaçión, los podais poner y nombrar, señalandoles moderados salarios de los frutos que en la tierra oviere, y que los dichos nuestros offiçiales rreales les paguen los dichos salarios.

25. Yten, hazemos merçed a vos, el dicho capitán Juan Ortiz de Çárate, de quinze o vyente quintales de hierro y azero que tenemos en la çiudad de la Asunpçión en poder de los nuestros offiçiales para que los gasteis en aquello que os paresçiere que conberná gastarse en la tierra.

26. Y por quanto vos, el dicho Juan Ortiz de Çárate, nos abeys suplicado fuesemos servido que si por caso en algun tienpo os enbiasemos a tomar rresidençia teniendo la dicha gobernaçión por dos vidas, que por el tiempo que le tal rresidençia se os tomasse no fuesedes desposeydos vos ni vuestro subçesor de la posesión de la dicha gobernaçión por el nuestro Juez de Comisión que os le fuese a tomar, en tal caso Nos ternemos consideraçión a la calidad de vuestra persona y serviçios para proveher en esto lo que convenga.

27. Yten, por quanto de más y abiendo de los pueblos que vos el dicho cappitán Juan Ortiz de Çárate os ofreçeis de poblar en la dicha vuestra gobernaçión del Río de la Plata y de la gente, armas, artillería, muniçiones, vastimentos, ganados y otras cossas que habeis de llevar y meter en las dichas provinçias del Río de la Plata, conforme a lo arriva dicho, os obligais a descubrir toda la tierra contenida en el distrito y demarcaçión de la dicha gobernaçión, así por la parte del norte como por la del Sur y y traerla toda a nuestra obediençia y subjeçión de Nuestra Corona Real de Castilla y León, y que todo ello lo hareis a vuestra costa y minsión,

llevando para ello la gente, cavallos, armas, artillería, bastimentos, muniçiones y todo lo demás para la dicha poblaçión y conquista neçessario, y que fundareis y hareis fundar en el dicho distrito otros quatro pueblos de españoles en las partes y lugares que os paresçiere y bierdes más conbenir con la gente neçesaria en cada uno, así para que los naturales de la dicha tierra estén con más subjeçión y quietud como por la sustentaçión y conversión de los españoles, y que ansímismo paresçiendo os ser nesçesario fundar más pueblos para mayor quietud de la dicha tierra y que Nos seamos mejor servido y nuestra Corona Real acreçentado, los fundareis habiendo en ella gente de naturales y comodidad para los poder sustentar, y que hareis las fortalezas que bierdes ser neçesarias para sustentaçión de todo lo dicho en las partes y lugares que más conbiniere, y todo a vuestra costa y minsión como dicho es.

28. En gratificaçión deste nuebo ofreçimiento, obligaçión y serviçio de los muchos gastos y travajo que en ello abeys de poner las merçedes que de nuestra parte se os ofreçen allende de las suso dichas son las siguientes:

29. Primeramente, por quanto me abeis suplicado que os dé liçençia que llebeis destos reinos en cada un año dos navíos para la dicha provinçia del Río de la Plata, con mercaderías, armas, arcabuzes, espadas, muniçiones, herramientas de hierro, hazero, fuelles y otros ynstrumentos para la provisión de la tierra y para el benefiçio y labor de las minas de oro y plata y otros metales que se hallaren y descubrieren de aquí adelante en la dicha tierra, os hazemos merçed que podais llevar y lleveis los dichos dos navíos con todo lo suso dicho, libres de almoxarifazgo de lo que en las dichas nuestras Yndias se paga por el tienpo contenido en la dicha capitulaçión, con que los dichos navíos salgan por el tienpo que salieren nuestras flotas y armadas que fueren para la provinçia de Tierra Firme o para la de Nueva España y en conpañía y conserva de una dellas hasta las yslas de Canaria donde se an de apartar y toma su derrota para la dicha provinçia del Río de la Plata, pero que si en el tienpo que conbiniere salir los dichos dos navíos para hazer su nabegaçión a la dicha provinçia del Río de la Plata no estuviere puesta ninguna de las dichas flotas que van a las dichas provinçias de Tierra Firme y Nueva España, lo acordeis en el nuestro Consejo Real de las Yndias para que Nos mandemos proveher en la salida y navegaçión de los dichos dos navíos lo que convenga.

30. Yten, os hazemos merçed de la liçençia y ffacultad para que podais sacar así destos rreinos como de Portugal, Cabo Verde y Guinea çient esclavos negros, libres de todos derechos que dellos nos puedan pertenesçer para vuestro serviçio y de los dichos pobladores, yendo registrados para la dicha provinçia del Río de la Plata y obligando os de llevarlos y tenerlos en ella y enplearlos en benefiçio della sin los trasportar a otra parte ninguna, so pena de perderlos y que se apliquen para nuestra Cámara y Fisco.

31. Yten, por quanto me abeys suplicado os haga merçed de veinte mill vasallos yndios casados en la dicha tierra que nuevamente se conquistare y poblare por vos o vuestros capitanes, perpetuamente para vos y para vuestros herederos y suçesores, y con la jurisdiçión que fueremos servido con que no sean en puerto de mar. Y que os haga merçed de dar título de Marqués de la dicha tierra o de algún lugar o pueblo de

lla deçimos que acordandolo acavada la dicha jornada y visto el hefeto y serviçio que en ella nos hiçierdes, os mandaremos hazer la merçed que conbenga conforme al dicho serviçio y hefeto que hiziere.

32. Por ende, por la presente haziendo vos el dicho Capitán Juan Hortiz de Çárate a vuestra costa lo suso dicho según y de la manera que de suso se contiene y cunpliendo todo lo contenido en esta capitulación y las ynstruçiones que se os dieren y las que adelante se os darán y las provisiones y hordenanças que hizieremos y mandaremos guardar para las dichas provinçias del Río de la Plata y poblaçiones que en ello hizierdes, y para el buen tratamiento y conbersión a nuestra Santa Fée Cathólica a los naturales dellas y de los pobladores que a ella fueren, digo y prometo por mi fée y palabra rreal que vos será guardada esta capitulación y todo lo en ella contenido, en todo y por todo como en ella se contiene, sin que se os vaya ni passe contra cosa alguna della, y no haziendo ni cunpliendo vos aquello a que os obligais no seamos obligados a os guardar ni cunplir lo suso dicho ni cosa alguna dello, antes mandaremos proçeder contra vos como contra persona que no guarda ni cunple su contrato y traspasa los mandamientos de su Rey y Señor natural, y dello mandamos dar la presente ffirmada de nuestra mano y señalada de los del nuestro Consejo de las Yndias y refrendada de nuestro ynfrascrito secretario. Fecha en Madrid, a diez de Jullio de mill y quinientos y sesenta y nueve años. Yo el Rey. Refrendada de Françisco de Erasso. Señalada del dotor Vazquez, liçençiado Don Gomez Çapata, dotor Molina, liçençiado Salas, dotor Aguilera, Villafañe, liçençiado Botello Maldonado.

# DOCUMENTO N.º 69

Capitulación otorgada a Antonio de Sepúlveda para ir a la laguna de Guatavita a sacar oro y otros metales preciosos.
1572, septiembre 22. Dada en Madrid.
A.G.I. Indif. General 415. L. I, fols. 292-293 vto.

Capitulaçión que se tomó con Antonio de Sepúlveda sobre la laguna de Guatavitá y del montecillo della.

EL REY

Lo que se asienta y conçierta con vos, Antonio de Sepúlveda, sobre lo que se sacare, así en oro como en plata, perlas, piedras y otras cosas preçiosas o de qualquier estimaçión que sean de la laguna que llaman de Guatavitá, questá en el Nuevo Reino de Granada o del montecillo questá junto al pueblo que llaman de Guatavitá, que dizen ques guaca o santuario, ques lo siguiente:

1. Primeramente, os mandamos dar çédula y previlegio para que vos o quien vuestro poder huviere, y no otro alguno, podais sacar de la dicha laguna, para vos o para quien vos quisierdes, todo el oro y plata, perlas, piedras preçiossas y otras qualesquier cosas aunque sean de poca estimaçión que en ella hallardes, con el artifiçio que os paresçiere agora sea desaguando la laguna o sacando con otros yngenios lo que en ella huviere; y que para este hefeto vos o quien vuestro poder huviere, y no otro alguno, podais estacar la dicha laguna, toda alrrededor por junto de la hagua, para que la tengais y poseais así estacada para el hefeto arriva dicho, por tiempo y espaçio de ocho años, los quales corran y se quenten desde el día que començardes a poner mano en la saca o estacada.

2. Yten, que os mandaremos dar çédula y previllegio para que vos, o quien vuestro poder huviere, podais cabar, abrir y descubrir en la manera que os paresçiere el dicho monteçillo, que algunos quieren dezir ques guaca o santuario, questá junto al pueblo que llaman Guatavitá, y sacar dél todo el oro y plata, perlas, piedras preçiosas y otras qualesquier cossas

de mucho o poco valor, para vos o para quien vos quisierdes, y estacalle a la rredonda para este hefeto y no otro ninguno.

3. Yten, os mandaremos dar çédula para que la Audiençia del dicho Nuebo Reino de Granada os dexe husar de las dichas çédula y privillegios, como está dicho, salvo en cosa que a la dicha Audiençia paresca que queriendo vos desaguar la dicha laguna se seguiría mucho perjuiçio a los lugares comarcanos, porque siguiendose no os han de dexar desaguar; y pareçiendo a la dicha Audiençia que se podría hazer sin el dicho daño, os dará liçençia para desaguarla con que primero deis fianzas llanas y abonadas que pagareis todos los daños y menoscabos que se siguieren por averla desaguado; y para que lo faborescan en todo y por todo lo que fuere menester para cunplimiento deste asiento se os dará tanbien çédula.

4. Yten, que Nos os mandaremos dar çédula nuestra para que yendo vos por las yslas de Canaria, o el navío que fuere por cabo Berde, podais cargar allí, para el beneffiçio de la laguna y monte suso dichos, çient açadones açerados, çinquenta barrenos azerados, doçientos almoçafres, çient machetes y calabozes, doze almádenas, dos doçenas de quinientos çinquenta hacha azeradas, seis quintales de hierro, un quintal de azero, seys quintales de herramientas estavagantes, çinquenta picos, pagando todos los derechos que dello se nos devieren.

5. Yten, os mandaremos dar çédula nuestra para las nuestras justiçias de Cartagena y los demás del rrío Grande, para que os provean de canoas para subir lo arriva dicho y los negros que llevardes luego que allí llegardes, pagando por ellas lo que las dichas justiçias declaren o estuvierdes obligado a pagar por hordenança.

6. Yten, que Nos os mandaremos dar liçençia para pasar dos honbres para el beneffiçio desta laguna, como no sean de los proybidos a pasar a aquellas partes.

7. Y vos, el dicho Antonio de Sepúlvea, os abeis de obligar que pondreis toda la costa que fuere menester, así de esclavos, ministros y otras gentes comidas y todas las herramientas y petrechos para el beneffiçio de la dicha laguna y montecillo, sin que Nos seamos obligado a pagar cosa alguna, y que començareis a benefiçiarlo y proseguir la obra dentro de dos años y medio, que corran y se quenten desde el día que se os entregare el despacho arriva dicho, y que lo yreis prosigiuendo por el tienpo de los dichos ocho años porque os damos el dicho privillegio; y que si no lo començardes en este tienpo, o si començado dexardes el beneffiçio y labor por espaçio de año y día, Nos, podamos disponer de la dicha laguna y monteçillo y dallo y hazer merçed dello a quien fuéremos servido, y vos nos pagueis quinientos ducados para nuestra Cámara por las liçençias y facultades que ansí vos damos.

8. Yten, que vos el dicho Antonio de Sepúlveda abeis de acudir a Nos, o a la persona que Nos nombráremos, que pusiéremos con la quarta parte de todo lo que sacardes de la dicha laguna en oro o en plata, como no pase de valor de çinquenta mill pesos y que si pasare en oro o plata desta cantidad nos acudireis con la mitad de todo lo que demas hubiere de los dichos çinquenta mill pesos y que si fueren perlas o piedras o otra cosa de preçio, lo que della sacardes acudireis dende luego con la mitad de las dichas piedras y perlas y otras cossas, aunque no llegue al valor de los dichos çinquenta mill pesos.

9. Yten, que nos dareis y pagareis, o a la persona que para ello nombráremos o pusiéremos, la mitad de lo que valiere todo lo que sacardes del dicho monteçillo, guaca o santuario, y que, para que en esto no aya engaño, registrareis todo lo que sacardes, así de la laguna como del dicho monteçillo, ante los nuestros offiçiales del dicho Nuevo Reino o de la persona que para ello Nos o ellos nombráremos, para que se haga la división y como arriva va declarado, sin que seais obligado a pagar otros derechos algunos.

10. Por ende, cunpliendo por vuestra parte con lo que conforme a este asiento sois obligado, os aseguramos y prometemos que lo que confforme a él a Nos toca lo haremos y cunpliremos y mandaremos que se haga, guarde y cunpla, según y de la manera que en él va declarado. Fecha en Madrid, a veinte y dos de setiembre de mill quinientos y setenta y dos años. Yo el Rey. Refrendada de Antonio de Erasso. Señalada del Presidente Joan de Ovando. Don Gomez Aguilera. Otalora, Gasco Gamboa, Santillana.

# DOCUMENTO N.º 70

Capitulación otorgada a Diego de Artieda para ir a descubrir y poblar la provincia de Costa Rica.
1573, diciembre 1. Dada en El Pardo.
A.G.I. Indif. General 415. L. I, fols. 271-278.
C.D.I. T. XXIII, págs. 171-189.

Cappitulaçión que se tomó con el cappitán Diego de Artieda, sobre el descubrimiento de las provinçias de Costa Rica.

## EL REY

Por quanto vos, el capitán Diego de Artieda, con el çelo que teneys del serviçio de Dios Nuestro Señor y nuestro y que la Sancta Fée Cathólica y Lei Evangelica sea ensalçada, y nuestra Corona, Rentas y Patrimonio Real acreçentado, abeis propuesto y determinado de yr en nuestro nombre, y a vuestra propia costa, a descubrir y poblar la provinçia que llaman de Costa Rica, en las nuestras Yndias del mar Oçeano, y procurar de traer al conosçimiento de nuestro verdadero Dios y a subjeçión y obidiençia nuestra los yndios naturales della, y nos aveys suplicado os demos facultad para lo hazer, y sobre ello mandemos tomar con vos el asiento y cappitulación, y abiendose visto por los del nuestro Consejo de las Yndias, acatando lo suso dicho, y lo mucho que desseamos la conbersión y dotrina de los yndios naturales de la dicha provincia, y que en ella se les pedrique y enseñe nuestra Santa Fée Cathólica y Ley Evangélica y vengan al conosçimiento della para que puedan salvarse, lo habemos tenido y tenemos por bien y se a acordado de mandar hazer y tomar con vos, sobre el dicho descubrimiento y su población y paçificación, asiento, capitulaçión y conçierto, en la manera siguiente:

1. Primeramente, vos, el dicho capitán Diego de Artieda, os ofreçeis de yr a descubrir, poblar y paçificar la dicha provinçia de Costa Rica, a vuestra costa y minsión sin que Nos seamos obligado a vos socorrer con cosa alguna de nuestra hazienda para ayuda a ello, y de gastar y que

445

gastareis en lo hazer y hefetuar veynte mil ducados, y que para yr al dicho descubrimiento tendreis en los puertos de Sant Lucar de Varrameda o Cádiz, por todo el mes de Henero primero que berná del año benidero de mill y quinientos y setenta y quatro o lo más largo hasta el fín de mes de Abrill del dicho año, tres navíos, los dos de alto borde y el otro una haçabra, fragata o carabela, sufiçientes para la navegaçion; que todos tres navíos tengan de porte hasta quatroçientas y çinquenta toneladas, o más, bien calafeteados, hartillados, y proveydos de belas jarçias, cables, anclas y los marineros y gente de mar que fuere neçessario para su serviçio y gobierno y todo lo demás que fuere menester para ellos, y questarán a punto y para se poder hazer a la bela en seguimiento de vuestro viaje con una de las flotas que el dicho año de setenta y quatro fueren a Tierra Firme o Nueva España.

2. Yten, os ofreçeis para el dicho hefeto de hazer y levantar en estos nuestros rreinos, y llevar en los dichos navíos a la dicha provinçia de Costa Rica por lo menos doçientos hombres los çiento dellos casados y todos hútiles para el dicho descubrimiento, poblaçión y paçificaçión, y que los tendreis juntos y a punto para se poder embarcar en uno de los dichos puertos de Sant Lucar o Cádiz, hasta en fin de mes de Abrill primero que berná, como dicho es, cada uno probeido de armas neçesarias y conbinientes como son espadas, dagas, arcabuzes, vallestas, morriones, rrodelas, partesanas y las demas armas neçesarias para la jornada.

3. Yten, os ofreçeis de tener a punto para el dicho tienpo y enbarcados en los dichos navíos, y llevareis en ellos todas las (vituallas) bastimentos y provisión que fuere neçesario para toda la dicha gente, así de mar como de guerra que fuere, y abeis de llevar en los dichos navíos por lo menos para un año entero.

4. Todo lo qual os ofreçeis de tener a punto, y de la manera questá dicho, desde el dicho mes de Henero primero que berná hasta el de Abrill luego siguiente del dicho año de setenta y quatro, a vista y paresçer de los nuestros offiçiales de la Casa de la Contrataçión de la çiudad de Sevilla, estando presto para poderos hazer a la bela, ha de bisitar uno de los dicho offiçiales los dichos tres navíos por la forma y manera que otras vezes suelen y acostumbran visitar los navíos que han ydo a semejantes descubrimientos, para ver si vais en la horden que conbiene y sois obligado para cunplimiento de lo que ofreçeis.

5. Y estando con dichos tres navíos visitados y a punto, como está dicho, os ofreçeis de salir mediante Dios de uno de los dichos puertos e yr con los dichos navíos y gente y bastimentos en compañía de una de las dichas flotas de Tierra Firme o Nueva España, qual saliere primero el dicho año benedero de mill y quinientos y setenta y quatro, con toda buena orden para el dicho descubrimiento, poblaçión y paçificaçión, y bien armados y a punto de guerra y llevar vuestra derecha derrota a la dicha provinçia de Costa Rica.

6. Y llegado a ella, os ofreçeis descubrir toda la costa de la dicha provinçia, desde las bocas del Desaguadero hasta los confines de Beragua, por la mar del Norte, y en ella tomareis en nuestro rreal nombre la posesión de lo que no estoviere tomado, y descubrireis toda la dicha provinçia la tierra adentro hasta la mar del Sur, y por la costa de la dicha mar del Sur desde el lugar que dizen de los Chomos, de donde toma denomi-

nación la provinçia que cahe a la parte de Gutemala derecho a los valles de Chiriqui, hasta llegar a la dicha provincia de Beragua y poblareis en la dicha provinçia de Costa Rica, tres çiudades la una que sea provinçial y las otras dos sufraganeas, en las partes más cómodas, fértiles, abundantes y neçesarias para que desde ellas se pueda proseguir la población y paçificación de la dicha provinçia, una de las quales a de ser en el puerto de las Bocas del Dragón, ques a la mar del norte de la dicha provinçia, y si por algunas justas causas os paresçiere no conbenir hazer y poblar allí la dicha çiudad, la poblareis en otro de los puertos de la dicha costa donde más neçesario conbiniente y a proposito sea para la población de la dicha provinçia, trato y comerçión de los españoles y gentes que en ella havitaren, y la segunda de las dichas tres çibdades habeis de poblar en lo mediterraneo de la dicha provinçia en el valle del Guarco y la otra en la provinçia de Guaravito, o en otra parte más cómoda a la benida del mar del Sur.

7. Yten, os ofreçeis vos, el dicho Capitán Diego de Artieda, de llevar y mantener en la dicha provinçia de Costa Rica, para su población y sustento de la gente que llevardes a la descubrir y poblar, mill vacas y mill quinientas obejas, quinientos puercos y cabras, çient cavallos y yeguas, todo ello dentro de tres años primeros siguientes que comiençen a correr y contarse desde el primero día que entrardes en la dicha provinçia de Costa Rica, la terçia parte el primer año y la otra terçia parte el segundo año y la otra rrestante en el terçero año, de manera que cunplidos los dichos tres años ayais metido todo el dicho ganado; lo qual aya de ser y sea a vista y paresçer de los nuestros offiçiales que fueren de la dicha provinçia, y cada un año abeys de enbiar testimonio al Nuestro Consejo de las Yndias de como lo abeis cunplido.

8. Yten, os ofreçeis que dentro de los dichos tres años, contados desde el día que llegardes a la dicha provinçia primeros siguientes, procurareys y areis de vuestra parte todo lo que fuere posible para tener paçifica y traida a nuestra obidiençia toda la dicha provinçia de Costa Rica y gente della, y habreis poblado las dichas tres çibdades según y de la manera y en las partes que de suso va rreferido.

9. Yten, os ofreçeis, que en todo quanto pudierdes, hatareys y procurareis quel dicho descubrimiento y paçificación se haga con toda paz y christiandad que fuere posible, para que Dios nuestro señor y Nos seamos servidos, y se consiga el hefeto que se pretende.

10. Yten, os ofreçeis de guardar y cunplir, y que guardareis y cunplireis, y procurareis se guarden y cunplan las ordenanças por Nos hechas y mandadas guardar sobre la horden que se a de tener en los nuevos descubrimientos, poblaçiones y paçificaciones que en las nuestras Yndias se huvieren de hazer, y la ynstruçion que çerca dello y en su conformidad os mandaremos dar juntamente con esta capitulación, y las demás ynstruçiones, çédulas y provisiones que adelante dieremos para vos, y espiçialmente lo questá mandado y hordenado y mandaremos se haga y guarde en fabor de los yndios y para el buen gobierno de las dichas provinçias.

11. Y para que cunplireis todo lo suso dicho, os ofreçeis de obligaros en esta nuestra corte ante escrivano público por vuestra persona y bienes muebles y rrayzes, avidos y por aver; y demás dello, antes que os partais

en seguimiento de vuestro viaje, dareis fianças legas, llanas y abonadas en cantidad de diez mill ducados a contentamiento de los del nuestro Consejo de las Yndias o de los nuestros offiçiales de la Casa de la Contrataçión de la çiudad de Sevilla, con sumisión a los del dicho nuestro Consejo y a ellos, en que se obliguen que cunplireis esta cappitulación y asiento y todo lo que él contenido; y que si no lo hiçierdes lo cunplirán de los dichos diez mill ducados sobre lo que vos ovierdes gastado a cunplimiento de los dichos veinte mill ducados, con condiçión que si vos murierdes en prosecuçión de la jornada antes de haver hecho el dicho descubrimiento, poblaçión y paçifficación, o por la mar o por la tierra peleando con cosarios o enemigos o por otro casso fortuito os subçediere ser desvaratado, vos ni los dichos vuestro ffiadores no seais ni esteys obligados a otra cossa alguna más de lo que hasta entonces tuvierdes hecho.

12. Y para que con más voluntad, ánimo y comodidad vuestra, y de la gente que con vos fuere, se puede hazer y haga el dicho descubrimiento, poblaçión y paçificación y sustentaros en aquella tierra, os hazemos y ofreçemos de hazer merçed en las cosas siguientes:

13. Primeramente, os damos liçençia y facultad para que podais descubrir y poblar y paçificar la dicha provinçia de Costa Rica y las otras tierras y provinçias que se yncluyen dentro dellas, ques desde el mar del norte hasta el Sur en latitud y, en longitud desde los confines de Nicaragua por la parte de Nicoya, derecho a los Valles desde Enrrique hasta la provinçia de Veragua por la parte del Sur, y por la del norte desde las Vocas del Desaguadero, ques a las partes de Nicaragua, todo lo que corre la tierra hasta la provinçia de Veragua; y os hazemos merçed de la Gobernaçión y Cappitanía General de la dicha provinçia de Costa Rica y de todas las otras tierras que, como está dicho, se yncluyen en ella, por todos los días de vuestra vida y de un hijo o heredero vuestro o persona que vos nombrardes, con dos mill ducados de salario en cada un año, librados en los frutos y rentas que en la dicha provinçia nos perteneçieren, y con que no los abiendo no seamos obligado a os mandar pagar cosa alguna del dicho salario, y para ello os mandaremos dar título y el despacho neçessario.

14. Yten, os hazemos merçed del Alguaziladgo Mayor de la dicha provinçia de Costa Rica, por una vida y la de un hijo heredero o suçesor vuestro, qual nombrardes, con facultad que vos y el dicho subçesor podais poner y quitar los Alguaçiles de los lugares poblados y que se poblaren.

15. Y porque de las partes donde vos abeys de poblar y rresidir, en la dicha provinçia de Costa Rica a la provinçia de Nicoya, abrá mucha distançia y conberná que allí aya persona que administre nuestra justiçia y os ayude a lo que conbiniere y fuere neçesario, os damos facultad para que en la dicha provinçia podais poner una persona sufiçiente, y qual convenga, que sea vuestro teniente, y con tantos maravedís de salario ordinario en cada un año como el que sea dado a los corregidores o allcaldes mayores que han sido en la dicha provinçia, y abisarnos heis luego que tanto es el dicho salario y de que se paga. Y porque por la provinçia de Nicaragua que alinda con la dicha provinçia de Costa Rica, según somos ynformados, podreis ser socorrido y ayudado para hazer el dicho descubrimiento con más comodidad vuestra y de los que con vos fueren, y por vos hazer más merçed, tenemos por bien de hos la hazer

de la gobernaçión de la dicha provinçia de Nicaragua y Nicoya, por término de quatro años primeros siguientes, y más el tienpo que fuere nuestra voluntad, que corran y se quenten desde que entrardes en la dicha provinçia y tomardes la posesión dél, con el salario que hasta hagora han llevado y abemos mandado dar a los gobernadores que han sido de la dicha provinçia y de lo que a ellos se les ha pagado, con que no heçeda de mill ducados en cada un año, para lo qual os mandaremos dar título y provisión en forma, y para que se os acuda con el dicho salario desde que os embarcardes, para yr en seguimiento de vuestro viaje en adelante en uno de los dichos puertos de San Lucar o Cádiz.

16. Yten, os damos liçençia para que destos nuestros rreinos y señoríos podais llevar a la dicha provinçia de Costa Rica, y no a otra parte alguna, veinte esclavos negros libres de todos los derechos que dellos nos puedan pertenesçer, para serviçio de otra persona y cassa y para lo que más conbiniere hazer en la dicha provinçia, con que vayan rregistrados por la forma hordinaria, para lo qual os mandamos dar cédula nuestra en forma.

17. Yten, damos liçençia y facultad para que, por el tiempo que fuere nuestra voluntad, puedan yr en cada un año desde estos nuestros rreinos a la dicha provinçia de Costa-Rica, y no a otra parte alguna de las nuestras Yndias, dos navíos con armas y provisiones de todas las cosas neçesarias para la gente que huviere en la dicha provinçia y labor de las minas della, libres de almoxarifadgo que dello nos pueda pertenesçer en las dichas Yndias, con que salgan en seguimiento de su viaje en conserva de las flotas que fueren a la Nueva España o provinçia de Tierra Firme, o quando por nos les diere liçençia.

18. Yten, os hazemos merçed a vos, y a los que con vos fueren al dicho descubrimiento, de todos los derechos de almoxarifazgo que nos perteneçieren de todo lo que llevardes y llevaren en este primero viaje para vuestras casas y mantenimientos, y mandamos que a vos ni a ellos no se os pidan ni demanden los dichos derechos.

19. Yten, hazemos merçed a vos, el dicho capitán Diego de Artieda, o a vuestro hijo o persona que subçediere en la Gobernaçión de la dicha provinçia de Costa Rica, y a las personas que con vos fueren a poblar y poblaren en la dicha provinçia, que del oro, plata, piedras y perlas preçiosas que sacaren en ellas no nos pagueis ni paguen más de solamente el diezmo dello en lugar del quinto que dello nos pertenesçe, por tienpo de diez años.

20. Yten, vos hazemos merçed, y al dicho vuestro suçesor y a los dichos pobladores y descubridores, de la alcavala que nos debierdes y fuerdes obligados a Nos pagar en la dicha provinçia, por tienpo de veynte años, y mandamos que durante este tienpo no se pida ni demande a vos ni a ellos.

21. Yten, hazemos merçed a los dichos pobladores, que por todo lo que por tienpo de diez años llevaren para probeimiento de sus casas, y a vos y al dicho vuestro subçesor, de lo que llevardes para provisión vuestra por tienpo de veinte años, no se os pida ni lleve, ni a los dichos pobladores, derechos de almoxarifazgo algunos de los que en aquellas partes nos pertenescan.

22. Yten, os hazemos merçed de dos pesquerías, una de perlas y otra de pescado, qual vos escojerdes en la dicha provinçia de Costa Rica, para

vos y vuestros subçesores perpetuamente con que sea sin perjuizio de los yndios ni de otro tercero alguno, y con que guardeis las leyes y provisiones dadas y que se dieren sobre las pesquerías de las perlas.

23. Yten, os damos liçencia y ffacultad para que podais encomendar los rrepartimientos de indios, vacos y que vacaren en el destrito de las çibdades españolas questuvieren poblados en la dicha provinçia, por dos vidas, y en el distrito de las çiudades que poblardes de nuevo por tres vidas, dexando los puertos y cabeçeras para Nos.

24. Yten, vos damos liçençia y facultad para que a las personas que con vos fueren al dicho descubrimiento y paçificación que en ella os ayudaren, y a sus hijos y deçendientes, podais dar solares y tierras de pasto y labor y estançias, y para que los que ovieren poblado y rresidido tienpo de çinco años lo tengan en perpetuidad, y a los que huvieren hecho y poblado ingenios de açucar, y los tuvieren y mantuvieren, no se les puede hazer execuçión en ellos, ni en los esclavos, herramientas y petrechos con que se labraren.

25. Yten, damos liçençia a vos, o al dicho vuestro hijo o subçesor, en la dicha gobernaçión para que en la dicha provinçia, en las partes que más conbenga para su guarda y conservaçión, podais hazer tres fortalezas, y habiendolas hecho y sustentado os hazemos merçed y a vuestros suçesores de las tenençias dellos, perpetuamente, con çient mill maravedís de salario con cada una, el qual se os a de pagar a vos, y a los dichos subçesores, de la hazienda que nos perteneçiere en la dicha provinçia, y no le habiendo no abemos de ser obligado, ni los rreyes que después de nos fueren a los mandar pagar, ni a los dichos vuestros suçesores cosa alguna.

26. Yten, os damos liçençia para que podais escoger y tomar para vos, por dos vidas, un rrepartimiento de yndios en el distrito de cada pueblo d'españoles questuvieren poblados y se poblaren en la dicha provinçia de Costa Rica, y para que abiendo recogido el dicho repartimiento os podais mejorar dexando aquel y tomando otro que vaçare, y para que podais dar y rrepartir a vuestros hijos, legítimos y naturales, solares, cavallerías de tierras y estançias y los repartimientos de yndios que huvierdes tomado para vos, dexarlos para vuestro hijo mayor y rrepartirlos entre él y los demás hijos legítimos, y entre los naturales no teniendo legítimos, con que cada repartimiento quede entero para el hijo que le señalardes, sin dividirle, y que si vos falleçierdes y dexardes muger legítima se guarde con ella la ley de la subçesión de los yndios.

27. Yten, os damos liçençia para que si al presente teneis o adelante tuvierdes indios encomendados en otra provinçia, podais gozar de los frutos dellos, no enbargante que no rresidais en la vezindad que soys o fuerdes obligado, poniendo escudero que por vos haga vezindad, y mandamos que con esto no se os puedan quitar ni remover.

28. Yten, damos liçençia y facultad, y al dicho vuestro subçesor en la dicha governaçión, podais abrir marcas y punçones, y ponerlas en los pueblos de españoles que estuvieren poblados y se poblaren, para que en ellos se marquen con ellos el oro y plata que huviere y otros metales.

29. Yten, os damos liçençia y facultad para que, no abiendo offiçiales de nuestra hazienda probeidos por Nos para la dicha provinçia, los podais nombrar y dar facultad para usar sus offiçios, en el entretanto que Nos los probeemos y los probeidos llegan a servirlos.

30. Yten, damos liçençia y ffacultad a vos, y al dicho vuestro subçesor, para que subçediendo en la dicha provinçia alguna rrebelion o alteraçión contra el serviçio de nuestro señor y nuestro, podais librar de nuestra haçienda, con acuerdo de los dichos nuestros offiçiales della o de la mayor parte dellos lo que fuere menester para repremir la dicha rebelión.

31. Yten, os damos liçençia y ffacultad, y al dicho vuestro subçesor, para que para la gobernaçión de la tierra y labor de las minas podais hazer ordenanças, con que no sean contra derecho y lo que por Nos está hordenado, y con que sean conffirmados por Nos dentro de dos años, y en el entretanto las podais hazer guardar.

32. Yten, os damos liçençia para que la dicha provinçia de Costa Rica, y las otras provinçias que entran en el dicho descubrimiento y poblaçion, podais debidir en distritos de alcaldías mayores y corregimientos y alcaldías hordinarias que heligieren los conçejos.

33. Yten, tenermos por bien, y es nuestra voluntad, que vos y el dicho vuestro subçesor tengais la jurisdiçión çevil y criminal en la dicha provinçia en grado de apelaçión del teniente de gobernador y de los alcaldes mayores, corregidores y allcaldes hordinarios, en lo que no huviere de yr ante los conçejos.

34. Yten, vos conçedemos y queremos y mandamos, que sí en los límites de la dicha gobernaçión y descubrimiento de la dicha provinçia de Costa Rica huviere adelantado o algunos juezes probeidos, luego que los entrardes en la dicha provinçia y probeyeredes otros, dexen sus offiçios y no usen más de jurisdiçión y se salgan de la dicha gobernaçión, si no fuere que abiendo dexado los dichos offiçios y su jurisdiçión se quisieren avezinar en la tierra y quedar en ella por pobladores.

35. Yten, os damos liçençia para que podais dar exidos y abrevaderos, caminos y sendas a los pueblos que nuevamente se poblaren juntamente con los cabildos dellos.

36. Yten, os damos liçençia para que podais nonbrar regidores y otros offiçiales de rrepública en los pueblos que de nuevo se poblaren, y estando por Nos nombrados con tanto que dentro de quatro años los que nombrardes lleven conffirmaçión y provisión nuestra.

37. Para que podais hazer y levantar en estos dichos rreinos los dichos doçientos hombres que conforme a este asiento abeys de llevar a la dicha provinçia de Costa Rica, y para nonbrar capitanes, maestres de campo y los demas offiçios neçesarios y para que puedan enharbolar vanderas y tocar pífaros y atanbores y publicar la jornada sin que a los que quisieren yr a ella se les pida cosa alguna, os mandermos dar luego provisión nuestra, y para que los corregidores y justiçias de las partes donde se hiziere la dicha gente no les pongan ynpedimento ni estorbo, antes los ayuden y ffaborescan para levantarla, y para que la gente que se asentare para yr con ellos no les ynpidan la jornada, aunque ayan cometidos delitos por que devan ser castigados, no abiendo parte que lo pida, y que no les lleven ynterese alguno por ello y les hagan dar alojamientos y los vastimentos neçesarios a justos y moderados preçios según que entre ellos valieren.

38. Ansímismo, os mandaremos dar çédula nuestra para que los que una vez se huvieren asentado para yr al dicho descubrimiento os obedes-

can y no se aparten ni derroten de vuestra obediençia, ni vayan a otra jornada sin vuestra liçençia so pena de muerte.

39. Yten, os mandaremos dar çédulas nuestras para que los nuestros offiçiales de la Casa de la Contrataçión de la dicha çiudad de Sevilla os ffaborescan, acomoden y ayuden a prestar para facilitar vuestro viaje, y que no os pidan ynfformaçión alguna ni a los dichos doçientos hombres que hansí abeis de llevar a la dicha población, y vos estareis advertido y abeis de procurar que sea gente limpia y no de los proibidos a passar a aquellas partes.

40. Ansímismo, mandaremos, cunpliendo vos el dicho asiento, que así se os huviere de tomar residençia, se tenga consideraçión a como abeys servido para ver si abeis de ser suspendido de la jurisdiçión o dexaros en ella, y el dicho vuestro subçesor durante el tiempo de la rresidençia.

41. Yten, os ofreçemos que cunpliendo vos, el dicho capitán Artieda, este asiento y capitulación, como ofreçeis, ternemos quenta con vuestros serviçios para vos hazer merçed de vos dar vasallos con perpetuidad y título de Marqués o otro.

42. Por ende, cumpliendo vos, el dicho capitán Diego de Artieda, lo contenido en esta capitulación de la manera que offreçeis, y las instruçiones y provisiones que vos dieremos y adelante mandaremos dar para la dicha provinçia y población della, y para el buen trato y conbersión y dotrina de los yndios, por la presente vos prometemos y aseguramos por nuestra Fée y palabra real que lo que de nuestra parte se os ofreçe lo mandaremos guardar y cunplir, y contra ello no se vaya ni pase en manera alguna, con que si vos no cumplierdes lo que, como dicho es, teneys offresçido, no seamos obligado a vos mandar guardar cosa alguna de lo suso dicho, antes os mandaremos castigar y que se proçeda contra vos como contra persona que no guarda y cunpla los mandamientos de su Rey y señor natural. Y para vuestra seguridad os mandamos dar la presente, ffirmada de nuestra mano, y rrefrendada de Antonio de Erasso, nuestro secretario, y librada de los del nuestro Consejo de las Yndias. Fecha en El Pardo, a primero de Diziembre de mill y quinientos y setenta y tres años. Yo el Rey. Refrendada de Antonio de Erasso, señalada del presidente Juan de Ovando Liçençiado Castro, don Gomez Çapata. Liçençiados Botello, Otalora, Gasca, Ganboa y dotor Santillán, liçençiado Espadero.

# DOCUMENTO N.º 71

Capitulación otorgada a Alvaro de Mendaña para ir a descubrir las islas occidentales que están en la mar del Sur.
1574, abril 27. Dada en Madrid.
A.G.I. Indif. General 415. L. I, fols. 278-285.
C.D.I. T. XXIII, págs. 189-206.


Capitulaçión que se tomó con Alvaro de Amendaña, para descubrir las yslas oçidentales que (son) en el paraje del mar del Sur.

### EL REY

Por quanto vos, Alvaro de Amendaña, nos habeis hecho relaçión que vos descubristes algunas de las yslas oçidentales del mar del Sur, y agora con el çelo que teneis del serviçio de Dios Nuestro Señor y nuestro, y que la Santa Fe Católica y Ley Evangelica sea ensalçada, y nuestra Corona, rrentas y patrimonio rreal sea acreçentando, abeis propuesto y determinado de yr en nuestro nombre y a vuestra propia costa a poblar y paçifficar las dichas yslas que así descubristes, y a descubrir, poblar y paçifficar las demás yslas y tierras a ellas comarcanas, y questán en aquel parage y mar del Sur, y a procurar de traer al conosçimiento de Dios nuestro Señor, subjeçión y obidiençia nuestra los yndios naturales dellas, y nos abeys suplicado os diesemos liçençia y facultad para lo hazer y que sobre ello mandasemos tomar con vos asiento y capitulaçión, haviendose visto por los del nuestro Consejo de las Yndias. Acatando lo suso dicho, y lo mucho que deseamos la conberssión de los naturales de las dichas yslas y que en ellas se pedrique nuestra Santa Fe Católica y bengan al conosçimiento della para que puedan salvarsse, lo abemos tenido por bien y se a acordado de mandar hazer y tomar con vos, sobre el dicho descubrimiento, poblaçión y paçificaçión, asiento y capitulaçión en la manera siguiente:

1. Primeramente, vos, el dicho Alvaro de Amendaña, os offreçeis de yr a poblar y paçificar las dichas yslas oçidentales que así descubristes, y a

descubrir, poblar y paçifficar las demas yslas y tierras a ellas comarcanas que pudierdes de las que están en aquel paraje y mar del Sur, todo ello a vuestra costa y minsión, sin que Nos ni los Reyes que después de Nos fueren seamos ni sean obligados a os socorrer con cosa alguna de nuestra hazienda para ayuda dello.

2. Yten, os ofreçeis de llevar destos reinos o de las provinçias del Pirú, a las dichas yslas para las descubrir, poblar y paçificar como dicho es, en el primero viaje que hiçierdes a ellas, por lo menos triçientos hombres, los çinquenta dellos casados y con sus mugeres e hijos si los tuvieren, y al segundo viaje que hizierdes a las dichas yslas dosçientos hombres, y si del primero viaje pudierdes llevar juntos todos los quinientos hombres, que lo hareis, y toda la demás gente que pudierdes así casados como solteros, y todos muy bien aperçibidos de armas para su defensa y ofenssa si fuere neçesario.

3. Yten, os ofreçeis que, entre Nos y la gente que hansí llevardes a las dichas yslas, llevareis a ellas veynte vacas de bientre, diez yeguas de vientre, diez caballos, veinte cabras parideras con los machos neçesarios, veynte obejas con los carneros que fueren menester para ellas, diez puercas y dos machos, para que de todo se multiplique y aya para la sustentaçión y entretenimiento vuestro y de la dicha gente.

4. Yten, os ofreçeis de aprestar y poner a punto en las dichas provinçias del Pirú en la parte más cómoda para vuestra embarcaçión los navíos neçesarios, así para llevar la dicha gente y ganado como para llevar los bastimentos y todo lo demás neçesario, bien calafeteados y probeidos de belas, xarçia, cables, anclas y los marineros y gente de mar que fuere neçesaria para su serviçio y gobierno, y todo lo demás que fuere menester para ellos.

5. Yten, os ofreçeis de embarcar y llevar en los dichos navíos todas las vituallas, bastimentos y provisión que fuere neçesario para toda la dicha gente, así de guerra como de mar que fuere, y abeis de llevar en los dichos navíos por lo menos para un año, y ansímismo la comida que fuere neçesaria para el dicho ganado, y los dichos navíos an de ser bisitados por los nuestros offiçiales del puerto a donde os enbarcardes para ver como cunplís con lo contenido en este asiento.

6. Yten, os ofreçeis de hazer bergantines para costear y descubrir los puertos y rríos que oviere en las dichas yslas, que sean quales conbengan para ello.

7. Yten, os (ofre)çeis que dentro de seis años contados desde que lleg(ardes) en salvamento a las dichas yslas, tendreis pobladas en las partes dellas más cómodas y fertiles que se entendiere tres çiudades, la una que ssea provinçial y las otras dos sufraganeas.

8. Yten, os ofreçeis de guardar y cunplir, y que guardareis y cunplireis y procurareis se guarden y cunplan, las ordenanças por Nos hechas y mandadas guardar sobre la horden que se a de tener en los nuevos descubrimientos, poblaçiones y paçificaçiones que en las nuestras Yndias se hubieren de hazer, y la ynstruçión que çerca dello y en su conformidad os mandamos dar juntamente con esta capitulación, y las demás ynstruçiones, cédulas y provisiones que de aquí adelante dieremos para vos y espiçialmente lo questá mandado y hordenado y hordenaremos y mandaremos

se haga y guarde en fabor de los yndios, y para el buen gobierno de las dichas yslas.

9. Y para que hareis y cunplireis todo lo suso dicho, a vuestra propia costa como dicho es, os ofreçeis de obligar en esta nuestra corte ante escrivano publico, por vuestra persona y bienes muebles y raizes, avidos y por aver; y demás dello, antes que os partais en seguimiento de vuestro viaje, dareis ffianças legas, llanas y abonadas en quantidad de diez mill ducados a contento de los del nuestro Consejo de las Yndias o de los nuestros offiçiales de la Casa de la Contrataçión de la çiudad de Sevilla, con sumisión a los del dicho nuestro Consejo y a ellos en que se obliguen que cunplireis esta capitulación y asiento y todo lo en él contenido; y que si no lo hiçierdes, lo cunpliran de los dichos diez mill ducados sobre lo que vos huvierdes gastado, con que si vos murierdes en prosecuçión de la jornada antes de aver acavado de hazer el dicho descubrimiento, poblaçión y paçifficaçión, o por la mar o por la tierra, peleando con cosarios o enemigos, o por otro caso fortuito os subçediere ser desvaratado, vos ni los dichos vuestros fiadores no seais ni esteis obligados a otra cosa alguna más de lo que hasta entonces tuvierdes hecho.

10. Y para que con más voluntad, ánimo y comodidad vuestra y de la gente que con vos fuere, se puede hazer y haga el dicho descubrimiento, poblaçión y paçifficaçión y sustentaros en aquella tierra, os hazemos y ofreçemos de hazer merçed en las cosas siguientes:

11. Primeramente, os damos liçençia y ffacultad para que podais poblar y paçificar las dichas yslas oçidentales del mar del sur que así descubristes, y descubrir, poblar y paçifficar las demás yslas y tierras que pudierdes a ellas comarcanas, questán en aquel parage y mar del Sur, que hasta agora no ayan sido descubiertas, ni su descubrimiento, poblaçión y paçificación esté encargado a otra persona alguna; y os hazemos merçed del Adelantamiento de las dichas yslas, por vuestra vida y de la de un hijo, heredero o subçesor vuestro qual vos señalardes, de lo qual os mandaremos dar título y el despacho neçesario con que por rrazón deste offiçio no ayais de llevar ni el dicho vuestro subçesor salario alguno ni Nos seamos obligados a os le mandar pagar.

12. Yten, os hazemos merçed de la governaçión y Cappitanía General de las dichas yslas oçidentales, por todos los días de vuestra vida y de un hijo o heredero vuestro o persona que vos nombrardes; y por quanto aunque de nuestra parte se os an ofresçido con la dicha gobernaçión dos mill ducados de salario en cada un año y vos abeis tenido por bien que no se os señale, os ofreçemos que, entendido lo que en el dicho descubrimiento, poblaçión y paçificación fuerdes haçiendo y la calidad de la tierra, os mandaremos señalar el salario que pareçiere ser justo y que se os pague de los frutos y rrentas que en las dichas yslas nos perteneçieren, con que no las abiendo no seamos obligados a os pagar cossa alguna del dicho salario. Y para ello os mandaremos dar título y el despacho neçesario.

13. Yten, os hazemos merçed del Alguaçilaggo Mayor de las dichas yslas, por vuestra vida y de la de un hijo, heredero o subçesor vuestro qual nombrardes, con facultad que vos y el dicho suçesor podaís poner y quitar los alguaziles de los lugares poblados y que se poblaren.

14. Yten, os damos liçençia para que destos nuestros reinos y señoríos podais llevar a las dichas yslas, y no a otra parte alguna, veinte esclavos negros libres de todos los derechos que dellos nos puedan pertenesçer, para serviçio de vuestra persona y casa y para lo demás que conbiniere hazer en las dichas yslas, con que vayan registrados por la forma hordinaria, para lo qual os mandaremos dar Çédula nuestra en forma.

15. Yten, os damos liçençia y facultad para que demás de los dichos veinte esclavos, que así os damos liçençia para llevar a las dichas yslas libres de derechos, podais llevar o quien vuestro poder huviere, destos nuestros rreinos o del de Portugal, yslas de Cabo Berde y Guinea, a qualesquier partes de las nuestras Yndias, çiento y ochenta esclavos negros, la terçia parte hembras, libres de todos derechos, y en la forma que se acostunbra, con que nos ayais de pagar la liçençia de cada esclavo a treynta ducados, y la terçia parte de lo que en ello se montare a este rrespeto de contado a los nuestros offiçiales de la Casa de la Contrataçión de Sevilla antes que os enbarqueis para hacer vuestro viaje, y las otras dos terçias partes en el Pirú dentro de tres años, que comiençen a correr desde el día de la data desta capitulaçión en adelante, para cunplimiento de lo qual os abeis de obligar, por vuestra persona y bienes, y los fiadores que dieres por los dichos diez mill ducados para cunplimiento deste asiento an de quedar ansímismo obligados a esto devajo de la misma ffiança.

16. Yten, os damos liçençia para que cuando quisierdes vos, o quien vuestro poder huviere, podaís enbiar por una vez un navío de hasta treçientas toneladas de porte de estos nuestros rreinos a las dichas yslas cargados de mercaderías para provisión de la gente que rresidiere en las dichas yslas y para que pueda salir en seguimiento de su viaje sin aguardar a flota con tanto que vaya derecho a hazer su descarga a las dichas yslas oçidentales por el Estrecho de Magallanes y no pueda descargar cosa alguna de las que llevare en otra parte alguna de las nuestras Yndias siendo visitado primeramente por uno de los nuestros offiçiales de la dicha Casa de la Contrataçión de la çiudad de Sevilla.

17. Yten, vos damos liçençia para que puedan yr en cada un año año desde estos nuestros rreinos a la provinçia de Tierra Firme con armas y provisiones de todas las cossas neçesarias para la gente que huviere en las dichas yslas y labor de las minas dellas, y para que de la dicha provinçia se pueda llevar lo que así fuere en los dichos dos navíos a las provinçias del Pirú, y de allí a las dichas yslas oçidentales, sin que dello se nos paguen en las dichas nuestras Yndias derechos de almoxarifadgo algunos, con tanto que los vuestros navíos salgan en seguimiento de su viaje en conserva de las flotas que fueren a la dicha provinçia de Tierra Firme, o quando por Nos se les diere liçençia, y siendo visitados por uno de los dichos nuestros offiçiales de la dicha Casa de la Contrataçión y por los nuestros offiçiales de la çiudad de Panamá, de la dicha provinçia de Tierra Firme, los navíos en que de allí se oviere de llevar lo contenido en este cappítulo.

18. Yten, hazemos merçed a vos, y a los que con vos fueren al dicho descubrimiento, poblaçión y paçifficaçión, de todos los derechos de almoxarifazgo que nos perteneçieren de todo lo que llevardes y llevaren en este primero viaje para vuestras cassas y mantenimientos, y mandamos

que a vos ni a ellos ni se os pidan ni demanden en las nuestras Yndias los dichos derechos.

19. Yten, hazemos merçed a vos el dicho Alonsso de Amendaña, o vuestro hijo o persona que subçediere en la gobernaçión de las dichas yslas, y a las personas que con vos fueren a poblar y poblaren en las dichas yslas, que del oro, plata, perlas y piedrass preçiossas que sacaren en ellas, no nos pagueis ni paguen más de solamente el diezmo dello en lugar del quinto que nos pertenesçe, por tiempo de diez años.

20. Yten, os hazemos merçed y al dicho vuestro subçesor, y a los dichos pobladores y descubridores, del alcavala que nos devierdes y fueredes obligado a nos pagar en las dichas yslas, por tiempo de veinte años, y mandamos que durante este tiempo no se os pida ni demande a vos ni a ellos.

21. Yten, hazemos merçed a los dichos pobladores que de todo lo que por tiempo de diez años llevaren para probeimiento de sus casas, y a vos y al dicho vuestro subçesor de lo que llevardes para provisión vuestra por tiempo de veinte años, no se pida ni lleve derechos de almoxarifazgo algunos de los que en aquellas partes nos pertenescan.

22. Yten, os hazemos merçed de dos pesquerías, una de perlas y otra de pescado, quales vos escogerdes en las dichas yslas para vos y vuestros subçesores, perpetuamente, con que sea sin perjuiçio de los yndios ni de otro terçero alguno y con que guardeis las leyes y provisiones dadas y que se dieren sobre las pesquerías de las perlas.

23. Yten, os damos liçençia y facultad para que podais encomendar los rrepartimientos de yndios que oviere y los que vacaren en las dichas yslas, por dos vidas, y en el distrito de las çiudades que poblardes de nuevo por tres vidas, dexando los puertos y cabeçeras para Nos.

24. Yten, os damos liçençia y ffacultad para que a las personas que con vos fueren al dicho descubrimiento, poblaçión y paçificaçión de las dichas yslas y que en ello os ayudaren, y a sus hijos y desçendientes, podais dar solares y tierras de pasto y labor y estançias, y para los que ovieren poblado y residido tienpo de çinco años en las dichas yslas, lo tengan en perpetuidad, y a los que ovieren hecho y poblado yngenios de açucar y los tuvieren y mantuvieren, no se les pueda hazer execuçión en ellos ni en los esclavos, herramientas y petrechos con que se labraren.

25. Yten, os damos liçençia a vos, y al dicho vuestro hijo o subçesor en la dicha gobernaçión, para que en las dichas yslas en la parte que más convengan para su guarda y conservaçión, podais hazer tres fortalezas; y abiendolas hecho y sustentado os hazemos merçed y a vuestros subçesores, de las tenençias dellas perpetuamente. Y por quanto aunque de nuestra parte se os han ofreçido çient mill maravedís de salario en cada un año, perpetuamente, con cada una de las dichas fortalezas y vos abeis tenido por bien que no se os señalasse, os ofreçemos que entendida la qualidad de la tierra y el hefeto e ynportançia de que fueren, os mandaremos señalar salario conpetente con cada una dellas y que se os pague de la haçienda que nos pertenesçiere en las dichas yslas, con que no la habiendo no seamos obligado, ni los Reyes que después de Nos fueren, a vos mandar pagar ni a los dichos vuestros subçesores cossa alguna.

26. Yten, vos damos liçençia para que podais escoger y tomar para vos, por dos vidas, un rrepartimiento de yndios en el distrito de cada pueblo

457

de españoles que se poblaren en las dichas yslas; y para que habiendo escogido el dicho rrepartimiento os podais mejorar, dexando aquel y tomando otro que vacare, y para que podais dar y repartir a vuestros hijos legítimos y naturales, solares, cavallerías de tierras y estançias y los rrepartimientos de yndios que ovierdes tomado dexarlos a vuestros hijo mayor y rrepartirlos entre él y los demás hijos legítimos, y entre los naturales no teniendo legítimos, con que cada repartimiento quede entero para el hijo que le señalardes, sin dividirle, y si vos falleçierdes y dexardes muger legítima, se guarde con ella la ley de la subçesión de los yndios.

27. Yten, os damos liçençia para que si al presente teneys o adelante tuvierdes yndios encomendados en otra provinçia, podais gozar de los frutos dellos, no enbargante que no rresidais en la veçindad que sois o fuerdes obligado, poniendo escudero que por vos aga vezindad, y mandamos que con esto no se os puedan quitar ni rremover los dichos yndios, ni el escudero que en ellos pusierdes.

28. Yten, vos damos liçençia y facultad, y al dicho vuestro subçesor en la dicha gobernaçión, para que podais abrir marcas y punçones y ponerlas en los pueblos de españoles questovieren poblados y se poblaren, para quien ellos se marquen con ellos el oro y plata y otros metales que huviere.

29. Yten, vos damos liçençia y facultad para que, no abiendo offiçiales de nuestra Hazienda probeydos por Nos para las dichas yslas, los podais nonbrar y dar ffacultad para husar sus offiçios, en el entretanto que Nos los provehemos, y los probeidos llegan a servirlos.

30. Yten, damos liçençia y ffacultad a vos, y al dicho vuestro subçesor, para que subçediendo en la dicha provinçia alguna rrebelión o alteraçión contra el serviçio de nuestro señor o nuestro, podais librar de nuestra Hazienda, con acuerdo de los dichos nuestros offiçiales della o de la mayor parte, lo que fuere menester para rreprimir la dicha rrebelión.

31. Yten, vos damos liçençia y ffacultad, y al dicho vuestro subçesor, para que, para la gobernaçión de la tierra y labor de las minas podais hazer Ordenanças con que no sean contra derecho y lo que por nos está ordenado y con que sean conffirmadas por Nos dentro de tres años, y en el entretanto las podais hazer guardar.

32. Yten, os damos liçençia para que podais dividir las dichas yslas en distritos de alcaldías mayores y corregimientos y alcaldías hordinarias que heligieren los conçejos.

33. Yten, tenemos por bien y es nuestra voluntad que vos, y el dicho vuestro subçesor, tengais la jurisdiçión çevil y criminal en las dichas yslas, en grado de appelaçión de theniente de gobernador y de los alcaldes mayores, corregidores, y alcaldes hordinarios, en lo que no oviere de yr ante los conçejos.

34. Yten, os hazemos merçed y tenemos por bien que vos, y el dicho vuestro subçesor, seais ynmediatos al nuestro Consejo de las Yndias y mandamos que ninguno de los Visorreyes y Audiençias comarcanas no se puedan entremeter en el distrito de las dichas yslas de offiçio ni a pedimiento de parte ni por vía de apelaçión ni provean juezes de comisión para ellos, y quel dicho nuestro Consejo de las Yndias pueda conosçer de las cossas de la dicha gobernaçión de ofiçios y e pedimiento de parte e por vía de apelaçión de causas çeviles de seis mill pesos arriva, y

en causas criminales de las sentençias en que se pusiere pena de muerte o mutilaçión de mienbro.

35. Yten, vos conçedemos y queremos y mandamos, que si en los límites de la dicha gobernaçión de las dichas yslas oçidentales oviere Adelantado o algunos juezes probeidos luego que vos entrardes en las dichas yslas y probieredes otras, dexen sus offiçios y no usen más jurisdiçión y se salgan de la dicha gobernaçión, si no fuere que habiendo dexado los dichos offiçios y su jurisdiçión se quieran abecindar en la tierra y quedar en ella por pobladores, lo puedan hazer.

36. Yten, os damos liçençia para que podais dar exidos y abrevaderos, caminos y sendas a los pueblos que nuevamente se poblaren, juntamente con los cabildos dellos.

37. Yten, os damos liçençia para que podais nombrar rregidores y otros offiçiales de rrepublica en los pueblos que se poblaren, no estando por Nos nombrados, con tanto que dentro de quatro años los que nombrardes lleven conffirmaçión y provisión nuestra.

38. Y para que podais hazer y levantar en estos rreinos y en las provinçias del Pirú los quinientos honbres o más que confforme a este asiento abeis de llevar a las dichas yslas, y para nombrar capitanes, maestres de campo y los demás offiçiales neçesarios, y para que puedan enarbolar vandera y tocar pífaros y atanbores y publicar la jornada, os mandaremos dar luego provisión nuestra, y para que las justiçias de las partes donde se hiziere la dicha gente, así en estos dichos reinos como en las dichas provinçias, no les pongan ynpedimiento ni estorvo, antes los ayuden y favorescan para levantarla, y para que la gente que se asentare para yr con ellos no les ynpidan la jornada, aunque ayan cometido delitos porque devan ser castigados, no habiendo parte que lo pida ni siendo de los en derechos exceptados y que no les lleven ynterese alguno por ello y les hagan dar alojamientos y los bastimentos neçesarios a justos y moderados preçios según que entre ellos valieren.

39. Ansímismo, os mandaremos dar çédula nuestra para que los que una vez se huvieren asentado para yr al dicho descubrimiento os obedescan y no se aparten ni derroten de vuestra obidiençia, ni vayan a otra jornada sin vuestra liçençia, so pena de muerte.

40. Yten, os mandaremos dar çédula nuestra para que la gente que destos rreinos sacardes, para yr a la dicha poblaçión, los nuestros offiçiales de Sevilla los dexen pasar con vos a las dichas provinçias del Pirú, a donde todos ellos se han de tornar a enbarcar para, desde allí, ir a las dichas yslas, y para que asímismo los dichos offiçiales os faborescan y acomoden para façilitar vuestro viaje, y que no os pidan ynformaçión alguna, ni a la gente que hansí llevardes a la dicha poblaçión. Y vos estreis advertido, que abeis de procurar que sea gente linpia, y no de los prohibidos a pasar a aquellas partes.

41. Ansímismo, mandaremos, cunpliendo vos el dicho asiento, que si se os oviere de tomar residençia, se tenga consideraçión como abeys servido para ver si haveys de ser suspendido de la jurisdiçión o dexaros en ella y al dicho vuestro subçesor, durante el tienpo de la rresidençia.

42. Yten, os ofreçemos que cunpliendo vos, el dicho Alvaro de Amendaña este asiento y cappitulaçión como offreçeis, tenderemos quenta con

vuestros serviçios para vos hazer merçed de vos dar vasallos en perpetuidad y título de Marqués o otro.

43. Por ende, cunpliendo vos, el dicho Alvaro de Amendaña, lo contenido en esta cappitulaçión de la manera que ofreçeis por la presente, os prometemos y aseguramos por nuestra Fée y palabra Real que lo que de nuestra parte se os ofreçe lo mandaremos guardar y cunplir y que contra ello no se vaya ni passe en manera alguna; con que si vos no cunplierdes lo que, como dicho es, teneis ofresçido, no seamos obligado a os mandar guardar cosa alguna de lo suso dicho, antes os mandaremos castigar y que se proçederá contra vos como contra persona que no guarda y cunpla los mandamientos de su Rey y Señor Natural, y para vuestra seguridad os mandamos dar la presente firmada de nuestra mano, y rrefrendada de Antonio Erasso, nuestro secretario librada del dicho nuestro Consejo de las Yndias. Fecha en Madrid, a veynte y siete de abrill, de mill y quinientos y setenta y quatro años. Yo el Rey. Por mandato de Su Magestad, Antonio de Erasso. Señalada del Presidente Joan de Ovando, Liçençiados Botello, Otalora, Gamboa, el dotor Santillán.

# DOCUMENTO N.º 72

Capitulación otorgada a Juan de Villoria para ir a descubrir, conquistar y poblar las provincias del Río Darien.
1574, diciembre 12. Dada en Madrid.
A.G.I. Indif. General 415. L. I, fols. 293-298.

Capitulaçión que se tomó con don Joan de Villoria y Avila sobre el descubrimiento del río Darien.

## EL REY

Por quanto vos, Juan de Villoria Dávila, vezino y Regidor de la çiudad de Cartagena de la provinçia de Cartagena ques en las nuestras Yndias, con çelo que teneis del serviçio de Dios y nuestro y que su santa Fée se ensalçe y nuestra Corona y rentas sean abmentadas, abeys propuesto de yr en nuestro nombre y a vuestra costa a descubrir, paçificar y poblar las provinçias del rrío del Darien, ques en las dichas Yndias del mar Oçeano, y a procurar de traer a conosçimiento del berdadero Dios y Señor nuestro y subjeçión y obidiençia nuestra los yndios naturales dellas, y nos abeys suplicado vos diesemos facultad para lo hazer, y que sobre ello mandasemos tomar con vos asiento y capitulaçión; y abiendose visto y platicado sobre ello por los del nuestro Consejo Real de las Yndias, acatando lo suso dicho, y lo mucho que deseamos la conbersión y dotrina de los yndios de las dichas provinçias y que en ellas se predique nuestra Santa fée Cathólica y Ley Evangélica y bengan al conosçimiento della para que se puedan salvar, se lo abemos tenido y tenemos por bien y se a acordado de hazer con vos sobre el dicho descubrimiento, paçificación y poblaçión conçierto y capitulaçión en la manera siguiente:

1. Primeramente, vos el dicho Don Juan de Villoria Dávila, ofreçeis de yr a descubrir, paçificar y poblar las dichas provinçias en nuestro nombre y a vuestra costa y minsión sin que Nos seamos obligados a os socorrer en cosa alguna de nuestra haçienda, y de gastar en esta jornada doze mill ducados, y fazer y poner a punto en el puerto de la çibdad de Cartagena de las dichas Yndias para yr al dicho descubrimiento dos fra-

461

gatas o bergantines de remos y quatro canoas grandes, todas ellas suffiçientes para la navegaçión, bien calafateados, artillados y probeidos de belas, jarçias, cables, anclas y los marinos y gente de mar neçesaria para Gobierno y serviçio de los dichos navíos, y todo lo demás de que tengan neçesidad a punto y para se poder hazer a la bela en seguimiento de vuestro viaje dentro de dos años primeros siguientes que corran y se quenten desde el día de la fecha desta capitulación, para hazeros luego a la bela con el primer buen tiempo que hiziere.

2. Yten, os ofreçeis que sin arbolar vandera ni tocar pífaro ni atambor ni otro ynstrumento alguno, levantareis en la dicha provinçia de Cartagena y en el Nuevo Reino de Granada y llevareis a las dichas provinçias en las dichas fragatas y canoas çiento y çinquenta hombres españoles, útiles para el dicho descubrimiento y población y de tenerlos todos juntos y a punto de se poder enbarcar en el dicho puerto de Cartagena en las dichas fragatas y canoas dentro de los dichos dos años contados, como dicho es, desde el día de la fecha desta cappitulaçión cada uno con sus armas, espadas, dagre, arcabuzes, vallestas, morriones, rodelas, partesanas y las demás armas que conbiniere llevar para la jornada.

3. Yten, os ofreçeis de tener a punto en el dicho puerto de Cartagena y enbarcado en los dichos navíos y llevar en ellos todos los bastimentos y provisión que fuere neçesario para toda la dicha gente, así de mar como de guerra que fuere, y abeis de llevar en los dichos navíos para un año entero por lo menos.

4. Todo lo suso dicho os ofreçeis de tener a punto, y de la manera questá dicho, dentro del dicho tiempo a vista y paresçer del nuestro gobernador y offiçiales de la dicha provinçia de Cartagena, y estando presto para os poder hazer a la bela, an de visitar las dichas fragatas y canoas para ver si vais en la orden que conbiene y sois obligado para cunplimiento de lo que así ofreçeis por esta capitulación.

5. Estando, como dicho es, con las dichas fragatas o bergantines y quatro canoas grandes, visitados y a punto en el dicho puerto de Cartagena os ofresçeis de salir luego con ellos y la dicha gente de mar y guerra y bastimentos, y las demás cosas de suso rreferidas, derecho a descubrir, paçificar y poblar las dichas provinçias del rrío Darien en buena orden, bien aperçibidos y a punto de guerra y como conbiene para el dicho efeto.

6. Llegando a las dichas provinçias del rrío Darien os ofreçeis de poblar en ellas dos pueblos de a treynta vezinos cada uno en las partes que entendierdes ser más cómodas, fértiles y abundosas, y donde más conbiniere, para desde ellos atender a proseguir y alimentar el dicho descubrimiento, paçificación y poblaçión de las dichas provinçias.

7. Yten, os ofreçeis de procurar de descubrir el paso y puerto que se entiende que ay por el dicho rrío del Darien a la mar del sur con el cuydado y deligençia posible.

8. Ansímismo, os ofreçeis que dentro de un año que corra desde que descubrierdes el dicho puerto, metereis en las dichas provinçias del rrío del Darien veinte vacas de vientre y dos toros, veinte yeguas y diez cavallos, çinquenta cabras y otras tantas obejas con los machos neçesarios y veynte puercas con sus varracos, a vista y pareçer de los nuestros offiçiales que fueren de las dichas provinçias.

9. Yten, os ofreçeis que si en el discurso del dicho descubrimiento tuvierdes notiçia que los negros cimarrones de la provinçia de Tierra Firme están en parte que les podais hazer daño y despoblarlos de a donde estuvieren lo hareis, dandoseles la facultad questá dada para las çibdades de Panamá y Nombre de Dios.

10. Yten, os obligais que llevareis o hareis llevar de aquí adelante en cada un año desde estos reinos a las dichas provinçias del rrío del Darien en conserva de cada una de las flotas que fueren a Tierra Firme, un navío con armas y provisión de todas las cossas neçesarias para la gente que huviere en las dichas provinçias del rrío del Darien y labor de las minas dellas, y quél dicho nabío bolverá a estos reinos con la misma flota en cuya conserva fuere; y Nos os hazemos merçed de los derechos del almoxarifadgo que nos pertenesçen y podrían pertenesçer en las nuestras Yndias de lo que así se llevare en el dicho nabío para las dichas provinçias del rrío del Darien, con tanto que no se venda cosa alguna dellos, y si se vendiere o parte dello se nos aya de pagar enteramente los derechos que de todo nos pertenesçieren; y demás de ser los dichos navíos visitados por uno de los nuestros offiçiales de Sevilla, al tiempo que salgan, lo aya de ser tanbien en el dicho puerto de Cartagena por los nuestros offiçiales que allí rresiden al tiempo que llegaren a aquel puerto y quando salieren dél para yr a las dichas provinçias del rrío del Darien, o las canoas o otros navíos en que allí se hallaren lo que fuere en los dichos navíos registrados para el dicho rrío del Darien.

11. Yten, os ofreçeis que en todo lo que pudierdes procureis quel dicho descubrimiento, paçificación y población de las dichas provinçias se haga con toda paz y cristiandad, y que goberneis la gente de vuestro cargo con la mejor horden, trato y cristiandad que fuere posible, para que Dios Nuestro Señor y Nos seamos servido, y los naturales de la dicha provinçia no rresciban daño ni agravio, antes todo buen tratamiento y exemplo.

12. Yten, os ofreçeis y obligais de guardar y cunplir y procurar que se guarden y cunplan las ordenanças por Nos hechas y mandadas guardar, sobre la orden que se a de tener en los descubrimientos, paçificaçiones y poblaçiones que en las dichas nuestras Yndias se ovieren de hazer, para lo qual habeis de llevar las dichas ordenanças juntamente con esta capitulación y la ynstrución que en conformidad della vos mandamos dar; y ansymismo que guardareis y cunplireis las demás ynstruçiones, çédulas y provisiones que adelante dieremos para vos, y espiçialmente lo questá ordenado y mandado y ordenaremos y mandaremos hazer y guardar en fabor de los yndios y para el buen gobierno, paçificación y población de las dichas provinçias y su abmento y conservaçión.

13. Y para que cunplireis todo lo suso dicho, ofreçeis de obligaros en esta nuestra corte ante scrivano público, por vuestra persona y bienes muebles y raizes, avidos y por aver y demás dello, dar fianças legas, llanas y abonados en cantidad de doze mill ducados en la dicha çibdad de Cartagena, antes que os hagais a la bela en seguimiento de vuestro viaje, ni començeis a hazer la gente que conforme a este asiento y capitulación habeys y podeis hazer en la dicha provinçia y del Nuevo Reino, a contentamiento de los dichos nuestro gobernador y offiçiales de la Hazienda que rresiden en la dicha çibdad de Cartagena, con sumisión a los del di-

cho nuestro Consejo Real de las Indias y al dicho gobernador y offiçiales, en que se obliguen que cunplireis este dicho asiento y todo lo en él contenido; y si no lo hizierdes los fiadores que dierdes pagarán los dichos doze mill ducados para nuestra Cámara y Fisco, con condiçión que si vos murierdes en prosecuçión de la jornada o por la mar o por la tierra peleando con cosarios o henemigos o por otro caso fortuito, o subçediere ser desvaratado vos ni los dichos vuestros fiadores, no seais ni esteis obligados a otra cosa alguna más de lo que hasta entonces tuvierdes hecho.

14. Y por que con mayor ánimo y comodidad vuestra y de la gente que con vos fuere se pueda hazer el dicho descubrimiento, paçificación y poblaçión y sustentaros en aquella tierra, os hazemos y ofreçemos de hazer merçed en las cosas siguientes:

15. Primeramente, os damos liçençia y facultad para que podais descubrir, poblar y paçificar las tierras y provinçias del rrío del Darien que se yncluyen en dosçientas leguas de longetud y çiento de lantitud con queste destrito no entre ny vos ni la gente que llevardes entreis en descubrimiento o gobernaçión questé encomendada a otra persona alguna, y os hazemos merçed de la gobernaçión y capitanía General de las dichas provinçias por todos los días de vuestra vida y de un hijo heredero o subçesor vuestro o persona que vos nombrardes, con dos mill ducados de salario en cada un año librados en los frutos y rrentas que en las dichas provinçias nos pertenesçieren, con que no los abiendo no seamos obligado a os mandar pagar cosa alguna del dicho salario; para lo qual os mandaremos dar título y el despacho neçesario.

16. Ansímismo, vos haremos merçed del Alguaçiladgo Mayor de la gobernaçión de las dichas provinçias del rrío del Darien por vuestra vida y la de un hijo heredero o subçesor qual vos señalardes con facultad que vos y el dicho subçesor podais poner y quitar los alguaçiles de los lugares poblados y que se poblaren.

17. Yten, os damos liçençia para que destos nuestros rreinos y señoríos y del rreino de Portugal, yslas de Cabo Berde y Guinea de donde quisierdes y por bien tuvierdes, podais llevar o quien vuestro poder huviere a las dichas provinçias del rrío del Darien y no a otra parte alguna de las nuestras Yndias veinte esclavos negros, libres de todos los derechos que dellos nos puedan pertenesçer para serviçio de vuestra persona y casa y para lo que más conbiniere hazer en las dichas provinçias, con que vayan rregistrados y por la forma ordinaria para lo qual os mandaremos dar çédula nuestra en forma.

18. Ansímismo, os damos liçençia y facultad para que demás de los dichos veinte esclavos que ansí os damos liçençia para llevar a las dichas provinçias, libres de derechos, podais llevar o quien vuestro poder huviere destos dichos rreinos o del rreino de Portugal, yslas de Cabo Berde y Guinea a qualesquier partes de las nuestras Yndias doçientos esclavos negros, la terçia parte henbras, libres de todos los derechos que dellos se nos devan en las dichas Yndias, con que nos ayais de pagar la liçençia de cada esclavo a treynta ducados y la terçia parte de lo que en ellos se montare a este rrespeto, luego de contado a los nuestros offiçiales de la Cassa de la Contrataçión de Sevilla y las otras dos terçias partes en la dicha çibdad de Cartagena dentro de tres años que corran y se quenten desde el día de la fecha desta capitulaçión, la mitad de las dichas dos

terçias partes al prinçipio del segundo año y la otra mitad al prinçipio del terçero año; para cunplimiento de lo qual abeis de dar fianças legas, llanas y abonadas ante los dichos nuestros offiçiales de la dicha provinçia de Cartagena y a su contento, y ante los dichos nuestros offiçiales de Sevilla abeys de dar tanbien fianças legas, llanas y abonadas a contento suyo, antes que gozeis de la dicha liçençia de que dareis en la dicha çibdad de Cartagena las dichas fianças, y que si no las dieredes que acá ovierdes dado queden y sean obligados a la paga de lo que ansí montaren las dichas dos terçias partes de los dichos esclavos en el tienpo questá rreferido; y anbas escripturas abeys de hazer con sumisión a los del dicho nuestro Consejo de las Yndias y a los nuestros offiçiales de Sevilla y Cartagena.

19. Yten, hazemos merçed a vos y a los que con vos fueren al dicho descubrimiento, poblaçión y paçificaçión de todos los derechos de almoxarifaggo que nos pertenesçieren en las dichas nuestras Yndias de todo lo que llevardes y llevaren en este primero viaje para vuestras casas y mantenimientos; y mandamos que a vos ni a ellos no se os pidan ni demanden, en las nuestras Yndias, los dichos derechos, con tanto que no se venda lo que ansí llevardes y llevaren ni parte alguna dello, y si se vendiere, o parte dello se nos aya de pagar los derechos que de todo nos pertenesçieren.

20. Yten, vos hazemos merçed a vos el dicho Don Juan de Villoria, o a vuestro hijo o persona que subçediere en la gobernaçión de las dichas provinçias del rrío del Darien y a las personas que con vos fueren a poblar y poblaren en las dichas provinçias, que del oro, plata, perlas y piedras preçiosas que sacaren en ellas desde avaxo de tierra y agua no nos pagueis ni paguen más de solamente el diezmo dello en lugar del quinto que nos pertenesçe, por tienpo de diez años primeros siguientes.

21. Yten, os hazemos merçed de dos pesquerías, una de perlas y otra de pescado quales vos escogerdes hazia la parte del mar del Sur, para vos y vuestros subçesores perpetuamente, con que sea dentro del distrito que os señalamos por término de vuestra gobernaçión y no sea en el de otra gobernaçión alguna ni en perjuizio de los yndios ni de otro tienpo alguno y con que guardeis las leyes y provisiones dadas y que se dieren sobre las pesquerías de las perlas.

22. Yten, damos liçençia y facultad para que podais encomendar a los españoles que fueren a las dichas provinçias del rrío del Darien los rrepartimientos de yndios que huviere y los que vacaren en las dichas provinçias por dos vidas, y en el distrito de los pueblos que de nuevo poblardes por tres vidas, dexando los puertos y cabezeros para Nos.

23. Yten, damos liçençia y facultad para que a las personas que fueren al dicho descubrimiento y poblaçión y paçificaçión de las dichas provinçias y que en ello os ayudaren y a sus hijos y deçendientes, podais dar solares y tierras de pasto y labor y estançias y para los que huvieren poblado y rresidido tienpo de çinco años en las dichas provinçias, lo tengan en perpetuidad: y a los que huvieren hecho y poblado yngenios de azucar, y los tuvieren y mantuvieren, no se les pueda hazer execuçión en ellos ni en los esclavos, erramientas y petrechos con que se labraren, si no fuere en todo el yngenio entero.

24. Yten, damos liçençia a vos, y al dicho vuestro hijo y subçesor en la dicha gobernaçión para que en las dichas provinçias, en las partes que más conbenga para su guarda y conservaçión, podais fazer tres fortalezas y abiendolas hecho y sustentado os hazemos merçed y a vuestros subçesores de las tenençias dellas perpetuamente, con çient mill maravedís de salario en cada un año con cada una, el qual se os a de pagar a vos y a los dichos subçesores de la hazienda que nos pertenesçiere en las dichas provinçias, con que no la habiendo no abemos de ser obligado, ni los Reyes que después de Nos fueren, a os mandar pagar ni a los dichos vuestros subçesores cosa alguna dello.

25. Yten, os damos liçençia para que podais escoger y tomar para vos por dos vidas un rrepartimiento de yndios en el destrito de cada pueblo d'españoles que se poblaren en las dichas provinçias, y para que abiendo escogido el dicho rrepartimiento os podais mexorar dexando aquel y tomando otro que vacare y para que podais dar y rrepartir a vuestros hijos legítimos y naturales, solares y cavallerías de tierras y estançias y los rrepartimientos de yndios que hubierdes tomado para vos dexarlos a vuestro hijo mayor o rrepartirlos entre él y los demás hijos legitimos y entre los naturales no teniendo legítimos, con que cada rrepartimiento quede entero para el hijo que lo señalardes sin dibidirlo, y que si vos fallesçierdes y dexardes muger legítima se guarde con ella la ley de la subçesión de los yndios.

26. Yten, os damos liçençia para que podais gozar de los frutos de los rrepartimientos de yndios que al presente decís que teneys en la dicha provinçia de Cartagena y de las que adelante tubierdes encomendadas en la dicha provinçia o en otra, no enbargante que no rresidais en la vezindad que sois o fuerdes obligado, poniendo escudero que por vos haga vezindad a contento del gobernador de la tal provinçia; y mandamos que con esto no se os pueda quitar ni rremover los dichos yndios ni el escudero que en ellos pusierdes, no haziendo el escudero porque deva ser rremovido.

27. Yten, damos liçençia a vos el dicho don Juan de Villoria para que a un hermano que dezis teneys y a los deudos vuestros que con vos fueren a este descubrimiento y población, podais repartir y encomendar yndios como a las demás personas que fueren a ello conforme a su calidad y serviçios.

28. Yten os damos liçençia y ffacultad y al dicho vuestro subçesor en la dicha gobernaçión para que podais abrir marcas y punzones y ponerlas en los pueblos d'españoles questuvieren poblados y se poblaren para que entre ellos se marquen con ellos el oro y plata y otros metales que huviere.

29. Yten os damos liçençia y facultad para que no habiendo offiçiales de nuestra hazienda probeydos para os para las dichas provinçias los podais nonbrar y dar facultad para usar sus offiçios, en el entretanto que Nos los provehemos y los probeydos llegan a servillos.

30. Yten, damos liçençia y ffacultad a vos y al dicho vuestro subçesor para que subçediendo en las dichas provinçias alguna rrebelión o alteraçión contra el serviçio de Dios nuestro Señor o nuestro, podais librar de nuestra hazienda con acuerdo de los dichos nuestros offiçiales della o de la mayor parte dellos lo que fuere menester para rreprimir la dicha rrebelión.

31. Yten, damos liçençia y facultad y al dicho vuestro subçesor para que para la governaçión de la tierra y labor de las minas podais hazer hordenanças con que no sean contra derecho y lo que por Nos esta hordenado y mandado y con que sean confirmados por Nos dentro de dos años, y en el entre tanto los podais hazer guardar.

32. Yten, os damos liçençia para que podais dibidir las dichas provinçias en distritos de Alcaldías Mayores, corregimientos y alcaldías hordinarias que heligieren los conçejos.

33. Yten, tenemos por bien y es nuestra voluntad que vos, y el dicho vuestro subçesor, tengais la jurisdiçión çevil y criminal en las dichas provinçias en grado de apelaçión del teniente del gobernador y de los Alcaldes Mayores, corregidores y alcaldes hordinarios, en lo que no huviere de yr ante los conçejos.

34. Yten, os hazemos merced que por tienpo de diez años que corran y se quenten desde el día que salierdes del puerto de la dicha çibdad de Cartagena para yr al dicho descubrimiento, solamente vos o quien vuestro poder huviere, podais y puedan navegar por el rrío y paso que descubrierdes para la mar del sur, y que otra persona alguna no lo pueda hazer en ninguna manera por el dicho tienpo, obligandoos a meter en el dicho rrío nabíos de rremos que basten para el pasaxe y contrataçión al Pirú; y no lo cunpliendo ni abiendo en ello el rrecabdo que conbiniere no se os aya de guardar lo contenido en este capítulo y puedan libremente nuestros súbditos y naturales navegar el dicho rrío por la orden que Nos para ello mandaremos dar, llevando liçençia nuestra.

35. Yten, os damos liçençia para que podais dar exidos y abrevaderos, caminos y sendas a los pueblos que nuevamente se poblaren e juntamente con los cabildos dellos.

36. Yten, os damos liçençia para que por una vez podais nonbrar rregidores y otros offiçiales de rrepública en los pueblos que se poblaren no estando por Nos nombrados, con tanto que dentro de quatro años los que nonbrardes lleven confirmaçión y provisión nuestra.

37. Y para que podais hazer y levantar en las dichas provinçias de Cartagena y Nuevo Reino de Granada los dichos çiento y çinquenta hombres, que conforme a este asiento abeys de llevar a las dichas provinçias del rrío del Darien, y para nombrar capitanes, maestres de campo y los demás offiçiales neçesarios os mandaremos dar luego provisión nuestra y para que las justiçias de las dichas provinçias no les pongan ynpedimiento ni estorvo en el levantar la dicha gente antes los ayuden y faborescan para la levantar y para que a los que se asentaren para yr a la dicha jornada no los ynpidan el yr a ella, y les hagan dar alojamientos y los bastimentos neçesarios a justos y moderados preçios, segúnd que en ellos valieren.

38. Ansímismo, os mandaremos dar çédula nuestra para que los que una vez se huvieren asentado para yr al dicho descubrimiento os obedescan y no se aparten ni derroten de vuestra obidiençia ni vayan a otra jornada sin vuestra liçençia, so pena de galeras perpetuas.

39. Yten, os damos liçençia a vos, el dicho don Juan de Villoria, para que en caso de que en prosecuçión desta jornada ffallescais podais nombrar persona que vaya cunpliendo lo a que vos os obligais y por esta capitulación se os comete, hasta tanto que vuestro subçesor sea de he-

dad para lo poder hazer, que Nos le damos poder y facultad para ello y mandamos que no le sea puesto ynpedimiento alguno.

4. Yten, os ofreçeis que cunpliendo lo contenido en este asiento y capitulaçión como ofreçeis, ternemos quenta con vuestros serviçios para vos hazer merçed de vos dar vasallos con perpetuidad y título de adelantado o otro.

41. Por ende, cunpliendo vos el dicho don Juan de Villoria lo contendio en esta capitulaçión de la manera que ofreçeis y las ynstruçiones y provisiones que vos dieremos y adelante mandaremos dar para las dichas provinçias del rrío del Darien y población dellas y para el buen trato y conbersión y dotrina de los yndios, por la presente, os prometemos y aseguramos por nuestra Fée y palabra Real que lo que de nuestra parte se os ofresçe lo mandaremos guardar y cunplir y que contra ello no se vaya ni pase en manera alguna; con que si vos no cunplierdes lo que, como dicho es, teneis ofresçido, no seamos obligado a os mandar guardar cosa alguna de lo suso dicho, antes o mandaremos castigar y se proçederá contra vos como contra persona que no guarda y cunpla los mandamientos de su Rey y Señor natural; y para vuestra seguridad os mandamos dar la presente firmada de nuestra mano, refrendada de Antonio de Erasso nuestro secretario. Fecha en Madrid, a doze de Diciembre de mill y quinientos y setenta y quatro años. Yo el Rey. Por mandato de Su Magestad, Antonio de Erasso. Señalada del Presidente Joan de Ovando y de los del Consejo.

# DOCUMENTO N.º 73

Capitulación otorgada a Pedro Maraver de Silva para ir a descubrir, pacificar y poblar a las provincias de Omagua y Omeguas, que están en la Nueva Extremadura. Esta capitulación tiene el mismo objetivo que la otorgada a este mismo capitulantes en 1568 y que, a pesar de comenzar la expedición, no pudo llegar a concluir.
1574, noviembre 7. Dada en Madrid.
A.G.I. Indif. General 415. L. I, fols. 298-304 vto.

Cappitulaçión que se tomó con don Pedro Maraver de Silva de la Nueva Estremadura.

### EL REY

Por quanto Nos mandamos tomar en quinze de Mayo del año pasado, de mill y quinientos y sesenta y ocho, çierto asiento y capitulaçión con vos, el capitán don Pedro Maraver de Silva, sobre el descubrimiento, poblaçión y paçifficación de las provinçias de Omagua y Omeguas y el qui[...]nato y las demás provinçias y tierras que entran y se yncluyen en la provinçia que ha de ser yntitulada la Nueva Estremadura y que en cunplimiento de lo que por ella os obligastes, os hezistes a la bela para la dicha provinçia con çiertos navíos y gente de armada y a causa de çierto desvarate que huvo no pudistes hefetuar el dicho descubrimiento y que agora como más esperimentado en lo que conbiene hazer para haçertar mejor en ello y con el çelo que teneis del serviçio de Dios nuestro Señor y nuestro y que la Santa Fée Cathólica se ensalçe y nuestra Corona y rrentas sean aumentadas, abeis propuesto de tornar a yr en nuestro nonbre y a vuestra costa al dicho descubrimiento paçificaçión y poblaçión, y nos habeis suplicado os diesemos facultad para lo hazer y que sobre ello mandasemos tomar con vos asiento y capitulaçión de nuevo, y abiendose visto y platicado sobre ello por los del nuestro Consejo de las Yndias, acatando lo suso dicho y lo mucho que deseamos la conbersión y dotrina de los yndios de la dicha provinçia y que nuestra Santa Fée Católica se les predique y bengan a conosçimiento della para que puedan ser

469

salvos, lo abemos tenido y tenemos por bien, y se ha acordado de hazer con vos sobre el dicho descubrimiento, paçificaçión y poblaçión conçierto y asiento y capitulaçión en la manera siguiente:

1. Primeramente, vos el dicho capitán don Pedro Maraver de Silva os ofreçeis de yr a descubrir, paçificar y poblar la dicha provinçia de la Nueva Estremadura, a vuestra costa y minsión sin que Nos seamos obligado a os socorrer con cosa alguna de nuestra haçienda para ayuda dello, y de tener para yr al dicho descubrimiento en el puerto de Sant Lucar de Varrameda o en el de Cádiz para en todo el mes de Março del año primero que berná, de mill y quinientos y setenta y çinco, tres navíos sufiçientes para la navegaçión que todos tres tengan de porte seisçientas toneladas, o más, bien calafateados, artillados y probeidos de belas, jarçias, cables, anclas y los marineros y gente de mar neçesaria para gobierno y serviçio de los dichos navíos, y todo lo demás de que tovieren neçesidad, a punto y para se hazer a la bela en seguimiento de vuestro viaje con el primer buen tienpo que hiçiere sin os detener más.

2. Yten, os ofreçeis que sin arbolar vandera ni tocar pifaro ni atanbor, ni otro ynstrumento alguno, levantareis en estos nuestros rreinos quinientos honbres para llevar a la dicha provinçia, y que los llevareis a ella en los dichos navíos para la descubrir, paçificar y poblar, y que todos ellos seran útiles para ello los çientos labradores y los demás gente de guerra y que entre todos los dichos quinientos honbres vayan los çiento casados, y más los que pudieredes con sus mugeres y hijos.

3. Yten, os ofreçeis de tener todos los dichos quinientos hombres juntos y a punto para se poder enbarcar en el dicho puerto de Sant Lucar de Varrameda o en el de Cádiz en todo el mes de Março, del dicho año de setenta y çinco, cada uno con sus armas, espadas, dagas y arcabuzes, vallestas, morriones, rodelas, partesanas y las demás armas que conbiniere llevar para la jornada.

4. Yten, asímismo ofreçeis de llevar a la dicha jornada en los dichos navíos seys clérigos de misa, y que procurareis que entre ellos vayan dos rreligiosos de la conpañía de Jesús para que entiendan en confesar y administrar los sacramentos a los que fueren al descubrimiento de la dicha provinçia, y en la conbersión y dotrina de los naturales della.

5. Yten, os ofreçeis de tener a punto para en todo el dicho mes de Março del año de setenta y çinco y enbarcado en los dichos navíos y de llevar en ellos todos los bastimentos y provisión que fuere neçesario para toda la dicha gente, así de mar como de guerra, que fuere en los dichos navíos y para los dichos clérigos por lo menos para un año.

6. Todo lo suso dicho os ofreçeis de tener a punto y de la manera questá dicho, en todo el dicho mes de Março del dicho año de setenta y çinco, a vista y paresçer de los nuestros offiçiales de la Casa de la Contrataçión de la çibdad de Sevilla, y estando presto para poderos hazer a la bela a de visitar uno de los dichos offiçiales los dichos tres navíos, por la forma que otras vezes han acostumbrado a visitar otros navíos que an ydo a semejante descubrimientos, para ver si vais en la horden que conbiene y sois obligado para cunplimiento de lo que ansí ofreçeis.

7. En estando, como dicho es, con los dichos tres navíos visitados y a punto en el dicho puerto de San Lucar de Varrameda o en el de Cádiz,

os ofreçeis mediante Dios de salir dél en conpañía de una de las flotas quel dicho año de setenta y çinco yrán a la provinçia de la Nueva España o a la de Tierra Firme, con los dichos navíos y gente de mar y guerra y bastimentos en buena horden y bien aperçibidos y a punto de guerra, tomando vuestra direçión y derrota a la dicha provinçia de la Nueva Estremadura.

8. Llegando a la dicha provinçia de la Nueva Estremadura, ofreçeis de tomar posesión en nuestro nombre y para nuestra Corona Real de todas las tierras della que fueredes descubriendo y poblando.

9. Ansímismo, os ofreçeis que dentro de quatro años primeros siguientes que corran y se quenten desde el día de la fecha desta capitulaçión, poblareis y tendreys poblados en la dicha provinçia tres çibdades; la una provinçial y las otras dos sufraganeas en las partes mas cómodas, fértiles y abundantes que hallardes y a donde bierdes que más conbiene, para que desde ellas mejor se pueda proseguir y hazer el dicho descubrimiento, poblaçión y paçificación, y que demás de las dichas tres ciudades hareis los pueblos que os paresçiere conbenir, haziendo en cada una de las dichas çibdades y pueblos un fuerte para su defenssa, y que en el primer año hareis todas las más poblaçiones que os fuere posible.

10. Yten, os ofreçeis que dentro de quatro años, que corran y se quenten desde la fecha desta capitulaçion, llevareis a la dicha provinçia de la Nueva Estremadura otros quinientos hombres para la poblar y sustentar y otros seis clérigos de missa, ofiçiales de una de las tres hordenes o rreligiosos de la conpañía de Jesús, y que los doçientos hombres dellos, o más, serán labradores y casados todos los que fuere posible que quando menos serán çiento y llevar sus mugeres y hijos.

11. Yten os ofreçeis de meter en la dicha provinçia de la Nueva Estremadura dentro de quatro años primeros siguientes, contados desde el día de la fecha desta capitulaçión, çient cavallos o más y çient yeguas y quinientas vacas o terneros, mill ovejas y doçientos puercos y cabras.

12. Yten, os ofreçeis que en todo lo que pudierdes procurareis quel dicho descubrimiento, poblaçión y paçificaçión de la dicha provinçia se haga con toda paz y cristiandad, y que gastareis en ello diez mill ducados de más de lo que huvieredes gastado en aprestar los dichos tres navíos y gente que hansí abeis de llevar, y que gobernareis la dicha gente con la mejor horden y trato, bondad y cristiandad que fuere posible para que Dios nuestro Señor y Nos seamos servido y los naturales no rresçivan daño ni agravio, antes todo buen tratamiento y exenplo.

13. Yten, os ofreçeis de guardar y cunplir y procurar se guarden y cunplan las hordenanças por nos hechas y mandadas guardar, sobre la horden que se a de tener y guardar en los nuevos descubrimientos, paçificaçiones y poblaçiones que en las nuestras Yndias se huvieren de hazer y en la ynstruçión que çerca dello y en su conformidad os mandaremos dar juntamente con esta capitulaçión y las demás ynstruciones, çédulas y provisiones que adelante dieremos para vos y espiçialmente lo questuviere hordenado y mandado y hordenaremos y mandaremos hazer y guardar en fabor de los indios y buen gobierno de las dichas provinçias.

14. Y para que cunplireis todo lo suso dicho os ofreçeis de obligaros en esta nuestra corte, ante escrivano publico, por vuestra persona y bienes muebles y raizes, avidos y por aver; y demás dello, antes que os par-

tais en seguimiento de vuestro viaje, dareis fianças legas, llanas y abonadas en quantidad de diez mill ducados a contentamiento de los del dicho nuestro Consejo de las Yndias o de los nuestros offiçiales de la Casa de la Contrataçión de la çiudad de Sevilla, con sumisión a los del dicho Consejo y a ellos, en que se obliguen que cunplireis esta capitulación y asiento todo lo en él contenido, y que si no lo hizierdes lo cunplirán de los dichos diez mill ducados sobre lo que vos huvierdes gastado, con que si vos murierdes en prosecuçión de la jornada antes de haver acavado de hazer el dicho descubrimiento, poblaçión y paçificaçión por la mar o por la tierra, peleando con cosarios o henemigos o por otro casso fortuito os subçediere ser desvaratado, vos ni los dichos vuestros fiadores no seais ni esteis obligados a otra cosa alguna más de lo que hasta entonçes tuvierdes hecho.

15. Y para que con maior ánimo y comodidad vuestra y de la gente que con vos fuere se pueda hazer el dicho descubrimientos, paçifficación y población y sustentaros en aquella tierra, os hazemos y ofreçemos de hazer merçed en las cosas siguientes:

16. Primeramente, os damos liçençia y facultad para que podais descubrir, paçificar y poblar las dichas provinçias de Omagua y Omeguas y el Quinato y las demás provinçias que se yntitulan la provinçia de Nueva Estremadura que todo se estiende hasta treçientas leguas de longitud y otras tantas de latitud, y estas se quenten desde donde fenesçen las provinçias de Guayana y Caura, llamadas la Nueva Andaluçía, cuyo descubrimiento, población y paçificación encomendamos al capitán Diego Fernandez de Serpa ya defunto, con que no sea en perjuiçio de terçero, ni el descubrimiento de lo que ansí se yncluye en las dichas treçientas leguas, ni parte dello, esté encomendado a otra persona; y os hazemos merçed de la gobernación y capitán general de la dicha provinçia de la Nueva Estremadura y de todas las otras tierras que como está dicho se yncluyen en ella, por todos los días de vuestra vida y de un hijo o heredero vuestro o persona que vos nonbrardes, con dos mill ducados de salario en cada un año, librados en los frutos y rrentas que en la dicha tierra nos perteneçieren, con que no los habiendo no seamos obligado a os mandar pagar cosa alguna del dicho salario para lo qual os mandaremos dar título y el despacho neçessario.

17. Ansímismo os hazemos merçed del alguaçiladgo mayor de la gobernaçión de la dicha provinçia de la Nueva Estremadura por vuestra vida y la de un hijo heredero o suçesor vuestro, o otra persona que vos nombrardes, con facultad que vos y el dicho vuestro subçesor podais poner y quitar los alguaçiles de los lugares poblados y que se poblaren.

18. Yten, damos liçençia para que destos nuestros reinos y señoríos podais llevar a la dicha provinçia de la Nueva Estremadura, y no a otra parte alguna, veinte esclavos negros libres de todos derechos que dellos nos puedan perteneçer para serviçio de vuestra persona y cassa y para lo demás que conbiniere hazer en la dicha provinçia; para lo qual os mandaremos dar çédula nuestra en forma.

19. Yten, os damos liçençia y facultad para que por el tienpo que fuere nuestra voluntad puedan yr en cada un año dende estos nuestros reynos a la dicha provinçia de la Nueva Estremadura y no a otra parte alguna de las nuestras Yndias, dos navíos con armas y provisión de todas

las cossas neçesarias para la gente que huviere en la dicha provinçia y en labor de las minas della libres del almoxarifadgo que dello nos pueda pertenesçer en las dichas Yndias, con que salgan en seguimiento de su viaje en conserva de una de las flotas que fueren en la Nueva España o provinçia de Tierra Firme o quando por Nos se les diere liçençia.

20. Yten, os hazemos merçed a vos y a los que con vos fueren al dicho descubrimiento, de todos los derechos de almoxarifadgo que nos pertenesçieren de todo lo que llevardes y llevaren en este primero viaje para vuestras casas y mantenimientos; y mandamos que a vos ni a ellos ni se os pidan ni demanden los dichos derechos.

21. Yten, os hazemos merçed a vos, el dicho capitán don Pedro Maraver de Silva, o a la persona que subçediere en la gobernación de la dicha provinçia y a las personas que con vos fueren a poblar y poblaren en ella, que del oro y plata, perlas y piedras preçiosas que sacardes y sacaren en la dicha provinçia no nos pagueis ni paguen más de solamente el diezmo dello en lugar del quinto que dello nos pertenesçe, por tiempo de diez años.

22. Yten, os hazemos merçed y al dicho vuestro subçesor y a los dichos pobladores y descubridores del alcavala que nos devieredes y fueredes obligados a nos pagar en la dicha provinçia, por tiempo de veinte años; y mandamos que durante el dicho tienpo no se pida ni demande a vos ni a ellos.

23. Yten, hazemos merçed a los dichos pobladores que de todo lo que por tiempo de diez años llevaren para probeymiento de sus casas y a vos y al dicho vuestro subçesor de lo que llevardes para provisión vuestra por tiempo de veinte años no se os pida ni lleve ni a los dichos pobladores, derechos de almoxarifazgo algunos de los que en aquellas partes nos pertenescan.

24. Yten, os hazemos merçed de dos pesquerías una de perlas y otra de pescado, quales vos escogerdes, en la dicha provinçia de la Nueva Estremadura para vos y vuestros herederos y subçesores, perpetuamente, con que sea sin perjuiçio de los yndios ni de otro terçero alguno y con que guardeis las leyes y provisiones dadas y que mandaremos dar sobre la pesquería de las perlas.

25. Yten, os damos liçençia y facultad para que podais encomendar los rrepartimientos de yndios vacos y que vacaren en los distritos de las çibdades d'españoles questuvieren poblados en la dicha provinçia por dos vidas, y en el destrito de las çiudades que poblardes de nuevo por tres vidas, dexando y quedando los puertos y cabeçeras para Nos.

26. Yten, vos damos liçençia y facultad para que a las personas que con vos fueren al dicho descubrimiento y paçificaçión y en ello os ayudaren y sus hijos y deçendientes, podais dar solares y tierras de pasto y labor y estançias para que a los que huvieren poblado y rresidido tienpo de çinco años lo tengan en perpetuidad, y a los que huvieren hecho y poblado yngenios de açusar y los tuvieren y mantuvieren, no se les pueda hazer execuçión en ellos ni en los esclavos, herramientas, y petrechos con que se labran; y mandamos que se les guarden todas las preheminençias, previllegios, y conçesiones, y como se dispone en el libro de la rrepública de los españoles.

27. Yten, os damos liçençia a vos, o al dicho vuestro hijo o subçesor en la dicha gobernación, para que en la dicha provinçia en las partes que más conbenga para su guarda y conservaçión podais hazer tres fortalezas, y habiendolas hecho y sustentado os hazemos merçed y a vuestros subçesores de las tenençias dellas perpetuamente, con çient mill maravedís de salario en cada un año con cada una, el qual se os ha de pagar a vos y a los dichos vuestros subçesores de la hazienda que nos pertenesçiere en la dicha provinçia, y no la habiendo no havemos de ser obligado, ni los rreyes que después de Nos fueren, a os mandar pagar ni a los dichos vuestros subçesores cosa alguna.

28. Yten, os damos liçençia para que podais escoger y tomar para vos, por dos vidas, un rrepartimiento de yndios en el distrito de cada pueblo d'españoles que estovieren poblados y se poblaren en la dicha provinçia de la Nueva Estremadura, y para que abiendo escogido el dicho rrepartimiento os podais mexorar dexando aquél y tomando otro que vacare y para que podais dar y rrepartir a vuestros hijos legítimos y naturales solares y cavallerías de tierras y estançias y los rrepartimientos de yndios que huvierdes tomado para vos dexarlos a vuestro hijo mayor, rrepartirlos entre él y los demás legítimos y entre los naturales, y no teniendo legítimos con que dar el rrepartimiento quede entero para el hijo que señalardes, sin dividirle, y que si vos ffallesçierdes y dexardes muger legítima se guarde con ella la ley de la subçesión de los yndios.

29. Yten, os damos liçençia para que si al presente teneis o adelante tuvierdes yndios encomendados en otra provinçia podais gozar de los frutos dellos, no enbargante que no residais en la bezindad que sois o fuerdes obligado poniendo escudero que por vos haga la vezindad, y mandamos que con esto no se os puedan quitar ni rremover los dichos yndios ni el escudero que en ello pusierdes.

30. Yten, os damos liçençia y facultad, y al dicho vuestro subçesor, en la dicha gobernaçión para que podais abrir marcas y punçones y ponerlas en los pueblos d'españoles questuvieren poblados y se poblaren para que en ellos se marque con ellos el oro y plata y otros metales que huviere.

31. Yten, os damos liçençia y facultad para que no habiendo offiçiales de nuestra Haçienda probeidos por Nos para la dicha provinçia, los podais nombrar y proveher y dar facultad para husar sus offiçios, en el entre tanto que Nos los proveemos y los probeydos llegan a servir sus offiçios.

32. Yten, damos liçençia y facultad, a vos y al dicho vuestro subçesor para que subçediendo en la dicha provinçia alguna rrebelión o alteraçión contra el serviçio de nuestro Señor o nuestro podais librar de nuestra Haçienda que huviere en la dicha provinçia, con acuerdo de los dichos nuestros offiçiales o de la mayor parte, lo que fuere menester para rreprimir la dicha rrebelión.

33. Yten, damos liçençia y facultad y al dicho vuestro subçesor, para que para la gobernaçión de la tierra y labor de las minas podais hazer ordenanzas, con que no sean contra derecho y lo que por Nos está hordenado y con que sean confirmadas por Nos dentro de tres años, y en el entre tanto las podais hazer guardar.

34. Yten, os damos liçençia para que podais dividir la dicha provinçia en distritos de Alcaldías Mayores, corregimientos y alcaldías hordinarias que heligieren los conçejos.

35. Yten, tenemos por bien y es nuestra voluntad que vos y el dicho vuestro subçesor tengais la jurisdiçion çevil y criminal en la dicha provinçia en grado de apelaçión del teniente de gobernaçión y de los alcaldes mayores, corregidores y alcaldes hordinarios, en lo que no hubiere de yr ante los conçejos.

36. Yten, vos conçedemos y queremos y mandamos que sí en los límites de la dicha gobernaçión de la dicha provinçia de la Nueva Estremadura hoviere adelantado, o algunos juezes probeidos, luego que vos entrardes en la dicha provinçia y probeyeres otros dexen sus offiçios y no husen mas de jurisdiçión y se salgan de la dicha gobernaçión, si no fuere que habiendo dexado los dichos offiçios y jurisdiçión se quieran abezindar en la tierra y quedar en ella por pobladores.

37. Yten, os damos liçençia para que podais dar hexidos y abrevaderos, caminos y sendas a los pueblos que nuevamente se poblaren juntamente con los cabildos dellos.

38. Yten, damos liçençia para que podais nombrar regidores y otros offiçiales de rrepública en los pueblos que se poblaren, no estando por Nos nombrados, con tanto que dentro de quatro años los que nonbrardes lleven confirmaçión y provisión nuestra.

39. Y para que podais hazer y levantar en estos rreinos los mill hombres, que conforme a este asiento habeys de llevar a la dicha provinçia, los quinientos en este primer viaje y los otros quinientos dentro de quatro años que, como dicho es, corren desde el día de la fecha desta capitulaçión y para nombrar capitanes, maestres de campo y los demás offiçiales neçesarios os mandaremos dar luego provisión nuestra, y para que las justiçias de las partes donde se hiçiere la dicha gente en estos dichos rreinos no les pongan ynpedimento ni estorvo, antes les ayuden y faborescan para levantarla y para que la gente que se asentare para yr con ellos no les ynpidan la jornada y les hagan dar aloxamiento y los bastimentos neçesarios a justos y moderados preçios, según que entre ellos valieren.

40. Ansímismo, mandaremos dar çédula nuestra para que los que una bez se huvieren ausentado para yr al dicho descubrimiento os obedescan y no se aparten ni derroten de vuestra obediençia ni vayan a otra jornada sin vuestra liçençia, so las penas en derecho establecidas.

41. Yten, os mandaremos dar çédula nuestra para que los dichos mill honbres casados y solteros que así habeis de llevar a la dicha provinçia para hazer la dicha poblaçión, los quinientos luego y los otros quinientos dentro de los dichos quatro años como esta rreferido, los nuestros offiçiales de la Casa de la Contrataçión de Sevilla los dexen pasar a la dicha provinçia presentando ante ellos ynformaciones hechas en la forma hordinaria, de como no son de los proybidos a pasar a aquellas partes, y que procuren facilitar vuestro viaje.

42. Ansímismo, mandaremos, cunpliendo vos el dicho asiento, que si se os oviere de tomar rresidençia se tenga consideración a como abeys servido para ver si haveis de ser suspendido de la jurisdiçión o dexaros en ella y al dicho vuestro subçesor durante el tienpo de la rresidençia.

43. Yten, os ofreçemos que cunpliendo vos el dicho capitán don Pedro Maraver de Silva este asiento y capitulación, como ofreçéis, tendremos quenta con vuestros serviçios para os hazer merçed de vos dar vasallos con perpetuidad y título de adelantado o otro.

44. Por ende, cunpliendo vos, el dicho don Pedro Maraver de Silva, lo conthenido en esta capitulaçión de la manera que ofreçéis y las ynstruçiones y provisiones que vos diéremos y adelante mandaremos dar para la dicha provinçia de la Nueva Estremadura y poblaçión della, y para el buen trato conbersión y dotrina de los yndios, por la presente prometemos y aseguramos por nuestra fée y palabra real que lo que de nuestra parte se os ofreçe lo mandaremos guardar y cunplir, y que contra ello no se vaya ni passe en manera alguna; con que si vos no cunpliéredes lo que, como dicho es, teneis ofreçido no seamos obligado o as mandar pagar cosa alguna de lo susodicho, antes os mandaremos castigar y que se proçeda contra vos como contra persona que no guarda y cunpla los mandamientos de su Rey y Señor natural, y para vuestra seguridad os mandamos dar la presente, firmada de nuestra mano, refrendada de Antonio de Erasso nuestro secretario y librada de los del dicho Nuestro Consejo de las Yndias. Fecha en Madrid, a siete de nobienbre de mill y quinientos y setenta y quatro años. Yo el Rey. Por mandado de Su Magestad, Antonio de Eraso. Señalada del Presidente Joan de Ovando, liçençiados Castro, Gasca, Gamboa. El doctor Santillán. El liçençiado Espadero.

# DOCUMENTO N.º 74

Capitulación otorgada a Luis de Carvajal para ir a descubrir y poblar a las tierras que hay desde la provincia de Pánuco hasta la Nueva Galicia.
1579, mayo 30. Dada en Aranjuez.
A.G.I. Indif. General 416. L. VII, fols. 1-7.

El Capitán Luis de Carvajal. Asiento y capitulaçión con el Capitán Luis de Carvajal, sobre el descubrimiento y poblaçión del Nuevo Reino de León.

## EL REY

Por quanto vos, el capitán Luis de Carvajal de la Cueba, nos haveis hecho rrelaçión que por comisión y orden del nuestro Visorrey de la Nueva España fuistes a descubrir y descubristes camino con gente de guerra, y a vuestra costa, desde la provinçia de Pánuco hasta las minas de Alacapil y Reino de Nueva Galicia, y tambien haviades descubierto çiertas provinçias y tierra muy poblada de naturales, que está de las dichas minas de Macapil a la vanda del norte y por latitud se comunica con hambos mares del norte y del sur, y con zelo que teneis del serviçio de Nuestro Señor y Nuestro desseo que nuestra Santa Fée Cathólica y Ley Evangélica sea ensalçada y nuestra Corona, rrentas y patrimonio real acreçentado, haveis propuesto y determinado de ir en nuestro nombre, y a vuestra propia costa, a poblar y paçificar la dicha tierra y provinçias que assí descubristes y descubrir, poblar y paçificar las demás tierras a ella comarcanas questán en aquel paraje, y procurar traer al conosçimiento de Dios Nuestro Señor y obediençia nuestra los yndios naturales dellas, y nos haveis supplicado os diesemos liçençia y facultad para lo hazer y que sobre ello mandasemos tomar con vos asiento y capitulaçión; y haviendose visto por los del nuestro Consejo de las Yndias, acatando lo suso dicho, y por lo mucho que desseamos la conversión de los naturales de las dichas provinçias y que por ellas se dilate y estienda nuestra Santa Ley Evangélica para que mediante el conosçimiento della puedan salvarse

477

las almas de los dichos naturales, lo havemos tenido por bien y se ha acordado de mandar hazer y tomar con vos, sobre el dicho descubrimiento población y paçificación, asiento y capitulación en la manera siguiente:

1. Primeramente, vos el dicho Capitan Luis de Carvajal de la Cueba os obligais a que desde el Rrío de Pánuco y puerto de Tampico hasta las minas de Placapil y alrededor dellos hasta los confines de tierra de Pazo y hasta la Nueva Galiçia y Governaçión de la Nueva Vizcaya, hareis las poblaçiones que sean nesçesarias para la quietud de aquellas fronteras, y que el primer pueblo será de çinquenta vezinos y los más pueblos y en las partes que el nuestro Visorrey de la Nueva España os ordenare.

2. Yten, os obligais a que dentro de çinco años, que començen a correr desde el día de la fecha deste asiento, terneis descubiertas duçientas leguas la tierra adentro, y procurareis que vengan de paz al conosçimiento de nuestra Santa Fée Cathólica y nuestra obediençia los yndios naturales de aquellas provinçias.

3. Assímismo, os obligais a que poblareis en todas las partes que conviniere a la seguridad de las costa en los puertos que ay en ella desde el de Tampico hasta la vaia (bahia) de Sant Josephe, que dezis es hasta donde llega la governaçión de la Florida.

4. Yten, os obligais a que por la tierra adentro en las partes que fuere más a proposito ireis prosiguiendo las dichas poblaçiones hasta llegar a los términos de la dicha governaçión de la Florida por aquella parte y por la otra del norte y norueste, de suerte que desde la dicha governaçión de la Florida se pueda començar con la vuestra y con las provinçias de la Nueva España y Nueva Galiçia, y dellas pueden llevar los bastimentos, ganados y otras cosas de que tengan nesçesidades.

5. Y porque el pueblo de Jamaolipa, qués en la Frontera de la provinçia de Pánuco, esta metido seis leguas en tierra de guerra, y los españoles e yndios de paz van a él con mucho rriesgo por los yndios chichimecas que havitan a la rredonda de quien rreciben muchos daños, muertes y rrobos, y los mismos hazen a los del dicho pueblo de Jamaolipa quando salen dél, os obligais que para que cesen las dichas muertes y daños que hazen por aquella parte poblareis una villa entre el dicho pueblo de Jamaolipa y los postreros de tierra de paz.

6. Y que porque quando entrastes en la dicha tierra hallastes ocho leguas de tierra de tunales donde se cría la grana cochinilla, os obligais de poblar otra villa de españoles e yndios en la parte que convenga donde se pueda gastar y coxer la dicha grana cochinilla.

7. Yten, os obligais para la voca del dicho rrío de Pánuco al prinçipio de dicha Governaçión hareis una casa fuerte para seguridad del Puerto de Tampico y para defensa de la Tierra y estorvar los daños que pudieren hazer en ella los cosarios que por ella acudieren.

8. Y porque en la dicha provinçia de Pánuco, en los confines de vuestra governaçión junto a la villa de los valles, están los pueblos de Tamposquin, Tomotela, Sanct Miguel y desde allí los que ay hasta el pueblo de Xalpa y Sechu que fueron christianos, y de çinco años a esta parte se rrebelaron contra nuestro rreal serviçio derribando las yglesias y haziendo otros insultos, por lo qual el dicho nuestro Visorrey ha embiado capitanes y soldados a rreducirlos y aunque lo han procurado con mucho cuidado

y hecho mucha ynstançia en ello no ha sido posible, os obligais a yr dentro de ocho años, que assímismo corran desde el día de la fecha deste asiento, bolvereis a traer de paz y al conosçimiento de nuestra Sancta Fée Cathólica los dichos pueblos.

9. Yten, os obligais a llevar aquella provinçia a vuestra costa hasta çient hombres, los sesenta dellos labradores casados con sus mugeres y hijos y los demás soldados y offiçiales para la dicha población, sin les llevar por ello cosa alguna ni tocar caxa ni arbolar bandera para juntarlos ni alojallos en ningun pueblo destos nuestros rreinos sino en forma de población, alistandolos para que acudan a Sevilla al tiempo que os hubieredes de embarcar.

10. Assímismo, os obligais a que metereis el ganado mayor y menor que fuere nesçesario para labrar la tierra de vuestra governaçión y para el sustento y cría de los vezinos, dentro del tienpo que fuere neçessario.

11. Assímismo, os obligais de que guardareis para el dicho descubrimiento y para el buen govierno de la dicha provinçia, doctrina y enseñamiento de los yndios y para rreduzillos y tenellos de paz, lo contenido en la dicha ynstrucción de descubrimientos, paçificación y nuevas poblaçiones que se os entregarán.

12. Para que cumplireis lo suso dicho, os offreçeis a que luego que llegaredes a la Nueva España dareis fianças legas, llanas y abonadas a contento del nuestro Visorrey y de la nuestra Audiençia que la rreside en la dicha çiudad de México, hasta en quantidad de ocho mill ducados, de que guardareis y cumplireis lo que por este assiento sois obligado, so pena de pagar los dichos ocho mill ducados para nuestra Cámara y Fisco, y que la scriptura dellos hagan entregar a los nuestros offiçiales de la dicha çiudad para que la guarden en el arca de las tres llaves que ellos tienen y se pueda usar della quando fuere nesçessario.

13. Y porque el dicho asiento y capitulación, havemos mandado tomar con vos con presupuesto que de executarse ha de rresultar el ser Nuestro Señor servido y nuestra rrenta y patrimonio rreal acresçentado, como dicho es, sin que para ello siga inconveniente alguno, luego que llegueis a la dicha Nueva España y antes de començar la dicha población haveis de ser obligado a la presentar ante el dicho nuestro Visorey de la Nueva España, al qual mandamos que en lo que no tubiere enconveniente os ordene que la executeis y en lo que se tubiere la suspenda hasta nos dar aviso dello con su paresçer para que visto mandemos proveer lo que a nuestro serviçio convenga.

14. Y para que con más voluntad, ánimo y comodidad vuestra y de la gente que con vos fuere se pueda hazer y haga el dicho descubrimiento, población y paçificación y sustentaçión en aquella tierra os hazemos y offresçemos de hazer merçed en las cosas siguientes:

15. Primeramente, os mandamos dar título de nuestro Governador y Capitán General de las provinçias y tierras que ay desde el Puerto de Tampico, rrío de Pánuco, y en las minas de Macapil hasta los límites de la Nueva Galicia y Nueva Vizcaya y de allí hazia el Norte lo que está por descubrir de una mar a otra con que no exçeda de duçientas leguas de latitud y otras duçientas de longitud, que se llama e intitula el Nuevo Reino de Leon por todos los días de vuestra vida y después por los de un hijo o heredero vuestro qual vos nombraredes, con dos mill pesos de minas

de salario en los frutos de la propia tierra y no los haviendo no havemos de ser obligados a os mandar pagar cosa alguna del dicho salario.

16. Yten, os hazemos merçed de que podais señalar para vos en los lugares que os paresçiere de la dicha governaçión hasta dos rrepartimientos de yndios, y que gozeis dellos conforme a la ley de la subçesión.

17. Yten, os hazemos merçed de os dar provisión nuestra con poder y facultad vastante para poder encomendar los yndios de la dicha provinçia que descubriéredes, paçificáredes y pobláredes entre las personas que nos huvieren servido en el dicho descubrimiento y entre los demás pobladores beneméritos para que gozen de los frutos y tributos de los dichos yndios conforme a la dicha ley de la subçesión, con que haveis de estar advertido de que los pueblos prinçipales fuerças y cabezeras y puertos de mar han de quedar para Nos yncorporados en nuestra Real Corona.

18. Yten, os hazemos merçed del alguaziladgo mayor de la dicha governaçión por vuestra vida y la de un hijo heredero o subçesor vuestro, qual vos señalaredes, con facultad que vos y el dicho subçesor podeis poner y quitar los alguaziles de los lugares poblados y que se poblaren en la dicha governaçión.

19. Yten, os damos liçençia para que destos nuestros rreynos y señorios podays llevar a la dicha provinçia, y no a otra parte alguna de las nuestras yslas quarenta piezas de esclavos negros, la terçia parte hembras, libres de todos los derechos que dellos nos pueden pertenesçer para el serviçio de vuestra persona y casa y para la labor y benefiçio de las minas que hubiere en la dicha vuestra governaçión y lo demás que conviniere hazer en ella, con que vayan rregistrados por la forma ordinaria, para lo qual os mandaremos dar çédula nuestra.

20. Yten, os damos liçençia y facultad para que por tiempo de seis años en cada uno dellos puede yr destos nuestros rreinos a la Nueva España un navío con bastimentos, armas y provisiones y las demás cosas neçesarias para que la gente que oviere en la dicha governaçión y labor dellas, minas dellas y cultivar la tierra sin que dello se nos pague en las dichas nuestras Yndias derechos de almoxarifazgo, con tanto que el dicho navío salga en seguimiento de su viaje en conserva de la flota que en cada un año de los dichos seis años saliere destos nuestros rreinos para la dicha Nueva España, siendo visitado por uno de los nuestros offiçiales de la Casa de la Contrataçión de la çiudad de Sevilla.

21. Yten, os hazemos merçed de os dar çédula nuestra para que el dicho nuestro Visorey de la Nueva España os señale un sitio y estançia a la boca del rrío de Tampico, en tierra de paso, desde donde ha de comenzar la dicha poblaçión para que podais tener el ganado mayor que haveis de meter en ella, como sea sin perjuizio de terçero.

22. Yten, os hazemos merçed, a vos y al dicho vuestro hijo o subçessor, de la tenençia de la casa fuerte que, como dicho es, aveis de haber a la boca del rrío de Pánuco de lo qual os mandasemos dar título nuestro, y os ofresçemos que después de hecha se os señalará salario competente en los frutos de la tierra, con paresçer del nuestro visorey de la dicha Nueva España.

23. Assímismo, os mandaremos dar çédula nuestra para que el dicho nuestro visorrey os haga dar yndios para la fábrica de la dicha casa fuerte

de los que oviere en los pueblos comarcanos a la boca del rio de Panuco donde os haveis offresçido y obligado de hazer la dicha casa fuerte.

24. Yten, os hazemos merçed a vos el dicho capitán Luis de Carvajal y a vuestro hijo, o persona que os subçediere en la dicha governaçión y a las personas que fueren a ella a entender la dicha población que del oro, plata y perlas y piedras preciosas que se sacaren en ella no nos pague ni paguen más de solamente el doçavo dello en lugar del quinto que nos pertenesçe, por tiempo de diez años.

25. Yten, os mandaremos dar çédulas nuestras para que el dicho nuestro Virrey de la Nueva España y el Presidente e Oidores de la nuestra Real Audiençia de la Nueva Galiçia y Governaçión de la Nueva Vizcaya, os den todo el favor y ayuda que fuere nesçessario para hazer la dicha poblaçión, descubrimiento y paçificaçión y para que os hagan dar los cavallos, mantenimientos y otras cosas que hubieredes menester para el dicho effecto, a justos y moderados precios.

26. Yten, os hazemos merçed que desde agora sean de vuestra governaçión los dichos pueblos de Tampasquino, Tamotela, Sanct Miguel y desde allí los demás que, como dicho es, estan rrebelados contra nuestro serviçio hasta el pueblo de Xalpa y Sechu, con que se aya obligado a tenellos todos de paz y rreduçidos a nuestra obediençia dentro de los dichos ocho años como a Nos esta dicho.

27. Por ende, cumpliendo vos, el dicho Capitán Luis de Carvajal de la Cueva, lo contenido en esta capitulaçión de la manera que offreçeis de más de que mandaremos tener consideraçión con vuestros serviçios para que conforme a la qualidad dellos rreçibais merçed; por la presente os prometemos y aseguramos por nuestra Fée y palabra rreal que lo que de nuestra parte se os offreçe lo mandaremos guardar y cumplir y que contra ello no se vaya ni passe en manera alguna, con que si vos no cumplieredes lo que, como dicho es, teneis offresçido no seamos obligado a os mandar guardar cosa alguna de lo suso dicho, antes os mandaremos castigar y que se proçeda contra vos como contra persona que no guarda y cumpla los mandamientos de su Rey y Señor natural, y para vuestra seguridad os mandamos dar la presente. Fecha en Aranjuez, a último de Mayo de mill y quinientos y setenta y nueve años. Yo el Rey, y rrefrendada de Antonio de Erasso y señalada de los del Consejo.

481

# DOCUMENTO N.º 75

Capitulación otorgada a Pedro Ponce de León para ir a descubrir, pacificar y poblar las tierras de Nuevo México.
1596, septiembre 25. Dada en San Lorenzo.
A.G.I. Indif. General 416. L. V, fols. 1-10 vto.

Don Pedro Ponze de León. Assiento cappitulaçión con don Pedro Ponze de León sobre el descubrimiento, paçificaçión y poblaçión de la Nueva México.

## EL REY

Por quanto vos, don Pedro Ponze de León, cuya diz que es la Villa de Vailen, me abeis hecho rrelaçión que deseando que la Ley Evangélica sea ensalzada, publicada y resçivida en más partes y mi Corona, rrentas y patrimonio reales acreçentados, querriades theniendolo yo por bien, descubrir, paçificar y poblar la provinçia de la Nueva México de cuya grandeza y posperidad se ha tenido notiçia por medio de algunos rreligiosos y seculares que en diferentes tienpos y ocasiones an entrado en la tierra de la qual tan bien dize ques muy poblada de naturales, y os ofreçeis a que por los medios, como y en la forma que tengo dada para hazer semejantes descubrimientos y no en otras, procurareis que ante todas cossas se publique, predique y resçiva nuestra Fée y el Evangelio, y que hecho esto los de la dicha provinçia de su voluntad me den la obediençia y reconozcan por su Rey y Señor natural según lo son y me perteneçe el Supremo Señorío de la dicha provinçia, y de todas las demas descubiertas y por descubrir de las Yndias Oçidentales por los yndultos y conçesiones Appostólicas de que he gozado y goço sin aprovecharos ni baleros de las armas, exérçito y gente con que entraredes en la dicha provinçia sino por defender y amparar las personas eclesiásticas que aveis de llevar para la publicación del Santo Evangelio y para vuestra defensa en las cossas, y como lo podeis y deveis azer y usar dello sin eçeder desto en cosa alguna ni por ningun caso, ofreçiendo os, como os ofreçeis, a que gastaren en esto de vuestra propia voluntad por el serviçio de Dios y mio todo lo que para ello fuere nesçesario de las rrentas del oro, estado y patrimonio y con esperança de la gratificación y merçed que yo os haré conforme la qualidad de vuestra persona y serviçios y por ser la obra y empresa tan en serviçio de Dios y nuestro, e tenido y tengo por vien que en rrazón dello se asiente y capitule con bos en la forma que se sigue:

1. Primeramente, vos el dicho don Pedro Ponze de León os ofreçeis a yr a descubrir, paçificar y poblar la dicha provinçia de la Nueva México, a vuestra vosta, sin que yo sea obligado a socorreros en cossa alguna de nuestra Haçienda, y para yr a ponerlo en execuçión embarcaros dentro de seis meses después que yo aya firmado esta capitulación.

2. Yten, os ofreçeis a que llevareis seis rreligiosos de la conpañía de Jesús dos que se os darán en estos rreinos y quatro en la Nueva España, como ya se a tratado por esta horden con sus superiores, y vos les aveis de dar a vuestra costa ornamentos, cálices y campanas y todo lo demás nesçesario para çelebrar el Culto Divino.

3. Yten, os ofreçeis que en la dicha Nueva España levantareis y juntareis treçientos soldados casados y solteros y labradores para cultivar la tierra y guardar ganados, y ofiçiales de todos ofiçios para lo qual os doy liçençia que arboleis banderas y toqueis caxas en todas las çiudades, villas y lugares de aquellos rreinos que os pareçiere que combendrá hazer esta diligençia, y os obligais a meterlos dentro de las provinçias del Nuevo México bien armados y encabalgados sin que yo les deba dar sueldo ni otra ninguna recompensa.

4. Yten, os obligais a que llevareis a asta en cantidad de veinte y dos mill reales empleados en arina y maiz.

5. Obligacion de llevar...
Onze mill rreales en trigo para sembrar *(sic)*.

6. Obligacion de llevar... *(sic)*.
Seys mill y quatroçientos rreales en tasajos y carne, dos mill cabezas de ganado mayor y para cría, y para el mesmo efeto çinco mill obejas, tres mill carneros, tres mill cabras, quatroçientas cabeças de ganado prieto, duzientos y noventa potros y otras tantas yeguas de vientres.

7. Yten, os ofreçeis a que llebareis seis pares de fuelles con sus rrecaudos y erramientos de herrería.

8. Yten, que asímesmo llevareis otros ocho pares de fuelles para minas.

9. Yten, os ofreçeis a que llevareis empleados asta en cantidad de veinte y dos mill rreales en ferraje con su clavo.

10. Yten, os ofreçeis a que llevareis ocho mill rreales empleados en calçado.

11. Yten, que ansímesmo llevareis hasta en cantidad de doze mill rreales empleados en medeçinas de botica para que se curen los enfermos.

12. Yten, ofreçeis a que llevareis asta en cantidad de diez mill y ochoçientos rreales empleados en fierro labrado.

13. Ansímismo, os ofreçeis a que llevareis asta en cantidad de doze mill rreales empleados en cossas para rrescates y regalar yndios.

14. Yten, os obligais a que llevareis hasta en cantidad de dos mill y seisçientos rreales empleados en papel.

15. Y doze mill rreales en jerga y sayal.

16. Yten, a que llevareis treinta carretas de bueyes abiados con todo lo neçesario.

17. Todo lo sobre dicho os ofreçeis a llevar fuera del matalotaje y sustento de los soldados, asta llegar a las poblaçiones porque antes no se ha de tocar en cossa ninguna de lo rreferido.

18. Yten, os ofreçeis y obligais a que para el serviçio de vuestra cassa, adorno y atabio de vuestra persona llevareis las cossas siguientes:

19. Hasta çiento y treinta offiçiales, soldados y criados de vuestra casa que an de ir en vuestra compañía y serviçio, y los que fueren casados con sus mugeres y familia desde estos rreinos, para lo cual os mandaré dar liçençia a parte, y an de entrar con bos en la jornada, dandoles para ello armas y cavallos como a los treçientos soldados arriva rreferidos y que como ellos sean útiles para la entrada y efectos della.

20. Yten, que llevareis veinte y çinco cavallos, treinta y tres mulas de carga aparejadas y seis carros herrados con sus mulas, doze sillas ginetas, doze adargas, doze lanças, treinta y seis partesanos, doze cotas, doze escarcelas, doze celadas con sus cubiertas, seis pares de armas de a caballos, çinquenta arcabuzes, çinquenta espadas con sus dagas, dos coseletes enteros, dos sillas de armas, treinta cueros de ante, quatro rrodelas aceradas con sus morriones, çinquenta mosquetes, çinquenta ballestas, todo lo sobre dicho de rrespeto para vuestra persona de más de las armas y adereços de los soldados.

21. Todo lo qual os ofreçeis y haveis destar obligado a tenerlo a punto en la forma y manera sobre dicha dentro de año y medio, a contento y satisfaçión del Conde de Monte Rey, Virrey de la Nueva España, que aunque como adelante se dirá no le haveis de estar subordinado le aveis de comunicar todo lo que hizieredes y hazer en su presençia nuestra y alarde de la gente que llevaredes, la qual estubiere en México personalmente y la qual en los demás logares por lista y testimonio signado de escrivano, y todas las demás cossas, armas, bastimentos y pretechos o rrecaudos auténticos de modo que quede satisfecho de que cunplís con vuestra obligaçión según lo aveis offresçcido.

22. Yten, os ofreçeis de guardar y cunplir, y procurar que con effecto se guarden y cumplan las hordenanças, ynstruçiones y çédulas questán proveidas sobre la horden que se a de tener en los nuevos descubrimientos, paçificaçiones y poblaçiones que se huviera de hazer en las Yndias, sin exçeder ni traspasar de todo ello en todo ni en parte, para cuyo ynbiolable cumplimiento y descargo de nuestra rreal conçiençia se os entregarán con esta las dichas hordenanças, ynstruçiones y çédulas que ansí abeis de guardar en la dicha paçificaçión y descubrimiento, y conforme a las quales dichas ordenanças, ynstruçiones y çédulas os ofreçeis ansímismo a hazer la dicha paçificaçión, población y descubrimiento con toda paz y cristiandad, escusando en quanto fuera posible todo género de violençia y fuerça sino en quanto fuere nesçesaria para amparar y defender los ministros del Evangelio y vuestra persona y gente no pudiendo defender desta manera, y que en esta conformidad os governareis y la gente que con bos llevaredes, de manera que proçeda con el mejor conçierto que fuere posible, de manera que Dios nuestro Señor sea servido y los naturales edificados sin que resçiban daño en sus personas, honrras ni

haziendas antes toda buena amistad y tratamiento para que se haga más con vuestro buen exemplo, diçiplina y vondad de la gente que con vos llevaredes, que se pudiera hazer con las armas en casso que huvieredes de entrar usando dellas.

23. Yten, os offreçeis que de todo lo que paçificaredes y poblaredes en la dicha provinçia en la forma y como lo haveis de paçificar y poblar conforma a las dichas ordenanças, ynstruçiones y çédulas, tomareis la posesion en mi nombre y de mi Corona y susçesores en ella con la solenidad, autos y cirimonias acostumbradas y que se rrequieren en cossas y cassos semejantes, y a que hareis lo mismo en todas las otras tierras y provinçias, de más de la del Nuevo México, quespero en Dios que descubrireis con su ayuda y vuestra buena yndustria y calor.

24. Yten, os ofreçeis a que si este descubrimiento llegare a la mar del Sur y del norte, o a ambos mares, hareis vergantines para costear y descubrir los puertos y rríos que huviere en todas las cosias que yo os rremito el hodenar y proveer que sean quales conbengan para los hefectos que se ayan de hazer.

25. Ansímismo, os offreçeys a que dentro de seis años, contados desde el día en que por testimonio signado de escrivano constare haver entrado en la primera tierra de la dicha provinçia de la Nuevo México, tendreis poblados en ella tres çiudades; la una provinçial y las otras dos sufraganeas en las partes más cómodas, fértiles y abundantes que allaredes y viéredes ser más convinientes para que desde ellas mejor y con más comodidad se pueda hazer y proseguir el dicho descubrimiento y poblaçión y paçificación, y que de más de las dichas tres çiudades hareis las más poblaçiones que pudieredes y os pareçiere convenir y en cada una de todas un fuerte para su defensa para que se asegure lo que se fuere ganando y el primer año hareis las más poblaçiones que fuere posible.

26. Yten, os offreçeis a que como se fuere haziendo el dicho descubrimiento y mostrando Dios el fruto que consiguieren para la su salvaçión los naturales de aquella tierra, y para que siempre en augmento vaya, pedireis y metereis en aquellas provinçias los clérigos de Misa o frailes de una de las tres hordenes o rreligiosos de la compañía los que fueren neçesarios para que por esta falta no la aya en la dotrina y cristiandad en los yndios, y no estorvareis la entrada a los demás rreligiosos de las tres hordenes que quisieren entrar a tratar de la combersión.

27. Y para que cumplireis con todo lo sobre dicho, os offreçeis ansímesmo, de obligaros por vuestra persona, vienes y rraizes por escriptura pública otorgada ante escrivano.

28. Y para que con mejor ánimo y más comodidad de la gente que llevaredes y os fuere de nuevo a ayudar se pueda hazer el dicho descubrimiento, paçificación y poblaçión, y sustentaros en aquellas nuevas tierras os offresco para vos y ellos haçeros en las cossas siguientes:

29. Primeramente, os doy liçençia y facultad para que en la forma sobre dicha podais descubrir, paçificar y poblar las dichas provinçias y rreinos de la Nueva México quanto se extendieren por aquellas partes como no toquen provinçia, rreino ni tierra cuyo govierno sea encomendado a otra persona con título de governador y Cappitán General por todos los días de vuestra vida, o por el tiempo que gastare y vos quisieredes ocuparos en la dicha población y paçificación, con que no sea pe-

485

nos que los seis años que llevais liçençia para poderos venir y con los dichos cargos os señalo doze mill ducados que valen quatro quentos y quinientos mill maravedís de salario en los fructos y rrentas que tuviere y me perteneçieren en las dichas provinçias que así paçificaredes.

30. Yten, vos doy liçençia y facultad para que podais abrir marcas y punzones con mis armas rreales y ponerlos en los pueblos d'españoles questuvieren poblados y se poblaren, y se marque con ellos el oro y plata y otros metales que huviere.

31. Yten, os doy liçençia y facultad para que podais elegir el lugar o lugares que os paresçiere para que en ellas se pongan mis caxas rreales y nombrar offiçiales de mi hazienda en las partes que convenga, señalandoles salarios moderados en los frutos de la tierra, y les conçedo por esta vez solares a vuestra suplicaçión que les podais rrepartir yndios haviendose ellos hallado a ser descubridores y pobladores, y gozarlos juntamente con los offiçios aunque les sea proibido.

32. Yten, os doy liçençia y facultad para que susçediendo en las dichas provinçias algún rrebelión o alteraçión contra serviçio de Dios nuestro Señor o mio, podais librar con acuerdo de mis offiçiales o de la mayor parte dellos, lo que fuere menester para rreprimir la dicha rrebelión, con questo sea de la hazienda que me pertenesçiere en las dichas provinçias.

33. Yten, os doy liçençia y facultad para que para la governaçión de la tierra y labor de las minas podais hazer ordenanças que no sean contra derecho ni lo que por mi esta hordenado ni en perguizio de los yndios antes para su bien, augmento y conservaçión y con que sean confirmados por mi dentro de tres años, y en el entre tanto lo podais hazer guardar, biendo primero las que acá se os entregarán de las que se os ovieren hecho en cassos semegantes para que proçedais con más luz.

34. Yten, os doy liçençia para que podais dividir las dichas provinçias en distritos u alcaldías mayores, corregimientos y alcaldías hordinarias que eligiesen los conçejos, con que tanpoco sea este en perjuizio de los dichos yndios sino en su benefiçio embiando rrelaçión desta división para que se apruebe o rreforme.

35. Yten, se os offreçe, que se os darán quatro pieças de artillería, quarenta quintales de pólvora, çiento y treinta de plomo, lo qual se verá si se puede proveer desde acá y si se pudiere se ará, y si no se cometerá al virrey para que lo haga, con que en las dichas pieças de pongan mis armas y queden y sean siempre para mi.

36. Y porque se tiene entendido que algunos soldados desmandados y sin liçençia y horden entraron en aquellas provinçias en que cometieron delito porque mereçían ser castigados gravemente, os rremito el perdonarlos o castigarlos los que huvieren entrado contra el vando de los virreyes como mejor os pareçiere, ansí para el exemplo como para el paçífico govierno de aquellas provinçias y buenos effectos de la jornada.

37. Yten, se os conçede y ofreçe que se os darán los yndios que pareçiere ser de aquella provinçia para que buelvan a su natural y sirvan de ynterpretes, y particularmente una yndia que para este hefecto se traxo de aquella tierra.

38. Yten, se os conçede y doy liçençia y facultad para que los soldados, pobladores y paçificadores primeros, segundos y terçeros que entra-

ren con bos y después os fueren a ayudar en esta jornada y descubrimiento, los podais rrepartir y encomendar los pueblos de yndios que huviere en aquellas provinçias según y en la forma que se contiene en el capítulo çinquenta y ocho de las dichas ordenanzas de Nuevas Poblaçiones y descubrimientos, dexando para mi los puertos y cavezeras.

39. Yten, se os conçede que para poder hazer el viaje y llevar los ofiçiales y soldados y criados arriva rreferidos se os dará liçençia para llevar y fletar dos navíos de a cada duzientas toneladas.

40. Yten, os hago merçed a vos y a los sobre dichos çiento y treinta soldados, ofiçiales y criados que fueren en vuestra compañia y serviçio para el dicho descubrimiento, paçificación y población de todos los derechos de almoxarifazgo que me perteneçieren en estos rreinos y en las Yndias de todo lo que llevaredes y llevaren en este viaje, y tan solamente por esta vez para vuestra cassa y los suyos y mantenimientos en cuya conformidad se os dará çédula para que a vos y a ellos no se os pidan ni lleven los dichos derechos.

41. Yten, hago merçed a todas las personas que con bos fueren a poblar en las dichas provinçias y rreinos de la Nueva México que del oro, plata, perlas y piedras preçiosas que se sacaren en ellos no me paguen más de solamente el diezmo en lugar del quinto por tiempo de veinte años, que corran desde el día que pobladeres el primer pueblo.

42. Yten, os hago merçed a vos y a los dichos descubridores y pobladores de las dichas provinçias del Nuevo México de la alcavala que se me deviere y fueredes obligados a pagar en ella por tiempo de veinte años, que corran desde el día que poblaredes el primer pueblo, y mando que durante esto no se os pida a vos ni a ellos.

43. Yten, hago merçed a vos, el dicho don Pedro Ponçe de León y a los dichos paçificadores y pobladores, de que de todo lo que por tiempo de diez años llevaredes y llevaren para proveimiento de vuestra cassa y la suya no se os pidan ni lleven derechos de almoxarifazgo de los que en aquellas partes me pertenesçieren, con que las cossas que ansí llebaren sea para el efecto sobre dicho y no para otro alguno, y si los vendieren o parte dellos que de todo enteramente se cobren para mi los derechos.

44. Yten, os doy liçençia y facultad para que a las personas que con vos fueren a los dichos descubrimientos, paçificación y población de las dichas provinçias de la Nueva México y que en ello os ayudaren y a sus hijos y desçendientes, podais dar tierras y solares de pasto y labor y estançias no quitando a los yndios las que fueren suyas sino antes dandoles todas las que más ovieren menester para que anden muy alibiados y descansados, y para que los que huvieren poblado y rresidido tiempo de çinco años en las dichas provinçias los tengan en perpetuidad, y a los que huvieren hecho y poblado yngenio de açucar y los tuvieren y mantuvieren con esclavos negros no se les pueda hazer execución en ellos ni en los dichos esclavos, erremienta ni pertrechos con se labraren.

45. Yten, os doy liçençia y facultad para que en las partes de las dichas provinçias de la Nueva México que más convenga a su buena goarda y conservaçión, podais hazer tres fortaleças, y haviendolas hecho y sustentado os hago merçed por vuestros días de las tenençias dellos, con çien mill maravedís de salario en cada un año con cada una el qual

se a de pagar de la hazienda que me pertenesçiere en las provinçias que así paçificaredes.

46. Yten, tengo por vien, y es mi voluntad, que conozcais en grado de apelaçión de todas las sentençias que se dieren por los juezes y justizias que pusieredes en mi nombre o que yo pusiere en toda la dicha provinçia y provinçias que paçificaredes y poblaredes y descubriéredes para lo qual os doy otro tal y el mismo poder que tengo.

47. Yten, os hago merçed, y tengo por vien, que seais inmediato a mi Real Consejo de las Yndias, y mando que ninguno de los virreyes ni audiençias comarcanos no se puedan entremeter en el distrito de las dichas provinçias de offiçio ni a pedimiento de parte ni por vía de apelaçión a proveer ni provean juezes de comisión para ellos, y quel dicho mi Consejo de las Yndias pueda conoçer de las cossas de la dicha governaçión de offiçio y a pedimiento de partes por vía de apelaçión de las causas çebiles de çien pesos arriva, y en causas criminales en que se pusiere pena de muerte o mutilaçión de miembros, con que puedan yr a la audiençia de la Nueva Galiçia los que quisieren y lo mismo en lo que vos proveyeredes.

48. Yten, os doy liçençia para que podais dar exidos y abrevaderos a los pueblos que nuevamente se poblaren, y abrir caminos y sendas juntamente que los cabildos dellas sin perjuizio de los yndios sino para su benefiçio.

49. Y ansímismo, os le doy para que podais nombrar rregidores y otros ofiçiales de rrepública en los pueblos que se poblaren, por el tiempo que fuere mi voluntad, con que dentro de quatro años ayan de llevar confirmaçión mia los ansí nombrados; y para que podais hazer y levantar en la Nueva España y Nueva Galiçia y en todas las çiudades, villas y lugares de ambas provinçias los dichos treçientos hombres, y para nombrar maese de campo y agora y después los demás capitanes y ofiçiales de guerra nesçesarios desde el mayor hasta el menor, os mandaré dar luego provisión mia, y para que las justiçias no solo no pongan ympedimiento ni estorbo a vuestros offiçiales, antes los ayuden y favorezcan para levantarla, y para que la gente que se asentare para yr con ellos no se les ympidan la jornada y les haga dar los bastimentos nesçesarios y aloxamientos a justos y moderado preçios, según que entre ellos valieren.

50. Asimismo, os mandaré dar çédula mia para que los que una vez se huvieren asentado y alistado para esta jornada os obedezcan y no se aparten ni derroten ni vayan a otra sin vuestra liçençia, so pena de muerte.

51. Yten, os mandaré dar çédula mia para que los presidentes y juezes ofiçiales de la Cassa de la Contrataçión de Sevilla os den toda la ayuda y asistençia nesçesaria y acomoden para façilitar vuestra enbarcaçión y de las dichas çiento y treinta personas, y que a vos ni a ellas no os pidan ynformaçión alguna, con que los que fueren casados no van sin sus mugeres y que ninguno sea de los proibidos a pasar a aquellas partes.

52. Ansímesmo, mandaré que si se os oviere de tomar rresidençia quando esto conbenga se tenga consideraçión con vuestra persona calidad y serviçios.

53. Para que con más ánimo y mejor voluntad se dispongan a seguiros esta jornada, hago merçed a los que la hizieren y poblaren y ayudaren a cumplir con lo aquí capitulado por honrrar sus personas y de sus desçendiente que dellos como de primeros pobladores que de memoria loable que sean hijosdalgo de solar conoçido, ellos y sus desçendientes para que en los pueblos que poblaren de todas aquellas provinçias sean avidos y tenidos por hijosdalgo y personas nobles de linaje, y gozen de todas las cossas que todos los hijosdalgo y cavalleros destos rreinos segun fueros, leyes y costumbres de España pueden y deven hazer, con que no an de gozar de la dicha hidalguía y nobleza en dexando la dicha provinçia ellos o sus desçendientes.

54. Yten, os conçedo y doy liçençia y facultad para que podays nombrar Alguaçil Mayor y de todas las demas varas de las çiudades y pueblos de la governaçión de aquellas provinçias, por el tiempo que fuere mi voluntad, encargandole que las personas que nombrare tengan las partes que conviene.

55. Yten, se os dará çélula mia para que ningun juez ni justiçia de aquellas partes no impidan la jornada a los que la quisieren hazer aunque ayan cometido delitos no haviendo parte que los siga conforme a lo dispuesto en el capítulo sesenta y siete de las dichas ordenanzas de descubrimientos.

56. Yten, se os dará çédula para que podais encomendar todos los yndios de aquellas provinçias, como dicho es, que no fueren puertos ni caveçeras, y tasar los tributos que an de pagar los yndios encargandole que los tributos sean moderados.

57. Yten, se os conçede que si antes de acavar la dicha jornada falles-çieredes, al tiempo de vuestra muerte podais nombrar persona que la prosiga conforme a lo dispuesto en el capítulo çinquenta y seis de las dichas hordenanças de Nuevo descubrimientos siendo de las partes y como conbiene.

58. Y por que el Virrey don Luis de Velasco, en virtud de una çédula mia tomó asiento y capitulaçión con don Juan de Oriate sobre la dicha jornada y después la mejoró el Conde de Monterey, y por otra mi çédula en embiado a mandar al dicho Conde de Monterey que suspenda el dicho asiento y capitulaçión, y si el dicho don Juan de Oriate oviere comen-çado la jornada le hiziese detener y que no la prosiguiese avisandole tanvien de como se quedava capitulando con bos, os mandaré dar los despachos nesçesarios para que se guarde y cumpla esta capitulaçión sin embargo de la que tuviere hecha y asentada el dicho virrey con el dicho don Juan de Oñate o con otra cualquier persona, y sin embargo ansímismo del estado en questuviese en su cumplimiento y execuçión y de que aya començado a entrar y hazer la dicha paçificación, pobla-çión y descubrimiento por ilegible rreal y determinada vos mando que vos hagais y no otra persona alguna la dicha paçificaçión, población y descubrimiento y comenzado por otro lo prosigais y acaveis.

59. Yten, os mandaré dar liçençia para que si dentro de seis años tuvieredes pacificas y pobladas las dichas provinçias y rreinos, podais veniros dexando en vuestro lugar persona qual conbenga hasta que yo provea y mande otra cossa a satisfaçión del Virrey ques o fuere de la Nueba España.

60. Yten, os mandaré dar liçençia para que destos rreinos podais llevar a aquellas provinçias todas las armas ofensibas y defensibas, polvora y muniçiones que quisieredes.

61. Tambien os mandaré dar liçençia para que podais llevar çinquenta esclavos negros, libres de derechos, así de los treinta ducados de la liçençia como de otros qualesquier que me pertenezçieren en las Yndias, esto de los çiento que rreserve a mi dispusiçión en cada un año en el asiento de Pedro Gomez Reines.

62. Ansímesmo, os mandaré dar çédula mia para que si tuvieredes nesçesidad de más pólbora de los quarenta quintales arriva dichos, os den en la çiudad de México al mismo preçio questá conçertado se de la ques menester para las cossas de mi serviçio.

63. Por ende, cumpliendo vos el dicho don Pedro Ponze de León lo contenido en esta capitulación de la manera que lo ofreçeis, de más de que mandaré tener gran consideraçión con vuestros serviçios para que conforme a la calidad dellos y de vuestra persona recivais merçed, por la presente os prometo y aseguro por mi ffée y palabra real que lo que de mi parte se os ofresçe lo mandaré cunplir y que contra ello no se vaya ni pase en manera alguna, con que si vos no cumplieredes lo que conforme a este asiento soys obligado no solamente no se os guardará lo que aquí se os promete pero me terné por deservido y mandaré que se proçeda contra vos, y para vuestra seguridad os mando dar la presente firmada de mi mano. Ques fecha en Sanct Lorenzo a veinte y çinco de septiembre de mill y quinientos y noventa y seis años. Yo el Rey. Por mandato del Rey Nuestro Señor Juan de Ibarra y Refrendada de...

# INDICES

# INDICE DE CAPITULACIONES

| Doc. N.º | Fecha | Capitulante | Págs. |
|---|---|---|---|
| 1 | 1501, septiembre 1 | Vicente Yáñez Pinzón ... ... ... ... ... | 131 |
| 2 | 1503, julio 12 | Cristóbal Guerra ... ... ... ... ... ... | 135 |
| 3 | 1504, septiembre 30 | Alonso de Ojeda ... ... ... ... ... | 138 |
| 4 | 1504, febrero 14 | Juan de la Cosa ... ... ... ... ... ... | 144 |
| 5 | 1505, abril 24 | Vicente Yáñez Pinzón ... ... ... ... ... | 148 |
| 6 | 1508, marzo 23 | Vicente Yáñez Pinzón y Juan Díaz Solís. | 152 |
| 7 | 1508, junio 9 | Diego de Nicuesa y Alonso de Ojeda. | 156 |
| 8 | 1512, febrero 23 | Juan Ponce de León ... ... ... ... ... | 162 |
| 9 | 1514, septiembre 27 | Juan Ponce de León ... ... ... ... ... | 166 |
| 10 | 1518, noviembre 13 | Diego Velázquez ... ... ... ... ... | 169 |
| 11 | 1518, marzo 25 | Hernando de Magallanes y Ruy Falero ... ... ... ... ... ... ... ... ... | 173 |
| 12 | 1520, julio 9 | Licenciado Serrano ... ... ... ... ... | 176 |

493

| Doc. N.º | Fecha | Capitulante | Págs. |
|---|---|---|---|
| 13 | 1522, noviembre 13 | Los Armadores ... ... ... ... ... ... ... | 179 |
| 14 | 1523, marzo 27 | Esteban Gómez ... ... ... ... ... ... | 189 |
| 15 | 1523, junio 12 | Vázquez de Ayllón ... ... ... ... ... | 192 |
| 16 | 1523, junio 26 | Gonzalo Fernández de Oviedo ... ... ... | 199 |
| 17 | 1524, noviembre 6 | Rodrigo de Bastidas ... ... ... ... ... | 201 |
| 18 | 1525, febrero 10 | Conde de Andrada con Diego García. | 206 |
| 19 | 1525, marzo 18 | Gonzalo Fernández de Oviedo ... ... | 213 |
| 20 | 1525, marzo 18 | Marcelo de Villalobos ... ... ... ... ... | 217 |
| 21 | 1525, agosto 4 | Diego Caballero ... ... ... ... ... ... ... | 221 |
| 22 | 1526, diciembre 8 | Francisco de Montejo ... ... ... ... ... | 224 |
| 23 | 1526, diciembre 11 | Pánfilo de Narváez ... ... ... ... ... ... | 234 |
| 24 | 1526, noviembre 15 | Juan de Ampiés ... ... ... ... ... ... ... | 238 |
| 25 | 1527, mayo 17 | Hernando de Luque ... ... ... ... ... | 241 |
| 26 | 1527, diciembre 20 | Fernán Camelo ... ... ... ... ... ... ... | 243 |
| 27 | 1527, junio 13 | Aldonza de Villalobos ... ... ... ... ... | 245 |
| 28 | 1528, marzo 27 | Enrique Einguer y Jerónimo Sayler ... | 251 |
| 29 | 1529, octubre 27 | Hernán Cortés ... ... ... ... ... ... ... | 256 |

| Doc. N.º | Fecha | Capitulante | Págs. |
|---|---|---|---|
| 30 | 1529, julio 26 | Francisco Pizarro ... ... ... ... ... ... | 259 |
| 31 | 1529, julio 26 | Simón de Alcazaba ... ... ... ... ... ... | 266 |
| 32 | 1530, mayo 20 | Diego de Ordas ... ... ... ... ... ... | 270 |
| 33 | 1532, agosto 5 | Pedro de Heredia ... ... ... ... ... ... | 274 |
| 34 | 1532, agosto 5 | Pedro de Alvarado ... ... ... ... ... ... | 278 |
| 35 | 1533, octubre 25 | Jerónimo Dortal ... ... ... ... ... ... | 281 |
| 36 | 1534, mayo 21 | Simón de Alcazaba ... ... ... ... ... ... | 285 |
| 37 | 1534, mayo 21 | Pedro de Mendoza ... ... ... ... ... ... | 290 |
| 38 | 1534, diciembre 24 | Felipe Gutiérrez ... ... ... ... ... ... | 295 |
| 39 | 1534, mayo 21 | Diego de Almagro ... ... ... ... ... ... | 300 |
| 40 | 1535, enero 22 | Pedro Hernández de Lugo ... ... ... | 306 |
| 41 | 1536, febrero 24 | Juan Pacheco ... ... ... ... ... ... ... | 311 |
| 42 | 1536, marzo 13 | Francisco Pizarro y Diego de Almagro. | 315 |
| 43 | 1536, marzo 11 | Pedro de Garro ... ... ... ... ... ... ... | 318 |
| 44 | 1536, septiembre 11 | Gaspar de Espinosa ... ... ... ... ... | 321 |
| 45 | 1536, marzo 11 | Juan Despes ... ... ... ... ... ... ... | 324 |
| 46 | 1537, abril 20 | Hernando de Soto ... ... ... ... ... ... | 329 |

| Doc. N.º | Fecha | Capitulante | Págs. |
|---|---|---|---|
| 47 | 1537, abril 20 | Rodrigo de Contreras ... ... ... ... ... ... | 335 |
| 48 | 1537, septiembre 30 | Gabriel Socarrás ... ... ... ... ... ... | 338 |
| 49 | 1538, abril 16 | Pedro de Alvarado ... ... ... ... ... ... | 344 |
| 50 | 1539, enero 24 | Pero Sancho de Hoz ... ... ... ... ... | 351 |
| 51 | 1540, mayo 30 | Sebastián de Benalcázar ... ... ... ... | 353 |
| 52 | 1540, noviembre 29 | Diego Gutiérrez ... ... ... ... ... ... | 357 |
| 53 | 1540, marzo 18 | Alvar Núñez Cabeza de Vaca ... ... ... | 362 |
| 54 | 1540, julio 31 | Pedro de Heredia ... ... ... ... ... ... | 367 |
| 55 | 1544, febrero 13 | Francisco de Orellana ... ... ... ... ... | 370 |
| 56 | 1545, septiembre 12 | Francisco de Mesa ... ... ... ... ... ... | 376 |
| 57 | 1547, julio 22 | Juan de Sanabria ... ... ... ... ... ... | 380 |
| 58 | 1549, diciembre 24 | Diego de Vargas ... ... ... ... ... ... | 386 |
| 59 | 1551, septiembre 9 | Juan Alvarez ... ... ... ... ... ... ... | 392 |
| 60 | 1557, diciembre 30 | Jaime Rasquín ... ... ... ... ... ... ... | 394 |
| 61 | 1557, septiembre 28 | Juan Sánchez ... ... ... ... ... ... ... | 401 |
| 62 | 1560, agosto 14 | Licenciado Ortiz ... ... ... ... ... ... | 403 |
| 63 | 1565, marzo 20 | Pedro Menéndez de Avilés ... ... ... | 405 |

| Doc. N.º | Fecha | Capitulante | Págs. |
|---|---|---|---|
| 64 | 1565, julio 29 | Jorge de Quintanilla ... ... ... ... ... | 413 |
| 65 | 1568, mayo 15 | Pedro Maraver de Silva ... ... ... ... | 416 |
| 66 | 1568, mayo 15 | Diego Fernández de Serpa ... ... ... | 422 |
| 67 | 1569, enero 15 | Juan Ponce de León ... ... ... ... ... | 428 |
| 68 | 1569, julio 10 | Juan Ortiz de Zárate ... ... ... ... ... | 434 |
| 69 | 1572, septiembre 22 | Antonio de Sepúlveda ... ... ... ... ... | 442 |
| 70 | 1573, diciembre 1 | Diego de Artieda ... ... ... ... ... ... | 445 |
| 71 | 1574, abril 27 | Alvaro de Mendaña ... ... ... ... ... | 453 |
| 72 | 1574, diciembre 12 | Juan de Villoria ... ... ... ... ... ... | 461 |
| 73 | 1574, noviembre 7 | Pedro Maraver de Silva ... ... ... ... | 469 |
| 74 | 1579, mayo 30 | Luis de Carvajal ... ... ... ... ... ... | 477 |
| 75 | 1596, septiembre 25 | Pedro Ponce de León ... ... ... ... ... | 482 |

# INDICE ONOMASTICO

Agreda, licenciado: 391, 404
Aguado, Juan: 30
Aguila, Pedro de: 159
Aguilera, doctor: 441
Alcazaba, Simón de: 37-8, 41, 52, 64, 67, 87, 91-3, 95-7, 117-18, 266, 268-69, 285, 287-88, 495
Alcedo, A.: 105
Alejandro VI: 24
Alemanes: 38, 40, 68, 91, 93-4, 96
Alemanes (*véase* Ehinger, E., y Sayller, G.)
Alfinger, Ambrosio de (hermano de Ehinger, E): 252-53
Alfonso de las Casas (*véase* Casas, Alfonso de las)
Alfonso X (el Sabio): 59
Almagro, Diego de: 37, 41, 54, 56, 70, 72, 81, 88, 91-7, 118-19, 241, 259-61, 291, 300-01, 315-16, 351-52, 362, 495
Alonso de Lugo (*véase* Lugo, Alonso de)
Alonso de Ojeda (*véase* Ojeda, Alonso de)
Alonso Niño, Pedro: 150
Alvarado, Pedro de: 37, 40, 52, 56, 87-88, 91, 94-6, 117, 120, 278, 344, 348, 350, 495-96
Alvarez, Juan: 37, 40, 52, 56, 83, 88, 123, 392-93, 401-03, 496
Alzaga: 64
Alçava, Simón de (*véase* Alcazaba, Simón de)
Amendaña (*véase* Mendaña)

Ampiés, Juan de: 37-8, 40, 58, 115, 238, 252, 494
Andrada, conde de: 37-8, 40, 53, 56, 87-8, 95, 113, 206, 208-09, 494
Andrada, Hernando de (*véase* Andrada, conde de)
Anes Pinçón, Biçente (*véase* Yáñez Pinzón, Vicente)
Area, Rodrigo de: 207-08
Arias D(A)vila, Pedro (*véase* Pedrarias Dávila)
Armadores, los: 40, 58, 88, 90, 112, 179, 494
Armas Chitty, J. A.: 105
Arriaga, Luis de: 31, 86
Artal, Jerónimo de: 58, 117, 281, 284, 325, 495
Artieda, Diego de: 37, 39-40, 48, 69, 87, 92-3, 96-8, 125, 445, 447, 449, 452, 497
Aya, Diego de la (*véase* La Haya, Diego de)
Ayala, M. J. de: 105
Ayllón (*véase* Vázquez de Ayllón, Lucas)
Ayolas, Juan de: 362-65

Badajoz, obispo de: 172, 175
Barreiro-Meiró, R.: 105
Basante, Ruy: 208, 211
Bastidas, Rodrigo de: 36-7, 40, 52, 64, 81, 86-7, 90, 92, 96-7, 113, 138, 143, 145, 201-04, 251, 494
Bautista Muñoz, J.: 105
Bazán, Alvaro de: 410

499

Belázquez, Diego (véase Velázquez, Diego)
Beltrán, doctor: 191, 198, 200, 205, 209, 212, 216, 220, 223, 232, 237, 240, 242, 244, 250, 255, 258, 265, 269, 273, 277, 280, 284, 289, 294, 299, 314, 317, 320, 328, 334, 337, 343, 352, 356, 361, 366, 369
Belzar, Bartolomé y Antonio (véase Welser, B. y A.)
Bemini (véase Bimini, isla de)
Benalcázar, Sebastián de: 37, 41, 57, 87, 89, 90-5, 121, 353, 356, 496
Bermúdez, Juan: 25-6, 85
Bernal Díaz de Pisa (Véase Díaz de Pisa, Bernal)
Bernal, doctor: 277, 284, 314, 328, 352, 356, 361, 366
Bernáldez, Andrés: 85
Birbiesca, Ximeno (véase Bribiesca, Jimeno de)
Blázquez: 379
Bobadilla, Francisco de: 31, 64-5, 90
Botello, licenciado: 452, 460
Bribiesca, Jimeno de: 133
Briviesca, licenciado: 391, 393, 400, 404
Brizeño, Alonso: 263
Buenaventura, Juan de: 143, 145, 147
Burgos, Juan de: 208
Burgos, obispo de: 167, 172, 175, 178, 188

Caballero, Diego: 38, 40, 114, 192, 221, 223, 494
Cabeza de Vaca, A. N. (véase Núñez Cabeza de Vaca)
Caboto, Sebastián: 273, 290, 381
Calafate, Francisco: 208
Camacho, Alonso: 338
Camargo, Francisco de: 351-52
Camelo, Joan (Fernán): 37-8, 40, 52, 82, 87-8, 91-2, 97, 115, 243, 494
Canaria, obispo de: 232-33, 237, 242
Candía, Pedro de: 262
Capitana, nao: 180
Carlos I: 179, 227, 238
Carreño, A. M.: 105
Carrión, Antón: 263

Cartagena, Juan de: 208
Carvajal, doctor: 191, 198, 200, 205, 232, 240, 250, 258, 280, 299, 310, 334, 337, 343, 352
Carvajal de la Cueva, Luis: 39, 69, 82, 87, 91, 97, 126, 477-78, 481, 497
Casas, Alfonso de las: 26
Casas, Bartolomé de las (véase Las Casas, Bartolomé)
Castañeda, Paulino: 105
Castro, licenciado: 391, 404, 452, 476
Cavallero, Diego (véase Caballero, Diego)
Cerda, Luis de la: 24
Chaves, Alonso de: 105
Ciudad Rodrigo, obispo de: 212, 232-233, 237, 242, 244, 255
Clemente VI: 24
Cobos, Francisco de los: 172, 175, 188, 191, 198, 200, 205, 209, 212, 216, 220, 223, 230, 232-33, 237, 240, 242, 244, 249-50, 255, 284, 294, 305, 310
Cobos, Pedro de los: 178, 233, 361
Colón, Cristóbal: 18, 29-31, 44, 64-5, 77, 85-6, 106, 135, 138, 144, 157
Colón, Diego: 165, 168, 238-30
Colón, Luis: 357
Compañía de Jesús: 407, 429, 470-71, 483
Conchillos, Lope: 155, 161, 165, 167-168
Conde (véase García Manrique)
Conde de Monterrey: 484, 489
Consejo de Indias: 27, 33, 35, 65, 180, 209, 225, 228-30, 232, 239, 249, 306, 338, 370
Contreras, Rodrigo de: 37, 41, 57, 87, 91-2, 95, 120, 335, 337, 496
Córdoba, obispo de: 143, 147
Core, cacique de: 239
Corte, licenciado de la: 258
Cortés, Hernando: 37-8, 41, 52, 78, 87, 91-2, 94, 116, 256, 494
Cosa, Juan de la: 32, 51, 56, 65-6, 86, 88, 91, 110, 144-47, 161, 199, 213, 493
Cristóbal Guerra (véase Guerra, Cristóbal)
Cristóbal Martín (véase Martín, Cristóbal)
Cuéllar, Francisco de: 263

500

Cuenca, obispo de: 375
Cuesta, Mariano: 105

Daria, Rodrigo (*véase* Area, Rodrigo de)
Despes, Juan: 39, 57, 89-93, 95-7, 120, 324, 327-28, 495
Deza, Diego: 85
Díaz de Pisa, Bernal: 29
Díaz de Solís, Juan: 32, 37, 53, 110, 152-55, 493
Díaz del Castillo, Bernal: 78, 97
Diego de Lepe 1*véase* Lepe, Diego de)
Dortal Guillermo (Jerónimo) (*véase* Artal, Jerónimo de)

Ehinger, Enrique: 37, 52, 54, 88, 92, 116, 251, 253, 270, 494 (*véase también* Alemanes)
Einger, Jorge (hermano de Ehinger, Enrique): 252-53
Encinas, Diego de: 86, 92, 97, 105
Erasso, Francisco de: 391, 403-04, 412, 415, 421, 427, 433, 441, 444, 452, 460, 468, 476, 481
Espadero, licenciado: 452, 476
Espinosa, Gaspar de: 37, 39-40, 91, 93-5, 119, 321, 323, 495
Eugenio Mendoza, Fundación: 106, 110, 114, 116, 138

Falero, Ruy: 53, 56, 111, 173, 493
Fernández Cabrón: 24-5, 85
Fernández de Algaba, Pedro: 26
Fernández de Lugo, Alonso Luis: 119, 306-08
Fernández de Lugo, Pedro: 38, 91-2, 94-5, 97, 118, 306-08, 495
Fernández de Navarrete, M.: 85, 86, 90, 105, 112, 173
Fernández de Oviedo, Gonzalo: 37, 40, 58, 92, 97, 105, 112, 114, 199, 213, 216, 220, 248, 494
Fernández de Serpa, Diego: 91, 124, 417-18, 422-23, 425-26, 436, 472, 497
Figueroa, Rodrigo de: 239
Fonseca, Antonio de: 338

Francisco de Bobadilla (*véase* Bobadilla, F. de)
Frías, Juan: 24-6, 85
Friede, Juan: 105, 113-14, 122, 199, 201, 213, 221, 367

Galvarro, Juan: 318
Gamboa, licenciado: 452, 460, 476
García de Lerma, Diego: 251
García de Padilla (don García): 175, 188
García de Valdeavellano, Luis: 90
García Episcopus Oxomeo: 232 (*véase* Osma, obispo de)
García Icazbalceta, J.: 106
García Manrique (*véase también* «Conde/Conde Garci»): 106, 172, 258, 265, 269, 273, 277, 280, 284, 310, 337, 369
García Martínez, B.: 106
García, Diego: 53-4, 113, 206-09, 211, 494
García-Gallo, Alfonso: 18, 43, 77, 85-86, 96, 105
Garro, Pedro de: 37-8, 67, 90-1, 95, 119, 318-19, 495
Gasca, licenciado: 452, 476
Gasco Gamboa: 444
Gersio, Gaspar de (*véase* Grizio, Gaspar de)
Gómez Aguilera: 444
Gómez de Cervantes, Gonzalo: 133-134
Gómez Reines, Pedro: 490
Gómez Zapata (*véase* Zapata)
Gómez, Esteban: 37, 40, 51, 56, 88, 112, 189, 494
González de Avila, Gil: 180
Graçia, Diego (*véase* García, Diego)
Grizio, Gaspar de: 134, 137, 143, 147, 151
Guatemala, obispo de: 348
Guaticios, indios: 217
Guerra, Cristóbal: 32, 51, 56, 66, 88, 91, 109, 135-37, 150, 493
Gutiérrez, Diego: 37, 39, 87, 91-2, 94-97, 121, 357, 361, 496
Gutiérrez, Felipe: 37-8, 40, 90, 95, 97, 118, 295-96, 298, 495

Halcón, Pedro: 263
Haro Ruibisante, Cristóbal de (*véase* Haro, Cristóbal)
Haro, Cristóbal de: 53, 56, 88, 113, 206, 208-09
Heredia, Pedro de: 37-8, 40, 87, 91-3, 95-7, 117, 121, 274, 277, 306-07, 367, 369, 495, 496
Hernán Cortés (Hernando) (*véase* Cortés, Hernando)
Hernández de Lugo, Pedro (*véase* Fernández de Lugo, Pedro)
Hernández de Oviedo (*véase* Fernández de Oviedo, G.)
Hernández de Serpa (*véase* Fernández de Serpa)
Hernández, P.: 105
Hernández-Pinzón y Ganzinotto, J.: 106
Hojeda, Alonso de (*véase* Ojeda, Alonso de)

Ibarra, Juan de: 490
Idriáquez, Lope de: 315-16
Isabel la Católica: 220

Jara, A.: 106
Jarava: 391, 404
Jerez, García de: 263
John Foulton, fundación: 106, 110, 114, 116, 138
Juan Aguado (Juan de Aguado) (*véase* Aguado, Juan)
Juan de la Cosa (*véase* Cosa, Juan de la)
Juan Díaz de Solís (*véase* Díaz de Solís, Juan)
Juana, reina doña: 179

Konetzke, R.: 106

La Haya, Diego de: 313
Las Casas, Bartolomé de: 52, 105
Lebrón, licenciado: 223
Ledesma, Francisco de: 385, 400, 402
Lepe, Diego de: 31, 86
Leyes Nuevas: 35, 372, 374, 382, 385
Licaur, Francisco de: 204
López de Velasco, J.: 106
López, Alvaro: 137

López, Gregorio: 375, 385
López, Juan: 137
Lugo, Alonso de: 26-7, 64, 67, 85, 107
Lugo, obispo de: 356, 361, 366, 369
Luque, Hernando de: 54, 56, 88, 115, 241, 259, 261, 494
Luys de Lugo (*véase* Fernández de Lugo, Alonso Luis): 88

Magallanes, Hernando de: 36, 40, 53, 56, 67, 88, 91, 111, 173, 179, 184, 208, 493
Maldonado (licenciado, juez, audiencia): 345
Maldonado: 310
Maldonado, doctor/licenciado Gonzalo: 205, 209, 216, 220, 223
Maldonado, licenciado (Audiencia): Francisco: 345, 347
Manzano Manzano, Juan: 18
Maraver de Silva, Pedro: 37, 39-40, 57, 68-9, 87, 89-93, 96, 98, 124-25, 416-417, 419-20, 436, 469-70, 473, 476, 497
Margarit, Pedro: 29
Marino Inchaustegui, J.: 106, 122, 376
Marqués del Valle (*véase* Cortés, Hernando)
Martín, Cristóbal: 36, 86
Matienzo, licenciado: 192
Meléndez de Valdés, Francisco: 214
Mendaña, Alvaro de: 37, 40, 48, 68-9, 87, 92-3, 96-7, 125, 453, 457, 459-60, 497
Mendoza, Antonio de (Nueva España, Virrey): 348
Mendoza, Pedro de: 37-8, 40, 91-7, 118, 121-22, 285-86, 290, 293, 351-52, 362-64, 380, 436
Menéndez de Avilés, Pedro: 38, 40, 86-7, 91-2, 95, 97, 123, 405, 408-09, 411, 496, 506
Mercado de Peñalosa, licenciado: 277, 280, 284, 289, 294, 299
Mesa, Francisco de: 37, 39-40, 88-9, 122, 376, 379, 496
Molina, Alonso de: 263, 441
Montejo, Francisco de: 32, 37-8, 41,

57, 68, 74, 89-94, 96, 115, 224, 237, 239, 250, 257, 279, 289, 294, 298, 304, 309, 316, 319, 323, 328, 333, 337, 343, 350, 356, 360, 369, 494
Morales Padrón, Francisco: 43, 86, 106
Morales, Pedro de: 208
Morón, G.: 106
Mujica, licenciado: 137
Murga Sanz, V.: 111, 166
Muro Orejón, A.: 44, 86, 90, 106

Narváez, Pánfilo de: 37-8, 41, 68, 91, 93-4, 96, 115, 234, 257, 329-30, 494
Nicuesa, Diego de: 32, 37, 53, 56, 66, 72, 81, 86, 88, 91, 94-5, 97, 110, 156-158, 160-61
Niño de Guzmán, A.: 257
Núñez Cabeza de Vaca, Alvar: 37-8, 81, 87, 91-3, 95, 97, 121-22, 362-63, 365-66, 380, 436, 496

Ojeda, Alonso de: 31-2, 51, 53, 56, 64-6, 86, 88, 90-1, 97, 109-10, 138-43, 156-58, 160-61, 199, 493
Ojeda, Diego de: 37, 213
Ordás, Diego de: 52, 57, 87, 89-91, 117, 270, 273, 281, 495
Orellana, Francisco de: 37, 39-40, 57, 89-92, 94, 122, 370, 372, 374, 386, 496
Oriate (Oñate), Juan de: 489
Ortal, Jerónimo (*véase* Artal, Jerónimo de)
Ortega de Melgosa: 427
Ortiz de Zárate, Diego: 41
Ortiz de Zárate, Juan: 37, 39, 57, 89-90, 92, 97, 124, 434-39, 441, 497
Ortiz, licenciado: 123, 403
Osma, obispo de: 205, 209, 212, 216, 220, 223, 232-33, 237, 242, 244, 250, 255
Osorno, conde de: 334
Ostiense, El: 25
Otalora, licenciado: 444, 460
Ots Capdequi, J. M.: 44, 106
Otte, Enrique: 106, 110, 114, 116, 138, 217, 221, 245, 251
Ovando, Juan de: 33, 444, 452, 460, 468, 476
Ovando, Nicolás de: 64-6, 90, 143, 147, 161
Oxomeo (Osma) García Episcopus Oxomeo (*véase* Osma, obispo de)
Oñate, Juan de (tamb. Oriarte, Juan de): 489

Pacheco, Juan: 37, 40, 47, 52, 67, 71, 87-8, 91, 93, 119, 311-14, 495
Palencia, obispo de: 155, 161, 165
Pasamonte, Miguel de: 157
Paulo, Cristóbal de (escribano): 208
Paz, Martín de: 263
Pedrarias Dávida: 54, 115, 241, 259, 295
Peralta, Cristóbal de: 262
Perea, Juan de: 321-22, 335-36
Pérez, Hernán: 379, 385
Pérez, Silvestre: 157
Pescador del Hoyo, C.: 106
Pizarro, Francisco: 37-8, 40-1, 52, 54, 57, 71-2, 87-8, 91-7, 116, 119, 241, 259-60, 262, 264-66, 300-04, 315-16, 321-22, 351-52, 495
Pizarro, Gonzalo: 370
Pizarro, Hernando: 300, 302
Plasencia, obispo de: 382
Polanco: 208
Ponce de León, Juan, 32, 36-8, 51, 56, 66-7, 86-8, 91-2, 105, 111, 124, 162, 164, 166-68, 428-29, 431-32, 493, 497
Ponce de León, Pedro: 17, 39-40, 48, 57, 68-9, 82, 87, 89-92, 97-8, 126, 482-83, 487, 490, 497
Porras Barrenechea, Raúl: 106, 117, 259
Puga, Vasco de: 116, 256

Quintanilla, Alfonso de: 24-6, 85
Quintanilla, Jorge de: 37, 39-40, 55-6, 68, 88, 91, 124, 413-14, 497
Quiroga, Alonso de: 157

Ramos Pérez, Demetrio: 18, 44, 106, 109, 110-13, 119, 131, 135, 138, 144-148, 152, 156, 162, 166, 169, 189, 192, 199, 206, 311
Rasquín, Jaime: 47, 71-2, 87, 89, 91-4, 96-7, 123, 394-95, 398, 400, 496
Rejón, Juan: 26, 85

Reyes Católicos: 24, 26, 31, 77, 85-6, 218, 228, 230, 247, 264, 327, 332, 349
Ribera, Nicolás de: 263
Ríos, Pedro de los: 295
Rivadeneyra: 393
Roberto, Matías: 324-25, 327
Robigo, obispo de (*véase* Frías, Juan)
Rodrigo de Bastidas (*véase* Bastidas, Rodrigo de)
Roldán, alcalde mayor: 29
Rosario, arzobispo de: 167
Rui Falero (*véase* Falero, Ruy)
Ruiz, Bartolomé: 262
Rumeu de Armas, A: 85

Sailer, Guillermo (Jerónimo) (*véase* «Sayller» y «Alemanes»)
Salamanca, Alonso de: 206, 208, 211
Salas, licenciado: 441
Salazar, Diego de: 238
Salmerón, licenciado: 375, 379, 385
Samano, Juan de: 232, 258, 273, 277, 280, 317, 320, 323, 328, 334, 352, 366, 369, 375, 379, 393
San Francisco, monasterio: 197
San Francisco, Orden de: 282, 296, 381, 387, 395
San Pelayo (Galeón): 406
Sanabria, Juan de: 37-8, 40, 75, 89, 92, 94, 96-7, 122, 380, 382-85, 496
Sánchez, Juan: 37, 56, 83, 88, 98, 123, 401-04, 496
Sancho de Hoz, Pedro: 37, 39-40, 56, 88, 91, 120, 351-52, 496
Sandoval, Gregorio: 393, 402
Santa Cruz, A.: 106-07
Santa Cruz, Juan de: 338, 340-41
Santa María, Juan de (intérprete): 140
Santa Sede: 244
Santiago, Orden de: 179, 405
Santillán, doctor. 444, 452, 460, 476
Santo Domingo, Orden de: 222
Sarmiento, Juan: 400
Sayller, Guillermo: 37, 52, 54, 88, 92, 116, 251, 253, 270, 494 (*véase* también «Alemanes»)
Sepúlveda, Antonio de: 38, 58, 125, 442-43, 497

Serpa, capitán (*véase* Fernández de Serpa, Diego)
Serra Rafols, E.: 85
Serrano Sanz, M.: 107, 119, 306
Serrano, licenciado: 37, 40, 81, 88-9, 97, 112, 173, 176-77, 493
Sevilla, cardenal de: 361, 366, 369
Silva, Pedro de (*véase* Maraver de Silva, Pedro)
Socarras, Gabriel de: 37, 39, 41, 72, 91-7, 120, 338-39, 341, 343, 496
Sofaluse, Domingo de: 263
Sosa, Lope: 85
Soto, Diego de: 91
Soto, Hernando de: 37-8, 40, 72, 87, 92-7, 120, 329-30, 332-33, 495
Suárez de Carvajal, licenciado (*véase* Carvajal)

Torre Villar, Ernesto de la: 107
Torre, Juan de la: 263
Troche Ponce de León, Juan (*véase* Ponce de León, J.)

Urbina, canciller: 232

Vargas Machuca: 78, 97
Vargas, Diego: 37, 40, 82, 87, 89, 91, 96, 98, 122, 386-87, 389-90, 496
Vargas, licenciado: 137, 404
Vázquez, Juan: 265, 269, 314, 343, 356
Vázquez de Ayllón, Lucas: 37-8, 40, 47, 67, 69, 81, 91-3, 95-7, 112, 192, 196, 329-30, 405, 494
Vázquez Espinosa, A.: 107
Vázquez Villagómez: 391, 400, 441
Velasco, Luis (virrey N. España): 405, 489
Velázquez, Diego: 32, 36, 38, 40, 56, 86, 88, 93-6, 111, 169, 493
Velázquez Gutiérrez: 314, 317, 320, 328, 334, 337, 343, 352, 356, 361, 366, 375, 379, 385
Vélez de Mendoza, Alonso: 31, 86
Vera, Pedro de: 24, 26, 64
Vicens Vives, J.: 107
Victoria, nao: 180, 184
Viera y Clavijo: 26, 85, 107

Villafañe, doctor: 441
Villagómez, Juan: 402
Villalobos, Aldonza de: 37, 40, 84, 96, 98, 115, 245, 249, 494
Villalobos, Marcelo: 37, 40, 52, 81, 84, 87, 92, 96-8, 114, 217, 219-20, 246-249, 494
Villoria, Juan de: 37, 40, 47-8, 57, 68-69, 87, 89-90, 92-3, 96-8, 125, 461, 465-68, 497
Vitoria, Francisco de: 33
Vizcaíno, Juan: 137

Welser, Antonio: 306-07

Welser, Bartolomé: 306-07
Wölffel, J. D.: 85, 107

Xuaroz: 277

Yáñez Pinzón, Vicente: 31-2, 37, 51, 53, 55-6, 64-6, 86-91, 106, 109-10, 131-134, 148-49, 151-55, 493
Ynguer, Enrique E. (*véase* Ehinger, Enrique): 91
Yrala, Domingo de: 399-400, 436

Zapata, licenciado: 151, 172, 178, 441, 452
Zavala, Silvio: 17, 107
Zorraquín Becu, R.: 107

# INDICE TOPOGRAFICO

Alacapil (Macapil), minas de: 477-479
Alcalá de Henares: 109, 131, 135, 137
Alcántara, Orden de: 52, 311
Alemania: 252
Amazonas, río: 40, 122, 386
Ameguas, provincia de (*véase* Omeguas)
Amiscoon, isla de: 193
Ancerma, villa de: 353
Ancones: 406
Andalucía: 297, 408
Anicatiye, isla de: 193
Anopa, isla de: 193
Antillas, islas de las: 78
Aranbe, isla de: 193
Aranjuez: 124, 126, 416, 421-22, 427, 477, 481
Aruba, isla de: 238
Asturias: 408
Asunción, La (Paraguay): 72, 394-95, 398-99, 435, 439

Bailén, villa de: 482
Balberde (*véase* Valverde)
Barú, isla de: 139, 145, 200, 214
Bela, cabo de la (*véase* Vela, Cabo de la)
Belén, río de: 357
Beragua (*véase* Veragua)
Bermuda, isla: 115, 243
Bimini, isla de: 40, 66, 111, 162-64, 166-67
Bocas del Dragón, puerto: 447
Bonaire (Buinore), isla de: 115, 238
Brasil: 208, 382-83, 394
Brimini (*véase* Bimini, isla de)
Buenos Aires (*véase también* «San Gabriel, puerto de»): 435
Buynnore (*véase* Bonaire, isla de)

Caballos, puerto de: 347
Cabeza de los Mártires: 407
Cabo Verde, islas de: 153, 263, 272, 276, 293, 297, 303, 308, 313, 326, 326, 331, 340, 355, 359, 373, 384, 389, 408, 420, 426, 431, 440, 443, 456, 464
Cadis (*véase* Cádiz)
Cádiz: 30, 133, 136, 152, 155, 159, 354, 387, 405-06, 408, 411, 414, 417, 422-423, 428, 429, 435, 446, 449, 470
Cali, provincia: 353
Cáliz (*véase* Cádiz)
Camarón, cabo del: 358
Canarias, islas: 19, 23-6, 29, 67, 85, 106-07, 177, 306-09, 378-79, 400, 408, 432, 440, 443
Canela, valle de la: 370
Caracas: 105, 110, 114, 116, 124, 422
Cartagena de Indias, puerto, prov.: 105, 107, 112, 114, 117-19, 199-200, 213-14, 216, 274, 306-07, 322, 367, 413, 415, 443, 461-62, 464-67
Cartago, gobernación de: 359
Cartayo Oriental: 112
Casova, puerto de: 145
Castilla del Oro: 36, 119, 199, 201, 238, 241, 259, 261-64, 302-04, 311
Castilla: 26, 30, 32, 103, 153, 155, 158-159, 163, 181, 232, 262, 267, 270, 279,

286, 290-91, 296, 300, 306-07, 312, 315, 321, 324, 330, 335, 346, 351-53, 371, 381-82, 396, 435, 439
Catámez: 321
Catayo Oriental: 189
Caura, prov.: 124, 417-18, 422-24, 472
Caxamari, indios de: 159
Cirabaro, bahía de: (*véase* Yravaro, bahía de)
Codego, isla de: 200, 214-15
Colombia: 105, 113-14, 122, 199
Coquibacoa: 32, 64, 109, 138-39, 150, 238
Costa de las Perlas (*véase* Perlas, costa de las)
Costa Rica, provincia de: 19, 40, 125, 445-51
Coxos, Los: 138, 139
Cozumel: 32, 111, 115, 169, 224
Cuba, isla de: 169-72, 226, 228, 234, 236, 249, 252, 254, 263, 272, 278, 303, 308, 329, 331, 410
Cubagua, isla de: 283, 341
Cuenca: 138
Cumaná, costa de: 423-24
Cuquibacoa (*véase* Coquibacoa)
Curaba, islas de: 115
Curacao, islas de: 115, 238

Charcas, prov.: 434-35
Chícora, isla de: 193
Chile: 106
Chincha: 266-67
Chiriqui, valle de: 447
Chomos: 446
Chuncha: 260

Darién de Devacaur: 259
Darién, río del: 47, 125, 461-65, 467-468 (*véase también* Grande, Río)
Darte: 199-200, 213
Dauche, isla de: 193
Desaguadero, bocas del: 446
Dominica, isla: 176, 406
Drago, boca del: 281
Durava (*véase* Uraba)

El Pardo: 445, 452
El Prado: 125
Enrique, valle de: 448

España: 192, 224, 235, 252, 380, 410, 420, 426, 429, 432, 489
Española, Isla de (*véase* La Española, Isla de)
Especiería, islas de la: 53, 348, 355, 372

Fernandina (Cuva) (*véase* Cuba, isla de)
Flores, isla de: 262
Florida: 111-12, 115, 120, 123, 166-67, 192, 229, 234, 329-30, 405-10, 478
Fuego, Tierra de: 131
Fuerte, isla: 139, 145, 159

Galicia: 252, 408
Gallo, Punta del: 281
Gracias a Dios, cabo: 295
Gran Canaria, isla de: 25-6, 376
Granada: 32, 74, 77, 115, 134, 181, 232-234, 237-39, 250, 279, 289, 298, 309, 316, 319, 323, 328, 337, 343, 350, 356, 360, 369
Grande, Río (Cartagena) (*véase* Santa María Mar Dulce)
Grande, Río (en prov. Cartagena): 117, 131, 274, 358, 443
Guacacallo, villa de: 353
Guacaya, isla de: 193
Guadalupe, isla de: 112, 176-77
Guaravito, provincia de: 447
Guarco, valle de: 447
Guatavitá, laguna de: 38, 125, 442
Guatemala: 19, 278, 318, 344-45, 347-349, 447
Guayana, provincia de: 124, 417-18, 422-24
Guayra, pobl.: 399
Guete (*véase* Huete)
Guinaco, El: 124, 416-18, 472
Guinea: 293, 313, 326, 331, 340, 355, 359, 373, 384, 389, 408, 420, 426, 431, 440, 456, 464

Higueras, provincia de las: 229
Holpaos, isla de: 193
Honduras: 347-48, 358
Hontiveros, villa de: 72, 398-99
Huaq, isla de: 193
Huete: 401

India: 180, 184, 186

Jamaica, isla de: 66, 160-61, 228, 249, 263, 272, 302, 314, 326
Jamaolipa: 478
Jerez: 133

La Aguada: 105
La Coruña: 113, 180, 186, 206, 208-12
La Española, isla de: 29, 36, 66-7, 69, 81, 139-43, 145-46, 148-51, 154, 157-61, 163-65, 167-69, 171-72, 176-77, 192-93, 197, 201-04, 217, 219, 223, 226, 228, 236, 238, 243, 245, 247-48, 252, 254, 262-63, 269, 272, 276-77, 282-83, 288, 293, 302-03, 308, 314, 326, 332, 338, 340, 347-48, 355, 359, 365, 368, 376-378, 399
La Florida (*véase* Florida)
La Gomera, isla de: 26
La Habana, provincia de: 170
La Palma, isla de: 26-7, 85, 107, 306, 338-41
La Plata (Bolivia: hoy Sucre): 434
Las Palmas, río de: 115, 120, 234
Las Palmas, provincia del Río de: 329-30
León: 181, 372, 382, 439
Lepe: 37, 152
Lérida: 324
Lima: 117, 259
Lisleo, cabo de (*véase* Ysleo, cabo de)
Lombardía: 102
Lope (pobl. de Huelva: *véase* Lepe)
Lovaina (Lobayna): 121, 353, 356

Madrid: 30, 112, 114, 116-26, 213, 216-217, 220, 249, 251, 255-56, 258, 270, 273, 295, 299, 306, 310-11, 314-15, 317, 324, 328, 357, 361-62, 366-67, 369, 404-405, 412, 428, 433-34, 441-42, 444, 453, 460-61, 468-69
Magallanes, estrecho de: 41, 56, 117-118, 266-67, 285-86, 291, 300-01, 352, 362, 398, 456
Maluco, islas del: 111-12, 179-82, 185, 189, 311- 348, 352, 355, 372
Mar del Norte: 56, 124, 413, 446
Mar del Sur: 41, 56, 116-20, 124-25, 241, 256-57, 259, 264, 266, 278-79, 285, 290-91, 300, 302-03, 307, 311, 313-14, 318, 344-45, 351-52, 359, 362-64, 382, 413-14, 446-47, 453, 455, 465
Maracaibo, cabo de: 252
Marañón, río: 270, 281, 423
Marcapain/Marcapairo (*véase* Maracaibo)
Margarita, isla de la: 105, 114-15, 124, 217-19, 245-48, 422
Marina Atumbalo, islas de: 132
Masaya, volcán de: 40, 56, 83, 123, 392, 401, 403
Medellín: 380
Medina del Campo: 109-10, 117, 138, 143-44, 147, 274, 277-78, 280
México: 40, 86, 106, 224, 479, 484, 490
Moguer (*véase también* «Palos»): 53, 152, 206, 209
Monte Cristo, puerto de: 122, 376-377
Monzón: 117, 122, 281, 284, 380
Morón: 385
Morro Lucare: 423

Nanzerma, villa de (*véase* Ancerma, villa de)
Neiva, villa de: 353
Nicaragua: 41, 120, 123, 329, 335, 358, 392-93, 401-04, 448-49
Nicoya: 448-49
Nombre de Dios: 259, 413, 463
Nueva Andalucía: 105, 122, 124, 324-325, 370-71, 422-24, 426, 472
Nueva Cartago: 19
Nueva Castilla (*véase también* «Perú»): 321, 351
Nueva España: 19, 52, 97, 116, 120, 224, 228, 243, 256, 270-71, 278-79, 311-314, 333, 344-45, 347, 405, 438, 440, 446, 449, 471, 473, 477-81, 483-84, 488
Nueva Extremadura: 125, 416-18, 420. 469-75
Nueva Galicia: 126, 477-79, 481, 488
Nueva Vizcaya: 478-79, 481
Nuevo México: 19, 86, 126, 482-83, 485, 487
Nuevo Reino de Granada: 442-44, 462-63, 467
Nuevo Reino de León: 477, 479

Omagua, provincia de: 124-25, 416-18, 469, 472
Omeguas, provincia de: 124-25, 416, 418, 469, 472
Ontiveros (*véase* Hontiveros)
Orixa, isla de: 193

Palacios, villa de los: 85
Palmas, Provincia del Río de las (*véase* Las Palmas, río)
Palos: 148
Panamá: 113-14, 116, 180, 213, 241, 251, 259, 263-64, 303-04, 321, 413, 456, 463
Panuco: 126, 229, 477-81
Paraguachoa: 238
Paraguay: 394-95, 399-400, 436
Paraná, prov.: 436
Paria, golfo de: 117, 281-83, 324-25
Pazo, tierra de: 478
Per: 241
Peritón, costa de: 423-24
Perlas, costa de las: 32, 109, 135
Perlas, islas de las: 136, 138, 144, 217, 245
Perú: 106, 117, 259, 260-61, 263-64, 303, 315, 321, 329, 370, 372, 386, 413-14, 434, 436-38, 454, 456, 459, 467
Placapil (*véase* Alacapil)
Plata, Ciudad de la (Bolivia): 434-435, 437
Popayán, provincia de: 41, 121, 353
Portugal: 263, 272, 276, 293, 297, 303, 308, 311, 326, 331, 340, 347-48, 352, 355, 359, 372, 378, 384, 408, 420, 426, 431, 440
Portugal, rey de: 132, 135, 138, 144, 153, 156, 162, 170, 173-74, 189, 270
Puerto de Caballos (*véase* Caballos, puerto de): 347
Puerto de los Patos: 394-95, 397, 399
Puerto de Santa María (Cádiz): 405-406
Puerto Rico, isla de: 105, 410

Quinaco, El (*véase* Guinaco, El)
Quito: 370

Río Darién (*véase* Darién)
Río Darién, prov.: 461

Río de la Plata: 40-1, 47, 118, 121-24, 290-91, 362, 364, 372, 380-84, 394-96, 398, 434-37, 439-41
Río de Las Palmas, prov. de (*véase* Palmas): 329
Río Piedras: 111, 166
Rostro Fermoso, isla de (Rostro Hermoso): 109, 131-32

Salado, río: 324-25
San Antón, cabo de (o del Tiburón): 406
San Bernabé, isla de: 159
San Bernardo, isla de: 41, 120, 139, 145, 200, 214, 338
San Francisco, pobl.: 394-99
San Francisco, puerto de (en R. Plata): 381
San Gabriel, pobl.: 394, 397-98
San Gabriel, puerto de (o Buenos Aires): 435
San Juan de Puerto Rico (*véase* San Juan)
San Juan, isla de (*véase también* «Puerto Rico, isla»)
San Juan, isla de: 32, 110, 148-50, 168, 172, 176, 204, 226, 228, 236, 238, 243, 249, 252, 254, 263, 272, 276-77, 303, 308, 314, 321, 428
San Juan, río: 119, 321-22
San Jusepe, bahía de: 407, 478
San Lorenzo del Escorial: 126, 482, 490
Sanlúcar de Barrameda: 180, 297, 301, 330, 358, 363, 372, 383-84, 386, 395, 405-06, 408, 413-14, 416-17, 422-423, 428-29, 432, 434-35, 446, 449, 470
San Miguel de la Palma (*véase* La Palma, isla de)
San Miguel de las Azores, isla de: 243
San Miguel: 481
San Miguel, isla de: 174
San Miguel, pobl.: 478
San Román, cabo de: 221-22, 252
San Vicente, cabo de: 131
Sancti Spiritus: 394, 397
Sant Joan (*véase* San Juan, isla de)
Santa Catalina, isla de: 363-64, 381
Santa Cruz de la Palma: 338

Santa Fe de Bogotá: 113-14, 121-22, 199, 367
Santa Fe, Capitulaciones de: 29-30, 44
Santa María de la Consolación: isla de: 131
Santa María de la Consolación, punta de: 132
Santa María de la Mar Dulce: 109, 131
Santa María de la Mar Dulce, río de: 131
Santa María de los Remedios: 169
Santa María la Antigua del Darién (Doriente): 241
Santa María, punta de: 109, 131
Santa Marta, provincia y puerto de: 36, 40, 105, 107, 113, 119, 201, 203-204, 251-52, 274, 306-08
Santiago (Temunpulla): 260
Santiago de Guatemala, ciudad de: 278
Santiago, isla de: 226, 236, 254, 263, 272, 303 (*véase también* Jamaica, isla de)
Santo Domingo, isla (*véase también* «La Española, isla»): 36, 52, 106, 122, 176, 201-02, 228, 238, 376, 378, 410, 429
Sauca: 238
Sechu: 478, 481
Sevilla: 59, 85, 100, 133, 135-37, 139, 141-42, 145-47, 151, 157-59, 163, 171, 175, 177, 190, 200, 202, 214, 255, 263, 272, 293, 302, 326, 354, 377, 381, 384, 400, 404, 408, 411, 414-15, 417, 423, 429, 446, 448, 452, 455-56, 459, 463-465, 470, 472, 475, 479-80, 488
Solís, río (*véase también* «Plata, río de la»)
Solís, río de: 273, 290-91
Sonapasqui, isla de: 193

Tabaco ı*véase* Tobago, isla de)
Tajena, puerto de (*véase también* «Casova», puerto de): 139
Tamotela (Tomotela): 481
Tampasquino, pobl.: 481
Tampico: 478-80

Tamposquín, pobl.: 478
Tanzada, isla de: 193
Tatancal, isla de: 193
Temunpulla: 260
Tenerife, isla de: 26-7, 255, 306
Teodira, isla de: 180
Tiburón, cabo del (o de S. Antón): 406
Tierra Firme: 36, 44, 120, 201, 238-239, 241, 245, 248-49, 259, 261, 274, 295, 297, 302, 311, 321, 324, 413, 440, 446, 449, 456, 463, 471, 473 (*véase también* Castilla del Oro)
Tierra Nueva, provincia de: 229, 329-330, 407
Tobago, isla de: 124, 428-31
Toledo (Perú): 315
Toledo: 113-14, 116-18, 120, 122-23, 206, 209, 212, 221, 223, 259, 265-66, 269, 285, 289-90, 294, 300, 305, 351-52, 386, 391, 403-04
Tomotela (Tamotela), pobl.: 478
Torija, valle de: 435
Toro: 110, 148, 151
Torre do Tombo: 85, 105
Trago, El: 308 (*véase* Drago, El)
Trinidad, isla de: 124, 428-31
Túmbez: 116, 259-62
Turégano: 124, 413, 415

Udrava (*véase* Aruba, isla de)
Unare, Morro de: 424
Uraba, golfo de: 32, 110, 138, 144-45, 150, 156-58, 274, 367
Uraba, provincia de: 117, 135-36, 139

Vain, isla de: 159
Valencia: 324
Valladolid: 111-13, 115, 119-20, 122-23, 166, 168, 173, 175-76, 178-79, 188-89, 191-92, 198-201, 205, 241-42, 245, 250, 321, 323, 329, 334-35, 337-38, 343-44, 350, 370, 375-76, 379, 392-94, 400-02
Valverde: 386
Vela, cabo de la: 54, 114, 116-17, 221-222, 251-52, 270, 306-07
Venezuela: 105-06, 110, 114, 116, 138, 306-07
Venezuela, golfo de: 54, 251, 270

Veragua: 32, 39-40, 110, 118, 121, 156-158, 160, 295-96, 357, 446-48
Viasa, pobl.: 394-95
Vicava: 160
Vizcaya: 408
Vraba (Huraba): (*véase* Uraba)
Vuapari, río: 423-24

Xalpa (Jalapa): 478, 481
Xamunanbe, isla de: 481
Xapira, isla de: 193

Xeres (*véase* Jerez)
Xoxi, isla de: 193

Yenyo, isla de: 193
Ynsiguanín, isla de: 193
Yravaro, bahía de: 357-58
Ysleo, cabo de: 138-39
Yucatán: 32, 111, 115, 169, 224

Zacayo, isla de: 193
Zaragoza: 111, 169, 172

# INDICE GENERAL

|  | *Págs.* |
|---|---:|
| Prólogo ... ... ... ... ... ... ... ... ... ... ... ... ... | 9 |
| 0. Presentación ... ... ... ... ... ... ... ... ... ... | 17 |
| 1. Conquista castellana de las Canarias ... ... ... ... | 23 |
| 2. Régimen de capitulaciones en el siglo XVI ... ... ... | 29 |
| 3. Negociación de las capitulaciones ... ... ... ... ... | 35 |
| 4. Naturaleza jurídica de las capitulaciones ... ... ... | 43 |
| 5. El Rey y los capitulantes ... ... ... ... ... ... ... | 51 |
| 6. El objeto de las capitulaciones ... ... ... ... ... ... | 55 |
| 7. Aportación del Rey ... ... ... ... ... ... ... ... ... | 63 |
| 8. La hueste indiana ... ... ... ... ... ... ... ... ... | 77 |
| 9. Repartimientos ... ... ... ... ... ... ... ... ... ... | 81 |
| 10. Cese de lo capitulado ... ... ... ... ... ... ... ... | 83 |
| 11. Notas ... ... ... ... ... ... ... ... ... ... ... ... | 85 |
| 12. Indice de términos ... ... ... ... ... ... ... ... ... | 99 |
| 13. Bibliografía ... ... ... ... ... ... ... ... ... ... ... | 105 |
| 14. Inventario general e índice de capitulaciones ... ... | 109 |
| Apéndice documental ... ... ... ... ... ... ... ... ... | 127 |
| Indice de capitulaciones ... ... ... ... ... ... ... ... | 493 |
| Indice onomástico ... ... ... ... ... ... ... ... ... ... | 499 |
| Indice topográfico ... ... ... ... ... ... ... ... ... ... | 507 |